U0511478

美国劳动法精要

（第六版）

〔美〕威廉·B.古德　著

李凌云　译

A PRIMER ON AMERICAN LABOR LAW
Sixth Edition

William B. Gould Ⅳ

商务印书馆
The Commercial Press

William B. Gould IV

A PRIMER ON AMERICAN LABOR LAW

Sixth Edition

This is a simplified-Chinese translation of the following title published by Cambridge University Press:

A Primer on American Labor Law 9781108458894

Fifth and Sixth editions © William B. Gould IV 2013, 2019

This simplified-Chinese translation for the People's Republic of China (excluding Hong Kong, Macau and Taiwan) is published by arrangement with the Press Syndicate of the University of Cambridge, Cambridge, United Kingdom.

© The Commercial Press, Ltd. ,2024

This simplified-Chinese translation is authorized for sale in the People's Republic of China (excluding Hong Kong, Macau and Taiwan) only. Unauthorised export of this Simplified-Chinese translation is a violation of the Copyright Act. No part of this publication may be reproduced or distributed by any means, or stored in a database or retrieval system, without the prior written permission of Cambridge University Press and The Commercial Press, Ltd.

Copies of this book sold without a Cambridge University Press sticker on the cover areunauthorized and illegal.

本书封面贴有 Cambridge University Press 防伪标签,无标签者不得销售。

根据剑桥大学出版社 2019 年版译出

作者简介

威廉·B. 古德（William B. Gould IV），斯坦福法学院查理斯·A. 比尔兹利（Charles A. Beardsley）名誉法学教授。古德是一位高产的劳动法和反歧视法学者，在劳资关系领域有着 40 多年的影响力，并担任过国家劳动关系委员会（NLRB）主席。由于在劳动法和劳资关系领域的重大贡献，古德教授获得了 5 项荣誉博士学位。

译者简介

李凌云，法学博士，华东政法大学经济法学院副教授、硕士生导师，社会法教研室主任、社会法研究所所长。美国密歇根大学劳动与产业关系研究所、斯坦福大学法学院访问学者，旧金山大学法学院客座教授，入选上海市浦江人才计划。研究领域：劳动法、社会保障法、国际劳工标准。兼任中国社会法学研究会理事、上海市法学会劳动法研究会理事、上海市劳动和社会保障学会劳动法专业委员会委员。主持完成教育部、上海哲社等多项省部级课题，在《当代法学》《华东政法大学学报》等 CSSCI 期刊上发表论文多篇。

献给爱德华！
他一直希望我写一部读者广泛的作品。

中文版序

《美国劳动法精要》的写作灵感可以追溯到 20 世纪 70 年代我在许多国家所做的演讲。我在 2001 年、2005 年对中国的访问都在本书第六版出版之前,因此我与中国劳动法学者近期的对话对我很有帮助。我与本书的译者——华东政法大学李凌云副教授的会面和交谈也给了我同样的感受,当时她是斯坦福大学法学院的访问学者。我在中国和美国与李教授的交谈,使我意识到中国学者对本书所涵盖的内容很感兴趣,特别是争议处理(第八章)和职业体育中的劳动问题(第十二章)。

我的大部分学术论文和报纸文章聚焦于 1935 年《国家劳动关系法》(NLRA)以及如何改革这部法律(这部重要的劳动关系法已经在主要方面进行了两次修订)。作为唯一一位同时被任命为华盛顿特区国家劳动关系委员会(NLRB)(负责解释和执行 1935 年法律)主席和加州农业劳动关系委员会(根据 1975 年《农业劳动关系法》,该委员会对加州的农场工人履行同样的职能)主席的人,我很适合阐释这些问题(见本书第三章至第六章)。

自 1965 年以来,我作为一名仲裁员和调解员参与解决美国工会与资方之间的纠纷,甚至包括 1978 年美国教师在遥远的冲绳岛的纠纷。我发现这种私人协商的纠纷解决程序对外国读者来说特别有趣。对中国的访问使我确信,中国读者和其他地方的读者一样对此很感兴趣。显然,解决分歧的需求似乎是不分国界的。

20 世纪 60 年代美国的民权"革命"和我作为美国公平就业机会委员会(EEOC)顾问参与其中的经历,以及 70 年代作为执业律师在法庭上代表黑人和拉丁裔工人的工作,为我在斯坦福大学法学院的教学提供了素材,这些工作也涵盖在本书之中(第十一章)。自半个多世纪前《民权法》诞生以来,我一直在这个领域工作。

最后，为了满足我一生对体育的痴迷，我在体育劳资关系方面所做的工作（包括职业运动员和业余运动员）在本书的许多方面都有所体现：（1）大联盟棒球运动员及其雇主的薪酬仲裁；（2）1994—1995 年棒球业罢工的第一手资料，这是美国历史上最长的一次罢工；（3）多年来我写的文章和书籍。第十二章将这些方面结合起来，并且着手解决涉及为美国公立和私立大学工作的"学生运动员"的新问题。我知道棒球还没有达到其他体育运动在中国的受欢迎程度，但是鉴于其他体育运动在美国和中国都很受欢迎，而且在大多数有团队竞赛的主要体育运动中都会出现一些法律原则、惯例和纠纷解决程序，我希望中国读者也会对棒球的相关问题感兴趣。

我希望《美国劳动法精要》能对中国劳动法学者之间的讨论有所助益，同时也能促进美中之间的了解、友谊与和平。

威廉·B.古德

加利福尼亚州，斯坦福

2024 年 2 月 6 日

目　　录

第六版序

自本书第五版出版以来,劳动法最剧烈的变动发生在美国联邦最高法院层面。该院 2018 年发表的一份意见书推翻了公共部门 40 多年来的先例,认为缴纳会费的非会员雇员或者非工会会员享有联邦宪法第一修正案相关的权利,不得将缴纳会费作为雇佣的条件,尽管工会有义务向他们提供与工会会员相同的服务和福利。投票结果为五比四的多数意见书认为,以往确立的会费界定标准是看其与集体协商密切相关还是与政治目标密切相关(前者从前被认为是适当的费用,而对于后者,雇员可以提出异议),然而这一界定标准在公共部门变得行不通,因为所有密切相关的雇佣条件从定义上来讲都是与公众和公共支出有关的事项,因此雇员可以适当地提出异议。事实上,联邦最高法院在其具有里程碑意义的贾努斯案①的意见书中认定,与以往的案件不同,提出异议的责任不在雇员,而是工会在强迫雇员缴纳会费之前需要得到明确的授权。这一判决无疑会影响到工会财政和工会对政治过程的参与。

具有讽刺意味的是,这一判决是在教师劳动关系出现动荡的那一年作出的,动荡主要发生在所谓的"红色"州,那里的工会并不强大。2018 x 年,在西弗吉尼亚州、俄克拉荷马州、亚利桑那州和科罗拉多州,教师们在集体谈判程序和州劳工立法之外举行示威游行,抗议政府未能提供教育经费。

与此同时,在私营部门,颁布工作权(right-to-work)立法的州的数量开始增加,这类立法禁止私营部门的"公平分担"(fair share)协议或工会保障协议,这与贾努斯案的判决相类似,该案通过司法途径创立了国家层面的工

---

① *Janus v. American Federation of State, County, and Municipal Employees*, Council 38, 138 S. Ct. 2448 (2018). William B. Gould IV, "How Five Young Men Channeled Nine Old Men: Janus and the High Court's Anti-Labor Policymaking," 53 *U. S. F. L. Rev.* (2019).

作权立法。现在制定有工作权立法的州已经达到 27 个。联邦第六巡回上诉法院认为,县和地方政府也可以制定这类立法[2],这一问题未来肯定会提交到联邦最高法院。

联邦最高法院的第二项重大判决艾派克系统公司诉李维斯案[3]对于受到个人仲裁(individual arbitration)保护的非会员雇员来说是个坏消息。个人仲裁与经过工会谈判的申诉仲裁(grievance-arbitration)不同,正如金斯伯格(Ginsburg)大法官所说,个人仲裁是"未经集体谈判的"。在雇主制定这类程序之后,雇员被要求放弃提起集体诉讼(class action)的权利。集体诉讼很大程度上已经成为雇佣关系改革的动力,因为个人诉讼往往不值得雇员或者律师花费诉讼成本。在本案中,戈萨奇(Gorsuch)大法官撰写的一份意见书认为,这类协议是有效的,尽管《国家劳动关系法》保护雇员的"协同行动"或集体行动。

另一个至关重要的发展源于特朗普执政时期国家劳动关系委员会(National Labor Relations Board,以下简称为"NLRB")组成上的变动。意义最为重大的争议来自于奥巴马执政时期 NLRB 的一系列裁决,涉及特许经营权人在何种程度上对特许经营者的行为承担责任,其中一些裁决是在本书第五版面世后作出的,因此在本书中首次进行讨论。特朗普时期的 NLRB 限缩了特许经营权人责任承担可能发生的情形,但是 NLRB 不得不撤销其裁决,因为其中一个投反对票的委员会委员并不具备资格。这可能是一个暂时的倒退,因为 NLRB 已经宣布决定参与这一领域的规则制定,然而哥伦比亚特区上诉法院随后基本上维持了奥巴马时期 NLRB 的裁决[4]。另一方面,其他一些对奥巴马时期 NLRB 裁决的反转一定会接踵而至。

---

② *United Auto., Aerospace and Agricultural Implement Workers of Am. Local 3047 v. Hardin County, Ky.*, 842 F. 3d 407, 417 (6th Cir. 2016), *cert denied*, 138 S. Ct. 130 (2017); *Contra, Int'l Union of operating Eng'rs Local 399 v. Vill. of Lincolnshire*, 905 F. 3d 995 (7th Cir. 2018).

③ *Epics Systems Corp. v. Lewis*, 137 S. Ct 809 (2018).

④ *Browning-Ferris Indus. of Cal. v. NLRB*, 911 F. 3d 1195 (D. C. Cir. 2018).

在州和地方一级也出现了某些最重要的发展。在美国商会诉西雅图市案(*Chamber of Commerce v. City of Seattle*)⑤中,联邦第九巡回上诉法院的法庭认为,一项有关独立承包人集体谈判的法令(ordinance)并未被国家劳动关系法优先排除(preempted),尽管在其意见书中该院指出,反托拉斯法禁止颁布该法令,但它为希望颁布此类法令的地方和州提供了路线图。加利福尼亚州最高法院在一项重要判决中采用了这样一个假设,即陷入雇员-独立承包人分类纠纷的工人是雇员⑥,这一判决一定会在联邦层面上对其优先权(preemption)再次作出认定,并被加利福尼亚州和其他地方的州政府重新评估。

所谓的"争取15美元的斗争"(Fight for ＄15),针对特定雇主,以制定国家和地方最低工资立法为目标,事实上已经取得以下两方面的进展:一是,当雇员为此目的而采取协同行动时,依据《国家劳动关系法》,雇员就获得了某种程度的保护;二是,在本书第五版出版后立法活动仍裹足不前的情况下,有助于推动最低工资立法在联邦层面上的广泛实施。

此外,女性的 Me Too 运动,虽然迄今为止尚未反映为大幅增加的性骚扰诉讼,但它推动了旨在纠正性别歧视的新的立法。有关性取向歧视的一 ^{xii} 系列判决,借鉴了联邦最高法院 30 年以前将禁止性别生活方式的刻板印象等同于性别歧视的判例,已经促使大多数联邦上诉法院得出合乎逻辑的结论,即对同性恋工人的歧视是非法的。毫无疑问,在 2015 年联邦最高法院同性婚姻判决以后,该院很快会对这一问题作出判决。

最后,第六版包括了新的一章,介绍职业体育中的集体谈判及相关争议。在棒球、橄榄球、篮球和曲棍球领域劳资关系依然紧张,尽管消灭工会不符合所有者的利益,由于所谓的非法定劳动豁免(nonstatutory labor exemption),工会的存在为他们提供了一个获得反垄断法禁令豁免的途径。

---

⑤　890 F. 3d 769 (9th Cir. 2018).

⑥　*Dynamex Operations West，Inc. v. Superior Court of Los Angeles County*，4 Cal. 5th 903 (2018). William B. Gould IV，"*Dynamex* Is Dynamite，but *Epic Systems* Is Its Foil-*Chamber of Commerce*：The Sleeper in the Trilogy," 83 *Mo. L. Rev.* 989 (2018).

最重要、最广为人知的争端发生在橄榄球领域，国家橄榄球联盟（National Football League）的许多球员在奏国歌时拒绝起立，而是下跪或举起拳头以示抗议，起因是遍布美国各地的种族冲突，以及涉及警察与黑人受害者的枪击事件。由于特朗普总统浮夸的干预，这场争论变得尤其吸引眼球，他对公众表示，球队老板应该惩罚并解雇参与上述行为的球员。

总之，自第五版以来劳动法领域的变化是巨大的，有关体育的章节——"职业体育中的劳动问题：集体谈判与争议处理程序"扩展了本书的范围。

我特别感谢许多帮助我完成新版的人。首先是斯坦福大学法律图书馆，它一直不断地为我高效地提供了大量的信息、案例和文章。我非常感谢这里一流的工作人员，特别要感谢乔治·威尔逊（George Wilson），他无时无刻不在为我提供慷慨的帮助。

我特别感谢斯坦福大学法学院的研究助理学生黄大卫（David Huang）和尼尔·达姆龙（Neil Damron）。达姆龙先生在项目快结束的时候参加进来，黄先生则几乎自始至终都参与其中。我作为加州农业劳动关系委员会（California Agricultural Labor Relations Board，2014—2017）主席的部分工作也被编入了第六版。这份工作与我在20世纪90年代担任NLRB主席时相比显得有些波澜不惊，它让我对无证工人（undocumented workers）的状况有了新的认识，他们受到一项从根本上行将没落的法律的保护，这项法律在理论上比《国家劳动关系法》更加强硬。

最后，我要感谢斯坦福大学法学院的恩苏（Eun Sze），他在本书的组织工作中应对了重大的挑战，并且获得了认可。帕翠亚·亚当（Patricia Adan）协助我的写作，还帮我准备了一些出版社需要的资料。所有这些人都提供了巨大的帮助，我非常感谢他们为第六版所做的工作。

从1982年第一版开始，这本书就是献给我的小儿子爱德华·布莱尔（Edward Blair）的，现在他已是人到中年。

我很感激麦克法兰出版社（McFarland & Co.）同意出版我的作品《棒球业集体谈判：繁荣混乱时代的劳资关系》（*Bargaining with Baseball*：

Labor Relations in an Age of Prosperous Turmoil）[7]；还要感谢《佛罗里达国际大学法律评论》[8]和《斯坦福法律和政策评论》[9]。

---

[7] © 2011 William B. Gould IV by permission of McFarland & Company, Inc., Box 611, Jefferson NC 28640. www.mcfarlandbooks.com

[8] William B. Gould IV, Football, "Concussions, and Preemption: The Gridiron of National Football League Litigation," 8 *FIU L. Rev.* 55 (2012).

[9] William B. Gould IV, "Labor Issues in Professional Sports: Reflections on Baseball, Labor, and Antitrust Law," 15 *Stan. L. & Pol'y Rev.* 61 (2004).

第五版序

自 2004 年本书第四版出版以来的十年间,劳动法发展的步伐很快。可能部分是由于组建工会的经济部门持续衰落——2012 年工人的入会率降至 11％,其中私营部门略低于 7％——曾在 20 世纪 70 年代和 90 年代争论不休的劳动法改革,在 2007 年和 2009 年因《雇员自由选择法》(the Employee Free Choice Act)重新受到关注。对这一法案,奥巴马总统在 2008 年总统竞选时以及随后 2009 年就职时均予以鼎力支持,而它失败的原因与 1978 年劳动法改革受挫的原因几乎如出一辙,那就是美国参议院中的阻挠议事(filibuster)机制*,然而制止阻挠议事需要达到超级多数(至少 60 张选票)才能使法案获得审议。对布什总统任命人选**的失望加速了劳动法改革的需求,也催生了对国家劳动关系委员会(NLRB)真正的抵制,这一切都在重蹈 20 世纪 80 年代里根总统当政时期的覆辙。这一时期工会组建更大程度上依赖于劳方与资方自愿达成的"签署授权卡"(card check)协议,不过这类协议到目前为止似乎仍然不是主流。此外,布什总统当政时 NLRB 所谓的 2007 年 9 月劳动权"大屠杀"也是这一时期美国劳动法变化的一个组成部分。2007—2009 年间,由于布什总统和民主党参议员不同意新的 NLRB 任命人选,导致联邦最高法院认定 NLRB 的委员少于法定人数,并认定 2007—2009 年间 NLRB 所有的裁决无效。①

与此同时,奥巴马总统任上的 NLRB 遭到国会中共和党人的非议,他们攻击 NLRB 制定的规则和某些裁决,以及总法律顾问提起的针对波音公

---

* 根据美国参议院的现行章程,参议员可以通过冗长发言等方式阻碍一项提案得到表决,这就是所谓"阻挠议事"。而 100 个席位的参议院中必须有 60 名议员,即三分之二超级多数,现场提出制止,才能终结阻挠、恢复议事。——译者

** 指布什总统任命的国家劳动关系委员会(NLRB)委员人选。——译者

① *New Process Steel*,*LP v. NLRB*,130 S. Ct. 2635(2010).

司的指控②。在程序上,因为白宫在 2011 年无法与共和党主导的国会达成一致,造成 2012 年初的一轮休会任命(recess appointments)。③ 2013 年 1 月,哥伦比亚特区上诉法院的一个法庭一致认定,依据美国联邦宪法的休会条款,2012 年奥巴马总统的休会任命是违宪的,正如 2007—2009 年发生的那样,它将 NLRB 置于无法运转的危险境地。④

　　共和党控制的州政府也摆出同样的架势,他们制定违宪的立法,试图动摇私营部门工会得到承认的基础。相反,鉴于国内立法对结社劳工的反感,与日俱增的全球化催生了新的制度安排,例如英国的跨国组织第一集团(FirstGroup)建立了一套部分根植于国际劳动法的争议处理程序,其目的是解决所谓的结社自由投诉。⑤ 另一项重要的发展则是根据 1789 年《外国人侵权求偿法》(Alien Tort Claims Act)提起的诉讼,利用国际劳动法以达　xvii

---

　　② James Rosen, "Fight over Boeing's S. C. Factory Erupts onto National Stage," *Fresno Bee*, September 12, 2011; Kevin Bogardus, Senator Threatened Board Before Boeing Complaint," *The Hill*, November 9, 2011. 事实上,州长密特·罗姆尼(Mitt Romney)也攻击过 NLRB 对波音案件的指控。Jon Greenberg, "Mitt Romney Attacks Barack Obama over Boeing Plant Question," PolitiFact. com (October 14, 2011), www. politifact. com/truth-o-meter/statements/2011/oct/14/mitt-romney/mitt-romnney-attack-barackobama-over-boeing-plant.

　　③ William B. Gould Ⅳ, "Crippling the Right to Organize," *New York Times*, December 17, 2011, at A25.(美国联邦宪法规定,总统对联邦政府机构官员的提名须由参议院批准后方能生效。但如果参议院处于休会期,总统可以动用"休会任命"权,临时任命官员。奥巴马总统 2012 年就是使用此项权力在未经参议院批准的情况下任命 3 名 NLRB 委员。——译者)

　　④ *Noel Canning v. NLRB*, No. 12-1115 (D. C. Cir. Jan. 25, 2013). 也可参见 Charlie Savage and Steven Greenhouse, "Court Rejects Obama Move to Fill Posts," *New York Times*, January 2013; Editorial, "A Court Upholds Republican Chicanery", *New York Times*, January 25, 2013. Contra *Evans v. Stephens*, 387 F. 3d 1220 (11th Cir. 2004) (en banc).关于判决对 NLRB 以及对劳资双方的影响,更加详细的讨论见 Melanie Trottman and Kris Maher, "Companies Challenge Labor Rulings," *Wall Street Journal*, March 9, 2013, at 1.(联邦最高法院 2014 年 6 月 26 日作出裁定,认定奥巴马总统 2012 年的休会任命违反联邦宪法的相关规定,理由是当年奥巴马总统作出任命时,参议院并没有正式休会。——译者)

　　⑤ William B. Gould Ⅳ, "Using an Independent Monitor to Resolve Union-Organizing Disputes Outside the NLRB: The FirstGroup Experience," 66 *Dispute Resol*. *J*. 46 (2011).(该法由美国第一届国会于 1789 年通过。该法全文只有一句话:"地区法院对外国人就违反国际法或美国签署的条约提起的单纯的民事侵权之诉具有原始管辖权。"——译者)

到对域外劳动争议进行管辖的目的。[⑥] 与此同时,加拿大和欧洲对结社权和集体谈判权等劳动权的宪法保护在美国获得了更多的关注。

　　同时,共和党在2010年选举中收获颇丰,印第安纳州也跻身于保障工作权的州之列,在该州的私营部门禁止使用将强制加入工会作为就业条件的工会保障协议(union security agreement)。人们的注意力也转向了公共雇员工会,尤其是在威斯康星州,该州的公共雇员集体谈判立法是美国首部州一级的此类立法。不过,该立法于2011年遭到废除,还引发了一场罢免选举,那场选举在2012年也失败了。然而,同样的立法在俄亥俄州则得到不同的结果,在对州长约翰·卡西奇(John Kasich)的指责声中,一项更为温和的废除立法提案在投票中被否决。一些州颁布了禁止代扣公共部门雇员工会会费的立法或提出了相关的投票倡议。最重大的立法转变在于密歇根州制定了工作权立法,该州长期以来被认为是美国工会的堡垒,特别是考虑到汽车工人联合会(United Auto Workers)的存在。[⑦] 这一切都让人回想起20世纪50年代末,在加利福尼亚等许多工业化州,共和党和工会在工作权问题上发生的戏剧性冲突。[⑧]

　　正当移民问题在国家层面吵得不可开交、难以调和时,一些州的立法机构加入争论,颁布了旨在禁止或排斥无证工人的立法。然而,2012年联邦最高法院宣布这类立法的诸多方面有违宪法。[⑨] 在2007—2008年大衰退之前,无证工人受雇于工资相对较高的建筑行业,以及本国公民和当地居民不屑于从事的非技术岗位和低微工作。有关2002年联邦最高法院一项涉及劳动法保护(或缺乏相关保护)的判决以及其他法律能否适用于无证雇员的问题引发无数争论。

xviii

---

　　⑥　*Sosa v. Alvarez-Machain*,542 U. S. 692(2004).2013年,法院对*Kiobel v. Royal Dutch Petroleum Co.*,621 F. 3d 111(2d Cir. 2011),*cert. granted*,132 S. Ct. 472(2011)一案的批准移审令(grant of certiorari)可能会危及这一程序。

　　⑦　Monica Davey,"Limits on Unions Pass in Michigan, Once a Mainstay,"*New York Times*,December 11, 2012.

　　⑧　A. H. Raskin,"5 of 6 States Beat 'Work' Proposals,"*New York Times*,November 6, 1958, at 19.

　　⑨　*Arizona v. United States*,132 S. Ct. 2492(2012).

　　此外,有关仲裁和反歧视的法律也开始发生变化。在仲裁领域,联邦最高法院恢复并利用 1925 年的《联邦仲裁法》(Federal Arbitration Act),推动劳资关系、私人雇佣以及商事领域的仲裁,最初是基于公法领域的仲裁专长允许私人程序复制公法保护的理念。但是在 2011 年,联邦最高法院在 AT & T 移动有限责任公司诉康塞普西翁案(*AT & T v. Conception*)[⑩]中却改变方向,表示反对集体争议(class action)仲裁,强调仲裁的非法律和非正式特征。在反歧视领域,2008 年,国会弥补了联邦最高法院依据《美国残疾人法》(本书第四版对此有阐述)作出的判决所造成的一些漏洞。涉及年龄歧视、怀孕歧视、性骚扰、同性骚扰以及在某些情况下有关性取向本身的诉讼引起了更多的关注。奥巴马总统在 2011 年取消了武装部队中的"不问,不说"(Don't Ask, Don't Tell)政策,随后表示支持同性婚姻。

　　最后,在集体谈判被广泛接受的职业体育领域,橄榄球和篮球运动员都不得不在球队老板对他们实施禁赛之后妥协。至于曲棍球,2004—2005 年的停摆导致整个赛季被取消,2012—2013 年禁赛卷土重来,与篮球的前两次经历一样,赛季被迫缩短。但是就在最近一次曲棍球纠纷发生的那年,全[xix]国橄榄球联盟将裁判拒之门外,这一做法确实太过分了,公众认为裁判的替代者并不称职。[⑪] 从 20 世纪 70 年代初开始,昔日的棒球坏男孩经历了 30 年罢工与禁赛间的角力,通过 1995 年 NLRB 的干预,他们得以持续享有和平的产业关系,就像 2002 年和 2006 年一样,2011 年的集体谈判协议延续了一种互利共赢的模式。[⑫]

　　过去十年包含了各种崭新且重要的发展,这些内容都在第五版中加以阐述和讨论,而这一版的面世距第一版已经时隔 31 年。

　　在完成第五版时,我非常依赖保罗·洛米奥(Paul Lomio)领导的斯坦

[⑩] 131 S. Ct. 1740 (2011).

[⑪] Judy Battista, "The Cost of the NFL's Will to Win," *New York Times*, September 24, 2012, at D2.

[⑫] William B. Gould Ⅳ, "Baseball: A Poster Child of Labor Peace," *Chicago Tribune* (December 2, 2011), articles. chicagotribune. com/2011-12-02/site/ct-perspec-1202-baseball-20111202 _1_world-baseball-classic-poster-child-competitive-balance.

福大学法律图书馆，尤其是足智多谋、精力充沛的艾瑞卡·韦恩（Erika Wayne），她是法学院及其图书馆的灵魂人物。法学院图书馆团队，包括与韦恩女士一起工作的其他人，比如乔治·威尔逊（George Wilson）、瑞秋·山姆伯格（Rachael Samberg）、塞尔吉奥·斯通（Sergio Stone）、阿尔巴·霍尔加多（Alba Holgado）以及理查德·波特（Richard Porter），是美国最好的，也很有可能是世界上最好的。这都不足以表达他们的可贵之处。

　　我也要感谢一群十分聪慧的人，他们帮助我完成了第五版，尤其是迈克·斯坎伦（Mike Scanlon，斯坦福大学法学院 2010 级）、克里斯托夫·胡（Chirstopher Hu，斯坦福大学法学院 2013 级）、艾莉森·琼斯（Alison Jones，斯坦福法学院 2013 级）、安娜·易（Anna Yi，加州大学戴维斯分校法学院 2014 级）、埃里克·韦茨（Eric Weitz，斯坦福大学法学院 2014 级）以及从事部分打字工作的斯坦福大学法学院的苏珊娜·凯斯特（Suzanne Keirstad）。斯坎伦先生（也是我十年前的研究助理）、保罗·埃德菲尔德（Paul Edenfield）、亨利·丁斯代尔（Henry Dinsdale）和梅勒妮·韦庞德（Melanie Vipond），他们现在分别是火奴鲁鲁、华盛顿特区、多伦多和温哥xx华的著名劳动法律师，他们重新加入学术争论，并在新版的一些章节上帮助了我。我感谢上面提到的所有才华横溢的人。

　　最后，应该指出的是，自从第四版出版以来，我一直是加拿大不列颠哥伦比亚省、加利福尼亚州圣克拉拉县的专家证人；以及不列颠哥伦比亚省温哥华市和魁北克省蒙特利尔市全国曲棍球联盟（National Hockey League）最近两次禁赛中的专家证人；作为第一集团在美国的独立监察员；担任美国住房和城市发展部（Department of Housing and Urban Development）顾问，以及美国西部作家协会（Writers Guild of American West）的独立调查员。本书的研究使我在完成上述任务时，对相关一些问题形成了自己的见解和观点。

第四版序

从第三版到第四版是本书出版以来间隔时间最长的一次。我于 1993 年 6 月 28 日由威廉·杰斐逊·克林顿总统任命，1994 年 3 月 2 日由参议院确认，担任国家劳动关系委员会（National Labor Relations Board，以下简称"NLRB"）主席。在这一版中有关《国家劳动关系法》（National Labor Relations Act，以下简称"NLRA"）的讨论，大部分是有关我担任主席时 NLRB 作出的裁决和政策上的变化。正如这一版所指出的，也许在我任职期间最重要的发展是，根据 NLRA 第十条（J）款规定的 NLRB 禁令权（in-junctive authority）所提出的案件出现了前所未有的数量激增。此外，这一版中对 NLRA 的关注还包括，在我任职期间发布的一些重要政策决定，以及在任期间提交给 NLRB 而在我离开后才作出的决定。同样，本书对于在我任职前后联邦最高法院作出的涉及 NLRA 的判决也进行了讨论。在我的另一本书《艰难的关系：法律、政治和国家劳动关系委员会——回忆录》（*Labored Relations：Law，Politics，and the NLRB—A Memoir*）中，我记录了被任命前、从任命到确认，以及在我担任 NLRB 主席的四年半间所发生的事情。就 NLRA 的相关工作而言，第四版只试图记录裁决和政策的变化，而不会提及围绕它们所发生的许多政治戏剧。对于后者，读者可以查阅《艰难的关系》一书。

过去 11 年中，工会代表率继续下降到 13.5％，其中私营部门下降到 9％，公共部门下降到 37.4％，主要原因与前几版所提及的原因并无二致。同样，州一级法院继续致力于确立工作保障权（job security rights），使之成为雇佣合同可以随意终止的例外原则。然而，在 20 世纪 90 年代和 21 世纪初，法院已经开始解决与仲裁程序有关的争议，该程序是雇主设计的、意图在涉及非法解雇（unfair dismissal）的个人索赔案件中取代法院和陪审团的审判。它既是司法审判中的新挑战，也是政治领域政策辩论的前沿问题。

正如第三版所预期的,1990 年的《美国残疾人法》成为诉讼的重要领域。但是在几乎所有的案件中,联邦最高法院都拒绝了原告的立场。性骚扰案件的数量急剧增加,其中大多数案件涉及男性对女性骚扰的指控。此外,还出现了涉及性取向的案件,其中一些案件是由克林顿总统 1993 年提出的"不问,不说"(Don't Ask,Don't Tell)政策适用于军队而引发的。作为 1991 年《民权法》的成果,联邦最高法院和巡回上诉法院创造了许多新的法律规则。这要归功于 1991 年民权法修正案有关补偿性和惩罚性损害赔偿的规定,而 1991 年举行的安妮塔·希尔(Anita Hill)教授对克莱伦斯·托马斯(Clarence Thomas)大法官性骚扰指控的听证会是确立上述规定的重要事件。有些性骚扰案件涉及所谓"同性之间的性骚扰"问题。2003 年,联邦最高法院认定,成年人之间出于自愿的、私人同性恋行为受到宪法的保护,[①]这将推动使反歧视法完全适用于男女同性恋者的运动。

　　职业体育领域的劳资冲突仍然是劳资争端的重要组成部分。在橄榄球和棒球行业达成了一项新的、综合性的集体谈判协议(尽管在 1994—1995 年间,棒球行业经历了一场前所未有的大规模罢工)。篮球业的老板们在 1998—1999 年成功地实施了禁赛,其结果是形成了新的工资帽(salary cap),并成为该行业集体谈判协议的一部分。此外,女子职业篮球也达成了集体谈判协议。

　　1998 年出台的《柯特·弗拉德法》(the Curt Flood Act)将从前适用于其他体育项目劳资关系的、相同的反垄断标准,适用到棒球行业的劳动领域,但 1996 年联邦最高法院的一项判决则缩小了反垄断法的适用范围,宣告劳动法在所有体育项目中的优先地位。[②] 2002 年,大联盟棒球运动员协会(Major League Baseball Player Association)和大联盟棒球协会(Major League Baseball)通过谈判化解了他们之间的分歧,这与 1994—1995 年的

---

　　① *Lawrence v. Texas*,539 U. S. 558 (2003).

　　② *Brown v. Professional Football*,518 U. S. 231 (1996). Cf. William B. Gould Ⅳ, "Baseball and Globalization: The Game Played and Heard and Watched' Round the World (with Apologies to Soccer and Bobby Thomson)," 8 *Ind. J. Global Legal Stud.* 85 (2000).

情况完全不同,当时这项运动因一场大罢工而遭受重创。

由于全球化的影响及对人权和国际劳工标准的日益重视,劳动法出现了一个重要的新领域,③这就是美国法律对公司海外经营行为的域外适用。④ 工会、公司和非政府组织是这场街头辩论的主要参与者(1999 年西雅图爆发的示威游行是最突出的例子),也是法院辩论的主要参与者。

最后,2002 年,继克林顿总统十年前通过 1993 年《家庭与医疗假法》(Family and Medical Leave Act)确立无薪假期之后,加利福尼亚州颁布了全国第一部带薪休假法,从而成为这方面的先行者。此后不久,前加州州长格雷·戴维斯(Gary Davis)签署了一项新的立法,规定在农场工人无法达成集体谈判协议时,通过调解和仲裁程序解决争议,尽管他们仍然被排除在 NLRA 的适用范围之外。

在这一版中,我要感谢斯坦福大学法学院的学生 00 级的保罗·伯克斯(Paul Berks)、02 级的保罗·艾德菲尔德(Paul Edenfield)、03 级的迈克尔·梅蒂(Michael Meuti)、04 级的威廉·亚当斯(William Adams)、05 级的格莱恩·特鲁特(Glenn Truitt),加州大学伯克利分校博尔特豪(Boalt Hall)法学院 03 级的凯瑞·威廉森(Carrie Williamson),威拉姆特大学法学院 03 级的蒂莫西·斯奈德(Timothy Snider)在研究上所提供的帮助。亚当斯先生在这一新版本的后期工作中发挥了特别重要和突出的作用。我还要感谢伦敦经济学院的莎拉·普雷斯顿(Sarah Preston)出色的研究与书稿的打字工作,以及金·邓普西(Kim Dempsey)在打字上的协助。同样还要感激玛丽·安·伦德尔(Mary Ann Rundell)在第四版的最后阶段所做的打字工作。

---

③　Robert J. Flanagan and William B. Gould Ⅳ, eds., *International Labor Standards*: *Globalization*, *Trade*, *and Public Policy* (Stanford University Press, 2003).

④　*Doe* Ⅰ *v. Unocal*, 395 F. 3d 932 (9th Cir. 2002), *vacated by and rehearing en banc granted by* 403 F. 3d 708 (9th Cir. 2005).

第三版序

自从七年前(1986年)本书的第二版问世以来,美国劳动法又有许多新的发展。国家劳动关系委员会(NLRB)不可避免地面对无休无止的讼争。相比本书第二版出版之时,NLRB如今变得不再拘泥于意识形态,也更加注重平衡,因此到1992年年底为止,其各项裁决与做法比起1980年代的大部分时间都显得争议性更小些。尽管NLRB的某些裁决至关重要,值得在本书第三版中引起注意,然而鉴于美国工会代表的雇员比例持续下降——现在约占整个劳动力人口的15%,NLRB自身以及整个美国劳动仲裁制度的影响力都在日趋弱化。

交通运输业的解除管制(deregulation)已经造成组建工会的经济部门面临非工会化的竞争,反过来这也是导致在这些行业中组建工会的经济部门争议增加的主要原因。因此,解除管制的后果之一就是,依据《铁路劳动法》(Railway Labor Act)作出的崭新判例不断涌现,该法既适用于铁路业也适用于航空业。

对于真空状态,人们总有一种天然的憎恶。未入会雇员的个人权利,无论是源于成文法还是普通法,一直都在持续扩张,而这些雇员构成了美国劳动力人口的绝大多数。与本书第二版出版时相比,有关非法解雇(wrongful discharge)的诉讼变得更加重要。尽管某些州(如加利福尼亚州、密歇根州等)的最高法院曾作出重要判决,对雇员的权利和救济作出限制,但是另外一系列新的判例却认可了在某些情况下雇员提出的非法解雇诉讼,这些雇员由工会代表并由集体谈判协议所涵盖,协议中规定了启动仲裁程序的条款,而这种新发展再一次凸显了未组建工会的与组建工会的经济部门之间的关系。这些判决的后续影响仍有待考察。

此外,与普通法上非法解雇诉讼密切相关的另一个重要议题,涉及药品与酒精检测引发的解雇纠纷,或者有时仅仅是雇主采用新的政策导致雇员被解雇的纠纷。(无论是依据 NLRA 与《铁路劳动法》,还是通过劳动仲裁,工会一向不遗余力地保护这些个人权利。)尽管蒙大拿州曾颁布非法解雇的法律(本书对此也会讨论),加州律师委员会(作者是这个委员会的联合主席)曾于 1984 年提出相关议案,并且最近统一法律委员会(Uniform Law Commissioners)也曾提出一项相同性质的议案,但是其他各州尚未制定一套全面的成文法来规范这一重要事项。美国国会及各州议会曾制定一系列对雇佣关系产生重大影响的法律。在这些法律中,有两项显得特别重要,即 1988 年《工人调整与再培训法》(Workers' Adjustment and Retraining Act)以及 1988 年《雇员测谎仪保护法》(Employee Polygraph Protection Act)。前者在一定程度上模仿西欧和日本现行的立法和判例法,在由于经济原因而进行裁员的情形下,对受到影响的雇员提供事先通知、协商及其他权利保护措施。

此外,还有两项重要的国会立法对就业歧视问题提供了全新的保护措施。1990 年《美国残疾人法》对肢体与精神残疾者,在就业上提供了影响深远的保护,以使其免受歧视待遇。1991 年 10 月,由民主党控制的国会与布什总统在经过两年激烈对抗之后,终于同意对 1964 年《民权法》第七章加以修订,从而制定了 1991 年《民权法》(该法有时又称为《丹福斯-肯尼迪法》,Danforth-Kennedy Act)。这项新法的制定,是由于联邦最高法院在 1989 年、1991 年作出的一系列判决中曾对《民权法》xxvii 作出狭义解释,新法反映出国会与联邦最高法院之间在反歧视方面存在的意见分歧。

然而,事实上,1991 年《民权法》不仅仅是推翻了联邦最高法院的几项判决而已,它更进一步认可了求职者与雇员获得惩罚性与补偿性损害赔偿金的权利,而这些权利在涉及种族歧视和因性别、宗教及残疾歧视而提出的非法解雇诉讼案件中早已存在。许多人相信对新法的讨论可以提高对工作场所性骚扰事件的关注;同时,参议院司法委员会在举行克莱伦斯·托马斯大法官出任联邦最高法院大法官听证会期间,安妮塔·希尔教授提出她在平等就业机会委员会任职期内曾受到托马斯性骚扰的指控,该事件也推动了新法的制定,并且使新法对性骚扰及其他形态的歧视提供新的救济措施。

虽然联邦立法及大部分州法并未对有同性恋倾向的男女遭受歧视的问题提出解决之道,然而这一问题目前已经逐渐引起更多的关注,在加利福尼亚州已经变得尤为突出。前任州长乔治·杜美金(George Deukmejian)与现任州长皮特·威尔森(Pete Wilson)都曾先后否决过在工作场所中禁止这种歧视的州法案,但在 1992 年,威尔森州长已经将这项草案正式签署为法律,尽管与他先前否决的法案相比,其适用范围受到更多的限制。这种对同性恋者的歧视与 1990 年、1991 年联邦立法所要解决的歧视情形一样,在未来整整十年里都将成为大众瞩目的焦点。

1993 年 2 月 5 日,克林顿总统将 1993 年《家庭与医疗假法》(Family and Medical Leave Act)签署为正式法律,该法与某些禁止歧视法所要解决的问题关系密切。它规定雇用员工 50 人及以上的雇主,应允许雇员享有最长 12 周的无薪但职位受保障的假期,以便照顾刚出生或领养的儿童、照料生病的儿童或父母,或者基于雇员自身严重的健康问题等。根据其他有关公平就业措施的立法,这些休假通常只有在雇主所采取的措施确实存在性别歧视的情况下雇员才有机会获得。

此外,还有一项特别有趣的进展,那就是美国司法部与国际卡车司机兄弟会(International Brotherhood of Teamsters)达成和解协议,据此,政府将对该工会所组织的选举活动进行极为严密的监督,并且在该工会选举全国领导人时也将采用秘密投票的方式直接选举产生,以取代过去沿用的间接选举方式。当然,目前还有许多工会组织采用间接选举的方式选出他们的领导人。但是,卡车司机兄弟会达成的这项和解协议,不仅能从内部对该工会加以改革并解决贪污腐败问题,而且鼓励在工会内部程序中采取秘密投票方式,从而可能会对整个劳工运动产生影响。

虽然过去几十年间,美国劳工运动确实遭遇过重重困难,但是在一个规模很小但是曝光率很高的部门却屡次获得成功,这个部门由代表职业运动员的工会组成,尤其是美国大联盟棒球运动员协会[①]以及全国篮球运动员协会(National Basketball Players Association)。这些工会达成的集体谈判协议通常能为运动员争取到平均百万美元的薪酬。甚至橄榄球运动员,虽然自 1987 年罢工[②]以后就没有一个工会组织代表他们,却能利用反垄断诉讼的方式[③],以及 1993 年早期谈判达成的一项新的集体谈判协议来改善自身的地位。

最后,在整个 20 世纪 90 年代到 21 世纪初,劳动法上最为重要的议　xxix
题之一可能就是,美国的劳资关系是否变得更趋合作而不是更趋对抗。在一连串判断由雇主协助或鼓励成立的雇员委员会是否非法的案件中,1992 年 NLRB 对电子信息公司案(Electromation, Inc.)[④]的裁决是首开先河的案件。一般而言,这类雇员委员会通常是在一个不存在工会的环境中运作的,然而,即便在工会作为专属谈判代表已经存在的情况下,有时也可能会出现。将来不论是在法院还是国会,这一问题都将会引发激烈的讨论。

在此对希拉·科恩(Sheila Cohen)、巴里·迪奥纳林(Barry Deonarine)、蒂莫西·古德(Timothy S. Gould)以及亨利·丁斯代尔(Henry Y. Dinsdale)等在研究上提供的协助致以诚挚感谢,同时还要特别感谢凯瑟琳·施奈德(Kathleen Schneider),因为她不仅承担了整个草稿的打字工作,而且还在

---

①　1985 年、1986 年及 1987 年的三个冠军赛季中,该联盟球队老板曾秘密串通来对付球员自由经纪人制度,但却被大联盟棒球工会所击败,工会还由此获得了赔偿。See *Major League Baseball Players Association and the Twenty-Six Major League Baseball Clubs*, Panel Decision No. 76 (Roberts, Chairman, September 21, 1987); *Major League Baseball Players Association and the 26 Major League Baseball Clubs*, Grievance No. 87-3 (Nicolau, Chairman, August 31, 1988); *Major League Baseball Players Association and the Twenty-Six Major League Baseball Clubs*, Grievance 88-1 (Nicolau, Chairman, July 18, 1990).

②　NLRB 认定这些橄榄球队老板在 1987 年的罢工中从事非法行为。*National Football League Management Council*, 309 NLRB 78 (1992).

③　见 Oates, "NFL's Free Agency System Rejected in Antitrust Case," *Los Angeles Times*, September 11, 1992, at A1. 参见 *McNeil v. The National Football League*, 764 F. Supp. 1351 (D. Minn. 1991); *Jackson v. National Football League*, 802 F. Supp. 226 (D. Minn. 1992).

④　309 NLRB 990 (1992).

技术问题上发挥了重要作用,此外,在重新修订这一版本时,她在法律研究上也贡献颇多。丁斯代尔先生是一位杰出的加拿大劳动法律师,同时也是斯坦福大学法学院法学博士候选人,他提供给我的许多资料不仅能够更新先前在第一版和第二版中所呈现的资料,而且对本版首次涉及的问题也有很大帮助。

第二版序

1982 年本书第一版出版至今，劳动法产生了许多重要的发展。面对解除管制或是国外竞争的产业，让步谈判（concession bargaining）的出现（有些情况下对管理层的特权作出新的限制）改变了劳资关系的面貌。国家劳动关系委员会（NLRB）和联邦最高法院作出了难以计数的判决，但有许多无足轻重不必在本书中着墨。NLRB 的组成及其观点，在里根总统第一个任期结束前发生了巨大的变化。事实上，劳工运动对 NLRB 大为失望，这使得劳联-产联（AFL-CIO）主席莱恩·柯克兰（Lane Kirkland）提出了废除《国家劳动关系法》的愿望。[①]

劳工运动衰落至工会的建会率仅为工人总数的约 19％，这引发了劳工一方前所未有的深刻反思。[②]

工会衰落的一个有趣的副产品是，工会组织以外的个人雇员权利的重要性在提高。由非工会会员身份的雇员提出的非法解雇诉讼成为劳动法领 xxxii 域中讨论最多的话题。

在反思本书第二版的变化时，我发现隆德大学和斯德哥尔摩经济学院法学教授莱茵霍尔德·芬尔贝克（Reinhold Fanlbeck）提出的意见和批评特别有见地。芬尔贝克教授是一位精通美国劳动法的瑞典劳工律师，感谢他对我的不吝赐教。

我还要感谢斯坦福大学法学院的约瑟夫·科斯特洛（Joseph Costello）和伊丽莎白·史密斯（Elizabeth Smith）为注释提供的资料，以及玛丽·

---

① W. Gould, "Mistaken Opposition to the N. L. R. B.," *New York Times*, June 20, 1985, at 31.

② 这一反思形成了劳联-产联的一份报告。AFL-CIO, "The Changing Situation of Workers and Their Unions: A Report by the AFL-CIO Committee on the Evolution of Work" (February 1985). See W. Gould, "Labor Takes Look at Itself, Finds Unsettling Things," *Los Angeles Times*, March 29, 1985, pt. 11, at 7.

安·洛拉姆(Mary Ann Loughram)和玛克辛·艾美莉(Maxine Emery)熟练的打字技术。

第一版序

写作本书的想法源于 20 世纪 70 年代我在华盛顿特区劳联-产联劳工研究中心以及伊利诺伊大学香槟分校产业关系学院所做的系列讲座。讲座的听众都是工会会员，而且大部分是地方工会干部和驻厂工会代表（shop stewards）。讲座的主题是劳动法和劳动争议仲裁。演讲后听众讨论得异常热烈，也提出了许多富有启发性的问题。我开始意识到许多人有系统学习劳动法的意愿，也很快发现现有的文献不能满足他们的需求。事实上确实没有一本书籍是专门针对这类听众的。在加州大学伯克利分校产业关系学院给类似的听众做系列演讲的经历再次印证了我的想法。在与一些公司代表的接触中，我很清楚，谈判的双方对于了解劳动法律制度的基本框架都很有兴趣，但是长篇大论式的书籍却令人望而生畏。

20 世纪 70 年代中期，我开始在欧洲、亚洲、非洲和拉丁美洲的一些国家给劳工学者、美国研究专家、工会干部、雇主和政府官员开设美国劳动法讲座。在大部分国家，都有人要求我推荐一本书，以便外国人能了解美国劳动法的纲要。由于当时我无法推荐出这样一本书，这就促使我亲自撰写一本《美国劳动法精要》。在本书写作过程中，我曾获得美国国务院和美国国际通信局的资助，在印度和巴西等国召开研讨会，并得到日本京都美国研究xxxiv学会的支持举办系列讲座。同时，我还在斯坦福大学法学院讲授劳动法基础课程。这些经历对我构思本书都有很大助益。

有些美国劳动法的书籍比本书更加具体和深入。读者如想了解更多，可以参考针对大学生所著的篇幅更长的版本，例如查理斯·O.格雷戈瑞（Charles O. Gregory）和哈罗德·A.卡特（Harold A. Kat）合著的《劳动与法律（第三版）》[*Labor and the Law（third edition）*]，或者为美国学者和律师所写的书籍，例如罗伯特·A.高曼（Robert A. Gorman）所著的《劳动法基本读本》（*Basic Text on Labor Law*）以及查理斯·莫瑞斯（Charles

Morris)主编的《发展中的劳动法》(*The Developing Labor Law*)。如想深入探究雇佣歧视问题,可以参考拙作《白人工会中的黑人劳工:美国的就业歧视》(*Black Workers in White Unions*:*Job Discrimination in the United States*)。在这一领域,涉猎最为广泛的作品是芭芭拉·施莱(Barbara Schlei)和保罗·格罗斯曼(Paul Grossman)合著的《雇佣歧视法》(*Employment Discrimination Law*)。在这方面,面向美国法学院学生的最佳案例书是亚瑟·B. 史密斯(Arthur B. Smith)主编的《雇佣歧视法:案例与材料》(*Employment Discrimination Law*:*Cases and Materials*)。

《美国劳动法精要》一书叙述重于分析。它主要是针对那些对美国劳动法律制度还不甚了解的人,例如劳方代表、资方代表、外国人、在劳动争议解决中处于中立地位而在美国或是产业关系中具有特殊利益的人、偶尔代理工会或是公司但并非这一领域专家的一般执业律师、学习劳动关系和劳动法的学生,甚至是对外国制度概况比较有一定兴趣的劳动法执业专家。

本书的付梓得益于很多人的帮助。我的听众和学生们促使我不断揣摩如何使用材料以及如何表述。斯坦福大学法学院的威廉·基奥(William Keogh)、斯坦福大学商学院的罗伯特·弗拉纳根(Robert Flanagan)、加州大学产业关系学院的诺曼·阿蒙森(Norman Amundsen)阅读了初稿并提出修改意见。我感谢提供宝贵的研究和注释资料的斯坦福大学法学院学生,他们是黛布拉·罗斯(Debra Roth)、托德·布劳尔(Todd Brower)、艾伦·瑞夫斯(Alan Reeves)和凯伦·斯内尔(Karen Snell)。我特别感谢瑞夫斯先生所做的工作,他不仅对本书的内容提出调整建议,还肩负起主要的注释工作。若不仰仗克拉莉·库伯尔(Clarie Kuball)和玛丽·恩莱特(Mary Enright)难能可贵且无比娴熟的打字技术和组织工作,这本书也不可能完成。

本书的研究工作得到了斯坦福法律研究基金的资助,该基金会是由艾拉·李里克(Ira S. Lillick)的遗产和罗德里克·E.(Roderick E.)、卡拉·希尔斯(Carla A. Hills)以及其他斯坦福法学院校友的捐赠而设立的。

最后，若非我的妻子希尔达和三个儿子比尔、蒂姆和艾迪能够理解和容忍我长期旅居国外或是留在斯坦福法学院的办公室里工作，我也无法完成此书。

第一章　概述

美国的劳动法与美国的产业关系系统是一种共生关系,要理解其中一个就不能不考察另一个。这应该并不让人感到意外,毕竟,法律、律师和诉讼在我们的社会中扮演着重要角色。我们的集体谈判制度主要是由劳资双方创立的,而不是通过政府和法院。事实上,我们经常忘记——外国观察者也无法领会——我们解决劳动争议的最重要的工具是我们的私人仲裁制度。这套制度是在法院和行政机关的正式法律制度之外运行的。在审视美国劳动法的历史和内容之前,让我们先从它们根植于美国产业关系系统中的动因开始说起:结社劳工。

作为美国产业关系系统演变的结果,美国工会对法律的态度与其他国家(例如英国)迥然不同。这并不是说美国工会对律师不抱有成见且有理有据的不信任感,但是在美国,工会并不反对法律,人们无时无刻都能体会到这种态度。这是因为美国工会,特别是出现在 20 世纪 30 年代大萧条时期的产业工会,在未获得产业权力之前先获得了政治权力。美国工会愿意并且乐于将法律看成是获得自身发展、得到雇主承认以及与雇主建立谈判关系的一种有益的助力。

工会主义(trade unionism)在美国姗姗来迟。19 世纪末(特别是 19 世纪 80 年代)在美国工人中间出现萌芽,最初在劳工骑士团(Knights of Labor)的旗帜下,试图团结非技术工人和技术工人(一次注定失败的冒险)。第二次重要的尝试是最初由塞缪尔·冈珀斯(Samuel Gompers)领导的美国劳工联合会(American Federation of Labor,AFL,简称"劳联"),他所推崇的工会主义专注于劳工能在谈判桌上得到什么。劳联,作为一个有许多附属工会的中央联合会,努力避免像欧洲工会那样正式隶属于某个政党。冈珀斯常说:"我们应该奖赏劳工的朋友,惩罚劳工的敌人",这反映了一种将劳工融入政党的政治过程,但又不准备正式隶属于政党的哲学。然而,至今劳联－产联(AFL-CIO)作为全国性工会的综合性组织,扮演着十分活跃的政治角色;除 1972 年外,劳联－产联支持从阿达雷·史蒂文森(Adlai Stevenson)开始的每一位民主党总统候选人。

世纪之交,冈珀斯和劳联的权力与声望被用于代表以职业为基础组织起来的技术工匠。那些被同业工会(craft union)所排斥的、认为不可组织的工人群体,在 20 世纪 30 年代以前尚不隶属于主要的产业工会(或任何工会)。在这一关键时刻,像汽车工人联合会(United Auto Workers)、钢铁工人联合会(United Steelworkers)、橡胶工人联合会(United Rubber Workers)等这类新的工会涌现出来。他们试图在一个新联盟——产业工会联合会(Congress of Industrial Organizations,CIO,简称"产联")的羽翼之下,组织并代表生产工人和熟练的技工。这些工会组织伴随着法律而成长。在某种程度上,它们的结构是由国家劳动关系委员会(以下简称为"NLRB")制定的法律规范所塑造的,它们的运作依据《国家劳动关系法》(以下简称为"NLRA"),而谈判单位或是工作分类的确定,也是以将半技术工人和非技术工人包含在与技术工人同一个谈判单位内、在产业层面上开展集体谈判 3 为目的。① 这些特点均与英国的劳工团结史形成对比。在英国,大规模的总工会不按工作类别或产业来组织工人,而 19 世纪 80 年代的"新工会主义"更是极力将半技术和非技术工人组织起来。英国工会在未获得政治权力之前先拥有产业权力,因此他们利用自身的地位和力量将法律对工会事务的干扰拒之门外。这是艾斯奎斯(Asquith)首次组成自由党政府时,其劳工立法的核心推动力,而工会在当时的政府中也具有一定的影响力。1906年的《贸易争议法》(the Trades Disputes Act)规定,工会的各项活动免受法院的司法管辖。② 美国在《诺里斯－拉瓜迪亚法》(Norris-LaGuardia Act)③时期采用类似的自由放任政策,但是很快随着 1935 年 NLRA 的通过便被抛弃,后者规定了开展集体谈判的权利。无论结果是好还是坏,时至今日美

① *American Can Co.*,13 NLRB 1252(1939).
② Edw. 7,ch. 47.
③ Norris-LaGuardia Act,ch. 90,47 Stat. 70(1932),29 USC §§ 101-15(2012).

国工会仍然向法律特别是 NLRB 寻求支持。

美国劳动关系制度的另一个主要特征是其分散化的谈判结构(再次以欧洲为标准)。在欧洲,特别是欧洲大陆,是多雇主或是产业范围的谈判模式。在德国,第二次世界大战以来,工会的主要功能就是谈判区域性工资率或协议,以建立某一地区的最低标准。在瑞典,工资谈判在中央层面举行,由中央劳工联合会(the Central Labor Federation,LO)和瑞典雇主联合会(Swedish Employer Federation)发起,并伴随由主要产业工会参与的产业层面的谈判。④ 历史上,全行业谈判(industrywide bargaining)在英国一直占统治地位,尽管程度上有所减弱。在所有这些国家存在着代表雇员的地方工会,但是这些地方机构通常并不像在美国那样具有强烈的存在感或是与国家级工会有密切的联系。在英国,驻厂工会代表会谈判工资,有时也会谈判其他雇佣条件,这些谈判通常由独立于全国性工会组织的委员会来承担。在德国,工人委员会(Betriebsrate,shop committees or works councils)依据法律规定参与到广泛的雇佣决策中,有时对雇主的决策拥有否决权。⑤ 近些年,德国的工会特别是金属工业工会与工人委员会制度更加紧密地结合,在工厂中扮演愈加重要的角色。在瑞典,有工厂层面运作的地方俱乐部(大致等同于美国的地方工会),但是许多工厂太小,因而没有这样的俱乐部。

在美国,适格的工人组建工会的比例低于欧洲和日本的水平。⑥ 然而,

---

④ T. C. Johnston, *Collecative Bargaining in Sweden*(1962).

⑤ Works Constitution Act of 1952, Bundesgesetzblatt, Teil 1, 681.

⑥ 2017 年,美国劳动人口中工会会员的比例是 10.7%;2016 澳大利亚的可比数据是 15%;英国是 23.5%;加拿大是 31.8%(2015 年)。参见美国劳工部劳动统计局(US Department of Labor, Bureau of Labor Statistics),www. bls. gov;澳大利亚统计局(Australian Bureau of Statistics),www. abs. gov. au;英国商业创新与技能部(UK Department of Business Innovation & Skills),www. bis. gov. uk;加拿大统计局(Statistics Canada),www. statcan. gc. ca。(会员比例)下降已经持续了很长一段时间。参见例如 W. Serrin, "Union Membership Falls Sharply; Decline Expected to Be Permanent," *New York Times*, May 31, 1983, at 1. 比较 Steven Greenhouse, "Share of the Work Force in a Union Falls to a 97-Year Low, 11.3%," *New York Times*, January 24, 2013, at B1. 另见 Kathleen Miles, "Unions Gain Latino Members, Could Be Unions' Saving Grace," *Huffington Post*, Jan. 25, 2013, www. huffingtonpost. com/2013/01/25/unions-latino-members-saving-grace-n_2543486. html? 1359100934。

只要建立了工会组织,很明显美国工厂一级工会与全国性工会的联系比其他任何工业化国家都要紧密。地方工会通常建立在工厂一级,他们在会费分享结构上正式隶属于全国性或是国际性工会。如果会员众多、会费充裕,一些地方工会干部(如主席和财务负责人),可以由地方工会全职雇佣,并从工人的会费中支付报酬。但是,又有很多地方工会,所有的工会干部都是公司的全职雇员,在他们参加集体谈判或是处理申诉的时候,他们的工资可以由公司(集体谈判协议通常会作出规定)或是从地方工会经费中支付。

美国的大多数集体谈判协议是在地方工会的参与下在工厂层面谈判的。相对来说,协议内容具体而广泛。地方工会最重要的职能之一是处理有关协议解释的申诉。地方工会有时也会参与争议处理程序的最后一个步骤——仲裁。地方工会通常会支付仲裁费用中工会需要承担的部分,但是如果地方工会和雇主特别爱打官司,就会造成地方工会财政枯竭。然而,由于大多数争议在处理程序的前几个步骤就得到了解决,因此地方工会十分依赖于申诉委员会的委员(委员会是由全职雇员组成的)处理争议。同样地,地方工会在申诉处理程序中也要仰仗驻厂工会代表,他们也是全职雇员,代表工会发挥重要职能。[7]

美国工会在组织结构上的另一个特点在于工会的组织基础及其组织的理论依据。到现在为止,我们只考察在单一工厂组建的地方工会。地方工会也可以是以多个工厂或是多个公司[即所谓"混合式地区工会"(amalga-mated locals)]为基础组建的。更广义来说,它们可以隶属于某个全国性的同业工会、产业工会或是总工会。美国的总工会在某种程度上是独一无二的,最好的例子是国际卡车司机兄弟会,它是美国最大的工会组织(的确如此,但是它仅建立于一个行业,即运输业)。全国性工会的干部可以参与协议的谈判,但是大多数的谈判人员是地方工会干部。

今天,大多数工会隶属于1955年合并的劳联-产联。这个工会联合会订有一项互不争夺会员协议(no-raiding agreement),对它的附属机构均有

---

[7]　L. Sayles and G. Strauss, *The Local Union* (1953).

6　约束力。同业工会在劳联-产联的领导权和政策制定上发挥着主导作用。尽管国际卡车司机兄弟会、矿业工人联合会（United Mine Workers）、国际码头工人和仓库工人联合会（International Longshoremen and Warehousemen）（西海岸码头工人）、汽车工人联合会，曾在不同时期脱离劳联-产联，但最终他们浪子回头。一些工会，如服务业雇员国际工会（Service Employees International Union）、国际卡车司机兄弟会和食品与商业工人联合会（United Food and Commercial Workers）建立了一个名为"变则赢"（Change to Win，又译"变革谋胜利"）的新联盟，但仍然保持着与劳联-产联的密切联系。⑧ 另一方面，木匠联合会（United Brotherhood of Carpenters）退出了劳联-产联，与其他工会组织相反（除了国际卡车司机兄弟会），支持2001 年第二届布什政府的政策。

美国制度的另一个重要方面是工会对工资的观念。⑨ 历史上，美国工会主义一直在经济诉求方面表现强硬。有人认为，这种现象部分可归因于美国劳动者缺乏阶级团结。

由于劳工组织不能以阶级诉求为基础吸引劳动者，因而诉求只能建立在工资和附加福利（fringe benefits）上。由此催生了某些人所称的"商业工会主义"（business unionism）或者"面包黄油工会主义"（bread-and-butter unionism）。

在美国，许多由劳资双方在谈判桌上处理的事项，在欧洲是通过立法解决的。特别是在附加福利方面更是如此，如假期和假期工资、节日、失业补偿、疾病保险、住院津贴。

传统上，免于无理由解雇的保护、工人因工厂关闭或工作外包而被裁员

7　的补偿，在美国一直是通过集体谈判解决的。在欧洲，无论是因为经济原因还是基于惩戒而发生的不公平解雇（unfair dismissal），都是通过立法来解决的。但是最近在加利福尼亚州最高法院⑩的引领下，一些州法院开始作

---

⑧　See Ruth Milkman, "Divided We Stand," *New Labor Forum*(Spring 2006), at 38.

⑨　S. Perlman, *A Theory of Labor Movement*(1928).

⑩　*Tameny v. The Atlantic Richfield Co.*, 27 Cal. 3d 167(1980).

出判决，认为雇主不得无正当理由、任意或是恶意地解雇雇员。⑪（本书第十一章包含对这一发展更为详尽的讨论。）正是由于这些判决的推动，美国联邦及一些州已经制定了规范工厂关闭和裁员的立法。⑫ 与美国和欧洲不同的是，在日本，大公司中"永久"工人（"permanent" workers）的终身雇佣一直受到公司单方面制定的制度保障，而并未纳入集体谈判制度之中。⑬但是，日本 20 世纪 90 年代的经济困难史无前例地侵蚀着这一传统。

因此，在美国，通过集体谈判商讨和解决的事项，数量远远大于欧洲和日本。缺乏欧洲的福利国家制度和日本的父爱主义（paternalism），美国工会只能（或必须）在与资方的谈判中表现活跃。工会招徕工人时所提出的许诺涵盖许多事项。美国的制度鼓励工会在谈判桌上争取更多，鼓励资方安装更多节省人力的设备以提高生产率（这种现象近些年似乎有所减少）。集体谈判的分散化和工会基于工资意识的行为也促使美国雇主抵制工会组建活动。相应地，比起其他工业化国家，美国有更多的工会组建与承认方面的纠纷。由于雇主预期组建工会将导致劳动力成本上升和潜在的竞争问题，这加剧了雇主对工会的抵制，也成为 NLRB 受案负担沉重的部分原因。在NLRB 每年处理的超过 2.5 万件不当劳动行为控诉中⑭，大部分与歧视性惩戒和解雇劳动者有关，而且经常是发生在工会组建过程中。NLRB 参加的诉讼比其他任何联邦机构都要多。

在德国或斯堪的纳维亚国家，劳动争议可以在产业层面上解决，当事人受到案件处理结果的约束。但是在美国，本质上相同类型的争议会一而再、

---

⑪　See "Protecting at Will Employees against Wrongful Discharge: The Duty to Terminate Only in Good Faith"(comment), 98 *Harv. L. Rev.* 1816(1980); "Implied Contract Rights to Job Security"(note), 26 *Stan. L. Rev.* 335(1974), C. Summers, "Individual Protection against Unjust Dismissal: Time for a Statute," 62 *Va. L. Rev.* 481(1976).

⑫　许多州都制定了规范工厂关闭的立法：加利福尼亚州、康涅狄格州、夏威夷州、伊利诺伊州、堪萨斯州、缅因州、马里兰州、马萨诸塞州、密歇根州、新罕布什尔州、新泽西州、纽约州、俄勒冈州、罗得岛州、南卡罗来纳州、田纳西州和威斯康星州。

⑬　See W. Gould, *Japan's Reshaping of American Labor Law*, at 94-116(1984).

⑭　关于不当劳动行为指控以及其他活动的最新数据，见国家劳动关系委员会网站 http://www.nlrb.gov/new-soutreach/graphs-data/。

再而三地提交到 NLRB,因为不同的雇主和劳动者认为自身的情况总是与以前的裁决存在细微的差别,他们并不受任何联合会或产业层面的判决或裁决的约束。此外,因为大多数案件与惩戒或者解雇有关,它们实质上是事实问题,并没有普遍性的规则能够加以处理。

美国的产业关系制度具有多重特点,这里所触及的是一些主要的和次要的特点,以及被广泛争论的特点。但是,几乎没有人会质疑,我们的劳动法稳固地建基于产业关系制度的基本特征。那么,美国的劳动法是如何形成的呢?

第二章　现代立法以前的
产业关系与劳动法

在美国和欧洲，产业革命带来雇主之间在远程市场上的竞争。这造就了一个劳动力日益被当作原材料或商品看待的环境，因此在劳动者与其雇主之间产生一种强烈的不和谐感也就不足为奇了。在思考美国当今的产业关系和劳动法时，这一历史发展是不可分割的。

美国和欧洲的劳动者寻求联合起来保护自己，从而对抗商业联合、托拉斯和垄断组织降低劳动力成本的企图。美国的法院和英国的议会，通过它们的"反兼并"（anticombination）法，试图将这些工人的联合贴上限制贸易的非法共谋罪（conspiracy）的标签，因为这种限制会破坏雇主之间的自由竞争。在美国，规制共谋罪的法律是刑法，（雇主）借助刑事起诉书（indictment）来阻止试图提高工资的劳工联合。适用刑事共谋学说的代表性判例是 1806 年的费城鞋匠案[①]。该案所引发的一些问题延续至今：

> 对商业无"永久利益"（permanent stake）的个人如何能实质性地[10]参与到与之相关的决策中？正如费城鞋匠案的起诉书所说的："你会允许那些在城市里无永久利益的人破坏它（商业）吗？那些能把他们的全部家当打个背包或者装在他们的口袋里去纽约或是巴尔的摩的人？"

何为工人恰如其分的利益范围？何为雇员不容染指的资方特权？对这一问题的任何讨论往往都会涉及保守党的观点，即私人团体（如工会）干扰了制造业的快速增长乃至于国家的繁荣，而这种观点是美国第一任财政部

[①]　*Commonwealth v. Pullis*（*The Philadelphia Cordwainer's Case*），Mayor's Court of Philadelphia（1806）. See J. Commons, *Documentary History of American Society* 59（1910）.

长亚历山大・汉密尔顿(Alexander Hamilton)所极力主张的。

如果工人等到订单暴涨时伺机对雇主施加压力要求涨工资,那么如何能稳妥地确定产品的价格? 在这种情况下,远程市场上的商业合同该如何谈判?

对于这些新的私人社团联合体的出现,以及这些团体为使个人服从联合体有关集体利益的观念而对他们施加的压力,究竟应该如何看待? 正如杰布・哈里森(Job Harrison)在费城鞋匠案证词中所说的:"如果我没有加入这个团体,那么不会有人与我一起工作……或是接受同一个屋子里的食宿,他们也根本不会为同一个雇主工作。"

但是,费城鞋匠案还是存在一些问题。这一判例并未最终判定劳工联合本身是否是非法共谋,或者是否有必要证明其目标是改善工资和工作条件,但是该判决被用作雇主的法律武器,并因此阻碍了工会的发展。

在 19 世纪,不计其数的司法判决使工人通过联合改善工资和工作条件的努力成了非法的刑事共谋。1842 年,一份里程碑式的判决预示着控制工会活动的一种新的司法方式。马萨诸塞州最高法院在州诉亨特案(*Commonwealth v. Hunt*)[②]中阐明了一个认定标准,它贯穿于 20 世纪关于司法机关处理劳动争议时究竟应起何种作用的大讨论之中。这一认定标准建立在对策略、动机和意图的评估之上。在亨特案中,法院认为"封闭工厂"(closed shop)协议,即要求工人在受雇以前加入工会的协议具有合法的目的。联邦最高法院指出:

> 社团所表明的意图是吸引那些从事同一职业的人成为其会员。这一目的并不违法。社团会赋予其成员以力量,而这种力量可能会被用于有益和光荣的目的,抑或用于危险和有害的目的。如果有证据证明,后者才是其真实和真正的目的,那么该社团应该受到专门的指控。这一社团可能被用于在其成员贫困、疾病和危难时提供互助,或者提升他

---

② 45 Mass.(4 Met.)111(1842).

们的智力、道德及社会条件；或是增进他们的技能；或是其他适宜的目的。反之，这一社团也可能为压迫他人以及其他不公平的目的而成立……某一社团成立之初，其宣称的目标是清白的、值得称道的，但是他们可能有秘密文件或是只在成员之间交流的协议，通过协议他们联系在一起，但却是为了有害社会安宁或者有害其成员权利的目的。事实若能被证明，这毫无疑问就是刑事共谋，无论其宣称的目标多么有价值，多么值得赞许。③

相较于利用刑事共谋理论作为阻挠工会发展的工具，亨特案的判决无疑是一种突破。尽管在该案中刑事共谋法理并未遭到废除，但是联邦最高法院并未认定劳工的目标不具正当性。此后，刑事共谋理论开始逐渐被废弃不用，然而其他一些法律理论仍被用来责难工会。

法院在民事领域遵循的规则是"表面证据侵权"（prima facie tort）理论：对另一方故意施加经济上的侵害是一种侵权行为，因此是非法的，除非基于合法目的。这意味着从表面上看，工会须对因私人的过错（工会通过罢 12 工和纠察向雇主施加的经济压力措施）给另一方造成的损害承担赔偿责任。

然而，工人的私利（self-interest）是合法目的吗？有必要对（工人、雇主和公众之间）相互抵触的经济利益进行司法衡平吗？法院通常会选择后一个标准。由于无章可循，法院乐于运用其自身的社会经济偏好来决定什么是"合法目的"。正如考克斯（Cox）、鲍克（Bok）和高曼（Gorman）所说：

> 在民事方面……劳动诉讼的数量迅猛增加，虽然不可能重构后内战时期（post-Civil War period）的法律氛围，但可以公平地说，当工会组建中的冲突引发的劳动争议被提交到法院时，尽管有些散见的先例可循，但是法官大体上能自由地、与时俱进地创造新法，而仅受到一些

---

③　45 Mass.（4 Met.）111（1842），at 129.

模糊"原则"的指引,而这些原则往往出自法官更加熟悉情况的判决之中。④

1896 年,马萨诸塞州最高法院颁布了一项针对纠察(picketing)或"巡逻"(patrolling)的禁令,因为这一行为干涉了合同自由及以当事人同意的价格雇佣个人的权利。⑤ 在法院看来,这些对商业的干预是"妨害个人安宁(private nuisance)的行为",因此应被禁止。这意味着司法禁止工会巡逻,违反的个人会被处以罚款或是监禁。然而,对判决持异议的奥利弗·温德尔·霍姆斯(Oliver Wendell Holmes)大法官则认为,巡逻并不必然带有非法活动的威胁或是对身体的伤害:

> 没有证据表明超过两人的巡逻队有任何威胁或者危险。当然,在通常情况下,法院不应颁布禁令,除非有充分理由证明,若不颁布禁令,则确有威胁或是危险存在。在这种情况下,法院应当考量是否应禁止两人的巡逻行为。再者,法院的最终判决(final decree)禁止被告通过明示或默示的威胁手段,对任何意图与原告建立雇佣关系的人造成人身或财产的损害,借以防止其与原告达成这项协议。为了证明我们不愿进一步深究的正确性,则必须假设被告服从判决中明示的禁止事项。⑥

此外,霍姆斯反对所谓"正当行为"(justifiable conduct)标准(只有经济压力措施或纠察的目的是正当的,才受到不颁布禁令的保护):"判决的真正基础是对政策和社会利益的考量。仅仅通过逻辑和无人质疑的普遍法理就

---

④ A. Cox,D. Bok,and R. Gorman,*Cases and Materials on Labor Law*(8th ed.,1976)。有观点认为不仅法律是压制性的,工会的行为也受制于工会领导人对法律的见解,见 W. Forbath,*Law and the Shaping of the American Labor Movement* (1991)。

⑤ *Vegelahn v. Gunther*,167 Mass. 92,44 N. E. 1077(1986).

⑥ 44 N. E. at 1080.

能获得解决之道,这种假设是徒劳无益的。"⑦

霍姆斯还质疑"表面证据侵权"理论,同时对工会是否有能力通过集体施压获得更多的财富也深表怀疑(除了以牺牲组织性较差的工人为代价)。⑧这一问题持续引发激烈的争论,⑨而霍姆斯的基本主张仅仅是,当立法机关的指令缺位时,法院不应该创造自己的政策。

与此同时,在劳联羽翼渐丰之时,一项遏制工会发展的新式司法武器发展起来,它的成文法依据可以在 1890 年《谢尔曼反垄断法》(Sherman Antitrust Act)中找到。⑩ 伴随着产业革命和西进移民,垄断组织获得了支配地位与力量。谢尔曼法对垄断作出了回应,其基本原理是禁止压制商业竞争行为。该法颁布不久,一些雇主就提出,工会和它们所采用的经济压力措施达到了同样的目的,因此是违反规定的。在谢尔曼法以前,法院也曾对贸易限制(restraint of trade)予以打击,但是采用的方法是在司法上拒绝履行某些合同,例如该合同规定某一雇主违背行业惯例或市场分配或价格协议时,对其进行联合抵制。谢尔曼法的目标是在法律上明确规定,非法共谋会遭致法庭上的起诉。

在有关《谢尔曼反垄断法》的辩论过程中,国会并未阐明法规对劳工的适用问题。在普通法中,"贸易限制"一词本义为聚合、联营或联合,目标是控制供应和产品的价格,其目的是压制从事州际货物运输的公司之间的竞争,以此在产业中确立独占地位。在普通法中,证明贸易限制需要证明其动机是损害或是限制他人职业上的追求。

1908 年,联邦最高法院的洛伊诉劳洛尔案(*Loewe v. Lawlor*)⑪,即人们更为熟知的丹伯里制帽商案(*Danbury Hatters*),是反垄断法适用于劳工问题的首次尝试。在该案中,北美制帽工人联合会(United Hatters of

---

⑦　44 N. E. at 1080.

⑧　Id.

⑨　A. Rees, *The Economics of Trade Unions* (3rd ed., 1989).

⑩　26 Stat. 209(1890), as amended 15 USC § 1-7(2012).

⑪　208 U. S. 274(1908).

North America)为了在 D. E. 洛伊公司组建工会,而发动一场针对该公司的罢工,其中涉及次级联合抵制(secondary boycott)。工会试图让遍及全国多个州的消费者抵制该公司的帽子。工会及其联盟(劳联及其附属工会)不仅试图抵制该公司,而且试图抵制光顾这家公司的任何人。由于工会行动的目标不是与工会发生争议的雇主而是其他主体,因此这种策略被称为"次级"行动。联邦最高法院在本案得出结论,反垄断法适用于劳工问题。首席大法官梅尔维尔·富勒(Melville Fuller)代表法庭指出:"国会的记录表明,国会曾几番尝试通过立法豁免反垄断法对农民和劳工组织的适用,然而这一切努力均告失败,因此法律仍是我们面前的这副模样。"⑫

　　丹伯里制帽商案造成的影响对工会来说无疑是毁灭性的。工会以及其他团体都认为法律的解释并不恰当,因为在反垄断法颁布以前的国会辩论中工会问题并不是焦点问题。此外,由于《谢尔曼反垄断法》规定了三倍的损害赔偿金,而不是赔偿实际损失的数额(并同时适用刑事制裁),在历经14 年的诉讼以后,丹伯里制帽商案的最终判决数额十分庞大,高达 25 万美元。而判决中最为棘手的地方则在于,每个工会会员个人均须承担责任。1917 年,该案以略高于 23.4 万美元的赔偿金达成庭外和解,而劳联的工会会员通过自愿捐款募集了 21.6 万美元。当时,广大劳工不得不以传递帽子的方式募捐款项,以避免会员的房屋被法院查封拍卖,这段历史让这一案件无法被人遗忘。在联邦最高法院 1908 年丹伯里制帽商案判决作出后,立即掀起了一场主张推翻判决、反对《谢尔曼反垄断法》适用于工会的劳工运动。1908 年,民主党曾承诺修改反垄断法以便推翻法院的判决。1912 年,民主党重申了自身的立场,提出:"劳工组织和会员不应被看作限制贸易的非法组织。"⑬1912 年伍德罗·威尔逊(Woodrow Wilson)当选总统后,这些努力在 1914 年《克雷顿反垄断法》(Clayton Antitrust Act)中达到高潮,塞缪尔·冈珀斯(Samuel Gompers)随即将该法称为"劳工的大宪章和民权法"

---

⑫　208 U. S. 274(1908)at 301.

⑬　A. Mason, *Organized Labor and the Law*, at 170(1969).

以及废除奴隶制以来最重要的立法。《克雷顿法》的两个核心条款是其第六 16
条和第二十条。

第六条阐明：

> 人类的劳动不是商品或交易的物品。反垄断法的任何内容不应被
> 解释为，禁止以互助为目的而组建的劳工组织的存在与运作，或禁止与
> 限制这些组织的个人会员依法实现其合法目的；这些组织或其会员不
> 应依据反垄断法被认定或看作非法组织或限制贸易的共谋。[14]

冈珀斯说，第六条"如重锤般猛击工人长期遭受的恶行与不公""这一宣
言是产业大宪章，依赖它，劳动人民将建立起实现其产业自由的组织结
构"。[15] 然而，第六条的意义究竟为何？其中所彰显的命题只有一个：反垄
断法不得视为禁止劳工组织的存在与运作，因此尽管这些组织从定义上看
是反竞争的，因为他们追求在同一工厂、公司乃至更大的地域内，甚至最终
在全国范围内，压制工人之间的竞争，但它们不应被视为非法组织。

对第六条起到补充作用的是《克雷顿法》的第二十条，即冈珀斯称之为
"民权法"的部分。第二十条阐明，美国的任何法院不得对"任何在一个雇主
与雇员之间、多个雇主与雇员之间、雇员彼此之间或雇员与求职者之间，涉
及或基于雇佣条款或条件的争议"颁布限制令（restraining order）或禁令，
除非造成不可弥补的损害并因此缺乏足够的法律救济。限制令或禁令通常 17
用于强制某人或机构为某种特定行为。禁令在过去经常用来并且现在仍然
用来强制工会停止罢工、纠察或针对雇主的其他形式的经济压力措施。对
于工人举行罢工或和平纠察，抑或敦促个人停止光顾"这类争议中的任何当
事人"的行为，第二十条也禁止法院为此颁布禁令。尽管第二十条的表述非

---

[14]　Clayton Antitrust Act 6，38 Stat. 730(1914)，as amended 15 USC § 15，17，26(2000)，29 USC § 52(2012).

[15]　S. Gompers，"The Charter of Industrial Freedom-Labor Provisions of the Clayton Antitrust Law," 21 *Federationist* 971(1914).

常宽泛,但它仍未阐明工会的何种经济压力措施是适当的。由于成文法并未限制在雇主与其雇员之间的争议中颁布限制令,因此人们可能认为次级联合抵制不应被视为非法。但是,当联邦最高法院在双面印刷机有限公司诉迪林案(*Duplex Printing Press Co. v. Deering*)[⑯]中处理这一问题时,美国的工会组织以及塞缪尔·冈珀斯本人都着实大吃一惊。

联邦最高法院对双面印刷机公司案的判决,几乎摧毁了劳工组织对克雷顿反垄断法抱有的希望和期待。在该案中,原告是密歇根州战溪(Battle Greek)地区的一家印刷机制造商,雇佣了大约两百名工厂机械师以及一些办公室雇员和其他人员。该公司向法院提起请求禁令救济(injunctive relief)的诉讼,以限制工会发起的针对该公司的次级联合抵制。该公司实行"开放工厂"政策,即不对工会会员或者非会员采取歧视政策。工会在工厂发起一场罢工,其目标是实行封闭工厂政策(即只有工会会员才能受雇)、八小时工作日和工会标准工资(union scale wages)。当只有少数工人参与工会组织的罢工时,工会又通过警告顾客,让他们最好不要从该公司购买产品的方式,试图抵制公司的产品,还以同情罢工(sympathetic strikes)威胁顾客,引诱顾客的雇员参加反对其雇主的罢工。此外,工会还通知各家修理厂不要为双面印刷机公司承担维修工作,并威胁工会会员不要协助该公司安装设备,否则他们将失去其工会卡。在这种情况下,双面印刷机公司以工会非法限制贸易为由提起反垄断诉讼。

联邦最高法院在本案中表示,依据《克雷顿法》,将初级联合抵制与次级联合抵制加以区分,对于工会行为是否适用豁免是至关重要的。该院首先考查了该法的第六条,并陈述如下:

　　　　该条假设劳工组织的常规目标是合法的,并宣称反垄断法的任何内容不应被用于禁止劳工组织的存在与运作,或其工会会员依法实现其合法目的;这样的组织不应仅仅因为它的存在或运作被看作非法联

---

⑯　254 U.S. 443(1921).

合或限制贸易的共谋。但是,当组织或其成员背离常规、合法的目标,从事事实上的限制贸易的共谋,该条的内容并不免除。⑰

接下来,联邦最高法院聚焦《克雷顿法》的第二十条,指出该条款专门规定在"一个雇主与雇员"之间存在劳动争议时,禁止美国法院颁布限制令或禁令,"除非当缺乏足够的法律救济",有必要防止对财产或是财产权造成无法弥补的损害(意即受损方无法通过损害赔偿得到足够的补偿),在这种情况下,该条第一段对法院颁布禁令的禁止,与以往一样仅具有法律上的宣示(declaratory)作用。⑱ 联邦最高法院指出:"本条第一段只是将早已建立并为人熟知的在美国法院衡平裁判时普遍适用的有关颁布禁令上的限制,转变为法律的形式而已。"⑲该院进一步指出,该条第二段所提到的案件是指 19 当事人与第一段所特指的争议具有直接关系(proximate relations)的案件。虽然大多数联邦上诉法院过去曾认定,该条所称的"多位雇主与雇员"(employers and employees)一语应当是指"诉讼当事人分别所属的职业类别或派别(business class or clan)",然而,联邦最高法院却认定,当工会的次级联合抵制行动针对与战溪工厂"完全无关"的雇主时,对法律作出的任何解释若排除了这些雇主应当获得的救济,那么这种法律解释都是"完全不可接受的"。⑳ 最后,基于对这部法的立法过程所作的选择性的回顾,联邦最高法院并未采纳"个别国会议员的观点和动议",而是依赖于该院所承认的委员会的各项报告,尽管这些报告并未"明确"阐述次级与初级联合抵制究竟是不是被允许。重要的是,联邦最高法院表明,对"许多无辜的人"(次级雇员以及离"最初"的争议"很遥远"的雇员)造成损害是应受谴责的。㉑

在该案中,路易斯·布兰代斯(Louis Brandeis)大法官与包括霍姆斯人

---

⑰　254 U. S. 443(1921),第469页。

⑱　同上,第470页。

⑲　同上。

⑳　同上,第471页。

㉑　同上,第477、478页。

法官在内的另外两位大法官提出了一份措辞强烈的反对意见书。他们认为,机械师工会与公司之间的争议涉及"每个人至关重要的利益,并且需要人们之间的合作"。布兰代斯大法官指出:"如果某种商品的生产本身会恶化劳工的生活水平,那么他们难道不是基于共同利益而拒绝将其劳动耗费于这种商品?况且他们所坚信的工会制度支持他们的这一做法。以我之见,若适用普通法原则,只要事实上这些组织起来的劳工确实存在共同利益,对这一问题给出的答案就应该是'肯定的'。"[22] 布兰代斯大法官认为,"商业控制的集中造成了相应的工人组织的集中",单个雇主可能会威胁整个劳工组织及其成员的"地位"。反对意见书中指出,如果事实确实如此,"工会出于自我保护,将很自然地拒绝为雇主工作"。[23] 关于反垄断法的问题,布兰代斯大法官指出,《克雷顿法》是"一场延续二十余年未曾停歇的大骚动的产物,其目的是要在法律面前,使身为劳动关系对手的工人与雇主取得平等的地位"。[24] 反对意见书提出,应用"恶意合并"(malicious combination)理论,使被法官认定为有害并由此而违法的工会活动变得具有可诉性(actionable)。

布兰代斯大法官认为,新法支持者的主张到 1914 年已经"基本成形",其主旨便是寻求排除司法对劳动争议的干预,从而避免法官基于自身的社会与经济观点作出判断。这一主张认为,以往的司法干预使得劳工饱受痛苦,同时,工会行为合法与非法之间的界线实在难以廓清。布兰代斯大法官接着指出,《克雷顿法》未提及多位雇主与受雇于同一雇主的多名雇员,而依据严格的技术性解释,这项规定不能适用于雇主与其所雇佣的工人之间的争议,"因为该法所要适用的特定行为本身,已经割断了这种法律关系的连续性"。[25] 也就是说,一旦停工(stoppage)开始,罢工者便不再受公司雇佣,而随时会被替代。因此,依据技术性的法律解释,首要罢工者(primary

---

㉒　254 U. S. 443(1921),第 481 页(布兰代斯大法官的反对意见书)。

㉓　同上,第 482 页(布兰代斯大法官的反对意见书)。

㉔　同上,第 484 页(布兰代斯大法官的反对意见书)。

㉕　同上,第 488 页(布兰代斯大法官的反对意见书)。

striker)若与其本身的雇主发生争议,则会被排除出该法的保护。

在反对意见书的结论部分,布兰代斯大法官重申,虽然他认为根据该项规定,每个当事人都可以为了自己的私利进行产业斗争,然而对于这一权利,"并不存在什么现成的宪法上或是道德上的许可(sanction)"。㉖反对意见书中最重要的观点是,国会制定该法的目的就是希望排除法官对何为"私利"以及何为"适当行为"(appropriate action)作出判断。

结社劳工的希望又一次因双面印刷机公司案的多数意见而破灭。事实上,双面印刷机公司案的影响比丹伯里制帽商案更具灾难性。首先,《克雷顿法》修正案规定,雇主以及政府的主管机关均有权对非法的劳动争议行为提起诉讼,以寻求法院的禁令救济。直到20世纪20年代末期,这一规定都带来一个至关重要的问题。其次,双面印刷机公司案及其衍生的一系列判决代表着对"非法目的"(unlawful objectives)认定标准的适用已经达到顶峰。布兰代斯大法官的关切很快成为现实,司法干预意味着亲企业家的法官们以司法的形式将个人的社会与经济偏好强加于劳动争议处理之中。双面印刷机公司案的结果昭然若揭:《克雷顿法》第二十条的表述充其量只是画蛇添足。

其后,在科罗拉多煤矿诉矿业工人联合会案㉗中,适用于双面印刷机公司案的"非法目的"认定标准可能遭遇的困难,出现司法偏袒的可能性以及司法认定边界的虚伪性等诸多弊端均暴露无余。该案的意见书由主审法官塔夫特(Taft)撰写。该案的证据表明,罢工是由无工会雇主(nonunion employers)和与工会存在谈判关系的雇主之间的"激烈竞争"所引发的。联邦最高法院依据证据认定,工会存在阻止商品的制造和生产以及限制进入州际贸易的商品供应的非法企图。最终,该院认为,当工会从事针对某一雇主的初级罢工或称本地罢工时,反垄断法意义上的非法目的(unlawful intent)可以通过特定的证据加以证明,因为此时对贸易的限制是"间接的"。

㉖　254 U.S. 443(1921),第488页(布兰代斯大法官的反对意见书)。

㉗　*Coronado Coal v. United Mine Workers of America*,268 U.S. 295(1925)。

然而,当工会采取次级联合抵制行为时,由于多位雇主的雇员并未直接参与
22 争议本身,但是他们却成为施加经济压力的对象,此时对贸易的限制是直接
的,其非法目的可以从工会采取的经济策略中推断出来。

可见,通向司法干预和司法滥用的道路总是畅通无阻,这造就了布兰代
斯大法官所描述的"未曾停歇的大骚动"。拜 1914 年《克雷顿法》所赐,雇主
以及政府机关利用前文提到的禁令救济,尤其给人一种厄运当头之感。20
世纪 20 年代,在司法界对雇主报以同情的推波助澜下,雇主们更加频繁地
使用这一工具。正如加利福尼亚州最高法院法官古德温・刘(Goodwin
Liu)所说:"单单在 20 世纪 20 年代,法院就颁布了 2100 份这样的禁令,这
使得遭遇禁令的罢工比例高达 25%。"㉘弗兰克福特(Frankfurter)和格瑞尼
(Greene)在他们的经典著作《劳工禁令》(*The Labor Injunction*)中详尽记
录了在这方面司法程序被滥用的情形,下文是对他们研究的简要概括以及
其他学者的评论。

一旦工厂发生罢工或纠察,雇主便会向法院提起诉讼,请求颁布禁令或
是颁布要求工会组织或其他企业从事某种行为的命令。(通常工会采用经
济压力措施的目的,是为了在劳工中组建工会或是与雇主建立某种集体谈
判关系。)雇主获得此类禁令救济并不需要遵循正式的诉讼程序,(在正式诉
讼程序中,当事人必须提出证词和证物,同时,证人会受到交叉询问或者询
问)而仅依据雇主所提交的一般性宣誓书(generalized affidavits)。这种宣
誓书往往只是根据案件的细节略做修改即可。此外,禁令救济通常是由雇
主单方面提出就可取得,工会的律师一般并不出庭。

法院所颁布的一般性命令(generalized orders),通常是禁止任何个人
从事罢工或纠察行为,其理由是这些行为将会对其雇主造成不可弥补的损
害(不能通过赔偿得到弥补的损害)。

23 基于此,法院经常会采用替代责任(vicarious responsibility)原则,根据

㉘　*Ralphs Grocery Co. v. UFCW Local 8*,55 Cal. 4th 1083(2012)(Liu,J. concurring)[Citing
W. Forbath,"The Shaping of the American Labor Movement,"102 *Harv. L. Rev.* 1111,1115
(1989)].

这一原则,工会被判令对任何个人的行为承担责任,而无论工会与个人行为之间是否存在任何关系。再者,工会的行动是否有效,在某种意义上取决于它能否对雇主造成即刻的损害,因此,雇主在提出禁令救济的申请时,其目的便是禁止工会的这种行动,而通常法院会迅速颁布禁令。禁令一般会采用临时限制令(temporary restraining order)的形式,这种限制令可以在一段时间以后解除或是转化为限制罢工的永久禁令(permanent injunction),因雇主向法院申请永久禁令而使先前颁布的临时限制令被撤销的情形则是绝无仅有的。然而,这种临时限制令的主要局限不仅仅是其不会遭到法院的撤销,而是法院未经过全面的实情调查(fact-finding)就予以颁布。正如费利克斯·弗兰克福特(Felix Frankfurter)和纳森·格瑞尼(Nathan Greene)所说:

　　禁令并不能维持所谓的现状,争议的情形不可能维持在一种均衡状态,而等待全面了解之后再作出判断。禁令所叫停的罢工活动只会对罢工者产生影响;而雇主则凭借其努力击败罢工并免受罢工的干扰。此外,罢工活动的停止,哪怕只是短暂的停止,都会实际上彻底粉碎罢工,即便后来禁令被解除,罢工注定难以卷土重来。因此,在这种情况下,法院并不是在对一方造成不可弥补的损害与对另一方造成可以赔偿的损害之间作出选择。法律所面临的难题在于,究竟哪一方应当承担不可避免且不可弥补的损害之风险。目光短浅地否定禁令,可能会对原告造成不可挽回的损害;而缺乏远见地颁布禁令,则可能会对被告带来不可挽回的损害。对于这种情况,常规的临时禁令诉讼机制显然已经不敷使用。对于劳动争议的任何一方来说,一旦出现司法错误,其代价都人过昂贵,因此,在关键问题上不允许敷衍了事的决定,即使是在初审阶段,也务必要进行严格审查。劳动争议往往一开始就带有剑拔弩张的感情色彩,确有必要从模糊不清、充满愤怒与偏见的事实中迅速查明真相,这对司法机关提出了极高的要求。然而,如果法官仅仅依赖原告提出的控诉以及利益相关人或是专业证人提交的宣誓书,而未24

采用普通法审判的各项保障措施，如证人亲自出庭、质证和交叉询问，那么对劳动争议的公正处理就成为一项不可能完成的任务。[29]

除上述问题外，法官在其先前颁布禁令的同一案件中，经常在没有陪审团参审的情况下，对违反或藐视法庭命令的当事人判处藐视法庭的刑罚（contempt penalties），有时是判处罚金，有时甚至是判处监禁。藐视法庭问题之所以在劳动争议中常常出现，有时是由于工会基于"替代责任"原则，必须为其他当事人的行为承担责任。

这一切造就了一个对法律与司法的尊重日渐衰微的环境，而这种尊重恰恰是现代民主国家运行的至关重要的前提。布兰代斯大法官和霍姆斯大法官在前述案件中所表达的关切，在双面打印机公司案判决后以及劳工禁令愈加盛行后，变得更加令人烦忧。部分归功于弗兰克福特和格瑞尼二人的努力推动，国会再次被敦促改革相关的法律规定，而改革的支持者再次在立法上获得胜利。这次的立法方案显得迥然不同。

在 1932 年《诺里斯-拉瓜迪亚法》中，国会试图汲取以往的经验教训，力求表述得更加清晰，确保该法免遭双面打印机公司案式的解读。这一目标通过多种途径得以实现，其中最重要的是广泛地宣告排除联邦法院对特定类型劳动争议的管辖权。该法第一条阐明，除非严格依据本法相关条款的规定，否则在涉及劳动争议或由劳动争议引起的案件中，联邦法院对颁布任何限制令，无论是临时性还是永久性禁令，均无管辖权。[30] 该法第十三条试图消除联邦最高法院在双面打印机公司案中对"劳动争议"狭窄定义的影响，这一新规几乎涵盖了劳动争议的任何一种类型，[31]次级停工行为很明确地包含在这一定义中。根据第十三条所阐明的定义，该法第四条规定，在任

25

---

[29]　F. Frankfurter and N. Greene, *The Labor Injunction*, at 201(1930).

[30]　Norris-LaGuardia Act, 47 Stat.70(1932), 29 USC § 101-15(2012).

[31]　《诺里斯-拉瓜迪亚法》第十三条 c 款："'劳动争议'一词包括任何关于雇佣条款或条件的任何争议在内，或者有关某些人的团体或代表，在谈判、确定、维持、变更或寻求安排雇佣条款或条件时的任何争议，而无论争议者是否与雇主和雇员有直接关系。"

何由劳动争议引起的案件中，联邦法院不得颁布任何禁令，除非涉及暴力或者欺诈。即便涉及暴力或者欺诈，只有在法院进行听证和事实调查以后，雇主才能获得限制停工的命令。听证程序应进行询问和交叉询问，而不是采用联邦法院1932年以前习惯使用的那种宣誓书。尽管雇主通过单方面申请而获得临时性命令的情形仍然存在，但是这种命令的有效期只有一段时间（不超过五天），并且须证明对雇主的财产造成"实质性的、不可挽回的损害"，同时雇主还须提供担保。针对有关藐视法庭案件，该法规定了陪审团参审的权利，并要求在禁令中对禁止的行为以及受命令约束的当事人作出具体界定，因此，可以预见，进入藐视法庭诉讼的案件数量将大为减少。

此外，《诺里斯–拉瓜迪亚法》解决了一个在美国争论多时的问题——"黄狗"契约（"yellow dog" contract）的效力问题，通过签订这类契约，雇主要求工人将不加入工会作为雇佣的前提条件。"黄狗"契约被认定违反美国的公共政策，因此在任何联邦法院不具有可执行性。《诺里斯–拉瓜迪亚法》对"黄狗"契约的处理方式反映了它的基本理念。尽管该法倡导全体工人享有结社自由的原则，并将其奉为一项公共政策，但其本身并不包含实现这一自由的机制。《诺里斯–拉瓜迪亚法》对产业关系采取自由放任的方式，措辞 26 鲜明地敦促联邦法院不得插手劳动争议，因为法院以往的干预制造了许多麻烦。联邦法院对劳动争议的处理，未能准确回应和解决工业化社会中工人的关切与期盼。该法代表了国会对法院的严厉警告：别再进行蹩脚的法律解释，以免像双面打印机公司案那样让许多人误以为联邦最高法院所采用的策略就是国会的意图。大约一半的州通过颁布所谓的"小诺里斯–拉瓜迪亚法"在不同程度上重申了这一态度，在加利福尼亚州，便是体现在《莫斯科尼法》（Moscone Act）中。[32] 这种立法方式的主旨是排除法院的管辖权，这与自由放任的精神是完全契合的。

然而，仍有一个重要问题是《诺里斯–拉瓜迪亚法》未能解决的，并且另一个问题也很快浮出水面。第一个问题是关于《诺里斯–拉瓜迪亚法》对刑

---

　　[32]　见 *Ralphs Grocery Co. v. UFCW Local 8*，同注[28]（讨论《莫斯科尼法》）。

事起诉以及雇主和政府依据反垄断法提起的赔偿之诉的影响。依据反垄断法，雇主仍可请求赔偿或申请禁令，但是《诺里斯-拉瓜迪亚法》只明确解决了颁布禁令的问题。第二个问题则涉及 20 世纪 30 年代美国劳资双方之间基本的不平等性。仅仅推翻双面打印机公司案并排除联邦法院对劳动争议的管辖权是不是足矣？是否有必要为劳工组织提供保护？它们一直面临着公司主导或公司支持的工会、公司间谍、工会会员黑名单、报复行动与其他形式的骚扰，以及对组建工会的雇员所实施的解雇。

联邦最高法院在美国诉哈奇森案（*United States v. Hutcheson*）中解决了其中的第一个问题。在该案中，政府对某一工会提起刑事控诉，而该工会与另一工会因工作分配问题发生管辖权方面的争议。弗兰克福特大法官代表法庭作出的判决认为，《诺里斯-拉瓜迪亚法》所禁止的事项范围更加广泛，并不仅止于排除联邦法院对颁布禁令的管辖权。联邦最高法院强调：

> 《诺里斯-拉瓜迪亚法》通过进一步限缩联邦法院对劳动争议颁布禁令的情形，以达到解除对工会活动的束缚的目的，而根据法院对《克雷顿法》第二十条的司法解释，对工会活动的界定并未发生变化。特别是，针对产业冲突（industrial conflict），该法明确规定了"美国的公共政策"，从而确立了工会活动可允许的范围不应像双面打印机公司案那样限于直接的雇主-雇员关系中。因此，判断工会活动是否构成对谢尔曼法的违反，只有将《谢尔曼法》、《克雷顿法》第二十条以及《诺里斯-拉瓜迪亚法》中有关劳工行为的违法部分（outlawry），作为一个协调统一的文本来解读才行。③

联邦最高法院进一步指出，应在历史背景下来理解《诺里斯-拉瓜迪亚法》与《克雷顿法》之间的关系，而不应认为是"对采用高度技术性用语的税

---

③　312 U. S. 219，231(1941).

收条款做一项极为严密的修正"而已。㉞ 相应地,这两项成文法应被看作具有"相互交织"的关系,并且是联邦劳动法整体的一个组成部分。因此,这两项法律不仅排除了法院对寻求禁令救济的劳动争议的管辖权,而且严格限制法院处理以压制工会活动为目的的刑事起诉和赔偿诉讼,而这类工会活动正是《诺里斯−拉瓜迪亚法》所针对的。

那么,工会活动究竟在多大范围内适用反垄断法的豁免? 联邦最高法院认为,其判断标准就是私利。与双面打印机公司案和一些先例所持的立场形成鲜明对比,联邦最高法院此次煞费苦心地指出,判断特定的工会活动是"合法与非法"(licit and illicit),与"该工会活动是明智或愚蠢,是正确或错误,是自私或无私,并无任何关联。"㉟联邦最高法院认为,只要工会为私 28 利行事,且不与非劳工团体(nonlabor groups)联合,那么工会活动就不应被禁止。然而,工会与非劳工团体为特定目标而联合,工会是否应承担反垄断法责任的问题,在美国劳动法上仍是一个相当重要的疑问。联邦最高法院对哈奇森案的判决具有重要意义,因为它对工会从事罢工、纠察和联合抵制等行为赋予相当程度的自由。

在《诺里斯−拉瓜迪亚法》通过的三年后,美国劳动法出现了与过去相比的第二个重大突破。国家劳动关系法的颁布是一个对美国产业关系影响深远的大事件。它创立了一个全国性的行政机关,由该机关组织代表选举来决定工会能否成为专属的谈判代表,并认定是否存在特定的不当劳动行为。这标志着《诺里斯−拉瓜迪亚法》所反映的对劳动关系自由放任的短暂插曲已告终结。

㉞ 312 U. S. 219, 231(1941),第 235 页。

㉟ 同上,第 232 页。

第三章 《国家劳动关系法》与
相关劳动法

    1935 年的《国家劳动关系法》(以下简称为"NLRA")奠定了私营部门集体谈判法律调整的基础。其他法律,如 1938 年的《公平劳动标准法》(Fair Labor Standards Act,以下简称为"FLSA")给那些为从事州际贸易的雇主工作的个人雇员提供了实质性的保障,并划定了一条工人不能低于的"底线"。[①] FLSA 规定了最低工资和最高工时。《沃尔什-希利法》(Walsh-Healy Act)[②]和《戴维斯-贝肯法》(Davis-Bacon Act)[③]规定了政府承包商雇员的最低劳动条件,尽管所谓普遍工资(prevailing wage)*立法的适用问题仍然存在争议。[④]

    1997 年,联邦最低工资标准达到 5.15 美元,2009 年达到 7.25 美元。[⑤]

---

    ① 29 USC § 20 et seq. (2012). 与前述约翰和劳克林案(Jones & Laughlin)确认 NLRA 的合宪性一样,联邦最高法院在 *United States v. Darby*,312 U.S. 100(1941)案中支持了 FLSA 的合宪性。然而,最初在 *National League of Cities v. Usery*,426 U.S. 833(1976)案中,该院判决 FLSA 适用于州政府或地方政府不具有合宪性。但是,在 *Garcia v. San Antonio Metropolitan Transit Authority*,469 U.S. 528(1985)案中,该院以五票对四票的多数意见推翻了 National League of Cities 案的判决。FLSA 在各州的强制执行力见本书第十一章。

    ② 40 USC § 276a(2012).

    ③ 41 USC § 35-45(2012).

    * 普遍工资是指地方政府部门根据工作类别和项目地点所确定的,强制适用于所有公共工程项目所雇工人的工资标准。普遍工资通常是依据集体谈判协议中规定的工资率确定的。——译者

    ④ *State Bldg. and Const. Trades Council of Cal. v. City of Vista*,54 Cal. 4th 547(2012). 加州公共工程项目的雇主向工人支付普遍工资或是工资与福利的组合,此处的福利可以包括一种所谓的产业发展基金,该基金通过集体谈判协议的方式获得工人的同意。*Interpipe Contr.*,*Inc. v. Becerra*,898 F3d 879(9th Cir. 2018).

    ⑤ 法律规定了专门适用于青年人的次级最低工资率(subminimum rate for teenagers),但是似乎传统上招用青年雇员较多的一些行业,如快餐业,已经无法吸引到愿意接受这种工资率的工人。L. Uchitelle, "Employers Shun Sub-minimum Range," *New York Times*, December 31, 1990, at 1; S. Nasar, "Forging New Insight on Minimum Wage and Jobs," *New York Times*, June 29, 1992, at C1, col. 3. 见 L. Kate and A. Krueger, "The Effect of the Minimum Wage on the Fast-Food Industry," 46 *Indus. Lab. Rel. Rev.* 6(1992).

爱荷华州参议员汤姆·霍金(Tom Harkin)指出,从 1968 年到 2012 年最低工资大约被削减了 30%,因此他提出将之提高到每小时 9.88 美元的法案。[⑥] 鉴于最低工资标准的提高在国家层面一直毫无进展,30 个州制定了最低工资立法,规定了超过联邦要求的最低工资。[⑦] 许多市政当局颁布了提高最低工资的法令,常常超过联邦和州一级的最低工资水平。[⑧]

毫无疑问,近年来在解决最低工资问题上的失利,是加剧收入与财富不 [31]

[⑥] NPR Staff, "Raising Minimum Wage: A Help or Harm?" National Public Radio, July 8, 2012.

[⑦] 截至 2018 年,最低工资标准超过联邦的州是:阿拉斯加州(9.84 美元)、阿肯色州(8.50 美元)、亚利桑那州(10.50 美元)、加利福尼亚州(11 美元)、科罗拉多州(10.20 美元)、康涅狄格州(10.10 美元)、哥伦比亚特区(12.50 美元)、特拉华州(8.25 美元)、佛罗里达州(8.25 美元)、夏威夷(10.10 美元)、伊利诺伊州(8.25 美元)、马萨诸塞州(11 美元)、马里兰州(9.25 美元)、缅因州(10 美元)、密歇根州(9.25 美元)、明尼苏达州(9.65 美元)、密苏里州(7.85 美元)、蒙大拿州(8.30 美元)、内布拉斯加州(9 美元)、新泽西州(8.60 美元)、新墨西哥州(7.50 美元)、内华达州(8.25 美元)、纽约州(10.40 美元)、俄亥俄州(8.30 美元)、俄勒冈州(10.25 美元)、罗得岛州(10.10 美元)、南达科他州(8.85 美元)、佛蒙特州(10.50 美元)、华盛顿州(11.50 美元)、西弗吉尼亚州(8.75 美元)。最低工资率低于联邦标准的州是:佐治亚州(5.15 美元)、怀俄明州(5.15 美元)。亚拉巴马州、路易斯安那州、密西西比、南卡罗来纳州和田纳西州根本没有最低工资法。

[⑧] 地方政府也设定了更高的最低工资,特别是在加利福尼亚州等一些州。自 2018 年 1 月 1 日起,以下加州城市提高了最低工资:伯克利(13.75 美元)、库比蒂诺(13.50 美元)、埃尔塞里托(13.60 美元)、埃默里维尔(14 美元)、洛斯阿尔托斯(13.50 美元)、米尔皮塔斯(12 美元)、山景城(15 美元)、奥克兰(13.23 美元)、帕洛阿尔托(13.50 美元)、里士满(13.41 美元)、旧金山(14 美元)、圣何塞(13.50 美元)、圣莱安德罗(12 美元)、圣马特奥(13.50 美元)、圣克拉拉(13 美元)、桑尼维尔(15 美元)。见 Kathleen Pender, "New state workplace laws will help ex-offenders, women, new parents," *S. F. Chron*, December 27, 2017. 2018 年其他城市的最低工资增长包括:纽约市(13 美元)、亚利桑那州弗拉格斯塔夫(11 美元)、明尼阿波利斯(11.25 美元)、西雅图(15.25 美元——针对不提供福利的大型雇主)。*Coast to Coast in 2018*, National Employment Law Project Report(December 2017). 有 23 个州已经禁止地方政府将每小时最低工资标准提高到该州的基准之上:亚拉巴马州、阿肯色州、科罗拉多州、康涅狄格州、佛罗里达州、佐治亚州、爱达荷州、印第安纳州、爱荷华州、堪萨斯州、肯塔基州、路易斯安那州、密歇根州、密西西比州、密苏里州、北卡罗来纳州、俄克拉荷马州、宾夕法尼亚州、南卡罗来纳州、田纳西州、得克萨斯州、犹他州和威斯康星州。然而在 *Lewis v. Governor of Alabama*, 2018 WL 3552408(9th Cir. 2018)一案中,法院认为亚拉巴马州废除伯明翰市最低工资法令的法规是违宪的。此外,超过 140 个地方政府制定了生活工资(living wage)法令,将工资和/或福利与政府合同资格或政府财政援助挂钩,包括圣路易斯、圣保罗、明尼阿波利斯、波士顿、奥克兰、丹佛、芝加哥、新奥尔良和纽约市。参见 Steven Greenhouse, "Raising the Floor on Pay," *New York Times*, April 10, 2012, at B1; Jody Knauss, *Local Living Wage Ordinances: Experience, Evidence, and Best Practice*, COWS report(November 19, 2013)。

平等的一个因素。这一问题终于在 2011 年和 2012 年开始引起一定程度的重视。⑨

近几年,主张违反最低工资和最高工时标准的诉讼明显增多。⑩ 有一个领域已经存在大量诉讼,涉及的问题在于雇员的某项活动对"雇员受雇所从事的主要活动而言是否是整体性的、必不可少的"(integral and dispensable)。联邦最高法院曾作出判决认为,雇员花费在安全检查上的时间不应补偿,因为该案的工人受雇取回产品并将其包装以便运输。⑪ 2005 年,联邦最高法院通过史蒂文斯(Stevens)大法官执笔的判决认定,从事食品加工的雇员从更衣区走到生产区的时间,以及等待穿上必需的、特定的安全装备的时间,根据 FLSA 都应当予以补偿。⑫ 联邦最高法院一致认定,"在开始工作以前走到穿脱特定安全装备的更衣室所需的时间,是排除于 FLSA 的适用范围之外的,但是法规本身并未排除在工作日开始后立即从这一地点走到工厂的另一区域所需的时间"。⑬ "更衣"可能会构成应补偿的时间,不论是穿上还是脱下衣服。⑭

随后,联邦最高法院判决认为,有关更衣是否构成应补偿的活动的争议,准许提起集体诉讼,当每一位雇员在同一场所、从事类似工作且依据同一薪酬制度获得报酬,在这些情况下,这一小群雇员的经历相对于所有雇员的经历而言是具有显著性的,则应当通过统计研究来确定雇主承担的责

⑨　参见 Steven Greenhouse and Cara Buckley, "Unions, Seeking New Energy, Join a Protest Against Wall Street," *New York Times*, October 6, 2011, at A1, A23。

⑩　关于工资违法问题的文章,参见 "Analysis: Attorneys Explore Reasons for Surge in Wage and Hour Class Lawsuits, Offer Strategies," 171 LRRM 272(2003); Steven Greenhouse, "Suits Say Wal-Mart Forces Workers to Toil Off the Clock," *New York Times*, June 25, 2002, at A1; Michael Orey, "Lawsuits Around from Workers Seeking Overtime Pay," *Wall Street Journal*, May 30, 2002, at B1; Steven Greenhouse, "U. S. Jury Cites Unpaid Work at Wal-Mart," *New York Times*, December 20, 2002, at A20。

⑪　*Integrity Staffing Solutions, Inc. v. Busk*, 135 S. Ct. 513(2014)。

⑫　*IBP, Inc. v. Alvarez*, 546 U. S. 21(2005)。

⑬　同上,第 34 页。

⑭　*Sandifier v. U. S. Steel Corp.*, 134 S. Ct. 870(2014)。

任。⑮ 联邦第二巡回上诉法院认为,更换制服的活动是否应予补偿,取决于它对于主要活动而言是否是整体性的、必不可少的——在该案中,法院在解释联邦最高法院的判例时称:在工作场所淋浴和更衣符合这一标准,因为它是解决"在工厂工作所伴随的严重危险"所必需的。如果主要目标是"有利于"雇主,而雇员"在这一问题上的选择较少",例如,当制服对于执法活动是必需的情况下,综合各种因素都能得出更衣活动应得到补偿的结论。⑯

在一项具有里程碑意义的判决中,加利福尼亚州最高法院一致认为,根据加州法律,"……雇主如果要求其雇员经常性地超时工作或将此作为工作的常规特征,就不得援引微量允许(de minimis)原则来逃避对雇员的补偿义务。正如这里的事实所表明的那样,每天额外的几分钟工作可以加起来"。⑰ 然而,在另一个涉及 FLSA 的案件中,联邦最高法院以五比四的投票结果,排除了被称为"推销员"的医药营销人员的加班保护。他们基于销售人员的身份向医生推销药品,即便他们并不从事销售。⑱ 随后,该院在另一个投票结果为五比四的案件中认定,"汽车经销商的服务顾问无权获得加班补偿,尽管任何主要从事汽车销售或服务的推销员、配件员或机械师都有法定豁免"。⑲

2003 年早些时候,面对工会的强烈抵制,布什政府支持了 FLSA 关于加班补偿条款的两项重大改革,但最终只有其中一项努力获得成功。此外,布什政府力求对 800 万白领工人进行重新分类,以使他们不再享有受 FL-

---

⑮ *Tyson Foods, Inc. v. Bouaphakeo*, 136 S. Ct. 1036(2016).

⑯ *Perez v. City of New York*, 832 F. 3d 120(2d Cir. 2016).

⑰ *Troester v. Starbucks Corp.*, 2018 Cal LEXIS 5312(S. Ct. Cal. July 26,2018):"……特罗斯特(Troester)要求星巴克支付 17 个月之内 12 小时 50 分钟应补偿工作的工资,按每小时 8 美元的工资标准计算,相当于 102.67 美元,这足以支付一份水电费账单、购买一周的生活用品或支付一个月的公交车费。星巴克所谓的"微量允许",对于许多以小时工资工作的普通人来说,根本不是微不足道的。同上,第 31 页。

⑱ *Christopher v. Smithkline Beecham Corp.*, 132 S. Ct. 2156(2012).

⑲ *Encino Motorcars, LLC, v. Navarro*, 138 S. Ct. 1134(2018).

SA 加班保护的资格。[20]

这次重新分类的尝试，最初在 2003 年 7 月获得了众议院的批准[21]，在 2004 年初正式颁布以前，经历了多重立法波折。[22] 但是，依据 FLSA，雇员的错误分类问题仍然令人困扰，并引起奥巴马政府和美国联邦会计总署（Government Accountability Office）的注意。[23] 在奥巴马执政时期的劳工部，加班冲突再次出现，当时颁布了一项新的加班规则，要求对年收入低于

[20]　这一提案的主要内容来源于劳工部的一份报告，见 United States Department of Labor, Employment Standards Administration, Wage and Hour Division, "Defining and Delimiting the Exemptions for Executive, Administrative, Professional, Outside Sales, and Computer Employees; Proposed Rule," 29 C. F. R. Part 541(2003). 经济政策研究所（the Economic Policy Institute）为这一提案准备了一份无党派的评论意见，反对者经常引用它作为法案可能伤害数百万工人的证据，见 Ross Eisenbrey and Jared Bernstein, "Eliminating the Right to Overtime Pay: Department of Labor Proposal Means Lower Pay, Longer Hours for Millions of Workers," Economic Policy Institute Briefing Paper, June 26, 2003, www. opinet. org/content. cfm/briefingpapers_flsa_jun03(最后访问 2003 年 10 月 10 日).

[21]　See Carl Hulse, "House Defeats Democrats' Bid to Thwart New Overtime Rules," *New York Times*, July 11, 2003, atA11.

[22]　See Sheryl Gay Stolberg, "Senate Democrats, with Republican Help, Block Administration's New Overtime Rules," *New York Times*, September 11, 2003, at A17; Sheryl Gay Stolberg, "House Rebuffs the White House over Rules to Limit Overtime Pay," *New York Times*, October 3, 2003, at A22.［但是，必须指出的是，无约束力的投票仅具有象征意义，因为加班条款最终是否包含在劳动开支法案（the labor spending bill）中取决于参众两院与会代表的行动。］

[23]　U. S. Government Accountability Office, Employee Misclassification: Improved Coordination, Outreach, and Targeting Could Better Ensure Detection and Prevention(GAO-09-717, August 2009). 奥巴马总统 2010 年预算估计，联邦政府打击将雇员错误分类为独立承包人的做法，将在接下来的十年产生至少 70 亿美元的税收。See Steven Greenhouse, "U. S. Cracks Down on 'Contractors' as a Tax Dodge," *New York Times*, February 18, 2010, at A1. 2010 年，奥巴马政府许诺多雇佣 100 名执法人员，并修订现行的美国国税局（IRS）规则，以使其更加严格。同上。2010 年，劳工部也与副总统拜登的中产阶级工作小组（Middle Class Task Force）以及财政部合作建立一个"多部门行动"，以对抗雇员错误分类的问题。Press Release, U. S. Dep't of Labor, Statement of Secretary of Labor Hilda L. Solis on Introduction of Legislation Regarding Issue of Misclassification(April 22, 2010), www. dol. gov/whd/media/press/whdpressVB3. asp? pressdoc＝national/20100422. xml. 奥巴马总统 2011 年预算中包含了给予劳工部的 2500 万美元，作为打击雇员错误分类行动的一部分。同上。2012 年，劳工部要求另外 4600 万美元，以支持有关雇员错误分类的多部门工作小组，见 Keith A. Markel and Lawren H. Briscoe, "Employee Misclassification: A Current State of Affairs," *New York Law Journal*, February 16, 2012. 2011 年 10 月，《防止雇员错误分类法》(the Employee Misclassification Prevention Act) 重新进入国会，该法将针对雇主对雇员的错误分类施以更加严厉的处罚。同上。

47 476 美元的人支付 1.5 倍的加班费，该规则于 2016 年 12 月生效。[24] 然而，奥巴马政府的这一规则在联邦地区法院受到了质疑。[25] 特朗普执政时期的劳工部已经寻求并获得了一项立法动议，规定在其确定对工资水平的立场之前暂缓执行这一规则。 35

此外，低收入家庭护理工(home-care workers)可以获得劳工部修订的法规的保护，但仍被排除出 FLSA 的保护范围。[26] 但是，哥伦比亚特区上诉法院已经批准了劳工部的规定，将最低工资和加班保护扩展到在家中雇佣的第三方雇员。只有那些具有"老人保姆"特征的雇员才被排除于覆盖范围之外：相反，被第三方雇用的家庭护理人员是专业护理人员，通常经过了培训或认证，他们为从雇员服务中获利的机构工作。上诉法院指出："……我们认为劳工部的决议是完全合理的，没有理由将其搁置……"[27] 最后，餐馆雇员(适用特殊小费安排的主体)受到了 FLSA 新修正案的影响，该修正案允许雇主建立一项小费均分制度(tip pooling)，[28] 其中包括厨师和洗碗工等

---

[24]　See Final Rule: Overtime, Department of Labor Wage and Hour Division(May23,2016)，www. federalregister. gov/documents/2016/05/23/2016-11754/defining-and-delimiting-the-exemptions-for-executive-administrative-professional-outside-sales-and.

[25]　在 *State of Nevada v. Department of Labor*，Civil Action No. 4:16-CV-731(E. D. T. X. Nov. 26，2016)案中，法院颁布了初步禁令。在质疑加班最终规则(Overtime Final Rule)的合并审理的案件中，法院作出了否定劳工部的简易判决。法院认为，最终规则确定的工资水平超出了劳工部的管理权限，并认定最终规则是无效的。*State of Nevada v. Department of Labor*，Civil Action No. 4:16-CV-731(E. D. T. X. Aug. 31，2017).

[26]　*Long Island Care at Home*，Ltd.V.Coke，551 U. S. 158(2007). 由第三方雇佣的家政服务雇员已经被认定为适用 FLSA，*Arenas v, Truself Endeavor Corp*,，1；12-cv-05754(N, D, Ill, Jan. 23，2013).奥巴马政府曾被敦促制定此类法规。Eileen Boris and Jennifer Klein，"Home-Care Workers Aren't Just 'Companions,'" *New York Times*，July 2，2012，at A15；National Public Radio，"Rules Would Boost Pay for In-home Health Aides," *Talk of the Nation*（December 29，2011），ww. npr. org/2011/12/29/144442094/rules-would-boost-pay-for-in-home-health-aides.

[27]　*Home Care Association of America v. David Weil*，799 F. 3d 1084，1094(D. C. Cir. 2015).

[28]　《公平劳动标准法》要求有小费的雇员的最低现金工资为 2.13 美元。只有七个州的雇主向有小费的雇员在他们拿小费前支付全额州最低工资：阿拉斯加州、加利福尼亚州、明尼苏达州、蒙大拿州、内华达州、俄勒冈州、华盛顿州。See *Minimum Wage for Tipped Employees*，Department of Labor Wage and Hour Division(January 1，2018)，www. dol. gov/whd/state/tipped. htm.

以往没有机会获得小费的工人。㉙

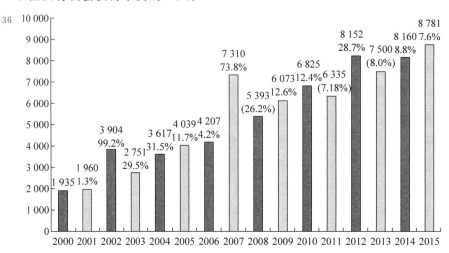

图 3.1　联邦法院 FLSA 案件:2000—2015*;ⓒ 2015 Seyfarth Shaw LLP

* 截至 9 月 30 日联邦法院案件量年度统计数据

　　如图 3.1 所示,除了错误分类问题以外,FLSA 诉讼的增加可归咎于很多因素。㉚ 被告所采取的有效措施可以缓解这种趋势。与雇佣歧视领域

㉙　2017 年,特朗普政府的劳工部提出了一项规则,允许传统上有小费和传统上没有小费的工人之间分享小费,并且在雇主向这些工人支付最低工资的情况下允许他们保留小费。见 "U. S. Department of Labor Proposal Gives Freedom to Share Tips Between Traditionally Tipped and Non-Tipped Workers," U. S. Department of Labor News Release,Dec. 4, 2017, www. dol. gov/newsroom/releases/whd/whd20171204。2018 年 3 月 22 日,国会撤销了劳工部的规则,但是修订了《公平劳动标准法》,允许传统上有小费和无小费的工人之间平分小费。See U. S. Department of Labor Issues Field Assistance Bulletin Regarding Tip Pools and New Authority to Prevent Tip Theft,U. S. Department of Labor News Release,April 9, 2018, www. dol. gov/newsroom/releases/whd/wha20180409。"就劳动法而言,在全国大部分地区,拿小费的工人生活在一个平行宇宙中","……老板可以轻易地扣留或窃取小费,特别是他们不喜欢的工人或是拒绝他们提议的工人。""A Fair Deal for Restaurant Servers," *New York Times*,March 13, 2018 at A24.

㉚　Catherine K. Ruckelshaus, "Labor's Wage War," 35 *Fordham Urb. L. J*. 373(2008);David Weil, "Mending the Fissured Workplace," Conference entitled "What Works for Workers? Public Policies and Innovative Strategies for Low-Wage Workers," February 22-24, 2012(January 16, 2012, working draft);Jennifer Gordon, "Immigration Law in the Low-Wage Workplace," Georgetown/CUNY Conference on Low-Wage Work(December 23, 2011, draft paper). 有关错误分类问题特别是与零工经济相关的错误分类问题的讨论,参见 William B. Gould Ⅳ,*The Future of the Gig Economy*,*Labor Law*,*and the Role of Unions*;*How Will They Look Going Forward*? Arbitration 2017:The New World of Work;The Proceedings of the Seventieth Annual Meeting, National Academy of Arbitrators 87(2018).

(在第十一章中讨论)不同的是,FLSA 规定了提起集体诉讼(collective action)的前提条件,即处于相似境遇的雇员以书面形式明示同意,"参加"(opt in)到一项正在进行的 FLSA 诉讼中。① 而联邦第十一巡回上诉法院判决,当被告提出的方案就是原告请求的加班工资赔偿的全部数额时,作为胜诉方,原告无法回避他的诉讼被撤销并且律师费和诉讼费遭到拒付的事实。② 相反,第三巡回上诉法院则判决,在其他雇员参加进来以前,"完全满足"个人请求的判决提议,并不会使诉讼变得没有实际意义(moot)。③

20 世纪 70 年代,其他联邦劳动立法(参考本书第十一章)陆续颁布。州立法机关则在这一领域颁布自己的法律,有时它们的最低工资超过联邦的要求。加利福尼亚州高等法院在解释州劳动法典时认为,"工资"也包括"雇员有权获得的作为他/她报酬一部分的福利,包括金钱、住房、食宿、服装、休假和病假"。④ 俄勒冈州法律禁止在雇员最低工资中扣除现场(on-site)住宿费。⑤ 关于用餐和休息时间更加具体的一些规则,往往会在州一级立法中作出规定,而加利福尼亚州高等法院判决认为,雇主并无义务保证在这期间没有工作。⑥ 这意味着雇主不得要求雇员在休息期间保持"待命"或"在岗"的状态,他们必须放弃任何对雇员如何度过休息时间的控制。⑦ 该法院表示:"在某些情况下,雇主保障雇员不工作的义务与雇主有关用餐休息的义务相冲突。"⑧在加利福尼亚州,法院认为,在有关雇主强制实行小费均分制度(即雇员必须集中小费并与其他雇员平分)的争议中,不存在私人诉因。⑨

---

① *Hoffman-La Roche*,*Inc.v.Sperling*,493 U.S.165(1989).

② *Dionne v.Floormasters Enters.*,*Inc.*,667 F.3d 1199(11th Cir.2012).

③ *Genesis Healthcare Corp.v.Symczyk*,569 U.S.66(2013).

④ *Murphy v.Kenneth Cole Productions*,*Inc.*,40 Cal.4th 1094(Cal.2007).

⑤ *Bobadilla-German v.Bear Creek Orchards*,*Inc.*,641 F.3d 391(9th Cir.2011). 但见 *Gerard et al.v.Orange Coast Memorial Medical Center*(Cal.Super Ct.Dec.10,2018),该案中支持放弃义务的做法。

⑥ *Brinker Restaurant Corp.v.Superior Court*,53 Cal.4th 1004(2012). See *Gerard v.Orange Coast Memorial Medical Center*,6 Cal.5th 443(2018).

⑦ *Augustus v.ABM Security Services*,*Inc.*,2 Cal.5th 257(2016).

⑧ *Brinker Restaurant Corp.*,53 Cal.4th at 1038.

⑨ *Lu v.Hawaiian Gardens Casino*,*Inc.*,50 Cal.4th 592(2010).

与工资领域的规范形成对比的是,美国几乎没有与休假相关的法律。50 个州中的 32 个州没有任何形式的休假立法,⑩而且在联邦层面也是如此。法定假期的缺失与欧洲的情况大相径庭,欧洲国家如德国(每年 24 天)、法国(每年合计 30 天)要求雇主提供大量的带薪休假。然而,2011 年至 2012 年的欧洲经济危机引发了对这些福利的某种反思,特别是在倍受经济衰退折磨的那些国家。⑪

在 NLRA 以前,国会已通过 1926 年《铁路劳动法》(Railway Labor Act)⑫规定铁路行业的集体谈判。此外,国家劳动委员会(National Labor Board,国家劳动关系委员会 NLRB 的前身),在《全国产业复兴法》(National Industry Recovery Act)⑬和总统的行政命令的支持下一直在组织工会选举,尽管在联邦最高法院判决全国产业复兴法违宪后,其所依据的法律机制不能被强制执行。⑭

NLRA 的宪法基础是美国宪法的第一条第八款——贸易条款,这一条款允许国会颁布法律规范联邦各州之间的贸易。该项立法所阐明的宪法依据是,为减少可能中断州际贸易的产业斗争,确有必要对劳资双方进行法律规制。在 NLRA 颁布初期,联邦最高法院曾阻挠过罗斯福政府出台的多项实行社会和经济改革的法律。但是,在 NLRB 诉约翰和劳克林钢铁公司案⑮中,联邦最高法院以五票赞成、四票反对的结果,支持了 NLRA 的合宪

---

⑩　下列州制定立法规定,被辞退的雇员有权获得已累计但未使用的假期工资:阿拉斯加州、亚利桑那州、加利福尼亚州、科罗拉多州、康涅狄格州、爱达荷州、伊利诺伊州、印第安纳州、肯塔基州、路易斯安那州、缅因州、马里兰州、马萨诸塞州、明尼苏达州、内布拉斯加州、新罕布什尔州、北达科他州、俄亥俄州、罗得岛州、南卡罗来纳州、田纳西州、犹他州(州政府雇员)及西弗吉尼亚州。北卡罗来纳州的工资与工时办公室对其法规也有类似的解释。另外,几个州规定雇员在履行军事或陪审团职责时有权享受假期,例如亚拉巴马州和亚利桑那州。

⑪　Alan Greenblatt, "As U.S., Europe Hack at Budgets, Pensions Get Sliced," National Public Radio, December 1, 2011; Adam Davidson, "A Way Out of Europe's Labor Crisis," National Public Radio: *Planet Money*, January 9, 2012; Aaron G. Grech, "Convergence or divergence? How the financial crisis affected European pensioners," 68 *Int'l Soc. Sec. Rev.* 43-62(2015).

⑫　44 Stat. 577(1962), *as amended* 45 USC §151 et seq. (2012).

⑬　48 Stat. 195(1933).

⑭　*Schechter Poultry Corp. v. United States*, 295 U.S. 495(1935).

⑮　*NLRB v Jones & Laughlin Steel Corp*, 301 US. 1(1937).

性。这一判决出现之时,罗斯福政府正试图增加联邦最高法院的法官人数,以便扭转法院判决的方向。在宣告 NLRA 合宪性的约翰和劳克林案中,首席大法官休斯(Hughes)加入了多数意见,他此前在类似问题上所持的相反立场旋即发生改变,有人将之戏称为"一个及时转向挽救了九位大法官"。

无论休斯的动机如何,联邦最高法院接受了这样一种宪法理论,即国会可以对劳动关系加以规范,从而避免跨越州界的货物运输受到干扰。毫无疑问,人们对产业和平的期望在提高,然而,与大规模的社会运动相联系,法案甫一通过,产业斗争的数量便急剧增加。[46] 但是平心而论,在超过 77 年的时间里,NLRB 的工作对促进美国的产业和平作出了极为重要的贡献。

1935 年 NLRA,又被称为《瓦格纳法》(the Wagner Act),因它的主要推动者——纽约州参议员罗伯特·瓦格纳(Robert Wagner)而得名。它的特殊意义在于,它规定由一个专门机构——NLRB[47] 来规范某些劳动争议,40 其总部设在华盛顿特区。国会已经摒弃了诺里斯-拉瓜迪亚法的自由放任思想,尽管联邦法院在 NLRB 之上具有上诉管辖权,但是不能说传统的外部干预以及滥用反垄断法和劳工禁令的可能性正在死灰复燃。

NLRB,经常被称为"劳动委员会"(Labor Board)或者是"委员会"(Board)*,它是根据罗斯福政府推动的新政立法所建立的一系列行政机构之一。瓦格纳法规定雇员以下的自由选择受到保护,即抗议他们认为不公平的工作条件,组建工会并选举代表,迫使资方与代表多数工人的工会以一个适当的团体或单位进行善意谈判。如前所述,这些权利通过代表选举(representational elections)和不当劳动行为机制(unfair labor practice machinery)来实现。在代表选举中,大多数人会投票给将代表他们的劳工组织(如果有的

---

[46] Walter Galenson, *The CIO Challenge to the AFL: A History of the American Labor Movement* (1960).

[47] *Humphrey's Executer v. United States*, 295 U. S. 602(1935)(鉴于其不受政治程序影响的独立地位,总统无权罢免在任期届满前有固定任期的官员);*Myers v. United States*, 272 U. S. 52 (1926)(先前认定总统拥有罢免美国行政官员的专属权力,这些行政官员是他在参议院的建议和同意下任命的)。

* 为了行文一致,便于读者理解,译者统一译为"NLRB"。——译者

话）。而通过不当劳动行为机制，NLRB 会解释法律以认定资方或劳工是否实施了不当行为。［1947 年，工会的不当劳动行为以《塔夫特-哈特利修正案》(the Taft-Hartley amendments)的形式增加到成文法中］与此前的行政机构不同，NLRB 着眼于发展一整套判例法，用以规范大部分的劳资关系。

　　NLRB 发布的命令并不能自行执行，而是需要通过联邦巡回上诉法院 41 才能得以执行。在美国有 12 个联邦巡回上诉法院，它们在整个司法金字塔中就位于联邦最高法院之下。当劳方或资方不遵守法院执行的命令时，由巡回上诉法院对当事人提起藐视法庭诉讼，而不是由 NLRB 提起。藐视法庭者会受到民事和刑事制裁，但一般很少采用后者。

　　经济大萧条激发了劳工组建工会的想法，这既是为了制衡大企业⑱，又可以作为一种产业民主的形式。当被压抑已久的劳工需求在产业斗争中得以宣泄，许多关键行业遭受重创之时，第二次世界大战末期爆发的一系列罢工，造就了一个有助于限制工会权利的环境。于是，通过《塔夫特-哈特利修正案》的颁布，NLRA 发生了改变。除了与适当的谈判单位(appropriate units)相关的规则以外，NLRB 的组织结构以及不当劳动行为的条款也有所改变。

国家劳动关系委员会 (NLRB)

　　NLRB 曾是一个整体的委员会，被《塔夫特-哈特利修正案》拆分为两个独立的部分(见图 3.2)。一边是位于华盛顿特区总办公室由五名委员组成的委员会，即 NLRB 的"审判部门"(judicial side)。另一边是由总法律顾问(General Counsel)领导的办公室，其总部也在华盛顿特区，即 NLRB 的"检控部门"(prosecutorial side)。(需要注意的是，不能从严格的字面意思来理解"检控"，因为它并不能寻求刑事处罚或制裁。)两个办公室彼此独立，这是因为由相同的主体进行调查和审判被认为是不公正的，且有违正当程序。42 很显然，当一方已经完成调查并决定进行不当劳动行为诉讼时，这一方在案

---

⑱　Leon H. Keyserling, "The Wagner Act: Its Origin and Current Significance," 29 *Geo. Wash. L. Rev.* 199(1960).

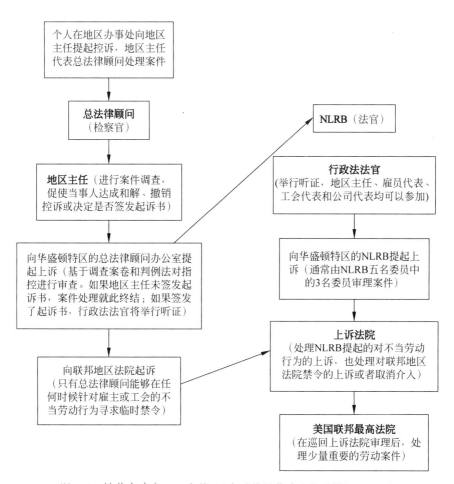

图 3.2 转载自威廉·B.古德《日本对美国劳动法的重塑》(*Japan's Reshaping of American Labor Law*),麻省理工学院出版社 1984 年版

43　件接下来的审判中不可能完全客观。

　　NLRB 的委员和总法律顾问由参议院提名并经其同意,由总统任命。[49]
这两个办公室——审判部门和检控部门——共同协作完成 NLRB 有关代
表权事项的职能,包括建立适当的谈判单位与举行选举。

　　《塔夫特-哈特利修正案》不仅对工会施加种种法定义务,而且在不当劳
动行为案件中为总法律顾问和 NLRB 进行了分工,因为立法者认为,采取
亲工会(pro-union)立场的 NLRB 若身兼检察官、法官与陪审团的三重角
色,则势必剥夺雇主享受正当程序的权利。当某位检察官已经负责案件调
查,则是否定罪就与其存在着利害关系,如果仍由这位检察官负责审理该
案,那么,被告方将无法获得公正的审判。从 1935 年到 1947 年,这一时期
法律的天平已经过分偏向劳工,这一想法渗透到 1947 年和 1959 年作出的
法律修正案中。

44　NLRB 的优先权与优先管辖权

　　在《瓦格纳法》和《塔夫特-哈特利修正案》中,国会意图谨慎地界定法院
和 NLRB 在劳动关系中的作用。修正案阐明,集体谈判协议是可以在法院
强制执行的合同,但是大多数不当劳动行为的指控只能由 NLRB 加以处
理,但联邦法院有最终审理的权限。

　　工会和雇主可以在州或联邦法院提起集体谈判协议的违约之诉。在

---

　　[49]　联邦最高法院认为,虽然在国会休会期间和闭会期间都可以不经参议院建议和同意进行休
会任命,但历史实践表明,三天的休会"时间太短,无法将休会纳入宪法的休会条款范围",*NLRB v.
Canning*,134 S. Ct. 2550(2014)。关于涉及总统任命总法律顾问的能力的一些类似的法律问题,见
NLRB v. SW General,*Inc.*,137 S. Ct. 929(2017)。关于区域主任的工作,见 *UC Health v. NLRB*,
803 F. 3d 669(D. C. Cir. 2015);*Hosp. of Barstow*,*Inc. v. NLRB*,_F. 3d_(D. C. Cir. 2018)。关于这些
判决对委员会工作的一些影响,见 *Advanced Disposal Services East*,*Inc. v. NLRB*,820 F. 3d 592(3d
Cir. 2016)。通过取消对所有任命的阻挠,对总统权力的影响降到最低。Jeremy W. Peters,"Senate
Vote Curbs Filibuster Power to Stall Nominees," *New York Times*,November 22,2013. 早期涉及委员
会委员的宪法危机是由有关该法规定的法定人数的争议引起的。*New Process Steel*,*LP v. NLRB*,
560 U. S. 674(2010);William B. Gould IV,"Politics and the Effect on the National Labor Relations
Board's Adjudicative and Rulemaking Processes,"64 *Emory L. J.* (2015). William B. Gould IV,"Trump
Trolls the Swamp' for NLRB Nominee,"*San Francisco Chronicle*,July 17,2017.

《塔夫特-哈特利修正案》出台以前,雇主很难以违约为由向州法院起诉工会,因为在许多州集体谈判协议被当作"君子协议"和法院不能强制执行的合同,而且因为法院常常坚持工会作为自愿性的、无法人地位的社团(unincorporated association)应以每个个人会员的名义被诉,而这在实践中很难操作。国会担心工会不负责任地行事,并经常违反集体谈判协议中的条款,因而推动集体谈判协议在联邦法院可以强制执行成为法律。尽管如此,颇具讽刺意味的是,当集体谈判协议的含义存在争议时,工会反而一直利用这一法律条款大做文章,迫使不服从或不情愿的雇主进行仲裁。[50] 而大多数关于协议执行的诉讼是由工会提起的,其目的主要是迫使雇主参加强制仲裁(compel arbitration),或是执行某项仲裁员的裁决。[51]

美国独特的联邦制度是 NLRB 优先权和优先管辖原则的基础,这些原则适用于 NLRA 的代表条款和不当劳动行为条款。国会为劳工事务创设专门机构的意图是明显的,这体现在 NLRB 总法律顾问在是否提起不当劳动行为的指控[52](以及是否举行有关争议的听证)上具有广泛的裁量权,并且将法院排除出提起不当劳动行为案件的场所。

由于国会拥有立法上的宪法权威,当国会选择使联邦法律具有至高无上的地位时,则州的管辖权可以被完全排除。联邦法律的优先地位源于美国宪法第五条优位条款(Supremacy Clause)。法院基于优位条款和贸易条

---

[50] *Textile Workers' Union v. Lincoln Mills*, 353 U. S. 448(1957).

[51] *United Steelworkers v. American Manufacturing Co.*, 363 U. S. 564(1960); *United Steelworkers v. Warrior & Gulf Navigation Co.*, 363 U. S. 574(1960); *United Steelworkers v. Enterprise Wheel & Car Corp.*, 363 U. S. 593(1960); W. B. Gould, "On Labor Injunctions, Unions and the Judges: The Boys Market Case," 1970 S. Ct. Rev. 215; B. Aaron, "Arbitration in the Federal Courts," 9 UCLA L. Rev. 360(1962); W. B. Gould, "Judicial Review of Labor Arbitration Awards-Thirty Years of the Steelworkers Trilogy: The Aftermath of AT&T and Misco," 64 Notre Dame L. Rev. 464(1989). 法院并未赋予劳动合同超出地域范围(extraterritorial scope)的执行力。*Labor Union of Pico Korea Ltd. v. Pico Products, Inc.*, 968 F. 2d 191(2d Cir. 1992).

[52] *NLRB v. United Food and Commercial Workers Union, Local 23*, 484 U. S. 112(1987). 联邦最高法院在布伦南(Brennan)大法官执笔的意见书中指出,基于 NLRB 总法律顾问"在提起一项指控时,享有不容置疑、不可审查的裁量权",该院认为,任何属于总法律顾问的"检控"职责,依据 NLRA 的规定,都不得受到其他机构的审查。也可参见 *NLRB v. Sears, Roebuck & Co.*, 421 U. S. 132(1975).

款形成了优先权原则。㊳ 只要国会有具体的立法,法院就应当考虑国会是否意图取消各州在特定领域的管辖权,套用一句法院常用的术语,就是国会是否意图"占领这一领域"。㊴ 确立优先权原则以及占领这一领域的原因在于,州法院对法律作出相互冲突的解释可能会妨碍国家立法目标的实现。也就是说,即便州法院解释国会制定的同一部 NLRA,他们也会以与NLRB 不同的方式作出解释。

　　因此,联邦最高法院曾判决,当一个劳动争议中所涉及的争议事项,是否受 NLRA 第七条的保护或者是否被工会和雇主均适用的不当劳动行为条款(NLRA 第八条)所禁止,在理解上存在争议时,那么联邦法院和州法院的管辖权均应被排除在外。㊵ 在适用 NLRA 的优先权原则时,联邦最高法院表示,在决定一个劳动争议所涉及的争议事项是受 NLRA 的保护还是被其禁止的问题上,NLRB 在法院介入处理之前具有优先管辖权。㊶ 这是因为 NLRB 是被赋予特殊职责来解释法律的专门机构,如果法院不借助NLRB 的解释即介入处理,其管辖权的行使及其对法律和国家劳工政策的解释,势必会对国会意图适用于劳资关系的统一的联邦体制造成损害。

　　㊳　第八条:"国会有权……规范与外国的、州与州之间的、以及与印第安部落之间的贸易。"

　　㊴　"占领某一领域"的认定标准,生动地体现在 *Oregon-Washington Railroad & Nav. Co. v. Washington*,270 U. S. 87(1926)案中。在该案中,联邦最高法院认定华盛顿州的工厂检疫法规无效。国会已经排除了州的行动(state action),因为在同一议题上先前的国会法律已经浩如烟海,这足以表明国会意图占领这一领域。参见 *Mintz v. Baldwin*,289 U. S. 346(1933)案,联邦最高法院在该案中维持了一项纽约州法律的合宪性,因为针对某一事项国会立法只在特定范围之内,使得这一领域未被占领。

　　㊵　*San Diego Building Trades Council v. Garmon*,359 U. S. 236,245(1959).

　　㊶　但是也有例外:(1)"根据传统侵权法的界定,对以暴力和对公共秩序存在迫在眉睫的威胁为特征的行为所造成的后果,我们确实允许各州给予补偿";*International Union*,*United Automobile*,*Aircraft and Agricultural Implement Workers*,*etc. v. Russell*,356 U. S. 634(1958);(2)*United Construction Workers v. Laburnum Const. Corp.*,347 U. S. 656(1954);(3)我们也允许各州禁止这种行为。在这些情况下,州的管辖具有优先权,因为在我们的联邦体制中,各州在维持国内和平方面拥有显而易见的利益,不因缺少国会明示的指引而被忽略。我们认可在 *United Construction Workers v. Laburnum Const. Corp.*,347 U. S. 656 案中的观点,承认联邦无法提供与各州相对应的救济方式。但是,该案的判决是基于所涉"行为的类型"而作出的,即限于"恐吓和暴力的威胁",正如司法审查的范围也应受到相应的限制。(同上,第247—248页)

　　不可否认的是,优先权原则也存在例外。例如,当因为违反集体谈判协议而提起诉讼时,即便争议事项也涉及不当劳动行为,各州法院对此仍保留管辖权。有关公平代表义务(duty of fair representation)的案件是该规则 47 的另一个例外。此外,联邦最高法院的一系列判决⑤⑦准许各州法院对以下案件行使管辖权,其中包括主张诽谤⑤⑧的诉讼或是依据旨在保护个人精神损害的法律而提出的损害诉讼⑤⑨,或者工会组织者为了向雇主或公众传递信息而擅自进入私人场所的情形,⑥⑩以及暴力或对和平秩序构成威胁的情形。在加利福尼亚州的一个案件中,酒店工人因公司重组被解雇或遭受侵害,该州高等法院⑥①和两家联邦上诉法院对此案行使了管辖权,并且经受住 48 了基于优先权原则的合宪性挑战。⑥② 联邦最高法院也认为,当联邦法律在所争议的事项上为各州留出某些空间时,即可推断国会愿意承认各州的管

---

　　⑤⑦ 例如,*Metropolitan Life Insurance Co. v. Massachusetts*, 471 U. S. 724(1985); *Fort Halifax Packing Co., Inc. v. Coyne*, 482 U. S. 1(1987); *New York Telephone Co. v. New York State Dept of Labor*, 440 U. S. 519(1979); *Amalgamated Association of Street, Electric Railway & Motor Coach Employees v. Lockridge*, 403 U. S. 274(1971); *International Association of Machinists v. Gonzales*, 356 U. S. 617(1958); but See *Lodge 76, International Association of Machinists v. Wisconsin Employment Relations Commission*, 427 U. S. 132(1976)。也可参见 *Hawaii Pacific Health v. Takamine*, Civil No. 11-00706 SOM/KSC, 2012 WL 6738548(D. Haw December 31, 2012)。在该案中,法院认为,以集体谈判协议的实质性条款为目标的立法被优位取代是违宪的。在 *Golden State Transit Corp. v. City of Los Angeles*, 475 U. S. 608(1986)案中,联邦最高法院判决,在某公司的驾驶员举行罢工之后,洛杉矶市拒绝续延该公司的出租车特许经营权,这一做法违反了联邦的相关法律,因为“当该市对当事人所采取的经济自助行为(economic self-help)设置主动的时间限制时,集体谈判的进程便遭到阻碍”。同上,第 615 页。实际上,由于联邦最高法院以六票对三票的多数得出结论,政府行为与“主权者(sovereign)不得剥夺个人自由的规则相一致”,因此,当事人有权起诉该市要求对其行为承担补偿性的损害赔偿金,见 *Golden State Transit Corp. v. City of Los Angeles*, 493 U. S. 103 (1989)。联邦最高法院认为,*Golden State* 案所确立的理论不适用于与罢工同时发生的污染物的规制。*International Paper Co. v. Town of Jay*, 928 F. 3d 480(1st Cir. 1991)。

　　⑤⑧ *Linn v. Plant Guard Workers*, 383 U. S. 53(1966)

　　⑤⑨ *Farmer v. United Brotherhood of Carpenters*, 430 U. S. 290(1977)。

　　⑥⑩ *Sears, Roebuck & Co. v. San Diego County District Council of Carpenters*, 436 U. S. 180 (1978)。

　　⑥① *California Grocers' Association v. City of Los Angeles*, 52 Cal. 4th 177, 127(2011)。

　　⑥② *Rhode Island Hospitality Association v. City of Providence*, 667 F. 3d 17(1st Cir. 2011); *520 South Michigan Ave Assoc. Ltd. v. Catherine Shannon*, 549 F. 3d 1119(7th Cir. 2008); *Concerned Home Care Proriders, Inc. v. Cuomo*, 783 F. 3d 77(2d Cir. 2015)。

辖权。⑥

49　　在劳动争议中,联邦最高法院是否会继续表现出强烈的支持优先权的立场呢? 过去三十年的判决对此提出了某些质疑。⑥ 这涉及一个问题,即

---

⑥　*Brown v. Hotel Employees*, *Local 54*, 468 U. S. 491(1984). 当劳动契约中的仲裁条款本身发生争议时,虽然各州法院的管辖权并未被剥夺,但是,如果索赔案的解决依赖于集体谈判协议的含义,那么联邦劳动法中有关契约的规定优先于违反集体谈判协议的侵权法,见 *Allis-Chalmers Corp. v. Lueck*, 471 U. S. 202(1985)。在 *Lingle v. Norge Division of Magic Chef*, *Inc*, 486 U. S. 399(1988)案中,联邦最高法院以全体无异议的方式判决,虽然雇员适用某项集体谈判协议,并且该协议中规定了正当理由解雇条款,但是雇员仍有权在遭到报复性解雇时,依据州法的相关规定请求救济。根据史蒂文斯(Stevens)大法官所执笔的法院意见,"换言之,即使在一方面,根据一项集体谈判协议的争议解决,而在另一方面,根据州法的争议解决,可能恰好都必须处理同一类的事实,然而,只要有关州法的争议,可以不通过对集体谈判协议解释的方式来加以解决,则该争议就是独立于 NLRA 第 301 条之外的,而不适用有关联邦法优先权的规定。"在 *Caterpillar*, *Inc. v. Williams*, 482 U. S. 386(1987)案中,原告向州法院提出控诉,声称被告违反保证继续雇佣的雇佣合同,而被告则坚称在解决该争议时,必须对争议的集体谈判协议加以解释,因此整个案件就无法移送到联邦法院处理,而联邦最高法院认为,本案并不一定由联邦法优位取代。根据该院的观点:"个人雇佣合同并不一定会被任何随后签订的集体谈判协议所取代,同时,根据个人雇佣合同所提出的请求也可以基于州法而提出。"同上,第 396 页。针对国家橄榄球联盟滥用违禁物质的欺诈和疏忽索赔被认为不应由联邦法优位取代。*Dent v. National Football League*, 902 F. 3d 1109(9th Cir. 2018). 在其他一些依据州法提出的侵权索赔案中,试图对管理集体谈判协议的工会施加注意义务(duty of care),被法院认定为由联邦法优位取代,见 *International Brotherhood of Electrical Workers*, *AFL-CIO v. Hechler*, 481 U. S. 851(1987); *United Steelworkers of America v. Rawson*, 495 U. S. 362(1990)。然而,在 *Englilsh v. General Electric Co.*, 496 U. S. (1990)案中,雇员主张雇主因其告发违反核安全规定而加以报复,于是提出雇主故意造成精神痛苦的索赔,而雇主提出联邦法优位取代的论点,联邦最高法院判决认为,联邦吹哨(whistle blowing)立法并不能优位取代雇员提起的诉讼。同样,在 *Williams v. Watkins Motor Lines*, *Inc*. 310 F. 3d 170(8th Cir. 2002)案中,法院认为,雇员们共同拒绝接受一辆据称是超载的卡车的做法,不是 NLRA 第七条意义上的协同行动,因此雇员对非法解雇的索赔不会像 Garmon 案那样被优位取代。也可参见 *In Bentz Metal Products Co.*, 253 F. 3d 283(7th Cir. 2001); *Kimbro v. Pepsico*, 215 F. 3d 723(7th Cir. 2000); *Niehaus v. Greyhound Lines*, 173 F. 3d 1207(9th Cir. 1999); *Foy v. Pratt & Whitney Group*, 127 F. 3d 229(2d Cir. 1997); *Albertson's v. Carrigan*, 982 F. 2d 1478(10th Cir. 1993); *Barbieri v. United Technologies Corp.*, 771 A. 2d 915(Conn. 2011). 比较 *Aguilera v. Pirelli Armstrong Tire*, 223 F. 3d 1010(9th Cir. 2000)。

⑥　见前注㊳。

各州是否可以调整被排除在 NLRA 之外的特定工人，如农场工人⑤、监管人员⑥和独立承包人。⑦ 但是，这种重新审视早先优先权理论的趋势体现在 1993 年联邦最高法院的一致判决中，即州政府在作为建筑项目的所有者时，可以执行由私人主体谈判达成的私人集体谈判协议。⑧ 所谓的工程劳

50

---

⑤ 尽管在涉及农场工人调整上存在优先权原则，"各州仍然可以自由地按照他们认为适当的方式立法"。*United Farm Workers v. Ariz. Agric. Emp't Relations Bd.*，669 F. 2d 1249，1257(9th Cir. 1982)；accord *United Farm Workers v. Ariz. Agric. Empt Relations Bd.*，727 F. 2d 1475，1476(9th Cir. 1984)；*Villegas v. Princeton Farms，Inc.*，893 F2d919，921(7th Cir. 1990)；*United Food & Commercial Workers Local 99 v. Bennett.*，934 F. Supp. 2d 1167，1192-93 (D. Ariz. 2013)；*Willmar Poultry Co. v. Jones*，430 F. Supp. 573，577-78(D. Minn. 1977)("没有任何立法史表明，NLRA 将农业劳工排除在其覆盖范围之外，意在使该领域完全不受调整，因为这种排除的立场本身会被理解为联邦政策对此漠不关心……法院认为，州法的调整并未被优位取代……")。*Greene v. Dayton.* 806 F. 3d 1146(8th Cir. 2015)。

⑥ 见 *Beasley v. Food Fair of N. C.，Inc.*，416 U. S. 653，661(1974)(该案设定了禁止各州对监管人员进行调整的规则)；参见 *Marine Eng'rs Beneficial Ass'n v. Interlake S. S. Co.*，370 U. S. 173，177-78(1962)(对于涉及接纳监管人员的"劳工组织"的定义问题，该案解决了州法院对此的管辖权)；见 *Hanna Mining Co. v. Dist. 2，Marine Eng'rs Beneficial Ass'n*，382 U. S. 181，188，192-93(1965)(旨在保障监管人员组建或者承认的活动不能受到 NLRA 第七条的保护，无论是否有争议，当 NLRB 已认定寻求组建工会的工人在 NLRA 的适用范围以外，Garmon 案的原则所服务的核心利益不会受到州禁令的威胁)。

⑦ 西雅图颁布的开创性立法在对叫车服务或共享出行司机的管辖权方面提出了这一问题。*Chamber of Commerce v. City of Seattle*，274 F. Supp. 3d 2017(W. D. Wash. 2017)在相关部分强制执行了 *Chamber of Commerce v. City of Seattle*，890 F. 3d 769，775-795(9th Cir. 2018)。见 *International Longshoremen's Ass'n，AFL-CIO v. Davis*，476 U. S. 380(1986)(认定初步管辖权要求，即该行为由 NLRB"初步"确定，"并不能得出具有优先权的结论"，主张优先权的一方有责任证明 NLRB 的管辖权是有争议的)。但与此同时，特朗普时期的 NLRB 逆转了奥巴马时期 NLRB 的方向，在 *Super Shuttle DFW，Inc.*，367 NLRB No. 75(2019)一案中扩大了独立承包人的类别。

⑧ 见 *Building and Construction Trades Council v. Associated Building and Contractors of Massachusetts/Rhode Island，Inc.*，507 U. S. 218(1993)，也可参见 *Associated Builders v. Baca*，769 F. Supp. 1537(N. D. Cal. 1991)。在这两个案件中，州政府的政策都旨在促进州政府与建筑工会委员会订立一份总的劳动协议。在第二个案件中，由于普遍工资地方法令对谈判过程的侵扰，因此它被优位取代。但在 *Dillingham Construction N. A.，Inc. v. County of Sonoma*，190 F. 3d 1034(9th Cir. 1999)一案中，联邦第九巡回法院认为，加州要求学徒雇员获得普遍工资的法律并未被优位取代。与 *Roundout Electric，Inc. v. NYS Dept. of Labor*，335 F. 3d 162(2d Cir. 2003)案一致。参见 *Associated General Contractors of America v. San Diego Unified School Dist.*，195 Cal. App. 4th 748(2011)(促进学徒的入会制度)。在 *Associated General Contractors v. Metropolitan Water District*，159 F. 3d 1178(9th Cir. 1998)和 *Colfax Corp v. Illinois State Toll Highway Authority*，79 F. 3d 631(7th Cir. 1996)案中，联邦最高法院的裁决逻辑被认为适用于其他项目的劳

动协议(project labor agreements),是指规定有职业介绍所、工会学徒工和雇佣前协议(pre-hire agreements)等内容的集体谈判协议。这类项目劳动协议已经被联邦和州两级政府频繁采用[69],并得到司法界近乎一致的支持。[70]事实上,在加利福尼亚州,根据州长杰瑞·布朗(Jerry Brown)所推动的立法,任何禁止这类协议的地方政府,如要获得州政府的资助便是违法的。[71]但是,还是可以安全地说,各州对处理下列劳动争议的管辖是受到限制的,即适用 NLRA 的那部分私营部门的劳动争议,以及 NLRB 依据其规

(接上页注释) 动协议。参见 *Wisconsin Department of Industry*, *Labor and Human Relations v. Gould*, *Inc.* 475 U. S. 282(1986); *New England Health Care Employees Union v. Rowland*, 204 F. Supp. 2d 336(D. Conn. 2002); *Associated Builders & Contractors of Rhode Island*, *Inc. v. City of Providence*, 108 F. Supp. 2d 73(D. R. I. 2000)案均与对法院的 Boston Harbor 案反优先权的判决有所不同。与工会用于政治目的的支出争议一样,老布什总统试图将工会承包商排除在联邦项目之外,而这一企图遭到克林顿总统的否定。见 M. Kelly, "President Moves in Favor of Labor," *New York Times*, February 3, 1993, at A12. 小布什总统随后推翻了克林顿总统对老布什总统的否决,而这被认为是合宪的。*Building & Construction Trades Department v. Allbaugh*, 295 F. 3d 28(D. C. Cir. 2002). 但权威的力量恰恰相反。见下文注[71]和[72]。奥巴马总统推翻了小布什总统的做法,颁布了第 13502 号行政命令,将项目劳动协议适用于联邦建设项目。

[69]   Maria Figueroa, Jeff Grabelsky, and Ryan Lamare, *Community Workforce Provisions in Project Labor Agreements: A Tool for Building Middle-Class Careers*, at 6(2011). See also Dale Belman, Matthew Bodah, and Peter Philips, *Project Labor Agreements*(2007); Julian Gross, Greg LeRoy, and Madeline Janis-Aparicio, *Community Benefits Agreements: Making Development Projects Accountable*(2005); Dale Belman and Matthew Bodah, "Building Better: A Look at Best Practices for the Design of Project Labor Agreement," EPI Briefing Paper (August 6, 2010).

[70]   See e. g., *Johnson v. Rancho Santiago Community College*, 623 F. 3d 1011(9th Cir. 2010), *cert. denied sub. nom.*, *Bertalan v. Rancho Santiago Cmty Coll. Distr.*, 131 S. Ct. 2096 (2011); *Airlines Serv. Providers Ass'n v. L. A. World Airports*, 869 F. 3d 751 (9th Cir. 2017); *The Building Industry Electrical Contractors Association v. The City of New York*, 678 F. 3d 184 (2d Cir. 2102); *Michigan Building and Construction Trades Council v. Snyder*, 846 F. Supp. 2d 766(E. D. Mich. 2012); *Southeast Louisiana Building and Construction Trades Council v. Louisiana ex rel Jindal*,107 F. Supp. 3d 584(E. D. L. A. 2015).

[71]   参见议院法案(Senate Bill)922 号[现在《公共合同法典》(Public Contract Code)第 2500 条]。鉴于 Boston Harbor 案的判决,观点更为完善的判决认为,各州不得禁止工程劳动协议,见 *Michigan Building and Construction Trades Council v. Snyder*, 846 F. Supp. 2d 766(E. D. Mich. 2012)。另见 *Central Iowa Building and Construction Trades Council v. Branstad*, 2011 WL 4004652(S. D. Iowa, September 7, 2011)。参见 William B. Gould Ⅳ, "Draft Guidelines for HUD Contracting Personnel," November 11, 2011(未发表,作者存档)。

范涉及州际贸易的雇主和工会的权限而选择行使管辖权的那部分案件。[72] 作为 1959 年 NLRA 修正案的结果，依据 1959 年 8 月 1 日修正案中的相关标准，NLRB 不得对其应当行使管辖权的任何案件拒绝管辖。[73]

尽管 NLRB 对于贸易的管辖权非常广泛，[74] 但是并未延伸至悬挂方便52旗（flag of convenience）的外国船舶雇佣的外国船员。[75] 鉴于对这一问题所涉及的国际关系的精心考虑，国会必须存在规范这类雇主的肯定的意图，否则 NLRB 不宜行使管辖权。但是，当劳资之间的争议焦点在于向美国居民支付工资，其身份并非船员，而只是从事临时性码头工作的工人时，联邦最高法院则认可 NLRB 对悬挂外国国旗的船只行使管辖权。[76] 与之类似，国际码头工人联合会（International Longshoremen's Association）拒绝装卸发往或来自苏联的货物，以抗议该国对阿富汗的入侵，联邦最高法院认定，

---

[72] *Guss v. Utah Labor Relaitons Board*，353 U. S. 1（1957），*Polish National Alliance v. NLRB*，322 U. S. 643（1944）.1983 年，联邦最高法院在 *Local 926*，*Operating Engineers v. Jones*，440 U. S. 669（1983）案中采取了强有力的联邦法优先的立场。在该案中，法院判决一名主管不得以涉嫌干涉雇佣为由起诉工会，因为在这种情况下，州法院就不得不决定工会的行为是否具有胁迫性。

[73] "NLRB 依据其自由裁量在认为此类劳资纠纷对商业的影响不足以保证其行使管辖权的情况下，可自行决定或公布根据行政程序法通过的规则，拒绝对涉及任何阶级或类别雇主的任何劳资纠纷主张管辖权；但 NLRB 不得拒绝对其将根据 1959 年 8 月 1 日通行标准主张管辖权的任何劳资纠纷主张管辖权。"NLRA 14（c）（1）.29 USC §164（c）（1）（2012）.尽管有人指出，冻结 NLRB 的管辖权指标，是其积案日益增加的一项重要因素，但是这种观点并不见得完全正确，参见 R. Flanagan，*The Litigation Explosion*（1987）.尽管有这些修正案及其立法历史，但第 104 届和第 105 届国会的一些议员认为，NLRB 可以主动拒绝管辖权。See William B. Gould Ⅳ，*Labored Relations*：*Law*，*Politics*，*and the NLRB—A Memoir*（2000），at 203.

[74] *NLRB v. Fainblatt*，306 U. S. 601，605-607（1939）；*NLRB v. Reliance Fuel Oil Corp.*，371 U. S. 224（1963）.

[75] *McCulloch v. Sociedad Nacional de Marineros de Honduras*，872 U. S. 10（1963）.Accord *Benz v. Compania Naviera Hidalgo*，*S. A.*，353 U. S. 138（1957）；*Incres Steam Ship Co. v. International Maritime Workers Union*，372 U. S. 24（1963）；*Windward Shipping（London）Limited*，*et al. v. American Radio Association*，415 U. S. 104（1974）；*American Radio Association v. Mobile Steamship Association*，*Inc.*，419 U. S. 215（1974）.

[76] *International Longshoremen's Local 1416 v. Ariadne Shipping Co. Ltd.*，397 U. S. 195（1970）.

该争议属于"贸易争议",且在 NLRB 的管辖范围之内。⑦ 然而,对于美国的工会组织为呼应日本工会在美国开展的次级联合抵制,NLRB 能否对之行使管辖权,仍是一个悬而未决的问题。⑧

53　　　　随着全球化的日益加深,NLRB 认为,NLRA 适用于在加拿大⑦和墨西哥⑧从事临时工作的美国公司的雇员。事实上,《塔夫特-哈特利修正案》实施后不久,对于仅有一半工作在美国境内完成的情形,NLRB 亦行使了管辖权。⑪ 另一方面,一般而言,美国法律并不适用于在国外永久工作的美国居民。⑫ 但是,NLRB 指出,美国法律能否适用的认定标准是"违法行为是否在美国造成非法后果"。⑬ 在涉及棒球⑭和篮球⑮的争议中,NLRB 对加拿大

⑦　NLRB 在 *Allied International Inc.*, 257 NLRB 1075(1981)案中持此观点。联邦最高法院在 *International Longshoremen's Ass'n v. Allied International Inc.*, 456 U. S. 212(1982)确认了这一观点。

⑧　*International Longshoremen's Ass'n*, 323 NLRB 1029, 1034(1997)(古德主席的反对意见书)。

⑦　*Asplundh Tree Expert Co.*, 336 NLRB 1106(2001), *enf. Denied*, *Asplundh Tree Expert Co. v. NLRB*, 365 F. 3d 168(3rd Cir. 2004).

⑧　*California Gas Transport*, *Inc.*, 347 NLRB 1314, *enforced*, 507 F. 3d 847(5th Cir. 2007).

⑪　*Detroit & Can. Tunnel Corp.*, 83 NLRB 727(1949).

⑫　*Range Systems Engineering Support*, 326 NLRB 1047, 1048(1998); *Computer Sciences Raytheon*, 318 NLRB 966, 970-71(1995); *GTE Automatic Electric Inc.*, 226 NLRB 1222, 1223 (1976); *RCA OMS*, *Inc.*, 201 NLRB 228, 228(1973).

⑬　*California Gas Transport Inc.*, 见注⑧; see also *Aguayao v. Quadrtech Corp.*, 129 F. Supp. 2d 1273(C. D. Cal. 2000); Todd Keithley, Note, "Does the National Labor Relations Act Extend to Americans Who Are Temporarily Abroad?" 105 *Colum. L. Rev.* 2135(2005). 在就业歧视领域,比较 *EEOC v. Arabian American Oil Co.*, 499 U. S. 244(1991)(*Aramco*), *rev'd*, Civil Rights Act of 1991, Pub. L. No. 102-166, 105 Stat. 1077(42 U. S. C 中散见条款的编纂); *Spector v. Norwegian Cruise Line Ltd.*, 545 U. S. 119(2005).

⑭　*Silverman v. Major League Baseball Player Relations Committee*, *Inc.*, *et al.*, 880 F. Supp. 246(S. D. N. Y.), *aff'd* 67 F. 3d 1054(2d Cir. 1995).

⑮　*National Basketball Association*, *et. al.*, Case No. 2-RD-1354(July 26, 1996).

的球队行使了管辖权。⑩

当前,劳动法全球化的另一个表现体现在,2004 年联邦最高法院重新 54
适用 1789 年《外国人侵权求偿法》(Alien Tort Claims Act)㊲。该院依据国
际法,对违反"核心"国际准则(norms)的行为审慎地行使联邦法院管辖
权。㊳ 下级法院曾利用国际劳工组织㊴制定的公约,规范在美国境外实施的
行为,以推进劳工的结社自由权。依据 1789 年《外国人侵权求偿法》,法院

㊱ NLRB 出现意见分歧,拒绝对足球争议行使管辖权,见 *North American Soccer League*,
236 NLRB 1317, *enforced*,613 F. 2d 1379(5th Cir. 1980)。安大略省劳动关系委员会对篮球和足
球争议均行使了管辖权,见 *The American League and the National League of Professional Base-
ball Clubs and the Toronto Blue Jays Baseball Club*,〔1995〕OLRB Rep. April 540(April 28,
1995);*National Basketball Association*,〔1995〕OLRB Rep. November 1389(November 10,
1995);相反案例见 *Orca Bay Limited Partnership and National Hockey League and British Co-
lumbia Chapter of the National Hockey League Players Association*,B. C. L. R. No. B138/2006;
Re Application Brought by the NHLPA, Chris Butler et al.,Board File No. GE-06474,Alberta
Labour Relations Board,Oct. 12, 2012。

㊲ 28 U. S. C. §1350(2012)("对外国人就违反国际法或者美国签署的条约的侵权行为提起
的任何民事诉讼",该法授予联邦法院原始管辖权)。

㊳ *Sosa v. Alvarez-Machain*,542 U. S. 692(2004). *Kiobel v. Royal Dutch Petroleum Co.*,
569 U. S. 108(2013)。See William B. Gould IV,"The Supreme Court,Job Discrimination,Affirm-
ative Action,Globalization,and Class Actions:Justice Ginsburg's Term," 36 *Haw. L. Rev.* 371
(2014). 在 Kiobel 案之后,多家法院已经在案件中推翻了反对《外国人侵权求偿法》域外适用的假
设。例如还可以参见 *Licci by Licci v. Lebanese Canadian Bank*,SAL,834 F. 3d 201(2d Cir.
2016);*Al Shimari v. CACI Premier Tech.*,*Inc.*,758 F3d 516(4th Cir. 2014);*Doe v. Exxon
Mobil Corp.*,69 F. Supp. 3d 75(D. D. C. 2014)。其他案件则是基于 *Kiobel* 案判决的范围作出了不
同的判决。参见例如 *Aragon v. Che Ku*,277 F. Supp. 3d 1055(D. Minn. 2017)。

㊴ *Estate of Rodriquez v. Drummond Co.*,*Inc.*,256 F. Supp. 3d 1250,1253-54(N. D. Ala.
2003);*Aldana v. Fresh Del Monte Produce*,*Inc.*,305 F. Supp. 2d 1285,1207(S. D. Fla. 2003),
aff'd in part and vacated in part 416 F. 3d 1242(11th Cir. 2005). See William B. Gould IV,"Labor
Law Beyond U. S. Borders:Does What Happens Outside of America Stay Outside of America?" 21
Stan. L. & Poi'y Rev. 401(2010);Tobias Barrington Wolff,"The Thirteenth Amendment and
Slavery in the Global Economy," 102 *Colum. L. Rev.* 973(2002);Igor Fuks,Note,"*Sosa v. Al-
varez-Machain* and the Future of ACTA Litigation," 106 *Colum. L. Rev.* 112(2006);"Develop-
ments in the Law:Legal Tools for Altering Labor Conditions Abroad," 118 *Harv. L. Rev.* 2202,
2214(2005);See Bob Hepple,*Labour Laws and Global Trade* (2005).

也考量了有关强迫劳动和种族歧视的其他一些公约。⑩　然而，时至 2013
年，联邦最高法院对 2004 年的扩张性判决做了收缩，认为该法不具有超出
国际法的对侵权行为的域外效力。⑪

　　上文提到的，与总法律顾问权限相关的 NLRB 优先权和优先管辖权这
两个原则，具有极为重大的意义。这些原则使相当数量的案件很难在公开
的庭审中审理。鉴于历史经验，许多美国人不愿意对这种情况提出抗议，这
部分归因于劳工和资方的代表（特别是前者）对 NLRB 理应具备的专业知
识的偏爱，以及在劳工事务上许多美国人对司法能力的担忧。⑫　具有讽刺
意味的是，由于《塔夫特-哈特利修正案》扩大了 NLRB 的管辖权，因而使得
优先权原则更为扩张。这些旨在对劳工加以限制的法律条款，反而剥夺了
对劳工充满敌意的各州法院的管辖权，而这些管辖原本可以通过损害赔偿
和刑事诉讼的方式，限制劳工的罢工、纠察和其他类似活动。

---

　　⑩　*Roe I v. Bridgestone Corp.*，492 F. Supp. 2d 988（S. D. Ind. 2007）. *In re South African A-
partheid Litigation*，346 F. Supp. 2d 548（S. D. N. Y. 2004），*aff'd in part*，*vacated in part*，*and
remanded sub nom. Khulumani v Barclay Nat'l Bank Ltd.*，504 F. 3d 254（2d Cir. 2007）（法院认
为，在实行种族隔离的南非做生意的跨国公司所采取的行动并不等于违反国际法的国家行为，即使
这些公司受益于种族隔离政府的非法国家行为）. *Doe v. Unocal Corp.*，110 F. Supp. 2d 1294，
1308（C. D. Cal. 2000），*opinion vacated*，*appeal dismissed by Doe v. Unocal Corp.*，403 F. 3d 708
（9th Cir. 2005）.

　　⑪　*Kiobel v. Royal Dutch Petroleum Co.*，569 U. S. 108（2013）. 在另一案件中，联邦最高法
院以五票支持、四票反对的结果裁定，不能援引《外国人侵权求偿法》来起诉公司. *Jesner v. Arab
Bank*，*PLC*，138 S. Ct. 1386，1436-1437（2018）（索托马约尔大法官的反对意见书）. 索托马约尔
大法官代表四位持异议的法官指出："企业能成为而且往往是创新和增长的力量。他们对社会的许
多贡献应该得到赞扬。但是，企业所拥有的独特力量既可以行善，也可以作恶。正如企业有提高生
产的能力，有些企业也有加剧痛苦的能力。"同上，第 1437 页. See William B. Gould IV，"The Su-
preme Court，Job Discrimination，Affirmative Action，Globalization，and Class Actions：Justice
Ginsburg's Term，" *36 U. Haw. L. Rev.* 371（2014）.

　　⑫　这种偏好与雇员个人和少数族裔组织［例如全国有色人种协进会（National Association for
the Advancement of Colored People，NAACP）］的偏好形成对比，后者不参与任命 NLRB 委员和劳
资关系组织如劳联-产联、全国总商会和全国制造商协会拥有的总法律顾问。

NLRA 的适用范围

NLRA 所规定的适用范围是狭窄的。㉝ 联邦、州以及各级地方政府的公共雇员（public employees）均被排除在外。同样，农业工人、家庭佣人（domestic servants）和监管雇员（supervisory employee）也被排除在外。㉞ 有时，印第安部落经营的企业被 NLRB 裁定排除适用，㉟其理由是管辖权的行使会干预部落内部的主权。㊱ 然而，由于国会不会"想到一个小小的印第安部落可以运作得像一家封闭型控股公司，雇佣几百甚至数千非印第安人，₅₇以营利为目的生产产品，并向非印第安人销售"，㊲NLRB 正试图把作为印

　　㉝　1974 年，法律的适用范围略有扩大，包括了非营利医疗机构的雇员。1974 年 7 月 26 日，Pub. L. No. 93860,88 Stat. 895 修改了 29 USC § 152(2)(2012)中"雇主"的定义，以实现这一目的。

　　㉞　布什时期的 NLRB 将监管人员的定义扩大，可以说是将更多的雇员划到 NLRA 的雇员范围之外。*Oakwood Healthcare*，*Inc.*，348 NLRB 686(2006). See *Frenchtown Acquisition Co.*，*Inc. v. NLRB*，683 F. 3d 298(6th Cir. 2012)；*NLRB v. Missouri Red Quarries*,*Inc.*,853 F. 3d 920 (8th Cir. 2017).

　　㉟　See *Dollar Gen. Corp. v. Mississippi Band of Choctaw Indians*，136 S. Ct. 2159(2016).

　　㊱　*Fort Apache Timer Co.*，226 NLRB 503(1976)；*Southern Indiana Healthcare Council*，290 NLRB 436(1998). 另见 *Sac & Fox Industries*，*Ltd.*，307 NLRB 241(1992)(反对适用 Fort Apache 案和 Southern Indiana 案的判决，并主张对完全由印第安部落拥有和控制的非保留地商业设施行使管辖权)；*Yukon Kuskokwim Corporation*，32 NLRB 761(1999)(适用 Sac & Fox 案的判决，并认为 NLRA 适用于本案中这家医院的雇员，该医院的董事会由阿拉斯加土著部落选举产生，但是建于联邦政府的地产之上)；*NLRB v. Chapa de Indian Health Corp.*，316 F. 3d 995(9th Cir. 2003)(法院认为，NLRA 适用于在非印度安土地上经营门诊医疗设施的"部落组织")。参见 *NLRB v. Pueblo of San Juan*，276 F. 3d 1186(10th Cir. 2000).

　　㊲　*Sam Manuel Indian Bingo & Casino*，341 NLRB 1055，*enforced*，475 F. 3d 1306，1311(D. C. Cir. 2007). *Casino Pauma v. NLRB*，888 F. 3d 1066(9th Cir. 2018)："尽管 NLRA 在对部落雇主的适用方面含糊不清，但是 NLRB 认定这些雇主受在法的约束，这是对 NLRA 的合理解释……印第安人博彩监管法(IGRA)没有任何条款在这一事项上有意取代 NLRA 或任何其他联邦劳动或雇佣法。IGRA 中的一般允许，即'州—部落契约'可以包括与……民事法律的适用有关的条款，绝不意味着契约必须包括某些州的劳动法条款；如果契约确实包括这举条款，也不意味着这些条款就会优先于其他可适用的联邦法律。"第 1073—1080 页。另见 *Chickasaw Nation*，362 NLRB No. 109(2015)。参见 Jonathan Guss，"Gaming Sovereignty? A Plea for Protecting Worker's Rights While Preserving Tribal Sovereignty,"102 *Cal. L. Rev.* 1623(2014)；*Little River Band of Ottawa Indians Tribal Gov't v. NLRB*，136 S. Ct. 2508(2016)；见 Noam Scheiber，"Senate Bill to Curtail Labor Rights on Tribal Land Falls Short,"*New York Times*(April 16，2018)at B5："……《部落劳动主权法》(Tribal Labor Sovereignty Act)将使美洲原住民部落拥有和经营的企业免于遵守联邦劳工标准，即使有些雇员不是部落公民。劳联—产联表示，该措施的通过将是自 20 世纪 40 年代以来对劳动保护最严重的破坏。"也可参见 H. R. 986 — Tribal Labor Sovereignty Act of 2017；S. 63 — Tribal Labor Sovereignty Act of 2017。

第安部落所独有的、传统的"部落或政府职能"⑱，与"服务于非印第安顾客和消费者从而使部落在很大程度上影响贸易"的商业行为区分开来。⑲

　　排除适用并不意味着这些工人进行集体谈判是非法的。事实上，公共雇员的集体谈判与联邦、州及各级地方政府保护工人结社权的立法，正成为美国劳工图景的一部分。例如，尽管大部分州并不保护农场工人进行集体谈判的权利，但是加利福尼亚州拥有一套专门法律为这类工人提供保护，且在许多方面甚至优于 NLRA。⑩ 尽管法律是健全的，但是加州农业工会的组建活动却全无活力可言。⑪ 有些种植大麻的工人可以被视为从事农业劳动，有些则不然。⑫

---

　　⑱　San Manual 案，同注⑰，第 1063 页。

　　⑲　同上，第 1062 页。

　　⑩　Agricultural Labor Relations Act of 1975, Cal. Labor Code 1140 et seq.（West Supp. 1980）. 见 Herman Levy ，" The Agricultural Labor Relations Act of 1975 ，" 15 *Santa Clara L. Rev.* 783（1975）； William B. Gould IV, " Some Reflections on Contemporary Issues in California Farm Labor ，" 50 *U.C. D. L. Rev.* 1243（2017）. 参见 *Babbitt v. United Farm Workers*，442 U.S. 289（1979）. 事实上，加利福尼亚州已经加强了这项法律，在农业工人和种植者之间的合同谈判陷入僵局的情况下实行强制调解. See Gregg Jones ，" A Big Win for Farm Workers ，" Los Angeles Times, October 1, 2002 , at 1. 加利福尼亚州最高法院在支持与利益调解和仲裁有关的法律条款时说:"……我们拒绝裁定强制利益仲裁在这里完全违反宪法."*Gerawan Farming, Inc. v. Agricultural Labor Relations Board*，3 Cal. 5th 1118（Cal. 2017）, *cert denied*，139 S. Ct. 60（2018）. 关于何者构成 NLRA 豁免的农业雇员的问题，有相当多的诉讼. 见 *Holly Farms Corp. v. NLRB*，517 U.S. 392（1996）案，其中五比四多数意见认为，参与鸡肉加工的工人是该法意义上的"雇员".

　　⑪　农业劳动关系委员会主席古德，在农业人事管理协会第 36 届年度论坛五上的主旨演讲（2016 年 1 月 28 日）（作者存档）；见 William B. Gould IV, "Some Reflections on California Farm Labor," 50 *U.C. Davis L. Rev.* 1243, 1247-1254（2017）；Jennifer Gordon, "Law Lawyers, and Labor: The United Farm Workers' Legal Strategy in the 1960s and 1970s and the Role of Law in Union Organizing Today," 8 *U. Pa. J. Labor & Emp. L.* 1（2005）. 见 "William Gould's Resignation Letter," *Los Angeles Times*, January 13, 2017. 另见 Geoffrey Mohan, "California Farm Labor Board Chairman Quits in Anger," *Los Angeles Times*, 2017.

　　⑫　在奥巴马执政期间，NLRB 的总法律顾问采取的立场是，NLRB 可以对"更类似于制造业而不是农业"的加工工人主张管辖权. Advice Memorandum from Barry J. Kearney, Assoc. Gen. Counsel, Div. of Advice, on Ne. Patients Grp. d/b/a Wellness Connection of Me. Cases 01-CA-104979；01-CA-106405 to Jonathan B. Kreisberg, NLRB Reg'l Dir. at 1（Oct. 25, 2013）；见 *Produce Magic, Inc.*，318 N.L.R.B. 1171, 1171-73（1995）（古德主席和委员布朗宁的反对意见）. 见 Ronald H. Barsamian & E. Mark Hanna, ALRB or NLRB: Where Do We Draw the Line?, 11 *San Joaquin Agric. L. Rev.* 1（2001）（讨论农业生产的"转型"是如何改变农业劳动关系委员会和 NLRB 长期使用的规则的）；见例如 *Bud Antle, Inc. v. Barbosa*，45 F. 3d 1261, 1273-78（9th Cir. 1994）；*Camsco Produce Co.*，297 N.L.R.B. 905, 905-06（1990）；*Mario Saikhon, Inc.*，278 N. L.R.B. 1289, *1-4（1986）；*Emp'r Members of Grower-Shipper Vegetable Ass'n*，230 N.L.R.B. 1011, 1011-13（1977）；*DeCoster*，223 N.L.R.B. 884, 884-86（1976）；*Garin Co.*，148 N.L.R.B. 1499, 1499-01（1964）；*Olaa Sugar Co.*，118 N.L.R.B. 1442, 1442-45（1957）.

上述工人被 NLRA 所排除,在逻辑上是讲不通的。他们被排除出 NL-RA 的保护,实质上只是因为在立法制定时他们几乎没有政治影响力。同时,限制散工(day laborer)向其潜在的客户招揽生意的地方性法规,被 NLRB 认定为违宪,使得散工们成功地摆脱上述规定的束缚。[103] 进入 21 世纪,被 NLRA 排除适用的工人群体的境遇每况愈下。尽管步履维艰,州立法现在正开始对农场工人和家政雇员(domestic employees)提供一定的保护,而这两类群体往往处于无证(undocumented)状态。[104] 其结果往往是雇佣法上法 59 定权利的行使遭到非法报复。在一个案例中,雇主的律师通知美国移民和海关执法局(ICE)在预定的取证地点与这样一个无证工人会面,并将他彻底驱逐出美国——联邦第九巡回上诉法院将之认定为非法的报复行为。[105]

有些州,如加利福尼亚州,家庭护理雇员享有法定的集体谈判保护,[106]

---

[103] *Comite de Jornaleros de Redondo Beach v. City of Redondo Beach*,657 F. 3d 936(9th Cir. 2011);*Valle De Sol Inc. v. Whiting*,709 F. 3d 808(9th Cir 2013).

[104] 参见 Keith Cunningham-Parmeter,"Redefining the Rights of Undocumented Workers,"58 *Am. U. L. Rev.* 1362(2009);Keith Cunningham-Parmeter,"Forged Federalism:States as Laboratories of Immigration Reform,"62 *Hastings L. J.* 1673(2011);Bon Appetit Management Company Foundation and United Farm Workers Inventory,*Inventory of Farmworker Issues and Pretention in the United States*(Bon Appetit Foundation,March 2011);Sharon Lerner,"The Help' Gets Its Due,"*Slate*,February 22,2011.无证移民工是指没有签证或永久居留证件而在美国工作的外国人。不列颠哥伦比亚特区劳动关系委员会认为,受法律保护的墨西哥农场工人在加拿大不受墨西哥政府的干预。Certain Employees of Sidhu & Sons Nursery Ltd (British Columbia Labor Relations Board,2014).[无证移民工可能是非法进入美国的人,也可能是合法进入美国但已经失去合法身份的人,都不具有在美国的工作许可。尽管无证移民工不具有合法的身份,但是他们同样受到联邦反就业歧视法律的保护。——译者]

[105] *Arias v. Raimondo*,860 F. 3d 1185(9th Cir. 2017).这项判决催生了针对雷蒙多(Raimundo)律师的百万美元和解。Bob Egelko,"Ex-Dairy Workers Scores Big Win in Court,"*SF Chronicle*,Jan 16,2019.见 C4。

[106] "为了就家庭护理工的工资和雇佣条件进行集体谈判,加州除了两个县之外,几乎所有县都建立了一个被称为公共机关(public authorities,PAs)的实体(其他县为此建立了不同的实体)。公共机关主要是代表县政府参与提供商的工资谈判。除了集体谈判之外,公共机关的主要职责包括:(1)建立一个符合各种资质要求的家庭护理提供商的登记册;(2)调查潜在供应商的背景;(3)建立一个系统,将家庭护理工介绍给接受者;(4)为提供商和接受者提供培训。2009—2010 年预算将公共机关的行政经费减少了大约 1300 万美元一般经费(General Fund)。"Legislative Analyst's Office,*the 2012-13 Budget:In-home Supportive Services Budget Update*(March 19,2012),www. lao. ca. gov/analysis/2012ss/supportive-services-031912. aspx.

但是政府承包商所雇佣的儿童护理雇员却没有此项保护。[⑰] 2012 年,面对农业保守派的激烈反对,奥巴马政府一味妥协,导致劳工部提出的禁止在农场雇佣未成年人从事危险工作的议案未能通过。[⑱] 传统上,美国劳动法将庞大的工人群体排除出其适用范围,[⑲]有时缺乏说服力的法院判决则使这一情形愈演愈烈。然而,NLRB 一直试图纠正这方面的错误,例如 NLRB 曾对特许学校(charter school)*的劳动争议行使管辖权就是明智之举,尽管特许学校与公共部门存在密切的关系。[⑳]

---

⑰ Jon Healey, "Governor Brown Says No to Labor on Child Care," *Los Angeles Times Opinion LA Blog* (October 4, 2011), opinion. latimes. com/opinionla/2011/10/government-gov-brown-says-no-to-labor, html.

⑱ Department of Labor, "US Department Proposes Updates to Child Labor Regulation: Aims to Improve Safety of Young Workers Employed in Agriculture and Related Fields"(August 31, 2011), www. dol. gov/whd/media/press/whdpressVB3. asp? pressdoc = national/20110831. xml; Department of Labor, "Labor Department Statement on Withdrawal of Proposed Rule Dealing with Children Who Work in Agriculture Vocations"(April 26, 2012), www. dol. gov/whd/media/press/whdpressVB3. asp? pressdoc=national/20120426. xml.

⑲ D. Bok, "Reflections on the Distinctive Character of American Labor Laws," 84 *Harv. L. Rev.* 1394(1971). NLRB 一度不对政府承包商的雇员行使管辖权,理由是他们集体谈判的能力受到公共雇主的极大限制。但情况已不再如此,见 *Management Training Corp.*, 317 NLRB 1355(1995); *Teledyne Ecomomic Development v. NLRB*, 108 F. 3d 56(4th Cir. 1997), *enforcing* 321 NLRB 58(1996); *Pikesville United Methodist Hospital v. United Steelworkers*, 109 F. 3d 1146(46th Cir. 1997), *enforcing* 318 NLRB 1107(1995). NLRB 关于政府与私营部门之间界线的一些裁决更为曲折,也不那么明确,见 *Oklahoma Zoological Trust*, 325 NLRB 171,172(1997)(古德主席的反对意见书); *Enrichment Services, Inc.*, 325 NLRB 818,821(1998)(古德主席的协同意见书)。其他管辖权争议是关于赛马业的,见 *Delaware Park*, 325 NLRB 156(1997)(古德主席的协同意见书同意裁定结果,但是指出 NLRB 应行使管辖权); the Railway Labor Act, *Federal Express Corp.*, 317 NLRB 1155,1556(1997)(古德主席的反对意见书); *Federal Express Corp.*, 323 NLRB 871,872(1997)(古德主席基于制度原因的反对意见书); *United Parcel Service, Inc.*, 318 NLRB 778,797(1995)(古德主席的协同意见书), *enforced* 92 F. 3d 1221(D. C. Cir. 1996); *Service Master Aviation Services*, 325 NLRB 786,788(1998)(古德主席的反对意见书)。

* 特许学校是指经州政府立法通过,由州财政负担经费,允许教师、家长、教育专业团体或其他营利机构等运营的学校。特许学校是一种特殊的公立学校,不得向学生收取学费,也可以不受例行性教育行政规定的约束。——译者

⑳ *Chicago Mathematics & Science Academy Charter School, Inc.*, 359 NLRB No. 41 (2012). 与 *Hyde Leadership Charter School - Brooklyn*, 364 NLRB No. 88(2016)和 *Pennsylvania Virtual Charter School*, 364 NLRB No. 87(2016)一致。尽管有些学校可能作为政治分支而被排除,但是公共控制是排除的前提条件。*Voices for International Business and Education, Inc. v. NLRB*, 905 F3d 770(5th Cir. 2018).

世纪之交,NLRB 曾推翻先例作出裁决,对下列两类劳动者不再予以排除,即承认医疗实习生、驻院医师[11]以及私立学校的研究生助理是法定雇员。[12] 作为对后一裁决的回应,工会试图代表在许多大学中工作的助教和[61]助研,这些大学包括布朗大学、哥伦比亚大学、康奈尔大学和塔夫茨大学等。然而,就在 2004 年,布什任上的 NLRB 推翻了克林顿时期所作的裁决,使这方面的进展戛然而止。[13] 但是,奥巴马时期的 NLRB[14] 在 2016 年[15]推翻了这一裁决,这些雇员已经投票决定加入哈佛大学和其他地方的工会。[16]

众所周知,非法居留的外国人(illegal alien)已经被认定属于 NLRA 意义上的雇员,在美国合法居留的无永久居留权的外国人(nonresident alien)也是如此。[17] 在 A. P. R. A 燃料采购集团案[18]中,NLRB 裁定,无证工人与法定雇员一样,有权获得包括补发工资在内的全部救济。但是,在霍夫曼塑料化合物案中,联邦最高法院则认为,无证工人无权获得补发工资,否则将

---

[11] *Boston Medical Center*，330 NLRB 152(1999).

[12] *New York University*，332 NLRB 1205(2000).

[13] *Brown University*，342 NLRB 483(2004).

[14] William B. Gould IV，"Politics and the Effect on the National Labor Relations Board's Adjudicative and Rulemaking Processes," 64 *Emory L. J.* (2015)；Clyde W. Summers，"Politics，Policy Making，and the NLRB," 6 *Syracuse L. Rev.* 93(1954)；W. Willard Wirtz，"The New National Labor Relations Board：Herein of Employer Persuasion," 49 *Nw. U. L. Rev.* 594(1954).

[15] *The Trustees of Columbia University in the City of New York*，364 NLRB No. 90(2016). See William B. Gould IV，*Too Much Politics in Labor Law*，St. Louis Post-Dispatch(September 7，2016).

[16] See Danielle Douglas-Gabriel，"Harvard agrees to negotiate a contract with graduate-student union," *Washington Post*，May 1，2018. 其他一些大学已经同意在没有 NLRB 干预的情况下承认工会并与之进行谈判。Emma James and Harris Walker，*How does Columbia's bargaining framework with the union stack up to those at other universities？*，Columbia Daily Spectator，November 30，2018.

[17] *Sure Tan Inc. v. NLRB*，467 U. S. 883(1984)；*NLRB v. Actor's Equity Ass'n*，644 F. 2d 939(2d Cir. 1981).

[18] 320 NLRB 408(1995)，*enforced A. P. R. A. Fuel Buyers Group，Inc. v. NLRB*，134 F. 3d 50(2d Cir. 1997).

会像磁石一样吸引他们（来美），从而削弱移民法的实施效果。[19] NLRB 认
62 定，无论是雇主还是雇员违反了移民法，霍夫曼案的判决结果均应适用。[20]
　　联邦最高法院在霍夫曼案中的推理似乎适用于大多数的劳动立法，除非在
63 工作确已完成的情况下，法律对未支付的报酬设定了金钱赔偿。[21] 然而，加
州最高法院认为，联邦移民法并不优先于通过私人损害赔偿诉讼实施的州

---

　　⑲　*Hoffman Plastic Compounds，Inc. v. NLRB*，535 U. S. 137(2002). 有观点认为，移民改
革与控制法(Immigration Reform and Control Act,简称"IRCA")在 *Sure Tan* 案两年后通过，加上
霍夫曼案的影响，意味着 *Sure Tan* 案的规则已经被推翻，然而，哥伦比亚特区上诉法院否定了这一
观点，见 *Agri Processor Co.，Inc.，v. NLRB*，514 F. 3d 1(D. C. Cir. 2008).

　　⑳　*Mezonos Maven Bakery，Inc.*，357 NLRB No. 47(2011)(依据霍夫曼案的判决，无论是雇主还
是雇员违反了 IRCA，根据 NLRA 的规定，不得向无证工人补发工资).

　　㉑　*Madeira v. Affordable Housing Foundation，Inc.*，469 F. 3d 219(2d Cir. 2006)(依据纽
约州的《脚手架法》(Scaffold Law)，在建筑工地受伤的无证工人仍然有权获得赔偿)；*Majlinger v.
Cassino Contracting Corp.*，802 N. Y. S. 2d 56(N. Y. App. Div. 2005)(法院认为，霍夫曼案并不妨
碍根据州普通法和州成文雇佣法向寻求追回工资损失的无证工人发放赔偿金)；*Riverva v. NIB-
CO，Inc.*，364 F. 3d 1057(9th Cir. 2004)(本案中，原告是依据《民权法》第七章和州法律规定的就
业歧视提出索赔的移民妇女，法院支持颁布保护令，而不是根据移民身份作出判决)；See *Flores v.
Amigon*，233 F. Supp. 2d 462(E. D. N. Y. 2002)；*Singh v. Jutla*，214 F. Supp. 2d 1056(N. D. Cal.
2002)；*Flores v. Albertsons，Inc.*，2002 WL 1163623(C. D. Cal. 2002)；*Liu v. Donna Karan In-
ternational，Inc.*，207 F. Supp. 2d 191(S. D. N. Y. 2002). See also *Patel v. Quality Inn South*，846
F. 2d 700(11th Cir. 1988)[法院认为，无证工人可以依据《公平劳动标准法》(Fair Labor Standards
Act,简称"FLSA")对未付工资和损失提起诉讼，与 *Lamonica v. Safe Hurricane Shutters，Inc.*，
711 F. 3d 1299(11th Cir. 2013)案的判决一致]. *Colon v. Major Perry St. Corp.*，987 F. Supp. 2d
451(S. D. N. Y. 2013)(法院认为，在 FLSA 案件中，无证工人仍然有资格要求补发未付的最低工资
和加班工资，审查 FLSA 原告的移民身份是不相关的，也是不允许的)；*Lucas v. Jerusalem Cafe，
LLC*，721 F. 3d 927(8th Cir. 2013)(法院认为，无证外国人可以依据 FLSA 对实际完成工作的法定
损害赔偿提起诉讼。但是，至少有一家法院最近承认，移民法禁止根据 FLSA 作出这样的判决。
See *Renteria v. Italia Foods，Inc.*，2003 WL 21995190(N. D. Ill. 2003). But see *Solis v. SCA Res-
taurant Corp.*，938 F. Supp. 2d 380(E. D. N. Y. 2013). 但是在 *Veliz v. Rental Service Corp. USA，
Inc.*，313 F. Supp. 2d 1317(M. D. Fla. 2003)(法院拒绝向提供虚假身份证明以获得就业的侵权索
赔人支付损失的工资)和 *Ambrosi v. 1085 Park Avenue LLC*，2008 WL 4386751(S. D. N. Y. 2008)
[与马德拉案(*Maderia*)不同，法院认为，违反 IRCA 提供虚假证件的无证工人无权获得损失的工
资]中，法院未给予类似的赔偿。*Rosas v. Alice's Tea Cup，LLC*，127 F. Supp. 3d 4(S. D. N. Y.
2015)(颁布保护令，因为审查雇员的移民身份与其未支付加班工资的索赔无关)；*Palma v. Roman*，
No. 3：16CV-00457-CRS，2017 WL 4158651，at * 5(W. D. Ky. Sept. 19，2017)(在 FLSA 案件中颁
布保护令，因为原告有充分理由保护与其移民身份及其家庭移民身份相关的信息). See *Palma v.
NLRB*，723 F. 3d 176(2d Cir. 2013)(法院认为，如果雇主因雇佣并容留无证外国人违反了 1986 年
《移民改革和控制法》(IRCA)，则根据 NLRA 无证外国人被无条件地禁止获得补发工资).

反歧视法。⑫ 该院指出,霍夫曼案的判决并不居于"控制"地位,因为加州反歧视法与 NLRA 之间的关键区别就在于,"补发工资能够对实现加州的救济性立法目标起到作用"。⑬ 该院对霍夫曼案的部分理由不予采纳并指出,对使用虚假文件的无证外国人提供保护只会产生"最小的实际效果",因为"典型的无证外国人并不熟悉州法律对非法解雇的补救措施,这是由于求职者很少考虑到会被违法解雇",因此,他们在美国寻找就业机会,并不是被工资损失的救济措施所吸引。⑭ NLRB 颁布的保护令⑮已经杜绝对雇员移民身份的审查,并且 NLRB 已认定对工人的移民身份进行"暗访"(fishing expedition)是不允许的。⑯ 另一方面,当原告适当地提出主张时,移民身份与 64 获得补发工资的资格相关联,因为联邦最高法院在霍夫曼案中认定,无工作许可的受歧视者无权依据 NLRA 获得补发工资。⑰ 但是依据加利福尼亚州法律,工人在其工作许可有效期内提出的合同之诉未被移民法所排除。⑱

---

⑫　*Salas v. Sierra Chemical Co.*，59 Cal. 4th 407(Cal. 2014)[巴克斯特(Baxter)大法官和陈慧明(Chin)大法官的反对意见书],*cert denied*，135 S. Ct. 755(2014).

⑬　同上,第 420 页。

⑭　同上,第 425—426 页。

⑮　*Flores v. Amigon*，233 F. Supp. 2d 462(E. D. N. Y. 2002)(法院颁布保护令以保护 FLSA 诉讼中的原告,而不审查其移民身份);*Rivera v. NIBCO, Inc.*，364 F. 3d 1057(9th Cir. 2004)(本案中,原告是依据《民权法》第七章和州法律规定的就业歧视提出索赔的移民妇女,法院维持了颁布保护令,而不根据移民身份作出认定);*Galaviz-Zamora v. Brady Frams, Inc.*，230 F. R. D. 499(W. D. Mich. 2005)(法院颁布保护令以保护 FLSA 和《移民工人保护法》诉讼中的原告,而不审查其移民身份);*Jin-Ming Lin v. Chinatown Restaurant Corp.*，71 F. Supp. 2d 185(D. Mass. 2011)(有关移民身份的审查与 FLSA 集体诉讼无关);*Carzola v. Koch Foods of Mississippi, LLC*，838 F. 3d 540(5th Cir. 2016)(法院考虑到 EEOC 程序中发现移民身份的寒蝉效应)。

⑯　*Flaum Appetizing Corp.*，357 NLRB No. 162(Dec 30，2011);See General Counsel，Memorandum OM 12-55:*Case Handling Instructions for Compliance Cases after Flaum Appetizing Corp.*，357 NLRB No. 162(December 20，2011)(May 4，2012);General Counsel，Memorandum OM 02-06:*Procedures and Remedies for Discriminatees Who May Be Undocumented Aliens after Haffman Plastics Compounds, Inc.*(July 19，2002).

⑰　*Domsey Trading Corp.*，357 NLRB No. 164(December 30，2011).

⑱　*Incalza v. Fendi North America, Inc.* 479 F. 3d 1005(9th Cir. 2007);*Rivera v. NIBCO, Inc.*，364 F. 3d 1057(9th Cir. 2004);see also *Bollinger Shipyards Inc. v. Director, Office of Worker's Compensation Programs*，US Department of Labor，604 F. 3d 864(5th Cir. 2010)[基于《海岸码头工人补偿法》(Longshore and Harbor Workers' Compensation Act)的权益可以给予无证工人]。

　　除了上文提及的几类劳工以外,还有一些劳工群体被排除于 NLRA 的雇员定义之外。例如,独立承包人(independent contractor)被该法第二条第三款专门排除。[⑫] 这些案例在所谓的零工经济中变得更为重要,在零工经济中,雇员通常按照灵活的时间表同时为两三个雇主工作。[⑬] 在一项极其重要的判决中,加利福尼亚州最高法院认为,雇主如果试图将工人归类为独立承包人,则负有举证责任证明:(1)工人的工作表现在事实上和合同上均不受雇用者的控制和指挥;(2)其工作在"雇佣实体业务的正常流程"之外;(3)工人从事的是一个"独立设置的行当,一种与所从事工作性质相同的

---

　　⑫　NLRA § 2(3), 29 USC § 152(11)(2012). 独立承包人被排除出《塔夫特-哈特利法》。*NLRB v. Hearst Publications*, *Inc.*, 322 U. S. 111(1944). 参见 *Elite Limousine Plus*, *Inc.*, 324 NLRB 992(1997); *Union Square Theatre Management*, 326 NLRB 70, 72(1998)(古德主席的反对意见书). 也可参见 *Dial-A-Mattress*, 326 NLRB 884(1998)(古德主席的反对意见书); *Roadway Package System*, *Inc.*, 326 NLRB 842(1998)(古德主席的反对意见书). 关于这类工人的身份问题的讨论见 Steven Greenhouse, "Gonging It Alone, Together," *New York Times*, Mar. 24, 2013, at B1. 共和党与各党派通过的 2017 年《减税与工作法》(Tax Cut and Jobs Act)中的一项新规定允许独资经营者(solo proprietors)从其应税收入中扣除 20% 的收入,这会激励政府对零工经济中的独立承包人进行更细致的分类。26 U. S. C. § 199[经《减税与工作法》第 11011 节修订, H. R. Con. Res. Res. 1, 115th Cong. (2017)(已颁布)]. 从考虑从事独立承包工作的工人角度来看,许多人可以节省可观的税收,特别是如果他们的收入接近 315,000 美元的门槛,此时新规定开始逐步排除联合申报人。从公司的角度来看,这项规定可以减少工人在将他们归类为独立承包人时的阻力。一些人也提出质疑,如果更多的工人愿意被归类为独立承包人,即使他们是法律规定的雇员,那么,错误分类也将变得更加频繁,甚至更难被发现和纠正。See Noam Scheiber, "Tax Law Offers a Carrot to Gig Workers, But It May Have Costs" *New York Times*, December 31, 2017, at B1.

　　⑬　对于哥伦比亚特区同一上诉法院在 *Lancaster Symphony Orchestra v. NLRB*, 822 F. 3d 563(D. C. Cir. 2016)和 *FedEx Home Delivery v. NLRB*, 563 F3d 492, 507(D. C. Cir. 2009)中采取截然不同的方法(格兰德法官的反对意见书),参见 William B. Gould IV, *The Future of the Gig Economy*, *Labor Law*, *and the Role of Unions*: *How Will They Look Going Forward*? Arbitration 2017: The New World Of Work: The Proceedings Of The Seventeenth Annual Meeting, National Academy of Arbitrators(2018). Keith Cunningham-Parmeter, "From Amazon to Uber: Defining Employment in the Modern Economy," 96 *B. U. L. Rev.* 1673(2016). 同时,特朗普时期的 NLRB 在 *SuperShuttle DFW*, *Inc.*, 367 NLRB No. 75(2019)中推翻了现有的权威意见。William B. Gould IV, "Dynamex Is Dynamite, but Epic Systems Is Its Foil - Chamber of Commerce: The Sleeper in the Trilogy," 83 *Mo. L. Rev.* 989(2018).

职业"。⑬《塔夫特-哈特利修正案》⑬也特意将监管人员排除于法定适用范围之外。不仅如此,雇主的某些涉及工会或是次级行动的行为,也受到该法的保护。⑬ 此外,NLRB曾裁定,护士长所承担的为注册护士分配任务的工作,只是日常的办公室事务而已,因而护士长并非监管人员。⑬ 但是,作为对早前一份有关这类雇员监管地位的判决的回应⑬,联邦最高法院以五票支持、四票反对的多数意见判决认为,这些职能的履行使得雇员具备监管人员的身份。⑬尽管这一判决意味着,由于这些雇员的专业判断中包含着他们 66 对其他人的某些指令,因而笼统地排除对专业雇员(professional employee)的适用。⑬ 与此同时,NLRB曾裁定,雇佣期限不确定的临时工(temporary workers)包含在该法的适用范围内,不能仅仅因为他们被供应商雇主说成受雇于某个雇主,就被排除于法定选举程序之外。不过,这一裁决后来又被 NLRB 推翻了。⑬

　　由于联邦宪法第一修正案规定了政教分离原则,联邦最高法院曾判决,

---

⑬ *Dynamex Operations West*，*Inc. v. Superior Court of Los Angeles County*，4 Cal. 5th 903 (2018)。关于 Dynamex 案的判决是否被排除的问题,见 *California Trucking Association v. Su*，903 F. 3d 953(9th Cir. 2018)(在意见中答案可能是肯定的)。

⑬ *Packard Motor Car Co. v. NLRB*，330 U. S. 485(1947)。

⑬ *Parker-Robb Chevrolet*，262 NLRB 402(1982)，*aff'd. sub nom. Automobile Salesmen's Union Local 1095 v. NLRB*，711 F. 2d 888(D. C. Cir. 1998)。也可参见 General Security Services Corporation，326 NLRB 312，314(1998)(古德主席的协同意见书)。

⑬ *Providence Hospital*，320 NLRB 717(1996)，*enforced* 121 F. 3d 548(9th Cir. 1997);
Ten Broeck Commons，320 NLRB 806(1996)。

⑬ *NLRB v Health Care & Retirement Corp. of America*，511 U. S. 571(1994)。

⑬ *NLRB v. Kentucky River Community Care*，*Inc.*，532 U. S. 706(2001)。

⑬ *Mississippi Power & Light Co.*，328 NLRB 965(1999)。*Kentucky River* 案的判决不仅与 *Mississippi Power & Light* 案不同,也与 *Legal Aid Society*，324 NLRB 796(1997)案中我的协同意见书以及反对意见书的观点不一致。

⑬ *In re M. B. Sturgis*，*Inc.* 331 NLRB 1298(2000)(与 *Jeffboat Division* 案一并作出裁决),被 *In re H. S. Care L. L. C.* 343 NLRB 659(2004)所推翻;*Tree of Life*，*Inc.*，336 NLRB 872 (2001)。这一判决反过来被奥巴马时期的 NLRB 所推翻。Miller & Anderson,Inc.,364 NLRB No 39(2016)。在 *Vizcaino v. Microsoft Corp.*，97 F. 3d 1187(9th Cir. 1996)案中,法院认为,临时工与永久雇员享有相同的权益。Cf. "Ninth Circuit Finds That Misclassified Employees Are Eligible for Federally Regulated Employee Benefits," 111 *Harv. L. Rev.* 609(1997)。

教授宗教和世俗课程的非神职教师(lay teacher)不适用 NLRA,因为没有明确的迹象表明,国会打算给予 NLRB 对这些个人的管辖权。[19] 虽然法律

---

[19]　*NLRB v. The Catholic Bishop of Chicago*,440 U. S. 490(1979). NLRB 认为,对于 NLRA 能否适用于宗教附属院校中大学教师的问题,适当的认定方式是:"……NLRA 对自称是宗教机构的学院或大学的教职工行使管辖权,除非该学院或大学首先证明,作为一个必备条件,其坚称自己旨在提供宗教教育环境。一旦达到该必备条件,学院或大学必须证明申诉的教职工正在发挥宗教作用。这需要学院或大学证明其支持教师在创建或维护大学的宗教教育环境方面发挥着特定作用。" *Pacific Lutheran University*,361 NLRB No. 157(2014). Cf. *Seattle University*,364 NLRB No. 84(2016);*St. Xavier University*,364 NLRB No. 85(2016). 关于这一问题的最佳论文是 David B. Schwartz,"The NLRA's Religious Exemption in a Post- Hobby Lobby World:Current Status,Future Difficulties,and a Proposed Solution,"30 *A. B. A. J. Lab. & Emp. L.*,Issue 2(May 2015),available at http://ssrn. com/abstract=2616085. 天主教主教案(*Catholic Bishop*)所确立的原则被扩展至商业运作中,见 *Faith Center-WHCT Channel 18*,261 NLRB 106(1982). 但是,针对 NLRB 对有宗教联系的疗养院行使管辖权一事,一些上诉法院否定了与之相关的反对意见。*NLRB v. St. Louis Christian Home*,663 F. 2d 60(8th Cir. 1981);*Tressler Lutheran Home v. NLRB*,677 F. 2d 302(3d Cir. 1982). 联邦第二巡回上诉法院判决,纽约州劳动关系委员会可以合宪地对教会学校的非神职教师(lay teachers)行使管辖权。*Catholic High School Association v. Culvert*,753 F. 2d 1161(2d Cir. 1985);*Christ The King Regional High School v. Culvert*,815 F. 2d 219(2d Cir. 1987). See also *St. Elizabeth Hospital v. NLRB*,715 F. 2d 1193(11th Cir. 1983)(相对于医疗服务的承诺来说,医院里的宗教气氛是次要的;NLRB 参与到集体谈判调解中是合宪的);*NLRB v Kemmerer Village, Inc.*,907 F. 2d 661(7th Cir. 1990)[法院认为,在基督教长老会(Presbyterian church)内、由两个长老会辖区所控制的一家经营寄养家庭(foster home)的非营利性公司,不属于 NLRB"宗教组织"的豁免范围];*Denver Post of the National Society of Volunteers of America v. NLRB*,732 F. 2d 769(10th Cir. 1984)[美国之音(VOA)节目不具有普遍的宗教性质,因为他们以世俗的方式运作,特别是因为节目顾问不需要任何特定的宗教背景或训练];*Volunteers of America-Minnesota Bar None Boys Ranch v. NLRB*,752 F. 2d 345(8th Cir. 1985)(NLRB 主张对儿童中心行使管辖权并不违反联邦宪法,因为该中心的主要目的是照顾儿童,而不是传播信仰);*NLRB v. Hanna Boys Center*,940 F. 2d 1295(9th Cir. 1991)(法院认为,NLRB 对一个教会所有的学校与非教师雇员之间的劳动争议作出裁决,是在其管辖范围内行事);*Volunteers of America,Los Angeles v. NLRB*,777 F. 2d 1386(9th Cir. 1985)(NLRB 恰当地对戒酒中心行使管辖权,因为该中心的戒酒项目是以世俗方式开展的);*Casa Italiana Language School*,326 NLRB 40(1998)(NLRB 主张对位于华盛顿特区罗马天主教堂附近的一所学校拥有管辖权,因为发现该学校的使命是教授意大利语而不是宣扬宗教信仰)。

　　NLRB 还主张对一家纽约罗马天主教大主教管区成立的非营利性公司拥有管辖权,该公司为与大主教管区相关的教堂、学校和神学院提供清洁和维护服务。*Ecclesiastical Maintenance Service,Inc.*,325 NLRB 629(1998). NLRB 的这一做法与 *Riverside Church in the City of New York*,309 NLRB 806(1992)案相区别。在该案中,NLRB 拒绝对没有将大部分工作时间用于商业活动的雇员行使管辖权。联邦第一巡回上诉法院认为,天主教主教案的原则适用于一所宗教大学,其自称是一家由受托人委员会管理的天主教导向的民事机构,该委员会的大多数成员必须是多米尼加教团的成员。*Universidad Central de Bayamon v. NLRB*,793 F. 2d 383(1st Cir. 1985). 最近,哥伦比亚特区上诉法院认为,NLRB 通过分析大学的使命和主要目的来调查其宗教性质,违反了天主教主教案的原则。法院接着阐述了一个由三部分组成的认定标准,当雇主符合下列三项标准时,其作为宗教附属机构不受 NLRB 的管辖:(1)向学生、教职员工和社区表明自己提供一个宗教教育环境;(2)是一个非营利性组织;(3)是一个宗教附属组织。*University of Great Falls v. NLRB*,278 F. 3d 1335(D. C. Cir. 2002).

并未作出明确排除的表述,联邦最高法院在 NLRB 诉贝尔航空航天公司案 68
(*NLRB v. Bell Aerospace Company*)⑩中判决,制定和执行公司政策的管
理层雇员(managerial employees)也被排除于谈判单位以外,这些雇员当然
无权在 NLRA 举行的选举中投票。

　　1980 年,联邦最高法院曾判决,至少在某些情况下,大学教师被排除出
"雇员"的定义是适当的,因为他们属于管理层雇员。⑪ 鲍威尔(Powell)大
法官撰写的多数意见中指出,本案的判决是基于法院推定教职工与管理方
之间具有利益的一致性。这一判决与贝尔航空航天公司案一样充满争议,
投票结果也是五票赞成、四票反对。多数意见的其中一个缺陷是,它忽略了
教职工与管理方之间存在着经常性的利益冲突。另一个问题是,它未能认
识到劳工与雇主之间既有对抗,也有合作,正如美国汽车工人联合会最近热
衷于让工人进入汽车制造商董事会的做法所彰显的那样。

　　联邦最高法院居然无法体察到,一家工会或是任何一个社会都渴求拥
有一套能促进合作的集体谈判制度,这确实令人十分不安。另一方面,面对 69
建筑工会最近采用的一种旧式工会组建策略⑫,联邦最高法院全体一致地
判决认为,受雇于某一企业的受薪工会组织者,应同其他任何雇员一样依法

---

　　⑩　*NLRB v. Yeshiva University*,444 U. S. 627(1980). 华盛顿特区巡回上诉法院在 *Yeshiva* 案中
承认,"联邦最高法院引发了一场美国高等教育劳动关系法的巨大转变……"*Point Park Univ. v.
NLRB*,457 F. 3d 42,46(D. C. Cir. 2006). NLRB 指出,*Yeshiva* 案的认定标准是恰当的,"……旨
在回答大学环境中的教师是否实际或有效地控制着与大学核心政策有关的决策,从而使他们与管
理层的地位相一致。在作出这一判断时,我们将审查教职员工在以下决策领域的参与情况:学术项
目、招生管理政策、财务、学术政策以及人事政策和决定,对前三个领域赋予的权重要高于后两个领
域。"*Pacific Lutheran University*,见前注⑬,第 4 页。

　　⑪　*NLRB v Yeshiva University*,444 U. S. 627(1980). 联邦华盛顿特区巡回上诉法院在 *Yeshiva*
案中承认,"联邦最高法院引发了一场美国高等教育劳动关系法的巨大转变……"*Point Park Univ.
v. NLRB*,457 F. 3d 42,46(D. C. Cir. 2006).

　　⑫　*Black v. Cutter Laboratories*,351 U. S. 292(1956).

受到保护,免遭雇主的报复和非法行为。[⑬] 然而,NLRB 仍纠结于对这些个人给予法定救济的问题,特别是当他们作为案件申请人时。[⑭]

获得法律的保护

　　NLRA 能为适用它的工人提供哪些益处呢? 首先,劳工、劳工组织及雇主可以向 NLRB 提出申请,要求举行一次选举,以决定某一特定的劳工组织在一个合适的雇员群体中是否代表多数工人。这种选举应以秘密投票的方式进行,投票一般在工人受雇的工厂里举行。如果某一工会要求雇主与其进行集体谈判的话,那么,在 NLRB 举行的选举投票中,必须在参加投票的劳工中有超过半数投票支持这家工会。[⑮] 对于适用《铁路劳动法》的铁路和航空工人来说,尽管最初他们曾被要求在选举中须获得全部雇员群体的多数才能表明获得多数支持,但是现在全国调解委员会(National Mediation Board)提出了相同的要求,即只须获得实际投票中的多数票即可,这与

　　[⑬]　*NLRB v. Town & Country Elec. Inc.*,516 U. S. 85(1995). *Town & Country* 案中对违法行为的救济占据了 NLRB 大部分的注意力。见例如,*FES*(Thermo Power 的一个部门),331 NLRB 9(2000),*enforced* 301 F. 3d 83(3d Cir. 2002);*Ferguson Electric Co. Inc*,330 NLRB 514(2000),*enforced* 242 F. 3d 426(2d Cir. 2001)。

　　[⑭]　见例如,*In re Aneco,Inc.*,333 NLRB 691(2001),*enforced in part* 285 F. 3d 326(4th Cir. 2002);*Hartman Bros. Heating & Air-Conditioning,Inc.*,332 NLRB 1343(2000),*enforced* 280 F. 3d 1110(7th Cir. 2002);*Ferguson Electric Co.,Inc.*,330 NLRB 514(2000),*enforced* 242 F. 3d 426(2d Cir. 2001)。NLRB 裁定,雇员虽无法或无资格从事工作,但仍可以依照有关规定获得复职和补发工资,见 *Eldeco,Inc.*,321 NLRB 857(1996)(古德主席的反对意见书,第 857 页,注释 4)。联邦第六巡回法院批准了 NLRB 的命令,即当雇主拒绝雇用工会会员时,如果他们是真正有兴趣寻求就业的"善意求职者",那么雇主就违反了 NLRA。参见 *N. L. R. B. v. Beacon Elec. Co.*,504 F. App'x 355(6th Cir. 2012)。另见 *Aerotek,Inc. v. Nat'l Labor Relations Bd.*,883 F. 3d 725(8th Cir. 2018)(认定对工会的敌意造成雇主拒绝雇用自认为是工会会员的真正的求职者,但搁置了 NLRB 对联系竞争对手和公司客户的求职者的聘用和补发工资的补救措施,因为该求职者的行为是竞争对手的行为,而不是被侵害的受歧视者的行为)。

　　[⑮]　NLRB 在 *RCA Mfg. Co.*,2 NLRB 159(1936)案中作出这样的裁决。一些联邦巡回上诉法院对此表示认同。见例如 *New York Handkerchief Mfg. Co. v. NLRB*,114 F. 2d 144(7th Cir. 1940);*NLRB v. Deutsch Co.*,265 F. 2d 478(9th Cir. 1959)(援引联邦第五和第七巡回上诉法院以及 NLRB 的判例)。

依据 NLRA 举行选举或是在通常的政治选举中获胜的要求一样。[⑯]

尽管在某些国家,任何组织希望代表劳工,必须经过注册及审查程序,但是在美国并无这种规定。然而,某一工会为主张代表权而向 NLRB 提出申请或是向资方施加谈判义务,它必须是 NLRA 所界定的"劳工组织"(labor organization):"任何一种组织或是任何代理人、雇员代表委员会或计划等,由雇员参加其中,并且其整体或部分的目标是处理与雇主相关的投诉、劳动争议、工资报酬、工作时间或工作条件等。"[⑰]近年来,所谓的替代性劳工团体(alt-labor groups)成立了"工人中心",在未获得雇主的认可、未参与[71]集体谈判的情况下,向工人提供咨询和协助。[⑱] 这些中心或团体不去寻求 NLRA 的保护,并努力避免针对劳工组织施加的不当劳动行为禁令。[⑲] 为了提供法律所赋予的最大限度的结社自由,对这一条款的解释一直相当自由,以使得各种各样的组织能够从法律中受益。这些组织无须与任何特定

⑯　*Air Transport Assoc'n of America v. Nat'l Mediation Board*，663 F. 3d 476(D. C. Cir. 2011).

⑰　NLRA § 2(5), 29 USC § 152(5)(2012).如果监管人员在工会中表现活跃或起到领导作用,那么该工会可能被取消作为劳工组织的资格,见 *Sierra Vista Hospital*, *Inc.*, 241 NLRB 681 (1979)；*Bausch & Lomb Optical Co.*, 108 NLRB 1555(1954)；*Highland Hospital v. NLRB*, 861 F. 2d 56(2d Cir. 1988).根据 NLRA 第九条(b)(3),有警卫和非警卫会员的工会,或者与有警卫和非警卫会员的劳工组织有关联的工会,都无法得到 NLRB 的认证。由于齐默曼委员的强烈反对,NLRB 对这种"混合"工会的代表职能施加了更严格的限制,见 *The University of Chicago*, 272 NLRB 873(1984)；*Wells Fargo Armored Service Corporation*, 270 NLRB 787(1984), *enforced sub nom. Teamsters Local*, 807 *v. NLRB*, 775 F. 2d 5(2d Cir. 1985)."国会试图阻止的罪恶不仅包括非警卫工会对警卫工会的控制,还包括雇主本以为最忠实、最值得信赖的雇员在遇到与他们有某种关系的另一工会的要求时可能产生的忠诚冲突。NLRB 以前曾强调,由于存在忠诚冲突的现实可能性,因而不能对警卫工会给予认证。"*NLRB v. Brinks*, *Inc. of Florida*, 843 F. 2d 448, 452 (11th Cir. 1998).

⑱　See Janice Fine, *Organizing Communities at the Edge of the Dream* (2006).

⑲　See David Rosenfeld, "Worker Centers: Emerging Labor Organizations," 27 *Berkeley Journal of Employment and Labor Law* 469(2006)；Eli Naduris-Weissman, "The Worker Center Movement and Traditional Labor Law: A Contextual Analysis,"30 *Berkeley Journal of Employment and Labor Law* 232(2009)；Stefan J. Marculewicz and Jennifer Thomas, "Labor Organizations by Another Name: The Worker Center Movement and its Evolution into Coverage under the NLRA and LMRDA," 13 *Engage* 79(Oct. 2012).

行业或公司发生联系,即使另一(也许更大)劳工组织已经建立集体谈判关系,也不排除某一劳工组织寻求代表同一行业的劳工。[130]

但是,NLRA 的立法目的是赋予一个劳工组织的专属地位。一旦劳工
72 组织在一个适当的谈判单位中获得多数支持,雇主便没有义务与这一单位的其他劳工组织谈判。[131] 被这一谈判单位所覆盖或包含的所有劳工,无论是不是工会会员,他们的工资、工时、工作条件都受到工会与雇主之间集体谈判协议的调整,除非劳工与资方签订的合同有相反的表述。在职业体育领域,集体谈判协议往往允许雇主与运动员个人进行谈判,这是劳资之间存在特别约定的最佳事例。

适当的谈判单位

何为一个适当的谈判单位? 一个适当的谈判单位是由 NLRB 在一群相互具有"共同利益"的劳工中设立的。在美国,集体谈判的主要场所是建立在工厂的一个适当的劳工单位。但是法律本身、无数的 NLRB 裁决以及法院判决都指出,基于双方的合意,一个适当的谈判单位可以建立在公司一级,有时也可以建立在多个雇主或者产业一级。NLRB 可以认定一个以上的雇主构成共同雇主(joint employer)[132]。奥巴马时期的 NLRB 认为,基于间接控制或者"有限和常规"的控制,可以适当地认定存在两个雇主的共同

---

　　[130]　NLRA 第九条(b)(2)部分表述为:"NLRB 不得以其先前的决定已经建立了不同的谈判单位为由,认定任何职业性谈判单位(craft unit)不适用于此目的。"也可参见 *American Potash & Chemical Corp.*, 107 NLRB 1418, 1422(1954)。("在我们庞大的工业综合体中,决定劳动组织的过程和模式不属于 NLRB 的职权范围。")也可参见 *Mallinckrodt Chemical Workers*, 162 NLRB 367(1966)(在该案中,NLRB 推翻了 *American Potash* 案的判决,并重申将集体谈判的历史和现有模式作为决定适当谈判单位的相关因素);*General Motors Corp.* (*Cadillac Motor Car Div.*), 120 NLRB 1215(1958)(该案中,NLRB 根据美国汽车工人联合会代表长期以来在全国范围内享有多家工厂专属代表权的谈判历史,否定了将谈判单位分割为单个工厂的主张,因为其范围过窄,因此是不适当的)。

　　[131]　有人认为,应迫使雇主与一家多数工会进行集体谈判,见 Charles J. Morris, *The Blue Eagle at Work : Reclaiming Democratic Rights in the American Workplace*(2005)。但是,这遭到了 NLRB 的一致反对,见 *Dick's Sporting Goods* 6 CA-34821 Advice Memorandum, June 22, 2006。

　　[132]　*NLRB v. CNN America , Inc.*, 865 F. 3d 740(D. C. Cir. 2017).

控制。⑬ 这一裁决对大型特许经营权人为众多的特许经营者的行为所承担的责任有直接影响。⑭ 特朗普时期的 NLRB 推翻了这一立场,声称奥巴马时期 NLRB 的裁决是对"普通法的歪曲"⑮——这一裁决本身也被撤销73了⑯,由于 NLRB 作出决定,委员会委员艾曼纽(Emmanuel)出于道德原因不得对此案进行投票。⑰

NLRB 和法院在确定何种情形构成一个适当的谈判单位时,主要从以下方面考虑:

- 雇员是否处于共同的监管之下;
- 雇主对与雇员相关的事项、工资支付及其他权益等的记录,是在一个工厂、多个工厂还是在多个公司的层面上进行的;
- 过去雇员沟通或谈判是在哪一级进行的;
- 雇员在工作场所是否相互接触,例如,他们是否在同一地点打卡上下班;
- 如果关于多个工厂范围内是否存在一个适当的谈判单位有争议,则考虑雇员在工厂之间进行调动的可能性,无论是临时性调动还是长期调动;
- 所从事的工作类型是否相似;
- 雇员在工资、工时、工作条件上是否相似,以及雇员的意愿。

尽管最后一项会与其他各项一并加以考虑,但是《塔夫特–哈特利修正案》阐明,NLRB 不得仅仅考虑工人的意愿来宣布适当的谈判单位。⑱

---

⑬ *Browning-Ferris Indus. Of Cal., Inc.*, 362 NLRB No. 186(2015).

⑭ 参见例如 *McDonald's USA, LLC.*, 363 NLRB No. 144(2016)以及其他一些案件。

⑮ *Hy-Brand Industrial Contractors, Ltd.* 365 NLRB. No. 156(2017).

⑯ *Hy-Brand Indus. Contractors, Ltd. and Brant Constr. Co.*, 366 NLRB. No. 26(2018).

⑰ *Browning-Ferris Indus. of Cal. v. NLRB*, 911 F3d 1195(D. C. Cir. 2018).

⑱ Labor Management Relations Act, Pub. L. No. 101 80th Cong., 1st Sess. (1947)61 Stat. 186, 29 USC § 149(b)(5)et seq. (2012).

何种情形构成一个适当的谈判单位,经常是一个难以解决的问题。工会通常会希望谈判单位越小越好。例如,如果一个连锁机构在同一座城市有五家饭店,毫无疑问,工会会努力在它们中的一家或两家建立一个谈判单位,因为这样它可以集中力量组织一小群雇员,然后再以此为基础组织其他的雇员。工会想要建立小规模谈判单位的另一个原因是出于保密的需要,以避免遭到雇主的反击。如果工会试图把这座城市里的所有连锁饭店同时组织起来,那么保密就不太可能实现。在这种情况下,雇主通常会想要更大的谈判单位,因为他们希望所有饭店的做法和雇佣条件能统一。这样不仅会使管理更加简单,而且也易于消除雇员之间潜在的不和与不满,他们可能会抱怨权益和条件上的差异,而这让他们认为自己低人一等。雇主通常青睐更大的谈判单位,这与工会偏爱更小的谈判单位的理由如出一辙:工会在试图接触数量更多的雇员时将会遭遇更大的困难,而在这种情况下雇主破坏工会的活动就有可能取得成功。雇主越早发现工会的活动,就越容易挫败工会在组建上的努力。正如联邦最高法院所说:"实际上,NLRB 有关适当的谈判单位的每个裁决,例如确定谈判单位合适的规模,总是会对其中一方有利。"[19]

在《塔夫特-哈特利修正案》出台前,当因素大致相同而工会希望更小的谈判单位时,NLRB 会同意工会的申请,因为如果把比被申请的更大的单位确立为适当的谈判单位,那么这些雇员可能根本无法开展集体谈判。事实的确如此,这不仅是因为若在雇主全部经营场所的雇员中举行选举工会不太可能获胜,而且是因为根本不太可能举行这样的选举。根据NLRB 的行政规章,若要举行选举,一个适当的谈判单位中必须有 30% 的雇员表明,他们希望举行选举以决定是否进行集体谈判,这被称为"表达兴趣"(showing of interest)。还是举我们刚才的例子,如果一个适当的谈判单位是连锁饭店中的一家或两家,那么选举会较容易举行,因为工会的组建工作将会影响到相当数量的雇员,并将说服他们当中的许多人签署

---

[19]　*NLRB v. Action Automotive*, *Inc.*, 469 U.S. 490, 498(1985).

申请书(petition)或是授权卡(authorization card),以表明他们愿意成立工
会或是支持 NLRB 举行的选举。如果是一个更大的谈判单位,那么选举
可能根本就无法举行,因为支持选举的雇员少于 30%。目前,NLRA 禁
止 NLRB 只因为工会曾经在某一特定地区组建过工会,即认定构成一个
适当的谈判单位。该法规定"雇员的组织程度不应是决定性因素"。但
是,组织程度与前述提及的因素[160]仍会一并加以考虑,NLRB 曾认定雇员
形成一个比经营场所更小的谈判单位是适当的。[161]尽管这一认定方式曾得
到八个联邦巡回上诉法院的认可[162],但是特朗普任上的 NLRB 还是推翻了
这一裁决。[163]

　　虽然基于组织程度以及其他因素,NLRB 推定在多地点行业(a multi- 76

<hr>

　　[160] *NLRB v. Metropolitan Life Ins. Co.*,380 U. S. 438(1965)。NLRB 曾裁定,在多地点行业
中,一个适当的谈判单位(可能有不止一个谈判单位)被推定为一个单一地点,见 *Sav-on Drugs*,
Inc.,138 NLRB 1032(1962),*Frisch's Big Boy Ⅲ -Mar*,*Inc.*,147 NLRB 551(1964),*enf. de-*
nied,356 F. 2d 895(7th Cir. 1966);*F. W. Wollworth Co.*,144 NLRB 807(1968);*Dixie Belle*
Mills,*Inc.*,139 NLRB 629(1962);*Metropolitan Life Ins. Co.*,156 NLRB 1408(1996);*Wyan-*
dotte Savings Bank,245 NLRB 1002(1979);以及 *Bowie Hall Trucking*,*Inc.*,290 NLRB 41
(1988)。在某些情况下,这一点也可能被推翻,见 *Price Telecom*,347 NLRB 789(2006)。

　　[161] *Specialty Healthcare and Rehabilitation Center of Mobile*,357 NLRB No. 83(2011);
DTG Operations,*Inc.*,357 NLRB No. 175(2011);*Northrop Grumman Shipbuilding*,*Inc.*,357
NLRB No. 163(2011)。

　　[162] *See Kindred Nursing Centers East,LLC v. NLRB*,727 F. 3d 552(6th Cir. 2013);*FedEx*
Freight,*Inc. v. NLRB*,816 F. 3d 515(8th Cir. 2016);*Nestle Dreyer's Ice Cream Co. v. NLRB*,
821 F. 3d 489(4th Cir. 2016);*Macy's*,*Inc. v. NLRB*,824 F. 3d 557(5th Cir. 2016),*cert. denied*,
137 S. Ct. 2265(2017);*NLRB v. FedEx Freight*,*Inc.*,832 F. 3d 432(3d Cir. 2016);*FedEx*
Freight,*Inc. v. NLRB*,839 F. 3d 636(7th Cir. 2016);*Constellation Brands*,*U. S. Operations*,
Inc. v. NLRB,842 F. 3d 784(2d Cir. 2016);*Rhino Northwest*,*LLC v. NLRB*,867 F. 3d 95(D.
C. Cir. 2017);*PCC Structurals*,*Inc.*,365 NLRB No. 160(2017)。

　　[163] *PCC Structurals*,*Inc. and Int'l Ass'n of Machinists Aerospace Workers*,*AFL-CIO*,
*Dist. Lodge W*24,365 NLRB No. 160(2017)。

77 location industry)中的一个地点建立一个谈判单位是适当的⑭,但在大学⑮和医院⑯则认定了许多大规模的谈判单位。谈判单位越大,工会组建工作的难度就会越大。

---

⑭　见前注⑬所引案例。当新雇员或新工作增加时,他们可以被宣布为已有谈判单位的一部分,作为其自然增长(accretion),而不必举行新的选举,见法官温特(Winter)在 *NLRB v. Stevens Ford*,*Inc*. 773 F. 2d 468,472-74(2d Cir. 1985)案中对这一原则的讨论。这一政策是"受限制的",旨在适用于工会认证或承认后集体协议增加的"新的雇员群体",见 *United Parcel Services Inc*. 303 NLRB 326(1991);*Dennison Manufacturing Co*.,296 NLRB 1034(1989);*Compact Video Services*,284 NLRB 1108(1987)。有争议的雇员不仅必须"几乎没有或者完全没有独立的群体身份(identity)",并且与原来建立的谈判单位的雇员有着"极其强烈的共同利益",见 *Safeway Stores*,256 NLRB 918(1981)。在认定是否存在共同利益时,NLRB 现在采用一种通用的 12 种因素认定法,见 *The Baltimore Sun Company v. NLRB*,257 F. 3d 419(4th Cir. 2001)。也可参见 *Sara Lee Bakery Group*,*Inc. v. NLRB*,296 F. 3d 292(4th Cir. 2002)。与自然增长问题相反的是分离(spin-off)的情形,即雇主试图辩称新的经营场所存在足够的差异性(dissimilarity),足以证明其处于无工会组织的状态(nonunion status),见 *Rice Food Markets*,*Inc*.,255 NLRB 884(1981);*NLRB v. Coca-Cola Bottling Co*.,936 F. 2d 122(2d Cir. 1991)。考夫曼(Kaufman)法官在 *Coca-Cola Bottling Co*. 案中代表联邦第二巡回上诉法院说道:

为了对劳动争议中谈判单位的构成进行法律分析,自然增长与分离之间最重要的区别在于举证责任的分担。正如 NLRB 在本案中注意到的,任何一方试图规避扩大或缩小谈判单位的正式程序,都要承担证明这种行为合法性的沉重的举证责任。

例如,如果工会认为某个工作场所是一个先前已经存在的谈判单位的自然增长,那么它的雇员应当自动被认为属于一份现有的集体谈判协议的一部分,NLRB 会要求工会证明新的雇员群体与原来的非常相似,以至于增加到现有的谈判单位是合适的。这是为了防止 NLRB 拒绝给予工人批准其代表的机会。

相反,在目前这种情况下,如果雇主建立了一个附属工作场所,并试图用非会员劳工为其配备雇员,尽管现有的员工队伍已经组建了工会,但 NLRB 将要求雇主提出充分的证据证明与谈判单位的其余雇员存在差异性。(同上,第 126 页)

另见 *Perry Broadcasting Inc*. 300 NLRB 1140(1990);*Gitano Group*,*Inc*.,308 NLRB 1172(1992)。

⑮　*President and Fellows of Harvard College*,269 NLRB 821(1984)。

⑯　*St. Francis Hospital*,271 NLRB 948(1984)。在 *ACL Corporation*,273 NLRB 87(1984)案中,NLRB 为酒店业设定了大规模的谈判单位。

　　由于监狱人口猛增，NLRB 不得不将监外就业（work release）⑯的雇员包含在更广泛的谈判单位中。另一个在诉讼中涉及的有关谈判单位的问题是，在广播行业中出现在话筒前的"直播节目编排师"（on-air programmer）即播音员和 DJ，是否构成以谈判为目的的、独立的单位。NLRB 曾裁定，这些雇员应当在一个单独的谈判单位中，因为他们所具有的足以与其他雇员相区别的才能，即他们的"声音、措辞和个性"，"构成一个同质的、易识别的、有凝聚力的群体"⑱。但是，在北加州一家主打现代爵士乐的电台 KJAZ 广播公司案⑲中，NLRB 裁定，当直播节目编排师与雇主的其他雇员不具有相 78 独立的或相分离的、实质上的共同利益时，那么他们与其他雇员并不存在"明显的差别"。NLRB 指出："由于该电台致力于打造爵士风格，雇主历来只雇佣对爵士乐有深入了解的雇员，可以说所有雇员都具备这样的才能。"⑩

　　自 NLRA 通过后，职业工会（craft union）和产业工会（industrial

---

　　⑯　在 *Speedrack Products Group Limited*，325 NLRB 609(1998)案中，哥伦比亚特区巡回上诉法院将案件发回重审，NLRB 重新审查了其先前的裁决，见 320 NLRB 627(1995)。在该裁决中，多数意见认为，监外就业的囚犯与"自由世界"中谈判单位的普通雇员缺乏共同利益，并且没有投票资格。然而，我不同意先前的这一裁决，根据 NLRB 在 *Winett-Simmonds Engineers*，*Inc*.，164 NLRB 611(1967)和 *Georgia Pacific Corp*.，201 NLRB 760(1973)案作出的裁决，监外就业雇员是有资格投票的，这两份裁决代表着 NLRB 的决定，即监外就业雇员是否与其同事具有共同利益取决于他们在雇佣关系中的地位，而不是他们在其他时间可能受到的最终控制。在将案件发回 NLRB 重审时，华盛顿特区巡回上诉法院同意我的反对意见，认为监外就业雇员已"完全融入"Speedrack 公司的员工队伍，因此依据 *Winsett-Simmonds* 案和 NLRB 其他案件，Speedrack 的雇员似乎有着共同利益，并有资格参加代表投票，见 *Speedrack Products Group*，*Ltd*. *v*. *NLRB*，114 F. 3d 1276，1282(1997)。在接受发回重审时，NLRB 表示，它已重新考虑了其关于监外就业雇员的最初裁决，并同意我对其中隐含的代表案件发表的反对意见，决定适用 *Winsett-Simmonds* 案，认定监外就业雇员与谈判单位内的雇员具有充分的共同利益。（监外就业是指允许因犯日间离开监狱外出工作的制度。——译者）

　　⑱　*Hampton Roads Broadcasting Corp*.(WCH)，100 NLRB 238，239(1952)。

　　⑲　*KJAZ Broadcasting Co*.，272 NLRB No.21(1984)。

　　⑩　同上，第 197 页。另见 *Perry Broadcasting*，*Inc*.，300 NLRB 1140(1990)，在该案中，NLRB 认为，KJAZ 案是长期以来公认的以集体谈判为目的区别直播和非直播雇员的一个狭窄的例外。NLRB 指出，区分本案和 KJAZ 案的主要因素是销售人员在制作商业广告中的作用非常有限。

union)之间一直存在着代表单位(the unit for presentation)上的冲突。(在该法通过的初期,这类争议的产生是由于资方通常更偏爱职业工会,因为职业工会被认为更加保守。)这个问题在美国特别棘手,因为职业工会和产业工会均数量众多。相反,在英国和澳大利亚,由于职业工会繁盛,工会组织被司法阻碍所困扰;而在德国和斯堪的纳维亚国家,产业工会则占主导地位。

在美国,当适当的谈判单位是以职业为基础建立时,职业工会便能够胜出。相反,范围更广的谈判单位则更青睐大型产业工会。至于在某一谈判单位究竟是职业单位还是产业单位极为接近、难以区分的时候,则取决于雇员们的意愿如何,而对意愿的判断方法是实践中很少采用的"全球选举程序"(globe election process)。在这种选举程序中,如果某一工会希望同时建立两个谈判单位,当较小的单位或职业单位获得多数选票时,则应将两个单位所获的选票汇总(pool votes)计算。[⑩] 如果累计的选票使该工会获得投票者中的多数票,那么该工会就会获得认证;如果没有产生多数票,NLRB就命令在得票最多的两家工会之间举行一次决胜选举(runoff election)。

另一个经常提及的问题与"职业分割"(craft severance)有关,即一个技术工人群体是否可以退出一个包含半技术工人和非技术工人的适当的谈判单位。1947 年以前,在大多数这类案件中,NLRB 不允许工人们从范围更广的谈判单位中分离出去。然而,《塔夫特-哈特利修正案》改变了这一立场,现在 NLRB 不能基于以前建立过不同的谈判单位,就认为某种职业的谈判是不恰当的。当前,NLRB 决定技术工人是否可以建立独立的谈判单位,通常是基于以下因素:

- 提议建立的谈判单位是否由一个"显著且同质的、具有特定技能、学徒期满的技术工人群体所组成",他们非重复性地发挥专业技能,或者处于一个功能上有区别的部门,该部门"存在单独代表的传统";
- 集体谈判的历史,以及如果历史得以延续,举行集体谈判的可能性;

⑩ *The Globe Machine and Stamping Co.*，3 NLRB 294(1937).

- 希望退出的雇员一直以来保持自己独立身份的程度；
- 在该行业普遍采用的集体谈判模式；
- 雇主生产过程的一体化程度；
- 寻求代表技术工人的工会在代表这类特定职业方面所具有的经验。

上述标准对如何认定适当的谈判单位的问题提供了一些见解。它们还应该对《塔夫特-哈特利修正案》以来产生的变化作出一些回应。《塔夫特-哈特利修正案》旨在保护雇员，防止工会有时损害他们的利益。该法尤其关注技术工人的利益，（至少在这类工人看来）行业工会一直未能充分考虑他们的利益。

尽管 NLRA 规定，应基于"每一个个案"来决定一个适当的谈判单位，但是 NLRB 在急症护理医院建立 8 个谈判单位时，联邦最高法院对 NLRB 行使广泛的规则制定权予以认可。[12] 史蒂文斯大法官代表全体一致的法庭指出："对 NLRB 在任何一个（涉及适当的谈判单位的）争议案件中行使裁量权的要求，并不能被合理地或合乎逻辑地理解为，要求 NLRB 在个案中行使没有任何标准的自由裁量权。"[13] 联邦最高法院的判决对实践的影响在于，在工人代表选举处于一个至关重要的阶段时，应加速行政程序以避免拖延，因为拖延会消弭集体谈判中的利益。普遍性的规则制定可以避免程序烦琐、临时性地决定适当的谈判单位，而这些决定往往会造成拖延。20 世纪 90 年代，NLRB 曾尝试利用规则制定来解决迫切需要加速和精简的选举案件，但是频频遭受致命的政治打击。[14] 历史似乎又在重演——奥巴马时期的 NLRB 成功地制定

---

⑫　*American Hospital Association v. NLRB*，499 U. S. 606(1991).

⑬　同上，第 612 页。

⑭　例如，1995 年，NLRB 发布了一份拟议规则制定的通知，阐明了与其先例相一致的一些因素，将用来确定在单一经营场所中无代表雇员（unrepresented employees）的谈判单位是否适当的问题。59 Fed. Reg. 50146(September 28，1995). 这一规定旨在通过消除那些不可挽回地拖延选举进程的冗长且重复的裁决来加快选举申请。然而，这项中立的规定遭到了雇主团体和一些国会议员的反对。因此，国会在 1996—1998 财年的拨款法案中附加了一项条款，禁止以"任何方式"支出资金用于颁布一项最终规则。因此，NLRB 撤回了拟议的规则。63 Fed. Reg. 8890(February 23，1998).

81 了加速选举的规则,⑮而特朗普治下的 NLRB 已表明其打算推翻这一举措,⑯并要求所有雇主张贴通知,以便雇员了解他们的法定权利。⑰

举行选举

适当的谈判单位确定后,如果有 30％的雇员表达兴趣,NLRB 地区办事处主任(regional director)会命令举行选举。在听证前的预备会上,地区主任往往会尝试不举行正式听证就解决谈判单位以及投票资格的问题。如果他/她能成功解决,所有当事人将签订一份同意投票协议。

同意投票协议分为两种。一种协议规定,对所有投票与选举行为的争议,地区主任的决定都具有终局的约束力;另一种协议,允许当事人就这些事项向 NLRB 的华盛顿总部上诉。有时,所有具有投票资格的雇员名单也会列在协议中。

如果当事人未能达成协议,则将对谈判单位和投票资格问题举行一次听证。理论上讲,听证不该是对抗式的或是法院式的诉讼程序,但是有时参加听证的律师以及非专业人士会如法炮制听证程序。除了提出申请的工会

---

⑮ NLRB, "Amendments to NLRB Election Rules and Regulations Fact Sheet," nlrb. gov/Proposed％20amendments(最后访问 2012 年 7 月 18 日)。该最终规则于 2014 年 12 月 14 日公布,并于 2015 年 4 月 14 日生效,并已经得到司法的认可。*Associated Builders and Contractors of Texas*, *Inc. v. NLRB*, 826 F. 3d 215(5th Cir. 2016); *Chamber of Commerce of the United States v. NLRB*, 118 F. Supp. 3d 171(D. D. C. 2015).虽然完成选举过程的天数减少了,但工会的胜率几乎没有变化。Annual Review of Revised-Case rule(April 2016).

⑯ Request for Information 29 C. F. R. Part 101 and 102(representation - case procedures,December 15,2017).

⑰ 然而法院拒绝了这种做法。见 *Natl Ass'n of Mfrs. v. NLRB*, 717 F. 3d 947, 958-59(D. C. Cir. 2013); *Chamber of Commerce v. NLRB*, F. 3d 152, 154(4th Cir. 2013).依据 *San Diego Nursery Co. v. ALRB*, 160 Cal. Rptr. 822, 827-28(Ct. App. 1979)一案的判决,尝试根据 1975 年《农业劳动关系法》向农业工人宣传法律条款,但并未成功。See Memorandum from Thomas Sobel, Admin. Law Judge, & Eduardo Blanco, Special Legal Advisor, on Staff Proposal for an Education Access Regulation for Concerted Activity to the Board 37-38(November 23, 2015). Geoffrey Mohan, "California Farm Labor Board Chairman Quits in Anger," *Los Angeles Times*, January 13,2017; "William Gould's Resignation Letter," *Los Angeles Times*, January 13, 2017; See Dan Morain, Opinion, "Brown Hands Out a Plum and Dims His Labor Legacy," Sacramento Bee January 19, 2017, at 1B, www. sacbee. com/Article127361979. html.

以外，有时第二或第三家工会也会到场，并提出参与听证的动议。任何工会只要能够证明有一位雇员作为支持者签过名，在选举中就可以出现在选票上。任何工会的会员都可以参与听证，如果第二或第三家工会能获得10％雇员的投票支持，它就可以全程参与听证程序。如果没有哪家工会占多数，抑或"不要工会"的选票占多数，那么将在得票最多的二者之间举行决胜投票。

地区主任下令举行选举或批准同意投票协议的 7 日以内，雇主必须向 NLRB 提交三份包含谈判单位内所有雇员的姓名和地址的名单。[178] 其中一份会发给工会，以便其在拉票活动中可以与雇员取得联系。

选举一般在雇主的场地举行。[179] 在代表选举当天，允许进行选举的拉票活动，只要该活动不发生在非选举听证区域（"no-election hearing zone"），限制条件是拉票活动不能出现在雇员正排队投票时，并且不会"实质性地妨碍雇员的自由选择"。[180] 如果工会反对将听证放在雇主的场地，选举就得在别处举行。一名 NLRB 的代表会监督选举的举行，[181]各方当事人都有权派出观察员。

---

[178] NLRB 第一次提出这一要求是在 *Excelsior Underwear*, *Inc.*, 156 NLRB 1236(1966)案中。这一裁决被联邦最高法院在 *NLRB v. Wyman-Gordon Co.*, 394 U. S. 759(1969)案中认可。但是，联邦第七巡回上诉法院认为，依据《公务员改革法》(Civil Service Reform Act)，对联邦政府雇员适用这一规则是对其隐私的不法侵害，见 *United State Dept. of the Navy v. Federal Labor Relations Authority*, 975 F. 2d 30(7th Cir. 1992)。同样，在 *Federal Labor Relations Authority v. United States Dept. of Defense*, 984 F. 2d 370(10th Cir. 1993)案中，该案为阐述所有巡回上诉法院的立场提供了注释。Contra, *Federal Labor Relations Authority v. United States Dept. of Defense*, 975 F. 2d 1105(5th Cir. 1992)；*Federal Labor Relations Authority v. United States Dept. of the Navy*, 966 F. 2d 747(3d Cir. 1992)；*Federal Labor Relations Authority v. United States Dept. of the Navy*, 958 F. 2d 1490(9th Cir. 1992)。

此外，在 *The Glass Depot*, *Inc.*, 318 NLRB 766(1995)案中，NLRB 认为，只要有足够数量的代表参加投票，像暴风雪这样的自然现象就不会导致重新选举。我同意这一结果，但指出，如同政治选举一样，投票不应因为暴风雪阻止了一些雇员投票而被打乱。

[179] 也可参见 *2 Sisters Food Group*, *Inc.*, 357 NLRB No. 168(2011)案，需注意在某些情况下，在雇主的场所以外举行选举是恰当的。

[180] *New York Rehabilitation Care Management*, *LLC v. NLRB*, 506 F. 3d 1070(D. C. Cir. 2007)；*Overnite Transport. Co. v. NLRB*, 140 F. 3d 259(D. C. Cir. 1998)。

[181] 双方均可有选举观察员，观察员的派出构成签订选举协议的一个实质性条款。但是，各方也可以放弃其派出观察员的权利，见 *Best Products Co.*, 269 NLRB 578(1984)。例如，观察员迟到被认为构成对观察员权利的放弃，见 *Inland Waters Pollution Control*, *Inc.*, 306 NLRB 342(1992)。如雇主将在选举后短期内迁址并在新址为雇员提供工作，NLRB 可以要求搬迁前在旧址进行选举，见 *NLRB v. AAA Alternator Rebuilders*, *Inc.*, 980 F. 2d 1395(11th Cir. 1993)。

　　20 世纪 90 年代,NLRB 组织了大量的邮寄选票的选举,使选举的数量翻了一番。例如,NLRB 曾裁定,某些情况下应当为雇员提供邮寄选票,例如,待命雇员(on-call employee)因为工作不规律的特点,而使他们在一个准确的时间点投票有困难;[182]罢工者因拒绝跨越纠察线而不能参加在工厂举行的投票;[183]雇员因班次分散,上班时间不一致;[184]工人需要去几个不同的地点外出工作;[185]以及临时裁减的雇员(laid-off worker)不在工厂等情况。[186]曾有一次,雇主的场地距离 NLRB 的办事处大约 8 英里,NLRB 考虑到在工厂的场地上举行选举会耗费 NLRB 的财政资源,遂拒绝下令举行这一选举。[187] 1998 年,NLRB 将这些规则编纂为法规。[188]

84　　如果工会或雇主对选举存在异议,或者存在可能影响投票结果的投票人资格方面的争议,必须在举行选举的 7 日内向地区主任提出。[189] 地区主

---

　　[182]　*Shepard Convention Services*,*Inc.*,314 NLRB 689(1994),*enf. denied* 85 F. 3d 671(D. C. Cir. 1996).

　　[183]　*Lone Star Northwest*,Case 36-RD-1434,review granted April 17,1994(在雇主同意为适格的罢工者进行一次邮寄投票后发回重审);*Diamond Walnut Growers*,326 NLRB 28(1998).

　　[184]　*Reynolds Wheels Int'l*,323 NLRB 1062(1997).

　　[185]　*London's Farm Dairy*,323 NLRB 1057(1997).

　　[186]　*Sitka Sound Seafoods*,327 NLRB 250(1998).

　　[187]　*Willamette Industries*,*Inc.*,322 NLRB 856(1998).见古德主席的协同意见书,第 856 页。

　　[188]　*San Diego Gas & Electric*,325 NLRB 1143(1998).两位持反对意见的委员赫特根(Hurtgen)和布雷姆(Brame)反对使用邮寄投票,部分是因为这样投票会使雇主举办的雇员无法轻易离开的(captive-audience)反工会活动不那么奏效。对于这一担心的回应,见古德主席的协同意见书,第 1148—49 页。

　　[189]　也有关于选票本身标识(marking)的争议。例如 *Bishop Mugavero Center*,322 NLRB 209(1996)案中,NLRB 支持了地区主任的建议,即投票人在"否"框中标记"×",在"是"框中标记一条"对角线",应该被视为无效。多数意见是依据"NLRB 完善的先例",即当投票人在两个框中都做了标记,而其意图无法从其他标记中确定时,该选票应属无效。同上,第 209 页。我不同意多数意见,理由是"否"框有一个完整的标记,因此投票人打算投反对票,而不是毫无意义的犹豫不决。同上。联邦第九巡回上诉法院表示,同意我在 *Bishop Mugavero* 案中的立场,在 *TCI West*,*Inc. v. NLRB*,145 F. 3d 1113(9th Cir. 1998)案中,法院拒绝执行 *TCI. West*,*Inc.* 322 NLRB 928(1997)案的裁决,并同意我在该案隐含的代表案件中提出的反对意见,认为投票人在"是"框中用一条不完整的线标出,在"否"框中用黑色明显强调完整的×时,显然是打算投反对票。也可以参见 *Daimler-Chrysler Corp.*,388 NLRB 116(2003)(在本案中,投票人清楚地在"是"框中做了标记,但在标记旁边也包括一个问号,法院最终将其计为赞成票)。一方分发的选票样张引发了同样令人烦恼的争议,这引起了人们对雇员是否受到误导的质疑,见 *Service Corp. Int'l. v. NLRB*,495 F. 3d 681(D. C. Cir. 2007)。

任将进行调查,以决定异议的有效性,但是不一定举行新的听证,除非质疑选举的一方当事人能通过特定的证据,针对某些特定的个人举出某些重大事实,确实足以支持一项表面证据(prima facie)证明存在有异议的行为。⑲如果异议被认定有效,则该选举将被废止,并将举行另外一次选举。

对于解决有关选举的争议,提出异议是首选的方法。提出不当劳动行为的控诉会"阻碍"代表问题的解决,拖延选举和上述程序直到不当劳动行为争议得到解决。⑲ 其中的原因就在于,只要不当劳动行为争议未解决,就存在干预雇员选择自由的可能性。

整个选举程序的核心是强调雇员的选择自由。雇员的选择不应受到来自工会或雇主所施加的工作场所的压力,并且应当在充分了解情况的前提下作出。选举程序的目标是以一种高效且非正式的方式实现少数服从多数原则。相应地,除了 NLRB 直接抵触 NLRA 的表述外,⑲NLRB 有关代表争议的裁决在联邦法院是不可审查的。但是在实践中,雇主(而不是劳工组织)可以通过拒绝与已经获得认证的工会谈判,以达到对 NLRB 有关代表争议的裁决进行审查的目的,并由此启动不当劳动行为的诉讼程序。⑲

---

⑲ *NLRB v. Howard Johnson Motor Lodge*,705 F. 2d 932(7th Cir. 1983);*NLRB v. J-Wood/A Tappan Div.*,720 F. 2d 309(3d Cir. 1983);*NLRB v. Service America Corp*,,841 F. 2d 191(7th Cir. 1988)。

⑲ *Todd Shipyards Corp.*,5 NLRB 20,25(1988);*Edwin J. Schlacter Meat Co.*,100 NLRB 1171(1952)。

⑲ *Leedom v. Kyne*,358 U. S. 184(1958);*Boire v. Greyhound Corp.*,376 U. S. 473(1964)。

⑲ 参见 *American Federation of Labor v. NLRB*,308 U. S. 401(1940)。也可参见 *Raley's, Inc.,v. NLRB*,725 F. 2d 1204(9th Cir. 1984),and *ACL Corp.*,273 NLRB 87,91(委员齐默曼的反对意见书)。

第四章　不当劳动行为

本书第三章曾指出，除非国家劳动关系委员会（以下简称"NLRB"）的总法律顾问决定应当提起控诉，否则 NLRB 的委员、NLRB 审判部门抑或是法院均不得对不当劳动行为进行审理。而 NLRB 对不当劳动行为诉讼（以及少量代表选举案件），几乎在一年当中的每个工作日都会作出相关的裁决，其中的一些裁决非常重要，并且已经形成先例。

何为"不当劳动行为"（unfair labor practice）？ 如前所述，雇主和劳工组织都可能会实施这类行为。雇主的不当劳动行为被写进了 1935 年的《国家劳动关系法》（以下简称"NLRA"），并且一直保持不变。雇主不得以任何方式干预、限制或胁迫雇员采取协同行动（concerted activities）的权利、抗议工作条件的权利以及以集体谈判为目的的参加劳工组织的权利（或者压制这些权利）。同样，工会也不得限制或胁迫雇员行使受法律所保护的权利。（NLRA 对此的表述比起适用于雇主的规定显得没那么强烈。）对雇主而言，监视工会活动、使用工会"间谍"、询问雇员的工会活动都是违法的，并且雇主向雇员提出的问题可能推断出监视工会的违法效果。[①] 因参与工会活动而威胁雇员，或者许诺雇员如停止工会活动将获得某些待遇，均属于雇主

---

① 见 *McClain & Co.*，358 NLRB No. 118(2012)。针对工会活动的违法行为，作为认定非法监视的依据，并非总能得到司法的认可。*Greater Omaha Packing Co. v. NLRB*，790 F. 3d 816(8th Cir. 2015)："……几乎所有的雇主监视案件都涉及工会组建或者选举活动，监视问题通常与雇主其他的反工会不当劳动行为相联系。在此背景下，无法明确认定存在胁迫并不奇怪，因为通常可以合理地推断，雇主对工会活动或者工会支持者的监视正是出于这个原因……在这种情况下，雇主的声明是出于胁迫或被认为是胁迫，不太可能没有其他反工会行为。因此，与 *McClain* 案的标准相比，法院需要对胁迫因素进行更为严谨的分析。同上，第 824 页。

被禁止的行为。② 事实上,1980 年,NLRB 曾裁定,雇主不得"主动询问雇员对工会的看法","即使雇员是公开的、已知的工会支持者,该询问并不伴有威胁或许诺",也属于违法行为。③ 然而,1984 年,NLRB 意识到以前对雇主的询问行为本身进行谴责的观点与其先例并不相符④,认为这种方法"忽略了工作场所的现实",询问只有结合"所有相关情况"才能被认为是违法的。⑤

　　与雇主询问雇员是否支持工会的行为相关的规则,不仅适用于雇主与现任工会之间的关系,而且适用于尚未建会的工作场所。在瑟古德·马歇尔(Thurgood Marshall)大法官执笔的一份五票对四票的多数判决⑥中,联

----

　　② 　关于工会间谍的问题,见 *NLRB v. Fansteel Metallurgical Corp.*,306 U. S. 240,251 (1939)。联邦第三巡回上诉法院认为,对雇主或工会的和平示威拍照本身并不构成非法监视,但必须结合所有相关情况进行考虑,见 *U. S. Steel Corp. v. NLRB*,682 F. 2d 98(3d Cir. 1982)。另见 *Kallman v. NLRB*,640 F. 2d 1094(9th Cir. 1981);*NLRB v. Colonial Haven Nursing Home*,542 F. 2d 691(7th Cir. 1976);*Flambeau Plastics Corp.*,167 NLRB 735(1967),*enforced* 501 F. 2d 128(7th Cir. 1968);*Captain Nemo's*,258 NLRB 57(1981);*Cutting Inc.*,255 NLRB 534(1981)。至于雇主对雇员进行盘问的情形,NLRB 采取的政策是,除特殊情况外,雇主对雇员进行问卷调查(polling)的行为属于违法行为,除非该调查符合某些特定的标准,见 *Struksnes Construction Co.*,165 NLRB 1062,1063(1967)。然而,联邦第二巡回上诉法院拒绝执行这一政策,而是参考 NLRB 更早的观点,从情形总体出发判断盘问是否具有胁迫性,见 *NLRB v. Lorben Corp.*,345 F. 2d 346 (2d Cir. 1965)。联邦第九巡回上诉法院将这些标准适用于工会被承认后是否仍具有多数地位的争议中。在 *NLRB v. Gissel Packing Co.*,395 U. S. 575(1969)案中,联邦最高法院认为,雇主所作的承诺或威胁与客观的预测是有区别的。也可以参考 *Weather Tamer v. NLRB*,676 F. 2d 483(11th Cir. 1982)。雇主对雇员进行盘问,借以证实某一工会宣称已取得多数地位是否属实,或对某一不当劳动行为的诉讼做防御准备时,他必须先与雇员沟通盘问的目的,保证不会对其采取任何报复行动,并且获得雇员自愿参加的同意。此外,这种盘问必须在雇主"对工会活动并无敌意",而且不会借故"刺探"其他工会活动的情况下才能进行,见 *Johnnie's Poultry Co.*,146 NLRB 770(1964)。

　　③ 　*PPG Industries, Inc.*,251 NLRB 1146(1980)。

　　④ 　*Blue Flash Express*,109 NLRB 591(1951)。

　　⑤ 　*Rossmore House*,269 NLRB 1174(1984),*enforced sub nom*,*Hotel Employees Local 2 v. NLRB*,760 F. 2d 1006(9th Cir. 1985)。在 *Premier Rubber Co.*,272 NLRB 466(1984)案中,NLRB 认为,*Rossmore* 案的裁决可以适用于"公开的"工会支持者,因为雇员们公开佩戴工会徽章。各巡回上诉法院对此问题的意见存在分歧,观点介于 *PPG Industries, Inc.* 和 *Rossmore House* 两案之间,见 *Midwest Stock Exchange v. NLRB*,635 F. 2d 1255(7th Cir. 1980);*Graham Architectural Products v. NLRB*,697 F. 2d 534(3d Cir. 1983);*TRWUnited Greenfield Division v. NLRB*,637 F. 2d 410(5th Cir. 1981);*Hotel Employees Local 2 v. NLRB*,同上。

　　⑥ 　*NLRB v. Curtin Matheson Scientific, Inc.*,494 U. S. 775(1990)。

邦最高法院判决,NLRB 的观点是对 NLRA 恰当的解读,虽然罢工替代者 (strikebreaker)接替了罢工者的工作,但是并不能据此推定雇员对工会的支持有所欠缺。这一判决获得了首席大法官威廉·伦奎斯特(William Re-hnquist)的支持,他认为,应当允许雇主对雇员们是否支持工会进行民意调查。⑦　至于 NLRB 对这一问题的观点,正如它在得克萨斯石油化工公司案 (*Texas Petrochemicals Corp.*)⑧中指出的,只有雇主对工会的多数地位产生"合理怀疑"的情况下,雇主才有权依法对雇员是否继续支持现任工会进行民意调查。NLRB 指出,在决定雇主是否有权向 NLRB 提出申请以取消对现任工会的认证,或者是否有权一并撤销对工会的承认⑨时,应与民意调查适用同样的标准。⑩　雇主在进行民意调查前,必须给予雇员适当的通知,因为雇主可能会搞突然袭击,借此摆脱一个行事低调的多数工会。⑪

　　联邦最高法院通过一个五比四的投票肯定了 NLRB 的立场。⑫　但是该院又以一个五比四的投票判决认为,NLRB 在评估工会是否丧失多数支持时,不能忽略雇员在工作面试时作出的对工会表达敌意的陈述。⑬　联邦最高法院的上述判决作出后,NLRB 曾在另一个案件中裁定,在雇主单方撤销对现任工会的承认而引发的不当劳动行为诉讼中,只有在雇主能够证明工

---

⑦　同上,第 797 页。

⑧　296 NLRB 1057(1989), *enforced in part* 923 F. 2d 398(5th Cir. 1991). 正如 NLRB 在这份意见书(该意见书是在 *Curtin Matheson* 案和伦奎斯特首席大法官的协同意见书之前作出的)中指出的,许多巡回上诉法院对 NLRB 的立场表达了异议,见 *NLRB v. A. W. Thompson*, *Inc.*, 651 F. 2d 1141(5th Cir. 1981);*Thomas Industries v. NLRB*, 687 F. 2d 863(6th Cir. 1982);*Forbidden City Restaurant v. NLRB*, 736 F. 2d 1295(9th Cir. 1984).

⑨　*United States Gypsum Co.*, 157 NLRB 652(1966).

⑩　与 NLRB 持不同意见的多家联邦巡回上诉法院认为,当雇主有权撤销对某一程序的承认,而该投票程序旨在决定雇主是否有权撤销对工会的承认时,适用同样的标准是很不正常的。

⑪　*Texas Petrochemicals v. NLRB*, 923 F. 2d 398, 403(5th Cir. 1991).

⑫　*Allentown Mack Sales & Service*, *Inc. v. NLRB*, 522 U. S. 359(1998).

⑬　布雷耶(Breyer)大法官在其反对意见书指出:

实际上,NLRB 已经说过,如果某位雇主对不建工会的雇员队伍表现出兴趣,那么雇员在与该雇主的工作面试中发表的声明,往往并不能准确地向我们传达雇员的真实感受。NLRB 的这一结论表明其行使了国会赋予 NLRB 的完全的行政和事实调查权以及承担相关职责的自由裁量权。同上,第 393 页。

会已经事实上丧失了多数地位的情况下,它才能够获胜。如果雇主通过提起代表选举的申请来启动选举程序,那么,对于工会是否继续享有多数地位的问题,只有雇主"善意地证明合理的不确定性(而不是怀疑)时"[14],选举程序才可以启动。

受制于有关民意调查的判例法,尽管联邦最高法院尚未解决雇主询问方面的问题,但是仍然在 NLRB 诉交换零件公司案(*NLRB v. Exchange Parts Co.*)[15]中判决认为,在工会组建活动期间,雇主赋予雇员某些权益属于违法行为。[16] 该院指出:"这种算准时机增加权益的做法具有内在的危险性,它使人联想到天鹅绒手套里藏着拳头,实则是笑里藏刀。雇员们肯定心知肚明,现在获得权益的来源也是未来权益的源泉,如不心存感激,便会干涸。"[17]同样,如果工会为那些在选举前签名支持工会的雇员免除初始会费,

---

[14] *Levitz Furniture Company of the Pacific*, *Inc.*, 333 NLRB 717(2001).

[15] 375 U. S. 405(1964). See Charles C. Jackson and Jeffrey S. Heller, "Promises and Grants of Benefits under the National Labor Relations Act," 131 *U. Pa. L. Rev.* 1(1982).雇主因工会活动而阻止工资增长或累积权益,并向雇员告知此事,属于不当劳动行为。另一方面,雇主在选举结束前避免兑现权益并向雇员宣布此事,以避免出现干扰选举的情况,则并不违法。但是,这两类情况常常难以区分。参见,例如 *Center Engineering*, 253 NLRB 419(1980); *Brunswick Food & Drug*, 284 NLRB 663(1987); *Clolortech Corp.* 286 NLRB 476(1987); *Toys-R-Us*, *Inc.*, 300 NLRB 188(1990).无论工会是否存在,雇主都必须进行预期的工资或权益调整,见 *Atlantic Forest Products*, 282 NLRB 855(1987); *Retlaw Broadcasting Co.*, 302 NLRB 381(1991).当雇主表示,如果工会赢得选举,集体谈判将"从零开始",若给雇员留下的印象是他们将失去现有的权益,他们最终会得到什么将取决于工会能诱导雇主恢复什么,那么雇主的行为就违反了第八条(a)(1)款的规定。另一方面,如果明确表示任何权益的削减都将来自与工会正常的谈判交换,那么这一声明是合法的,见 *Taylor-Dunn Mfg. Co.*, 252 NLRB 799(1980); *enforced* 810 F, 2d 638(9th Cir. 1982); *Telex Communications*, 294 NLRB 1136(1989); *Kenrich Petrochemicals*, 294 NLRB 519(1989); *S. E. Nichols*, *Inc*, 284 NLRB 556(1987); *Lear-Siegler Management Service Corp*, 306 NLRB 393(1992); *Shaw's Supermarkets v. NLRB*, 884 F. 2d 34(1st Cir. 1989).当雇主表示工资和权益计划会被"冻结",NLRB认为这种表述意味着工资和权益计划不会改变。*Mantrose-Haeuser Co.*, 306 NLRB 377(1992).

[16] *Dayton-Hudson Department Store Co.*, 324 NLRB 1, 33, 36 n.17(1997). ("……改善雇佣条件可能会使雇员选择加入工会的可能性降低,但这并不违法。当雇员面临这样的选择时,不同的考虑因素开始发挥作用……雇主必须做出某些雇佣决策,如同工会不在现场时那样。")

[17] 375 U. S. at 409.

92 那么 NLRB 举行的选举会被废止,并会下令举行一场新的选举。[18] 相反,NLRB 曾裁定,工会支持雇员提起的雇佣诉讼并不是一项非法权益。[19] 然而,在一个既奇怪又不切实际的裁决中,奥巴马时期的 NLRB 曾认定,只有在工会提出代表申请(representation petition)之日以前提起这类诉讼才是合法的。[20] 此外,工会或雇主(为雇员)报销参加 NLRB 举行的选举而发生的差旅费是合法的。[21]

哥伦比亚特区巡回上诉法院曾对交换零件公司案能否适应现代工作场所的现实提出质疑。[22] 当然,这是联邦最高法院或者只是国会应该解决的问题,而不是上诉法院的事! 同时,雇主享有宪法和法律上的言论自由权,尽管他们可能利用这一权利来胁迫雇员,或是通过许诺权益来劝说他们不要加入工会。譬如,当某位雇主宣称"如果工会赢得选举,它的需求将使我关闭工厂"时,NLRB 往往不可能认定雇主的类似言论究竟是具有胁迫性(coercive),抑或只是工人们在作出明智的决定之前应当了解的经济预测。

93 有些话对一名坚强的底特律货车司机来说是经济预测,但是对一位南加州

---

⑱　*NLRB v. Savair Mfg.*, 414 U. S. 270(1973). 工会在制定新政策时,必须谨慎地杜绝以往在这方面的非法行为,见 *K. D. I., Inc. v. NLRB*, 829 F. 2d 5(6th Cir. 1987)。但是,如果免除初始会费和低于通常的会费结构对所有雇员均开放,而无论雇员是否支持或投票给工会,那么工会的行为是合法的。参见,例如 *NLRB v. Whitney Museum of American Art*, 636 F. 2d 19(2d Cir. 1980)。同样,工会坚持要求雇员在组建活动开始前支付初始会费和一般会费的做法是合法的,见 *Hickory Springs Mfg. Co. v. NLRB*, 645 F. 2d 506(5th Cir. 1980)。同样,工会作出的如果赢得选举就将降低初始会费的承诺是合法的,因为不存在签署授权卡或加入工会的不当诱因,见 *Molded Acoustical Products*, 280 NLRB 1394(1986), *enforced* 815 F. 2d 934(3d Cir. 1987); *DeJana Industries, Inc.*, 305 NLRB 294(1991)。

⑲　*Novotel New York*, 321 NLRB 624(1996); *Contra Nestle Ice Cream Co. v. NLRB*, 46 F. 3d 578(6th Cir. 1995); *Freund Baking Co. v. NLRB*, 165 F. 3d 928(D. C. Cir. 1999)。

⑳　*Stericycle, Inc.*, 357 NLRB No. 61(2011). (NLRB 认为,在工会提出代表申请之日到选举举行日之间的这段时间是关键时期,所以对这一时期的行为审查会更加严格。该案中,工会在提出代表申请后,在举行选举前,资助并代理雇员向联邦法院提出工资和工时方面的诉讼,NLRB 将选举结果废止,并下令重新举行选举。——译者)

㉑　见 *Arizona Public Service Co.*, 325 NLRB 723(1998); *Good Shepherd Home*, 321 NLRB 426(1996); *Sunrise Rehab. Hosp.*, 320 NLRB 212(1995);特别参见 *Kalin Construction Co., Inc.*, 321 NLRB 649(1996)。

㉒　*Skyline Distributors v. NLRB*, 99 F. 3d 403(D. C. Cir. 1996)。

的纺织厂工人来说可能就是胁迫性的。[23]

此外,雇主也不能向劳工组织提供财政资助。[24] 如果 NLRB 发现雇主有这类行为,一定会颁布一项停止命令。[25]

《瓦格纳法》将劳资系统看作是天然对立的而非合作的,那一时期颁布 94

---

[23]　Archibald Cox, *Law and the National Labor Policy* (1960). 公司宣称,如果组建工会,雇主将失去它的消费者基础,这一表述属于雇主的言论自由,见 *NLRB v. Pentre Electric*, 998 F. 2d 363(6th Cir. 1993)。然而,旨在宣扬偏见的活动被 NLRB 裁定为非法,见 *Sewell Mfg. Co.*, 138 NLRB 66(1962)。在 *Shepherd Tissue, Inc.*, 326 NLRB 369(1998)(古德主席的协同意见书)案中,NLRB 主张一项新的标准。参见 *NLRB v. Foundry Division of Alcon Industries*, 260 F. 3d 631(6th Cir. 2001); *NLRB v. Flambeau Airmold*, 178 F. 3d 705(4th Cir. 1999)。第三方提出的上诉,尽管可能涉及种族问题,但是不会导致选举废止,除非该上诉具有煽动性以至于影响雇员中的氛围,而且依据 *Sewell* 案的判决,通常不会考虑第三方上诉的问题。See *Ashland Facility Operations v. NLRB*, 701 F. 3d 983(4th Cir. 2012); *Did Building Services, Inc. v. NLRB*, 915 F. 2d 490(9th Cir. 1990); *M & M Supermarkets, Inc. v. NLRB*, 818 F. 2d 1576(11th Cir. 1987). See *Case Farms of North Carolina, Inc. v. NLRB*, 128 F. 3d 841(4th Cir. 1997); *NLRB v. Baltimore Luggage Co.*, 387 F. 2d 744(4th Cir. 1967); *Englewood Hospital*, 318 NLRB 806(1995).

[24]　29 USC § 158(a)(2)(2000)是相关的条款。对于这个条款应当作出怎样的扩张性解释,是充满争议的,见 *Chicago Rawhide Mfg. Co. v. NLRB*, 221 F. 2d 165(7th Cir. 1955); *NLRB v. Scott & Fetzer*, 691 F. 2d 288(6th Cir. 1982); W. B. Gould, *Japan's Reshaping of American Labor Law*, at 95-99(1984)。其他的观点,见 Note, "Collective Bargaining as an Industrial System: An Argument against Judicial Revision of Section 8(a)(2)of the National Labor Relations Act," 96 *Harv. L. Rev.* (1983)。关于现任工会(incumbent union)占用公司的时间和财产的问题,以及非法协助(unlawful assistance)的问题,参见例如 *Basf Wyandotte Corp.*, 274 NLRB 978(1985); *Cosmo Knitting Mills*, 150 NLRB 579,582(1964); *Elias Mallouk Realty Corp.*, 265 NLRB 1225,1236(1982); *Duquesne University of the Holy Ghost*, 198 NLRB 891(1971); *Summer Products*, 189 NLRB 826,828(1971); *Longchamps, Inc.*, 205 NLRB 1025, 1026(1973)。见 Donna Sockell,"The Legality of Employee-Participation Programs in Unionized Firms," 37 *Indus. Lab. Rel. Rev.* 541(1984)。

[25]　29 USC § 160(c)(2012)的部分条款规定,当发现某人从事一项不当劳动行为时,"NLRB 应当颁布一项命令要求该人立即停止该不当劳动行为,同时应采取任何积极行动(affirmative action),以有效实施本分章所规定的各项政策……"参见例如,*NLRB v. Getlan Iron Works, Inc.*, 377 F. 2d 894,896(2d Cir. 1967)。

的这些法规到了近些年导致问题丛生。在电子信息公司案(*Electroma-tion*,*Inc.*)㉖中,NLRB 曾认定,雇主成立一个所谓的行动委员会是违法的。NLRB 认为,如果雇员委员会,即本案中的行动委员会:(1)规定雇员参与制度;(2)以应对雇主为目的;(3)关注属于法定事项的雇佣条件;以及(4)涉及一个以某种方式代表雇员的委员会或者计划,那么 NLRB 将会认定雇主是否存在非法控制(domination)或资助。本案中,NLRB 认为属于非法控制,因为成立行动委员会是雇主的主意,雇主起草了委员会的目标,并且为其提供财政资助。但是,其他关注"质量"或"效率"的委员会是否合法,仍是一个悬而未决的问题。此外,NLRB 的裁决也未能解决在工会已经成为专属谈判代表的情况下,所谓的合作性努力(cooperative efforts)是否合法

㉖ 309 NLRB 990(1992).联邦最高法院曾多次处理过有关雇主支配与协助的问题,但从未在真正的雇员参与计划的背景下处理过这一问题。参见例如 *Pennsylvania Greyhound Lines*,1 NLRB 1(1935),*enf. denied in part* 91 F. 2d 178(3d Cir. 1937),*rev'd* 303 U. S. 261(1938);*NLRB v. Newport News Shipbuilding Co.*,308 U. S. 241(1939);*NLRB v. Cabot Carbon Co.*,360 U. S. 203(1959).一个与此密切联系的问题是,雇主是否可以在集体谈判过程中向工会代表提供第 302 条(a)款禁止的任何金钱或任何其他有价值的东西。该法旨在禁止雇主与工会干部之间的贿赂和勒索行为。但是,与此同时,工会代表往往保留着返回企业并且退休后领取养老金的权利。与第 302 条(a)款相关的案件中出现的问题是,对作为工会代表的雇员或前雇员的补偿(compensation)是否是"因为"雇员提供的服务或是其他原因而存在。See *National Fuel Gas Distribution Corporation*,308 NLRB 841(1992);*BASF Wyandotte Corp.*,274 NLRB 978(1985),*enforced* 789 F. 2d 849(5th Cir. 1986);*Trailways Lines v. Joint Council*,785 F. 2d 101(3d Cir. 1986);*Toth v. USX Corp.*,883 F. 2d 1297(7th Cir. 1989).*Stewart v. NLRB*,851 F. 3d 21(D. C. Cir. 2017).与中立和合作相关的另外一个重要问题涉及 1947 年修正案的第 302 条(a)款,以及如何认定被法规所禁止的雇主向工会提供的"有价值的东西"。联邦第十一巡回上诉法院认为,中立与合作协议是"有价值的东西",如果雇主打算用这笔钱来"腐蚀"工会,雇主承诺"支付"给他们以换取工会有价值的东西,就违反了该法。See *Mulhall v. UNITE HERE Local 335*,667 F. 3d 1211(11th Cir. 2012).联邦最高法院批准了移审令,但后来又驳回了该令状,理由是该案裁判无实际意义,原告缺乏诉讼地位。See *Unite Here Local 355 v. Mulhall*,571 U. S. 83(2013)(布雷耶大法官的异议意见书,索托马约尔大法官和卡根大法官附议)(认为如果案件无实际意义或原告缺乏诉讼地位,联邦最高法院应撤销第十一巡回法院的判决,并且暂不讨论第 302 条是否授予私人诉讼权的问题).其他上诉法院认为,类似的雇主承诺不属于第 302 条的范围。See *Adcock v. Freightliner LLC*,550 F. 3d 369(4th Cir. 2008);*Hotel Employees & Rest. Employees Union*,*Local 57 v. Sage Hosp. Res.*,*LLC*,390 F. 3d 206(3d Cir. 2004).主流观点认为,第 302 条并未授予私人诉讼权。*Ohlendorf v. United Food & Commer. Workers Int'l Union*,*Local 876*,883 F. 3d 636(6th Cir. 2018).

的问题。⑰

20 世纪 90 年代,尽管共和党控制的国会对旨在促进雇员参与的法规作出具有弹性的解读⑱,并通过了一项促进雇员参与但并非雇员自治的立法——《雇员与经理团队合作法》[The Teamwork for Employees and Managers Act(TEAM Act)],但是该法最终遭到克林顿总统的否决⑲。其后,NLRB 作出裁决,在雇员与雇主之间不可能展开交涉的情况下,即便雇员委员会向资方提供的"建议可能会引发某些讨论和协商",该委员会也不能被

⑰　在 *E. I. Dupont de Nemours & Co.*,311 NLRB 893(1993)案中就是如此。

⑱　见 *Keeler Brass Automotive Group*,317 NLRB 1110(1995)(NLRB 认定,Keeler Brass 投诉委员会是一个"劳工组织",并且雇主主导了该委员会的组建和管理);*Chicago Rawhide Mfg. Co. v. NLRB*,221 F. 2d 165(7th Cir. 1995)(法院的判决与 NLRB 相反,虽有证据证明雇主参与了后来成为雇员专属谈判代表的雇员委员会,但是并不构成不当劳动行为);*Vons Grocery Company*,320 NLRB 53(1995)[法院认为,雇主的质量圈(quality circle)小组不属于"劳工组织",因为它通常致力于日常业务事项];*Webcor Packaging*,*Inc.*,319 NLRB 1203(1995),*enforced in part*,118 F. 3d 1115(6th Cir. 1997)[法院认为,雇主工厂委员会(plant council)是一个"劳工组织",因为它的存在部分是为了回应和修改管理层提出的工作条件变化,这些变化需要得到管理层的批准,而且雇主通过限制其议程和选择其成员非法支配该委员会];*Stoody Co.*,320 NLRB 18(1995)(NLRB 认定,由雇主创建并得到财政支持的雇员手册委员会不是一个"劳工组织",因为它没有在工作条件上与雇主建立"交涉"模式);*Dillon Stores*,319 NLRB 1245(1995)(法院认为,雇主联合委员会是一个"劳工组织",该委员会由同事选出的小时工组成,每季度与管理层开会讨论各种与工作相关的活动,雇主由于控制、干预和支持该组织而违反了 NLRA);*Reno Hilton*,319 NLRB 1154(1995)(法院认为,雇主质量行动小组属于"劳工组织",因为这些小组就许多与工作相关的问题提出建议,包括安全问题、人员配备水平、工作时间和带薪病假等,而且雇主完全控制和干预了它的组建和管理)。

⑲　第 104 届国会提出的《雇员与经理团队合作法》(TEAM Act),试图修订 NLRA,允许雇主建立、协助、维持或参与一个组织或机构,而雇员参与该组织或机构的可行范围至少与管理层代表相同。为了符合第八条(a)(2)款的例外规定,该组织或实体必须解决劳资双方共同关心的问题,包括但不限于质量、生产率、效率、安全和健康等问题,但不得具有、主张或寻求下列权限:(1)成为雇员专属的谈判代表;(2)谈判、签订或修改集体谈判协议。该法也明确不适用于任何已建立工会的工作场所。

克林顿总统在 1996 年 7 月 30 日否决了这项立法。尽管他宣称支持"在现行法律允许的广泛范围内进行劳资合作",但是克林顿总统的否决表明,他认为应由 NLRB 而不是国会来"明确劳资合作的广泛的法律边界"。克林顿进一步表示,他认为该法不会促进合作,而会破坏集体谈判,因为该法"允许雇主在目前不存在工会的地方建立公司工会,并且在雇员正在决定是否由工会作为其代表的过程中,允许公司主导工会"。*Congressional Record*,July 30,1996,at H8816.

视为"劳工组织",而这一点恰恰是认定违法行为存在的前提。[30] 根据 20 世纪 70 年代的先例,[31]NLRB 认为雇员与雇主都拥有管理权,因为"资方已经授予委员会在某些限度内运营工厂的权力"。[32] 然而,到了 2013 年,这一议题已经从民主党主导的国会的视野中完全消失了。

97　　与其他的不当劳动行为一样,NLRB 会命令实施过违法行为的当事人在其场地的显眼位置张贴公告,以便使有关事项能够引起雇员的注意。[33] 在美国,张贴这类公告基本上是自然而然的,但是在日本却很少见(尽管因为 1945 年美国占领的缘故,日本的立法中也有不当劳动行为的规定)。在日本,张贴公告似乎更加难以接受,或者更加有损雇主的声誉。

　　在美国,雇主不得在劳工组织组建或是试图获得承认的过程中提供协助。如果 NLRB 发现雇主有上述行为,可命令雇主撤销对该劳工组织的承认,甚至"解散"(完全取消)该劳工组织。[34]

　　雇主不得因为工人具有或不具有工会会员身份而在工作条件上歧视他

---

　　[30] *Crown Cork & Seal Co.*，334 NLRB 699(2001). 参议员约翰·博纳(John Boehner)显然并不知晓这一裁决是依据 NLRB 在 20 世纪 70 年代的先例作出的,他说,"这一里程碑式的裁决"将允许雇员参与的增加,这反过来将导致雇主-雇员关系结构发生巨大的变化。*Congressional Record*，July 26，2001，at H1448.

　　[31] *General Foods*，231 NLRB 1232(1977).

　　[32] *Crown Cork & Seal Co.*，334 NLRB at 701.

　　[33] 国家劳动关系委员会第二年度报告(Second Annual Report of National Labor Relations Board)。"作为 NLRB 执法程序的一部分,该法明确要求张贴通知。NLRB 负责为公共利益服务,以实现劳动关系权利,而这些权利是公共权利,而不是私人权利。"*NLRB v. Hiney Printing Co.*，733 F. 2d 1170，1171(6th Cir. 1984). 参见 W. B. Gould，*Japan's Reshaping of American Labor Law*，at 68-69(1984);K. K. Sugeno，*Japanese Employment and Labor Law*(2002)。NLRB 现在提供这一信息的电子版。*J. Picini Flooring*，356 NLRB No. 9(2010).

　　[34] *H. J. Heinz Co. v. NLRB*，311 U. S. 514，522-23(1941)(如果工会的继续存在对雇员的自我组织权构成障碍,NLRB 可以下令解散工会);*NLRB v. Pennsylvania Greyhound Lines*，303 U. S. 261(1938)(NLRB 有权要求雇主撤销对其助和控制的工会的承认,有时还可以命令解散工会);*NLRB v. Metropolitan Alloys Corp.*，624 F. 2d 734(6th Cir. 1980)(当工会是一个"公司制造的骗局"时,解散工会"显然是适当的救济措施")。然而,当雇主协助组建工会,但不再加以控制时,NLRB 就不会因为未下令解散工会而犯错,见 *International Union of United Brewery Workers v. NLRB*，298 F. 2d 297，300(D. C. Cir. 1961)。在 1947 年《塔夫特-哈特利修正案》之前,NLRB 可以解散一个不隶属于全国性工会组织的公司工会,但现在它不能再以此为由采用这种救济措施,见 *Carpenter Steel Co.*，76 NLRB 670(1948).

们。但是工会有权与雇主协商在集体谈判协议中加入"工会保障条款"，要 98
求工人定期支付会费以及初始会费，并以此作为一项雇佣条件。如果工人
拒绝工会支付会费的要求，他/她可以因此而被解雇，除非工人提出的反对
意见是基于宗教原因。这种形式的工会保障协议通常被称作"工会工厂"
（union shop）或"代理工厂"（agency shop），与要求工人在受雇以前成为工
会会员的"封闭工厂"（closed shop）有区别。"封闭工厂"已经被《塔夫特-哈
特利修正案》认定为非法。⑤　在美国，各州有权禁止雇主与工会就任何这类
工会保障协议进行协商。迄今为止，共有 28 个州已经制定了有关工作权的
立法，借以实现这一目标。⑯　2012 年，印第安纳州成为迈出这一步的最著名
的工业化州，而密歇根州颁布的工作权立法，则比印第安纳州更加声势浩
大。密苏里州曾颁布此类立法，但是在 2018 年 8 月，选民通过公投否决了
立法机关的决定，⑰使这一数字恢复到 27。（有些人认为"工作权"一语用词
不当，因为立法并未规定任何从事工作的权利，而是保护那些不愿支付工会 99
会费的工人免遭解雇。）

---

⑤　但是，专属职业介绍所的合法性经常被认定为一个事实上的封闭工厂，见 *Local 357 Teamsters v. NLRB*，365 U. S. 667（1961）。然而，哥伦比亚特区上诉法院迫使 NLRB 重新审查了它对有效的查询系统（referral system）的界定，基于该系统工会可以收取费用，见 *Pittsburgh Press Co. v. NLRB*，977 F. 2d 652（D. C. Cir. 1992）。

⑯　这些州是亚拉巴马州、亚利桑那州、阿肯色州、佛罗里达州、乔治亚州、爱达荷州、印第安纳州、爱荷华州、肯塔基州、堪萨斯州、路易斯安那州、密歇根州、密西西比州、密苏里州、内布拉斯加州、内华达州、北卡罗来纳州、北达科他州、俄克拉荷马州、南卡罗来纳州、南达科他州、田纳西州、得克萨斯州、犹他州、弗吉尼亚州、西弗吉尼亚州、威斯康星州以及怀俄明州。哥伦比亚特区上诉法院认为，在有工作权立法的州，工会如坚持用合同条款使非会员雇员承担工会代表的费用，那么工会的做法违反联邦劳动法。米克瓦法官（Judge Mikva）对此持反对意见。*Plumbers Local Union 141 v. NLRB*，675 F. 2d 1257（D. C. Cir. 1982）。另见 *Oil，Chemical & Atomic Workers Int'l Union v Mobil Oil Corp.*，426 U. S. 407（1976）；*Retail Clerks v. Schermerhorn*，373 U. S. 746（1963）。参见 *NLRB v. Office and Professional Employees International Union，Local 2*，902 F. 2d 1164（4th Cir. 1990）（如果一名雇员在有工作权立法的州退出工会，但随后转到无工作权立法的州工作，那么工会不得坚持对谈判单位内的该雇员收取新的初始会费）。

⑰　Noam Scheiber，*Missouri Voters Reject Anti-Union Law in a Victory for Labor*，*New York Times*，August 7，2018；Kurt Erickson and Jack Suntrup，*Democrats，unions declare victory as "right to work" loses by wide margin in Missouri*，*St. Louis Post-Dispatch*，August 8，2018.

联邦法院曾发起对印第安纳州立法合宪性的挑战,但是未能成功。⑧其实在将近 70 年前,依据《塔夫特-哈特利修正案》,联邦最高法院作出的一项判决似乎就已经对这样的立法关上了大门。㊴ 该院通过布莱克(Black)大法官执笔的意见书表示,回顾新政立法所作的"及时改变"(见本书第三章的表述),"正如我们认定正当程序条款不会对工会会员的立法保护设置任何障碍,现在我们判决立法保护也应当给予未入会的工人"。㊵

无论何种情况,工会保障协议都不应通过立法加以强制。在没有工作权立法的地方,劳资双方可以通过自愿的方式自由地签订这类协议。工会 100 提出的主张极具说服力,他们认为,这类协议是必要的,因为工会有责任在谈判单位内公正地代表所有雇员进行谈判,而无论他们是不是工会会员。不支付会费的工人能获得与付费工人相同的权益,这使得他们在经济上占了便宜,工会将这些工人称为"搭便车者"。制定有工作权立法的州曾尝试对想要通过工会处理申诉的非会员工人提出付费的要求,例如在北达科他州发生的一个案件就是如此。而对于此案,地区法院认为,NLRB 的优先管

---

⑧　*Sweeney v. Pence*,767 F. 3d 654(7th Cir. 2014)[确认了地方法院的判决,即印第安纳州的《工作权法》并未被 NLRA 优先取代。然而,首席法官戴安·伍德(Diane Wood)在其措辞强硬的反对意见书中特别指出,印第安纳州的法律要求工会向不想成为工会会员的工人免费提供服务,这构成对工会会员财产的违宪侵占,因而这一法律具有征收(confiscatory)的性质]。在密歇根州,挑战同时出现在联邦和州两级。一位联邦法官驳回了密歇根州劳联－产联提出的部分质疑,但允许根据 NLRA 优先权理论对《工作权法》的某些部分提出质疑。See *Michigan State AFL- CIO v. Callaghan*,15 F. Supp. 3d 712(E. D. Mich. 2014)。这一案件最终和解决。同样,密歇根州最高法院也确认了该州针对公共部门雇员的《工作权法》。See *UAW v. Green*,498 Mich. 282(2015)。规范职业介绍所以及会费"扣除"的州立法均被优先取代。*International Association of Machinists District Ten & Local Lodge 873 v. Allen*,904 F. 3d 490(7th Cir. 2018). But see *Kaiser v. Price- Fewell*,359 S. W. 2d 449(Ark. 1962). *Simms v. Local 1752*,*ILA*,838 F. 3d 613(5th Cir. 2016). 然而,判决的重要性在于将县和地方政府排除在工作权立法的制定之外。*International Union of Operating Engineers Local 399 v. Village of Lincolnshire*,*Illinois*,905 F. 3d 995(7th Cir. 2018). *Kentucky State AFL- CIO v. Puckett*,391 S. W. 2d 360(Ky. Ct. App. 1965). *Contra United Automobile*,*Aerospace & Agricultural Implement Workers of America Local 3047 v. Hardin County*,*Kentucky*,842 F. 3d 407(6th Cir. 2016).

㊴　*Lincoln Fed. Labor Union v. Nw. Iron & Metal Co.*,335 U. S. 525(1949). Accord *Zuckerman. Bevin*,-S. W 3d-(Sup. Ct. KY Nov. 15,2018).

㊵　同上,第 537 页。

辖权是违宪的。[41] 该院认为,这一要求早已被 NLRB 作出的数项裁决所禁止,因为 NLRA 认为这样的要求是非法的。[42]

其他国家也在尽力解决工会保障协议方面的问题。在英国,1976 年的《工会与劳动关系法》(Trade Union and Labor Relations Act)规定,雇员有权依据封闭工厂协议(closed-shop agreement)解雇雇员,除非该雇员提出宗教方面的反对意见。而 1980 年的《雇佣法》(Employment Act)则将反对的理由扩大至良知或个人根深蒂固的信念。(在美国,1980 年 NLRA 修正案也规定了宗教反对意见,似乎法律可以被解释为保护个人所持的"宗教或道德信念"。[43])如果在封闭工厂协议生效前,雇员已经具有某种工作分类的职位,那么该雇员有权拒绝加入工会。1980 年 8 月 15 日以后签订的封闭[101]工厂协议,必须事先得到 80% 的工人同意。(在美国,多数工人有权投票对工会保障协议"取消授权",从而禁止工会对其进行协商。)1982 年的《雇佣法》规定,如在 1980 年 8 月 15 日或其后举行第一次投票,而在过去五年内无证据表明 80% 有投票权的雇员或 85% 参加投票的雇员支持封闭工厂协议,那么依据该协议解雇工人将是不当劳动行为。1982 年法规也保护那些被"不合理地"排除或撤销会员身份的雇员,不因封闭工厂协议而遭到解雇。然而,1988 年和 1990 年的《雇佣法》规定以工会会员身份为由拒绝雇佣求职者或解雇工人的行为均属违法,从而将封闭工厂协议和工会工厂协议在英国双双禁止。

封闭工厂在德国和法国也是违法的,在德国是因为对自由的宪法性保

㊶　*NLRB v. North Dakota*, 504 F. Supp. 2d 750(D. N. D. 2007).

㊷　*Furniture Workers Div.*, *Local 282*(*The Davis Co.*), 291 NLRB 182,183(1988); *Columbus Area Local Am. Postal Workers Union*(*US Postal Serv.*), 277 NLRB 541,543(1985); *Machinist*, *Local Union No. 697*(*The H. O. Canfield Rubber Co.*), 223 NLRB 832,835(1976).

㊸　Pub. L. No. 96-593(December 24, 1980). Service Employees International Union, Local 6, Case No. 19-CB-5151, Advice Memoranda of the NLRB General Counsel, 117 LRRM 1508(September 27, 1984). 在 *Wilson v. NLRB*, 920 F. 2d 1282(6th Cir. 1990)案中,法院判决该法的规定违反了联邦宪法第一修正案的禁止设立国教条款(Establishment Clause)而表面违宪(facially unconstitutional),因为它对一个"传统上出于个人信念拒绝加入或资助劳工组织"的"真正的宗教、团体或教派"与其他组织作了区分。更多相关案例法,参见第九章,注㊴。

障。而在瑞典,虽然封闭工厂是合法的,但是大多数工会和雇主似乎并不要求将会员身份作为雇佣条件。

过去三十年间,斯特拉斯堡的欧洲人权法院在解决封闭工厂协议或是雇员加入工会的要求,能否与《欧洲人权公约》第 11 条相适应的问题上数度遭受挑战,第 11 条保护"与他人的结社自由,包括为保护个人利益组织和加入工会的权利"。⑭ 在杨诉联合王国案⑮中,法院认定,结社自由是一个"总体的概念",而"组织和加入工会的权利作为这一概念的其中一个因素"服从于欧洲人权公约的目标。法院指出,强调在封闭工厂协议存在时雇员尚未被雇佣的事实,"这一点尤其重要,因为工会具有政治上的隶属关系"。⑯ 法102院表示,"结社自由权的消极一面完全符合第 11 条的应有之义"。⑰ 随后,法院强调"[欧盟]缔约国对维持工厂协议(maintenance-shop agreement)不予支持",并强调成员国有义务保护"工会自由的消极权利"。⑱

在美国,还有其他的不当劳动行为条款,禁止雇主报复与 NLRB 合作或是在 NLRB 听证中作证的工人。并且,雇主有义务与工会进行善意谈判,该工会在一个适当的单位中由多数雇员指定、作为其专属的谈判代表。对"善意"这一难以界定的概念将在后文详细阐述。

《塔夫特-哈特利修正案》对工会和雇主均设定了不当劳动行为的限制。如前所述,工会不得"限制和胁迫"雇员。因此,工会不得参与暴力、骚乱或大规模封锁,阻挠雇员或公众进出雇主的物业或经营场所。⑭ 当然,各州和

---

⑭　European Convention on Human Rights, art. 11, September 3, 1953.

⑮　*Young v. United Kingdom*, 3 E. H. R. R. 20(1979).

⑯　同上,第 26 页。

⑰　*Sigurjónsson v. Iceland*, 16 E. H. R. R. 462, slip op. at 10(1993). 比较 *Sibson v. United Kingdom*, 258-A Eur. Ct. H. R. (ser. A)(1993),在该案中不结社自由的主张被否定。

⑱　*Sørensen & Rasmussen v. Denmark*, Apps. No. 52562/99 & 52620/99(Euro. Ct. H. R. 2006). See also *Associated Soc'y of Locomotive Eng'rs & Firemen v. United Kingdom*, App. No. 11002/05(Euro. Ct. H. R. 2007). 这类问题的讨论见 Keith Ewing,"The Implication of the ASLEF Case," 36 *Indus. L. J.* 425(2007).

⑭　*United States v. Enmons*, 410 U. S. 396(1973). 见 *United Stares v. Burhoe* 875 F. 3d 55 (1st Cir. 2017),该案突显了劳动法与《霍布斯法》(Hobbs Act)和《反诈骗腐败组织集团犯罪法》 (RICO)之间的紧张关系。

地方有权起诉犯罪行为,在某些情况下联邦政府会成为公诉人(例如与敲诈有关的、实施暴力的案件或是其他刑事犯罪)。⑤

工会不得以某位雇员不是工会会员为由,唆使雇主对其实施歧视。除103了工会保障协议的话题外,这种情况的出现一般与工会唆使雇主歧视属于另一个竞争性工会的工人有关。⑤

工会有义务与雇主进行善意谈判。《塔夫特-哈特利修正案》的支持者关注的问题是,某些强势工会在与雇主交涉时,采用"要么接受,要么放弃"的策略。一些工会会径直走向谈判桌,拿出地区合同(在某一地区与大部分雇主协商的合同)。当雇主势单力薄时,工会根本就不想协商或谈判。有时,工会干脆把合同草案往桌上一扔,就让雇主签字。法律规定工会以及雇

⑤ *United States v. Thorodarson*, 646 F. 2d 1323(9th Cir. 1981). 国会 1970 年通过的《反诈骗腐败组织集团犯罪法》(The Racketeer Influenced Corruption Organizations statute,缩写为 RICO),作为《有组织犯罪控制法》[the Organized Crime Control Act, Title Ⅸ, Pub. L. No. 91-452, 84 Stat. 941(1970)]的一部分,现在的版本收录于 18 USC §§1961-68(2012)。司法部曾在一起国际卡车司机联合会(the International Brotherhood of Teamsters)被诉的案件中引用 RICO,这一案件充分预示着该工会将在全国性的程序和选举上采取更加民主的做法,见 *United States v. International Brotherhood of Teamsters*, 708 F. Supp. 1388(S. D. N. Y. 1989)。该法同时规定了民事责任和刑事制裁,关于前者,私人原告依据 RICO 有权对各种工会活动提起诉讼,以寻求三倍赔偿以及律师费。见例如,*Yellow Bus Lines, Inc., v. Drivers, Chauffeurs & Helpers Local Union 639*, 839 F. 2d 782(D. C. Cir.), *cert. denied*, 488 U. S. 926(1988), vacated, 492 U. S. 914(1989), *on remand*, 883 F. 2d 132(D. C. Cir. 1989)(重新作出同样的判决 839 F. 2d 782), *rev'd on rehearing*, 913 F. 2d 948(D. C. Cir. 1990)(*en banc*), *cert. denied*, 111 S. Ct. 2839(1991); *United States v. Local 560*, 974 F. 2d 315(3d Cir. 1992); *Brennan v. Chestnut*, 973 F. 2d 644(8th Cir. 1992)。参见 George S. Roukis and Bruce H. Charnov, "The RICO Statute: Implications for Organized Labor," 36 *Lab. L. J*. 281(1985); Michael J. Goldberg, "Cleaning Labor House: Institutional Reform Litigation in the Labor Movement," 1989 *Duke L. J*. 903。工会和雇主都在使用 RICO 应对有关劳动争议中涉嫌诈骗的行为。参见 Note, "Weeding RICO out of Garden Variety Labor Disputes," 92 *Columbia L. Rev*. 103(1992)。

⑤ *Laborers Union Local No. 324*, *Laborers International Union of North America*, 318 NLRB 589(1995), *enf. denied* 106 F. 3d 918(9th Cir. 1997)[法院认为,工会采用并维持禁止招揽(no-solicitation)和禁止派发资料(no-distribution)的规则,其目的是阻止持不同政见的工会(dissident union)派发文字资料,该工会威胁逮捕参与竞选工会职位的持不同政见的候选人并驱逐出工会职业介绍所的做法,根据第八条(b)(1)(A)款的规定,属于违法行为]。

主的谈判义务就是为了解决这一问题。

104 另外,工会不得实施"次级联合抵制"。次级联合抵制(通常伴随着纠察)的目的是迫使第二方或次级雇主(secondary employer)不再与首要雇主(primary employer)有生意往来。首要雇主就是与工会在承认、工资或雇佣条件等方面发生争议的雇主。像工会工厂–封闭工厂的问题一样,次级联合抵制的问题也存在着严重分歧。自由社会总是希望既能保护团结精神,又能保护善意第三方。1980 年英国《雇佣法》规定,雇员在并非他们受雇的场所或地点从事纠察活动时,工会干部和会员应当对损害赔偿案件承担责任。1982 年法律规定,如压力措施由工会负责人授权或支持,则工会自身应当对禁令救济或损害赔偿承担责任。但是,1990 年《雇佣法》修改了 1982 年的法律规定,从而使工会对包括工厂代表和委员会成员在内的所有干部的行为造成的损害赔偿诉讼承担责任,除非工会切实与他们断绝关系。对于上述问题,布莱尔和布朗的工党政府均无所作为。㉜

任何形式的间接经济压力都可能导致损害赔偿责任,除非这种压力的目标是专门针对与争议有关的业务供应之来往进出,或者除非罢工影响的工作被转移给第二方雇主。在美国,当雇主提起次级联合抵制的指控时,NLRB 有义务对这类指控予以优先调查。如果地区办事处有理由相信存在违反次级联合抵制法定条款的情形,则必须针对该违法行为马上向联邦地区法院申请一项临时禁令。此外,当事人有权提起因次级联合抵制造成损害的赔偿之诉。其后,实际上会发生三个诉讼程序:由不当劳动行为所引发的行政诉讼、联邦地区法院的禁令救济诉讼以及损害赔偿诉讼。

105 1959 年 NLRA 的《兰德勒姆–格里芬修正案》(Landrum-Griffin amendments)㉝禁止在劳动合同中协商"热货"(hot cargo)条款,该条款允

㉜ Keith. D. Ewing, *Employment Rights at Work : Reviewing the Employment Relations Act 1999*(2001).

㉝ Pub. L. No. 257, 86th Cong., 1st Sess. (1959). 这一条款的来源是次级联合抵制条款的所谓沙门(*Sand Door*)案漏洞(*Sand Door* loophole),即次级联合抵制条款虽然禁止通过罢工和其他协同行动来执行热货协议("hot cargo"agreement),但是却允许雇主和工会自愿达成这样的协议,见 *Local 1976 , United Brotherhood of Carpenters and Joiners of America v. NLRB*, 357 U. S. 93(1958).

许工人拒绝处理"热货"。所谓"热货"是指与工会发生争议的雇主生产的货物。修正案再次强调,工会不应牵涉与争议毫不相关的、无辜或中立的雇主。根据这一规定,劳动合同中设置所谓分包条款(subcontracting clause),即禁止雇主将工作外包给非会员雇员的条款也是非法的。然而,如果合同条款的目的是维持谈判单位内会员的工作机会^㉔,劳资双方则可以协商专门的条款,禁止将工作分包给提供低劣雇佣条件的雇主。基于行业的经济特殊性,法规中还设有"但书"条款,以便赋予制农业和建筑业工会更大的力量。^㉕ 在这种情况下,该修正案并未像次级联合抵制的情形那样,设置损害赔偿之诉条款。同时,也没有设置临时禁令救济条款,因为这时所涉及的事项不是停工或纠察,而只是存在非法合同条款。

依据《兰德勒姆–格里芬修正案》,另有一项针对工会不当劳动行为的重要保护条款。根据该条款的规定,在未采用首选的通过秘密投票的方式进行选举,特别是未获得适当的谈判单位内多数工人支持的情况下,为确保工会得到雇主的承认而进行的组建工会或重组工会的纠察活动,属于违法行为。制定这一条款主要是为了应对工会采用"敲诈式"纠察(blackmail picketing)迫使雇主承认工会,而全然不与工人进行协商的做法。国会发现一些工会组织,特别是国际卡车司机联合会,经常封锁公司(尤其是劳动力由少数族裔组成的公司),强迫雇主承认工会,而协商合同时却不以工人的利益为上。这些工会的目标只是单纯地要求工人授权他们扣减工资缴纳会

㉔ *National Woodwork Manufacturers Assoc. v. NLRB*,386 U. S. 612(1967);*Truck Drivers Union*,*Local 413 v. NLRB*,334 F. 2d 539(D. C. Cir. 1964). 也可参见 *Local 32B-32J*,*SEIU v. NLRD*,68 F. 3d 490(D. C. Cir. 1995)。

㉕ 29 USC § 158(e)(有关制农业的规定)和 158(f)(2012)(有关建筑业的规定)。尽管存在意见分歧,NLRB 仍裁定,在建筑行业集体谈判协议中设置禁止双重工会条款(antidual shop clause)是违法的,根据这类条款设立一个独立的、无工会组织的公司被认为是"双排纽扣"(double breasting)做法而应被禁止。*Ernest Alessio Construction Company* 310 NLRB 1023(1993)。然而,委员会以二比一的多数意见认为,该条款在建筑行业背景之外是主要工作保留条款,因此是合法的。*Manganaro Corp.*,321 NLRB 158(1996)。

费而已。⑤　工人们永远都得不到工会的答复,并且标准较低的工作条件也得不到改善。

最后,工会组织之间因同一工作的管辖争议所引发的停工也是违法行为。这种情况下,如果劳资之间无法协商出一套程序来解决这一冲突,⑤那么 NLRB 则被授权代为处理。⑤　正如对待次级联合抵制的案件,雇主有权 107 向法院起诉工会,而无须使用 NLRB 的行政程序。

时效期间

NLRA 第十条(b)款规定,如在向 NLRB 提出指控前,被诉的不当劳动行为已发生超过 6 个月,则 NLRB 不得提出指控。⑤　这一规定也是《塔夫特–哈特利修正案》的一部分。1960 年,联邦最高法院曾判决,由少数工会(minority union)谈判达成的包含工会保障条款的协议⑥,如在提出指控前已经

---

⑤　根据 29 USC §186(c)(2000)的规定,雇主向劳工组织给付的限制,"不应适用于⋯⋯将雇员薪资所扣除的金额用于交给工会作为会费,除非雇主已接到该项扣缴账户中每一位雇员的书面转账证明,而该证明在超过一年以上的期限内是可以取消的,或者超过可适用集体谈判协议的终止之日,至于日期的起算,应以先到达的为准⋯⋯"会费扣除条款(checkoff clause),即以之为依据将工会会费直接从雇员工资中扣除的条款,属于工会保障条款的附属条款,尽管其法律地位作为联邦劳动法中的一个问题曾有过不同的处理方式。*Hacienda Hotel,Inc.*,331 NLRB 665(2012)。*Hacienda Hotel* 案在 2011 年最终根据案情作出判决以前,曾经在 NLRB 和联邦第九巡回上诉法院之间进行了多次上诉和发回重审。*Local Joint Executive Bd. of Las Vegas v. NLRB*,657 F. 3d 865,867(9th Cir. 2011)。NLRB 认可了第九巡回上诉法院的推理,即会费扣除条款是独立于工会保障条款之外的。*WKYC-TV,Inc.*,359 NLRB No.30(2012)。不同于其他合同条款,会费扣除条款在集体谈判协议期后仍然有效,因此应通过仲裁解决相关争议,见 *Providence Journal Co. v. Providence Newspaper Guild*,308 F. 3d 129(1st Cir. 2002)。

⑤　*NLRB v. Plasterers' Union Local 79*,404 U. S. 116(1971)。See Comment,"The Employer as a Necessary Party to Voluntary Settlement of Work Assignment Disputes under Section 10(k) of the NLRA," 38 *U. Chi. L. Rev.* 389(1971)。

⑤　*NLRB v. Radio and Television Broadcast Engineers Union*,*Local 1212*,364 U. S. 573 (1961)。

⑤　29 USC §160(b)(2012)。

⑥　此举属于不当劳动行为,如同一项承认协议(recognition agreement)赋予少数工会以专属代表地位,也属于不当劳动行为一样,因为这是对大多数雇员的胁迫,见 *ILGWU v. NLRB*,366 U. S. 781(1961)。

履行超过 6 个月的,依据时效期间,该协议不再具有约束力。⑥ 然而,这一判决并不能阻止有关这一问题的诉讼。1984 年,NLRB 曾裁定:"在判断依据第十条(b)款提出指控的时效是否届满时,NLRB 此后将聚焦于被诉的违法行为作出之日,而不是其结果生效之日。"不仅如此,"当不利的雇佣决定最终作出并已向雇员通报,无论这一决定是不再续订合同、终止合同还是其他被诉的歧视行为,雇员都有权提起不当劳动行为的指控,且必须在 6 个月内提起,而不是等到这一行为的后果变得最为惨痛之时"。⑥ 同样,当一 108方当事人"收到一份清楚明了的合同拒绝履行(contract repudiation)的通知时……",依据第十条(b)款的规定,该当事人不得因此提出指控。NLRB认为,就在拒绝的这一时刻,拒绝谈判的不当行为便发生了,而拒绝是否具有合法性则"取决于当事人能否搜集到有关拒绝方在当时有权采取这一行动的证据"。⑥

向 NLRB 起诉

任何人都能对工会、雇主或其代理人实施的 NLRA 意义上的不当劳动行为提起指控。这些指控由 NLRB 遍布全美地区办事处的总法律顾问的代表来处理,他们通常会提供给该当事人一份表格,让其在表格上陈述对违法行为的指控。劳工可以在地区办事处填写表格,通常是在 NLRB 官员的协助下完成的。

一旦指控被立案,在总法律顾问的授权下,地区主任会展开调查,以决定是否存在诉因,即存在违反法律的情形。如果存在诉因,NLRB 将通过地

---

⑥ *Local Lodge No. 1424*,*International Association of Machinists v. NLRB*,362 U. S. 411 (1960).

⑥ *United States Postal Service Marina Mail*,271 NLRB 397,400(1984). NLRB 声称应适用在就业歧视领域确立的原则,并否定了终身教职,委员齐默曼对此持反对意见,见 *Delaware State College v. Ricks*,449 U. S. 250(1980);*Chardon v. Fernandez*,454 U. S. 6(1981).

⑥ *A&L Underground*,302 NLRB 467(1991). Accord,*Chambersburg County Market*,293 NLRB 654(1989);*Chemung Contracting Corp.*,291 NLRB 773(1988);*Desks,Inc.*,295 NLRB 1(1989);*Teamsters Local 43 v. NLRB*,825 F. 2d 608(1st Cir. 1987);*ACF Industries*,234 NLRB 1063(1978),*enforced as modified* 596 F. 2d 1334(8th Cir 1979).

区办事处签发起诉书；^⑭否则，指控将被驳回（虽然一般来说，NLRB 会尝试引导提出指控的雇员撤回指控，或是通过某些非正式的和解方式解决问题）。传统上，NLRB 立案的 80% 到 90% 的指控是通过某种形式的和解或是撤诉解决的^⑮，最常见的是发生在调查已经结束，在签发起诉书的决定作出以后的阶段。在 2017 财年 NLRB 审理的案件中，82.4% 的案件在提出指控后一年内得到解决。^⑯

如果指控被驳回，提出指控的当事人有权对这一决定向华盛顿的总法

---

⑭ Rules and Regulations of the NLRB(Procedure)29 CFR 101.8(2012).

⑮ NLRB 曾一度强调"维护法定权利的公共利益"。*Clearhaven Nursing Home*，236 NLRB 853，854(1978)。我认为，对私人和解的审查过于严格，会阻碍自愿和解和非正式关系。See W. B. Gould, *Japan's Reshaping of American Labor Law*，at 54-55(1984). *Flint Iceland Arenas*，325 NLRB 318，321(1998). Cf. *Smith's Food & Drug Centers*，*Inc.*，320 NLRB 844，847(1996)(古德主席的协同意见书)(主张 NLRB 应避免干预雇主对工会的善意自愿承认和其他代表权争议，因为干预会延迟集体谈判，并且"建立成功的集体谈判关系最好由雇主、工会和谈判单位的雇员自己完成")(古德主席的反对意见书)(不同意多数意见拒绝基于独立法杖案(*Independent Stave*)的和解协议，并指出 NLRB 应鼓励自愿协商和解协议，以限制冗长且经常是不必要的诉讼，特别是在这一案件中，工会放弃诉讼中的利益而对欠薪提供了充分的补救)。另一方面，对于一项要求雇员不得参与工会活动的和解协议，NLRB 认为撤销该协议是适当的。*Goya Foods*，*Inc.*，358 NLRB No. 43(2012). 在 *Independent Stave Co.*，287 NLRB 740(1987)案中，NLRB 在决定是否应批准非 NLRB 主导的和解协议时考虑以下因素：(1)各方当事人、工会或雇主以及任何个人歧视者是否同意受和解协议的约束，以及法律顾问对和解采取的立场；(2)根据所指控的侵权行为的性质、诉讼固有的风险以及诉讼所处的阶段，判断和解协议是否合理；(3)任何一方在达成和解时是否存在任何欺诈、胁迫或强制；(4)被指控有不当劳动行为的被指控方是否有违反该行为的历史，或者是否有违反以前解决不当劳动行为争议的和解协议的行为。在 *United States Postal Service*，364 NLRB No. 116(2016)案中，奥巴马时期的 NLRB 推翻了这一裁定，认为当存在对所有违法行为的"完全救济"时，应批准和解协议。然而，这反过来又被特朗普任上的 NLRB 推翻了。*UPMC*，365 NLRB No. 153(2017). See also *Ishikawa Gasket America*，*Inc.*，337 NLRB 175(2001)；*Douglas-Randall*，*Inc.*，320 NLRB No. 431(1995)(当和解协议随后规定了与现任工会的谈判条款时，NLRB 支持驳回撤销认证的申请。NLRB 批准的和解或者非 NLRB 主导的和解未被本标准所涵盖，因此不太可能引起有关弃权条款有效性的争议，依据弃权条款，一方同意不会提出有关不当劳动行为的指控。See，for example，*Coca-cola Bottling of Los Angeles*，243 NLRB 501(1979)；*First National Supermarkets*，*Inc.*，302 NLRB 727(1991).

⑯ National Labor Relations Board, *Performance and Accountability Report 2017*，www. nlrb. gov/reports-guidance/reports/performance-and-accountability.

律顾问提起上诉。然而,上诉当事人在华盛顿获胜是非常罕见的,因为通常110
华盛顿的官员已经直接参与了驳回指控的最初决定。如果指控被驳回,通
常案件就此了结,除非指控提出了一些个人能够在法院提起诉讼的事项,例
如指控工会违反在谈判单位中公正代表全体雇员的义务,或者雇主违反集
体谈判协议。这样的指控与当事人是否实施了 NLRA 规定的不当劳动行
为是完全无关的问题。

　　理论上来说,如果证言中有冲突或是存在可信性的问题,总法律顾问便
不得通过行政方式解决事实问题并驳回指控。这类问题应当在总法律顾问
签发起诉书之后,通过公开的听证会来解决。然而,在许多案件中,当事人
(尤其是工会)经常指出,总法律顾问是通过行政方式来解决事实冲突,这使
得事实问题不可能在一个完整的听证会中加以审理,而在听证会中对证人
的询问和交叉询问可以更加有效地揭示事实。

　　可以看出,总法律顾问具有广泛的裁量权。事实上,联邦法院曾数次认
定,总法律顾问具有决定是否签发不当劳动行为起诉书的绝对权限⑰,也就
是说,即使是总法律顾问的武断行为,法院也不得推翻。然而,联邦最高法
院还未曾考虑过这一问题。

　　起诉书签发后,地区办事处会启动行政法法官(administrative law111
judge)主持的听证会。这些法官以前被称为"初审法官"(trail examiner),
但他们却一再坚持采用一个地位更加崇高的头衔。他们在华盛顿、旧金山、
纽约和亚特兰大等地均设有办事处,是 NLRB 审判部门的代表。他们独立

---

⑰　Jonathan B. Rosenblum,"A New Look at the General Counsel's Unreviewable Discretion
Not to Issue a Complaint under the NLRA,"86 *Yale L. J.* 1349(1977).在法官意见中确立这一主
张的代表性判例是 *NLRB v. Food and Commercial Workers*,Local 23,484 U. S. 112(1987)。另
见 *NLRB v. Sears*,*Roebuck & Co.*,421 U. S. 132(1975);*United Electrical Contractors v. Ord-*
man,366 F. 2d 776(2d Cir. 1966);*International Association of Machinists and Aerospace Work-*
ers,*AFL-CIO v. Lubbers*,681 F. 2d 598(9th Cir. 1982)。

进行案件审理,尽管他们应当遵循五人委员会形成的先例以及裁决。⑱

在行政法法官主持的听证会中,总法律顾问派出的律师代表指控方,被指称有违法行为的雇主或工会作为"被指控方"出现。1995 年,NLRB 启动了一项实验性的行政法法官改革,规定只要当事人同意,法官应当在某些特定情况下主持和解协商。1996 年,这一改革成为永久性的程序。⑲

112　　有时候指控方会有自己的律师到场,而根据相关规定和法院判决,指控方是与总法律顾问和被指控方享有相同权利的诉讼当事人。⑳ NLRB 也赋予行政法法官充分的自由裁量权,例如在不当劳动行为诉讼中指定口译人员,并要求 NLRB 支付费用。㉑ 听证会通常在 NLRB 的地区办事处举行。尽管适用联邦地区法院的证据规则,但是与正规的法庭诉讼程序相比,听证

---

⑱　联邦最高法院在 *Lucia v. SEC*,585 U. S. _(2018)一案中认定,行政法法官是"美国官员",受宪法任命条款(Appointment Clause)的约束。在本案中,行政法法官是违宪任命的工作人员,而未受到"适当任命"。在我担任主席之前,NLRB 的行政法法官是在委员会面试了最后的候选人之后由委员会直接任命的。自 1994 年以来,首席行政法法官被赋予提出建议的权力,而这一权力必须由委员会本身授权。委员会认为,根据 *Lucia* 案,其任命是适当的。见 *WestRock Services*,366 NLRB No. 157(2018):"……委员会是任命条款意义上的一个部门。"同上,意见书单行本第 1 页。

⑲　"在可行的情况下,只要当事人双方同意,就可以指派除审判法官以外的其他法官进行和解协商。截至 1998 年 7 月,319 件案件中指派了和解法官,其中 197 件达成和解,占这些案件的约 62%。在规则实施后的整整两年内,法官主导的和解案件与规则实施前的两年相比增加了约 15%——从现在的每年平均 572 件增加到平均 718 件。"*Four-and-One-Half Year Report by William B. Gould* Ⅳ,*Chairman*,*National Labor Relations Board*(*1994-1998*),at 8. 在 2011 财年,总共有 464 起案件达成和解。和解法官解决了 13 件案件,2012 财年的前 8 个月,共和解解决了 289 件案件,其中 26 件由和解法官解决。来自首席行政法法官简纳斯(Giannasi)的电子邮件(2012 年 6 月 15 日),作者存档。

⑳　根据 29 CFR:§§[sic]102.38 和 101.10(b)(2)的规定,"指控方有权亲自或委托律师出席听证会,并有权传唤、询问和交叉询问证人。他有权得到上诉法院对 NLRB 不利裁决的复审,29 USCA 160(f)。"*Kellwood Co. v. NLRB*,411 F. 2d 493,499-500(8th Cir. 1968).

在 NLRB 诉讼中完全胜诉的指控方可以干预上诉法院的复审程序,见 *International Union*,*Local 283 v. Scofield*,382 U. A. 205(1965)。然而,依据 29 USC §160(e)(2012)规定的禁令程序中,指控方可以委托律师出庭并提供任何相关证词,但不得作为一方当事人提起上诉或进行干预,见 *Solien v. Miscellaneous Drivers & Helpers U.*,*Local No. 610*,440 F. 2d 124,130-211(8th Cir. 1971)。

㉑　*George Joseph Orchard Siding*,*Inc.*,325 NLRB 252(1998). 参见 *Domsey Trading Corp.*,325 NLRB 429(1998)[在补发工资案件中,当唯一的争议点是期间收入(interim earnings)和减轻损失时,可以迫使雇主为其证人承担翻译费用]。

会通常更具有非正式的特点。行政法法官就像 NLRB 的委员一样,在某种意义上并不是本身具有强制力的真正的法官,而且他们也不穿法袍。尽管 NLRB 一直由律师来代表,被指控方通常也由律师代表,但是在行政法法官或 NLRB 面前出庭并参加辩论的并不要求一定是律师。常见的做法是,由总法律顾问所代表的、作为指控方的工会,派出一名地方干部或是工厂代表来代表自己的利益,这些人往往能够充分代表工会的利益。

　　一般而言,听证会会毫不间断地连续数天举行。通常开庭通知上会注明,听证会将在一个指定的日期举行,并列明其后每一天的日期,直到该事项处理完毕。该事项结束后,当事人会向行政法法官提交案情摘要(brief),113 法官会作出裁决,这种裁决事实上是一个建议性的命令。1996 年开始的另一项改革,允许行政法法官"听取口头辩论以代替案情摘要",宣读裁决并将其记录在案,以及在听证会上作出当庭裁决(bench decision),或是在听证结束后 72 小时内作出裁决。⑦（在 20 世纪 90 年代,NLRB 史无前例地在许多案件中采用听取口头辩论的方式。）⑦如当事人对裁决无异议或未提起上诉,那么,在行政法法官作出裁决后 20 天内,裁决会被华盛顿的五人委员会所采纳。如果当事人提出异议,则本案的书面记录、案情摘要以及其他相关文书将提交给华盛顿的委员会,以便其重新审查并作出裁决。据统计,全部

---

　　⑦ "1995 年 2 月到 1998 年 7 月,NLRB 法官作出 102 项当庭裁决。在 1998 财年的前 6 个月,法官作出裁决总数的约 7％是当庭裁决。总体而言,只有 49％的当庭裁决提起上诉,这一数字远远低于书面裁决约 70％的上诉率。此外,在 NLRB 已经作出或已经形式上通过的 65 项当庭裁决中,只有 7 件(即 10.8％)向上诉法院提起上诉。"*Four and-One-Half Year Report*,同注⑥。从 1999 财年到 2012 财年,NLRB 法官作出 212 项当庭裁决。2004 年之前,法官每年作出 24 至 37 项当庭裁决。2012 年,仅作出一项当庭裁决。首席行政法法官简纳斯的电子邮件(2012 年 6 月 15 日),作者存档。

　　⑦ "我相信 NLRB 过去没有进行足够的口头辩论,所以我认为这些辩论会给我们带来一些规则制定的好处,即让外部人作为法庭之友(amicus)参与进来。NLRB 将从口头辩论本身以及提交简报而受益,劳资关系界将获得更大的包容感。然而,这被证明是一种过于乐观的看法,在 1995 年及以后的政治环境中是完全幼稚的。"William B. Gould Ⅳ, *Labored Relations：Law, Politics, and the NLRB—A Memoir*, at 175(2000).

不当劳动行为指控中,只有 1.3％ 的案件由华盛顿的委员会裁决。[74]

114   华盛顿的五人委员会处理上诉案件时,除了证人出庭和展示物证以外,尽管律师和其他代表的口头辩论也是允许的,但是委员会很少听取口头辩论。委员会大部分的裁决只是依据行政法法官裁决作出后,随后向其提交的书面材料。

大部分案件涉及的事实问题与工人的歧视性解雇相关。借助书面记录和案情摘要,委员会不可能比行政法法官更有效地评估这些事项,而行政法法官则可以真真切切地面对证人,观察他们的一举一动,解决有关可信度的问题。在绝大多数案件中,行政法法官的裁决得到委员会全部的认可或是仅有细微修改。这里的问题是委员会在这一阶段耗时过长。

大部分不当劳动行为案件应由委员会五名委员中的三名来裁决。[75] 有关案件的记录会先呈交行政秘书办公室,然而再以轮流的方式分配给各位委员。每位委员会分配到一个案件,而三位委员会同时被指派到一个小组(panel)来专门处理这个案件,同时,也会分配一位法律助理来协助办案。虽然最终需要一位委员及其主要法律顾问(chief counsel)负责起草裁决书,但是通常三位小组委员会先召开会议。在会上,他们会决定对行政法法官所作的裁决是应当完全确认、部分确认或推翻。如果必须草拟一份意见书,则是在原先分配到案件的委员的办公室中进行草拟。如果委员会同意行政法法官的裁决,通常意见书只是陈述事实而已,而这种形式的意见书被称为"简表意见书"(short form opinion)。

如果任何一位委员认为某个案件非常重要,该案件便会在委员的每周
115例会上加以讨论和审查。接着,委员会会进行投票、草拟意见书(有时也会有反对意见书)并进行传阅。近年来,当重要案件中存在意见分歧时,委员

---

[74] 2017 财年,有 19,280 件违法行为的指控获得立案。同年,总法律顾问提起 1263 件起诉,NLRB 共作出 443 项裁决。National Labor Relations Board, Graphs and Data, www. nlrb. gov/graphs-data.

[75] 联邦最高法院曾判决,三位委员构成 NLRB 的法定人数,这是 NLRB 作出任何一项裁决的前提条件。*New Process Steel LP v. NLRB*, 130 S. Ct. 2365(2010).

会中几位委员的措辞往往异常尖锐，至少与法院使用的言辞相比尤其如此。

上诉程序

尽管巡回上诉法院会作出相反的判决，但是作为专门且专业的行政机构，NLRB 能够遵循自身的先例，除非联邦最高法院推翻 NLRB 的裁决。[76] 然而，因为 NLRB 是一个行政机构而非法院，它的命令并无自动执行的效力。因为 NLRB 的总部在华盛顿，任何案件都可以通过提出复审的申请被提交到哥伦比亚特区上诉法院。实际上，法官西尔贝曼（Silberman）就讥讽 NLRB 支持一项曾被哥伦比亚特区上诉法院驳回的政策。他指出，尽管 NLRB 有权拒绝承认法院所持的观点，但是当它一旦这样去做，总是会发现其政策执行陷入僵局。当然，NLRB 总是享有向联邦最高法院申请移送令（*certiorari*）的自由。"[77]

一般情况下，NLRB 会签发一份命令，要求被指控方停止实施违法行为。当工人已经遭到歧视性解雇，则雇主应当补发工资。有时 NLRB 会命令被指控方对其违法行为承担赔偿责任。一旦 NLRB 的裁决作出，以上二者必具其一。如果 NLRB 认定被指控方不愿意执行裁决，它必须向案件发生地的上诉法院[78]或哥伦比亚特区上诉法院提出申诉（上诉法院的位阶仅次于联邦最高法院）。

---

[76]　*Theodore R. Schmidt*，58 NLRB 1342(1994).

[77]　*Enloe Medical Center v. NLRB*，433 F. 3d 834,838(D. C. Cir. 2005).

[78]　"NLRB 应有权向美国联邦上诉法院……在相关不当劳动行为发生地、当事人居住地，或处理业务的住所地的任何巡回法院，提出正式申请，请求执行其命令，并请求颁布适当的临时性救济或禁令等，同时，NLRB 应向法院提交相关程序的各项记录。" NLRA § (10)e；29 USC § 160(e) (2012).尽管 NLRA 赋予 NLRB 这种权力，然而，至少在 1955 年以前，NLRB 将这种权力委任给总法律顾问来行使。此外，某一上诉案件究竟应向哥伦比亚特区上诉法院（NLRB 所在地）提出，还是向不当劳动行为发生地的其他联邦上诉法院提出，也经常引发争议，关于此点参见 Abner J. Mikva，"Court Shoppers：And They are Off and Running，" Annual Luncheon of Section of Labor and Employment Law，American Bar Association，August 12，1981(unpublished)。在 *Universal Camera Corp. v. NLRB*，340 U. S. 474(1951)案中，联邦最高法院曾判决，在对 NLRB 的命令进行司法审查时，应基于"全面考虑案情记录"，同时，联邦上诉法院通常应尊重 NLRB 所作的裁决，除非他们"凭良心无法认定支持这项裁决的证据是实质性的"。

116　　华盛顿特区巡回上诉法院认为,如果 NLRB 的裁决不能"……为其偏离"先例提供合理的理由,那么它就是"武断和多变的"。[79] 司法复审的认定标准是 NLRB 的命令必须立足于"全面考察案件记录",上诉法院应尊重 NLRB 的裁决,除非法院认为"确实缺乏实质性的证据支持该裁决"。[80] 尽管委员会有认定事实、与行政法法官得出不同结论的自由,[81]但是法院经常会判决,当委员会与行政法法官的裁决意见不一时,需要"更加谨慎"。[82] 华盛顿特区巡回上诉法院认为"即便委员会不同意行政法法官的意见,我们的审查标准仍然保持不变……委员会可以自由地否定行政法法官的意见,但它必须解释其否定的依据"。[83] 然而最近,联邦第六巡回上诉法院将这一观点描述为"一个古怪标准的回潮",该法院指出:

117　　　　不再重提这一标准基于两个原因。一是因为它的误导性。当委员会不推翻行政法法官的具有可信性的认定时,上诉审中我们唯一的问题是,是否有实质性的证据支持委员会的裁决。至于记录是否也支持行政法法官的结论则与这一问题无关。事实上,正如华盛顿特区巡回上诉法院认识到的,所谓的"更加谨慎"并不会增加支持 NLRB 裁决所需的证据量。这给我们带来第二个问题:如果"更加谨慎"并不改变复审的标准,那么岂不就是空洞的老调重弹?无论委员会和行政法法官是否有相反的推理和结论,上诉法院在复审所有案件的记录时均采用相同程度的最大谨慎(utmost care)。因此,我们应当抛弃这个毫无意

---

⑦　*NLRB v. Southwest Regional Council of Carpenters*,826 F. 3d 460,460(D. C. Cir. 2016).

⑧　*University Camera Corp. v. NLRB*,340 U. S. 474(1951).

⑧　*Jolliff v. NLRB*,513 F. 3d 600,607(6th Cir. 2008)[援引 *Pease Co. v. NLRB*,666 F. 2d 1044,1047-48(6th Cir. 1981)].

⑧　"当委员会与行政法法官的意见完全一致时,应当更加谨慎地审查证据。"*Joy Sill Mills,Inc. v. NLRB*,185 F. 2d 732,742(D. C. Cir. 1950).同类案件见 *Pease Co. v. NLRB*,666 F. 2d 1044,1047-48(6th Cir. 1981).

⑧　*Fort Dearborn Co. v. NLRB*,827 F. 3d 1067(D. C. Cir. 2016).

义的标准。㊽

虽未被联邦第六巡回上诉法院所引用,联邦最高法院的观点显得与上述观点并不一致。60 年前,联邦最高法院曾表示:"当一名公正且经验丰富的法官耳闻目睹证人作证并与案件朝夕相处之后,得出与委员会不同的结论时,支持这一结论的证据在实质性要求上比他得出相同结论时要低。"㊾

由于案件数量与日俱增,这一阶段的程序也常常有所拖延。在 NLRB 提出执行申请之前往往要耗费数月,而在许多巡回上诉法院,在法院有机会审理案件以前总是消磨掉很长一段时间。如果被指控方或者指控方愿意,他们有权提出复审或是上诉的申请,申请总是会被提交给哥伦比亚特区上诉法院。

上诉法院的判决作出后,可以向美国联邦最高法院提出移送令或者复 118 审的申请。有相当多的这类申请没能得到批准。不难理解为何如此,每年提出的申请大约有 1 万件,而联邦最高法院只有时间审理大约 100 件这类案件。㊿

小结

现在我们已经大致了解了 1947 年修订的 NLRA 的基本框架,并且也触及一些法院的判决和后续的立法修正案。其中所涉及的话题包括:NL-RA 的宪法基础;NLRB 的组织结构以及委员会、总法律顾问和地区办事处

㊽　*NLRB v. Galicks*，*Inc.*，671 F. 3d 602，607(6th Cir. 2012)[援引 *Colson Equip.*，*Inc. v. NLRB*，673 F. 2d 221(8th Cir. 1982)；*NLRB v. Ridgeway Trucking Co.*，622 F. 2d 1222(5th Cir. 1980)；*NLRB v. Colonial Haven Nursing Home*，*Inc.*，542 F. 2d 691(7th Cir. 1976)；*Joy Silk Mills*，*Inc. v. NLRB*，185 F. 2d 732(D. C. Cir. 1950)]。

㊾　*Universal Camera*，340 U. S. at 496. "……当委员会与行政法法官步调一致时……委员会对行政法法官的意见表现得非常尊重"。*Aerotek*，*Inc v. NLRB*，883 F. 3d 725，729(8th Cir. 2018)；*S. Bakeries*，*LLC v. NLRB*，871 F. 3d 811，820(8th Cir. 2017). *Cf. David Saxe Prods.*，*LLC. v. NLRB*，888 F. 3d 1305，1311(D. C. Cir. 2018)。

㊿　参见"The Justices' Caseload," Supreme Court of the United States，www. supremecourt. gov/about/justicecaseload. aspx。

的功能;法院和 NLRB 的管辖权;NLRA 的适用范围;"劳工组织"的界定和专属的概念;"适当的谈判单位"的界定;选举程序;雇主和工会活动"不当劳动行为"的界定;不当劳动行为指控的处理。本书还将进一步讨论劳资双方如何建立集体谈判关系和这一过程中法律的适用,以及在实践中已经建立的集体谈判关系是如何运行的,这将使我们更加具体地把握整个法律框架。至于我们尚未触及的救济问题,则将在后文中详细介绍。

第五章　建立集体谈判关系：
工会的组建与承认

本章将讨论工会试图在一个适当的谈判单位中成为专属谈判代表所引发的问题。[①] 本章涉及劳工所使用的策略以及法律所施加的限制。（当然，劳资双方在组建工会阶段可以使用的法律策略，以及在集体谈判关系建立后可以使用的策略，二者之间很难划出清晰的界限。相应地，读者在阅读下面的章节时应当把这里讨论的基本概念和原则记在心中。）

招募会员与组建工会

在组建活动中，工会和雇主共同关心的问题包括：工会如何克服障碍与工人沟通，工会如何保护工作场所中工会的支持者，劳资双方可以使用哪些策略，在何种情况下能够迫使雇主承认工会。通常，工会在招募工人120时会与少部分潜在的工会支持者取得联系。在工会组建的最初阶段，为了降低雇主发起反工会宣传或非法报复的可能性，这样的联系可能是秘密的。

为达到这一目的，谈判单位中雇员的姓名、住址和电话号码对于工会来说至关重要，但是 NLRB 在更晚的阶段，即地区主任命令举行选举之后，才

---

① 即使选择了专属的谈判代表，法律规定："任何雇员个人或雇员群体在任何时候应有权向其雇主提出投诉，并在没有谈判代表干预的情况下处理这些投诉，前提是这种处理与当时生效的集体谈判合同或协议的条款不冲突。该法进一步规定，谈判代表应有机会出席。"29 U. S. C. §159(a)(2012).

要求雇主提供这些信息，②然而，那时候为时已晚。有观点认为，那些并非面对面接触，而是通过计算机联系的雇员有权在更早的阶段获得这些信息，121但是 NLRB 的裁决否定了这一观点。③ 工会在组建活动的早期，特别需要保守秘密的阶段，即工会进入公司的经营场所之前或向 NLRB 提出举行选举的申请之前，就需要这些信息。这当中存在的利益冲突是，那些不想被拉票、信件和电话所打扰的雇员，其隐私应当如何保护。

　　工会经常会使用经验老到的全职组织者，④有时也会派发其他工会协商的合同文本等文字资料。某些情况下，工会会向雇主提供一份工人名单，这些工人已经签署了授权工会代表他们或表明工人支持 NLRB 选举的卡片。（工会一定是确信雇主不会借口不了解这些工人的身份而对工会支持者实施报复措施，才会这样做。）此外，在小型工厂中，当工会支持者直言不

---

　　② 　NLRB 在 *Excelsior Underwear*，*Inc.*，156 NLRB 1236(1966)案中作出此裁决。7 名法官同意 *NLRB v. Wyman-Gordon Co.*，394 U. S. 759(1969)案中的规则[见福特斯(Fortas)大法官提纲的法院意见和布莱克大法官的协同意见书]。但是，NLRB 在管理和实施 *Excelsior* 规则时，因其各种缺陷而倍受困扰。在 *North Macon Health Care Facility*，315 案中，NLRB 认为，雇主应提供雇员的全名，而不仅仅是首字母。在 *Fountainview Care Center*，323 NLRB 990(1997)(古德主席的协同意见书，第 990 页)案中，NLRB 认为，不需要恶意或重大过失就可以认定违反 *Excelsior* 规则是应予反对的。雇主提供了不准确的地址是造成一场势均力敌的选举被废止的原因，尽管雇主后来提供了一份更正的名单，见 *Mod Interiors*，*Inc.*，324 NLRB 164(1997)。类似判决见 *American Biomed Ambulette*，*Inc.*，325 NLRB 911，911(1998)(古德主席的协同意见书，第 911 页)；*Transit Connection*，*Inc. v. NLRB*，887 F. 3d 1097(11th Cir. 2018)。也可参见 *Thiele Industries*，*Inc.*，325 NLRB 1122(1998)(古德主席的协同意见书，第 1123 页)，在本案中 NLRB 强调，目的是让选民知情。对比 *Bear Truss*，*Inc.*，325 NLRB 1162(1998)，本案中 NLRB 认定，雇主在 142 名合格选民中提交了 10 个不准确的地址，而投票结果是 67 票赞成、69 票反对工会，那么选举无须被废止。

　　③ 　*Technology Services Solutions*，324 NLRB 298(1997)，古德主席表示同意，但提出另外一种多数意见拒绝讨论的观点，即工会干部与谈判单位内的雇员讨论组建问题的权利，"由于被指控方不寻常的运营结构，谈判单位内的雇员非常分散且彼此不了解，因此他们实际上既被剥夺了相互讨论组建问题的权利，也被剥夺了向工会代表学习自我组织优势的权利。"同上，第 302 页。当 NLRB 全体委员最终依据案情考量了争议，他们得出了相同的结论，见 *Technology Services Solutions*，332 NLRB 1096(2000)，as modified by 334 NLRB 116(2011)。

　　④ 　见 *NLRB v. S& H Grossinger's*，*Inc.*，372 F. 2d 26，29(2d Cir. 1967)。有关某些一般性问题见 W. B. Gould，"Taft-Hartley Revisited：The Contrariety of the Collective Bargaining Agreement and the Plight of the Unorganized，" 13 *Lab. L. J.* 348(1962)。有关带薪全日制工会组织者的地位问题，见 *NLRB v. Town & Country Elec.*，*Inc.*，516 U. S. 85(1995)。

讳地表明身份，而雇主对他们实施违纪处罚时，NLRB 有时会推定雇主知晓工人对工会的支持，即使无法对这种知晓加以证明。依据这项"小型工厂原则"（small plant doctrine），可以推定雇主存在违法动机。[5]

专属原则与谈判义务

要理解有关工会组建争议的规则（也包括有关普遍意义上的美国劳动法），最基本的是要了解联邦最高法院所界定的专属原则（doctrine of exclusivity）的一些重要原理。法院关注的核心点一直是，一旦一个适当的单位122中多数工人已经指定工会作为他们的谈判代表，那么集体利益就应当凌驾于个人利益之上。在很大程度上，这一规则的存在是因为个人合同可能对组织形成障碍，并给雇主的"分化瓦解"提供机会。因此，在 J.I. 凯斯公司诉 NLRB 案（*J.I. Case Co. v. NLRB*）[6]中，联邦最高法院作出判决认为，雇主不得利用个人雇佣合同作为排除与工会就相同事项进行协商的依据。该院指出，个人雇佣合同"附属于"集体谈判协议的条款，因此，个人合同不得免除协议中的任何权利，就像"某船舶承运人不得以合同约定放弃已申报关税的利益；或某保险人不得以合同约定放弃格式条款中规定的利益，以及某公共事业的用户不得以合同约定放弃经法定程序确定的费率一样"。[7] 只有在不存在雇主与工会谈判义务的情况下，可以签订或遵循个人合同。然而，联邦最高法院表示：

> 个人合同，无论其应当在何种情况下履行或其条款为何，都不得用于妨碍或延迟 NLRA 针对集体谈判所制定的程序，也不得被用于将承包雇员排除出一个已确定的、适当的谈判单位；亦不得用于阻止集体谈

---

⑤ *Wise Plow Welding Co.*, *Inc.*, 123 NLRB 616(1959); *Allied Letter-craft Co.*, *Inc.*, 273 NLRB 612(1984). 这一原则当前仍被适用的证据见 *In re La Gloria Oil & Gas Co.*, 337 NLRB 1120(2002)。这一原则一直沿用至今。*Frye Electric*, *Inc.*, 352 NLRB 345(2008); *Aliante Gaming*, *LLC*, 364 NLRB No. 78(2016).

⑥ 321 U.S. 322(1944).

⑦ 同上，第 336 页。

判，或用于对集体协议条款加以限制与约束。

　　我们并不是说在任何情况下个人均不得执行比集体谈判协议更为有利的个人合同，但是我们发现即使可能存在这样的个人合同，也没有理由一概认定个人合同优于或凌驾于集体协议。集体协议的理论与实践都对个人合同带来的这些好处秉持怀疑态度。当然，雇佣环境或是雇员的能力千差万别，可能集体谈判只是规定最低工资、最高工时或是明示为个人谈判留出一定的空间。若有这样的规定，对个人来讲固然是好处，但是除此之外，这种好处也可能被证明对产业和平具有破坏性，从而成为坏处。个人合同往往是雇主干扰工会组建和代表选择的有效方法。例如，雇主为某些雇员增加报酬，即便对其个人来说是应得的，也经常是以打破其他一些标准为代价才能获得，而这些标准被认为关乎整个群体的福利，并且从长远来看，不得不怀疑这种做法会对整个群体不利。这类歧视行为经常构成不当劳动行为。如果某位劳工对自身谈判地位的重视超过对群体的谈判地位，他当然有投票反对工会作为其代表的自由；但是依照少数服从多数的原则，如果雇佣谈判采用集体化的方式，则个人的好处或利益都在实践中成为对集体成果的一种贡献。[8]

　　当然存在一些特殊雇员群体，例如演艺人员、职业运动员（见第十二章的讨论），甚至是大学教授，他们并不符合常规集体谈判程序的模式。

歧视性惩戒与解雇

　　工会在组建活动中首先会遭遇的问题是，如何保护被解雇或被惩戒的雇员。对工会组织者而言，面对这一问题，最显而易见的途径是向 NLRB 提起不当劳动行为指控。但是工会或雇员如何证明雇主确实是基于工会活动或是其他受保护的活动而歧视劳工的呢？联邦最高法院从未直截了当地

---

⑧　　321 U. S. 322(1944)，第337—339页。

阐述或解决应举出何种证据来推断歧视性意图的问题。

联邦第三巡回上诉法院曾审理过一个经典案例，该案中又涉及沃尔特·韦甘德案（*Walter Weigand*）中的一些问题。正如该院所说，沃尔特·韦甘德案"非同寻常"：

> 如果有哪一个工人理应被解雇，那么一定非韦甘德莫属。他在当班的时候经常烂醉如泥。他上班想来就来、想走就走。实际上，领124班有一次惊奇地发现韦甘德在上班，还对此特意评论了一番……他曾带一名被称为"公爵夫人"的女子到工厂后院，并把一些雇员介绍给她认识。有一次，韦甘德带另一名雇员去拜访公爵夫人，结果这个人喝得酩酊大醉无法回家。韦甘德于是帮他打卡，并把他放在工厂代表会议室的桌子上，让他睡到酒醒为止。韦甘德的直接上司曾一而再则而三地要求解雇他，但是每次都有更高级别的官员出面帮他说情，这完全是因为他是一个由雇主"控制"的非法劳工组织的"工厂代表"……⑨

当韦甘德加入产联所属的工会后，即被雇主解雇。尽管雇主强调解雇是基于韦甘德历年累积的过错，然而，NLRB 和法院都认定解雇是基于他参加了工会活动，因此判决韦甘德复职。[对于这类案件，有些法院会判决为雇员补发工资，而拒绝为他们复职⑩。NLRB 和法院对此所采纳的观点是，当雇员被解雇后的行为（post-discharge conduct）是站不住脚的，那么 NLRA 的救济性保护不能用于为他复职。]⑪

联邦最高法院在同时涉及言论自由和 NLRA 的案件中解决了棘手

---

⑨　*Edward G. Budd Mfg. Co. v. NLRB*，138 F. 2d 86，90（3d Cir. 1943）.

⑩　例如，*NLRB v. Jacob E. Decker & Sons*，636 F. 2d 129（5th Cir. 1981）；*NLRB v. Big Tree Welding Equipment Co.*，359 F. 2d 77（5th Cir. 1966）。

⑪　*Precise Window Manufacturing*，*Inc. v. NLRB*，963 F. 2d 1105（8th Cir. 1992）；*NLRB v. Collier*，553 F. 2d 425（5th Cir. 1977）；*Bin-Dicator Co.*，356 F. 2d 201（6th Cir. 1996）；*Family Nursing Home & Rehabilitation Ctr.*，*Inc.*，295 NLRB 923（1989）.

的混合动机问题(例如,雇主对于解雇,既有合法有效的理由,也有违法的理由)。联邦最高法院曾认定,当雇主一旦面临雇员受宪法上言论自由所保障的行为,在其作出不予重新雇佣的决定中起到"实质性"的作用时,雇主仍然可以通过优势证据(preponderance of evidence)来证明,即便雇员没有实施受保护的行为,他也会作出完全相同的决定。[12] 联邦最高法院在另一案中指出,这类案件的认定标准是,当雇员的言论成为"解雇或拒绝重新雇佣的主要原因"时,"若不是"因为该言论,雇主是否会解雇或不予重新雇佣。[13] 对此,本人曾提出批评,在联邦宪法第一修正案诉讼的语境下,这一判决是一种不恰当的限制,而任何将其适用于 NLRA 案件的尝试也是如此。[14] 事实上,雇主经常有一个以上的解雇理由。联邦最高法院近期的判决会使工作记录并不完美的雇员难以赢得这类案件。

不仅如此,为实现 NLRA 的目标,NLRB 在瑞特·莱恩案(*Wright Line*)[15]中采纳了联邦最高法院在联邦宪法第一修正案案件中的认定标准:"我们应当要求总法律顾问提供足够的表面证据,借以推定雇主在作出决定时,雇员应受保护的行为是一项'动机性因素'。一旦确定这一点,举证责任就转移给雇主,由其提出证据来证明,即使不是因为雇员应受保护的行为,他也会采取完全相同的行动。"[16] NLRB 强调,总法律顾问仍负有举出优势证据证明违法行为的责任,这是总法律顾问在 NLRB 处理任何不当劳动行为诉讼中均应承担的举证责任。然而,作为一个实践中的问题,总法律顾问在表面证据案件中承担的举证责任减轻很多,而公司一方对其采取行动的理由则负有明确的举证责任,这使得总法律顾

125

---

[12]   *Mt. Healthy City School District Board of Education v. Doyle*,429 U. S. 274(1977).

[13]   *Givhan v. Western Line Consolidated School District*,439 U. S. 410(1979).

[14]   William B. Gould,"The Supreme Court and Labor Law:The October 1978 Term," 21 *Ariz. L. Rev.* 621,622-25(1979).

[15]   251 NLRB 1083(1980);*NLRB v Great Dane Trailers,Inc.*,388 U. S. 26(1967).

[16]   *Wright Line*,251 NLRB at 1089. NLRB的多数意见认为,这一认定标准不应简单地适用于针对雇主的救济措施,见 *Paper Mart*,319 NLRB 9(1995)(古德主席的协同意见书,第 12 页)。

问在听证的早期就能获得许多重要的信息，因此会获得先前无法得到的竞争优势。

联邦最高法院在 NLRB 诉运输管理公司案（*NLRB v. Transportation Management Corp.*）[17]中全体一致地肯定了 NLRB 的立场。法院意见的执笔人拜伦·怀特（Byron White）大法官特别赞同 NLRB 举证责任转移的规则，即在表明违法行为是对待劳工的实质性或动机性因素之后，雇主即负有举证责任加以反驳。联邦最高法院指出：

> 雇主是过错方，他出于被法律宣布为违法的动机而行事。当合法的与违法的动机无法区分而造成影响，让他来承担这一风险是公平的，因为是他蓄意制造风险，且因为风险并非出于无恶意的行为，而是由他自己的过错造成的。[18]

同时，联邦最高法院在该案中阐明，《塔夫特-哈特利法》第十条（c）款的但书规定，似乎将"有因"解雇与法律所禁止的解雇区分开来，但是这一规定并不适用于混合动机案件。该院指出：

> "有因"但书并不适用于那些合法与非法理由共同导致解雇的案件……NLRB 的做法被认为是从某位劳工在工会表现活跃的事实中推定他是因雇主反工会的意图而被解雇的，即便该劳工一直因明显的行为不端而有过错，修正案正是基于对这一做法的顾虑而制定的。[19]

当雇主的行为对雇员的自我结社权（self-organization rights）具有"内在的破坏性"时，则根本无须证明雇主具有反工会的歧视性意图，即可推定

---

[17]　462 U. S. 393(1983).

[18]　同上，第403页。

[19]　同上，第401页注⑥。

127其行为违法。⑳ 而在某些情形下，焦点将落在雇主的行为对雇员造成的影响上。㉑

工会进入公司场所

工会在组建活动中面临的一个主要问题是，如何与想要组建工会的雇员取得联系。在这方面作为先例援引的案件是共和国航空公司诉 NLRB

---

⑳ *NLRB v. Great Dane Trailers, Inc.*, 388 U. S. 26(1967), *American Ship Building Co. v. NLRB*, 380 U. S. 300(1965), *Radio Officers' Union v. NLRB*, 347 U. S. 17(1954); *Local 357, Teamsters v. NLRB*, 65 U. S. 667(1961).有关歧视的问题林林总总，其中一个是对工厂工会代表 (Union Steward)的超级年资(superseniority)奖励是否合法。例如，见 *NLRB v. Milk Drivers & Dairy Employees, Local 338*, 531 F. 2d 1162(2d Cir. 1976); *United Electrical Radio & Machine Workers of America, Local 623(Limpco)*, 230 NLRB 406(1977), *enforced sub nom. D'Amico v. NLRB*, 582 F. 2d 820(3d Cir. 1978); *Gulton Electro-Voice, Inc.*, 266 NLRB 406, *enforced sub nom. Local 900, International Union of Electrical, Radio & Machine Workers v. NLRB*, 727 F. 2d 1184(D. C. Cir. 1984); *NLRB v. Niagara Machine & Tool Workers*, 746 F. 2d 143(2d Cir. 1984); *Local 1384, UAW v. NLRB*, 756 F. 2d 482(7th Cir. 1985); *NLRB v. Harvey Hubble, Inc.*, 767 F. 2d 1100(4th Cir. 1985); *NLRB v. Wayne Corp.*, 776 F. 2d 745(7th Cir. 1985); *WPIX, Inc. v. NLRB*, 870 F. 2d 858(2d Cir. 1989); *NLRB v. Joy Technologies, Inc.*, 990 F. 2d 104(3d Cir. 1993)。

㉑ *NLRB v. Burnup and Sims, Inc.*, 379 U. S. 21(1964).本案中，联邦最高法院判决，雇主基于善意将从事受保护活动的雇员解雇，虽然确是基于善意误认为其实施违规行为，但仍属于违反 NLRA 的行为。即便雇员未从事受保护的活动，如果雇主"……清楚地知道组建工会的活动正在展开……，雇主的解雇行为仍应属于违法，因为雇主所采取的行动同样会对其他雇员产生潜在的威慑影响……"*Ideal Dyeing & Finishing Co., Inc.*, 300 NLRB 303(1990);类似判决见 *Telegyne Industries, Inc.*, 295 NLRB 161(1989), *enforced* 911 F. 2d 1214(6th Cir.. 1990)。有关近期适用 *Burnup & Sims* 案判决的案件，见 *Webco Industries, Inc. v. NLRB*, 217 F. 3d 1306 (10th Cir. 2000); *Cadbury Beverages, Inc. v. NLRB*, 160 F. 3d 24(D. C. Cir. 1998); *Medeco Sec. Locks, Inc. v. NLRB*, 142 F. 3d 733(4th Cir. 1998)。关于区分 *Burnup & Sims* 案原理的某些困难以及它与瑞特·莱恩案的区别，参见 *MCPC Inc. v. NLRB*, 813 F. 3d 475(3d Cir. 2016)。

案(*Republic Aviation Corp. v. NLRB*)^②，在该案中雇主曾禁止在属于公128司场所的工厂或办公室从事一切招揽活动。一位雇员曾被警告应遵守上述规则，但他还是在午休时利用自己的自由活动时间，通过向雇员散发申请卡招揽工会会员，从而招致雇主对他的解雇。另外三名雇员因为拒绝摘掉他们所佩戴的美国汽车工人联合会－产联(UAW-CIO)的帽子和工会代表的徽章也遭到解雇。NLRB 裁定，雇主对劳工的解雇及其制定的规则本身均构成不当劳动行为，并且因此雇主的行为已经不适当地干预了雇员"不受雇主干涉地组织互助"的权利。^② 该案的特别之处在于，没有证据表明工厂所在的地点会造成工会在公司场所以外开展招揽活动就难以接触到未来的工会会员，因此，雇主主张工会可以在其他地方联络工人而不干预公司的财产权。然而，联邦最高法院支持了 NLRB 的结论，认为雇主杜绝雇员工作时间以外的活动并不具有商业正当性，因此这样的规则会被推定为"对自我组织的不合理的妨害"，而不必然与生产或纪律的维持相联系。^②

多年来，涉及雇员活动与雇主规则制定的一系列基本问题一直困扰着

---

②　324 U. S. 793(1945)；W. B. Gould，"The Question of Union Activity on Company Property，" 18 *Vand. L. Rev.* 73(1964)；W. B. Gould，"Union Organizational Rights and the Concept of Quasipublic Property，" 49 *Minn. L. Rev.* 505(1965). 关于共和国航空公司案当前遇到的新问题是，是否该案确立的原则适用于雇员为实施受保护的协同行动而使用电子邮件的权利。*Timekeeping Systems，Inc.*，323 NLRB 244(1997)；Office of the General Counsel Case Nos. 12 CA-18446 et al. (February 23，1998). 参见 Susan Robfogel，"Electronic Communications and the NLRA：Union Access and Employer Rights，" 16 *Labor Lawyer* 231(2000)。2001 年，加利福尼亚州的立法两院通过了 SB 147 法案，但随后遭到州长的否决，该法案旨在禁止雇主秘密监视某一雇主生成的其他电脑记录中的电子邮件。加州最高法院曾认定，对公司雇佣实践进行批评的电子邮件不构成侵犯动产(trespass to chattels)的侵权行为，见 *Intel Corp. v. Hamidi*，71 P. 3d 296(Cal. 2003)。特别是参见 2012 年立法禁止雇主进入雇员的社交网络页面　Michael Bologna，"Daily Labor Report News：Privacy Rights：Illinois Enacts Law Barring Employers From Employees' Social Networking Pages，" 118 DLR A 0，August 1，2012. 最近，在解释《计算机欺诈与滥用法》(the Computer Fraud and A-buse Act)时，联邦第九巡回上诉法院采用了一种狭义的观点，"越权进入"(exceeds authorized access)一词仅指进入限制，而非使用限制，见 *United States v. Nosal*，676 F. 3d 854(9th Cir. 2012)。也可参见本书第六章注⑭—⑱及附属文本，对社交媒体的进一步讨论，参见 Steven Greenhouse，"Even If It Enrages Your Boss，Social Net Speech Is Protected，" *New York Times*，January 22，2013，at A1。

②　324 U. S. 第 802—803 页，以及第 802 页注⑧。

②　同上，第 803 页，注⑩。

NLRB。近来,除了比较传统的招揽和派发方式外,NLRB 承认雇主场所内

129 的电子通信为雇员提供了某些保护措施。㉕ 雇员已经获准在工作过程中使用雇主的电子邮件系统的,在为工会组建活动和抗议雇佣条件的目的使用该系统时受到保护,雇主不得在非工作时间禁止使用该系统,除非有维持生产和纪律所需的特殊情况。㉖ NLRB 和法院均裁决,雇员有权在任何时间于公司场所内谈论工会和工会活动,无论是工作时间还是非工作时间,除非雇主禁止工作时间对任何话题的一切交谈。㉗ 在这种罕见的情况下,在非工作时间禁止谈论工会是适当的。然而,联邦第八巡回上诉法院在交谈、讨论与招揽之间划定了一条界线,即雇主在工作时间禁止招揽是合法的。㉘法院指出:"招揽活动可能打断工作,不仅仅是因为雇员可能会被要求在卡片上签名。存在这种可能性是由于组织者的支持工会的恳求本身就具有破坏性。劝说行为需要听者注意,并将其注意力从生产中吸引过来。"㉙

130　　　以帽子、徽章、T 恤衫及类似形式佩戴标识,无论在工作时间抑或非工

㉕　*The Guard Publishing Co.*,357 NLRB No. 27(2011).

㉖　*Purple Communications,Inc*,361 NLRB No. 126(2014). NLRB 将这一观点应用于医疗保健领域。*UPMC*,362 NLRB 191(2015)。

㉗　*Double Eagle Hotel & Casino v. NLRB*,414 F. 3d 1249(10th Cir. 2005);也可参见 *W. W Grainger,Inc.*,229 NLRB 161,166(1977),*enforced* 582 F. 2d 1119(7th Cir. 1978)[不得讨论规则(no-discussion rules)与不得招揽规则(no-solicitation rules)应当区别开来];也可参见 *Wal-Mart Stores*,340 NLRB at 638-39,*rev'd in relevant part by Wal-Mart Stores,Inc. v. NLRB*,400 F. 3d 1093,1099-1100(8th Cir. 2005)(法院认为,"根据整体情况来判断,雇员的行为构成招揽,尽管他要求同事签名时实际上并没有给她授权卡")。

㉘　在 *Stoddard-Quirk Manufacturing Co.*,138 NLRB 615(1962)一案中,NLRB 保护非工作时间内的招揽行为,但只保护在非工作时间和非工作区域内派发文字资料,这使问题进一步复杂化。关于这一领域的复杂性,见 *ConAgra Foods,Inc. v. NLRB*,813 F. 3d 1079(8th Cir. 2016)。不出所料,对于工作区域与非工作区域的认定存在相当多的混乱与诉讼。见 *DHL Express,Inc. v. NLRB*,813 F. 3d 365(D. C. Cir. 2016)。

㉙　*ConAgra Foods,Inc.*,at 1088-1089. 该法院也表示:"将招揽行为仅仅定义为那些因为出示授权卡而事实上具有足够破坏性的言论,就会消除这种区别。当然,一旦认定某一言论或谈话仅仅是对工会的讨论,而不是招揽工会会员,该声明或谈话是否具有破坏性的问题就成为雇主是否可以谴责它的决定性因素。但是,存在或不存在破坏性本身不能成为认定是否违反了禁止招揽政策的标准,除非它能达到揭示言论的性质或意图的程度……我们认为,在回答某一言论是否构成招揽工会支持的事实问题时,是否出示卡片以供签署,以及谈话持续的时间都不是决定性的。同上。

作时间，均受到法律保护，且不存在"特殊情形"。^㉚ 例如，联邦第五巡回上诉法院认为，为声援"争取 15 美元"行动而佩戴徽章（该行动主张每小时 15 美元的最低工资和组建工会的权利，以及改善低工资工人的待遇）是受保护的活动。^㉛ 在另一案件中，公司认为雇员穿着的 T 恤衫是有害的，因为它与公司吸引消费者注意力的某个方案相冲突，而 NLRB 认为，如未破坏公司的各类关系，则 T 恤衫应当受到保护^㉜。然而，NLRB 的这一裁决被哥伦比亚特区上诉法院推翻并被发回重审。^㉝ NLRB 的裁决认为，雇主禁止雇员¹³¹为抗议预包装肉类产品而展示"别对肉类作假！"的信息是合法的。^㉞ NLRB 也曾裁定，雇主有权禁止写有"无工会，不合理"（If its［sic］not Union，its［sic］not Kosher.）的 T 恤衫^㉟。相反，NLRB 认定，当雇员们认为带有公司标识的 T 恤衫和帽子是反工会运动全套行头的组成部分时，雇主不得强迫雇员穿戴这样的 T 恤衫和帽子；^㊱雇主也不得强迫雇员向公众发放他们认

㉚ NLRB 曾发布命令，认定星巴克设置的每位雇员只能佩戴一枚徽章的限制无效，然而，联邦第二巡回上诉法院拒绝执行该命令。该法院指出："该公司有权避免多个工会徽章造成人们对公司信息注意力的分散。有记录显示，一名雇员试图在她的裤子、衬衫、帽子和围裙上展示 8 枚工会徽章。佩戴如此多的工会徽章可能会严重削弱星巴克徽章上的信息，而星巴克通过这些徽章来宣传其产品和公众形象。"*NLRB v. Starbucks Corporation*，679 F. 3d 70，78(2d Cir. 2012).

㉛ *In-N-Out Burger，Inc. v. NLRB*，894 F. 3d 707(5th Cir. 2018). 格雷夫斯法官（Judge Graves）代表全体一致的法庭写道："'公众形象'例外的范围非常狭窄，而且公认的是，以下因素中的任何一个都不能单独证明限制雇员穿戴受 NLRA 第七条保护的物品的规则是正当的：雇主要求雇员穿制服或遵守着装规范；雇主作为零售商或服务提供商的地位；雇员与公众的互动或客户可能会接触到展示受保护物品的雇员；雇主的客户可能会被物品的内容或信息所冒犯。"同上，第 717 页（脚注省略）。

㉜ *Medco Health Solutions of Las Vegas，Inc.*，357 NLRB No. 25(2011).

㉝ *Medco Health Solutions of Las Vegas，Inc. v. NLRB*，701 F. 3d 710(D. C. Cir. 2012). 同一上诉法院认为 NLRB 的专业性在雇主－客户关系领域中并未登峰造极，因而推翻了 NLRB 对 AT&T 雇员穿着的一件 T 恤衫的保护——这件 T 恤衫的正面写着"囚犯"，背面写着"AT＄T 的囚犯"。法院指出："⋯⋯对'特殊情况'的适当认定不是 AT&T 的客户是否会将'囚犯'衬衫与实际的监狱服装相混淆，而是 AT&T 是否可以合理地认为该信息可能会损害其与客户的关系或其公众形象⋯⋯一家公司曾在某些场合允许雇员穿着非职业服装，没有案例判决阻止该公司以某种方式禁止其他非职业服装。"*Southern New England Telephone Co. v. NLRB*，793 F3d 93，97(D. C. Cir. 2015).

㉞ *Pathmark Stores，Inc.*，342 NLRB 378，379(2004).

㉟ *Noah's New York Bagels，Inc.*，324 NLRB 266，275(1997).

㊱ *2 Sisters food Group，Inc.*，357 NLRB No. 168(2011).

为反工会的文字资料,尽管其中传达的信息并不是直白地反对工会。[37]
NLRB 曾指出:"雇员享有 NLRA 第七条所规定的选择权,并免受雇主任何
形式的胁迫,这一权利的保护程度应足以使雇员能够参与有关工会代表问
题的辩论。"[38]

NLRB 曾认定,雇主制定的禁止在"工作时间"(working time)招揽和派发
文字材料的规则(无须是正式规则)[39],即便这一规则是为配合禁止工作时段
(working hours)的组建活动而制定的(也就是说,工人在带薪的午休时间和工
间休息时间将无法了解他们参加工会活动的权利),这些规则因其模糊性而
被推定为无效[40]。

132   1984 年,NLRB 推翻了这一裁决,认定以"工作时间"为措辞的规则
是合法的。[41] NLRB 认为,在不得招揽规则(no-solicitation rule)的语境中,
"工作时间"和"工作时段"的含义已经"得到透彻的理解",并且"许多工会
和雇主已经修改了他们的指南、政策和规则",以便澄清带薪的工间休息
时间可以用于工会活动。[42] NLRB 还依据多数意见作出裁决认为,不得招
揽规则本身并不是无效的(慈善性质的招揽是一个例外)。[43] 与"少量的、

---

[37]   *Tesco PLC*,358 NLRB No. 65(2012).

[38]   *Alleghany Ludlum Corp.*,333 NLRB 734,741(2001);*Smithfield Packing Co.*,344
NLRB 1(2004),*enforced* 447 F. 3d 821(D. C. Cir. 2006);*Dawson Construction Co.*,320 NLRB
116(1995).

[39]   见 *Banner Health System*,358 NLRB No. 93(2012),以其他理由发回重审,851. F. 3d(D. C.
Cir. 2017)。

[40]   *T. R. W. Bearings*,257 NLRB 442(1981).

[41]   *Our Way,Inc.*,268 NLRB 394(1984).《公平劳动标准法》出于规范最低工时和加班的
目的,要求雇主将短于 20 分钟的休息算作工作时间,且雇员通常在这段时间应获得报酬。NLRB
认为,雇主应明了这样的工间休息并不包括在雇主禁止在"工作时间"招揽或散发资料的规则中,
见 *Jay Metals,Inc.*,308 NLRB 167(1992)。

[42]   268 NLRB at 395. NLRB 认为直到 *T. R. W. Bearings* 案,工作时间禁止招揽规则被推定
为是合法的。NLRB 以 *Essex International*,211 NLRB 749(1974)案为依据。

[43]   *Hammary Manufacturing Corp.*,265 NLRB 57(1982);*Saint Vincent's Hospital*,265
NLRB 38(1982).最近的一些 NLRB 裁决表明这一例外依然有效,见 *In re Fleming Companies,
Inc.*,336 NLRB 192(2001);*Woodland Clinic*,331 NLRB 735(2000);*Four B Corp.*,325
NLRB 186(1997)。

孤立的慈善行为"④④或者"雇主对孤立的慈善招揽的容忍"⑤等例外情况相比，对不得招揽规则的差异化执行会与法律相冲突。

共和国航空公司案几年后，联邦最高法院在考量非雇员工会组织者（nonemployee union organizers）能否进入公司场所时，采用了一种截然不同的方式看待这一问题。尽管存在工会更加专业的外部支持，但是涉及雇员通信权的保障问题。在这一背景下，联邦最高法院考查了工会是否存在[133]相应的替代性通信方式。⑥ 在本案中，NLRB已经注意到其他通信方式（如信件、电话等）以及工人的家都是工会可以利用的。联邦最高法院认为，本案中并不存在联系不到的雇员，或是住在公司场所内的雇员④⑦，该院指出：

---

④④　265 NLRB at 58 n.4；*Serv-Air，Inc. v. NLRB*，395 F. 2d 557(10th Cir. 1968)。

⑤　*Emerson Electric Co.，U. S. Electrical Motor Division*，187 NLRB 294(1970)。当雇主自己在工作时间招揽或是派发文字材料时，雇员权利遭遇更多困难，但通常这并不违反法律。*NLRB v. United Steelworkers of America*(*Nutone，Inc.*)，357 U. S. 357(1957)；*Beverly Enterprises-Hawaii，d/b/a Hale Nani Rehabilitation & Nursing Center*，326 NLRB 335(1998)(古德主席的反对意见书)。

⑥　*NLRB v. Babcock and Wilcox Co.*，351 U. S. 105，112(1956)。根据《加州农业劳动关系法》的规定，有关非雇员进入公司场所的规则则显得更加宽松，见 *Agricultural Labor Relations Board v. Superior Court*，16 Cal. 3d 392(1976)；*Cedar Point Nursery v. William B. Gould IV*. No. 1；16-cv-00185-LJO-BAM，2016 WL 1559271(E. D. Cal. April 18，2016)。

④⑦　*NLRB v. Babcock & Wilcox Co.*，351 U. S. 105，107 n.1(1956)。联邦第十一巡回上诉法院在 *Southern Services，Inc. v. NLRB*，954 F. 2d 700(11th Cir. 1992)案中判决，雇主与其承包商禁止雇员在非工作时间派发文字资料，应适用共和国航空公司案的规则，而不是 *Babcock & Wilcox* 案。法院指出：

……对各项服务进行分包的现代做法并不会自动削弱 NLRA 第七条的权利。同样，派发工会文字资料的行为也不会使像 Copeland 这样的承包商雇员的身份，由一种执行业务的受邀者(invitee)变成仅仅是一种入侵者。如果通过这种分包关系使承包商雇员的工作场所必须经常局限在发包雇主的工作场所，在这种情况下，后者所制定的工作规则，如果是用于限制前者对其他承包商雇员派发工会文字资料的权利，则必须符合联邦最高法院在共和国航空公司案所确立的标准。事实上，本案判决的适用范围非常狭小，因为本案并不希望将这些派发文字资料的权利扩展到承包商公司场地的偶发性到访者(casual visitors)或其他得以进入该场地的执行业务受邀者，例如消防队员、警察、稽查人员及公共设施作业者等，而这也是本案雇主最担心的。本案的判决仅适用于承包商雇员，而其工作场所必须经常局限在发包方雇主的工作场所。同时本案判决仅仅影响这些雇员在非工作时间的非工作区域对其他承包商雇员同事派发工会文字资料的权利而已。

同上，第704—705页。

> 因无法接近雇员而造成非雇员工会组织者通过正常的途径、合理的努力难以与雇员取得联系时，雇主拒绝他们进入场所的权利应当作出一定程度的让步，以满足与雇员沟通有关结社权信息的需求。
>
> 134 尽管雇主有义务保障雇员在非工作时间于公司场所内从事招揽的权利，然而，对于非雇员组织者并不负有任何义务。他们进入公司场所的权利则完全基于一种不同的考量。自我结社权的实现在一定程度上依赖于雇员有能力向他人学习自我组织的益处。因此，如果在工厂的地点与雇员的住处，工会经过合理范围内的努力仍无法与雇员进行有效的沟通，那么，雇主必须允许工会在其场所内接触雇员。但是，根据本案的案情记录并不存在这种情况。㊽

然而，联邦最高法院在另一种案件中指出："工作场所特别适合传播有关谈判代表的观点，以及可供雇员选择的各种方案。"㊾几年以后，联邦最高法院又进一步判决，工作场所显然是"雇员分享共同利益的地方，也是传统上他们为了影响其工会组织生活的事项以及与雇员地位相关的其他事项，而努力说服工友的地方"。㊿

在同一案件中，联邦最高法院得出结论，雇员在雇主场所的非工作区域派发文字资料的权利，可以扩大到组建工会或集体谈判之外的劳动争议。(51)该院认为，向雇员派发工会通讯，声明反对某州的工作权立法以及总统对提高最低工资的否决，均符合 NLRA 第七条所保护的"以互助或保护为目的从事其他协同行动(concerted activities)的权利"。但另一方面，"单纯的政
135 治传单"是不受保护的，即便政治候选人的选举往往可能对雇佣条件产生某

㊽ 351 U. S. at 112-13.

㊾ *NLRB v. Magnavox Co.*, 415 U. S. 322, 325(1974).

㊿ *Eastex, Inc. v. NLRB*, 437 U. S. 556, 574(1978).

(51) 同上。

种影响。[52]

此外，另一类与工会进入公司场所有关的案件涉及"准公共"场所或设施的问题，这些场所通常是向消费者或公众开放的。在中央五金公司诉NLRB 案(*Central Hardware Co. v. NLRB*)[53]中，联邦最高法院所面临的是一项禁止非雇员组织者在零售企业停车场招揽会员的规则。在本案中，NLRB 曾裁决，这项禁止性规定太过宽泛，因此违反了 NLRA。实际上，NLRB 依据联邦最高法院另一个案件的判决，认定购物中心在功能上等同于一个商业区，因此当事人通常可以主张享有联邦宪法第一修正案所规定的权利。但是在一份由莱维斯·鲍威尔(Lewis Powell)大法官执笔的意见中，联邦最高法院却认定，这项判决并不适用于 NLRA 案件。[54] 该院认为，非雇员工会组织者进入公司场所时应遵循如下原则：

> 根据这一原则，只在工会组建活动的背景下，才能要求雇主财产权作出"让步"(yielding)。此外，这种对雇主财产权的侵扰，仅限于促进雇员行使 NLRA 第七条的权利所必要的范围。在证明需要进入雇主场所的必要性后，这种进入应局限于：(1)工会组织者；(2)雇主场所中特定的非工作区域；(3)组建活动期间。简言之，雇主场所的适应原则(principle of accommodation)仅限于工会组建活动，同时，雇主对其财

---

[52]　见 *Local 174, International Union, UAW v. NLRB*, 645 F. 2d 1151(D. C. Cir. 1981)，在该案中，"当小册子的主要目的是劝说雇员为特定候选人投票，而不是在与他们的雇佣条件有关的政治议题上教育他们"，那么工会在公司场所内派发文字资料的行为被认定为不受保护，同上，第1154 页。比较 *Fun Striders, Inc. v. NLRB*, 686 F. 2d 659(9th Cir. 1981)。见 *Motorola, Inc.,* 305 NLRB 580(1991)，NLRB 裁定，在本案中对雇员派发文字资料，以敦请议员保护雇员利益的行为是 *Eastex* 案中受到保护的行为，该项文字资料是由一个名为"市民倡导隐私保护"(Citizens Advocating the Protection of Privacy)的社团制作的，其目的是敦促通过制定一项市级法规，建议禁止在工作场所实施强制性药物检测。NLRB 认为，这一行为与雇员的工作条件息息相关，因为如果强制药物检测措施一旦真正实施而他们拒绝接受检查，则可能会因此遭到解雇或惩戒的后果。然而，根据联邦第二巡回上诉法院的判决，散发竞选工会职位的文字资料则被认为是不受 NLRA 保护的行为，见 *Office and Professional Employees International Union, AFL-CIO v. NLRB*, 981 F. 2d 76(2d Cir. 1992)。

[53]　406 U. S. 535(1972).

[54]　同上，第 545 页。

产权的让步仅是临时性的且在最低限度内。⑤

联邦最高法院在该案中还强调,有关"大型"购物中心的先例并不适用于向公众开放的每个私人场所。该院指出:"上述观点全国几乎任何一家零售和服务企业均可提出,而无论其规模与地点。"⑥从而,鲍威尔大法官得出结论,NLRB和上诉法院依据购物中心的先例构建对工会进入雇主场所的保护是错误的。

另一个重要的案件是哈金斯案(*Hudgens v. NLRB*),⑤该案关注的是一群工会会员在私人所有的购物中心内进行和平的初级纠察(primary picketing)时,被威胁将以非法侵害罪被逮捕。起初,波特·斯图尔特(Potter Stewart)大法官起草的法院意见指出,本案中当事人的权利和责任应"完全依据"NLRA,而不是依据联邦宪法第一修正案来处理。这种果断的决定,消除了任何由宪法与法律标准的不一致可能带来的混乱。联邦最高法院指出,早期关于进入公司场所的判决都涉及如何在特定的案件中确定何为"恰当的适应"(proper accommodation)。

联邦最高法院阐明,在一些有关非雇员在雇主场所内开展组建活动的早期判决中,其案情往往存在诸多差异。该院在本案中指出三个这样的差异,并把案件发回NLRB重审。联邦最高法院认为:

> 本案中所涉及的 NLRA 第七条所保障的活动,与一些先例在几个方面有所不同,而这些区别与达成一项合理的平衡,可能有关,也可能无关。其一,它涉及合法的经济性罢工活动,而不是组建活动……其二,在这里开展第七条所保障的活动的是 Butler 的雇员(尽管不是购物中心商店的雇员),而不是外部人士……其三,在本案中受到财产权侵害的不是第七条所保障的活动所针对的雇主,而是其他人。⑧

137

---

⑤　406 U.S. 535(1972),第544—545页。

⑥　同上,第547页。

⑤　424 U.S. 507(1976).

⑧　同上,第521—522页,脚注略。

发回重审后，NLRB 采取的立场是，哈金斯案所涉及的这类经济压力措施，至少应得到与组建型纠察（organizational picketing）"平等的尊重"。NLRB 进一步指出，对纠察活动至少应当给予联邦最高法院处理先前案件时给予非雇员组织者的相同的保护。但是 NLRB 同时认为，组建活动与经济性罢工所传达的信息是以不同的受众为目标的。在哈金斯案中，纠察者试图与可能跟雇主有生意往来的一般公众进行沟通，同时也试图传递信息给未参加罢工的雇员。NLRB 指出：

> 组建活动与经济性罢工的其中一个差异是，对于前者，NLRA 第七条所保障的权利是目标人群（intended audience）的权利，即试图组建工会的雇员们的权利；而对于后者，第七条所保障的权利是试图与包括公众和雇员在内的目标人群进行沟通的人的权利。如果将焦点转移到目标人群的特征上，而这些目标人群正是第七条所规范的行为所针对的对象时，组建活动与经济性罢工之间的区别就变得非常明显。在工会组建活动中，工会希望寻求支持的一群雇员往往是特定人群，能够通过诸如在街头见面、家庭访问以及信件和电话的方式进行沟通，而无须派遣工会组织者直接进入雇主场所。[39]

NLRB 指出，一般公众是"较为重要的目标人群组成部分"，而大众媒体反倒不是将劳动争议公之于众的"合理"方式。至于联邦最高法院所提到[138]的，受到财产权侵害的并不是纠察活动所针对的雇主，NLRB 指出，尽管该财产是私人所有的财产，但却是向一般公众开放的，在这种情况下，就相当于人行道的地位，通常与公共财产无异。就这一点而言，自从哈金斯案将上述这些原则扩大适用到诸如私人银行的内部场所，NLRB 似乎已经重新使用宪法第一修正案的方法，而这种方法联邦最高法院曾用于认定在购物中

---

[39]　*Scott Hudgens*, 230 NLRB 414(1977).

心的私人场所实施的纠察活动。⑥ 此外,在另一个案件中,联邦最高法院指出,尽管购物中心的所有人对其财产享有宪法上的利益,并可以依据联邦法律的规定,在某些情况下禁止他人进入其场地,然而,各州有权扩大在购物中心派发文字资料甚至是进行纠察活动的权利,从而对在雇主场所实施的工会活动给予更多的保护。⑥

---

⑥ *Amalgamated Food Employees Union v. Logan Valley Plaza*,391 U. S. 308(1968),在 *Hudgens*,424 U. S. 507,518(1976)案中被推翻。

⑥ *PruneYard Shopping Ctr. v. Robins*,447 U. S. 74(1980). 只有新泽西州步加州的后尘,在私有购物中心扩大言论自由的保护,见 *N. J. Coal. Against War in Middle East v. J. M. B. Realty Corp.*,650 A. 2d 757,138 N. J. 326(1994)。此外,对于免费向公众开放的设施,加州已开始对这类"州行动"(state action)加以限制,见 *Golden Gateway Ctr. v. Golden Gateway Tenants Ass'n*,26 Cal. 4th 1013,111 Cal. Rptr. 2d 336(2001)(拒绝在私有公寓设施上扩大言论自由保护)。然而,最近加州最高法院澄清,工会在购物中心的行动,如果其目的是发动消费者抵制其中的一个租客,该行动应受法律保护,见 *Fashion Valley Mall,LLC v. NLRB*,42 Cal. 4th 850(2007)。随后,联邦最高法院判决,"在大型购物中心内,独立商店出入口以外的区域,至少依照典型的布局和陈设,并不属于公共场所(public forum),因此依据 *PruneYard* 案和 *Fashion Valley* 案不受宪法保护,见 *Ralphs Grocery Co. v. United Food & Commercial Workers Union Local 8*,55 Cal. 4th 1083(2012)。马萨诸塞州和科罗拉多州采用折中的观点,见 *Batchelder v. Allied Stores Int'l,Inc.*,445 N. E. 590,388 Mass. 83(1983);以及 *Bock v. Westminster Mall Co.*,819 P. 2d 55(Colo. 1991)。主流观点认为,言论自由的权利不能扩展至私人财产。爱荷华州:*City of West Des Moines v. Engler*,641 N. W. 2d 803(2002)(认定州宪法的言论自由保护与联邦宪法第一修正案具有相同的范围);内华达州:*S. O. C.,Inc. v. Mirage Casino-Hotel*,23 P. 3d 243(2001)(与联邦宪法第一修正案具有相同范围);俄勒冈州:*Stranahan v. Fred Meyer,Inc.*,11 P. 3d 228,331 (2000)[不要求私人场所所有者允许依据宪法倡议条款(initiative section)为投票倡议征集签名,但拒绝在更一般的言论自由条款下分析问题];佐治亚州:*Cahill v. Cobb Place Assocs.*,519 S. E. 2d 449,271 Ga. 322(1999)(与联邦宪法第一修正案范围相同);明尼苏达州:*State v. Wicklund*,589 N. W. 2d 793(Minn. 1999)(与联邦宪法第一修正案范围相同);俄亥俄州:*Eastwood Mall v. Slanco*,626 N. E. 2d 59,68 Ohio St. 3d 221(1994)(与联邦宪法第一修正案范围相同);蒙大拿州:*Helena v. Krautter*,852,852 P. 2d 636,258 Mont. 361(与联邦宪法第一修正案范围相同);南卡罗来纳州:*Charleston Joint Venture v. McPherson*,417 S. E. 2d 544,308 S. C. 145(1992)(与联邦宪法第一修正案范围相同);伊利诺伊州:*People v. DiGuida*,604 N. E. 2d 336,152 I11. 2d 104(1992)(认定系争的私人财产不符合州行动的要求);夏威夷州:*Estes v. Kapiolani Women's & Children's Medical Center*,787 P. 2d 216,71 Haw. 190(1990)(与联邦宪法第一修正案范围相同);华盛顿州:*Southcenter Joint Venture v. Nat'l Democratic Policy Comm.*,780 P. 2d 1282,113 Wash. 2d 413(1989)(不符合州行动的要求);亚利桑那州:*Fiesta Mall Venture v. Mecham Recall Comm.*,767 P. 2d 719,159 Ariz. 371(1988)(不符合州行动的要求);威斯康星州:*Jacobs v. Major*,407 N. W. 2d 832,139 Wis. 2d 492(1987)(不符合州行动的要求);宾夕法尼亚州:*W. Pennsylvania Socialist Workers 1982 Campaign v. Connecticut Gen. Life Ins. Co.*,515 A. 2d 1331,512 Pa. 23(1986)(认定州宪法言论自由条款比联邦宪法第一修正案提供更大的保护,但是不允许在没有立法的情况下凌驾于其他州宪法对私有财产的保护之上;密歇根州:*Woodland v. Michigan Citizens Lobby*,378 N. W. 2d 337,423 Mich. 188(1985)(不符合州行动的要求);纽约州:*SHAD Alliance v. Smith Haven Mall*,488 N. E. 2d 1211,66 N. Y. 2d 496(1985)(不符合州行动的要求);康涅狄格州:*Cologne v. Westfarms Ass'n*,469 A. 2d 1201,192 Conn. 48(1984)(不符合州行动的要求);北卡罗来纳州:*State v. Felmet*,273 S. E. 2d,708,302 N. C. 173(1981)(未提供深入的讨论或理论说明)。

在评估与非雇员组织者依据 NLRA 出现在私人场所从事受保护的活[139]动相关的问题时，NLRB 和法院都认为，由各州来界定哪些财产属于私人场所，什么是为工会活动的目的向公众开放。[62] NLRB 依据这一规则，对在向[140]公众开放的场所发放次级传单（secondary handbilling）的行为给予保护。[63]

哈金斯案引发的关于工会进入雇主场所的诉讼已经回到联邦最高法院，这种影响可能还会延续。NLRB 曾裁决认为，工会在一家银行的 46 楼进行的纠察活动受到 NLRA 的保护[64]，这一决定也得到联邦第九巡回上诉法院的支持；NLRB 和该院都认为在那里进行的沟通更加有效。但是，在另一个涉及组建型招揽和雇主拒绝提供雇员姓名和地址的案件中，联邦第四巡回上诉法院推翻了 NLRB 关于工会缺乏其他有效替代方式的裁决。该院把工会的组建活动形容为"漫不经心"。[65]

NLRB 一直试图形成有关非雇员组织者进入私人场所的规则，[66]其中一次失败的尝试就是对简恩乡村案（*Jean Country*）[67]的裁决。在本案中，

---

[62]　联邦第九巡回上诉法院判决，在这类场所"拉横幅"（bannering）或者派发文字资料的行为，尽管所有者认为其传递的信息会对经营造成损害，但是不得以此为由被禁止，见 *Glendable Assocs. Ltd. v. NLRB*，347 F. 3d 1145-53（9th Cir. 2003）；*United Brotherhood of Carpenters and Joiners of America Local 848 v. NLRB*，540 F. 3d 957（9th Cir. 2008）。参见 *Overstreet v. United Brotherhood of Carpenters and Jointers of America*，*Local 1506*，405 F. 3d 1199（9th Cir. 2005）。哥伦比亚特区上诉法院对私人场所的纠察活动援引了共和国航空公司案的平衡标准。*Capital Med. Ctr. v. NLRB*，No. 16-1320，2018 U. S. App. LEXIS 22395（D. C. Cir. Aug. 10, 2018）。

[63]　*Overstreet*，同前注；另外参见 *Venetian Casino Resort*，*LLC v. NLRB*，484 F. 3d 601（D. C. Cir. 2007）；*Venetian Casino Resort v. Local Joint Executive Bd.*，257 F. 3d 937（9th Cir. 2001）。

[64]　*Seattle First National Bank*，243 NLRB 898（1979），*modified*，651 F. 2d 1272（9th Cir. 1980）；see also *Grant Food Store Markets v. NLRB*，241 NLRB 727（1979），*rev'd*，633 F. 2d 18（6th Cir. 1980）。这些早期的判决都获得了本文以下要讨论的 *Jean Country*，291 NLRB 11（1988）案裁决的支持，然而，就在该案裁决以前，NLRB 却裁定，由于在大楼以外还有能够有效接触特定对象的途径，因此纠察行为不受保护，见 *40-41 Realty Associates*，288 NLRB 200（1988），*affirmed mem. sub nom. Amalgamated Dental Union Local 32-A v. NLRB*，867 F. 2d 1423（2d Cir. 1988）。然而，在 *Little & Co.*，296 NLRB 691（1989）案中，由于大楼没有单独的入口而使接触雇员和顾客更加困难，因此 NLRB 认为纠察活动应受到保护；也可参见 *Polly Drummond Thriftway*，292 NLRB 331（1989），enforced 882 F. 2d 512（3d Cir. 1989）。

[65]　*Hutzler Bros. v. NLRB*，630 F. 2d 1012（4th Cir. 1980）。

[66]　*Fairmont Hotel*，282 NLRB 139（1986）。

[67]　Jean Country，291 NLRB 11（1988）。

NLRB 认定,是否存在进入私人场所的合理的替代方式,是每个这类案件都必须考量的。这并不意味着在每个案件中都必须有证据证明工会确实尝试
141过使用其他合理的替代方式,而是客观上有证据证明"在当时的条件下没有进入私人场所的合理有效的替代方式可供使用"。[68] NLRB 还表示,"使用报纸、广播、电视进行直接联系作为可行的替代方式"将是例外的情况。[69]在哈金斯案中居于"核心地位"的 NLRA 第七条所保障的权利,是结社权和抗议不当劳动行为的权利。除了考虑权利的性质以外,还要考虑"与权利直接相关的雇主的身份(例如,与工会存在首要争议的雇主);雇主或其他目标人群与希望进入的场所之间的关系;为实现权利而进行的沟通所面向的受众的身份;以及与权利有关的活动开展的方式"。评估财产权时应考虑的因素包括,"场所的用途、公众进入雇主场所受到的限制(如果有的话)、场所的规模和开放情况"。NLRB 表示:"准公共属性(quasi-public traits)往往会弱化财产的私权属性,因为很明显一般公众受到一个宽泛的邀请而进入场所,并不必然带有购买某种产品或服务的特定目的。"[70]至于对替代沟通方式的考查,NLRB 认为相关因素应包括:"避免劳动争议中的中立者无端卷入的有利条件,在替代性的公共场所尝试进行沟通宣传的安全性,采用非侵害性(nontrespassory)替代沟通方式的负担和费用,以及单纯采用非侵害性替代方式会在多大程度上削弱信息的有效性,而最后一项考虑则是最重要的。"[71]

142　　然而,联邦最高法院在莱奇米尔诉 NLRB 案(*Lechmere v. NLRB*)中,以六比三的投票结果推翻了简恩乡村案所确定的规则及其对非雇员组织

---

[68]　291 NLRB 11(1988),第 13 页。

[69]　同上。

[70]　同上,第 16 页。也可参见 *Simon Debartolo Group*,357 NLRB No. 157(2011)[本案中是有关"所有者试图将承包商不当班(off-duty)的雇员排除出向公众开放的非工作区域"的情形(注释略)]。

[71]　同上。

者提供的公正的保护。(72) 托马斯(Thomas)大法官在其撰写的多数意见中指出:“从字面上看……NLRA 只授权给雇员,而并未授权给工会或是其非雇员组织者。”(73)联邦最高法院对莱奇米尔案所持的观点是,只有在雇主场所以外接触雇员“不切实际”的情况下,才有必要平衡雇员与雇主的权利,而认定这种不切实际只是对一般规则的一个狭小例外,即当雇员处于像伐木场、矿场或山区度假酒店那样封闭的场所时才可能被认定。该院表示,雇员在那里可能会被“隔绝于我们这个社会所具有的正常的信息沟通之外”。(74)

联邦最高法院的观点中特别具有指导意义的是,何者构成替代沟通方式。托马斯大法官指出:“举例而言,在靠近雇主停车场的公共绿化带上展示标语,就可以向雇员传递关于工会组建工作的信息。”(75)该院认为, 143
如果作出相反的判决,那么其目的就是使工会取得成功,而不是使工会接触雇员。

紧随简恩乡村案的脚步,为了跟随受罢工影响的产品到次级地点(sec-

---

(72) *Lechmere, Inc. v. NLRB*, 502 U. S. 527(1992); *New York, New York, LLC. v. NLRB*, 313 F. 3d 585(D. C. Cir. 2002).

(73) *Lechmere*, 502 U. S,第 532 页。

(74) 同上,第 540 页。见 *Nabors Alaska Drilling*, 325 NLRB 574(1998)[当雇主由于拒绝工会代表接触在遥远的阿拉斯加石油钻井平台上工作的雇员而干涉选举时,雇主违反了 NLRA 第八条(a)(1)款,因此 NLRB 下令举行第二次工会代表选举]。

(75) *Lechmere*, 502 U. S,第 540 页。工会与雇员沟通的另一种重要的替代方式,如通过观察汽车牌照获取雇员的姓名和地址,根据相关隐私立法的规定变得具有不确定性,见 *Pichler v. UNITE*, 542 F. 3d 380(3d Cir. 2008)。由不当班雇员在公司场所派发文字资料是受到 NLRA 第七条保护的,见 *Tri-County Medical Center*, 222 NLRB 1089(1976); *E. R. Carpenter*, 284 NLRB 273(1987); *Orange Memorial Hospital*, 285 NLRB 1099(1987); *St. Luke's Hospital*, 300 NLRB 836(1990); *NLRB v. Pizza Crust Co.*, 862 F. 2d 49(3d Cir. 1988); *NLRB v. Ohio Masonic Home*, 892 F. 2d 449(6th Cir. 1989); *Sahara Tahoe Corp.*, 292 NLRB 812(1989); American Homes of West, 360 NLRB No. 100(2014)。有关不当班雇员能否进入非工作区域的规则具有模糊性,而这一问题是以对规则制定者——雇主不利的方式得到解决的,见 *Marriott International, Inc.*, 359 NLEB No. 8(2012)。

ondary situs）而发放次级传单的行为，也被认定为应受法律保护。(76) 联邦第九巡回上诉法院曾判决认为，由于试图接触雇员的非雇员组织者所适用的例外范围非常狭窄，所以当工会组织者试图向消费者宣传他们的劳动争议时，雇主有权拒绝其进入私人场所。(77) 然而，联邦最高法院在莱奇米尔案中的判决理由，可以适用于非雇员组织者接触雇员的情形，而不适用于接触一般消费者，因而 NLRB 在莱奇米尔案以前所作的裁决仍然有效，因为它们适用于一般公众或消费者。(78) 不仅如此，联邦最高法院对工会进入私人场所一向秉持的敌视态度，对第九巡回上诉法院在 *Sparks Nugget* 案中的观点提供了支持。(79)

除了克拉伦斯·托马斯大法官所描述的那些偏远的场所以外，非雇员组织
144 者能够进入私人场所的情形似乎仅限于属于政府的或具有政府属性的场所(80)，

---

(76) *Sentry Markets, Inc.*, 296 NLRB 40（1989），*enforced* 914 F. 2d 113（7th Cir. 1990）. 也可参见 *The Red Stores, Inc.*, 296 NLRB 450（1989）. NLRB 认为，在工会对雇主发起纠察或散发传单的情况下，区域工资标准行动（area-wage-standard activity）是一种顾客宣传（customer publicity）的形式，应被视为 NLRA 所保护的行为，因为工会在保障其会员工资标准上存在合法利益，而这些会员为雇主的竞争对手所雇佣，尽管如此，工会的行为处于第七条能够保护的行为链条中一个相当脆弱的点上。同上，第 453 页。在同一案件中，史蒂芬斯主席（Chairman Stephens）还在协同意见书中强调，“NLRA 第七条的规定并不涉及对外国人所拥有的公司提出申诉的情况，至少雇员并未提出他们曾遭到歧视或虐待，或其工作被输出到国外，同上，第 545 页。但是 NLRB 并未遵循斯蒂芬斯主席的观点。在 *McDermontt Marine Construction*, 305 NLRB 617（1991）案中，NLRB 认为，当工会在从事工会组建活动时，有权接触或进入一家海外的石油钻井平台。类似判决见，*Laborer's Local Union No. 24 v. NLRB*, 904 F. 2d 715（D. C. Cir. 1990）。

(77) *Sparks Nugget, Inc. v. NLRB*, 968 F. 2d 991（9th Cir. 1992）.

(78) “雇主必须拥有财产权来排除甚至是参与针对消费者的非组建活动中的非雇员抗议者。” *Roundy's v. NLRB*, 674 F. 3d 638（7th Cir. 2012）；*O' Neil's Markets v. NLRB*, 95 F. 3d 733（8th Cir. 1996）.

(79) 但是雇员可以招揽非雇员。*Stanford Hospital v. NLRB*, 325 F. 3d 334, *vacated* 2003 U. S. App. LEXIS 9506（D. C. Cir. 2003）.

(80) *International Society for Krishna Consciousness, Inc. v. Lee*, 60 USLW 4749（1992）. 然而 *Krishna* 案判决并不适用于劳工，在 *Thomas v. Collins*, 323 U. S. 516（1945）案中，联邦宪法第一修正案的权利首次被判决适用于工会活动。联邦最高法院在 *Watchtower Bible & Tract Society of New York, Inc. v. Village of Stratton*, 536 U. S. 150（2002）案中，判决一个地方不得禁止与宗教和政治言论相关的挨家挨户的宣传，迄今为止，联邦最高法院尚未找到给予企业言论自由宪法保护的解决办法，在这种情况下，个人往往会基于虚假陈述或事实重大遗漏等不公平和欺骗性做法而提起诉讼。*Nike, Inc. v. Marc Karsky*, 539 U. S. 654（2003）（根据法庭意见驳回调取案卷令，被认为是轻率的决定）。见 *National Treasury Employees Union v. King*, 798 F. Supp. 780（D. D. C. 1992）。

或雇主一直允许其他组织（除雇主自己外）(81)进入的场所。(82) NLRB 曾裁决，当工会试图接触一般公众而不是雇员的情况下，莱奇米尔案所要求的工会进入私人场所的前提条件应同样加以适用。(83)

尽管存在所谓的“联邦法优先权原则”，但工会进入雇主场所时仍可能 145
会遭遇来自各州的非法侵害他人财产罪（criminal trespass）所设置的其他一些障碍。因为联邦最高法院曾认定，财产所有者可以援用非法侵害他人财产罪来对抗工会组织者，尽管法官在投票中对此颇有意见分歧。因此，在这种情况下，各州所扮演的角色犹如一把双刃剑。一般而言，因为联邦法律具有至高无上的地位，所以优先权原则剥夺了各州在诸如劳资关系这一国会广泛立法的领域中享有的权威。(84) 但是，在非法侵害的案件中，即便 NLRB 可能会裁决工会组织者有权进入涉案的场所，但是所有者仍有权请

---

(81) 特别参考联邦第六巡回上诉法院的结论，认定歧视需要承担沉重的“举证责任”，它只适用于雇主“对某一工会的偏爱超过另一工会，或允许雇主询问相关信息而禁止工会相关信息的情形”，见 *Sandusky Mall Co. v. NLRB*，242 F. 3d 682，686-87（6th Cir. 2001）；类似判决见，*Salmon Run Shopping Ctr. LLC v. NLRB*，534 F. 3d 108（2d Cir. 2008）；类似判决见，*Roundy's Inc. v. NLRB*，674 F. 3d 638（7th Cir. 2012）；*Sparks Nugget*，968 F. 2d at 997-98。See *Reisbeck Food Markets, Inc.*，315 NLRB 940（1994），*petition for review granted and cross-petitions for enforcement denied, unpublished memorandum decision*，91 F. 3d 132（4th Cir. 1996）；*Dow Jones and Company, Inc.*，318 NLRB 574（1995）；*Cleveland Real Estate Partners*，316 NLRB 158（1995），*enf. denied* 95 F. 3d 457（6th Cir. 1996）；*Four B Corp. d/b/a Price Chopper*，325 NLRB 186（1997），*enforced* 163 F. 3d 1177（10th Cir. 1998）.

(82) *Davis Supermarkets, Inc.*，306 NLRB 426（1992）；*New Jersey Bell Telephone Co.*，308 NLRB 277（1992）；*Susquehanna United Super, Inc.*，308 NLRB 201（1992）. 联邦第六巡回上诉法院否定了非雇员工会组织者进入零售商店的权利，尽管过去曾假定那里存在沟通渠道不平衡的问题。*Oakwood Hospital v. NLRB*，983 F. 2d 698（6th Cir. 1993）.

(83) *Makro Inc., and Renaissance Properties Co., d/b/a Loehmann's Plaza*，316 NLRB 109（1995）（古德主席的协同意见书，第 114 页），*rev. denied sub nom. UFCW Local No. 880 v. NLRB*，74 F. 3d 2992（D. C. Cir. 1996）；*Leslie Homes Inc.*，316 NLRB 123（1995）（古德主席的协同意见书，第 131 页），*rev. denied sub. nom. Metropolitan Dist. Council United Brotherhood of Carpenters & Joiners v. NLRB*，68 F. 3d 71（3d Cir. 1995）。

(84) *San Diego Building Trades Council v. Garmon*，359 U. S. 236（1959）.

求警察或其他执法机关提供协助。(85) 由于NLRB的行政程序一般不如州法院那样迅速，因此，不管工会活动如何坚定地受到NLRA的保护，雇主还是会占得先机，除非NLRB能停止州法院的诉讼程序。

1991年，NLRB曾作出裁决，一旦总法律顾问依据简恩乡村案的理论签发了起诉书(86)，那么州法院的诉讼程序即被联邦法律优位取代(87)，从而应当停止继续进行。虽然联邦最高法院在莱奇米尔案中曾推翻先前简恩乡村
146 案的裁决，但是NLRB的这些裁决仍然不受影响(88)。当然，与1992年以前相比，这些裁决的影响力是较为有限的。

尽管大多数重要诉讼涉及非雇员工会组织者进入雇主场所的问题，但还是有相当数量的争议涉及雇员对雇员的招揽以及雇员派发文字资料的权利问题。如前所述，当雇主禁止雇员在其工作时间以外从事招揽活动，通常会被推定为非法。然而，这一推定并不适用于零售百货商店。在那里，雇主

---

(85) *Sears, Roebuck & Co. v. San Diego County District Council of Carpenters*, 436 U.S. 180, 198-207(1978). 哥伦比亚特区上诉法院认为，在某些情况下，雇主享有"影响政府行动"的宪法权利——"例如，召唤警察……"*Venetian Casino Resort, LLC v. NLRB*, 793 F. 3d 85, 91(D. C. Cir. 2015).

(86) *Makro, Inc.*, 305 NLRB 663(1991). 当诉讼的目的是通过申请禁令禁止(enjoin)纠察活动时，法院承担一项积极义务(affirmative obligation)来终止这一诉讼，见 *Oakwood Hospital*, 305 NLRB 680(1991). *Makro* 案的判决同样适用于刑事起诉。*Johnson & Hardin Co.*, 305 NLRB 690(1991), *enf. denied* 49 F. 3d 237(6th Cir. 1995).

(87) 在 *Bill Johnson's Restaurants v. NLRB*, 461 U. S. 731(1993)，联邦最高法院曾判决，当雇主基于合理的理由在州法院启动诉讼程序时，不得据此认定存在不当劳动行为。然而，该院在同一案件中也指出，如果州法院并无管辖权，则该项判决不得适用于联邦法院优位的案件中。在 *ILA v. Davis*, 476 U. S. 380(1986)案中，联邦最高法院也曾判决，仅仅基于提出一项诉讼而未提出"充分的证据足以使法院能够认定NLRB可以合理地支持基于这种解释的索赔"，不得认定有联邦法优位的情形。同上，第395页。在提起一项正式控诉以前，除非通过独立的证据能证明确实存在报复或违法目的，否则仅仅提出一项法律诉讼并不足以据此认定存在不当劳动行为。依据 *Bill Johnson* 案的判决，联邦最高法院以五比四的投票结果判决，报复性动机不能从提出一项不可能胜诉(unmeritorous)但并非毫无根据的诉讼中推断出来，见 *BE & K Construction Co., v. NLRB*, 536 U. S. 516(2002)。

(88) *New Jersey Bell Telephone Co.*, 308 NLRB 277, 281(1992).

有权禁止在销售区域的任何招揽活动，包括工作时间和非工作时间。[89] 而类似的、宽泛的不得招揽规则，在饭店和快餐店也是被允许的。[90] NLRA 经过修改将非营利性的护理机构纳入以后，[91] NLRB 曾以全体一致的方式裁决，"在急诊区以外的区域，如休息室和食堂"，雇主制定的宽泛的不得招揽规则，应被推定为无效。[92] 联邦最高法院在另一案件中也曾支持在医院食堂和咖啡店进行的招揽活动。[93] 在该案中，有观点认为，既然允许公众和病人进入医院的食堂，那么适用于饭店的规则就应当加以适用。然而，联邦最高法院并没有被上述观点说服，而是认为：医院的主要功能是病人的护理和治疗，并不是提供餐饮服务；食堂是一个雇员自然聚集的地点，因此，可以用于招揽活动，而几乎不会对病人护理造成影响。从而，在权衡雇员的结社权与雇主维持纪律的权利时，该院倾向于推定禁止在食堂的招揽活动是非法的。然而，在其后的一个案件中，联邦最高法院拒绝将此原则扩展到休息室

---

　　[89]　*Marshall Field & Co.*，98 NLRB 88(1952)，*enforced as modified*，*Marshall Field & Co. v. NLRB*，200 F. 2d 375(7th Cir. 1953)；*May Department Stores Co.*，59 NLRB 976(1944)，*enforced as modified*，154 F. 2d 533(8th Cir. 1946)；*Goldblatt Bros.*，*Inc.*，77 NLRB 1262 (1948)；*Montgomery Ward & Co.*，*Inc. v. NLRB*，692 F. 2d 1115(7th Cir. 1984)；*Montgomery Ward & Co.*，*Inc. v. NLRB*，782 F. 2d 389(6th Cir. 1984)；*Ameron Automotive Center*，*a Division of the Kelly-Springfield Tire Co.*，265 NLRB 511(1982)；*F. W. Woolworth Company d/b/a Woolco Division*，265 NLRB 511(1982)；*Hughes Properties*，*Inc. d/b/a Harolds Club*，267 NLRB 1167(1985)，*enforced* 758 F. 2d 1320(9th Cir. 1985). cf. *Farm Fresh*，*Inc.*，326 NLRB 997 (1998)，*rev. granted* 222 F. 3d 1030(D. C. Cir.)，*on remand* 332 NLRB 1424(2000).

　　[90]　*Marriott Corp.*，223 NLRB 978(1976)；*Bankers Club*，*Inc.*，218 NLRB 22(1975)；*McDonald's Corp.*，205 NLRB 404(1973)；see generally *Beth Israel Hospital v. NLRB*，437 U. S. 483(1978)；*Times Publishing Co. v. NLRB*，605 F. 2d 847(5th Cir. 1979)，

　　[91]　见第三章注[33]。

　　[92]　*St. John's Hospital and School of Nursing*，*Inc*，，222 NLRB 1150(1976)

　　[93]　*Beth Israel Hospital v. NLRB*，437 U. S. 483，495(1978). 在 *Manchester Health Center v. NLRB*，861 F. 2d 50(2d Cir. 1988)案中，法院认为，在一场"激烈且充满意见分歧的罢工"结束后，为解决该罢工所产生的问题，雇主所颁布的一项工作规则可以对雇员在无工作职能的非病人区域(nonpatient areas)讨论工会事务加以合理的限制，因为：(1)目前在该医院并无一个竞争性的劳工组织存在，从而当事人无法提出一项指控，认为雇主所颁布的不得招揽规则是用来压制该组织的活动；(2)该项工作规则并不具有歧视性，因为它对罢工者与未参与罢工者来说是公平适用的；(3)该工作规则适用于在病人在场的情况下对有争议的事项进行其他形式的讨论。

和走廊,并且对于在这些区域能否适用上述违法性的推定提出严重质疑。[94]

此外,即便雇员并不享有在公告栏上张贴工会通告的成文法上的权148利,[95]但是当雇主允许其他非公司信息出现的情况下,就不得否定雇员张贴工会通告的权利。[96] 这一做法构成非法歧视。

最后,NLRB 在 1962 年作出的一项重要裁决,也值得特别注意。在该案中,雇主订有合法的但却非常宽泛的不得招揽规则,雇主曾在工作时间对其雇员发表演讲,由于这些雇员无法逃脱雇主的宣传攻势,而成为被雇主"锁定的受众"。NLRB 裁决认为,本案中,非雇员组织者有权进入公司场所,以回应雇主所发表的言论。[97] 在上述情况下,NLRB 认定,工会开展组建沟通的机会与雇主对结社权的干预之间存在明显的失衡。

---

[94]　*NLRB v. Baptist Hospital*,*Inc.*,442 U. S. 773(1979).作为 NLRA 第七条的法定权利,佩戴工会标识或徽章经常与着装规范相冲突。*Holladay Park Hospital and Oregon Nurses Association*,*Inc.*,262 NLRB 26(1982);*Healthbridge Management*,*LLC v. NLRB*,798 F. 3d 1059,1075(D. C. Cir. 2015),其中二比一的多数认为,被公司"捣毁"的工会资料并没有"……恶劣到失去 NLRA 的保护……NLRB 有理由得出结论,工会的传单是受保护的通信方式"。See also *Pay'n Save Corp. v. NLRB*,641 F. 2d 697(9th Cir. 1981);*NLRB v. Harrah's Club*,337 F. 2d 177(9th Cir. 1964);*Davison-Paxor Co. v. NLRB*,462 F. 2d 364(5th Cir. 1972);*Midstate Telephone Corp. v. NLRB*,706 F. 2d 401(2d Cir. 1983);*Southern California Edison Company*,274 NLRB 1121(1985);*Mt. Clemens General Hospital v. NLRB*,328 F. 3d 837(6th Cir. 2003);*USF Red Star*,*Inc.*,339 NLRB 389(2003);*Casa San Miguel*,320 NLRB 34(1994);*Long Beach Memorial Medical Center*,*Inc.*,366 NLRB No. 66(2018).

[95]　*Cashway Lumber*,*Inc.*,202 NLRB 380(1973).*Roll & Hold Warehouse & Distribution Corp.*,325 NLRB 41(1997).

[96]　*Vincent's Steak House*,216 NLRB 647(1975);*Helton v. NLRB*,658 F. 2d 583(D. C. Cir. 1981);*Container Corporation of America*,244 NLRB 318(1979),*enforced in part sub nom. NLRB v. Container Corporation of America*,649 F. 2d 1213(6th Cir. 1981);*NLRB v. Honeywell Inc.*,722 F. 2d 405(8th Cir. 1983);*ITT McDonnel and Miller*,267 NLRB 1093(1983);*Roadway Express*,*Inc. v. NLRB*,831 F. 2d 1285(6th Cir. 1987).某些文字若作为工会标识可能让人无法忍受,但是当其展示在公告牌上时,显然是能够得到保护的。*Southern Bell Telephone Company*,276 NLRB 1053(1985).

[97]　*May Department Store*,136 NLRB 797(1962),*enf. denied*,316 F. 2d 797(6th Cir. 1962).但在 *Montgomery Ward and Co. v. NLRB*,339 F. 2d 889(6th Cir. 1965)案中,联邦第六巡回上诉院在认定存在不当劳动行为时,也认为的确存在这种劳资力量失衡。

组建型纠察

对于工会而言，参加组建型纠察有得也有失。1960 年，在柯蒂斯兄弟案（*Curtis Bros.*）中[98]，依据威廉·布伦南（William Brennan）大法官撰写的法院意见，联邦最高法院曾判决，代表少数工人的工会尝试通过设置纠察线对雇主施加集体谈判义务，并不构成《塔夫特-哈特利修正案》所称的不当劳动行为。而根据雇主及 NLRB 向法院提出的观点，纠察活动将不可避免地侵犯 NLRA 所保护的雇员参与或不参与工会活动的自由选择权。在本案中，联邦最高法院通过援引几起保护纠察的宪法案件强调，"在和平纠察这[149]一敏感领域，国会根据以往所积累的经验，专门处理某些孤立的纠察恶行。"[99] 由于在 NLRA 的"立法过程中缺乏最清晰的指示"，因此，联邦最高法院不愿认定该纠察违反成文法的规定。[100]

1959 年国会通过 NLRA 修正案规范组建型纠察的某些重要方面。此次修正案的意图是授权 NLRB 禁止以下两类纠察活动：一类是以破坏雇主与另一个工会已经建立的有效的集体谈判关系为目的的纠察；另一类是试图扭转工会在过去 12 个月内所举行的投票选举中的败绩而发动的组建型纠察。该修正案关于纠察的规范，最为复杂的是第八条（b）（7）（C）款，[101] 该[150]

---

[98]　*NLRB v. Drivers, Chauffeurs, Helpers, Local Union No. 639,*362 U. S. 274(1960).

[99]　同上，第 284 页。

[100]　同上。

[101]　29 USC § 158(b)(7)(2012)规定，某一劳工组织或其代表从事下列行为时，属于不当劳动行为：实施纠察或造成被纠察的情况，或是威胁将实施纠察或造成被纠察的情况，其目的是强迫或要求雇主承认该劳工组织或以雇主谈判代表的身份与该雇主进行集体谈判，或是要强迫或要求雇主的雇员接受或选择该劳工组织作为其集体谈判代表，除非该劳工组织在目前已被正式认证为这些雇员的谈判代表：a. 凡雇主依照本分章的规定已经合法承认某一其他劳工组织，又不得依据本节第 159 条（c）款的规定提起有关代表权的问题；b. 在过去的 12 个月内已经依据第 159 条（c）款的规定举办过一次合法有效的工会选举，或，这一纠察行为已经实施，尚未依据第 159 条（c）款规定在合理期间内（不超过纠察行为开始后 30 天）向 NLRB 提出一项正式申请。但是，在正式申请提出后，若 NLRB 认为某集体谈判单位是适当的，则会指示在该谈判单位内举行工会选举，而无需顾及第 159 条（c）款的规定或雇员尚未对该劳工组织表现出相当程度的兴趣。在该劳工组织选举获胜的情况下，应立即正式认证该选举结果。本（c）分段的规定不得被解释为禁止劳工组织从事纠察或者其他公开宣传的行为，以使一般公众（包括顾客）真正了解该雇主并未雇佣该劳工组织的会员或与该组织签订劳动契约，除非这种纠察的结果将会诱使其他人所雇佣的雇员拒绝领取、递送或运输任何货物或提供其他任何服务。本第（7）段的规定不得被解释为准许从事任何本（b）分条的规定视为不当劳动行为的活动。

条款将以获得雇主承认为目的的纠察，限制在不超过 30 天的“合理期限内”。以提供信息为目的的信息型纠察（informational picketing）被排除于法定禁止之列，除非它有干预送货的影响。在这种情况下，NLRB 往往会举行一次快速选举（expeditious election），而无须满足通常的表达兴趣的先决条件，也无须举行行政性听证以确定适当的谈判单位。由于纠察和罢工会给雇主造成难以弥补的损失，因此，有必要采取及时的救济措施。

NLRB 和法院都认为，NLRA 并不禁止所谓区域工资标准纠察（area-wage-standard picketing），即抗议雇主的工资和工作条件低于同一地理区域劳动力市场（geographic labor market）上可比雇主（comparable employers）所提供的标准而开展的纠察。依据简恩乡村案所确定的原则，NLRB 的裁决保护参加这类纠察的雇员免于惩戒和解雇。(102) 如前所述，工会不得在不合理的期限内开展纠察活动，以达到通过经济压力而不是投票箱来获得雇主承认的目的，但是如果这种纠察活动在本质上只是向雇员提供信息，则应当被允许。因此，即使纠察活动具有非法要求雇主承认的意图，但是其目的仅仅是向一般公众宣传劳动争议时，NLRB 则不得将其认定为不当劳动行为，除非对货物运送造成相当程度的不当干预。这一规则意味着，工会
151若有得力的律师给予指点，便很容易规避 NLRA 的组建型纠察条款，除非该纠察活动被证明具有相当的破坏性。对组建型纠察的限制有两点特别困难之处：一方面，国会密切关注如何禁止通常由劳工一方实施的“敲诈型”纠察（“blackmail” picketing）；另一方面，组建型纠察发生在不少合法的情况下，特别是在美国南部及农业地区，那里的工会确实关注着亟待保护的劳工

---

(102) 例如，*Giant Food Markets, Inc.*, 241 NLRB 727 *enf. denied*, 633 F. 2d 18(6th Cir. 1980)；参见 *O'Neil's Market v. NLRB*, 95 F. 3d 733(8th Cir. 1996)，工会必须做出事实上的努力去调查区域工资标准；也可参见 *International Hod Carriers, Local No. 41*(*Calumet Contractors Association*), 133 NLRB 512(1961)，以及 *Houston Building and Construction Trades Council* (*"Claude Everett Construction"*), 136 NLRB 321(1962)。为了提出区域工资标准纠察的要求，工会有义务调查次级标准工资（substandard wages）及其条件。*NLRB v. Great Scot*, 39 F. 3d 678 (6th Cir. 1994). 在 *NLRB v. Local 103, Iron Workers*, 434 U. S. 335(1978)案中，联邦最高法院不得不解决建筑业所面临的难题，即在尚未确立多数地位时，未经认证的工会设置纠察线是否合法的问题。

所处的困境。雇主对组建活动发动的反击,有时甚至会借助一些非法手段,经常使工会很难通过投票表明其获得多数支持。在这种情况下,设置纠察线以阻止雇员工作并阻止他人与雇主做生意,就成立一种合法的武器。

此外,联邦最高法院曾试图对发生在组建活动中的不同种类的纠察划定界线。该院将“宣传型”纠察(“publicity” picketing)视为一种思想的表达,而这种表达是受到联邦宪法第一修正案保护的。(103) 然而,“信号型”纠察(“signal” picketing),不但以雇员为目标,而且旨在对将受到工会惩戒的部分会员产生直接的回应,因此,该院认为这种纠察应受到国会立法有时乃至各州立法的控制和规范。(104) 至于“信息型纠察”的但书规定,其目的是保护“宣传型纠察”不受政府的禁止,即便工会的真实目的可能是不通过 NLRB 152
批准的选举,而争取获得雇主的承认。国会制定这一但书的理由是对组建型纠察施加过于宽泛的禁止,而这可能不仅仅是政策失当(因为存在上文提及的合法情形),而且也存在合宪性上的瑕疵。

次级纠察

次级纠察是另一个对工会运动造成法律难题的策略。如果工会能成功运用这一策略,那么联合抵制所针对的首要目标(即首要雇主)便更有可能接受工会提出的各项条件,而双方的争议焦点是对工会的承认问题时,则首要雇主便更有可能承认工会。这类争议可能产生于工会要求雇主承认的情况下,也可能是工会已经与首要雇主建立了谈判关系,而所涉及的争议是有

---

(103) *Thornhill v. Alabama*, 310 U. S. 88(1940).

(104) *International Brotherhood of Teamsters, Local 695 v. Vogt, Inc.*, 354 U. S. 284(1957). 联邦最高法院讨论的更早的案件包括 *Building Service Employees v. Gazzam*, 339 U. S. 532 (1950), *International Brotherhood of Teamsters v. Hanke*, 339 U. S. 470(1950),以及 *Giboney v. Empire Storage & Ice Co.*, 336 U. S. 490(1949)。A. Cox, “Strikes, Picketing, and the Constitution,” 4 *Vand. L. Rev.* 574, 591-602(1950-51)一文讨论了上述案件的差异。为达到非法目标而实施的纠察不受联邦宪法第一修正案的保护。近期案件见,*NLRB v. Retail Store Employees' Union*, 447 U. S. 607, 616(1980); *Carvel Corporation*, 273 NLRB 516(1984)。另可参见 *Miller v. United Food and Commercial Workers Union, Local* 498, 708 F. 2d 467(9th Cir. 1983); *Johansen v. San Diego County Council of Carpenters*, 745 F. 2d 1289(9th Cir. 1984)。

关工资、工时和工作条件的问题。

如前所述,《诺里斯－拉瓜迪亚法》推翻了普通法对次级联合抵制的观点,联邦最高法院过去一向认为这种行为是违法的。然而,通过 1947 年制定的《塔夫特－哈特利修正案》,国会针对 NLRB 的行政性听证程序,以及在联邦法院和州法院审理的损害赔偿案件这两种情形,恢复了次级联合抵制的禁止性规定,但依据《铁路劳动法》产生的有关争议并不适用。[105] 与对组建型纠察一样,NLRB 对涉及次级联合抵制的不当劳动行为指控应当给予调查上的优先权。如果 NLRB 地区办事处的区域律师有合理的理由相信,存在正在实施的违法行为,则 NLRB 有权直接向联邦地区法院起诉申请颁布禁令。此外,依据所谓的最惠国协议(most-favored-nation agreement)* 所采取的次级经济压力措施,使工会从次级目标处获得与已经在首要目标处获得的相同或更好的条件,仍然构成违反反垄断法的共谋。[106]

NLRA 的目标是保护善意第三人或是与争议完全无关的第三人。但是如何理解"善意第三人"? 如何理解"完全无关"? 在某种意义上,甚至是一般公众都在劳动争议中具有某种利益,如果工会在罢工中失败,他们就可以为雇主的货物少付些钱。另一方面,许多与罢工的首要目标(即首要雇主)有商业关系的雇主,由于其本身与争议完全没有任何瓜葛,所以将他们牵涉进来似乎很不公平。

依据 NLRA 的规定,该法的立法目的是禁止意在中断首要雇主与其他

---

[105]　*Burlington Northern Railroad Co. v. Brotherhood of Maintenance of Way Employees*,481 U.S 429(1987). 在 *Burlington* 案中,布伦南大法官代表全体一致的法庭指出:

因此,《诺里斯－拉瓜迪亚法》的历史背景揭示了国会在制定该法时的目的是,排除法院在禁止次级与首要(联合抵制)行动中的管辖权,在这一问题上,对待铁路行业应与其他行业一视同仁。(同上,第 439 页)

*　最惠国协议也称"最惠国待遇协议",原指多边贸易中,缔约一方承诺现在和将来给予任何第三方的一切特权、优惠和豁免,也同样给予缔约对方。这里是指工会与行业协会签订的多雇主集体谈判协议的"最惠国"条款,根据该条款,工会同意,如果它与任何其他雇主签订更为优惠的合同,它将把同样的条款扩展到所有协会成员。——译者

[106]　*Connell Construction Co. v. Plumbers Local 100*,421 U.S. 616(1975);Cf. *United Mine Workers v. Pennington*,381 U.S. 657(1965).

雇主之间商业活动的经济压力及其威胁。⑩⑦ 从字面意思上看，这一规定可以理解为，工会为了阻止另一家公司的罢工替代者（strikebreaker）进入公司完成罢工者的工作，而在首要雇主的经营场所设置纠察线的行为，属于违法行为，因为其目的是中断首要雇主与提供罢工替代者的公司之间的商业活动。然而，联邦最高法院并未对法律作出这样的解读。⑩⑧ 对于法律字面 154 表述的第一项例外，建立在"同盟"（ally）原则的基础之上。当工会正在争取的工作，在罢工前本该由首要雇主的雇员从事，却被分包给次级雇主时，这一原则允许工人对次级雇主设置纠察线。⑩⑨

　　组建型争议会影响一个以上的雇主，因此在其他一些情形下会产生次级问题。1959 年修正案将包含"热货"条款（"hot cargo" clauses）（如前所述，允许雇员拒绝处理与工会存在争议的雇主生产的货物，例如没有贴工会标签的货物）或是分包条款（subcontracting clauses）（该条款禁止将工作外包给非会员的雇员）的集体谈判协议认定为非法。⑩ 原因是这些合同条款

　　⑩⑦　依据瑞恩哈特法官（Judge Reinhardt）在 *NLRB v. Ironworkers Local 433*，850 F. 2d 551，556-57（9th Cir. 1988）案中的观点，由于不存在任何具有"魔咒"（magic incantations）的话语能够构成足够的证据，因此无法认定存在经济压力的威胁。

　　⑩⑧　*NLRB v. International Rice Milling Co.*，341 U. S. 665（1951）. Cf. *NLRB v. Local 825*，*Operating Engineers*，400 U. S. 297（1971）. 次级行动可以从某种策略的使用中推断出来，如"集体购物行动"（"shop in"或"affinity group shopping"），见 *Pye v. Teamsters Local 122*，61 F. 3d 1013（1st Cir. 1995）.（集体购物行动是指工会组织会员同时光顾某个次级雇主，每人反复购买小额商品或者退货，造成店员人手紧张，结账排队时间长等严重影响次级雇主营业的做法。——译者）必须存在对停工行为的呼吁，见 *Warshawsky & Company*，325 NLRB 748，748（1998）（古德主席的协同意见书），*enf. denied* 182 F. 3d 948（D. C. Cir. 1999），必须有更多的证据来支持这种呼吁，而不仅仅是"一个点头、眨眼和微笑。归根结底，违法行为的认定不能仅仅基于雇员为回应被告的行为而停止工作这一事实"。NLRB 裁定，作为第一印象，工会对中立的雇主威胁采用纠察、实施纠察或散发传单的行为并不违反成文法，因为这些行动的目的是执行 NLRB 对工会的认证，见 *United Food & Commercial Workers*，*Local No. 1996*，336 NLRB 421（2001）.

　　⑩⑨　*NLRB v. Business Machines and Office Appliance Mechanics Conference Board*，*Local 459 IUE*（"*Royal Typewriter*"），228 F. 2d 553（2d Cir. 1955）；*Douds v. Metropolitan Federation of Architects*，75 F. Supp. 672（S. D. N. Y. 1948）. 有时联盟理论的争议点涉及两个公司是否实际上是同一个雇主的问题，因为它们拥有共同的所有权且运作具有相互关联，见例如，*Boich Mining Co.*，301 NLRB 872（1991）.

　　⑩　见第四章，注㉝和㊴。

都具有次级目标(secondary objective):通过善意第三人(即与首要雇主签订合同的雇主)来组织工人,从而影响劳动关系政策。另一方面,维持谈判单位内工作的分包条款,例如,禁止将工作发包给工作条件不合规(substandard)的雇主等协议条款,则是合法的。⑪

155   然而,在 NLRB 诉丹佛建筑业工会案(*NLRB v. Denver Building Trades*)⑫这一里程碑式的案件中,联邦最高法院认定,当纠察的目标是干预次级雇主与其雇员以及他们与首要雇主之间的关系时,则不构成违法行为。这一案件发生在"共同地点"纠察("common situs" picketing)和多雇主建筑工地(multiemployer construction facilities)的背景下,在首要雇主的设施上设置纠察线,由于其目的是说服所有的雇员拒绝工作,因而会不可避免地影响到次级雇主。这将会给首要雇主施加巨大的压力,促使其同意工会的要求,并且会占据成功的有利时机——特别是因为在建筑业,雇员很可能接受一个"信号"而作出自动回应。⑬ 然而,丹佛建筑业工会案的判决,不仅与上文提及的同盟原则难以调和,而且与联邦最高法院后来判决的另一个案件格格不入。在该案中,法院认为,在某工业设施所进行的共同地点纠察,若雇主有几个独立的大门供外来的承包商使用时,则并不违反

---

⑪   联邦最高法院判决,即便由于技术创新使得工会不可能寻求谈判单位内的会员从事过去同等的工作,但工会仍可以将工作保留作为一项有效的目标,见 *NLRB v. International Longshoremen's Union*,*AFL-CIO*,447 U. S. 490(1980);*NLRB v. International Longshoremen's Association*,*AFL-CIO*,473 U. S. 61(1985)。类似的问题也出现在《塔夫特—哈特利修正案》中,例如在雇主目前正在与承包商交涉的情况下,工会实施纠察行动,以期雇员与雇主重新建立雇佣关系,而承包商并不在 NLRA 的适用范围内,见 *Chipman Freight Services*,*Inc. v. NLRB*,843 F. 2d 1224(9th Cir. 1988);*Production Workers*,*Local 707 v. NLRB*,793 F. 2d 323(D. C. Cir. 1986);*Military Traffic Management Command*,288 NLRB 1224(1988)。然而,次级压力措施不能以自雇人(self-employed individuals)或独立承包商(independent contractors)为目标,如果其目的是强制他们具有会员资格,哪怕只是保留他们原有的会员身份,见 *Local 812*,*International Brotherhood of Teamsters v. NLRB*,947 F. 2d 1034(2d Cir. 1991)。

⑫   341 U. S. 675(1951)。

⑬   同上,第 690 页。

法律⑭。但是,这对建筑业工人来说造成了一种极不正常的不公平现象。156
事实上,劳联-产联的建筑业部门曾多次(最近一次是在 1977 年)⑮敦促国
会通过立法推翻丹佛建筑业工会案的判决,而允许共同地点纠察。随着非
工会化的建筑业工作日益扩展,建筑业工会对这一问题的关注也与日俱增,
但是他们为此而作出的每一次努力,最终难免付之东流。即使参众两院都
通过了共同地点法案,福特总统还是将之否决⑯。在美国,主流观点已经接
受雇主的立场,即如果丹佛建筑业工会案被推翻,那么工会将具有相当大的
力量,通过把与争议没有任何利益的雇主(其他承包商)牵扯进来,以达到在
整个建筑工地上组建工会的目的。

　　建筑业工会似乎具有其他劳工组织所不具备的另外一个优势,那就是
国会将建筑业以及制衣业排除出"热货"条款所包含的次级联合抵制的禁止
之列。然而,联邦最高法院在嗣后的一项判决中似乎又指出,该法有关建筑
业的但书规定,并不能将所有的工会纠察活动排除出次级联合抵制的禁止
之列,如果该项纠察以获得一项协议为目的,依据此协议总承包商可以将工

---

　　⑭　*Local 761*,*International Union of Electrical*,*Radio and Machine Workers*,*AFL-CIO
v. NLRB*,366 U. S. 667(1961). 如果首要雇主的雇员对一扇特别保留的大门的使用方式超过了最
低限度,也可能会产生不当行为,见 *Mautz & Oren*,*Inc. v. Teamsters*,*Shelvers & Helpers
Union*,*Local 279*,882 F. 2d 1117(7th Cir. 1989)。在 *Oil Workers Local 1-591*(*Burlington North-
ern Railroad*),325 NLRB 324(1998)案中,尽管委员福克斯和里伯曼持反对意见,但是 NLRB 裁定
认为,当工会与一家为中立的炼油厂工作的分包商发生劳动争议时,该工会在为运输该厂产品的中
立铁路而保留的厂门处实施纠察的行为,违反了 NLRA 第八条(b)(4)(B)款的规定。参见古德主
席的协同意见书,第 330 页。

　　⑮　H. R. 4250 号法案得到国会教育与劳动委员会的批准;94 Labor Relations Reporter No
23,p. 1(March 21, 1977). 3 月 23 日,国会以 217 票支持、205 票反对的投票结果否决了该法案;同
上,第 25 号,第 1 页(1977 年 2 月 28 日)。也可参见 *I. F. Hoff Electric Co. v. NLRB*,642 F. 2d
1266(D. C. Cir. 1980)。特别是参考在 *Moore Fry Dock*,92 NLRB 547(1950)案中设定的共同地点
纠察认定标准。联邦第七巡回上诉法院认为:"只要工会不打算将次级雇主卷入劳动争议中,纠察
就被推定为合法。*Tri-Gen Inc. v. Int'l Union of Operating Eng'rs*,*Local 150*,433 F. 3d 1024,
1038(7th Cir. 2006);*Carpet Serv. Int'l v. Chi. Reg'l Council of Carpenters*,698 F. 3d 394(7th
Cir. 2012)。

　　⑯　否决发生在 1976 年 1 月 5 日(Bureau of National Affairs, Labor Relations Yearbook 8,
1976)。

157作分包给某些雇主,而这些雇主已经与设置纠察线的工会签订了协议。[⑰]

在沃克罗梅罗框架公司诉 NLRB 案(*Woelke & Romero Farming, Inc. v. NLRB*)[⑱]中,联邦最高法院指出,只有设置纠察线的工会与承包商之间存在某种形式的集体谈判关系,才能适用建筑业但书规定的保护。同时,对于工会是否可以寻求签订一项协议条款,将分包给已成立工会的分包商(unionized subcontractors)的工作限定在一个特定的工作地点或是一个特定的地理区域内,例如限定在该工会有管辖权的县以内等问题,该判决则留待日后再加以解决。在该案中,联邦最高法院以全体一致的方式判决,建筑业工会有权在某个地区合法地寻求或是谈判此类条款。[⑲] 该院又指出,当工会与某一承包商之间存在集体谈判关系时,这表明工会对组织该雇主的雇员抱有兴趣,那么,依据建筑业的但书规定,分包条款是合法的,即便这一条款会诱使工会采用"自上而下的组建方式",即通过其他雇主的压力而不是借助工会的招揽来组织雇员,而这种组建方式正是国会在制定次级联合抵制禁止性规定时所特别指出的弊端。

联邦最高法院在该案中表明,但书规定的意图不仅是避免工会与未入会的工人之间在工作地点产生摩擦,而且要减轻丹佛建筑业工会案的影响。马歇尔大法官所撰写的法院意见指出:

> ……我们相信,国会认可在存在集体谈判关系的背景下达成的分

---

⑰　*Connell Constr. Co. v. Plumbers Local 100*, 421 U. S. 616(1975). 与 *Connell* 案相反的问题,即工会是否可以依据反垄断法的规定起诉雇主对建立工会的承包商实施联合抵制的共谋。对于这一问题,联邦最高法院在 *Associated General Contractors of California, Inc. v. California State Council of Carpenters*, 459 U. S. 519(1983)案中,以八比一的投票结果作出了否定答复。

⑱　456 U. S. 645(1982). 也可参见 *Indeck Energy Services*, 325 NLRB 1084(1998)(古德主席的协同意见书,第 1087 页)。

⑲　456 U. S. at 600.联邦最高法院在本案中指出,这种"自上而下"组建方式的效果在很多方面会受到 NLRA 其他条款的限制:(1)禁止承认型纠察的规定(承认型纠察是以强迫雇主承认工会为目的的纠察。——译者);(2)即使存在一项有效的雇佣前协议(pre-hire agreement),雇员有权对某建筑工会的代表资格提出挑战;(3)禁止在工会经营的职业介绍所中对非工会会员的雇员加以歧视的规定,以及(4)联邦最高法院在丹佛建筑业工会案中对未组建工会的承包商雇员所提供的保障。

包协议，并且决定接受这类条款，而无论这些条款可能带来怎样的自上而下的压力。国会认为，建筑工地上的共同利益（community of inter-ests）使得自上而下的组建成果具有正当性，这种组建成果可以为合法158的集体谈判目标提供保护。⑩

次级联合抵制争议的另一部分涉及次级消费者纠察（secondary consumer picketing），即不是为阻止雇员工作而是为阻止公众光顾零售企业而设置的纠察。联邦最高法院已推定，法律允许和平的、为解决首要争议而设置的次级纠察。然而，案件中涉及数量如此之多的次级纠察问题，阐述抽象的立场容易，但是适用到具体的案情中却很难。在"大树水果案"（Tree Fruits）⑪中，工会曾针对在华盛顿州亚基马（Yakima）工作的水果包装工和仓库工发起罢工。发生罢工的公司向西雅图及周边的西夫韦（Safeway）连锁零售商店出售苹果。工会组织了一场针对苹果消费者的联合抵制，在该城市的数家商店门前设置纠察。纠察队派发传单并佩戴标语："致消费者：本店出售未建工会（non-union）华盛顿州苹果。请不要购买这些苹果，谢谢。——华盛顿州亚基马卡车司机联合会地方 760 分会"⑫联邦最高法院判决，并非所有的次级消费者纠察都是被法律所禁止的，国会已经立法反对"孤立的恶行"。该院承认，公众可能没有阅读明确针对首要雇主的纠察标语和传单，判决当工会的诉求紧紧围绕首要争议时，并未违反次级联合抵制的禁止性规定。⑬

联邦最高法院上述对次级消费者纠察的判决，对于只从首要雇主处采购、经济上具有依赖性或别无选择的次级雇主是难以适用的。例如，加油站159与某些汽车公司独家授权的经销商，就是最佳例证。在这种情况下，工会不

---

　⑩　456 U. S. at 663-64.

　⑪　*NLRB v. Fruit and Vegetable Packers*，*Local 760*（"*Tree Fruits*"），377 U. S. 58(1964).

　⑫　同上，第 61 页，注③。见 *NLRB v Servette*，*Inc.*，377 U. S. 46(1964)；129 *U. Pa. L. Rev.* 221(1981)。

　⑬　377 U. S. at 72. 也可参见 *Carey v. Brown*，447 U. S. 455(1980)。

可能将自己的诉求仅局限于首要雇主,往往不可能不波及次级雇主的整体结构。而西夫韦连锁零售店的情况则不同,因为亚基马地区出产的苹果只不过是该商店销售的众多产品之一。尽管存在意见分歧,联邦最高法院在一起相关案件中作出判决,当被纠察的次级雇主在经济上依赖于首要雇主时,工会设置消费者纠察线就违反了次级联合抵制的禁止性规定,因为该次级雇主无法轻易转换其他货源,而对西夫韦来说则是有可能性的。[⑭] 联邦最高法院认为,次级雇主唯一可能的反应就是停业,即使这些雇主也许能获得新的货源,或是与其他人重新建立业务关系。因此,纠察必然会将一个中立方卷入它本不牵涉的争议之中,这恰恰就是次级联合抵制的禁止性规定所针对的违法行为。

　　有当事人提出,联邦宪法第一修正案的保护已经遭到国会的侵蚀,因为 NLRA 的目的是一项非法的目标,即"通过胁迫中立方卷入争斗使劳工动荡蔓延"。然而联邦最高法院驳斥了这一观点。[⑮] 史蒂文斯(Stevens)大法官在一份协同意见书中将系争行为描述为"信号型"纠察:"在本案中,法律所要禁止的是工会企图向他人传播其观点,通过某种信号希望能获得一个自动的回应,而不是对某一观点深思熟虑后的回应。"[⑯] 随后,联邦最高法院全体一致地宣布,赞同史蒂文斯大法官将消费者纠察归160类为信号纠察的观点。[⑰] 然而,在另一案件中,该院对民权抵制(civil rights boycott)却赋予联邦宪法第一修正案的保护,这项判决让人感到迷

――――――――

　　⑭　*NLRB v. Retail Store Emp. Union Local 1001*,447 U. S. 607(1980).

　　⑮　同上,第 616 页。在 *Electrical Workers v. NLRB*,341 U. S. 694,705(1951)案中,联邦最高法院首次依据 NLRA 处理有关次级联合抵制的案件时,拒绝接受有关联邦宪法第一修正案的观点。

　　⑯　447 U. S. at 619(史蒂文斯大法官的协同意见书)。

　　⑰　*International Longshoremen's Ass'n v. Allied International*,456 U. S. 212,226-27 n. 26 (1982). 比较 *Coastal Stevedoring Co.*,323 NLRB 1029(1997),*remanded at Longshoremen ILA Assn. v. NLRB*,56 F. 3d 205(D. C. Cir. 1995),NLRB 多数意见认为,法院意见排除了日本工会依据任何代理理论是美国工会代理人的结论。见古德主席反对意见书,第 1031 页。

惑不解,又引起不少烦恼。⑫

　　同时,联邦最高法院在怀特大法官执笔的全体一致意见书中指出,在未设置纠察线或巡逻的情况下,为抗议低于标准的工资(substandard wages)而和平地发放传单,并不违反 NLRA 的规定。⑫ 该院认为,如果作出相反的判决,"依据联邦宪法第一修正案,将会对该法禁止次级联合抵制的合法有效性造成严重的问题"。⑬ 联邦最高法院在纠察与发放传单之间划出了一条清晰的界线。对于发放传单的行为,该院指出:

　　　　工会是发放传单者,并且涉及一项劳动争议,但是这些事实并不能排除此项分析。我们并不是暗示,工会的宣传从来不具有商业言论(commercial speech)的性质,因此只能获得更低程度的宪法保护。但是,这里所涉及的传单显得并不是典型的商业言论(例如产品的价格或者说明其优点),因为他们向社群宣传结社的益处以及不足的工资对经济和人民生活水平的危害。当然,商业言论本身是受到宪法第一修正案的保护的……⑬

---

　　⑫　*NAACP v. Claiborne Hardware*, 458 U. S. 886(1982). See generally Michael C. Harper, "The Consumer's Emerging Rights to Boycott: *NAACP v. Claiborne Hardware* and Its Implication for American Labor Law," 93 *Yale L. J*. 409(1984).

　　⑫　*Edward J. DeBartolo Corp. v. Florida Gulf Coast Bldg. and Trades Council*, 485 U. S. 568(1988).

　　⑬　同上,第 676 页。在 *Edward J. DeBartolo v. NLRB*, 463 U. S. 147(1983)案的早期阶段,联邦最高法院曾回避有关宪法上的争论。在该案发回重审后,NLRB 适用联邦最高法院在次级消费者纠察案件中所采用的"受雇工影响的产品"(struck product)的分析方法,见 *The Edward J. DeBartolo Corp.*, 273 NLRB 1431(1985);参见 *Service Employees*, *Local 399 v. NLRB*, 723 F. 2d 746(9th Cir. 1984); Lee Goldman, "The First Amendment and Nonpicketing Labor Publicity under Section 8(b)(4)(ⅱ)(B) of the National Labor Relations Act," 36 *Vand. L. Rev.* 1496 (1983).散发传单以及以模拟葬礼的形式试图说服消费者不要光顾雇主的行为,并不等同于纠察,因此也不是超出联邦宪法第一修正案保护范围的违法的胁迫行为,见 *Sheet Metal Workers' International Association v. NLRB*, 491 F. 3d 429(D. C. Cir. 2007).

　　⑬　485 U. S. at 576(emphasrs added)。

161 对工会的强制承认

NLRA 规定,通过秘密投票箱选举的程序,NLRB 对工会作为专属谈判代表予以认证(certification)。[⑫] 依据优先权原则,NLRB 恰当地使用禁令,使得亚利桑那州、南加利福尼亚州、南达科他州和犹他州的州一级秘密投票箱选举法归于无效。[⑬]

在许多集体谈判关系中,工会并不是通过 NLRB 的认证确立其多数地位,并获得雇主的承认,而是采用向雇主出示授权卡(authorization card)的方式,证明在一个适当的谈判单位中大多数雇员希望由该工会来代表。1947 年 NLRA 修正案制定以前,NLRB 通常会根据雇员签署授权卡、当事人提出申请以及工会在选举中获胜等因素,认可工会作为雇员开展集体谈判的代表。经过 NLRB 的认证之后,雇主有义务就谈判单位中特定的工作分类(specific job classification)与工会进行谈判,并且保护该工会免受竞争者的挑战。1947 年修正案取消了通过 NLRB 举行的选举之外的任何其他方式获得的认证,但工会、雇员和雇主有此需求时,有权向 NLRB 提出举行选举的申请。但是,在未经 NLRB 举行的选举和认证的情况下,工会能否凭借授权卡或通过申请获得雇主合法的、有拘束力的承认? 这就是 NLRB 162 诉吉赛尔案(*NLRB v. Gissel*)[⑭]摆在联邦最高法院面前的问题。该院认为,从《塔夫特–哈特利修正案》的立法过程来看,并未排除工会未经认证而以授权卡为基础获得承认。该院指出,尽管选举程序具有"公认的优越性",

---

⑫   NLRB 有义务保证其投票选举的秘密性,除非某位投票人亲眼目睹另一位投票人如何填写自己的选票,否则选举就不会被废止,见 *Avante at Boca Raton*,*Inc.*,323 NLRB 555,558 (1997);*Physicians & Surgeons Ambulance Service*,*Inc.*,356 NLRB No. 42(2010)。

⑬   然而,第一个联邦地区法院考虑这一立场后驳回了 NLRB 的指控,理由是成文法尚未加以适用,见 *NLRB v. Arizona*,2012 WL 3848400 at ＊7(D. Ariz. Sept. 5,2012)。("因为我们面对的是一项法律面临的挑战,为此'这项法律的执行方式存在根本的不确定性',如果我们认为亚利桑那州法院将'以一种与 NLRA 相冲突的方式'来解释和执行这项法律,'那将是不恰当的'。然而,我们今天的裁决不应被理解为,当现实的挑战出现时一概加以排除。")

⑭   395 U. S. 575(1969).

但是授权卡也并非"先天不可靠"。⑬ 事实上，联邦最高法院强调，当不当劳动行为使雇员们不可能通过投票箱来体现其自由选择时，授权卡"可能是确保雇员选择的最有效的或许是唯一的方法。"⑭NLRB 将所谓"标志性"（hallmark）违法作为适用这一救济措施的前提条件，但却很难获得司法的认可。⑮

---

⑬　395 U. S. 575(1969)，第 602 页。联邦第四巡回上诉法院认定，授权卡具有内在的不可靠性，见同上，第 585 页。一般而言，应推定雇员指定某工会为其集体谈判代表，如果授权卡对此有明确的表述，除非存在口头的虚假陈述（oral misrepresentation）明显使该授权卡的表述无效。以申请谈判令为单一目的（single-purpose）的授权卡仍然有效，即使拉票人（solicitor）曾口头表示该授权卡的目的只是为了举行一次工会选举而已。NLRB 认为，当授权卡上写明工会将代表签署者进行"集体谈判"，同时指出该卡的"目的"是举行一次工会选举时，这种语义含糊不清的授权卡将不能构成颁布吉赛尔案中谈判令的基础。然而，克莱卡夫特委员（Member Craycraft）则对这一裁决提出反对意见，见 *Nissan Research and Development*，*Inc.*，296 NLRB 598(1989)，克莱卡夫特委员的反对意见书，第 600 页。但是，某些巡回上诉法院接受了双重目的授权卡，以支持颁布谈判令。见 *NLRB v. Fosdal Electric*，367 F. 2d 784(7th Cir. 1966)；*Auto Workers v. NLRB*，366 F. 2d 702(D. C. Cir. 1966)；*NLRB v. C. J. Glasgow Co.*，356 F. 2d 476(7th Cir. 1966)；*Sahara Datsun v. NLRB*，811 F. 2d 1317(9th Cir. 1987)；*NLRB v. Anchorage Times Publishing Co.*，637 F. 2d 1359(9th Cir. 1981). 在 *Superior Container*，*Inc.*，276 NLRB 521(1985)案中，尽管丹尼斯委员（Member Dennis）提出反对意见，NLRB 仍然不认可对说西班牙语的雇员使用或依赖英语授权卡的做法。另见 *NLRB v. American Art Industries*，415 F. 2d 1223(5th Cir. 1969)。

⑭　395 U. S. at 602.

⑮　法院在决定是否有必要颁布一项吉赛尔案式的谈判令时，应当既考虑雇主不当行为的性质及其普遍性，又要考虑离职（turnover）雇员的数量。联邦第十一巡回上诉法院考察了相关的判例法发现，"NLRB 必须通过缜密的分析证明其选择的救济措施是合理的，从而证明其颁布谈判令是适当的"，见 *NLRB v. Goya Goods of Fla.*，525 F. 3d 1117，1131(11th Cir. 2008)。法院注意到华盛顿特区巡回上诉法院在这个问题上对 NLRB 的不满。同上，第 1130 页，注⑱。也可参见 *Independent Residences*，*Inc.*，358 NLRB No. 42(2012)，该案中记录了许多吉赛尔式案件中的重大延误，以及在处理雇员意愿时遭遇的雇员大量离职的困境，这种延误在某些情况下可归因于雇主，163某些情况下可归因于 NLRB 本身。如果 NLRB 发现雇主的某一做法特别普遍或持久，它只需做出最低限度的事实认定即可，即这种影响并没有被随后的雇员离职所消除。相反，虽然系争的雇主做法并不是特别普遍或永久，但 NLRB 必须谨慎判断对后续雇员离职的影响，见 *Amazing Stores*，*Inc. v. NLRB*，887 F. 2d 328(D. C. Cir. 1989)；*Power*，*Inc. v. NLRB*，40 F. 3d 409(D. C. Cir. 1994)。同一巡回法院判决，NLRB 必须解释为什么传统的救济措施以及重新举行选举（rerun election）将不能实现法的目的并提供确切的事实认定。*Overnight Transportation Co. v. NLRB*，280 F. 3d 417(4th Cir. 2002)；*Vincent Industrial Plastics v. NLRB*，240 F. 3d 325(D. C. Cir. 2000)；*Skyline Distributors v. NLRB*，99 F. 3d 403(D. C. Cir. 1996)；*Avecor*，*Inc. v. NLRB*，931 F. 2d 924(D. C. Cir. 1991)；*Somerset Welding & Steel*，*Inc. v. NLRB*，987 F. 2d 777(D. C. Cir. 1993)。仅仅是存在离职现象不是免除谈判义务的基础。*Scepter*，*Inc. v. NLRB*，280 F. 3d 1053 (D. C. Cir.

164　　　然而，联邦最高法院在吉赛尔案中仍有诸多问题未能解决。在雇主并未实施可能有损选举程序的、独立的不当劳动行为时，雇主是否有义务基于授权卡承认工会？如果雇主希望保护自己，那么它是否必须依据《塔夫特-哈特利修正案》的规定，向 NLRB 提出选举的申请？[⑬] 1974 年，联邦最高法院以五比四的投票结果判决认为，即便当工会出示授权卡证明多数雇员支持工会，并且雇员拒绝穿越工会纠察线的行为也表明其对工会的支持时，雇主拒绝承认工会尚不构成一项"恶意"（bad faith）行为。[⑬] 有责任采取下一步骤并启动选举程序的是工会。

　　　另一个关于工会承认的悬而未决的问题是，当雇主实施了大规模的或者极其恶劣的不当劳动行为时，是否应当强迫其承认工会。其实在这种情

（接上页注释） 2002）.但是许多巡回上诉法院认为，如果经过一段相当长的时期有大量雇员离职，同时在工厂内又出现情况变化，则可以构成举行工会代表选举的基础，但不应颁布吉赛尔案式的谈判令。*Overnight Transportation Co. v. NLRB*，280 F. 3d 417，435-36（4th Cir. 2002）；*Harper-Collins San Francisco v. NLRB*，79 F. 3d 1324（2d Cir. 1996）；*NLRB v. Cell Agric. Mfg. CO.*，41 F. 3d 389（8th Cir. 1994）；*Somerset Welding ＆ Steel，Inc. v. NLRB*，987 F. 2d 777（D. C. Cir. 1993）.*Impact Industries，Inc. v. NLRB*，847 F. 2d 379（7th Cir. 1988）；*Montgomery Ward ＆ Co.，Inc. v. NLRB*，904 F. 2d 1156（7th Cir. 1990）；*NLRB v. Koening Iron Works，Inc.*，856 F. 2d 1（2d Cir. 1988）；*Novelis Corp. v. NLRB*，885 F. 3d 100（2d Cir. 2018）.虽然会有延误及雇员离职现象的影响，但并不影响 NLRB 颁布一项吉赛尔案式的谈判令，因为该巡回上诉法院认为，若 NLRB 下令举行另一次工会选举，"只会让劳资双方当事人重新回到冰河一般缓慢的程序中，同时也无法保证从现在起再过几年以后，根据第二次工会选举所获得的工会认证不会因恰好完全相同的理由受到挑战……我们竭尽所能降低雇主利用 NLRB 这些令人无法原谅的缓慢程序的动机，但是所能发挥的作用相当有限。"*NLRB v. Star Color Plate Service*，843 F. 2d 1507（2d Cir. 1988）；*Evergreen America Corp. v. NLRB*，531 F. 3d 321（4th Cir. 2008）；也可参见 *NLRB v. U. S. A. Polymer Corp.*，272 F. 3d 289（5th Cir. 2001）.如果雇主自愿承认某一工会，而另一工会基于在前者被承认前已经获得雇员支持而随后提出选举申请，则该申请应被禁止，除非提出申请的工会能够证明在其他工会获得承认时已有 30％的雇员对其表达兴趣，见 *Smith's Food ＆ Drug Centers，Inc.*，320 NLRB 844（1996）（特别参见古德主席的协同意见书，第 847 页）.参见 *In re Seattle Baseball Club*，335 NLRB 393（2001）.类似判决见，*Scott ex. rel. NLRB v. Stephen Dunn ＆ Assoc.*，241 F. 3d 652（9th Cir. 2001）,本案中，法院认为，（1）地区法院有权依据第十条（j）款颁布一项临时谈判令；（2）当对不当劳动行为提出指控的结果很可能是颁布一项吉赛尔案式的谈判令时，集体谈判程序所造成的潜在的资源浪费不足以平衡对雇主有利的困难，并因此而破坏临时谈判令。

　　⑬　29 USC § 159（c）（1）（B）（2012）.见 *Gissel*，395 U. S. at 594-95.当雇主自愿承认某一工会时，它便放弃了坚持举行选举的权利。*NLRB v. Creative Food Design Ltd.*，852 F. 2d 1295（D. C. Cir. 1988）.

　　⑬　*Linden Lumber Division，Summer ＆ Co. v. NLRB*，419 U. S. 301（1974）.

况下，根据吉赛尔案的判决是十分清楚的，工会可以基于授权卡证明其多数地位，从而获得雇主的承认。但是，如果雇主的不当劳动行为使得工会不可能获得多数地位，并且更确切地说，工会主张如果不是由于雇主的不当劳动行为，工会应当已经获得多数授权卡，或者极有可能已经获得多数地位。在这种情况下，究竟应该如何处理？由于雇主往往能从其过错中获得相当的利益，他极有可能还会采取更为奏效的非法手段，以期在工会建立之前，将工会的组织发动扼杀于萌芽之中。根据两个联邦上诉法院的判决，在这种情况下可以强制雇主承认工会。⑩　到目前为止，这一问题还未进入联邦最高法院。在前文提到的这两个案件中，对于其中的联合奶农合作社案¹⁶⁵(United Dairy Farmers' Cooperative Association)⑩，NLRB 在这一问题上形成三种不同的意见。然而，参与联合奶农合作社案的 NLRB 委员们，无一人留任至今。

NLRB 委员佩内洛(Penello)认为，从联邦最高法院对吉赛尔案的判决来看，未获得多数地位的工会，根据 NLRA 的规定，不能获得谈判令(bargaining order)。⑩　而委员约翰·崔斯代尔(John Truesdale)和贝蒂·墨菲(Betty Murphy)认为，虽然法律规定了谈判令制度，但是只有在根本不可能再举行一次"公平"选举的情况下，才能颁布这种命令。⑩　NLRB 主席约翰·范宁(John Fanning)和委员霍华德·詹金斯(Howard Jenkins)则认

---

⑩　*United Dairy Farmers Cooperative Assn. v. NLRB*，633 F. 2d 1054(3d Cir. 1980). *J. P. Steven & Co.*，*Glutan Div. v. NLRB*，441 F. 2d 514(5th Cir. 1971). 当两家工会相互竞争时，NLRB 认为授权卡是不可靠的，见 *Midwest Piping & Supply Co.*，63 NLRB 1060(1945)。但是，在 *RCA Del Caribe*，*Inc.*，262 NLRB 963(1982)案中，NLRB 修改了 *Midwest Piping* 案的观点，认为尽管竞争性工会已经提出代表申请，雇主仍有义务与现任工会进行谈判。此外，在工会组建活动的最初阶段，尚未提出一项工会选举申请前，若被公司承认的工会能够获得多数支持，而不是基于胁迫或是公司的协助，那么公司提供非法协助并不等于公司承认另一竞争性工会。

⑩　242 NLRB 1026(1979). 也可参见 Comment，"United Dairy Farmers Co-operative Association：NLRB Bargaining Order in the Absence of a Clear Showing of a Pro-union Majority," 80 *Colum. L. Rev.* 840(1980)。对于这一案件的讨论摘自 W. Gould，"Recent Development under the National Labor Act：The Board and the Circuit Courts," 14 *U. C. Davis L. Rev.* 497(1981)。

⑩　242 NLRB 1026(1979).

⑩　同上。

为，NLRB 最初曾试图通过选举来决定工会的多数地位，"如果雇员的情绪已经得到宣泄，他们极有可能会支持工会的"情况下，应当对雇主颁布一项多数谈判令（majority bargaining order）。

正是在这一背景下，联邦第三巡回上诉法院在 20 世纪 80 年代后期审理了这一案件并判决，如果雇主实施了"粗暴"（outrageous）且"普遍"（pervasive）的不当劳动行为，NLRB 确实拥有颁布非多数谈判令的救济权能。[14] A.里昂·海金伯森（A. Leon Higginbotham）法官代表全体一致的合议庭[15] 166指出，联邦最高法院在吉赛尔案中并未正视这一问题。但是，第三巡回上诉法院认为，在 NLRB 举行的选举中对雇主的行为加以审慎的限制是必要的，"因为雇主握有不成比例的巨大经济力量"。[16] 该院指出：

> 当雇主实施了如此严重的不当劳动行为，以致刚结束的选举以及在未来马上举行的任何选举的实验条件（laboratory conditions）均遭到破坏，那么通过认证选举（certification election）来选择谈判代表的依据已经不复存在。在这种情况下，由于雇主意图妨害雇员的自由选择，举行一场自由的、不受约束的认证选举的目标根本无法实现。尽管 NLRB 曾尝试采取一些补救措施，但还是必须寻求其他保护雇员的方式。[17]

法官海金伯森恰当地指出，吉赛尔案是一个救济性的案件，尽管举行选举或通过授权卡证明多数支持，都要比在并无明显多数支持的情况下颁布多数谈判令要好得多。然而，在这种情况下，仍不承认 NLRB 的救济权能，势必会破坏尊重多数选择的法定目标。法官海金伯森表示："如果雇主没有

---

[14]　*United Dairy Farmers Cooperative Assn. v. NLRB*，633 F. 2d at 1066.

[15]　在 *NLRB v. K&K Gourmet Meats，Inc.*，640 F. 2d 460(3d. Cir. 1981)案中，联邦第三巡回上诉法院在工会未能获得多数授权卡支持的情况下处理有关吉赛尔案式谈判令的问题。也可参见 *NLRB v. Unit Train Sales*，636 F. 2d 1121(6th Cir. 1980)。

[16]　633 F. 2d at 1066.

[17]　同上，第 1067 页。

实施不当劳动行为，在一场自由的、无胁迫的选举中，工会应该已经取得多数地位，而仅仅因为雇主的非法行为，工会却无法得到承认……NLRB 这种权能的缺失会促使雇主采取非法预防措施，从而阻止工会获得多数授权卡。"[148]因此，该上诉法院认定，当不当劳动行为如此粗暴且普遍，以致"不可能举行一场自由的、无胁迫的选举"时，NLRB 拥有颁布谈判令的救济权能。[149] 但是，即便没有雇主的行为工会也不可能获得多数地位的情况下，167 NLRB 是否仍具有救济权能？上诉法院刻意回避了这一问题。它表示，在联合奶农合作社案中，工会存在着获胜的"可能性"，因为尽管雇主"明目张胆地实施了许多严重的违法行为"，工会却仅以两票之差惜败。[150] 显然，票数上的接近会成为法院考量的一个重要因素。

随后，NLRB 全盘接受了少数谈判令（minority bargaining order）的正当性以及范宁主席和詹金斯委员的观点。[151] NLRB 列举了促使其颁布谈判令的一系列情形，例如，违法行为的"极端严重性"；面向公司架构内各层级的全体雇员的"大规模传播"；违法行为的不断重复与适时实施，从而加剧其长期胁迫效应。NLRB 还特别指出，在该单位中 46％的雇员已经签署授权卡支持工会。

然而，哥伦比亚特区上诉法院对此却存在意见分歧。派翠西娅·瓦尔德（Patricia Wald）法官在其反对意见书中拒绝执行 NLRB 的命令[152]，原因是国会在制定 NLRA 时无意将少数谈判令置于 NLRB 的自由裁量之下，若国会意图支持少数谈判，则会像对待建筑行业那样加以明文规定。与此同时，NLRB 在 1984 年美食食品公司案（*Gourmet Food，Inc.*）中推翻

---

⑭　633 F.2d，第 1068 页。

⑭　同上，第 1069 页。

⑮　同上，第 1069 页，注⑯。该案发回 NLRB 重审后，范宁主席和詹金斯委员坚持他们最初的观点，即 NLRB 具有颁布谈判令的必要的职权。齐默曼委员（Member Zimmerman）未发表意见，但是认为应当遵从联邦第三巡回上诉法院的观点；United Dairy Farmers，257 NLRB 772(1981)。

⑮　*Conair Corp.*，261 NLRB 1189(1982)。

⑮　*Conair Corp. v. NLRB*，721 F.2d 1355(D.C.Cir.1983)。

了自己两年前作出的裁决。[③] 为了支持相反的结论,NLRB 提出了下列理论:

> 我们严重质疑……在实践中,非多数谈判令是否是一种有效的救济措施。实际上,仅靠 NLRB 的支持建立起来的谈判环境,与依靠雇员推动所形成的谈判关系,根本不可同日而语。在这种情况下,所欠缺的是专属谈判代表通常所具备的影响力,这种影响力源于工会与雇主双方的认识,即大多数雇员在某一时刻以某种形式团结起来支持工会,并且为了支持该工会的谈判要求,他们可以再次团结一致。为了获得那样的影响力,工会代表往往会号召雇员表明对他的积极支持,而这种支持的方式比秘密投票选举更加公开。因此,若 NLRB 为雇员强行施加一个代表,可以改变的仅仅是雇员的选择范围而已。然而,这个新的雇员选择范围,与 NLRB 采用传统的重新选举措施或是适当的特殊救济措施相比,NLRB 并不能肯定,雇员可以更加自由地作出选择,而不必顾虑大规模的不当劳动行为所残存的任何效果。但是,NLRB 能够肯定的是,强行施加工会代表,可能会强迫那些对集体谈判没有兴趣的多数雇员参加到这一程序中,并且随后他们可能不得不接受一个未经选举而产生的代表所谈判达成的协议条款和雇佣条件。基于上述政策考量,我们不认为颁布非多数谈判令是一项合理的救济措施。[⑭]

至于建筑施工行业,则因为 1959 年《兰德勒姆–格里芬法修正案》而适用不同的规则。该修正案规定,不以多数支持为基础的雇佣前集体谈判协议(pre-hire agreement)是合法的,同时,协议中的工会保障条款,要求雇员

---

⑬ 270 NLRB 578(1984). 在 20 世纪 90 年代,推翻美食食品案的机会出现在 *Nabors Alaska Drilling, Inc.*, 325 NLRB 574,574(1998)案中(古德主席的部分反对意见书),但这个机会并没有被抓住。

⑭ 270 NLRB at 586-87.

在最初招用日起 7 天内取得会员资格作为雇佣条件也是合法的。⑮ 作出这
一规定的理由是，建筑行业提供的工作大多具有临时性，因此，在一个特定169
的工地上确定工会是否具有多数地位是相当困难的。在约翰·德克瓦父子
公司案(*John Deklewa & Sons, Inc.*)中，⑯NLRB 曾裁定，雇主不得单方拒
不履行与仅获得少数支持的建筑施工行业工会谈判所达成的协议。NLRB
表示：

> 　　当事人依据第八条(f)款签订了一份建筑业集体谈判协议，他们即
> 应当……遵守该协议，除非雇员在 NLRB 所举行的选举中投票反对
> （撤销）或更换他们的谈判代表。作为这类协议当事人的雇主与工会，
> 均不得随意单方拒不履行协议。在协议有效期内，建筑业集体谈判协
> 议不会成为依据 NLRA 提出代表申请(representation petition)的障

---

　　⑮　《兰德拉姆–格里芬法修正案》第八条(f)款规定，在建筑施工行业与劳工组织签订协议时，
下列情形不属于不当劳动行为：(1)"在签订此类协议前，根据本法第八条的规定，工会的多数地位
尚未确立，或者(2)此类协议要求，作为雇佣条件，雇员在雇佣关系开始后的第七天或协议生效日
(以较晚者为准)之前必须加入该劳工组织，……"

　　⑯　282 NLRB 1375(1987)，*enforced* 843 F. 2d 770(3d Cir. 1988). 参见 *Comtel Systems
Technology*，*Inc.*，305 NLRB 287(1991). 联邦第一、第七、第八、第九和第十巡回上诉法院采纳了
德克瓦案的观点，作为对《兰德拉姆–格里芬法》一种合理的解释，见 *NLRB v. Viola Indus.-Eleva-
tor Div.*，*Inc.*，979 F. 2d 1384，1393-95(10th Cir. 1992)(en banc)；*C. E. K. Indus. Mechancial-
Contractors*，*Inc. v. NLRB*，921 F. 2d 350，357(1st Cir. 1990)；*NLRB v. Bufco Corp.*，899 F. 2d
608，609，611(7th Cir. 1990)；*NLRB v. W. L. Miller Co.*，871 F. 2d 745，748(8th Cir 1989)，
Mesa Verda Constr. Co. v. Northern California Dist. Council of Laborers，861 F. 2d 1124，1129-34
(9th Cir. 1988)(en banc). 联邦第四巡回上诉法院采纳了德克瓦案的观点，见 *Industrial Turn
Around Corp. v. NLRB*，115 F. 3d 248(4th Cir. 1997). 在 *United Brotherhood of Carpenters and
Joiners Local Union 953 v. Mar-Len of Louisiana*，*Inc.*，906 F. 2d 200(5th Cir. 1990)案中，联邦
第五巡回上诉法院拒绝明确 NLRB 目前对德克瓦案作出的第八条(f)款的解释是否是该法院所应
依据的法律。各个上诉法院对于构成工会多数地位的证据是什么，或者当事人是否已经确立多数
地位或同意随后承认其多数地位，采取了各种不同的立场，例如，*NLRB v. Oklahoma Installation
Co.*，219 F. 3d 1160(10th Cir. 2000)；*NLRB v. Triple C Maintenance*，219 F. 3d 1147(10th Cir.
2000).

碍……单一雇主构成的谈判单位,通常是适当的。⑮⑦

170　　正如哥伦比亚特区上诉法院后来指出的:

> 虽然雇主和工会可以共同制定第八条(f)款的雇佣前协议,但只有雇员才能通过多数选择授予工会第九条(a)款的地位。因此,为了推翻第八条(f)款地位的推定,必须存在大多数员工支持工会的实际证据,并且在 NLRB 程序中,该证据必须反映在行政记录中。⑱⑧

近年来,工会利用所谓的中立协议(neutrality agreements)作为组织雇员的工具,而不是由 NLRB 通过代表程序来干预组建过程。这类协议可以采用多种形式,例如,规定允许工会进入它本来无权进入的公司场所,基于签署授权卡(card check)或私人监督的选举来强制雇主承认工会,⑲⑨或者工会在未获得多数地位的情况下即与雇主谈判一份协议,而对协议的批准则

---

⑮⑦　282 NLRB at 1385(脚注略)。一份最近到期的建筑业协议可以用来证明雇员表达了足够的兴趣,或者替代通常要求的 30％的支持率,见 *Stockton Roofing Co.*,305 NLRB 719(1991)。当面对工会提出的依据第八条签订协议的要求时,雇主不得提起代表申请,因为这种协议并未规定在协议到期后仍推定工会具有多数地位,见 *PSM Steel Construction*,*Inc.*,309 NLRB 1302(1992); *Albuquerque Insulation Contractor*,256 NLRB 61(1981)。这种协议可能会转化为一种依据第九条建立的常规的关系:"只要工会有证据证明其多数地位,雇主就不能脱离与第九条(a)款关系",见 *Allied Mechanical Services*,*Inc. v. NLRB*,668 F. 3d 758(D. C. Cir. 2012)。同样,*NLRB v. American Firestop Solutions Inc.*,673 F. 3d 766(8th Cir. 2012)。NLRB 在这一领域拥有优先管辖权。*DiPonio Construction Co.*,*Inc. v. Int'l Union of Bricklayers*,687 F. 3d 744(6th Cir. 2012)。

⑱⑧　*Colo. Fire Sprinkler*,*Inc. v. NLRB*,891 F. 3d 1031,1040(D. C. Cir. 2018)。

⑲⑨　签署授权卡和类似的程序变得越来越流行。事实上,劳联－产联财政部长理查德·川卡(Richard Trumka)说,在 2002 年,只有 20％的新工会成员是通过 NLRB 举办的选举组织起来的,见"Union: Labor Needs to Find New Approaches in Order to Stem Decline, Academics Agree," 81 *Daily Lab. Rep. C-1*(BNA),April 28, 2003。在担任 NLRB 主席期间,我注意到,如果工会避开 NLRB 缓慢的选举程序将会节省时间,"但是若非法律的强制,许多雇主不会承认工会"。Frank Swoboda,"To the AFL-CIO, There's No Place Like Home," *Washington Post*,March 16, 1997, at H1.

以工会获得多数地位为前提。[⑯] 上述这些做法产生了诸多法律问题。[⑯] 在171
一次尝试中，作者曾担任独立监督人(independent monitor)，依据与 NLRB
选举程序并存的、众所周知的中立标准(neutrality standards)，快速处理了
有关结社自由方面的争议。[⑯]

　　工会也曾获得过立法机关对某种形式的中立协议的认可。但是，2011
年，加利福尼亚州州长杰里·布朗(Jerry Brown)将"授权卡"或者签名作为
通过多数支持获得承认的基础，否决了旨在修改 1975 年农业劳动关系法的
立法。[⑯] 在联邦一级，劳动法改革(将在第七章[⑯]更加详细地描述)最终成为
立法提案，其关注的焦点就在授权卡签署的问题上。[⑯] 这一改革促成了
2009 年的《雇员自由选择法》(Employee Free Choice Act，EFCA)，并得到

　　[⑯] 但是在 *Majestic Weaving Co.，Inc.，*147 NLRB 859，864(1964)，*enf. denied on other grounds* 355 F. 2d 854(2d Cir. 1966)案中，法院极具争议性地排除了这类协议。NLRB 拒绝接受在承认工会之前就雇佣条款和条件进行谈判总是被禁止的观点，因为"这无法推进整个法律的各项政策实施。相反，这将对合法的集体谈判造成不必要的障碍，而不会真正促进雇员的自由选择"，见 *Dana Corp.，*356 NLRB No.49(2010)，*petition for review denied，Montague v. NLRB，*698 F. 3d 307(6th Cir. 23，2012)(法院认定 NLRB 的观点是合理的)。

　　[⑯] 参见 Adrienne C. Eaton and Jill Kriesky，"Union Organizing Under Neutrality & Card Check Agreements，" 55 *Indus. & Lab. Rel. Rev.* 42(2001)；Roger C. Hartley，"Non-Legislative Labor Law Reform and Pre-Recognition Labor Neutrality Agreements：The Newest Civil Rights Movement，" 22 *Berkeley J. Emp. & Lab. L.* 369，401(2001)；George N. Davies，"Neutrality Agreements：Basic Principles of Enforcement and Available Remedies，" 16 *Lab. Law.* 215(2000)。

　　[⑯] William B. Gould Ⅳ，"Using an Independent Monitor to Resolve Union-Organizing Disputes Outside the NLRB：The Firstgroup Experience，" 66 *Disp. Resol. J.*，May-July 2011(2011)。

　　[⑯] Governor Jerry Brown，"Senate Bill 104 Veto Message"(June 28，2011)，gov. ca. gov/docs/SB_104_Veto_Message. pdf.

　　[⑯] 我在 William B. Gould Ⅳ，*Agenda for Reform：The Future of Employment Relationships and the Law，* at 62-5(1993)一文中表达了对这一观点的支持，我赞同加拿大在这一问题上的变通，即要求授权卡上反映缴纳会费的会员被计入多数，以获得对工会的承认。

　　[⑯] 见例如，William B. Gould Ⅳ，"Employee Free Choice Act：Bill No Cure All for What Ails Labor，" *San Jose Mercury News，*March 6，2007。

奥巴马总统 2008 年选战中的支持。[166] 但是，即便是民主党主导的国会，奥
172巴马政府也无法且不愿推动立法[167]直到正式颁布。[168] 尽管如此，一些雇主仍
在想方设法规避新颁布的 EFCA。[169]

　　当雇主从一个特定的政府机构获得资助或该机构与雇主形成某种合同
关系时，若地方或州的成文法要求保持中立，那么与中立协议强制执行力相
关的争议就会随之出现。在美国商会诉布朗案(*Chamber of Commerce v.
Brown*)[170]中，加利福尼亚州的法律禁止使用州政府的资金或场地支持、促
进或妨碍工会的组建活动，而法院认为，在该案中，NLRA 排除了州法的
适用。[171]

　　当雇主与工会对授权卡签署条款的中立性达成一致时，就存在一个问

　　[166]　William B. Gould Ⅳ，"How Obama Could Fix Labor Law，"*Slate*，August 29，2008；see
also William B. Gould Ⅳ，"What Would Employee Free Choice Mean in the Workplace?"(July 20，
2009)，www. law. stanford. edu/display/images/dynamic/publications _ pdf/Gould％ 20July％
2020％20Speech％20to％20ALRA1. pdf. 对这项法律、法律草案以及对我本人观点的批评见 Rich-
ard Epstein，"The Case Against the Employee Free Choice Act，"John M. Olin L. & Econ. Working
Paper，No. 452(2d Series) 2009，papers. ssrn. com/sol3/papers. cfm? abstract_id＝1337185 ＃.
Richard Epstein-1815。

　　[167]　William B. Gould Ⅳ，"New Labor Law Reform Variations on an Old Theme：Is the Em-
ployee Free Choice Act the Answer?" 70 *La. L. Rev.* 1(2009)；William B. Gould Ⅳ，"The Em-
ployee Free Choice Act of 2009，Labor Law Reform，and What Can Be Done About the Broken Sys-
tem of Labor-Management Relations Law in the United States，" 43 *U. S. F. L. Rev.* 291(2008).

　　[168]　"参议员们决定废除授权卡签署条款，以确保获得不会遭到阻挠议事的(filibuster-proof)
60 张选票。"也可参见 Steven Greenhouse，"Union Head Would Back Bill Without Card Check，"
New York Times，September 5，2009，at B3；Steven Greenhouse，"Democrats Drop Key Part of
Bill Assist Unions，"*New York Times*，July 17，2009，at A1.

　　[169]　Steven Greenhouse，"A Dispute over Unionizing Montana Hair Salons，"*New York
Times*，August 29，2009，at A16.

　　[170]　554 U. S. 60(2008). 也可参见 *Healthcare Ass'n of N. Y. State，Inc. v. Pataki*，471 F. 3d
87(2d Cir. 2006). NLRB 认为，即使被 NLRA 优位取代，纽约州法规中对雇主言论和行为的限制，
并未不当地干扰雇主在组建活动期间与雇员沟通的能力，见 *Independence Residences，Inc.*，355
NLRB 724(2010)。

　　[171]　California Assembly Bill 1889(2002)寻求修改 Cal. Govt. Code § § 16645 et seq.

题,即雇主是否向工会提供了非法协助。[172] NLRB 总法律顾问补充道,如果[173]雇主与两个竞争性工会中的一个签订了中立协议,而另一个工会拒绝接受"第一个工会已经作出的相同的承诺或权利豁免",那么雇主并不构成违法行为。[173] 这其中隐含的意思是,如果两个工会都愿意接受中立协议,而雇主只与其中一个工会签订了协议,那么可以认定雇主存在违法行为。[174]

　　假设工会通过选举得到 NLRB 的认证,或者通过授权卡获得雇主的承认,但是大多数雇员改变了想法,雇主以此为由拒绝承认工会,在这种情况下,应当如何处理呢?从法院以往的判决可知,雇主仍有义务在"一段合理的期限内"继续承认工会,并且在工会已经通过 NLRB 认证的情况下,合理的期限就是认证的期限(1 年)。[175] 如果工会是基于授权卡得到承认的,无论是通过当事人提出申请或是通过其他方式获得雇主的承认,雇主也有义务[174]在一段合理的期限内继续承认工会。但是,在 NLRB 的某些裁决中,这段

---

　　[172]　NLRB 认为,工会提出的中立协议并不是要求获得雇主的承认,而承认程序将引发 NLRB 的选举。*In re Bylane*,*L. P.*,338 NLRB 538(2002);参见 Andrew M. Kramer, Lee E. Miller, and Leonard Bierman,"Neutrality Agreements: The New Frontier in Labor Relations- Fair Play or Foul?" 23 *B. C. L. Rev.* 39,63-72(1981);也可参见 *Goodless Electric Co.*,332 NLRB 1035,1038 (2000),vacated 337 NLRB 1259(2002);*Tweedle Litho*,*Inc.*,337 NLRB 686(2002);特别是 *Verizon Information Systems*,335 NLRB 558(2001),NLRB 驳回了选举的申请,因为根据双方关于中立性和授权卡签署承认的协议,关于谈判单位适当范围的争议正在仲裁过程中。

　　[173]　*Riverside Community Hospital*,Case 21-CA-35537,Advice Memorandum dated July 8,2003.

　　[174]　在中立协议不妨碍 NLRB 代表程序的情况下,该协议在法院是可执行的。见例如 *SEIU v. St. Vincent Medical Center*,344 F. 3d 977(9th Cir. 2003);*United Ass'n*，*Local 342 v. Valley Eng'rs*,975 F. 2d 611,614(9th Cir. 1992);*Hotel and Restaurant Employees Union Local 317 v. J. P. Morgan Hotel*,996 F. 2d 561(2d Cir. 1993);*New York Health and Human Services Union v. NYU Hospitals Center*,343 F. 3d 117(2d Cir. 2003);*AK Steel Corp. v. United Steelworkers*,163 F. 3d 403,406(6th Cir. 1998)。也可参见 *UAW v. Dana Corp.*,278 F. 3d 548(6th Cir. 2002)(法院认为,雇主与工会自愿达成的协议,若雇主同意保持沉默,则不违反联邦劳工政策)。

　　[175]　在一年的认证期限内,工会多数地位的推定是不可推翻的,见 *Brooks v. NLRB*,348 U. S. 96(1954)。NLRB 裁定,雇主无权撤销对工会的承认,即便撤销发生在认证年结束后,见 *Chelsea Industries*,*Inc.*,331 NLRB 1648(2000)。

期限短于 1 年。⑯ 2011 年,NLRB 最终减少了期限的不确定性,判定合理的
期限是至少 6 个月、不长于 1 年。⑰

175   如果工会在获得承认之后,已经与雇主就集体谈判协议进行协商,那么
其他工会便不得介入并试图使自己得到承认。首先,如果两家工会都隶属
于劳联-产联,那么介入其他工会的这家工会,将会被该联合会的"裁判"
(umpire)认定为违反劳联-产联的"禁止争夺会员公约"(No Raiding
Pact)。⑱ 在任何情况下,当事人之间协商的集体谈判协议本身都是这种承

---

    ⑯   NLRB 裁定,为期 4 周的谈判和短于 3 个月的承认是一个合理的期限,而在这之后,工会
的多数地位可以受到质疑。*Tajon,Inc.*,269 NLRB 327(1984). See also *Brennan's Cadillac,
Inc.*,231 NLRB 225(1977)(3 个月足够;见两位委员的反对意见书). Cf.*Vantran Elec.Corp.*,
231 NLRB 1014(1977)(该案认为,4 个月不够;见一位委员的反对意见书),*enf.denied*,580 F.2d
921(9th Cir.1978). 在 *MGM Grand Hotel Inc.*,329 NLRB 464(1999)案中,NLRB 作出多数裁决
认为[委员赫特根(Hurtgen)和布雷姆(Brame)持异议],在本案情形中,11 个月不是一个合理的期
限。经过一个合理的期限后,对现任工会多数地位的善意质疑(good faith doubt),可以表现为对工
会具有多数地位的善意质疑,或者提出不满足多数地位的实际证据。*Levitz Furniture Co.of the
Pacific,Inc.*,333 NLRB 717(2001);*NLRB v.B.A.Mullican Lumber and Manufacturing Co.*,
535 F.3d 271(4th Cir.2008);*NLRB v.HQM of Bayside,LLC*,518 F.3d 256(4th Cir.2008). 为
了鼓励采用更加快捷的选举程序,当雇主拒绝谈判而不是向 NLRB 提出申请时,雇主在不当劳动行
为处理程序中,必须证明工会已经实际丧失多数地位,在这种情况下,应当适用以前的标准。哥伦
比亚特区上诉法院确认了 NLRB 的立场:(1)在不当劳动行为背景下,雇主不得以雇员辞去工会会
员资格为由撤回承认;(2)撤回承认不得以撤回本身之后获得的信息或行为为依据。*Pacific Coast
Supply,LLC v.NLRB*,801 F.3d 321(D.C.Cir.2015). NLRB 认为,在雇主非法撤回对现任工会
的承认并随之拒绝谈判后,颁布一项积极(affirmative)谈判令是实现恢复原状(status quo)的标准
且适当的救济措施。*Caterair International*,322 NLRB 64(1996),*remanded at* 222 F.3d 1114
(D.C.Cir,1994),*cert.denied*,115 S.Ct.575(1994). 在 *Lee Lumber and Building Material
Corp.*,322 NLRB 175(1996),*aff'd in part and remanded in part*,117 F.3d 1454(D.C.Cir.
1997)案中,NLRB 裁决雇主的一些不当劳动行为玷污(taint)了工会随后失去多数支持的证据。但
是在 *Scomas of Sausalito,LLC v.NLRB*,849 F.3d 1147(D.C.Cir.2017)案中,同一法院认为,撤
销认证后的信息不能为雇主拒绝谈判的违法行为提供辩护,鉴于工会采用了不揭示其重新获得多
数地位的策略,雇主的违法行为不是故意的,因而法院未对雇主施加积极的谈判义务。

    ⑰   *Lamons Gasket Co.v.NLRB*,357 No.72(2011). NLRB 的这一裁决推翻了 *Dana Corp*,
351 NLRB 434(2007)案,在该案中,NLRB 确立了雇主自愿承认之后 45 天的"窗口期",雇主可以在
此期间提出撤销认证的申请。45 天的"窗口期"仅从雇主张贴 NLRB 的官方公告通知雇员有权寻
求选举开始起算。不过,这项制度现在都随着 *Lamons Gasket* 案取消了。

    ⑱   将所有当事人放入一个诉讼程序中是有问题的,见 *Transportation-Communication Em-
ployees Union v.Union Pacific Railroad*,385 U.S.157(1966);*Columbia Broadcasting System v.
American Recording v.Broadcasting Association*,414 F.3d 1326(2d Cir.1969).

认的障碍，因此，如果工会向 NLRB 提起代表申请，而一项有效的集体谈判协议已经协商达成时，NLRB 会基于协议形成的障碍驳回申请。事实上，只要集体谈判协议经各方当事人签署，即便它尚未以一个正式文件的形式出现，也足以形成对工会承认的障碍。^⑲ 如果协议本身规定有提前通知（prior notification）条款，那么当事人应当遵守提前通知的义务。^⑱ 同时，协议应当覆盖一个适当的谈判单位中的全体工人。^⑱ 当协议当事人的身份发生重大变化时，协议就不再构成阻止其他工会介入的障碍。^⑲ 一般而言，集体谈判协议所形成的障碍通常期限是 3 年，或者依据集体谈判协议本身的期限，以二者之中较短的期限为准。^⑱ 在协议到期日之前的 90 天至 60 天之间，相关当事人均可以提出申请，对现任工会作为专属 176 代表的地位进行挑战。在这段期间内提出的申请，将被认为是及时的；反之，在协议到期日之前的 60 天仍未提出申请，那么申请将被认为是不及时的。这一规定的目的是，希望当事人不受任何干扰地通过集体谈判解决他们之间的分歧，这也是为何在这段期间不得提出申请的原因。在这60 天的期限内，除遵守一般的合同义务以外，工会或雇主均不得采取罢工、闭厂或其他形式的经济压力措施。相应地，除当事人承担的合同义务以外，NLRA 要求劳资双方在 60 天期限开始时向调解机构发出通知，以阐明其修改或终止合同的意向。

---

⑲　*Appalachian Shale Products Co.*，121 NLRB 1160(1958)．

⑱　同上。

⑱　同上。

⑱　*Hershey Chocolate Corp.*，121 NLRB 90(1958)；*General Extrusion Co.*，121 NLRB 1165(1958)．

⑱　在 *General Cable Corp.*，189 NLRB 1123(1962)案中，NLRB 将最长期限设定为 3 年。尽管我认为造纸行业期限至少为 4 年的合同数量大幅增加，但 NLRB 拒绝将合同作为代表申请障碍的期限从 3 年延长至 4 年，见 *Dobbs International Services，Inc.*，323 NLRB 1159，1159(1997)（古德主席的反对意见书）。而在 *American Seating Corp.*，106 NLRB 250(1950)案中，NLRB 曾将这段障碍期限设定为短于集体谈判协议的存续期间，而当时最长的允许期限为 2 年。

小结

法律一方面促进工人的结社权,而另一方面又设法对这项权利加以调整,因为认识到其他原则有时会与之发生冲突:例如,雇员的自由选择(一般是通过投票箱表达的);为规避这一选择而向雇主施加的经济压力;以及雇主的财产权;等等。

第六章　集体谈判关系中的
经济压力与谈判策略

《国家劳动关系法》(以下简称为 NLRA)具有双重目的,而二者之间经常相互冲突。一方面,法律注重保护工会及其会员免受反工会的歧视(anti-union discrimination)。尽管没有证据证明雇主的行为是出于反工会的理由,NLRB 与法院却屡次推定存在反工会的歧视。之所以作出这样的推定,是由于 NLRB 与法院担心,雇主采用的某些策略具有从根本上破坏工会并进而破坏集体谈判程序的影响。因此,他们的出发点就是支持工会,并借此在雇主行为危害集体谈判程序时施以援手。但同时,NLRA 也试图促使集体谈判程序成为一种开放、健全的关系,当事人在采用谈判策略、压力措施和经济武器方面应当具有最广泛的自由。其中最根本的考量是,如果 NLRB 和法院试图规范谈判策略,那么他们必将会规范集体谈判程序的实质内容,并最终规范集体谈判协议本身的实质内容。这种顾虑经常与维持自由工会以及集体谈判程序的顾虑相互冲突,这一点在著名的保险代理人案(*Insurance Agents*)①的判决中展现得淋漓尽致。该案是一个涉及工会怠工(slowdown)的案件。

在保险代理人案中,雇主主张,怠工本身就是不当劳动行为,特别是属178于非法拒绝集体谈判的行为,因为这一策略有妨碍谈判的倾向,因此理应禁止工会实施这一行为。而联邦最高法院驳斥了这一主张,认为使用经济压力措施作为双方对话的刺激剂而非促进剂,是集体谈判过程中的一个基本因素。联邦最高法院指出:

必须意识到,在政府并不试图操纵谈判结果的制度下,集体谈判不

---

① *NLRB v. Insurance Agents' International Union*,361 U. S. 477(1960).

能等同于一场追寻真理的集体学术研究,抑或甚至等同于人们认为的那种理想化的集体谈判。即便当事人可能出于对经济相互依存性的认识而修正观点,但他们依然从对立的,甚至在一定程度上是故对的观点和自利的概念出发进行谈判。尽管有哲学观点认为,民众充分的理解能使他们对某些价值观完全达成一致,然而,我们的制度尚未达到这样一种理想状态。当事人预备了经济武器并偶尔加以使用,这是《塔夫特-哈特利法》所承认的制度不可或缺的组成部分。如果仅做抽象的逻辑分析,我们或许会发现,NLRA 要求劳资双方进行善意谈判以便达成协议,与使用经济武器的合法性之间存在矛盾,而这些经济武器被用于诱导一方当事人接受另一方所期望的条款,往往会对员工个人和生产性企业产生最为严重的影响。事实上,根据我国劳动关系政策的现状,在当前的立法阶段,当事人之间善意谈判的必要性,与任何一方为迫使对方接受协议条款而动用经济压力措施的可用性——这两种因素是同时并存的。[②]

因此,在一定范围内,判断当事人是否实施了法律规定的违法行为时,当事人是否能够成功或是其实力如何,都不应该成为重要的考量因素。

179 受保护的与不受保护的行为

NLRA 的第七条保护雇员对雇主所施加的各类压力措施和抗议行为。保险代理人案只是解决了某些特别过激的怠工行为是否构成拒绝谈判的问题,而并未明确这些行为根据该法的规定是否属于"受保护的行为"。

如果一项行为是受保护的,则雇员免于因从事这一行为而受到惩戒或解雇。反之,如果该行为是被禁止的,NLRB 则可以通过自身的行政程序针对该行为颁布一张停止令(cease-and-desist order),并可以向联邦巡回上诉法院请求最终执行这一命令。至于既不受保护也不被禁止的行为,则处于

---

②　*NLRB v. Insurance Agents' International Union*,361 U.S. 477(1960),第 488—489 页。

所谓"真空地带",雇员会因从事该行为而受到雇主的解雇或惩戒。

受保护的行为必须具有"协同性"(concerted)。"协同性"要求雇员的抗议必须以团体利益为目标,尽管这一点看起来很清楚,但是法院和 NLRB 在判断一名雇员是否能从事这类行为的问题上却意见不一。③ 例如,在联邦第六巡回上诉法院审理的一个案件中,该院曾认可 NLRB 的规则,即雇员提出与工作相关的投诉,其目的是使雇主遵守法律或法规,那么该行为是受保护的协同行动。④ 然而,NLRB 在其后推翻了自己的裁决,认为"对于总法律顾问来说,尚不足以确定所投诉的事项在理论上关系到群体的利益,180并由此认定该行动具有协同性"。⑤ 尽管克林顿任上的 NLRB 曾裁定,对某些条件的抗议或讨论在本质上是受保护的,⑥而特朗普总统任上的 NLRB 却认为,有关小费的一致抗议是不受保护的,因为它不是出于互助或者保护而进行的。⑦ 在另一个涉及工作场所性骚扰的重要裁定中,NLRB 认为,即使同事们"……不赞同她的性骚扰投诉","对于这一问题的协同性并不会减

---

③　两个立场相反的代表性案件是 *Anchortank*,*Inc. v. NLRB*,618 F. 2d 1158(5th Cir. 1980)和 *Ontario Knife v. NLRB*,687 F. 2d 840(2d Cir. 1980)。有关这两个案件以及其他相关判决的讨论见 W. B. Gould,"Recent Developments Under the National Labor Relations Act:The Board and the Circuit Courts," 14 *U. C. Davis L. Rev.* 497(1981)。参见 A. Cox,"The Right to Engage in Concerted Activaties," 26 *Ind. L. J.* 819(1951)。

④　NLRB 的规则在 *Alleluia Cushion Company*,221 NLRB 999(1975)案中确立起来。联邦第六巡回上诉法院在 *NLRB v. Lloyd A. Fry Co.*,651 F. 2d 442(6th Cir. 1981)案中认可了这一规则。也可参见 *Krispy Kreme Doughnut Corp. v. NW*,685 F. 2d 804(4th Cir. 1980)。

⑤　*Meyers Industries*,*Inc.*,268 NLRB 493,497(1984),*remanded sub nom. Price v. NLRB*,755 F. 2d 941(D. C. Cir. 1985),联邦第二巡回上诉法院对 NLRB 的耐心则更少些,见 *Ewing v. NLRB*,732 F. 2d 1117(2d Cir. 1985)。也可参见 *JMC Transport*,*Inc. v. NLRB*,272 NLRB 545(6th Cir. 1985)。*Meyers Industries* 案的规则应用在 *Access Control Systems*,270 NLRB 823(1984);*Mannington Mills*,*Inc.*,272 NLRB 176(1984);*Bearden and Company d/b/a*,*D. A. Collins Refractories*,272 NLRB 1215(1984)等几个案件中。*Meyers Industries* 案的规则遵从 20 世纪 90 年代的 *Myth*,*Inc.*,*d/b/a Pikes Peak Pain Program*,326 NLRB 126(1998)案(古德主席的反对意见,第 326 页)。雇员必须是该雇主的雇员,而不是其他公司的雇员,见 *Alldata Corp. v. NLRB*,245 F. 3d 803(D. C. Cir. 2001)。

⑥　*Arastook County Regional Opthalmology Center*,317 NLRB 218,220(1995)。

⑦　*Alstate Maintenance*,*LLC*,367 NLRB No. 68(2019)。

损"。她在抗议中寻求同事的帮助是为了联署她的投诉。⑧

　　同时,在 NLRB 诉城市处置系统案(*NLRB v. City Disposal System*)⑨
中,一名雇员拒绝驾驶据称不安全的卡车,联邦最高法院对此作出判决,当
工人行使一项包含在集体谈判协议中的权利时,单独一名雇员所采取的行
181 动属于协同行动。联邦最高法院以五票支持、四票反对的结果通过了本案
的判决。布伦南大法官在其起草的多数意见书中写道:"雇员认为自己的权
利遭到侵犯,无论结果证明他的想法是否正确,诚实并合理地行使一项经过
集体谈判所确定的权利,均可构成协同行动。"⑩由于联邦最高法院对城市
处置系统案的判决与 NLRB 对协同行动所持的立场相互抵触,因此需要联
邦最高法院在后续案件中出面干预。⑪

　　在温加滕公司案(*Weingarten*)中,联邦最高法院认为,雇员请求工会
代表在一次惩戒面谈中提供协助,其性质属于协同行动。⑫ 但是,这并不意

---

⑧　*Fresh & Easy Neighborhood Market*,*Inc*.,361 NLRB No. 12(2014).加州农业劳动关系
委员会遵循了这一裁定,*Gurinder S. Sandhu Dba Sandhu Bros. Poultry & Farming*,40 ALRB
No. 12(2014)。在 *Fresh & Easy* 案中,NLRB 推翻了 *Holling Press*,*Inc*.,343 NLRB No. 301
(2004),在该案中,NLRB 认为雇员的此类诉求不受保护,因为性骚扰投诉不是日常发生的,不能被
视为出于"互助或者保护"。即使雇员对提出的特定问题并不团结一致,NLRB 也得出了这样的结
论。见 *UniQue Personnel Consultants*,*Inc*.,364 NLRB No. 112(2016),其中有些抗议是关于着装
规范的,一名雇员说另一名雇员应该"随它去"。参见 William R. Corbett,"The Narrowing of the
National Labor Relations Act:Maintaining Workplace Decorum and Avoiding Liability,"27 *Berke-
ley J. Emp. & Lab. L*. 23(2006)。

⑨　465 U. S. 822(1984).

⑩　同上,第 840 页。

⑪　*ABF Freight Systems*,*Inc*.,271 NLRB 35(1984).

⑫　*NLRB v. J. Weingarten*,*Inc*.,420 U. S. 251(1975)。但是,即便是在铁路行业,少数地
位工会(minority union)的代表也不具有代表雇员的权利,见 *Landers v. National Railroad passen-
ger Corp*.,485 U. S. 652(1988)。一名雇员被政府调查人员盘问时,司法部不允许有工会代表到
场,此举违反了联邦公共部门法。*Department of Justice v. Federal Labor Relations Authority*,
266 F. 3d 1228(D. C. Cir. 2001).与之相关的一个问题,阿拉斯加州最高法院最近在该州劳动法中
承认,工会会员与工会干部之间具有广泛的"工会关系"保密权("union-relations" confidentiality
privilege),其类似于传统的律师—客户之间的保密权,见 *Peterson v. State*,280 P. 3d 559(Alaska
2012)。也可参见 *Cook Paint & Varnish Co*.,258 NLRB 1230(1981)(依据 NLRB 的相关法律,承
认有限的保密权);*U. S. Dept. of the Treasury Customs Serv*.,*Wash. D. C*.,38 FLRA 1300
(1991)(依据联邦劳动关系局的相关法律,承认工会关系保密权);在 *U. S. Dept. of Justice v. FL-
RA*,39 F. 3d 361(D. C. Cir. 1994)案中获得实质性地肯定;*Intern. Brotherhood of Elec. Workers*,

味着雇主不能像在一个更具对抗性的场合中那样向雇员重复提问。[13]此外，NLRB 裁定,对这类成文法所规定的违法行为,复职和补发工资并不是适当的救济措施。[14]NLRB 开始将温加滕案拓展到未组建工会的企业。[15]但是,各联邦巡回上诉法院对此出现诸多意见分歧,[16]NLRB 随后修正了自己的[182]观点[17],其后又再次作出修正![18]当惩戒制度中酌情处理的方面得到实施,即便不存在集体谈判协议,工会也有权通知并有权进行谈判。[19]

20 世纪 90 年代,某些雇主的员工手册要求雇员遵守特定的礼仪(decorum),而工会宣称这些规定违反了成文法的规定,各方呼吁 NLRB 解决这类员工手册条款的合法性问题。而各种相互矛盾的解决方式使这一问题仍然模糊不清。[20]NLRB 曾作出一系列裁决,[21]例如禁止"无礼"的行为,要求

(接上页注释)　*Local 77 v. Pub. Utility Dist. 1 of Snohomish Cnty.*，2003 WL 21658695(Wash. PERC 2003)；*N. H. Troopers Ass'n v. N. H. Dept. of Safety*，*Div. of State Police*，Case No. P-0754：2，Decision No. 94-74(N. H. PELRB 1994)(援引温加滕案)；*Seelig v. Shepard*，578 N. Y. S. 2d 965(N. Y. Sup. Ct. 1991)；735 I. L. C. S. 5/8-803. 5(2006)(伊利诺伊州法承认相对广泛的工会关系保密权)。

[13]　*New Jersey Bell Telephone Co.*，308 NLRB 277(1992).

[14]　*Taracorp Industries*，*A Division of Taracorp*，*Inc.*，278 NLRB 376(1984). 在 *Consolidated Edison*，323 NLRB 910(1997)案中,NLRB 认为,虽然雇主在 4 年时间里侵犯了 4 名雇员的温加滕案中确立的权利,但它拒绝下令采取全谈判单位范围(unit-wide)的救济措施,因为没有证据证明雇主"精心制定了一项明知非法的政策"以期在调查面谈中排除工会代表。

[15]　*Material Research Corp.*，262 NLRB 1010(1982).

[16]　*E. I. du Pont de Nemours v. NLRB*，707 F. 2d 1076(9th Cir. 1983)；*ITT Corporation v. NLRB*，719 F. 2d 851(6th Cir. 1983)；*E. I. du Pont de Nemours v. NLRB*，724 F. 2d 1061(3d Cir. 1988).

[17]　*Sears*，*Roebuck & Co.*，274 NLRB 230(1985). 参见 *Taracorp Industries*，前注[12]。联邦第三巡回上诉法院遵循 NLRB 在 *Slaughter v. NLRB*，876 F. 2d 11(3d Cir. 1989)案中的反对意见。联邦第五巡回上诉法院在 *Johnson v. Express One International*，944 F. 2d 247(5th Cir. 1991)案中,为处理有关铁路劳动法的争议也曾得到过一结论。

[18]　*Epilepsy Foundation of Northeast Ohio*，331 NLRB 676(2000)，*enforced in relevant part*，268 F. 3d 1095(D. C. Cir. 2002).

[19]　*Total Security Management*，364 NLRB No. 106(2016).

[20]　例如 *Lafayette Park Hotel*，326 NLRB 824，829，834(1998)(古德主席的协同意见书和反对意见书)，*enforced* 203 F. 3d 52(D. C. Cir. 1999)；*University Medical Center*，335 NLRB 1318 (2001)；Caesar's Entertainment Corp.，362 NLRB 190(2015)。

[21]　*Casino San Pablo*，361 NLRB No. 148(2014).

对工作场所的调查进行保密[22],禁止在工厂场地上使用摄像头和录音,都被宣布为非法。[23] 但是,2017 年底首次组成的特朗普总统任上的 NLRB 则表示,这种裁决的大部分"……在分析工作规则[24]时往往未能充分考虑和重视雇主的利益",并认为这种先例的大部分"……以不符合 NLRA 的虚假前提为基础,违背了 NLRB 促进确定性、可预测性和稳定性的责任"。[25]

183   NLRB 曾将联邦宪法第一修正案保护言论自由免于诽谤的相关案件[26]

[22] *Banner Estrella Medical Center*,362 NLRB No. 137(2015).

[23] *Bio All-Suites Hotels & Casino*,362 NLRB No. 190(2015);*Whole Foods Markets,Inc.*,363 NLRB No. 87(2015).

[24] *The Boeing Co.*,365 NLRB No. 154(2017).

[25] 同上,第 9 页。

[26] *New York Times v. Sullivan*,376 U. S. 254(1964);*Letter Carriers v. Austin*,448 U. S. 264(1974);*NLRB v. Greyhound Lines,Inc.*,660 F. 2d 854(8th Cir. 1981). 在某种程度上,依据联邦宪法第一修正案,公共部门的雇员受到免遭雇主对其言论自由实施报复的保护,见 *Picking v. Board of Education*,391 U. S. 563(1968);*Perry v. Sindermann*,408 U. S. 593(1972);*Mt. Healthy City Board of Education v. Doyle*,429 U. S. 274(1977)。在 *Rankin v. McPherson*,483 U. A. 378(1987)案中,联邦最高法院以五票对四票的多数意见判决,雇员应受到保护,不因其言辞而被解雇。在该案中,该雇员在 1981 年得知有人试图谋杀里根总统时,他陈述以下内容而被解雇:"如果他们想对他再干一次,我希望我们能够得手。"马歇尔大法官代表多数意见指出,雇员在说话时所负担的谨慎程度会随着雇员角色所包含的权能和公共责任的程度而变化。在本案中,由于雇员并不承担保守秘密、做出决策或与公众接触的角色,因此雇员的私人谈话对该政府机构成功行使其权能产生的威胁可以说是微乎其微。同上,第 390 页。但是,也可参见 *Connick v. Myers*,461 U. S. 188(1988)以及 *United States v. National Treasury Employees Union*,513 U. S. 454(1995),在这两个案件中,与工作相关的言论和与工作无关的言论都被认定为在宪法上是不受保护的。例如,*Pickering* 案的认定标准甚至适用于学校老师提倡恋童癖的情形,尽管这种言论也是不受保护的。*Melzer v. Board of Education*,336 F. 3d 185(2d Cir. 2003). 然而,比较对骚扰、偏袒、裙带关系、歧视进行批评的言论,以及工会解散会导致工作场所暴力的说法,都属于受保护的言论,见 *Johnson v. Ganim*,342 F. 3d 105(2d Cir. 2003)。随后,在 *Garcetti v. Ceballos*,547 U. S. 410(2006)案中,联邦最高法院在一项极具争议性的五票对四票的多数判决中认定,公务员基于公务发表的声明不构成公民为宪法第一修正案的目的而发表的言论,因此这些雇员的表达应受到雇主惩戒的约束。这一规则在适用中的某些复杂性在下列案件中生动地体现出来,例如,*Kaye v. San Diego Cnty. Pub. Law Library*,179 Cal. App. 4th 48(2009)(法院认定,图书管理员在电子邮件中对上司的批评不属于受保护的言论自由);*Nixon v. City of Houston*,511 F. 3d 494(5th Cir. 2007)(法院认定,警察在事故现场的讲话构成履行公务,但其后来在当地杂志上发表的文章不受保护);*Alexander v. Eeds*,392 F. 3d 138(5th Cir. 2004)(法院认定,公共安全官员对缺乏晋升的抱怨,并不涉及"公众关注的问题");*Williams v. Dallas Indep. Sch. Dist.*,480 F. 3d 689(5th Cir. 2007)(法院认定,体育主管批评体育基金使用的备忘录是在就业过程中写成的,因此不受到保护);*Fox v. Traverse City Area Pub. Schs. Bd. of Educ.*,605 F. 3d 345(6th Cir. 2010)(法院认定,教

作为保护雇员对雇主提出指控的基础,即便这样的指控可能会引发"动荡"[184]与"抗争"。[27]这是因为哪怕发生在已经建立集体谈判关系,并且启动了集体谈判和投诉处理程序的背景下[28],劳资双方的争议还是会像在组建过程中对工会承认有争议时那样充满了"血雨腥风"。[29]NLRB认定,雇主制定的禁止派发"低俗"文字资料[30]的规则是无效的,并且雇员受保护的指控并不会[185]因为其带有"动物般的兴奋"(animal exuberance)或者"冲动的行为"而变得

（接上页注释）　师雇员对直接主管批评教学工作量大小的讲话,不是受保护的公民言论）;*City of San Diego，Cal.v.Roe*，543 U.S.77(2004)(法院认定,警官在网上出售露骨的性视频会对雇主造成伤害,并且也不是"公众关注的问题");*Mosholder v.Barnhardt*，679 F.3d 443(6th Cir.2012)(法院认定,雇员写信批评她所在学校的青少年说唱比赛的行为,受到第一修正案的保护);*Nichols v.Dancer*，657 F.3d 929(9th Cir.2011)(法院认为,本案真正的问题是雇员与前任老板联系是否扰乱工作场所的事实问题);*Walls v.Central Contra Costa Transit Authority*，653 F.3d 963(9th Cir.2011)(法院认定,雇主拒绝在终止合同之前举行听证,侵犯了雇员享有的正当程序权);*Spielbauer v.Cnty.of Santa Clara*，199 P.3d 1125(Cal.2009)(法院认为,公务员可能要被迫回答公开指控的问题,而不构成豁免的理由);*Ross v.Breslin*，693 F.3d 300(2d Cir.September 10，2012)(法院认为,学区雇员在向学区负责人报告财务违规行为时,是基于公务发表言论,而不是以普通公民身份发言);*Helget v.City of Hays,Kansas*，844 F.3d 1216(10th Cir.2017)(认为执法雇员披露"机密"信息不受保护);*Kennedy v.Bremerton School District*，869 F.3d 813(9th Cir.2017)(教练在足球比赛后立即在五十码线上下跪祈祷,与学生和观众交流,是作为公共雇员行事,因此不受保护);*Moonin v.Tice*，868 F.3d 853(9th Cir.2017)(内华达州公路巡警就K9计划的有效性通过电子邮件进行沟通,违反了与非部门实体或个人讨论该计划的禁令,该行为不受保护)。

㉗　*Jeannette Corporation v.NLRB*，582 F.3d 916(3d Cir.1976)。

㉘　例如,*NLRB v.Red Top，Inc.*，455 F.3d 721(8th Cir.1972);*Bettcher Mfg.Corp.*，76 NLRB 526(1948)。

㉙　*Linn v.Plant Guard Workers*，883 U.S.58，58(1966)。然而,雇主可以向州法院提起具有充分根据的诽谤和商业干涉诉讼,尽管依据联邦宪法第一修正案其具有报复性动机,但是NLRB不得禁止雇主提出该诉讼,见 *Bill Johnson's Restaurant v.NLRB*，461 U.S.731(1983)。如果雇主所提出的州法院诉讼被法院即决驳回(summary dismissal),雇主的起诉行为就会被认定为违法的报复行为,见 *Phoenix Newspapers*，294 NLRB 47(1989)和 *H，W，Barss Co.，Inc.*，296 NLRB 1286(1989)。工会出于善意对公司总经理提出刑事指控,可以构成一项NLRA所保护的工会活动,因为它是用来主张该法第七条所保障的权利,借以争谤身体胁迫与恐吓,见 *Spartan Equipment Co.，Inc.*，297 NLRB 19(1989)。相反,联邦最高法院虽出现意见分歧但最终判决,工会通过暴力行为剥夺非会员劳工受联邦宪法第一修正案所保障的权利,依据南北战争后重建期间所制定的法律无须为此承担责任,见 *Carpenters Local 610 v.Scott*，463 U.S.825(1983)。联邦第五巡回上诉法院也曾判决,由于NLRB享有专属管辖权,因此当事人希望得到自由选举而根据1871年《民权法》提出的诉讼应当被优位取代,见 *Hobbs v.Hawkins*，968 F.2d 471(5th Cir.1992)。

㉚　*Great Lakes Steel*，236 NLRB 1033(1978)。类似案件参见,*Samsonite Corporation*，206 NLRB 848(1978)。

不受保护。㉛ 甚至雇员谴责老板与某人有私情都是受到保护的。㉜

这类案件往往涉及一个衡平的过程。其中最具争议性的是有关"不忠诚(disloyalty)"的案件,在这类案件中,雇员或工会的行为被法院认定为不受保护的行为。在著名的 NLRB 诉国际电子工人兄弟会第 1229 号地方工会案(*NLRB v. Local Union No. 1229, IBEW*)㉝中,尽管大法官费利克斯·弗兰克福特、威廉·道格拉斯(William Douglas)和雨果·布莱克(Hugo Black)发表了观点尖锐的反对意见,但联邦最高法院仍然认定,由于未参与罢工的雇员散发的传单中包含对公司电视节目质量刻薄的攻击,但并未提及劳资争议,因而其散放传单的行为是不受保护的。NLRB 随后扩展了这一规则,认定在雇员罢工时对公司产品的贬损是不受保护的。㉞ 尽管哥伦比亚特区上诉法院认定参加针对雇主的联合抵制有违"忠诚义务"㉟,但是停

㉛ "动物般的兴奋",是指在 *NLRB v. Illinois Tool Work*, 153 F. 2d 811, 815-16(7th Cir. 1946)案中引用,出自联邦最高法院在 *Milk Wagon Drivers v. Meadowmoor Dairies, Inc.*, 812 U. S. 287, 293(1941)案中的用语。在 *NLRB v. Thor Power Tool Company*, 351 F. 2d 584, 587(7th Cir. 1965)案中,联邦上诉法院也曾判决,雇员"所采取的冲动行为在某种程度上是被允许的,但是应当与雇主维持秩序与尊重的权利相平衡"。

㉜ *Tyler Business Services, Inc.*, 256 NLRB 567(1981), *enf. denied*, 680 F. 2d 838(4th Cir. 1982). 当雇员共同采取协同行动,借以抗议有关两位女性雇员与一位男性雇员间婚外性行为的工作场所恶意谣言,他们的行动受到 NLRA 的保护,见 *Gatliff Coal Co. v. NLRB*, 953 F. 2d 247(6th Cir. 1992)。

㉝ 846 U. S. 464(1958).

㉞ *The Patterson-Sargent Company*, 115 NLRB 1627(1956). 雇员向一个报纸广告商的抱怨,构成受保护的行动,而不属于毁谤的产物,见 *Sierra Publishing Co. v. NLRB*, 889 F. 2d 210(9th Cir. 1989)。根据弗莱切尔(Fletcher)法官的观点:"法律本身的确支持观点之间的交锋。这种交锋可能会对一方或他方造成经济压力,尽管会实际产生某些经济损失,但是仅仅这一点并不具有决定性。正确的焦点必须关注在造成损失所采取的态度。"同上,第 220 页。当然,如果要达到构成不忠诚(disloyalty)的程度,则必须要比单纯向雇员提出要求做得更多,见 *Emporium Capwell Co. v. Western Additional Community Organization*, 420 U. S. 50(1975); *United Cable Television Corp.*, 299 NLRB 138(1990); *Kinder-Care Learning Centers, Inc.*, 299 NLRB 1171(1990); *Golden Day Schools*, 236 NLRB 1292(1978), *enforced* 644 F. 2d 834(9th Cir. 1981);另可参见 *Brownsville Garment Co., Inc.*, 298 NLRB 507(1990); *El San Juan Hotel*, 289 NLRB 1453(1988); *Cincinnati Suburban Press*, 289 NLRB 966(1988); *Sacramento Union*, 291 NLRB 966(1988), *enforced* 899 F. 2d 210(9th Cir. 1989)。

㉟ *George A. Hormel & Co. NLRB*, 962 F. 2d 1061(D. C. Cir. 1992).

在公司场所的雇员汽车之内或其上的联合抵制标语是受到保护的。[36] 华盛顿特区巡回上诉法院[37]和第八巡回上诉法院之间曾出现分歧,[38]前者认为联邦最高法院的判决需要进行两方面的分析:(1)抗议或联合抵制争议与正在进行的劳动争议有关;[39](2)除非是出于恶意和罔顾事实,否则这些言论应被视为受到保护。[40] 科隆顿(Colloton)法官的协同意见书可能最能反映第八巡回上诉法院的观点:"雇员显然有意损害 MikLin 公司的业务",[41]因此不受保护。正如本章所阐明的那样,大多数经济压力措施正是为此目的而实施的! 另一方面,在从事协同抗议(concerted protest)时,比其他人使用更多的"下流语言"的雇员(特别是与管理层官员商谈时使用类似语言的雇员[187]),其行为被认定为不受保护的行为。[42]

此外,联邦第八巡回上诉法院也曾判决,在一场听众无法轻易离开的会议中,雇员通过提问和陈述打断会议的正常进行,由于这种行为是"在集会

---

[36]　*Coors Container Co. v. NLRB*,628 F. 2d 1283,1288(10th Cir. 1980)。NLRB 也裁定,在雇员的起重机上张贴工会的贴纸是受保护的,见 *Malta Construction Company*,276 NLRB 1464(1985)。在该案中,道特森主席(Chairman Doston)投了反对票。

[37]　*DirecTV. inc. v. NLRB*,837 F. 3d 25(D. C. Cir. 2016)。

[38]　*MikLin Enterprises*, *Inc. v. NLRB*,861 F. 3d 812(8th Cir. 2017)。

[39]　*Oncor Electric Delivery Company*, LLC v. NLRB,887 F. 3d 488(D. C. Cir. 2018)。"贬损与劳资纠纷中的某一具体问题有关,例如,工人抱怨产品缺陷如何使他们必须经常面对被激怒的消费者,这一点有可能吸引听众,因为工人的胜利将意味着消费者的胜利,没有这种联系的贬损似乎不太可能争取听众的支持——至少他们揭示了演讲者的真实目的。保护那些只稍稍透露出演讲者动机的言论诱使工会在风口浪尖上行动是很奇怪的。"

[40]　*DirecTV* 案,见前注[37]。

[41]　*MikLin* 案,见前注[38](本顿法官赞同这一意见)。

[42]　*Sullair P. T. O.*, *Inc.*, *v. NW*,641 F. 2d 500,508(7th Cir. 1981)。也可参见 *Timpte*, *Inc. v. NLRB*,590 F. 2d 871(10th Cir. 1979);*Maryland Drydock Co*, v, *NLRB*,188 F. 2d 588(4th Cir. 1950);*NLRB v. Garner Tool & Die Manufacturing*, *Inc.*,498 F. 2d 263(8th Cir. 1974);*Coors Container Co. v. NLRB*,同上,注释[36]。一封具有讽刺性质的信件,如果不是"解决雇佣条件问题或者对其引发关注的媒介",那么这封信件是不受保护的,见 *New River Industries v. NLRB*,945 F. 2d 1290(4th Cir. 1991)。比较 *Felix Industries v. NLRB*,251 F. 3d 1051(D. C. Cir. 2001)(法院认为,针对雇主的污秽言行是不受保护的)以及 *Carleton College v. NLRB*,230 F. 3d 1075(8th Cir. 2000)(法院认定,由于雇员使用讥讽和粗俗的语言,把大学部门描述为"笑柄"和"猪",并且缺少职业精神或忠诚,因此雇主具有法定理由不与其续订合同)。

的雇员面前不断地提出质疑和蓄意挑衅",因而被认定为是不受保护的,[43]
NLRB 也裁定,密歇根州贝尔电话公司(Bell Telephone Company)在集体
谈判进行当中,要求雇员脱掉印有"贝尔是贱人"口号的 T 恤衫是合法的。[44]
当该口号在公司场所展示时是不受保护的,因为它被认为是下流的。同理,
联邦第五巡回上诉法院在 NLRB 诉迷你托斯案(*NLRB v. Mini-togs*)[45]中
曾判决,一名雇员把散发反工会传单的人称为"该死的妓女",其行为不受保
护,既因为她污秽的语言,也因为她的说法并不是与其他雇员一起实施协同
行动的组成部分。在谷歌公司的一起案件中,一名员工因散布一份反对公
司多元化倡议的备忘录而被解雇,该备忘录提出"……男女之间的天生差异
可以解释在技术和领导力方面不同性别缺乏平等代表的原因",总法律顾问
拒绝对谷歌签发起诉书。[46] 但是,当受雇于内陆钢铁公司(Inland Steel
Company)的一名激进的工会主义者因穿着一件印有"内陆烂货"的衣服对

---

[43]　*NLRB v. Prescott Industrial Products Company*,500 F. 2d 6,11(8th Cir. 1974).

[44]　*Southwestern Bell Telephone Company*,200 NLRB 667(1972). 由于雇员使用的语言更加
污秽,同样不能获得保护,见 *Caterpillar Tractor Company*,276 NLRB 1323(1985)。也可参见
Honda of America Manufacturing,*Inc.*,334 NLRB 746(2001)。

[45]　980 F. 2d 1027(5th Cir. 1993). 类似的语言类似的结果出现在 *Meco Corporation v.
NLRB*,986 F. 2d 1434(D. C. Cir. 1993)案中。

[46]　*Google*,*Inc. a subsidiary of Alphabet*,*Inc*,Case 32-CA-205351(January 16,2018).
"……指控方使用基于所谓的男女生理差异的刻板印象,这与 NLRB 认为不受保护的行为类型应
一视同仁,在这些案件中,诸如女性的神经质更强、男性的智商普遍分布于顶端等有关性别的永
恒特征的言论是歧视性的,并且构成性骚扰,即便努力用'科学'文献和分析来掩盖评论,即便附
以'并非所有女性'的免责声明。此外,这些言论可能会在工作场所引起严重的分歧和混乱。事
实上,该备忘录确实造成了极大的冲突,指控方故意扩大其受众范围,使之更加恶化。许多员工
向雇主抱怨说,该备忘录对妇女有歧视性、极具攻击性,使他们在工作中感到不安全。此外,指控
方理应知道,该备忘录可能会被进一步传播,甚至传播到工作场所之外。该备忘录一经公之于
众,至少有两名女性工程师候选人退出求职,并明确表示该备忘录就是她们这样做的原因。因
此,虽然指控方备忘录的大部分内容可能是受保护的,但是有关两性之间生理差异的言论具有如
此大的危害性、歧视性和破坏性,因此不受保护。"同上,第 5 页。NLRB 的结论"与其几十年以来
的先例相一致,即认为创造敌对环境、可能产生冲突与分裂的言论是不受保护的。在抗议工作条
件的过程中,你可以是亵渎的、攻击性的和令人不悦的,你也可以是激进的,仍然会受到保护。但
是对一种性别的嘲笑和刻板的特征描述则另当别论"。见 Josh Eidelson,"Google's firing of engi-
neer James Damore did not break labor law,NLRB lawyer concludes." Bloomberg,February 16,
2018(引用作者的话)。

公司进行抗议而被解雇,NLRB 裁定,雇主的解雇是非法的,因为雇主并不是依据那件衣服作为解雇他的理由。⑰

　　联邦第四巡回上诉法院虽有不同意见但是认定,当雇员称他的上司为"愚蠢该死的笨蛋",他就丧失了法律的保护。⑱ 在一个涉及销售佣金计算的劳动争议中,一名雇员乱发脾气,开始骂他的雇主是"该死的不要189脸的家伙、该死的缺德鬼",并告诉雇主,如果他任意解雇,他会后悔的。后来,这名雇员果然遭到雇主的解雇。NLRB 和联邦第九巡回上诉法院⑲认为,雇员的抗议是否应被视为受保护的行动而并非明目张胆的"辱骂",这一问题应依据大西洋钢铁公司案(*Atlantic Steel*)的⑳认定标准,即(1)争论的地点;(2)争论的主题;(3)雇员情感爆发的状态;(4)情感爆发是否由雇主的不当劳动行为所激起。㉑ 在考察了 NLRB 和法院审理过的多起有关冒犯性语言在特定环境下是否受到保护的案件后,联邦第九巡回上诉法院指出,对于雇员的言语和情感爆发是否伴有"肢体上的进攻性和威胁性的行为",以及当 NLRB 为支持对雇员的保护而平衡大西洋钢铁公司案的各项因素时,NLRB 是否认为自己受到行政法法官对争议事项调查结论的约束等问题,行政法法官与 NLRB 的意见并不一致。㉒ 因此,该案被发回 NLRB 重审。

　　同样,与诅咒某人的母亲和家人相对的"泛化的诅咒"也被联邦第二巡

---

　　⑰　*Inland Steel Company*, 257 NLRB 125(1981). See also *Borman's Inc. v. NLRB*, 676 F. 2d 1188(6th Cir. 1982); *Southern California Edison Company*, 274 NLRB 1121(1985).

　　⑱　*Media General Operation*, *Inc. v. NLRB*, 560 F. 3d 181, 189(4th Cir 2009)

　　⑲　*Plaza Auto Center*, *Inc. v. NLRB*, 664 F. 3d 286(9th Cir. 2011).

　　⑳　245 NLRB 814(1979).

　　㉑　*Care Initiatives*, *Inc.*, 321 NLRB, 144, 151(1996); *Atlantic Steel Co.*, 245 NLRB 814(1979).

　　㉒　*Plaza Auto Center*, 664 F. 3d at 295. 依据哥伦比亚特区上诉法院的观点,"我们尊重 NLRB 对过激言论与实际威胁之间的区分,前者受到 NLRA 保护,而后者则不受保护"。*Kiewit Power Constructors Co. v. NLRB*, 652 F. 3d 22(D. C. Cir. 2011).

回上诉法院认定是受保护的。⑬ 随后，NLRB 注意到雇员的某些语言会使
190 雇主的调查行为具有合法性，因为雇主依据民权法第七章负有禁止性骚扰
的义务（将在第十一章中讨论）。尽管联邦最高法院曾警告，"在劳动关系事
务中，雇员往往会情绪高涨，有时甚至会有过激的言语"，但 NLRB 为此赋
予新的内涵。⑭ NLRB 指出：

> 我们认为"pussy"这一词汇的使用并不会使雇员失去法律持续
> 的保护。除了用作一个粗鲁的生理结构的称呼，这个词通常也用来
> 指一个软弱或无能的人——一个算不上"男人"的人。很明显正是在
> 这一意义上，使用这个词试图激励仓库的所有雇员（不是任何特定的
> 雇员或仅仅是女性雇员）"拿出男子气概"，在撤销认证的选举中支持
> 工会。⑮

社交媒体政策

在社交媒体这一新领域发生的劳动诉讼，都具有一个普遍的前提，即雇
主知晓雇员在社交媒体上发表的言论。而在美国，已经有四个州明令禁止
雇主提出要求使用雇员社交媒体的用户名和密码，可见在这些州这个普遍

---

⑬　*NLRB v. Pier Sixty*，*LLC*，855 F. 3d 115(2d Cir. 2017). 由特朗普总统任命的总法律顾问罗布(Robb)似乎不同意这一判决。*Memorandum* GC18-02(Office of the General Counsel, December 1，2017). NLRB 以二比一的多数意见认为，将加班表定性为"唯命是从者的公告牌"，暗示"那些签署它的人正在损害他们对工会和同事的忠诚度，以使自己受益并迁就被告"，根据大西洋钢铁公司案的标准受到保护。*Constellium Rolled Products Ravenswood*，*LLC and United Steel*，366 NLRB No. 131(2018).

⑭　*Fresenius USA Mfg*.，*Inc*.，358 NLRB No. 138，slip op. at 4(2012)[援引 *Linn v. Plant Guards Local 114*，383 U. S. 53(1966)].

⑮　同上，第 6 页(脚注略)。

的前提已不存在。⑤ 加利福尼亚州是各州中的领导者。州长布朗表示,法律将保护个人的社交媒体账户不受"未经授权的入侵"。⑤ 而对这一问题国会尚未有所作为。

　　大多数向 NLRB 提起不当劳动行为指控的有关社交媒体的案件,都会涉及脸书(Facebook)或是推特(Twitter),雇员在其上的言论经常延伸至工191作场所之外,以及形形色色的雇员"朋友"之间。⑧ 一开始,NLRB 裁定,雇员的言论应被认为受到法律保护。但是当雇员在社交媒体上提出一些特殊话题,并在网络上发表言论时,是否受到法律保护就变得模棱两可。⑤

　　在社交媒体争议出现之前,大部分的劳动争议是由工会与雇主之间的关系引发的,其中都涉及一个问题,即雇员是否以一种协同的方式共同采取与工作条件有关的、以获得"互助和保护"为目的的行动。但是,社交媒体案件却有所不同。这些案件更多地涉及雇员与雇主,其中的争议基本上与工会无关(某些案件或许是大多数案件与工会无关),因此当事人对于 NLRA 所规定的权利、义务和责任并不知晓,更谈不上经验丰富。

　　适用于社交媒体领域影响极为深远的一个案件,⑥恰恰出现在雇主制

---

⑤　除加利福尼亚州外,马里兰州和伊利诺伊州也通过法案规范雇主访问社交媒体的行为,特拉华州限制访问学生的社交媒体账户。Laura Mahoney, "California Is Latest State to Regulate Access to Employee, Student Social Media Accounts," Bloomberg BNA: Privacy & Data Security Law Resource Center (October 1, 2012), www. bna. com/california-latest-state-n17179869960. 社交媒体隐私法案也在密歇根州和新泽西州立法机关的一院通过。同上。类似的话题在第五章注㉒中加以讨论。

⑤　A. B. 1844, 2012 Assemb. (Ca. 2012); S. B. 1349, 2012 Sen. (Ca. 2012); Wyatt Buchanan, "Brown Signs Social Media Bill," *San Francisco Chronicle*, September 28, 2012, at C4

⑧　由此带来两个方面的巨大变化,包括:(1)雇员可以轻松地与其他雇员和第三方进行电子化沟通;(2)减少雇员对隐私和保密的担忧,至少减少了相当多的雇员在这方面的担忧,从而雇主能够更加便利地获得评论和意见。

⑤　*Valley Hospital Medical Center*, 351 NLRB 1250, 1252-54(2007), *enforced Nevada Service Employees Union, Local 1107 v. NLRB*, 358 Feb. Appx. 783(9th Cir. 2009). See generally Steven Greenhouse, "Even if It Enrages Your Boss, Social Net Speech Is Protected," *New York Times*, January 22, 2013, at A1.

⑥　*Lafayette Park Hotel*, 326 NLRB 824(1998), *enforced* 203 F. 3d 52(D. C. Cir. 1999); See also *Luther Heritage Village-Lavoina* 343 NLRB 646(2004).

定社交媒体政策之前。正如本人在该案的协同意见书中所强调的,在许多情况下,案件审理的难点是在 NLRA 第七条的权利与雇主在职场稳定方面的利益之间寻求平衡。例如,雇主的规则要求雇员与监管人员及其他人"合作",并限制雇员在公司场所内与酒店客人发生"私人深交"(fraternization)。NLRB 将这些规则认定为无效,而本人则告诫不应做此裁决,因为对这些规则的禁止"完全忽视了其最明显的含义和意图,即保持文明和得体192的举止……这些是生活中的规则,而不是对第七条的行为设定的规则"。[61]

正是这种思路促使哥伦比亚特区上诉法院认为,"不使用辱骂或威胁性的语言,雇员就不能组织工会或依据 NLRA 行使他们的法定权利,这真是荒谬可笑"。[62] 在另一个案件中,雇主制定了一项 24 小时禁止雇员私人深交的规则,哥伦比亚特区上诉法院的法官塔特尔(Tatel)对此表示:"即便雇主对这项 24 小时禁止规则拥有合法利益,雇主还是有义务证明,如果将规则调整得范围更窄而使其不会干预受保护的行为,那么规则的目的便无法实现……例如,既然约会和过度的亲密包含了私人纠葛,那么雇主本可以将'私人深交'一词从规则中删除。取而代之的是,雇主可以将'私人深交'一词仅界定为包含恋爱关系,或是将受保护的行为作为例外。"[63]曾有雇主制定规则规定:禁止雇员接触媒体;雇员在配合执行法律之前应当与管理层取得联系;禁止传播雇员记录,因其作为公司的一部分而必须保密。上述宽泛的规则都被 NLRB 和法院认定为违法,因为这些规则禁止雇员相互沟通劳动争议,或是禁止雇员与 NLRB 以及工会接触。[64]

---

[61] *Lafayatte Park Hotel*,326 NLRB at 830(古德主席的协同意见书)。因此,在 *Knauz BMW*,358 NLRB No.164(2012)案中,尽管确实可能会看到禁止"损害雇主形象或声誉"的语言使 NLRA 第七条所保护的权利受到影响的情况,但是 NLRB 似乎在谴责"无礼"或亵渎的语言方面有失公允。

[62] *Adtranz ABB Daimler-Benz Transp.*,*N.A. v. NLRB*,253 F.3d 19,25-26(D.C. Cir. 2001)。

[63] *Guardsmark*,*LLC v. NLRB*,475 F.3d 369,380(D.C. Cir. 2007)。

[64] *DirecTV U.S. DirecTV Holdings*,*LLC*,359 NLRB No.54(2013);*Flex Frac Logistics*,*LLC*,358 NLRB No.127(2012);*HTH Corp.*,356 NLRB No.182(2011);*Cintas Corp. v. NLRB*,482 F.3d 463(D.C. Cir. 2007)。

社交媒体领域的大多数裁决都是由奥巴马总统任命的 NLRB 总法律193
顾问作出的。⑥ 特朗普总统任上的 NLRB 在波音公司案(*Boeing Company*)⑥中的裁决似乎扫清了雇主的禁止性行为,除非他们公然干涉工会以及其他形式的协同行动。例如,禁止与"和谐的互动和关系"相冲突的行为,这一常识性规则⑥现在将会得到认可。

无论特朗普总统任上的 NLRB 未来采取何种方法[波音公司案的判决很可能类似于我在拉菲特公园酒店案(*Lafayette Park*)中的协同意见],对于受保护的脸书或推特上的行为,判例法将继续包含两个先决条件。首先,该行动必须以协同的方式进行,即有不止一个人参与。这意味着必须存在第二方的某种意图或某种参与,并试图引发群体行动。在开始时,假设该行为仅涉及一个说者和一个听者,这一行为就可以被认为是协同性的,当然听者的反应或支持的相关证据很重要。正如 NLRB 在最近的一个案件中所指出的:

> 正如她在脸书上最初发布的帖子中所述,[雇员]科尔–里维拉提醒其他雇员注意另一名雇员的抱怨,即他们"对客户的帮助不够",并表示她"已经受够了"这些抱怨,并征求她的同事对这一批评的意见。科尔—里维拉的四名同事以抗议的方式回应了这一请求,并与她出于共同的理由,他们的行动是协同性的……⑥

并不要求因其言论而成为公司报复对象的雇员被指定为该群体的领导者或194

---

⑥　Office of the General Counsel，Memorandum OM 11-74；*Report of the Acting General Counsel Concerning Social Media Cases*(August 18，2011)；Office of the General Counsel，Memorandum OM 12-31：*Report of the Acting General Counsel Concerning Social Media Cases*(January 24，2012).

⑥　*The Boeing Company*，365 NLRB No.154(2017).

⑥　*William Beaumont Hospital*，363 NLRB No.162(2016). 参考 *The Boeing Company*，见前注⑥。

⑥　*Hispanics United of Buffalo*，*Inc.*，359 NLRB No.37，slip op. at 2(2012).

发言人。⑥

实质上，雇员抗议所关注的问题必须超出个人恩怨。然而，正如阿尔伯特·迪亚兹（Albert Diaz）法官代表联邦第四巡回上诉法院所指出的："〔法律思忖〕雇员的动机可能既出于个人利益，也出于集体福祉，然而，这种对立的主张无论依据常识抑或先例都无法得到支持。"⑦

社交媒体争议中关注的第二个问题是有关雇佣条件的讨论。例如，雇员对有关人员配置的抗议是受保护的。同样，在雇主拓展商业合作的活动中，雇员对食品质量的抱怨也受到保护。其理由是雇员们担心，如果雇主的商业合作活动不成功的话，他们的雇佣条件将会被降低或是不复存在。另一方面，例如，酒吧雇员抱怨另一个调酒师"欺骗"顾客，奥巴马总统任上的总法律顾问认为，在这种情况下，尽管雇员担忧服务质量下降意味着其收入的减少，但这与雇员的雇佣条件没有直接关联。总法律顾问指出，调酒师欺骗顾客的事实已被第三方知晓，并将会导致顾客流失，这与对雇佣条件的关注是对立的。特朗普总统任上的总法律顾问和 NLRB 肯定会遵循这一方法。

劳动争议

NLRB 曾作出裁决，雇主禁止雇员展示各种工会的口号，包括写有"永久换掉菲茨"（菲茨是这家公司的总裁）的口号的做法，违反了 NLRA 的规定。⑪ 工会、雇员以及雇主的言论都可能会引发 NLRA 方面的法律问题。讨论工资和其他雇佣条件的能力"……是 NLRA 第七条的核心权利"。⑫ 例

---

⑥　*Medco Health Solutions of Las Vegas，Inc. v. NLRB*，701 F. 3d 710(D. C. Cit. 2012)。

⑦　*NLRB v. White Oak Manor*，452 Feb. Appx. 374，381(4th Cir. 2011)。

⑪　*Caterpillar Inc.*，321 NLRB 1178(1996)。第 1184 页的古德主席协同意见书表达了对现有 NLRB 和联邦最高法院判例的不满：

工会或雇主抗议的管理政策或等级制度的层级，与雇员的活动是否受到保护并无关联。很明显，资方代表参与雇佣条件制定的程度因公司而异。我认为，以影响管理政策为目的的协同行动与雇佣条件无关，不受 NLRA 的保护。事实上，特定公司等级结构或内部组织存在与否，并不能为雇员活动是否受到该法第七条保护提供适当的答案。

⑫　*Quicken Loans，Inc. v. NLRB*，830 F3d 542，548(D. C. Cir. 2016)。

如，在选举拉票活动中经常涉及种族问题。[73] 在一个选举案件中，工会拉票传单上出现了一位被解雇的雇员针对公司里的一桩性骚扰调查发表的言论——"黑人被白人错误地触摸超过三百年"，这一言论被 NLRB 裁定为是应被允许的。[74] 类似的，在雇佣诉讼中，为保护工会招募而承诺提供法律服务，则是不恰当的。[75] 在另一案件中，公司在横幅上列出因工会代表工人而被关闭的工厂的名字，NLRB 以二比一的投票结果认定，其行为超出言论自由的保护范围。[76]

　　监管人员不属于 NLRA 意义上的雇员，因此，一般情况下不受该法的196保护。尽管 NLRB 尝试用新的方法加速选举程序，但是在对支持工会的监管人员的身份[77]尚无定论的情况下举行投票，这类特定的争议会更加频繁地出现。NLRB 曾裁定，在某些情况下，亲工会的监管人员的行为（pro-union supervisory conduct）并不影响雇员在选举中的自由选择。[78]

　　一个与此相关的争议性问题是，对于被排除出 NLRA 适用范围的监管人员，他们的行为在何种程度上能被认定为受保护的行为。联邦第九巡回上诉法院推翻了一个 NLRB 保护监管人员行为的命令。该院指出，监管人员的下列行为是受保护的行为，如监管人员因为拒绝实施一项不当劳动行为而被解雇或惩戒，或者因向 NLRB 作证而被解雇或惩戒，以及将监管人员被解雇或惩戒作为解雇其手下工作的亲工会雇员的借口。[79] 当雇主的政策可能对谈判单位中的普通雇员产生胁迫作用时，该院拒绝接受 NLRB 所

---

[73] *Swell Mfg. Co.*，138 NLRB 66(1962).

[74] *Shepherd Tissue，Inc.*，326 NLRB 369(1998)(古德主席的协同意见书，第 369 页)。

[75] *Novotel New York*，321 NLRB 624(1966) 然而，各上诉法院却保护不力。见 *Freund Baking Co. v. NLRB*，165 F. 3d 928(D. C. Cir. 1999)。

[76] *Eldorado Tool*，325 NLRB 222(1997)(古德主席的反对意见书)。古德主席认为，横幅的内容是雇主为该地区其他工厂的反对者提供的可允许的参考，并不构成失业或工厂关闭的直接或间接威胁。古德主席指出，横幅中没有任何内容表明雇主因工会活动而报复雇员，即便雇主的陈述是不完整或不准确的，NLRB 也不应充当强迫雇主成为工会或任何政党辩护者的角色。

[77] *Northeast Iowa Telephone Co.*，346 NLRB 465(2006).

[78] *Harborside Healthcare，Inc.*，343 NLRB 906，909(2004)，哥伦比亚特区上诉法院肯定了这一观点。*Veritas Health Services，Inc. v. NLRB*，671 F. 3d 1267(D. C. Cir. 2012).

[79] *NLRB v. Nevis Industries*，647 F. 2d 905(9th Cir. 1981).

持的应为监管人员复职并补发工资的观点。该院提出的理由是,对雇员的
救济已经足够。而另一方面,联邦第三巡回上诉法院认定,一名监管人员因
其亲属参加工会组建活动而遭到报复性解雇,NLRB 有权命令雇主为该监
管人员复职。[80]

　　在另一相关案件中,因为一封寄给公司总裁的信批评一位经理,数位监
管人员和雇员遭到解雇,联邦第一巡回上诉法院在斯蒂芬・布雷耶(Ste-
phen Breyer)法官撰写的意见中指出,受保护的行动必须涉及雇员和他们
的工作条件。[81] 在这些案件中,涉及监管人员的行为是否受到保护的问题。
NLRB 的立场是,这类行为必须是雇员的关切和需求的一部分,NLRB 和法
院才能作出肯定的回应,并得出雇主违反法律的结论。然而,现在 NLRB
缩小了对监管人员提供保护的范围。在派克-罗伯・雪佛兰案(*Parker-
Robb Chevrolet*)[82]中,NLRB 认为:

　　　　……尽管我们承认因参与工会活动或协同行动而将监管人员解
　　雇,几乎必然对雇员产生间接或附带的影响,但是我们认为,不管这名
　　监管人员被解雇是因为他/她参与工会活动或协同行动,还是因为对
　　他/她的解雇与违法解雇法定雇员同时发生,或者因为以上两个原因,
　　这种对雇员的间接或附带的影响都不足以使"将监管人员排除出 NL-
　　RA 保护"这一普遍性的法律条款作出例外。因此,不管雇主是不是期
　　望甚至预料到,因监管人员参与工会活动或协同行动而将其解雇,这一
　　决定将导致雇员重新考虑甚至也许会放弃他们自己的协同行动或工会
　　活动,对于案件都是无关紧要的。无论雇主的主观意愿或期望如何,环
　　境不能改变其违法行为的性质。

　　　　……如果对监管人员的解雇影响到雇员行使 NLRA 第七条所规

---

　　[80]　*Kenrich Petrochemicals*,*Inc. v. NLRB*,907 F. 2d 400(3d Cir. 1990).

　　[81]　*NLRB v. Sheraton Puerto Rico Corp.*,651 F. 2d 49(1st Cir. 1981).

　　[82]　262 NLRB 402(1982),*aff'd sub nom. Automobile Salesmen's Union Local 1095 v.
NLRB*,711 F. 2d 888(D. C. Cir. 1988).

定的权利,那么这一行为是违法的,正如监管人员因作出与其雇主利益相悖的证词或者因他们拒绝实施不当劳动行为而被解雇一样。监管人员参与工会活动或协同行动,无论是他们自己为之还是与普通员工联合为之,雇主为此实施的解雇都是不合法的,原因很简单,雇员而不是监管人员享有受 NLRA 保护的权利。⑧

　　当然,雇主有权基于不受保护的行为解雇工人(例如,在经济压力案198中),但这并不意味着雇主真的会这样做。从增加而不是减少产业斗争的意义上来说,解雇或惩戒也许会适得其反。

　　那么,依据 NLRA 的规定,哪些属于受保护的经济压力措施呢?联邦最高法院曾认定,无论工会是否在场,离岗罢工(walkout)都是受保护的行为,无论法官认为这一行动是否是明智的。⑧ 而哥伦比亚特区上诉法院则判决,法律"不保护为从工会或雇主处获取信息而擅离工作的雇员"。⑧ 该院认为,在投诉程序解决了群体投诉(group grievances)的情况下,拒绝工

---

⑧　262 NLRB 402(1982), *aff'd sub nom. Automobile Salesmen's Union Local 1095 v. NLRB*, 711 F. 2d 888(D. C. Cir. 1988), at 404.

⑧　*NLRB v. Washington Aluminum Co.*, 370 U. S. 9(1962). 另见 *Northeast Beverage Corp. v. NLRB*, 554 F. 3d(D. C. Cir. 2009),法院指出,"*Washington Aluminum* 案表明,如果雇员的罢工不属于正在进行的有关'雇佣条款、条件或终身职位'的'劳动争议'的一部分,那么 NLRA 并不保护该罢工。本案中并没有这样的争议。相反,已经存在一项处理这些问题的集体谈判协议,并且正在针对环境发生的迫在眉睫的变化对其适用进行谈判"。同上,第 138 页。即使雇主拒绝工作是基于他们认为自己"浑身湿透、感到不适,并试图抗议他们的主管漠不关心",他们行为也是受保护的活动,见 *Quality C. A. T. V., Inc.*, 278 NLRB 1282(1986)。然而,联邦第七巡回上诉法院似乎认为罢工的合理性应由法官决定,见 *Bob Evans Farms, Inc. v. NLRB*, 163 F. 3d 1012(7th Cir. 1998); *Trompler Inc. v. NLRB*, 338 F. 3d 747(7th Cir. 2003)。

⑧　*Northeast Beverage Corp. v. NLRB*, 554 F. 3d 133(D. C. Cir. 2009),该案意见书对 2005 年 NLRB 一份极为复杂的裁决表现出怀疑的态度。该意见书指出 *Quietflex Mfg. Co.*, 344 NLRB 1055(2005)案的"适用可能无法预测"。Cf. *Wal-Mart Stores, Inc.*, 364 NLRB No. 118(2016)。

199作是不受保护的行为。㊱ 此外，违反劳资双方已经达成的申诉–仲裁条款
（grievance-arbitration clause）和禁止罢工条款（no-strike clause）的罢工也
200是不受保护的。㊲ 但是，如果当事人签订的集体协议中有重新谈判条款（re-

㊱　*Fortuna Enterprises*，*LP v. NLRB*，665 F. 3d 1295(D. C. Cir. 2011).法院宣布，那些申诉
程序"只用以处理个人问题，而不处理群体投诉"的 NLRB 先例是不恰当的，见 *HMY Roomstore*，
Inc.，344 NLRB 963，963 n. 2(2005).NLRB 对其先前裁决的重申被认为并不是"结果驱动的"，
其命令被执行是因为"具有合理性并有实质性证据的支持"，*Fortuna Enterprises*，*LP v. NLRB*，
789 F. 3d 154，162(D. C. Cir. 2015).

㊲　*NLRB v. Sands Mfg. Co.*，306 U. S. 332(1939).Cf. *Time Warner Cable New York City*，
LLC.，366 NLRB No. 116(2018).在"严重"的不当劳动行为案件中，这一规则存在例外；see
Arlan's Department Store，188 NLRB 802，807(1961)；*Mastro Plastics v. NLRB*，350 U. S. 270
(1956)；*NLRB v. Northeast Oklahoma City Mfg. Co.*，681 F. 2d 6691(10th Cir. 1980)；*Dow
Chemical Co. v. NLRB*，686 F. 2d 1852(3d Cir. 1980)；*Caterpillar Tractor Co. v. NLRB*，658 F.
2d 1242(7th Cir. 1981).NLRB 曾裁定，当集体谈判协议中存在一个广泛的禁止罢工条款时，同情
罢工(sympathy strike)是不受保护的行为。*Indianapolis Power & Light Company v. NLRB*，898
F. 2d 524(7th Cir. 1990)(enforcement granted).然而，集体谈判协议中的弃权声明(waiver)必须是
清楚无误的。*Children's Hospital Medical Center v. Cal. Nurses Ass'n*，283 F. 3d 1188(9th Cir.
2002).*Pacemaker Yacht Co. v. NLRB*，663 F. 2d 455(3d Cir. 1981)；*International Brotherhood of
Electrical Workers*，*Local 803 v. NLRB*，826 F. 2d 1283(3d Cir. 1987)；*Just Born*，*Inc. v. Local
Union No. 6*，*BCTGM*，No. 16-5114，2017 WL 6731647(U. S. D. C. E. D. Pa. Dec. 29，2017).
雇主对工会干部煽动或参与不受保护的罢工而实施的报复行为，只有在集体谈判协议中有明确
的弃权声明的情况下，才能被认为是正当的。*Metropolitan Edison Company v. NLRB*，460 U. S.
693(1983).当工会干部因参与这些行动而面临解雇时，NLRB 裁定，在集体谈判协议存续期间解
除其工会职务的做法是合法的。另外，即便在禁止罢工条款的约束下从事罢工活动，如有客观证
据证明该行为是由于"异常危险"的工作条件所引发的，那么该罢工仍会被认为是受保护的行为。
Gateway Coal Co. v. Mine Workers，414 U. S. 368(1974)；*Anaconda Aluminum Co.*，197 NLRB
336(1972)；*TNS*，*Inc.*，309 NLRB 1348(1992).同时，联邦最高法院也曾判决，NLRA 第八条
(d)款所规定的劳动契约期满前一段时间的冷静期(cool-off period)，使当事人负有不得采取罢工
或闭厂行动的义务，见 *NLRB v. Lion Oil Co.*，352 U. S. 282(1957)，在这种情况下，如果工会违
反此项义务，则劳工将会丧失 NLRA 所规定的"雇员"地位，*Fort Smith Chair Co.*，143 NLRB
514，*enforced* 886 F. 2d 788(D. C. Cir. 1968).NLRB 也曾裁定，向调解机关正式提交成文法上
所规定的通知书的义务，应由主动提议修改劳动契约的一方当事人单独承担，如果主动提议的一
方未能提交通知书，则无法阻却另一方当事人采取合法的经济性行动。*United Artists Communi-
cations*，*Inc.*，274 NLRB 75(1985)，overruling *Hook Chemical Corp.*，224 NLRB 1535(1976)，

opener)，允许他们像合同到期时那样进行谈判，那么禁止罢工条款并不适用于这种情况下发生的罢工，除非当事人自己特别禁止这类罢工。[88]同样，如果集体协议规定，"纪念期"(memorial period)是"合同授权的可以基于任何理由、无理由或特定理由而发起的停工，就一个可仲裁的争议对雇主施加经济压力"，那么罢工是受保护的。[89]

至于怠工，根据各联邦法院的观点，一般也是不受保护的，因为这一行为试图要求雇主接受雇员自行确定的雇佣条款。[90]然而，一致拒绝加班是受保护的行为，除非雇员"反复拒绝强制加班(mandatory overtime)……因为这一行为构成经常性或间歇性罢工，并发展为雇员单方决定工作条件"。[91]最后，那种发生在20世纪30年代的暴力罢工、静坐或占领工厂同样是不受

(接上页注释) *enf. denied* 573 F. 2d 965(7th Cir. 1978). 如果雇主鼓动工会在60天的期间内举行罢工，则雇主不得请求 NLRA 第八条(d)款本该提供的保护。*ABC Automotive Products Corp.*，307 NLRB 248(1992). 哥伦比亚特区上诉法院虽有意见分歧，但是判决认为，在职业介绍所中可以被介绍给许多雇主的求职者，他们是缺乏 NLRA 第8条(d)款保护的雇员，尽管他们不是发生劳动争议的特定雇主的雇员。*Theatrical Employees Local 39 v. NLRB*，334 F. 3d 27(D. C. Cir. 2003). 参考特别是大卫·泰特(David Tatel)法官那篇优秀的反对意见书，见第37页。

[88]　*Hydrogics*，*Inc.*，293 NLRB 1060(1989). NLRB 在 *Speedrack*，*Inc.*，293 NLRB 1054(1989)案中指出，应当依据重新谈判条款进行全面谈判，否则只会强加某些条件，使"重新开始的谈判变成一场哑谜游戏，几乎无法区别于在没有重新协商条款的情况下可能合法进行的商谈"。同上，第1055页。

[89]　*Chevron Mining*，*Inc. v. NLRB*，684 F. 3d 1318，1326(D. C. Cir. 2012).

[90]　*Elk Lumber Co*，，91 NLRB 333(1950)；*NLRB v. Montgomery Ward & Co. Inc.*，157 F. 2d 486，496(8th Cir. 1946). 参见 W. B. Gould，"The Status of Unauthorized and (Wildcat) Strikes under the National Labor Relations Act," 52 *Cornell L. Q.* 672(1967)；Joseph Landry，"Fair Responses to Unfair Labor Practices: Enforcing Federal Labor Law Through Nontraditional Forms of Labor Action," 116 *Colum. L. Rev.* 147(2016).

[91]　*Mike Yurosek & Son*，*Inc.*，306 ULRB. 1037(1992)；*Mike Yurosek & Son*，*Inc.*，310 NLRB 831(1993).

保护的。[92]

201 罢工

罢工本身是受保护的行为,尽管未经授权的或野猫罢工(wildcat stoppages)是不受保护的,因为这类罢工贬低了专属谈判代表的地位,本该由他们代表适当的谈判单位内全体雇员发声。罢工行动中既包括异见群体,也包括与工会政策一致的群体。[93]当 NLRB 和联邦法院认定罢工的目标与工会的政策相一致时,这种罢工就被界定为经授权或经批准的罢工,因此,依

---

[92] *NLRB v. Fansteel Metallurgical Corp.*，306 U. S. 240(1939)；*Johns-Manvilk Products Corp. v. NLRB*，557 F. 2d 1126(5th Cir. 1977)；*NLRB v. Pepsi-Cola Bottling Company*，449 F. 2d 824(5th Cir. 1971)；*Roseville Dodge v. NLRB*，882 F. 2d 1335(8th Cir. 1989)；*Molon Motor and Coil Corp. v. NLRB*，965 F. 2d 532(7th Cir. 1992).见丹尼斯委员(Member Dennis)在 *Waco*, *Inc.*，273 NLRB 746(1985)案中的反对意见书,见 Gould, op. cit. NLRB 的立场是,言语和肢体行为都可能构成罢工中的不当行为,这证明雇主拒绝为罢工者复职是正当的,见 *Clear Pine Mouldings*, *Inc.*，268 NLRB 1044(1984).在这项裁决中,NLRB 否定了 *Thayer* 案的原则,该原则平衡了雇主不当劳动行为的严重性与罢工者不当行为的严重性。"因此,罢工不当行为标准为行为不当的雇员提供了比他们在正常就业过程中更大的保护,使他们免受惩戒。"*Consolidated Communications*,*Inc. v. NLRB*,837 F. 3d 1,8 (D. C. Cir. 2016).比较 *Manor Care of Kingston*,*Pa LLC v. NLRB*,823 F. 3d 81(D. C. Cir. 2016).此外,雇主对同样犯有不当行为的罢工者与非罢工者给予差别待遇是非法的,见 *Garrett Railroad Car v. NLRB*，683 F. 2d 731(3d Cir. 1982)；以及乔纳森委员(Member Johansen)在 *Bingham-Williamette Co.*，279 NLRB 270(1986)案中的反对意见书。

[93] *The Emporium Capwell Co. v. Western Addition Community Organization*，420 U. S. 50 (1975)；*NLRB v. Draper Corp.*，145 F. 2d 199(4th Cir. 1944).参见 *Burlington Northern & Santa Fe Railway Co. v. Brotherhood of Maintenance Way Employees*，286 F. 3d 803(5th Cir. 2002) [在认定工会反复使用突然罢工(surprise strike)的手段违反了《铁路劳动法》之后,法院颁布优先禁令(preemptive injunction),要求罢工前提前 10 天通知,因为工会没有"竭尽全力"在罢工前解决所有争议,也没有用尽法律规定的强制解决机制]。拒绝跨越纠察线和罢工一样是受到保护的,见 *NLRB v. Rockaway News Supply Co.*，*Inc.*，345 U. S. 871(1953)；*NLRB v. Southern Greyhound Lines*，426 F. 2d 1299(5th Cir. 1970)；*NLRB v. L. G. Everist*，*Inc.*，334 F. 2d 312(8th Cir. 1964)；*ABS Co.* 269 NLRB 774(1984)；*Business Services by Manpower*，*Inc.*，272 NLRB 827 (1984)；*Dave Castellino & Sons*，277 NLRB 453(1985)。

据 NLRA 的规定是受保护的。[94] 奥巴马总统任上的 NLRB 直截了当地指出：“我们同意罢工未得到授权，但我们不同意它不受保护。”[95]事实上，个人202罢工，在本案中是为了“争取 15 美元”的目标，是为协助或支持工会而进行的受保护行动。[96] 1974 年，NLRA 修正案将适用范围扩大至医疗保健雇员，修正案要求工会（而不是雇员）在罢工前 10 天发出通知——若雇员个人不报到上班而又未能通知雇主，便会产生一种可以合理预见的、迫在眉睫的危险，雇员因此会被雇主拒绝复职。[97]

　　NLRA 第十三条特别指出，NLRA 中的任何内容均不得意图干预罢工权。然而，法律对这一权利存在许多限制，其中一个规定是《塔夫特–哈特利修正案》禁止紧急状态时影响国家安全和稳定的罢工。[98] 在这种情况下，修正案授权总统任命一个咨询委员会对争议展开调查，但是该委员会并不提203出具体建议。因为塔夫特参议员认为，当事人双方会感到接受建议的压力太大，以至于被迫接受，从而发展为传统上美国劳资双方都极为憎恶的强制

---

　　[94]　*NLRB v. R. C. Can Co.*，328 F. 2d 974(5th Cir. 1964)；Gould，op. cit.，at 670-80，682-90，前注[38]。但是，几家联邦上诉法院随后发出警告，*R. C. Can* 案的适用必须“极为谨慎”，见 *NLRB v. Shop Rite Foods*，430 F. 2d 786，790(5th Cir. 1970)。NLRB 表现出对这一观点的认同，见 *Energy Coal Income Partnership 1981-1*，269 NLRB 770(1984)；*AAL，Inc.*，275 NLRB 84(1985)。参见 *Silver State Disposal Service，Inc.*，326 NLRB 84(1998)(古德主席的反对意见书，第 88 页)。

　　[95]　*Coca-Cola Puerto Rico Bottlers*，362 NLRB. No. 125(2015)。但华盛顿特区巡回上诉法院指出：“……雇员知道工会不赞成罢工，这样看来继续罢工的雇员可能是基于自己的罢工理由代表自己在进行罢工。”*CCI Ltd. P'ship v. NLRB*，898 F. 3d 26，34(D. C. Cir. 2018).

　　[96]　*RoHoHo，Inc.，d/b/a Pap John's Pizza，No.* 506-0128(Advice Memorandum，Office of the General Counsel，September 8，2017).

　　[97]　*NLRB v. Special Touch Home Care Servs.，Inc.*，708 F. 3d 447(2d Cir. 2013).

　　[98]　29 USC. §§ 176 et seq. (2012)。见例如 *United Steelworkers v. United States*，361 U. S. 39 (1959)；*Youngstown Sheet and Tube Co. v. Sawyer*，343 U. S. 579(1952)(the steel seizure case)。地区法院依据这一规定颁布禁令的判例见，例如 *United States v. Pacific Maritima Ass'n*，229 F. Supp. 2d 1008(N. D. Cal. 2002)；*United States v. Int'l Longshoremen's Ass'n.*，337 F. Supp. 381(1971)；*United States v. Portland Longshoremen's Benevolent Society*，336 F. Supp. 504(D. Me. 1971)；*United States v. Int'l Longshoremen's Ass'n.*，293 F. Supp. 97(S. D. N. Y. 1968)；*United States v. Int'l Longshoremen's Ass'n.*，246 F. Supp. 849(S. D. N. Y. 1964)；*United States v. Int'l Longshoremen's Ass'n.*，116 F. Supp. 255(S. D. N. Y. 1953)。但是，必须注意到在 *United States v. Int'l Longshoremen's Ass'n.*，335 F. Supp. 501，507(N. D. Ill. 1971)，*aff'd* 1971 WL 2992(7th Cir. 1971)案中，法院不“允许将[29 U. S. C.]§178 解释为将经济损害作为操控'国家健康或安全'的工具”。

仲裁。[99] 咨询委员会向总统提交报告后,大律师即被授权在联邦地区法院申请一项 80 天的禁令,在 80 天的禁令到期前 15 天,工人会就雇主提出的最后出价进行投票。

在《塔夫特-哈特利修正案》时期,理论认为,工人们会愿意接受他们争强好胜又缺乏理智的工会领导人所不能或不愿接受的出价。[100] 但是这种理论被证明是大错特错的,任何一个最后出价都被投票否决了,因为实际情况更可能是,普通工人向工会领导人施加压力,促使他们更加激进,而工会领导人则极力主张有所节制。任何由外部机构(在这里就是 NLRB)举行的选举,都可能演变成工会与雇主之间的对抗,以及工人是否支持其工会的投票。事实上,劳资双方的确会陷入这样的局面。最后,工人们很清楚,根本就不存在所谓的最后出价——特别是对公共部门工人的出价。因此,这部分紧急状态罢工规定(emergency strike provisions)并未得到贯彻执行。在1978 年煤炭工人罢工中,当总统启动《塔夫特-哈特利修正案》规定的程序时,被指定审理这一案件的地区法官拒绝颁布永久禁令,因为临时禁令并未得到遵守,而且政府似乎对监督禁令的执行缺乏热情。最近一次使用这一204 程序是针对 2002 年的长岛封锁(Longshore lockout),禁令的颁布[101]催生了集体谈判协议。[102] 与此同时,必须承认,当《塔夫特-哈特利修正案》规定的程序启动时,几乎没有争议是解决不了的,且未借助其他立法或者程序。[103]

---

⑨　NLRA §§ 206-10.

⑩　Sen Rep. No. 105 on S. B. 11 1126. Cong. Rec. 3951 Sen. (April 23，1947)(参议员塔夫特的讲话)。处理这类争议的经验记录在 *National Emergency Disputes Under the Taft-Hartley Act*，1947-77(U. S. Dept. of Labor Bureau of labor Statistics 1978：Report 542)中。

⑪　*United States v. Pacific Maritime Association*，229 F. Supp. 2d 1008(N. D. Cal. 2002). 关于这一争议,参见 William B. Gould Ⅳ，"Better Laws to Settle the Port Labor Dispute," *New York Times*，October 10，2002，A39.

⑫　See Steven Greenhouse，"Both Sides See Gains in Deal to End Port Labor Dispute," *New York Times*，November 25，2002，at A14.

⑬　最近的一个关于参与紧急情况罢工条款的潜在事例出现在 2012 年东海岸码头的集体谈判。Steven Greenhouse，"Dockworkers Prepare to Strike," *New York Times*，December 27，2012，at B1；Steven Greenhouse，"Partial Deal with Union Averts Strike at 14 Ports," *New York Times*，December 29，2012，at B1.

既然第十三条规定了罢工权不得被 NLRA 中的任何内容所妨碍，外行可能会认为罢工权在某种程度上是宪法性权利。在法国和瑞典存在着有限的宪法性罢工权。也有些人提出，日本宪法中有关保护"工人组织、谈判和集体行动权利"的规定能够达到同样的目标。欧洲法院在具有里程碑意义的拉瓦尔案（*Laval*）[104]和维京案（*Viking*）[105]中认为，罢工权本身从 1957 年《罗马条约》开始就一直受到保护，尽管存在欧盟宪法上的罢工权，但该权利的行使必须是"相称的"，不得干预雇主跨国境的流动自由。[106]

然而，在美国，联邦最高法院拒绝认定罢工权能从宪法中推断出来。[107]205 1938 年，NLRB 诉麦凯无线电报公司案（*NLRB v. Mackay Radio & Telegraph Company*）[108]的裁决使 NLRA 提供的保护遭遇困境。联邦最高法院在该案中认定，虽然罢工是受保护的行为，但是雇主有权永久地使用罢工替代者来代替罢工的雇员。换句话说，即使雇主不解雇或不惩戒参与罢工的

---

[104]　C-341-05, *Laval un Partneri Ltd v Svensaka Byggnadsarbetareförbundet, Svenska Byggnadsarbetareförbundets avd. 1, Byggettan, Svenska Elektrikerförbundet*（E. C. J. 2007）（"Laval"）. See Federico Fabbrini, "Europe in Need of a New Deal: On Federalism, Free Market, and the Right to Strike," 43 *Geo. J. Int'l L.* 1175(2012).

[105]　C-438/05, *The International Transport Workers' Federation and the Finnish Seamen's Union v Viking Line ABP and OÜ Viking Line Eesti*（E. C. J. 2007）（"Viking"）.

[106]　See generally Phil Syrpis and Tonia Novitz, "Economic and Social Rights in Conflict: Political and Judicial Approaches to Their Reconciliation," 33 *European Law Review* 411(2008); Harm Schepel, "Constitutionalising the Market, Marketising the Constitution, and to Tell the Difference: On the Horizontal Application of Free Movement Provisions in EU Law," 18 *Euro. L. J.* 177 (2012); Sacha Prechal and Sybe de Vries, "Seamless Web of Judicial Protection in the Internal Market?" 34 *Euro. L. Rev.* 5(2009); Christian Joerges and Florian Rödl, "Informal Politics, Formalised Law and the 'Social Deficit' of European Integration: Reflections After the Judgment of the ECJ in *Viking* and *Laval*," 15 *Euro. L. J.* 1(2009); A. C. L. Davies, "One Step Forward, Two Steps Back? The *Viking* and *Laval* Cases in the ECJ," 37 *Industrial Law Journal* 126(2008); Mia Rönnmar, "*Laval* Returns to Sweden: The Final Judgment of the Swedish Labour Court and Swedish Legislative Reforms," 39 *Indus. L. J.* 280(2010).

[107]　*Dorchy v. Kansas*, 272 U. S. 306(1926), *UAW v. Wisconsin Employment Relations Board*, 336 U. S. 245(1949); *United Federation of Postal Clerks v. Blount*, 325 F. Supp. 879(D. C.), *aff'd*, 404 U. S. 802(1971). 但是，根据联邦法优先原则，各州不能限制私营部门的紧急情况罢工。*International Union UAW v. O'Brien*, 339 U. S. 454(1950); *Street Employees Division 1287 v. Missouri*, 374 U. S. 74(1963).

[108]　304 U. S. 333(1938).

工人，为了维持生产和工厂开门运营，雇主通过招募罢工替代者永久性地取代罢工的工人是具有商业正当性的，因此，这恰恰就剥夺了雇员的工作保障，就如同他们因罢工被解雇或惩戒一样。[参议院曾在1991年投票反对麦凯案的判决，但是1992年，众议院用阻挠议事的方式使法案胎死腹中。在1992年选战中，克林顿总统对这项立法表示支持。1993年，法案虽被再次提出，但却无疾而终。与此同时，克林顿总统颁布了一项行政命令，禁止政府承包商使用经济替代措施（economic replacements），但是哥伦比亚特区上诉法院宣布该命令为非法。][⑩⑨]

206　　麦凯案产生一个极为致命的后果，它为雇主提供一个绝佳机会，不仅可以摆脱工人和支付养老金的义务，而且可以铲除工会本身。必须记住，依据《塔夫特–哈特利修正案》，当是否应当由工会代表工人存在疑问的时候，雇主有权提出申请要求NLRB举行选举。当许多参加罢工的工人被替代后，雇主有权以参与选择工会的工人已不在工人队伍中为由，向NLRB提出申请。然而，联邦最高法院曾以五比四的投票结果作出判决认为，雇主无权主张其有合理的依据质疑工会的多数支持，因为罢工替代者被推定为是反对工会的。[⑩⑩]

　　《塔夫特–哈特利修正案》之后的12年间，NLRB不准许被永久替代的、参加经济性罢工的工人在选举中投票，但是1959年修正案准许这些罢工者在罢工开始后的12个月内投票。[⑪⑪] 这在一定程度上弱化了麦凯理论恶劣的影响。

---

　　⑩⑨　*Chamber of Commerce v. Reich*，74 F. 3d 1332(D. C. Cir. 1996).

　　⑩⑩　*NLRB v. Curtin Matheson Scientific，Inc.*，494 U. S. 775(1990). 但是，联邦第七巡回上诉法院判决认为，工会无权获得罢工替代者的姓名，即使没有证据证明披露其姓名会导致对这类雇员进行骚扰的"明显且现实的危险"，由此工会有效代表这些雇员的能力被削弱，见 *Chicago Tribune Co. v. NLRB*，962 F. 2d 712(7th Cir. 1992).

　　⑪⑪　29 USC § 159(c)(3)(2012). 无论罢工替代者是通过招募外界的永久替代者还是由谈判单位内的人员担任，这种投票权都是存在的，见 *St. Joe Minerals Corp.*，295 NLRB 517(1989). 此外，如果系争的职位是由于其他经济原因被撤销的，与罢工本身并无任何直接关联，则这种投票权也随之终止，见 *Kable Printing Co.*，238 NLRB 1092(1978)；*K&W Trucking Co.*，267 NLRB 68(1983)；*Lamb-Grays Harbor Co.*，295 NLRB 355(1989). NLRB裁定，工人即便遭遇临时裁员(laid off)但是有合理的预期被召回，超过12个月的限制后便不再有投票权，见 *Thoreson-McCosh Inc.*，329 NLRB 630(1999)[委员福克斯(Member Fox)和里伯曼(Liebman)的反对意见书]。

　　公平地讲，对麦凯理论设置的限制已经越来越多。当罢工部分是由于雇主的不当劳动行为而引起时，雇员有权请求复职。在雇主实施不当劳动[207]行为而引发罢工后，如果雇员提出无条件恢复工作，他们还有权获得补发工资。[112] 在一个类似于麦凯案的经济性罢工案件中，联邦最高法院认为，雇主不得提出对罢工替代者提供额外的年资，即便雇主能够证明这一提议对维持生产运营是必需的。[113]

　　联邦最高法院认为，使用这样的"超级年资"（super-seniority）* 作为反击罢工的工具，就算不会摧毁罢工武器，也会极大地削弱其力量，该院正是基于这一事实得出结论。虽然该院拒绝重新评估麦凯案所持的雇主有权雇佣罢工替代者的立场，但是将两个案件区分开来是很困难的。尽管如此，该院仍基于下列理由作出区分：超级年资会影响所有罢工者的终身职位[208]（tenure），而罢工替代者影响的只是实际被替代的工人；实行超级年资必然

---

　　[112]　*NLRB v. International Van Lines*，409 U. S. 48（1972）。罢工的恢复与无条件返回工作岗位的提议并不矛盾，见 *Dilling Mechanical Contractor v. NLRB*，107 F. 3d 521（7th Cir. 1997）。每个雇员必须做出无条件返回工作岗位的提议，见 *Allied Mechanical Services v. NLRB*，113 F. 3d 623（6th Cir. 1997）；以及 *Climate Control Corporation*，251 NLRB 751（1980）。"在经济性罢工期间，雇主的不当劳动行为并不会因其本身因素（ipso facto）就将该罢工转变为一项不当劳动行为。在这种情况下，总法律顾问必须证明，雇主的不法行为是造成罢工延长的一个因素，但不必是唯一或重要的因素。在决定这种因果关系时，总法律顾问可以同时依赖主观与客观因素"，见 *Chicago Beef Co.*，298 NLRB 1039，1039（1990）；*enforced* 944 F. 2d 905（6th Cir. 1991）；*C-Line Express*，292 NLRB 638（1989），*enf. denied on other grounds*，873 F. 2d 1150（8th Cir. 1989）；"非法解雇行为在本质上具有一种延长罢工的合理倾向，从而它们往往会对判断是否转变为不当劳动行为罢工提供充分的依据。"为了确定雇员是否属于不当劳动行为罢工者，则必须证明在不当劳动行为与该罢工之间存在一种因果关系，见 *L. A. Water Treatment*，*Division of Chromalloy American Corp.*，286 NLRB 868（1987）；*Typoservice Corp.*，203 NLRB 1180（1973）；*Gloversville Embossing Corp.*，297 NLRB 182（1989）。在罢工期间，如果某项违法行为并未被完全纠正，并不会使罢工转变为不当劳动行为罢工，除非该行为构成罢工的一项促成原因，见 *General Industrial Employees Union*，*Local 42*，*Distillery Workers International Union v. NLRB*，951 F. 2d 1308（D. C. Cir. 1991）。被解雇的罢工者有权从解雇之日起获得补发工资，而无须提出复职的请求，见 *Abilities & Goodwill*，*Inc.*，241 NLRB 27（1979）；以及 *NLRB v. Lyon & Ryan Ford*，*Inc.*，647 F. 2d 745（7th Cir. 1981）。

　　[113]　*NLRB v. Erie Resistor Corp.*，373 U. S. 221（1963）。

　　*　超级年资是指与实际服务年限无关的年资。在美国，雇主有时会给予退伍士兵或是工会干部超级年资，特别是为确保工会干部在任职期间被雇主连续雇用。——译者

对参与罢工的工人而不是对非罢工者造成损害;超级年资是一种赋予个人权益的行为,以诱使雇员放弃罢工,而雇主作出的权益许诺通常被认为是非法的;使用新的罢工替代者并赋予其超级年资,会对罢工的努力造成严重的冲击;未来的谈判对工会而言也会变得困境重重,因为具有超级年资的雇员与其他雇员之间存在内在的紧张关系。

尽管联邦最高法院屡次将 NLRA 作为解释《铁路劳动法》的基础[⑭],但是 1985 年联合航空公司(United Airlines)罢工,当时公司却给予替代飞行员超级年资,凸显了法律解释不一致的问题。[⑮] 然而,联邦第七和第十一巡回上诉法院作出判决认为,依据《铁路劳动法》,这类行为似应视为非法行为。[⑯] 同时,在环球航空公司诉独立空乘人员联合会案(*Trans World Airlines Inc. v. Independent Federation of Flight Attendants*)[⑰]中,联邦最高法院将麦凯案所确立的规则适用于一个《铁路劳动法》的案件。在该案中,雇主拒绝在罢工结束后临时裁减年资较浅的罢工替代者,以便让更多的资深全职罢工者复职。事实上,对航空业的解除管制似乎已经促使该行业的不当劳动行为诉讼不断增加。

联邦最高法院随后对麦凯原则施加更一步的限制,认定因生产扩大或人员流失而产生新的工作岗位时,雇主应当向被替代的罢工者提供重新雇佣

---

　⑭　*Brotherhood of Railroad Trainmen v. Jacksonville Terminal Co.*, 394 U. S. 369(1969).

　⑮　事实上,在 *Erie Resistor* 案之前,某下级法院曾判决,根据麦凯案,应允许雇主为罢工替代者提供年资奖励。在联合航空公司案中,该公司也拒绝雇佣未穿越纠察线的培训生,参见"United Strike: It's a matter of Principle now," *Business Week*, June 10, 1985, at 48, col. 1. 在 *Phelps Dodge v. NLRB*, 313 U. S. 177(1941)案中,雇主的行为依据 NLRA 将是非法的,然而根据《铁路劳动法》是否非法,联邦最高法院仍未提供答案。

　⑯　在 *Airline Pilots Association v. United Airlines, Inc.*, 802 F. 2d 886(7th Cir. 1986)案中,联合航空公司的做法被联邦第七巡回上诉法院判定为违法。此外,联邦第十一巡回上诉法院在 *Eastern Airlines v. Airline Pilots Association*, 920 F. 2d 722(11th Cir. 1990)案中也得到相同的结论。Cf. *International Association of Machinists and Airspace Workers, AFL-CIO v. Alaska Airlines, Inc.*, 813 F. 2d 1038(9th Cir. 1987); *Nelson v. Piedmont Airlines*, 750 F. 2d 1284(4th Cir. 1984); *Brotherhood of Locomotive Firemen and Engineermen v. National Mediation Board*, 410 F. 2d 1025(D. C. Cir. 1969); *Airline Pilots Association v. Alaska Airlines*, 785 F. 2d 328(9th Cir. 1984).

　⑰　489 U. S. 426(1989).

的机会。⑱ 该院指出，NLRA 第二条（3）款规定，由于劳动争议而中断工作的个人，在他/她获得一份正式的或实质上对等的工作之前，仍然是该法意义上的雇员。⑲ 相反，工会没有绝对的权利获得罢工替代者的家庭住址。⑳210 被替代的罢工者在他们的替代者离开时有获得工作的优先权。㉑ NLRB 也曾裁定，雇主为这些工人复职的义务不得设置时间限制㉒。然而，联邦第七

---

⑱　*NLRB v. Fleetwood Trailer Co.*，389 U. S. 375(1967)．当然，有关永久替代者是否已经被雇佣的问题也是一个重要的问题。NLRB 曾裁定，当雇主指明在罢工后他们可以成为永久雇员的情况下，罢工替代者并不是永久雇员，见 *Target Rock Corp.*，324 NLRB 373(1997)，*enforced* 172 F. 3d 921(D. C. Cir. 1998)．当罢工替代者在罢工结束时尚未完成面试后的测试时，他们不得作为临时雇员被解雇，见 *Solar Turbines Inc.*，302 NLRB 14(1991)．同样，NLRB 曾认定，如果雇佣罢工替代者的部门在罢工期间一直被关闭，则永久替代者不能将罢工者排除在外，见 *Waterbury Hospital v. NLRB*，950 F. 2d 849(2d Cir. 1991)．罢工结束后超过 6 个月以上，雇主仍未能考虑罢工者无条件返回工作的提议时，则可能违反 NLRA 的规定，见 *Teledyne Industries，Inc.*，298 NLRB 982(1990)．

⑲　同上，第 378 页。有关罢工者获得了正式的、实质上对等的雇佣的证明责任应由雇主承担，见 *Arlington Hotel Co.*，273 NLRB 210(1984)；*Salinas Valley Ford Sales，Inc.*，279 NLRB 679(1986)；*Oregon Steel Mills，Inc.*，300 NLRB 817(1990)．罢工者对职位的任职资格以及该职位是否实质上对等的问题是相互交织的，然而仅仅由于罢工者对职位具有任职资格，并不能完全解决这些职位是否与他们先前的职位实质上对等的问题，见 *Rose Printing Co.*，304 NLRB 1076 (1991)；*California Distribution Centers，Inc.*，308 NLRB 64(1992)．如果罢工者拒绝接受复职的提议，因为该职位与其先前的职位相比并不相同或是实质上对等，并不会使其"丧失获得完全恢复先前职位或是实质上对等的职位的资格"。因未能恢复对等职位而从事不当行为的雇员不能免于解雇或者惩戒，见 *NLRB v. D&D Enterprises*，125 F. 3d 200(4th Cir. 1997)．同样，雇主并没有提供这种提议的义务，见 304 NLRB at 10．雇主将罢工者调到其他工厂的做法，并不必然排除该职位是实质上对等的认定结论，见 *NLRB v. American Olean Tile Co.*，826 F. 2d 1496(6th Cir. 1987)．

⑳　*Chicago Tribune Co. v. NLRB*，79 F. 3d 604(7th Cir. 1996)．

㉑　*Laidlaw v. NLRB*，414 F. 2d 99(7th Cir. 1969)；*American Machine Corp. v. NLRB*，424 F. 2d 1821(5th Cir. 1970)．至于有关决定罢工替代者是否能因罢工者行使 NLRA 第七条的权利而被临时裁减或者解雇的问题，见 *Harrison Ready Mix Concrete，Inc.*，272 NLRB 331(1984)．由于这类争议具有不可避免的复杂性，因此，雇主在工会组建期间对罢工者的权利可作何评论，极易引发争议，例如，*Eagle Comtronics，Inc.*，263 NLRB 515(1982)；*Tri-Cast，Inc.*，274 NLRB 377(1985)；*John W. Galbreath & Co.*，288 NLRB 876(1988)．

㉒　*Brook Research and Manufacturing*，202 NLRB 684(1978)．但是，联邦第七巡回上诉法院认可了商业正当性抗辩，见 *Giddings & Lewis，Inc. NLRB*，710 F. 2d 1280(7th Cir. 1983)．当返回工作的罢工者在岗位上从事破坏活动，那么商业正当性抗辩并不一定能成立，见 *Diamond Walnut Growers，Inc.，v. NLRB*，113 F. 3d 1259(D. C. Cir. 1998)(en banc)．

巡回上诉法院却认为，罢工者无权取代被裁减的罢工替代者。[123] 奥巴马总统任上的 NLRB 认为，如果为了独立和非法的目的雇佣永久性替代者，则违反了 NLRA。[124]

211   另一个有意思的问题是，雇主提出支付或提供给罢工替代者的权益，可以高于或低于它曾向罢工者提供或提出的标准。[125] 1998 年，克林顿总统任上的 NLRB 支持了这一原则。[126]

罢工问题由于非法解雇诉讼的确立又增加了一个新的维度。这些非法解雇诉讼是以违约或虚假陈述为由，由那些为了给罢工后复职的雇员腾出位置而被解雇的罢工替代者提起的。在贝尔纳普公司诉黑尔案（*Belknap, Inc. v. Hale*）中[127]，联邦最高法院以六比三的投票结果判决，根据 NLRB 提出的和解方案，有必要将罢工者恢复原职而需要解雇罢工替代者时，这类损害赔偿诉讼可以在州法院解决。有观点认为，这类诉讼将妨碍劳动争议解决中"经济力量自由博弈"的联邦劳动政策，因而应由联邦法院优先管辖，然

---

[123] *Giddings & Lewis v. NLRB*，675 F. 2d 926(7th Cir. 1982). NLRB 认为，整个问题的核心是永久替代者是否具有"被召回工作的合理期待"，至于有关替代者被召回工作合理期待的客观要件，主要包括：雇主以往商业经验的证据、雇主未来的计划、临时裁员的时间长短、临时裁员的情况以及雇员被告知的召回工作的可能性……"*Aqua-Chem，Inc.*，288 NLRB 1108(1988)，*enforced* 910 F. 2d 1487(7th Cir. 1991)；*Lone Star Industries，Inc.*，279 NLRB 550(1986)；*Mike Yurosek & Son，Inc.*，295 NLRB 304(1989)；*Delta-Macon Brick & Tile，Inc.*，297 NLRB 1044(1990)，*enf. denied* 943 F. 2d 567(5th Cir. 1991)；*NLRB v. Bingham-Willamette*，857 F. 2d 661(9th Cir. 1988).

[124] *American Baptist Homes of the West*，364 NLRB No. 13(2016). 依据最初在 *Hot Shoppes，Inc.*，146 NLRB 802(1964)案中确定的"独立和非法目的"表述，NLRB 否决了非法动机必须与罢工无关的主张，认为本案中的非法行为是基于雇佣声明认定的。该声明指出，找来永久替代者是为了给罢工者"一个教训"，以确保他们不会再次罢工。

[125] 见例如 *Service Electric*，281 NLRB 633(1986).

[126] *Detroit Newspapers*，326 NLRB 700(1998)(古德主席的反对意见书)，*rev. granted* 216 F. 3d 109(D. C. Cir. 2000).

[127] 463 U. S. 491(1983). Cf. *Deeds v. Decker Coal Co.*，805 P. 2d 1270(Mont. 1990).

而,怀特大法官代表法庭的五位成员[128]驳斥了这种观点[129]。布伦南大法官、马歇尔大法官和鲍威尔大法官则提出反对意见,认为麦凯案所确立的雇主使用罢工替代者的权利已被这类诉讼"所累"。联邦最高法院在本案中指出,雇主可以使用罢工替代者永久替代罢工的工人,在赋予罢工者"有条件的"就业机会的前提下,这是在重新塑造劳资双方的力量平衡。[130] 这一判决212似乎使通过不当劳动行为指控来解决罢工问题变得愈加艰难。

闭厂

雇主究竟有哪些权利?雇主该如何利用自身拥有的经济武器并保护其谈判地位?闭厂(lockout)已然成为雇主的一项独门武器,[131]用于对付蓝领工人与雇主之间不断增加的劳动争议,而其中许多争议涉及雇主坚持要求

---

[128]　布莱克门(Blackmun)法官撰写了一份单独的协同意见书。

[129]　*Machinists v. Wisconsin Employment Relations Commission*,427 U. S. 132,140(1976);*NLRB v. Nash-Finch*,404 U. S. 188,144(1971)。比较新泽西州最高法院如何处理禁止破坏罢工(strikebreaking)的州立法,见 *U. S. Chamber of Commerce v. New Jersey*,445 A. 2d 353(N. J. 1982)。也可参见 *Greater Boston Chamber of Commerce v. City of Boston*,778 F. Supp. 95(D. Mass. 1991)。根据联邦法优先原则,一项市政府法规规定一家出租车公司的营业执照能否更新取决于它在某一日期以前能否解决一项劳资争议,联邦最高法院将这一法规认定为无效,这预示着各州及地方政府要对破坏罢工加以规范可能会遇到相当大的困难,见 *Golden State Transit Corp. v. City of Los Angeles*,475 U. S. 608(1986);以及 *Golden State Transit Corp. v. City of Los Angeles*,493 U. S. 103(1989)。参见 *Wisconsin Department of Industry*,*Labor and Human Relations v. Gould*,*Inc.*,475 U. S. 282(1986)。

[130]　见 *Belknap*,*Inc. v. Hale*,463 U. S. 491,498-99(1983)〔联邦最高法院对永恒定律(the law of permanency)加以改变,削弱了罢工者的权利,而且也破坏了 NLRA 对这些权利的保护。对劳资力量均衡的调节应由国会处理,而不容法院置喙。〕在 *Target Rock Corp.*,324 NLRB 373(1997),*enforced* 172 F. 3d 921(D. C. Cir. 1998)案中,NLRB 全体一致认为,当按照以下指示雇佣罢工替代者时,他们不是麦凯案和贝尔纳晋案意义上的永久雇员:"你将被视为永久性的雇佣自由雇员(permanent at-will employees),除非 NLRB 有相反的认定,或者与工会达成的和解协议警示你临时替代者的身份。"在这种情况下,NLRB 认为雇主并不打算赋予其永久雇员的地位。另一方面,联邦第七巡回上诉法院表示,"提供就业可能依据联邦劳动法被视为永久雇佣,而不一定构成州法律规定的可强制执行的合同",见 *United Steel Paper and Frosty*,*Rubber*,*Manufacturing*,*Energy Allied Industrial and Service Workers Int'l Union v. NLRB*,544 F. 3d 841,857(7th Cir. 2008)。

[131]　见 Steven Greenhouse,"More Lockouts as Companies Battle Unions," *New York Times*,January 23,2012,at A1,B2。

工会在医疗保险和养老金方面作出让步。同样的策略也被广泛用于橄榄球、篮球、曲棍球等职业体育中，这三项运动的老板都在寻求让步。事实上，针对 2011 年橄榄球停赛，联邦第八巡回上诉法院曾认定，《诺里斯-拉瓜迪亚法》禁止联邦法院在劳动争议中颁布禁令，这一规定排除了针对闭厂的禁令[132]，即使有理由证明工会已经失灵或是被解散了![133] 我认为这一判决是错误的。(《诺里斯-拉瓜迪亚法》的制定者若得知，他们专门针对罢工和纠察的禁令，现在却被等同于针对闭厂的禁令，一定会感到非常惊讶。)[134] 全国橄榄球联盟利用停赛迫使收入不高的裁判们作出让步，对这项当时年收入 90 亿美元、现在超过 120 亿美元的赛事来说，其公众声誉遭受了灾难性的后果。[135]

在美国船舶制造公司诉 NLRB 案(*American Ship Building Company v. NLRB*)[136]中，联邦最高法院曾认定，依据 NLRA 的规定，在某些情况下，雇主实施的闭厂是合法的，因此并不构成不当劳动行为。在美国船舶制造公司案判决以前，通常假定闭厂是不合法的，除非雇主在有易腐烂的货物并因此将会遭受无法弥补的损失时遭遇停工，那么雇主有权在较早的阶段利用闭厂将经济压力转移给罢工者，并避免在令雇主损失惨重的时候发生停工[137]，或者除非某个公司作为雇主协会的成员，而工会试图通过每次发动针对一个雇主的罢工达到分化和瓦解雇主协会的企图(这种做法被称为"拉锯式罢工")，那么该公司有权封锁自己的雇员作为回应。

---

⑫　*Brady v. National Football League*，640 F. 3d 785(8th Cir. 2011).

⑬　*Brown v. Pro Football*，518 U. S. 231(1996)(联邦最高法院认定，在工会已经失灵或解散，或不可能再举行集体谈判的情况下，反垄断法可以适用于职业体育劳资纠纷的解决)。

⑭　关于这一点，见科密特·柏(Kermit Bye)法官在 *Brady* 案中那篇极具说服力的反对意见书，同注释⑫，第 794 页。

⑮　Judy Battista，"The Cost of the NFL's Will to Win," *New York Times*，September 24，2012, at D2；Judy Battista，"NRL and Officials Close to Agreement," *New York Times*，September 27，2012，B11；Kevin Clark，"The NFL Replacement Ref Audit," *Wall Street Journal*，September 19，2012，at D6.

⑯　380 U. S. 300(1965).

⑰　在 *American Ship Building*，380 U. S. at 307 案中，联邦最高法院例举了某些此前被 NLRB 加以豁免的闭厂先例，这其中包括对"拉锯式"罢工("whipsaw" strike)作出的回应，见 *NLRB v. Truck Drivers Local 449*（*Buffalo* Linen），353 U. S. 87(1957)。

在某种程度上,美国船舶制造公司案与前述讨论的一般主题是一致的。
从雇主所面临的谈判传统来看,工会在以往曾发动多次罢工,并表现出在运214
输淡季故意拖延谈判,从而将经济压力用在雇主急需送货而变得脆弱无力
的时刻。联邦最高法院指出:

> 虽然工会已经作出保证不会罢工,但是过去的谈判经历还是让雇
> 主感到持续的不安:工会不会信守承诺。我们进一步发现,雇主封锁自
> 己雇员的主要目的是,一旦在运输旺季货船停在船坞里或是其后船坞
> 被全部占满的时候发生罢工,雇主能够避免自身及其顾客可能遭受的
> 异常有害的经济后果。⑱

因此,联邦最高法院认为,资方有权利用闭厂来保护其集体谈判地位。
在美国船舶制造公司案中,没有证据证明雇主对雇员以集体谈判为目的组
织起来的利益是有敌意的,或闭厂被用于"惩戒"参与集体谈判程序的工人。
因此,该院指出,不能说雇主的意图是"破坏或挫败集体谈判",也无迹象表
明工会代表本单位雇员的能力会受到削弱。

在美国船舶制造公司案中,联邦最高法院将闭厂和罢工视为在成文法
用途上"相互关联"(correlative)的制度。但是,美国船舶制造公司案和雇主
的闭厂权能否适用于谈判关系尚未牢固确立的情况似乎存在疑问,特别是215
在谈判首次合同的情况下,当事人初次与对方打交道,而双方的关系还不像
美国船舶制造公司案那样成熟。此外,雇主基于工会以前的行为存在合理
的担忧。如果在繁忙季节遭遇罢工,雇主将被置于极为艰难的境地。实际

---

⑱　*American Ship Building*,380 U. S. at 305.1998—1999 年美国职业篮球联赛球员停赛期
间作出的　项仲裁裁决认定,球队所有者没有义务依据保底合同(guaranteed contracts)向球员支付
工资,因为美国船舶制造公司案所确定的联邦劳工政策假定雇员在停赛期间不能领取工资。*In the
Matter of National Basketball Players Association and National Basketball Association*(Arbitrator
John D. Feerick,October 19, 1998)(作者存档的裁决书和裁决意见)。与此同时,尽管 NLRB 没有
像处理棒球赛争议那样直接参与到职业篮球的劳动仲裁案中,但在我担任主席期间,有关工会撤
销认证(decertification)的争议却被提交到 NLRB 面前,见 Murray Chass, "N. B. A. Players Support
Union by a Landslide," *New York Times*,September 13, 1995, at B9。

上,雇主正将争议的经济负担转移给雇员。正如在保险代理人案中,联邦最高法院采取所谓"契约自由"的立场,允许集体谈判过程以一种富有活力的、开放的方式运行,并允许双方当事人运用经济压力来解决他们的困难。

但是,法律的天平能在多大程度上向雇主倾斜呢?NLRB 曾裁定,雇主有权封锁工会所代表的雇员,以回应他们所谓的内部博弈策略,如拒绝自愿加班,以及旨在影响紧急工作表现的所谓照章办事(work-to-rule)的做法。[139] 那么,雇主是否有权通过使用临时或永久的替代者来支持其闭厂权?基于美国船舶制造公司案中某些相同的考量因素,当多雇主协会(multiemployer association)中的一群雇主遭遇工会所发动的拉锯式罢工,而未遭遇罢工的所有雇主均有权闭厂。他们有权在适当的时机将经济负担转移给罢工者。[140] 根据这一方式,雇主们通过相互团结,将沉重的负担加诸工会的资源和雇员身上,否则工会将会向雇主逐一施压以便各个击破,而大部分在工厂坚持工作的雇员所承担的经济压力是微乎其微的。联邦最高法院在另一个相关案件中认定,在多位雇主闭厂的情况下,允许使用暂时的罢工替代者来维持生产的运行。[141] 直到 20 世纪 80 年代中期,在类似美国船舶制造公司案的情况下,若工会尚未正式对任何雇主发动罢工,各联邦法院通常都不赞同可以使用临时罢工替代者的观点。[142] 然而,NLRB 在随后一个案件中裁定,"依据美国船舶制造公司案的判决",使用临时罢工替代者是合法的,"因为在合法的'进攻性'经济武器与合法的'防守性'经济武器之间已不存

---

[139] *Central Illinois Public Service Company*,326 NLRB 928,937(1998)(委员里伯曼的部分反对意见书),*rev. denied* 215 F. 3d 11(D. C. Cir. 2000)。

[140] *NLRB v. Truck Drivers Local 449*("*Buffalo Linen*"),353 U. S. 87(1957). 但是雇主从多雇主谈判(multiemployer bargaining)中撤出是受到很大程度的限制的;*Charles D. Bonanno Linen Service,Inc. v. NLRB*,454 U. S. 404(1982). "当预料到一场罢工即将发生或是为支持雇主一个合法的立场,采取闭厂行动通常是被允许的",见 *Riverside Cement Co.*,296 NLRB 840,841 (1989)。

[141] *NLRB v. Brown*,380 U. S. 278(1965)。

[142] 见例如,*Inland Trucking Co. v. NLRB*,440 F. 2d 562(7th Cir. 1971)(在没有发生罢工的情况下,雇主却使用临时替代者,这一行为本身是违法的)。另见 *Inter-collegiate Press*,*Graphic Arts Div.*,486 F. 2d 837(8th Cir. 1973)(应当采用个案审查的方式来平衡利益)。

在实质性的区别"。[⑬] 这一裁决得到联邦上诉法院的支持。显然,早期案件的理论不再具有实质的与合法的商业正当性。然而,要将这类案件,甚至是在闭厂的情况下永久使用罢工替代者的案件,与前述美国船舶制造公司案和保险代理人案所表达的主旨加以区分,都是相当困难的。尽管 NLRB 的一项裁决谴责了雇主的这类做法,但是哥伦比亚特区上诉法院仍判决,当存在美国船舶制造公司案那样的进攻性闭厂时,雇主甚至有权使用永久的替代者。[⑭] 事实上,联邦第五巡回上诉法院认为,雇主对穿越人员(crossovers)采用的闭厂措施,为他们在冲突结束后创造一个职位空缺,使他们"……类似于被临时裁减的替代工人"。[⑮] NLRB 指出,依据 NLRB 十多年以前采用的观点,并非在合法闭厂中的所有违法行为都会将闭厂转化为非法闭厂。

在联邦最高法院上述案件中所体现的思想是,双方当事人可以利用集体谈判过程中的各种手段,只要他们不是故意采用破坏这一程序的方式。在所有这些案件中,认定标准应当是,尽管遭遇雇主采取的各种措

[⑬]　*Harter Equipment*, *Inc.*, 280 NLRB 597(1986), *enforced* 829 F. 2d 458(3d Cir. 1987). 类似判决见, *International Brotherhood of Boilermakers v. NLRB*, 858 F. 2d 756(D. C. Cir. 1988)。但是,工人不得被替代,除非雇主及时通知罢工者将其封锁在厂外,以支持他的谈判立场, 见 *Eads Transfer*, *Inc.*, 304 NLRB 711(1991)。

但在 *Harter* 案裁决书中更具争议的部分,NLRB 指出:

起初,我们认为使用临时雇员恰好能够合理地实现与闭厂相同的目的,即向对方施加经济压力,以支持合法的谈判立场。自美国船舶制造公司案判决后,这一商业目的的有效性是毋庸置疑的,我们实在看不出有任何令人信服的理由,为何将这种目的与雇佣临时雇员来维持运作相结合会对雇主合法利益产生不当影响。就雇主的利益而言,没有什么比继续维持商业运作更重要的。雇主在一项集体谈判争议中行使闭厂的权利,并不意味着他必须放弃保障营业收入的选择,就好像雇员在行使罢工权利时,就不能要求他必须放弃通过临时替代工作、罢工补贴(strike benefits)或失业救济金等州法允许的手段获得收入的企图。

总而言之,雇主在合法闭厂后使用临时雇员继续维持运作,是"实现一项合法目的所采用的合理措施"。(280 NLRB at 599;着重号为作者所加)

[⑭]　*International Paper Company*, 319 NLRB 1253(1995), *enf. denied* 115 F. 3d(D. C. Cir. 1997). 也可参见 *Anchor Concepts*, *Inc.*, 323 NLRB 742(1997),NLRB 持相同立场。

[⑮]　*Dresser-Rand Co. v. NLRB*, 838 F. 2d 512(5th Cir. 2016); *Peter Built Motors Co.*, 357 NLRB No. 13(2011); *Harborlite Corp.*, 357 NLRB No. 151(2011)[援引 *Anchor Concepts*, *Inc.*, 323 NLRB 742(1997), *enf. denied*, 166 F. 3d 55(2d Cir. 1999)]。

施,工会是否能在集体谈判过程中持续发挥作用。当然,这一认定标准承载着一定的风险,依据这一标准很难准确地划定工会与雇主经济压力措施的合理范围。但是,鉴于联邦最高法院一向主张对集体谈判策略施加最少的干预,因为干预会导致对集体谈判协议实质性内容的规制,因此别无他路可选。因而,在所有这些涉及罢工和闭厂的案件中,似乎都适于对工会作为集体谈判代表能否根据雇主的策略随机应变加以审视:它是否 218收取会费? 它能否就工会保障协议进行谈判,要求将收取会费作为雇佣条件,由此为自己确立相对安全的地位? 它是否能继续解决雇员的投诉? 它是否能在闭厂或罢工者被替代后使用经济压力措施? 上述这些因素看来联邦最高法院和 NLRB 在未来的诉讼中都应加以考量。⑯ 然而,判例法真是让人难以捉摸,以致难以判断劳资双方力量失衡达到何种程度,以及双方的经济策略究竟达到何种极端的程度,才能算是违反 NLRA 的规定。

善意谈判义务

至此,我们已经谈论了各方当事人在集体谈判过程中能够使用的经济武器。劳资双方基于他们的需求可以使用这些策略。但是,各方在什么情况下能够提出怎样的要求呢? 所有这一切归结于工会或雇主是否按照法律的要求"善意地"、合法地进行谈判。那么,什么是善意谈判(good-faith bargaining)? 1935 年《瓦格纳法》在国会讨论之际,参议院劳动委员会主席、参议员沃尔什(Walsh)曾表示,当事人(在《瓦格纳法》时期只有雇主)如何依法履行谈判义务是一个相对简单的问题。NLRB 会牵着当事人的手走进会议室,在那里双方将举行谈判。当事人会正襟危坐并关上门,以便正式开始谈判。⑰ 然而,现在遇到的难题是,参议员沃尔什在

---

⑯　也可参见 Case Comment, 85 *Harv. L. Rev.* 680(1972)。

⑰　*Insurance Agents*, 361 U. S. at 484.事实上,在 20 世纪 90 年代,有关何处是集体谈判的合理地点,以及由于对谈判地点坚持己见,哪方当事人构成恶意谈判,仍是充满争议的,见 *I. Appel Corp.*, 308 NLRB 425(1992)。

1935 年所描绘的这种相对简单的画面已经变得纷繁复杂。NLRB 发现自己在推进谈判过程的同时，越来越多地推开门参与到当事人的谈判和策略运用之中。尽管 NLRB 一直谨慎地表示，一方提出的要约并不必然[219]构成另一方的反要约，但是作为善意的认定标准还是需要某种回应。任何一方都不得在谈判中进行纯粹的"表面谈判"（surface bargaining）。[18] 所谓善意谈判并不是要求双方当事人签订协议，而只是达成协议的一种尝试。但是，对方当事人可能过于固执，或是其要价难以被接受，那么签订协议就变得不可能。

在 NLRB 诉美国国家保险公司案（*NLRB v. American National Insurance Company*）[19]中，联邦最高法院认定，资方可以基于"经营特权"（management prerogative）条款在谈判中坚持己见，依据该条款工会不得参与制定重要的雇佣条件，并且诸如惩戒和工作时间安排等事项不得仲裁，也就是说，资方对这些领域的立场总是占有优势。联邦最高法院指出，NLRB 不得"直接或间接强迫当事人作出妥协，或是对集体谈判协议的实质性条款作出裁决"。[20] 对于 NLRB 作出的雇主有义务在集体协议期限内在[220]

---

⑱　*NLRB v. Reed & Prince Mfg. Co.*，205 F. 2d 131（1st Cir.）；*Pittsburgh-Des Moines Corp. v. NLRB*，663 F. 2d 956（9th Cir. 1981）；*Pease Company v. NLRB*，666 F. 2d 1044（6th Cir. 1981）；*NLRB v. A-1 King Size Sandwiches*，732 F. 2d 872（11th Cir. 1984）.

⑲　343 U. S. 395（1952）. 尽管联邦最高法院在本案中采取自由放任的方式，但 NLRB"在某些案件中却裁定，在判断当事人是否进行恶意集体谈判时，某些特定提议（specific proposals）具有相当的参考价值。由于 NLRB 在作出裁决时，通常是依赖执行 NLRA 所积累的机构性经验，因此我们应当在适当的情况下继续对这些提议加以审查，同时根据各项客观因素来决定某项要求是不是明显用来破坏达成集体谈判协议的合意"，见 *Reichhold Chemicals, Inc.*，288 NLRB 69（1988），*enforcement granted and modified*，906 F. 2d 710（D. C. Cir. 1990）；*Litton Microwave Cooking Products*，300 NLRB 324（1990）；*Concrete Pipe and Products Corp.*，305 NLRB 152（1991），*enforced sub. nom. United Steelworkers of America Local 14534 v. NLRB*，983 F. 2d 240（D. C. Cir. 1993）；*Hydrotherm*，302 NLRB 990（1991）；*Radisson Plaza Minneapolis*，307 NLRB 94（1992）；*Bethea Baptist Home*，310 NLRB 156（1993）. NLRB 对集体谈判的方式加以规制，因此也间接地触及协议的内容。例如，一方当事人可能坚持在面对面谈判以前应交换书面提议，见 *Holiday Inn Downtown-New Haven*，300 NLRB 774（1990）；*Fountain Lodge, Inc.*，269 NLRB 674（1984）；*Chemung Contracting Corp.*，291 NLRB 773（1988）.

⑳　343 U. S. at 404.

这些事项上进行持续性谈判(ongoing bargaining)的裁决,联邦最高法院也不能接受。

美国国家保险公司案凸显了美国与德国两国制度的根本差异。在德国,法律明确规定工厂委员会(Betriebsrat)有权参与各类影响雇佣条件的雇主决策。根据法律的规定,工厂委员会不得放弃这些法定的权利,例如工厂委员会有权在劳动法院判决以前或调解结果作出以前否决雇主的雇佣或解雇的决定,有权设置工人董事等。即使是最软弱的工厂委员会也不能被引诱或被要求放弃任何其选择适用的法定权利。而美国的方式则包含着一种对立的假设;弱势的一方必须通过虎口夺食来捍卫自己的利益。一般来讲,美国的法律并未给弱势一方提供丝毫保障。

强制谈判事项

上述概括性说明有必要加以限制,因为存在着与保险代理人案和美国船舶制造公司案(这些案件促进了经济压力措施完全开放的使用)所确立的契约自由原则背道而驰的其他案件,而在那些案件中NLRB和联邦最高法院不得不全面规范谈判桌上的事项。需要重申的是,联邦最高法院在一定限度内允许当事人毫不留情地动用他们能够使用的任何经济压力措施。任何一方都有可能通过拒绝谈判对劳资双方都至关重要的事项来彻底破坏集体谈判过程,这仍是一个值得担忧的问题。

这就是成文法禁止在集体谈判协议期限届满前终止或修改协议的原221因[60]。不过这一规则存在一个重要的例外,因为联邦最高法院曾判决,对于资金困难的雇主允许破产法优于这一义务,[61]但后来这一判决又被成文法

---

[60]　29 USC § 158(d).

[61]　*NLRB v. Bildisco and Bildisco*, 465 U.S. 513(1984).

所修改。⑬ 在过去大约十年间,在一些主要行业里出现"一波以大幅削减劳动力成本、养老基金和退休人员医疗负担为目标的破产案件"。⑭ 在汽车制造业,福特和通用试图摆脱经济困境的一项努力就是修改退休人员医疗计划,在随之引发的集体诉讼中,公司与工会达成了和解协议。⑮ 航空业也反 222

---

⑬ 11 USC §1113,国会立法修改了 *NLRB v. Bildisco and Bildisco*,465 U. S. 513(1984)案的判决。该成文法要求向法院提出破产申请的雇主,在提出拒绝履行集体谈判协议的申请前,应当就协议需要修改的部分先与工会进行谈判。只有在工会无正当理由拒绝接受雇主的提议,以及根据"衡平"的原则应加以拒绝的情况下,法院才能批准拒绝履行该集体谈判协议。如法院在雇主提出这项申请 30 天后未能作出任何决定,则雇主可以终止或修改集体谈判协议。See generally *Truck Drivers Local 807*,*International Brotherhood of Teamsters v. Carey Transportation*,*Inc.*,816 F. 2d 82(2d Cir. 1987);*Wheeling Pittsburgh Steel Corp. v. United Steelworkers of America*,791 F. 2d 1074(3d Cir. 1986);*International Brotherhood of Teamsters v. IML Freight*,*Inc.*,789 F. 2d 1460(10th Cir. 1986);*In re Century Brass Products*,*Inc. v. International Union*,*UAW*,793 F. 2d 265(2d Cir. 1986);*In re Mile Hi Metal System*,*Inc.*,*v. Mile Hi Systems*,*Inc.*,899 F. 2d 877(10th Cir. 1990);*In re Continental Airlines Corp. v. Airline Pilots Association*,*International*,907 F. 2d 1500(5th Cir. 1990)。"如果根据成文法的规定,集体谈判协议已经被法院认定拒绝履行的话,债务人有权出售不受该协议约束的企业资产。某一公司资不抵债时,该法要求工会面对已经变化的情况,并要求所有受影响的当事人在面对财务困难时相互妥协。同时,成文法也对债务人附加某些要求,以防止其利用破产作为破坏工会的司法工具",见 *Maxwell Newspapers*,981 F. 2d 85,89(2d Cir. 1992)。2003 年,航空业劳资关系中有关破产的问题变得愈加明显,例如 Susan Chandler and Flynn McRoberts,"Labor Accord Sets New Course for United,"*Chicago Tribune*,April 30,2003,at 1,Edward Wong and Micheline Maynard,"A Taut, Last-Minute Stretch to Save an Airline,"*New York Times*,April 27,2003,at A38;Edward Wong,"Pilots Ratify Confessions at United,"*New York Times*,April 13,2003,at C1。

⑭ Babette A. Ceccotti,"Lost in Transformation:The Disappearance of Labor Policies in Applying Section 1113 of the Bankruptcy Code,"15 *Am. Bankr. L. Rev.* 415,417(2007). 在司法实践中主要反映在 *Trump Entertainment Resorts*,810 F. 3d 161(3d Cir. 2016);*In re Calvert*,No. 17-1895,2019 BL 19893(7th Cir. Jan. 22,2019)。

⑮ *UAW v. General Motors Corp.*,2006 WL 891151(E. D. Mich. March 31,2006);*Intern. Union v. Ford Motor Co.*,2006 WL 1984363(E. D. Mich. July 13,2006)。

映出同样的问题，⑮特别是 2012 年美国航空（American Airlines）的破产。⑯
事实上，破产法看来是优于劳动法的。⑱ 联邦第二巡回上诉法院在西北航
空案（*Northwest Airlines*）中判决，禁止工会对已经寻求破产保护的雇主发
动罢工，⑲尽管因为《铁路劳动法》程序的特殊性，这一案件似乎不能适用于
依据 NLRA 提起的争议。⑳

联邦最高法院在其影响性案件博格-沃纳案㉑中判决，有三种类型的事
项可以由工会代表或雇主在谈判桌上提出：强制谈判事项、非强制谈判事项
及非法谈判事项。除非谈判形成僵局，否则雇主无权单方变更雇佣条件㉒，
223因为这会排除或限制双方对未决问题的谈判，因此也违背了善意谈判的理
念。（雇主单方变更所体现的永久性，违反了善意谈判义务。）构成违法的单

---

⑮ 见例如 *In re Mesaba Aviation*，*Inc.*，350 B. R. 112（Bankr. D. Minn. 2006）；*In re Delta Air Lines Corp.*（*Comair*），359 B. R. 491（Bankr. S. D. N. Y. 2007）。也可参见 Susanne Pagano，"American Files Revised Motion with Judge to Reject Contracts with Its Pilots' Union"，26 *Labor Relations Weekly* 1553（August 22，2012）；Andrew Ballard，"Pinnacle Airlines Files for Bankruptcy：Cost Saving Sought from Workforce，" 26 *Labor Relations Weekly* 625（April 4，2012）；Larry Swisher，"AFA Beats USW for Right to Represent Flight Attendants at Bankrupt Pinnacle，" 26 *Labor Relations Weekly* 1332（July 16，2012）。

⑯ See *In re AMR Corp.*，477 B. R. 384（Bankr. S. D. N. Y. 2012）。

⑱ See *Ass'n of Flight Attendants-CWA v. Mesaba Aviation*，*Inc.*，350 B. R. 435（D. Minn. 2006）；See generally Andrew B. Dawson，"Collective Bargaining Agreement in Corporate Reorganizations，" 84 *Am. Bankr. L. J.* 103（2010）。

⑲ *In re Northwest Airlines Corp.*，483 F. 3d 160（2d Cir. 2007）；也可参见 *In re Mesaba Aviation*，*Inc.*，350 B. R. 112（Bankr. D. Minn. 2006）；*In re Delta Air Lines*（*Comair*），359 B. R. 491（Bankr. S. D. N. Y. 2007）。

⑳ Michael L. Bernstein，"Hearing on 'American Workers in Crisis'：Does the Chapter 11 Business Bankruptcy Law Treat Employees and Retirees Fairly?" 26-OCT *Am. Bankr. Inst. J.* 10 n. 12（2007）；Harvey R. Miller et al.，"The State of the Unions in Reorganizations and Restructuring Cases，" 15 *Am. Bankr. Inst. L. Rev.* 465，495（2007）。

㉑ *NLRB v. Wooster Division of Borg-Warner Corp.*，356 U. S. 342（1958）。

㉒ *Alamo Cement Co.*，281 NLRB 737，738（1986）；*Rangaire Acquisition Corp.*，309 NLRB 1043（1992）；*Litton Systems*，300 NLRB 324（1992），*enforced* 949 F. 2d 249（8th Cir. 1991）。

方变更，必须是"实体的、实质性的，并且重大的"。⑱ 比如，当加薪一直是自动提供的，那么雇主必须提供加薪。但是，如果加薪的数额和时间不固定，并且/或者是雇主个人而不是通过公司提供的，则不要求提供加薪。⑲

对于强制谈判事项，双方均有义务在集体谈判协议到期后进行谈判，⑳224但是对某些问题，例如绩效工资计划（merit pay proposals）的执行，将赋予雇主工资增长的自由决定权（carte blanche）而无须考虑时间、标准和条件，

---

⑱　*NLRB v. Katz*，369 U.S. 736(1962). 例如，雇主有权单方终止允许雇员根据两种不同的养老金计划领取养老金的做法，只要这种改变不会对雇员领取养老金的条款和条件产生重大影响，见 *Keystone Steel v. NLRB*，41 F. 3d 746(D. C. Cir. 1994)。比较 *Golden State Warriors*，334 NLRB 651(2001)。在 *The Daily News of Los Angeles*，304 NLRB 511(1991)，*enf. denied* 979 F. 2d 1571(D. C. Cir. 1992)案中，与卡茨案(Katz)的观点不同，哥伦比亚特区上诉法院判决认为，如果加薪在时间上是固定的，但在数量上由雇主自由裁量，则雇主可以停止发放。参见 *Arc Bridges Inc. v. NLRB*，662 F. 3d 1235，1240(D. C. Cir. 2011)(改变加薪时间的做法并不属于 NLRA 意义上的雇佣条件，因为"连续两年加薪足以构成雇佣条件，只要这一时间跨度构成完整的书面证据，但是当雇主的历史更长时，两年就不够了"）。相反，卡茨案的判决则要求雇主在继续发放前，必须与劳工进行集体谈判。在集体谈判陷入僵局后，雇主可以提出其他条件，除非当事人一方无视对方推动谈判的真诚努力，借以规避或拖延整个谈判程序，或者由于其他经济紧急情况，而不得不尽快采取行动。*M & M Contractors*，262 NLRB 1472(1982)；*Master Window Cleaning, Inc.*，302 NLRB 373(1991). 然而，如果雇主实际执行的比先前在集体谈判中提议的事项更有实质性，则属于恶意谈判行为，见 *NLRB v. Crompton-Highland Mills*，337 U.S. 217(1949)；*Central Mettalic Casket Co.*，91 NLRB 572(1950)。参见 *NLRB v. Exchange Parts Co.*，375 U.S. 405(1964)。然而，联邦第二巡回上诉法院判决，如果雇主在雇用罢工替代者时所支付的工资高于支付给参加罢工者的工资，不属于违反 NLRA 的行为，见 *Auto Worker Local 259 v. NLRB*，776 F. 2d 23(2d Cir. 1985)。然而，"最重要的关键在于谈判陷入僵局后，只有在僵局前提出的要约被合理认知的情况下，雇主才可以单方面实施新的雇佣条件"，参见 *Cuyamaca Meats, Inc. v. San Diego Pension Trust Fund*，827 F. 2d 491(9th Cir. 1987)；*Lapham Hickey Steel Corp. v. NLRB*，904 F. 2d 1180(7th Cir. 1990)；*Emhart Indus, v. NLRB*，907 F. 2d 372(2d Cir. 1990)；*Southwest Forest Indus., Inc. v. NLRB*，841 F. 2d 270(9th Cir. 1988)。

⑲　虽然雇员的"主观期望可以是一个相关的考虑因素，但是期望本身并不能建立起长期规律性的支付模式，而这一模式是排除雇主与工会就雇佣条款进行谈判的核心义务带来的益处所需要的"。*Advanced Life Systems, Inc. v. NLRB*，898 F3d 38，49(D. C. Cir. 2018)at slip op. p. 19. 正如米勒(Millett)法官代表持怀疑态度的法院所指出的(他改编了莎士比亚的话)："付还是不付；这是[雇主]……在雇员成立工会后面临的问题。"同上，第 46 页。法院说："若你做是不公平；若你不做也是不公平。"同上，第 41 页。

⑳　*Litton Financial v. NLRB*，501 U.S. 190(1991)。这一判决打破了对申诉仲裁、禁止罢工和工会保障等合同条款的某些预期。但是，在有工作权立法的州，会费的工资扣除条款虽不作为工会保障条款的附件，却在合同到期后仍是集体谈判的强制事项，见 *Local Joint Executive Board of Las Vegas v. NLRB*，657 F. 3d 865(9th Cir. 2011)。

但在形成僵局之后仍负有不得单方变更的谈判义务。[⑯] 这并不意味着当事人必须在所有的问题或条款上都陷入僵局,而是他们在谈判中整体上陷入僵局。[⑰]

225   "如果谈判双方都有向前推进达成协议的愿望,就不会存在僵局:当事人对谈判进程的认识,对于 NLRB 的僵局调查是至关重要的。"[⑱]这也是为什么宣布形成僵局以及"同时宣称一方当事人认为双方已经陷入僵局"是最为重要的。[⑲] 认定僵局需要依赖"多个高度基于事实的考量因素"。[⑳] 如当

[⑯]   *McClatchy Newspaper*, *Inc.*, 321 NLRB 1386(1996), *enforced* 131 F. 3d 1026(D. C. Cir. 1997). *Detroit Typographical Union No. 18 v. NLRB*, 216 F. 3d 109, 117-18(D. C. Cir. 2000); *E. I. Du Pont de Nemours* &. *Co. v. NLRB*, 489 F. 3d 1310, 1319-20(D. C. Cir. 2007); *Detroit Newspapers*, 326 NLRB 700(1998), *rev. granted* 216 F. 3d 109(D. C. Dir. 2000). Cf. *Daily News of Los Angeles*, 315 NLRB 1236(1994), *enforced* 73 F. 3d 406(D. C. Cir. 1996).

[⑰]   见例如,*NLRB v. Tomco Communication Inc.*, 567 F. 2d 871, 881(9th Cir, 1978)。界定僵局的一个经常被援引的案例是 *Taft Broadcasting Co.*, 163, NLRB 475, 478(1967), *enforced* 395 F. 2d 622(D. C. Cir. 1968)。在单一问题上的僵持(deadlock)不足以形成僵局,见 *Duffy Tool* &. *Stamping v. NLRB*, 233 F. 3d 995(7t Cir. 2000)。妨害谈判的单方违法行为,往往不太可能被认定为僵局,见 *Intermountain Rural Electric Association*, 305 NLRB 783(1991), *enforced* 984 F. 2d 1562(10th Cir. 1993)。类似判决见,*La Porte Transit Co.*, *Inc. v. NLRB*, 888 F. 2d 1182(7th Cir. 1989)。工会是拒绝还是接受雇主的立场,仅仅这一事实对于僵局问题并非是决定性的,见 *Visiting Nurse Services v. NLRB*, 177 F. 3d 52(1st Cir. 1999)。当劳方与资方之间仅有三次会议时,NLRB 认定存在僵局,见 *Lou Stecher's Super Markets*, 275 NLRB 475(1985)。也可参见 *Bell Transit Company*, 271 NLRB 1272(1984); *NLRB v. Powell Electrical Manufacturing Co.*, 906 F. 2d 1007(5th Cir. 1990)。在认定存在不当拒绝谈判的行为是由于一方当事人对非强制谈判事项的坚持从而导致陷入僵局时,必须证明非强制谈判事项是造成僵局的唯一原因,见 *Phillip Carey v. NLRB*, 331 F. 2d 720(6th Cir. 1964)。如果一方当事人通过坚持许可谈判事项的方式来阻碍谈判的进行,则雇主可以单方面采取行动,尽管他仍不得直接与雇员交涉,见 *Inland Tugs v. NLRB*, 918 F. 2d 1299(7th Cir. 1990)。如果法院认定单方变更与未能达成协议之间存在因果关系,通常会拒绝作出陷入僵局的结论,见 *Alwin Mfg. Co. v. NLRB*, 192 F. 3d 133(D. C. Cir. 1999); *Dupont v. NLRB*, supra Chapter 4 Note 27, at 1315-16。类似案件也可参见 *Sierra Bullets*, 340 NLRB 242, 244(2003); *Caldwell Mfg. Co.*, 346 NLRB 1159(2006)。

[⑱]   *Teamsters Local Union No. 639 v. NLRB*, 924 F. 2d 1078, 1084(D. C. Cir. 1991)。

[⑲]   *Monmouth Care Center v. NLRB*, 672 F. 2d 1085, 1090(D. C. Cir. 2012)。

[⑳]   *Monmouth Care*, 同前注。例如,哥伦比亚特区上诉法院认为,健康计划的取消有可能打破僵局,因为"它极大地降低了工会说服雇主比他已经提供的基金投入更多资金的可能性。健康计划的取消使得工会要求获得关于替代性健康计划的信息,并且工会最终告诉雇主,它愿意考虑这一基金提供的计划以外的其他计划"。*Atrium of Princeton*, *LLC*, *v. NLRB*, 684 F. 3d 1310,1318(D. C. Cir. 2012)。

事人对他们认为"重要"的问题不作"让步",那么"承诺就谈判议题继续跟他的负责人进行讨论,并不隐含着对当事人立场的任何改变"。[⑪] "……最后时刻被告辩论意见的变化使我们相信,被告没有理由假设进一步的谈判将是徒劳的。"[⑫]华盛顿特区巡回上诉法院指出,"……雇主有权在陷入僵局后226提出其最后出价,这一学说是劳动法中的一个古老学说"。[⑬] 该法院表示:"……如果雇主保持坚定的立场,并明确表示接受其在特定问题上的立场对于达成协议至关重要,那么工会在最后一刻的行动,如果没有达成协议,将无法避免僵局。"[⑭]在一方不可撤销地宣布其立场是最佳及最后出价时,任何一方都不作出妥协,那么僵局的种子就已经开花结果。[⑮]

依据 NLRA 的规定,当事人拒绝就强制事项进行谈判直至陷入僵局,构成非法拒绝谈判。在这种情况下,这一非法拒绝的意义不仅在于 NLRB 将颁布"停止"令(cease-and-desist order)旨在救济当事人的谈判行为,而且在于由这种谈判行为引发的罢工将是不当劳动行为罢工,因此与经济性罢工中被替代的雇员不同的是,工人将有权获得复职并补发工资。[⑯] 因此,博格-沃纳规则能够在很大程度上改变罢工中的力量均衡,而罢工被认为是由雇主在谈判桌上的姿态所导致的。

非强制事项是"许可"(permissive)谈判的事项,即任何一方均有权以谈判为目的在谈判桌上提出的事项(非法事项根本不允许谈判)。然而,当一方当事人坚持某个立场以致形成僵局,那么依据 NLRA 构成非法拒绝谈227

---

⑪　*Erie Brush & Mfg. Corp. v. NLRB*，700 F. 3d 17，22(D. C. Cir. 2012)。

⑫　*Prime Healthcare Centinela*，363 NLRB No. 44(2015)at p. 3；另见 *Atlantic Queens Bus Corp.*，362 NLRB No. 65(2015)(也表明"迟来的行动"是认定僵局的障碍)。

⑬　*Mike-Sell's Potato Chip Co. v. NLRB*，807 F. 3d 318(D. C. Cir. 2015)。

⑭　同上,第 318 页。

⑮　*Laurel Bay Health & Rehabilitation Center v. NLRB*，666 F. 3d 1365(D. C. Cir. 2012)。

⑯　对比的情形在 *NLRB v. International Van Lines*，409 U. S. 48，50-51(1972)案中有所阐述。判决是基于其他的理由。

判。[⑰] 这一规则的目的是将无关痛痒的事项从谈判桌上清除,并将以这类事项妨碍谈判的当事人推定为恶意,但是这一规则实则难以执行。联邦第一巡回上诉法院曾指出,强制谈判事项必须"与雇佣条款或条件存在直接与重要的关系,而不是微小或偶然的关系"。[⑱] 例如,工会坚持要求雇主参加工会的年度野餐而形成僵局,依据 NLRA 的含义可能会被认为与雇佣条件无关。

NLRB 曾裁定,雇主坚持一项阻止工会工作以影响其资金来源的提议,是许可的也是非强制性的,因为它试图:

> ……规范发生在工作场所以外且在雇佣关系以外的雇员行为。此
> 外,……雇主试图……决定工会对某一政治问题上的立场。这两个议
> 题都与雇员的雇佣条款和条件没有直接的联系,因而是许可事项。[⑲]

因此,例如,如果雇主坚持工会应限制其影响资金来源的企图,或者举先前的例子,雇主坚持工会不应举行某次野餐活动,或者工会应以一种特殊的方式选举自己的干部,而导致陷入谈判僵局,由于这些议题与劳资问题相去甚远,从而可以推定雇主系恶意谈判。NLRB 虽有不同意见,但裁定在某些情况下,公司住房[⑳]以及给予雇员股票[㉑]均不属于强制谈判事项。

至于某些强制谈判事项,则应包括临时裁员和召回(recalls)、病假、激励工资、带薪假期、休假时间安排、工作时间、与工作班次相关的工作规则

228

---

⑰ "'许可'和'非强制性'的术语意味着双方不需要谈判,但它们并不能决定在没有谈判的情况下哪一方的立场占上风,这是一个难题。在本案中,我们使用这些术语的含义是,如果一方拒绝就某一问题进行谈判,双方就必须维持现状。"*Aggregate Indus. v. NLRB*,824 F. 3d 1095,1099 n. 4(D. C. Cir. 2016).

⑱ *NLRB v. Salvation Army Day Care Centers*,763 F. 2d 1,7(1st Cir. 1985),quoting *NLRB v. Massachusetts Nurses Assn.*,557 F. 2d 894,898(1st Cir. 1977).

⑲ *Mental Health Services*,*Northwest*,*Inc.*,300 NLRB 926(1990).

⑳ *Success Village Apartments*,*Inc.*,350 NLRB 908(2007).

㉑ *North American Pipe Corp.*,347 NLRB 836(2006).

（work rules），[182]以及诸如生活成本调整和利润分享计划等附加福利（fringe benefit）。工会有权就工作场所监控摄像头的安装和持续使用进行谈判。[183]此外，着装守则也构成强制谈判事项。[184] 所谓的"竞业禁止"条款也是如此，该条款禁止或限制雇员未来的就业机会。[185]

---

[182]　*Lapeer Foundry & Machine*，289 NLRB 952(1988)；*Georgia Pacific Corp.*，275 NLRB 67(1985)；*Tuskegee Area Transportation System*，308 NLRB 251(1992).

[183]　*Colgate-Palmolive Co.*，323 NLRB 515(1997)；*Brewers and Maltsters，Local Union No. 6 v. NLRB*，414 F. 3d 38(D. C. Cir. 2005).

[184]　*Medco Health Solutions of Las Vegas，Inc. v. NLRB*，701 F. 3d 710(D. C. Cir. 2012)；*Yellow Enterprise Systems*，342 NLRB 804(2004).

[185]　见 *Minted Int'l，Inc. v. Nat'l Labor Relations Bd.*，855 F. 3d 329(D. C. Cir. 2017)[支持 NLRB 的裁决，即单方面实施的带有任意规定(at-will provision)的竞业条款侵犯了雇员基于 NL-RA 第七条和第八条(a)款的权利]。这一裁决符合 NLRB 的先例，即不竞业条款是一个强制谈判事项。另见 *Nat'l Ass'n of Gov't Emps.*，327 N. L. R. B. 676，676，684 & n. 8(1999)，*enforced*，205 F. 3d 1324(2d Cir. 1999)；*Lower Bucks Cooling & Heating*，316 N. L. R. B. 16，16，22 (1995)；*Bolton-Emerson，Inc*，293 N. L. R. B. 1124，1124，1129-30(1989)，*enforced*，899 F. 2d 104(1st Cir. 1990)。参见 *Ag Spectrum v. Elder*，865 F. 3d 1088(2017)(认为只有当竞业禁止条款对保护雇主的业务是合理必要的，并且没有不合理地限制雇员的权利或损害公共利益时，该条款才是可执行的)。雇佣合同中的竞业禁止条款很流行，甚至对低技能工人也是如此。2016 年，全体工人的 18%、无大学学历工人的 15%被此类协议所覆盖。见 U. S. Department of the Treasury Office of Economic Policy，*Non-compete Contracts：Economic Effects and Policy Implications* (2016)。在一些工资相对较低的行业中，已经出现"不偷猎协议"(no-poaching)，即雇主之间达成协议，不争夺竞争对手的雇员。Rachel Abrams，"No Poach' Deals for Fast-Food Workers Face Scrutiny by States，" *New York Times*，July 10，2018，B3；Rachel Abrams，"7 Fast-Food Chains to End 'No Poach' Deals，" *New York Times*，July 13，2018，at B6. 目前有 26 个州制定了规范不竞业条款的法规：亚拉巴马州，Ala. Code § § 8-1-190-197；亚利桑那州，ARS § 23-494；阿肯色州，SB 998；科罗拉多州，Colo. Rev. Stat. § 8-2-113；康涅狄格州，CT Gen Stat § 31-50b；特拉华州，Delaware Code Title 6，Ch. 27 § 2707；佛罗里达州，Fla. Stat. Ann. § 542. 335；佐治亚州，Ga. Const.，Art. III，Sec. V；夏威夷州，Haw. Rev. Stat. § 480-4；爱达荷州，Idaho Code § 44-2701；伊利诺伊州，SB 3163；路易斯安那州，La. Rev. Stat. Ann. § 23,921；缅因州，Title 26，Ch 7，§ 599(h)；密歇根州，Mich. Comp. Laws § 445. 774(a)；密苏里州，28 Mo. Stat. Ann. § 431. 202；蒙大拿州，Mont. Code Ann. § § 28-703-05；北卡罗来纳州，N. C. Gen. Stat. sec. 75-4；新罕布什尔州，RSA 275. 70；新墨西哥州，N. M. S. A. 1978，§ § 24-11-1-5；内华达州，Nev. Rev. Stat. § 613. 200(4)；俄勒冈州，Or. Rev. Stat. § 653. 295；南达科他州，S. D. Codified Laws § 53-9-8；得克萨斯州，Tex. Bus. & Com. Code § § 15. 50-52；犹他州，Utah Code Ann. S § § 34-51-101-301；佛蒙特州，Title 26，Ch. 6 § 281(c)；以及威斯康星州，Wis. Stat. Ann. § 103. 465。只有三个州(加利福尼亚州、俄克拉荷马州和北达科他州)禁止竞业禁止协议，目前有 21 个州以及哥伦比亚特区的法律没有明确提及竞业禁止协议：阿拉斯加州、爱荷华州、印第安纳州、堪萨斯州、肯塔基州、马萨诸塞州、马里兰州、明尼苏达州、密西西比州、内布拉斯加州、新泽西州、纽约州、俄亥俄州、宾夕法尼亚州、罗得岛州、南卡罗来纳

229   集体谈判协议并未解决的问题,如申诉-仲裁机制(grievance-arbitration machinery),雇主在行使其裁量权对"雇员个人实施某种惩戒"之前,必须提前通知工会并提供谈判的机会,[186]尽管在惩戒作出之后也允许就"较轻的处罚"如口头或书面警告进行谈判,除非基于雇主的渐进式惩戒制度并不会自动导致额外的处罚。[187]考虑到根据 NLRA 的规定,退休人员不是"雇230员",联邦最高法院曾认定,退休人员的福利是非强制谈判事项,因为他们与工作场所的联系已经减弱[188],尽管在职雇员的退休福利是强制谈判事项。[189]

(接上页注释)   州、田纳西州、弗吉尼亚州、华盛顿州、西弗吉尼亚州和怀俄明州。法院通常从四个方面来认定竞业禁止条款是否可以执行,即(1)该条款的范围和期限是否有合理的限制? (2)它是否保护合法利益? (3)它是否符合公共利益? (4)是否会对雇员造成不适当的困难? 见 *Rem Metals Corp. v. Logan*,565 P.2d 1080(Or.1977)(认定一位钛合金焊接专家签署的竞业禁止协议无效,因为合法利益的要求不仅仅是一位高绩效雇员遵循标准化的行业技术;还应当有雇主需要保护的商业秘密、特殊情形或者在职获得的关系等)。另见 *Karpinski v. Ingrasci*,28 N.Y.2d 45(NY.1971)(认定一位口腔外科医生的雇员签订的竞业禁止条款是不合理的,因此不能执行,因为条款中规定的禁止雇员在其他地方从事牙科工作的范围太广)。另见 *Seidman v. Hirshberg*,690 N.Y.S.2d 854(N.Y.1999)(与上述 *Karpinski* 案有所不同,判决限制了竞业禁止条款的范围,该条款禁止一名会计师在离职后的一定时间内为其事务所服务过的客户工作。联邦最高法院认定,会计师事务所可保护的利益是该会计师在事务所工作期间获得的客户,而不是他个人带给事务所的客户)。

[186]   *Alan Ritchey*,*Inc.*,359 NLRB 396,397(2012)。然而,根据 *NLRB v. Noel Canning*,134 S.Ct.2550(2014)案的判决,NLRB 在艾伦·里奇案(*Alan Ritchey*)中的裁决不再是具有约束力的 NLRB 先例,因为它是在 NLRB 缺乏适当的法定人数时作出的。

[187]   同上;也可参见 *Pillsbury Chemical Co.*,317 NLRB 261(1995);*Carpenters Local 1031*,321 NLRB 30(1996)。

[188]   *Allied Chemical & Alkali*,*Local Union No.1 v. Pittsburgh Plate Glass Co.*,404 U.S.157(1971)。

[189]   *Southern Nuclear Operating Co. v. NLRB*,524 F.3d 1350(D.C.Cir.2008)。就在职雇员的退休福利进行谈判"可能会促使雇主继续为该雇主工作,并且很可能影响其愿意接受的当前薪酬"。同上,第1357页。类似判决见 *Miss. Power Co.*,284 F.3d at 614;*Ga. Power Co.*,176 F.3d 494,*aff'g without opinion*,325 NLRB at 420;*Inland Steel Co. v. NLRB*,170 F.2d 247,250-51(7th Cir.1948)。当然,如果工会承担了代表权,就负有公平代表义务,而雇主也有通过仲裁处理所涉问题的义务,见 *Nedd v. United Mine Workers of America*,556 F.2d 190(3d Cir.1977);*UAW v. Yard-Man*,*Inc.*,716 F.2d 1476,1486,n.16(6th Cir.1983);*Moore v. Menasha Corp.*,690 F.3d 444(6th Cir.2012),*cert. denied*,2013 WL 359372(U.S. Mar.25,2013);*Cleveland Electric Illuminating Co. v. Utility Workers Union Local 270*,440 F.3d 809(6th Cir.2006);*Rossetto v. Pabst Brewing Co.*,217 F.3d 539,543(7th Cir.2000);*Int'l Ass'n of Machinists v. Goodrich Corp.*,410 F.3d 2014(5th Cir.2005);*United Steelworkers v. Canron*,*Inc.*,580 F.2d 77(3d Cir.1978);*United Steelworkers v. Cookson Am.*,*Inc.*,710 F.3d 470(2d Cir.2013)。这些案件中的大

至于利益仲裁(interest arbitration)，即为未来合同条款提供仲裁解决方案，则属于非强制性的谈判事项，因为它用一个第三方来替代劳资双方，而他们才是集体谈判过程的适当的当事人。[⑩]但是这个问题并不总是这么简单。例如，雇主提出对一家附属医院谈判单位内在临时裁员后被雇佣的231雇员给予年资优惠，雇主有权坚持这一主张直至陷入僵局，尽管这将造成"工会的不安，并于在职雇员中间产生一种冤屈和不满的感觉。"[⑩]博格-沃纳案及其后续判决都充分说明这类问题的复杂性。

在博格-沃纳案中，雇主坚决主张"投票"条款，即要求谈判单位内的全体会员和非会员雇员就雇主的最后出价举行一次秘密的罢工前投票。雇主还坚决主张"承认"条款，意图将 NLRB 已经认证的作为雇员专属谈判代表的国际工会排除出协议的当事人。对此，联邦最高法院认为，雇主有关这两个事项的谈判立场都是非法的，因为他一再坚持以致陷入僵局的事项是联

（接上页注释）　多数所持的立场是退休人员的同意并不是工会承担原告角色的前提条件。对比 *Anderson v. Alpha Portland Indus.*，727 F. 2d 177，183(8th Cir. 1984)。关于工会的诉讼地位的问题，见 *Amalgamated Transit Union v. Superior Court*，46 Cal. 4th 993(2009)。

⑩　　*NLRB v. Columbus Printing Pressmen Local 252*，543，F. 2d 1161(5th Cir. 1976)；*La Crosse Electrical Contractor. . Association*，271 NLRB 250(1984)；*Sheet Metal Workers Local 59*，227 NLRB 520(1976).工会可以合法地将争议事项提交利益仲裁，并向联邦法院提起执行仲裁裁决之诉，从而迫使对方采用仲裁方式解决争议，但在这种情况下，雇主至少应该证明其受利益仲裁条款的约束，同时该工会在提出利益仲裁的请求之前，应当善意地进行集体谈判，见 *Collier Electric Co.*，296 NLRB 1095(1989)；*West Coast Sheet Metal，Inc. v. NLRB*，983 F. 3d 1356(D. C. Cor. 1991)；*Local Union No. 54 Sheet Metal Workers' International Association*，AFL-CIO，297 NLRB 672(1990)。在担任主席期间，我曾主张：在未来的案件中，应将利益仲裁视为强制谈判事项。见 *Sheet Metal Workers Local 162*(*Dwight Lang's Enterprises*)，314 N. L. R. B. 923，926 n. 12(1994)："古德主席认为，联邦最高法院在 *Warrior & Gulf* 案中所表达的在申诉-仲裁机制的背景下支持通过仲裁和平解决争议的政策同样适用于利益仲裁。在他看来，这一政策也迫使人们得出结论，即利益仲裁是强制谈判事项，一方可以坚持直至形成僵局。因此，他将推翻 *Sheet Metal Workers Local 59*(*Employers Assn.*)，337 NLRB 520(1976)案，以及其他认为利益仲裁是非强制谈判事项的案件。"另见 *Laidlaw Transit，Inc.*，323 N. L. R. B. 867，867 n. 1(1997)。"古德主席以前曾表达过这样的观点……利益仲裁是一个强制谈判事项，一方可以坚持直至形成僵局。因此，他将推翻 *Sheet Metal Workers Local 59*(*Employers Assn.*)，227 NLRB 520(1976)，以及其他认为利益仲裁是非强制谈判事项的案件。然而，在目前 NLRB 尚未以多数意见推翻这一先例的情况下，认定被告违反 NLRA 第八条(a)款(5)项，古德主席认同法官在此正确地适用了先例。

⑩　　*Ohio Valley Hospital*，324 NLRB 23，25 n. 8(1997)(古德主席的协同意见书)。

邦最高法院归为非强制或许可谈判的事项。

可以说,博格-沃纳公司自行指定专属谈判代表的行为是在破坏一项基本的法定程序以及 NLRB 的作用。因此,联邦最高法院将承认条款认定为232非强制事项的判决多少是可以理解的,[⑰]但投票条款则有些棘手。假设某一雇主担心其生产将被热衷于罢工的工会所中断,并且雇主相信某些雇员对工会的行为并不一定具有同情的倾向。这种情况下,雇主显然可以主张至少在协议的期限内附加一个条款,以防止全体雇员参加罢工。那么,为什么雇主不能坚决主张附加一个投票条款来达到同样的目的呢?

然而,这一问题的答案并不清晰。联邦最高法院的理由在于,罢工前的投票是干预工会内部政治程序的一种尝试,就其本身而言,通过削弱雇员选择的代表的独立性,实质上改变了 NLRA 所规定的集体谈判制度。[⑱]联邦最高法院指出:"实际上,它使得雇主与雇员直接打交道,而不再通过他们的法定代表。"[⑲]

233   这一判决所带来的难点颇多。首先,尽管 NLRB 和法院认为,当事人不必为了使双方陷入僵局而在所有事项上僵持不下,但事实是有时根本无法作

[⑰] 判例法通常对雇主直接与雇员交涉的企图抱持敌视的态度,见 *Medo Photo Supply Corp. v. NLRB*,321 U. S. 678(1944);*Inland Tugs*,同前注[⑯];*Toledo Typographical Union No. 63 v. NLRB*,907 F. 2d 1220(D. C. Cir. 1990),*denied enforcement in The Toledo Blade Co.*,295 NLRB 626(1989)(雇主坚持一项授权"买断"的提议,而拒绝工会对此参与谈判)。同样,雇主坚持应由个人执行工会所提出的申诉,也会引发相同的问题,而法院一般抱持不鼓励的态度,见 *Latrobe Steel Co.*,244 NLRB 528(1979),*enforced as modified* 630 F. 2d 171(3d Cir. 1980)(1981);*Athey Products Corp.*,303 NLRB 92(1991).资方坚持广泛的合同条款,从而赋予雇主相当大的自由裁量权时,又将引发有关雇主与个人进行谈判时相同的争议,见 *NLRB v. American National Insurance Co.*,343 U. S. 395(1952);*Colorado-Ute Electric Association v. NLRB*,939 F. 2d 1392(10th Cir. 1991);*Cincinnati Newspaper Guild*,*Local 9 v. NLRB*,938 F. 2d 284(D. C. Cir. 1991).参见 *McClatchy Newspapers*,299 NLRB 1045(1990),*enf. denied* 964 F. 2d 115(D. C. Cir. 1992).根据联邦最高法院对博格-沃纳案的判决,如果雇主提出更改已认证的谈判单位(certified unit)的提议,而将之视为许可谈判事项,并且坚持谈判陷入僵局的地步,则属于违法行为,见 *Boise Cascade Corp. v. NLRB*,860 F. 2d 471(D. C. Cir. 1988).另一方面,如果雇主提议要取消工会对工作分配的专属管辖权,则属于强制谈判事项,即使他坚持谈判至僵局的地步,也属于合法行为,见 *Local 666 IATSE v. NLRB*,904 F. 2d 47(D. C. Cir. 1990).

[⑱] *Borg-Warner*,356 U. S. at 350.

[⑲] 同上。

出判断——正如我们所见,无论对工会还是对雇主,影响都可能非常深远。

其次,可以说参与认定哪些事项构成强制或非强制谈判事项,是规范集体谈判协议实质内容的一种间接方式。这与立法理念是背道而驰的。但是反对意见则认为,此举并未规范协议的实质内容,只是触及哪些事项可以谈判或协商。

争论的第三个方面与集体谈判开展的方式有关。博格-沃纳案将NLRB牵涉其中,制定当事人基本规则的具体内容。与日本的情况相比,这在美国并没有那么重要。在日本,一些诉讼的起因是资方基于工会的挑衅行为,如辱骂、佩戴袖标、将老板禁锢在办公室或工厂里,而坚决主张不负有谈判义务。[195] 在美国,与之最为接近的例子是资方因为一位工会领导人的暴力行为而拒绝与工会谈判。[196] 联邦最高法院曾判决,当一个被雇主合法承认的工会正试图加入新的工会联盟,尚未经过谈判单位内的会员及非会员雇员投票时,雇主仍有义务与该工会进行谈判。[197] 布伦南大法官代表法庭指出,若作出相反判决则将赋予"雇主对一个独立工会决定加入联盟的否决权,从而容许雇主直接干预工会的决策,而国会则意图使工会决策免受外界的干预"。[198] 事实上,是否有必要通过工会合并来校正大型企业集团与工会之间的失衡,已经成为劳动法中的一个重要问题。一般而言,雇员有权选择他们所希望的任何一个工会代表。[199] 此外,与这类问题紧密联系的是,一方要求法庭速记员出席谈判现场。NLRB 和法院驳斥了这一观点,认定该

---

[195]　See W. Gould, *Japan's Reshaping of American Labor Law*, at 124-28(1984).

[196]　See *Fitzsimmons Manufacturing Company*, 251 NLRB 375(1980), *enforced*, 670 F. 2d 663(6th Cir. 1982); *KDEN Boardcasting Co.*, 225 NLRB 25(1976); *Cascade Corporation*, 192 NLRB 533(1971).

[197]　*NLRB v. Financial Institution Employees of American*, Local 1182, 475 U. S. 192 (1986).

[198]　同上,第 209 页。

[199]　*General Electric Co. v. NLRB*, 415 F. 2d 512(2d Cir. 1969)["联盟谈判"(coalition bargaining)]. 关于这一主题的精彩讨论见 S. Goldberg, "Coordinated Bargaining Tactics of Unions," 54 *Cornell L. Rev.* 897(1969). 参见 *NLRB v. St. Joseph's Hospital*, 755 F. 2d 260(2d Cir. 1985)。

事项是非强制性的,因为速记员到场可能妨碍自由讨论。[20] 如同在一场审判过程中,保留完全准确的记录的目标是次要的。

这一领域的第四个主要问题是,难以界定何为强制事项、何为非强制事项。在一个涉及雇主将以前由谈判单位内的雇员承担的维修工作分包(subcontracting)的案件中,联邦最高法院试图解决这一问题。[21] 该院提出认定强制事项的三个支配性考量因素。首先,该事项是否符合"雇佣条件"的"字面定义"。既然工人的工作受到分包的影响,便不难得出其雇佣条件受到影响的结论。第二个考虑因素是,通过对问题的协商是否有可能促进产业和平。当然有人可能会说,既然提出特定事项的当事人在该事项得到充分讨论的情况下,可能会感觉不那么愤愤不平,从而更有可能达成一份和平的和解协议。但是,这就会放纵任何一方当事人在谈判桌上提出任何议题。第三,联邦最高法院指出,产业的实践是非常重要的。因为许多工会和雇主已经有协商条款和集体谈判协议对限制或禁止分包作出规定,这一因素被认为支持将分包作为强制谈判事项。但是,联邦最高法院的所作所为,恰恰是在其奉行"契约自由"的判决中所宣称的永不插手之事:对工会和雇主强行设置一刀切的规则,然而这些规则是在完全不同的情况下基于不同的产业实践发展起来的。可以说,如果有些工会和有些雇主愿意郑重其事地商讨分包的问题,并将相应的条款纳入他们的集体谈判协议,那么他们可以自由地这样做;而对那些不愿意这样做的当事人,则应允许他们按照自己的方式行事。联邦最高法院和 NLRB 对这一观点所作的回应是,只要涉及"拒绝谈判"的案件,都不要求在集体谈判协议中包含某个特定的事项。

---

[20] *NLRB v. Bartlett-Collins Co.*, 639 F. 2d 652(10th Cir. 1981); *Latrobe Steel Co. v. NLRB*, 630 F. 2d 171(3d Cir. 1980); *Hutchinson Fruit Company*, *Inc.*, 277 NLRB 497(1985); *NLRB v. Pennsylvania Telephone Guild*, 799 F. 2d 84(3d Cir. 1986). See "AMC Objects to Taping of Contract Talks," *Wall Street Journal*, June 19, 1985, at 39.

[21] *Fibreboard Paper Products Corp. v. NLRB*, 379 U. S. 203(1964). 然而,在公共部门,根据 1978 年公务员改革法所引起的外包(contracting out)争议根据该法规定是不得谈判的,见 *Department of the Treasury v. Federal Labor Relation Authority*, 494 U. S. 922(1990). 根据这一连串案件所确立的规则,NLRB 的多数认定,雇主不得单方在精神健康诊所解除警卫的武装,见 *Northside Center for Child Development*, *Inc.*, 310 NLRB 105(1993).

上一段解释的第三项标准存在着诸多问题，但是该分包案件中的某些表述以及该案的结果都反映出第一项标准在实际适用中是多么困难。联邦最高法院以及斯图尔特（Stewart）大法官在一份特别的协同意见书中都极力强调，NLRB 不得通过解释劳动立法的手段来界定何为强制谈判事项，从而改变自由企业的经济体系。正如斯图尔特大法官所说：

> 比起应当生产何种产品、资本应如何投资于固定资产或是企业的基本经营范围当如何，这种分包还谈不上重大的企业问题。依我之见，本院在这一案件中对分包问题的判决，与上述重大议题的任何方面在任何 [236] 情况下依据现行法律能否被认为强制集体谈判事项，完全没有关系。[202]

斯图尔特大法官的协同意见对于强制与非强制谈判事项的划分并不十分清晰，但是联邦最高法院依据他的想法试图划定二者的界线。哈利·布莱克门（Harry Blackmun）大法官在 1981 年的一份意见书中指出：

> 资方的一些决策，如广告和促销方案的选择、产品的类型和设计、金融安排，对雇佣关系只有间接和微弱的影响。见 *Fibreboard*，379 U. S. at 223（斯图尔特大法官的协同意见书）。资方的其他决策，如被临时裁减和被召回人员的顺序、生产配额、工作规则，完全是雇主与雇员间"关系的一个方面"……当前这个案件涉及资方决策的第三种类型，这种类型对于雇佣有直接影响，因为雇员的工作机会将因终止雇佣而被无可挽回地取消。但是由于这项决策仅仅关注（维修公司与护理中心之间）合同的经济效益……基于这些事实而与雇佣关系完全无关。这项涉及改变企业经营范围和方向的决策与到底是否开展经营是类似的，"尽管决策造成的影响会使得终止雇佣成为必然，但是它本身基本上与雇佣条件无关"……同时，这一决策触及一个对于工会及其会员来

---

[202]　379 U. S. at 225.

说重要而紧迫的问题:持续雇佣的可能性以及雇员工作的保留。㉒

237　有一点看来是清楚的,完全停止某项营业属于企业的经营特权,至少在企业仍正常运转尚未出售的情况下,它超出了 NLRA 任何条款的范围㉓。一般来说,上诉法院判决认为,企业的部分关闭不属于工会提出拒绝谈判指控的范围。㉔ 然而,联邦第二和第三巡回上诉法院都开始对资方在这一领域的自由作出限制。㉕ 在联邦第二巡回上诉法院的莫里斯·拉斯科(Morris Lasker)法官撰写的意见中,法院表述如下:

> 我们认为,认定是否施加谈判义务不应取决于对雇主与雇员造成的相对伤害,而应当取决于当事人所提出的观点是否具有相对价值,而观点是否具有价值则通常应考虑在一个特定的案件中施加谈判义务是否能够实现法律的目的。

因此,如果能够证明通过施加谈判义务,法律的目的无法得以实现,就足以驳斥雇主对部分关闭企业的决策负有谈判义务的推定。联邦最高法院并不打算罗列驳斥这一推定的所有情形,而仅举几例以达到举例说明的目的。例如,

---

㉒　*First National Maintenance Corp. v. NLRB*,452 U. S. 666,677-78(1981).

㉓　*Textile Workers Union v. Darlington Manufacturing Co.*,380 U. S. 263(1965).联邦最高法院认定,雇主在 *Darlington* 案中所享有的关闭营业的权利,依据《铁路劳动法》的规定也是存在的,见 *Pittsburgh & Lake Erie Railroad Co. v. Railway Labor Executives Association*,491 U. S. 490(1989).参见 *Mid-South Bottling Co. v. NLRB*,876 F. 2d 458(5th Cir. 1989)。

㉔　*NLRB v. Adams Dairy, Inc.*,350 F. 2d 108,113(8th Cir. 1965);*Royal Typewriter Co. v. NLRB*,533 F. 2d 1030,1039(8th Cir. 1976)(dicta);*NLRB v. Thompson Transport Co.*,406 F. 2d 698,703(10th Cir. 1969);*NLRB v. Transmarine Navigation Corp.*,380 F. 2d 933,939(9th Cir. 1967);*NLRB v. Royal Plating and Polishing Co.*,350 F. 2d 191,196(3d Cir. 1965).在雇主设施搬迁和雇员转移的情况下,联邦上诉法院肯定了 NLRB 的立场,即由于谈判单位的连续性,如果至少有40% 的雇员被转移,那么就有谈判的义务。*NLRB v. Rock Bottom Stores, Inc.*,51 F. 3d 366,370(2d Cir. 1995);*NLRB v. Gaylord Chemical Co*,824 F. 3d 1318(11th Cir. 2016).

㉕　*NLRB v. First National Maintenance Corp.*,627 F. 2d 596(2d Cir. 1980);*Broadway Motor Trucks v. NLRB*,582 F. 2d 720(3d Cir. 1978).

雇主可以证明对决策的谈判是徒劳无益的，从而驳斥上述推定，因为当雇主的决定显然无法改变时，通过命令当事人进行谈判无助于实现立法目的。其他相关的考量因素包括，部分关闭企业的决定可能是由于突发的资金状况，或是基[238]于行业惯例，而在典型的集体谈判协议中并未规定当事人有这种谈判义务，则雇主无须就这一决定进行谈判。如果能够证明强迫雇主谈判会危及整个企业的活力，从而通过强制谈判使某些雇员受益而对其余雇员造成潜在的损害，使得法律的目的无法实现，也可以驳斥上述推定。如果被临时裁减的雇员人数少而未受影响的雇员人数多，这将是一个极为重要的论点。[207]

在本案中，联邦最高法院以七比二的投票结果反驳了联邦第二巡回上述法院的观点。在布莱克门大法官执笔的意见书中，联邦最高法院担心第二巡回上诉法院的标准尚不够精确，且会使雇主承担不必要的补发工资责任，提出"在决定是否纯粹出于经济原因而关闭部分企业时，对雇主自由运营的需求可能造成的损害，比通过工会参与决策可能增加的福利更为重要"。[208] 联邦最高法院认为，工会无法诱使雇主改变主意，而由此造成的拖延却有损雇主在快速、灵活和保密上的利益。因此，部分关闭企业的决定本身不是强制谈判事项，但是这一决定的"影响"（遣散费、搬迁津贴、再培训和其他类似问题）则是。[209] 除非这些影响是"一个允许的……管理决策的不可[239]避免的后果"，[210]否则谈判义务仍然存在。[211]

---

　　[207]　*NLRB v. First National Maintenance Corp.*，627 F. 2d at 601-602（注释略）.

　　[208]　*First National Maintenance Corp. v. NLRB*，452 U. S. at 686-87. 布伦南大法官提出反对意见书，马歇尔大法官附议，见 W. Gould，"The Supreme Court's Labor and Employment Docket in the October 1980 Term，Justice Brennan's Term，"53 U. Colo. L. Rev. 116 18（1081）。

　　[209]　"除非出现特别不寻常或紧急的情况，否则在业务出售实际实施之前，工会有权与雇主讨论如何减轻出售对员工的影响，这一权利必须得到雇主充分的考虑，就如同必须遵守其他政府的要求一样，这样工会就不会在谈判桌上只是面对既成事实的出售。因此，工会有权得到企业关闭和雇员决定相关的通知，就像我们在任何意义重大的时刻进行重要谈判所需要的那样。"*Williamette Tug and Barge Co.*，300 NLRB 282（1990）；*Metropolitan Teletronics*，279 NLRB 957（1986），*enforced* 819 F. 2d 1130（2d Cir. 1987）；*Los Angeles Soap Co.*，300 NLRB 289（1990）. 这意味着雇主不得就这一事项直接与雇员个人进行交涉，见 *Mercy Health Partners*，358 NLRB No. 69（2012）。

　　[210]　*Fresno Bee*，339 NLRB 1214（2003）.

　　[211]　*Columbia College Chicago*，363 NLRB No. 154（2016）.

在本案中,联邦最高法院并未触及资方对工厂搬迁、工厂出售、自动化的决策,以及在该院以前的判决中未曾提及的分包种类的决策是否属于强制谈判事项的问题。联邦第一巡回上诉法院的迈克尔·布丹(Michael Boudin)法官受这一判决的指引得出如下结论:

> 如果说雇主必须对是否因企业现代化而实施临时裁员进行谈判,那么,与雇主必须对是否要企业现代化进行谈判,实质上似乎相去不远。或许有理由将二者区分开来,但是不难发现这两个步骤在实践中是彼此联系的。通常,如果雇主不能通过减少用工来补偿现代化所带来的成本,他将没有理由进行投资。[212]

NLRB在设法限制第一国家维护公司案(*First National Maintenance*)[213]的巨大干扰时,起初一般会将该案解释为要求工会证明雇主在作240 出此项决定时,主要是基于劳动力成本的考量[214]。然而,在杜布克包装有限

---

[212]　*NLRB v. Pan American Grain Co.*,432 F. 3d 69,74(1st Cir. 2005). 在公共部门的类似案件参见,*International Association of Firefighters*,*Local 188 v. Public Employment Relations Board*,51 Cal. 4th 259(2011)。

[213]　*Bob's Big Boy Family Restaurant*,264 NLRB 1396(1982).

[214]　*The Liberal Market*,*Inc.*,264 NLRB 807(1982);*Otis Elevator Co.*,269 NLRB 891(1984);*Bostrom Discussion*,*VOP*,*Inc.*,272 NLRB 999(1984);*Fraser Shipyards*,*Inc.*,272 NLRB 496(1984);*The Kroger Co.*,273 NLRB 462(1984);*Garwood-Detroit Truck Equipment*,*Inc.*,274 NLRB 113(1985);*Storer Cable of Texas*,*Inc.*,295(1989). See *Olivetti Office U. S. A.*,*Inc. v. NLRB*,926 F. 2d 181(2d Cir. 1991);*BPS Guard Service*,*Inc.*,300 NLRB 1143(1990). 这类争议通常是由雇主的决定是否涉及部分关闭而引起的,因而常会被前述第一国家维护公司案所涵盖,或仅仅涉及工作时间的争议,见 *United States Postal Service*,306 NLRB 640(1992),*enf. denied* 8 F. 3d 832(D. C. Cir. 1993);或者是临时裁员,见 *Lapper Foundry and Machine*,*Inc.*,289 NLRB 952(1988);或者并非由劳动力成本引起的兼并,见 *International Brotherhood of Electrical Workers*,*Local 21 v. NLRB*,563 F. 3d 418(9th Cir. 2009)。如果变化并非企业的根本变化(basic alteration),则不存在谈判义务。*Noblit Brothers*,*Inc.*,305 NLRB 329(1991). 见 *Newspaper Guild Greater Philadelphia*,*Local 100 v. NLRB*,636 F. 2d 550(D. C. Cir. 1980),*on remand Peerless Publications*,283 NLRB 334(1987),法院认为,用以防止雇员从事某些损害社论及新闻报道活动的公司规则,对最终产品至关重要,因此,这些规则不属于强制谈判事项。在 *American Electric Power Co.*,302 NLRB 1021(1991)案中,由于雇主的首要功能是生产与运输电力,因此该企业的核心目的不涉及伦理守则。

公司案(*Dubuque Packing Co.，Inc.*)㉒中，NLRB 初步确立了雇主搬迁决定是否属于强制谈判事项的认定标准。NLRB 认为，如果搬迁并不"伴随着"雇主经营性质的根本改变，总法律顾问就可认定存在一项表面违法行为(prima facie violation)；举证责任便转移给雇主，由他来证明新地点从事的工作与以前工厂从事的工作存在"实质性"的差别，或者证明劳动力成本并不是一项决定因素，即便是决定因素，在劳动力成本上的让步也无法改变雇主的决定。㉒ 关于最后提到的考量因素，NLRB 指出：

> 如果雇主能够证明，即使劳动力成本是决定搬迁单位工作的一个考量因素，雇主也不会留在现在的工厂，因为设备或环境控制现代化的成本高于任何工会能够接受的劳动力成本上的让步，那么雇主就不负有谈判义务。相反，如果工会能够并愿意接受的让步接近、等于或高于支持搬迁决定的可预见的成本或利益，那么雇主就负有谈判义务，因为通过集体谈判程序，雇主的决定将是可以改变的。㉒

但是，在杜布克案中精心设计的认定标准无法适用于不影响企业经营范围或方向的外包工作㉒——也就是说，在企业的经营范围或方向方面没有争议的情况下，更容易认定存在违法行为。杜布克案的认定标准也 241

㉒　303 NLRB 386(1991)，*remanded in Food & Commercial Workers Local 150-A v. NLRB*，880 F. 2d 1422(D. C. Cir. 1989)，*enforced* 1 F. 3d 24(D. C. Cir. 1993).

㉒　同上，第 391 页。

㉒　同上。*Contra，Arrow Automotive Industries，Inc.，v. NLRB*，853 F. 2d 223(4th Cir. 1988).我认为，杜布克案确立的标准不仅引发了诉讼，在其他一些方面也不令人满意，见 *Q-1 Motor Express，Inc.*，323 NLRB 767，769(1997)(古德主席的协同意见书)。近期涉及 *Dubuque* 案标准的案件，见 *In re AT&T Corp.*，337 NLRB 689(2002)；*Bell Atlantic Corp.*，336 NLRB 1076 (2001)；*In re Vico Products Co.*，336 NLRB 583(2001)；*Fritz Companies，Inc.*，330 NLRB 1296(2000)；*Torrington Industries*，307 NLRB 809(1992)。在 *Dorsey Trailers v. NLRB*，233 F. 3d 831(4th Cir. 2000)案中，在工厂搬迁的背景下，法院对第一国家维护公司案的判决做了狭义的理解。关于分包情况下类似的处理见，*NLRB v. Wehr Constructors，Inc.*，159 F. 3d 946(6th Cir. 1998).

㉒　*Mid-State Ready Mix*，307 NLRB 809(1992).

不适用于在临时裁减工人的决定形成以前雇主的谈判义务。[219]

与此同时，在密尔沃基弹簧公司案（*Milwaukee Spring I*）[220]中，NLRB 似乎另辟蹊径，设法回避第一国家维护公司案的潜在影响。在该案中，NLRB 裁定，因工厂搬迁而临时裁员违反了确定工资率（wage rates）的合同条款。而这一重要裁决在 1984 年被 NLRB 一个新的多数裁决所推翻[221]，因而显得青出于蓝。

在合同期限内当事人是否负有谈判义务，经常会引发诉讼。[222] 当劳资双方在合同中订有"拉链条款"（zipper clause，又译不得重开谈判条款）时，在雇主看来，这一条款将未来所有谈判义务全部封闭在外（zip up）。根据 242 NLRB 以往的裁决，集体谈判协议的一方当事人有权合法地就未"包含"在协议中的强制事项要求进行中期谈判。[223] 但是，在未包含某个强制事项的谈判中，当一方当事人对该事项以"认可分歧"的态度表示默许，且该事项未被纳入合同时，则不得要求中期谈判。[224] 如果用拉链条款免除谈判义务，则该条款必须毫不含糊、十分明确。[225] NLRB 认为：

---

[219]　*Holmes & Narver/Morrison-Knudsen*，309 NLRB 146（1992）. 在某些情况下，当雇主未谈判至僵局的地步，本质上构成拒绝谈判。

[220]　*Milwaukee Spring Division of Illinois Coil Spring Company*，265 NLRB 206（1982）.

[221]　*Milwaukee Spring Division*，268 NLRB 601（1984），*enforced granted sub nom. International Union，UAW v. NLRB*，765 F. 2d 175（D. C. Cir. 1985）.

[222]　通过所谓的澄清动议（motion to clarify）来修改谈判单位范围的尝试，必须在协议执行后尽早进行。*Dixie Electric Membership Corp. v. NLRB*，814 F. 3d 766（5th Cir. 2016），一般认为不得超过 79 天。*Baltimore Sun Co.*，296 NLRB 1023，1024（1989）.

[223]　*Industry City Associates*，307 NLRB 1419（1992）. 我对这一难题的观点阐述见 *CBS Corp. f/k/a Westinghouse Corp.，Science & Technology Center*，326 NLRB 861（1998）（古德主席的协同意见书，第 862—867）案中。参见 *Bonnell/Tredegar Industries v. NLRB*，46 F. 3d 339（4th Cir. 1995）.

[224]　*Robertshaw Controls Co. v. NLRB*，386 F. 2d 377（4th Cir. 1967）.

[225]　*Metropolitan Edison Co. v. NLRB*，460 U. S. 693，708（1983）；*Gannett Rochester Newspapers*，305 NLRB 906（1991），*enf. denied* 98 F. 2d 198（D. C. Cir. 1993）. 在 *Bath Marine Draftsmen's Ass'n v. NLRB*，475 F. 3d 14，25（1st Cir. 2007）以及 *NLRB v. U. S. Postal Service*，8 F. 3d 832，836（D. C. Cir. 1993）案中，尽管联邦第一巡回上诉法院和哥伦比亚特区上诉法院均认为，在集体谈判协议已经"涵盖"这一事项的情况下，视为当事人已经放弃了他们的谈判权，但是更为

　　一般而言，拉链条款是双方在合同期限内排除进一步谈判的一项协议。如果拉链条款含有起到这一作用的明确无误的表述，那么其结果就是任何一方不得在合同期限内迫使另一方就该条款所包含的事项进行谈判。即拉链条款使被提出谈判要求的一方"免受"拒绝谈判的指控。同样，依据这一条款，任何一方在合同期限内不得就该条款所包含的事项单方提出要约。也就是说，拉链条款不得被用作改变现状的"利剑"。[226]

243

　　在集体谈判协议之间的间断期（hiatus），出现了一个与雇佣条件极为密切的问题。在最近一轮争议中，奥巴马总统任上的 NLRB 认为，所谓的管理特权条款（management prerogative clause），即限制雇主与工会就雇佣方面的各种变化和各项条件谈判义务的条款，在合同到期日即失效，因为它与不罢工条款和仲裁条款一样，不能在那个节点继续存在下去。因此，基于对新协议的谈判，工会过去所接受的、原本可以谈判的、有关雇佣条件的做法走到尽头。[227] 作为最早的政策逆转之一，特朗普时期的 NLRB 持相反意见，[228] 认为管理特权并不像奥巴马时期 NLRB 所认为的那样植根于集体协议本身，而是植根于其实践，因此不构成联邦最高法院判例意义上的能够在这一点上产生通知和谈判义务的"变化"。特朗普时期的 NLRB 指出，"许多案件"都集中在是否是对以往做法的背离上，并表示这类裁决"……未能仔细审查当雇主先前的行为造就以往的做法时是否存在集体谈判协议，也

（接上页注释）　恰当的观点似乎是，这种方式与联邦最高法院在 *Metropolitan Edison*（注释略）案和 *Mastro Plastics Corp. v. NLRB*［350 U. S. 270(1956)］案中的观点不符，见 *Local 36, International Brotherhood of Electrical Workers v. NLRB*，706 F. 3d 73(2d Cir. 2013)。"当雇主向谈判代表提出既成事实时，NLRB 不会认定豁免雇主的谈判义务"，即使工会未能就已呈现的变化寻求谈判。*Harley-Davidson Motor Co.*，366 NLRB No. 121(2018) at p. 2. Cf. *StaffCo of Brookly, LLC v. NLRB*，888 F. 3d 1297(D. C. Cir. 2018).

　　[226]　*Michigan Bell Telephone Co.*，306 NLRB 281，282(1992). See also *Murphy Oil U. S. A.*，286 NLRB 1039(1987)；*Jones Dairy Farm*，295 NLRB 113(1989)；*GTE Automatic Electric*，261 NLRB 1491(1982)；*Outboard Marine Corp.*，307 NLRB 1333(1992).

　　[227]　*E. I. Du Pont De Nemours*，364 NLRB No. 113(2016)在 *E. I. Du Pont De Nemours v. NLRB*，682 F. 3d 65(D. C. Cir. 2012)中被发回重审。

　　[228]　*Raytheon Network Centric Systems*，365 NLRB No. 161(2017).

忽视了任何集体谈判协议是否包含明确允许有关行为的语言"。[29] 这提出了一个问题,即在上一份协议到期后、谈判新协议期间的所谓"动态现状",与雇主是否有义务对以前自主决定的所有事项进行谈判的问题是否相关。244这些涉及各方在谈判新协议时的权力平衡的分歧,今后一定会被巡回上述法院和联邦最高法院解决。

工厂关闭立法

1988 年,尽管遭到里根总统的反对,国会还是颁布了《工人调整、再培训与通知法》(Worker Adjustment Retraining and Notification Act,简称为WARN 法)。[30] 该法要求雇员超过 100 人(不含非全日制雇员)或者雇员超过 100 人且每周工作时间至少 4000 小时(不含加班时间)的雇主,在工厂关闭或大规模临时裁员的情况下,提前 60 天通知雇员或其代表。[31]

---

[29] *Raytheon Network Centric Systems*,365 NLRB No. 161(2017),at 6.

[30] 29 USC § § 2101,2101 notes,2102-2109.

[31] 该法将"工厂关闭"定义为"单一雇佣地点或单一雇佣地点内的一个或多个设施或运营单位的永久或临时关闭,导致在任何 30 天内 50 名及以上雇员(不包括非全日制雇员)的就业损失(employment loss)",见 29 U. S. C. § 2101(a)(2)。此外,该法还将"大规模临时裁员"(mass layoff)定义为,在 30 天内至少 33%的雇员(不包括非全日制雇员)且至少 50 人(不包括任何非全日制雇员),或至少 500 名雇员(不包括任何非全日制雇员)在单一地点的就业损失,见 29 U. S. C. § 2101(a)(3)。然而,该法通过对需要强制通知的"就业损失"进行界定,对该法的适用范围作出限制。"就业损失"包括"就业终止,但不包括有理由的解雇、自愿离职或退休","超过 6 个月的临时裁员"或"在任何 6 个月期间内每个月的工作时间减少 50%以上",见 29 U. S. C. § 2101(a)(6)。该法还包括以下几种例外情况:一是"临时设施的关闭,或者由于某一特定工作项目或任务完成而关闭或临时裁员";二是"关闭或临时裁员构成一次罢工行动或闭厂行动,但其目的不是规避本章的要求";三是雇主替换经济罢工者,见 29 U. S. C. § 2103。此外,该法还规定了"经营困难公司例外"(faltering company exception)和"不可预见的商业例外",前者是指当一家公司被要求提前通知时,正试图通过获得资本的方式维持工厂的运营;后者是指当工厂关闭或大规模临时裁员是由雇主无法控制的突发意外事件造成的,见 29 U. S. C. § 2102(b)。参见 *United Food & Commercial Workers Local 751 v. Brown Group*,*Inc.*,517 U. S. 544(1996)(法院认为,工会可以根据该法对雇主提起诉讼,而雇主个人不参与诉讼);*Watson v. Michigan Industrial Holdings*,*Inc.*,311 F. 3d 760(6th Cir. 2002)(法院认为,当工厂关闭是因为一个大客户意外拒绝按时付款而突然中断了关系,即使工厂倒闭是由工厂与客户之间的口头协议到期引起的,这种情况也应属于不可预见的商业环境例外);*Hotel Employees v. Elsinore Shore Assoc.*,173 F. 3d 175(3d Cir. 1999)(法院认为,政府下令关闭属于根据该法"工厂关闭",但雇主可以适用不可预见的商业环境例外)。被解雇但被替代的雇员不属于成文法意义上的裁员,见 *Sanders v. Kohler Co.*,641 F. 3d 290(8th Cir. 2011);*Oil*,*Chemical and Atomic Workers v. RMI Titanium Co.*,199 F. 3d 881(6th Cir. 2000)。

此外,19 个州已经颁布了自己的工厂关闭立法。[222]

2007—2008 年大萧条引发的诉讼[223]与该法规定的通知义务例外——不可预见的商业环境例外(unforeseeable business circumstances exception)有关。[224] 联邦第八巡回上诉法院在美国钢铁工人联合会第 2660 号地区工会诉美国钢铁公司案(*United Steel Workers of America Local 2660 v. United States Steel Corp.*)[225]中指出,劳工部鼓励进行客观的分析。该院认为:

> 2008 年后期的经济危机,伴随着美国钢铁业客户订单的急剧萎缩,构成一种不可预见的商业环境……尽管雇主明白经济衰退会减少需求……但是,仅仅是知晓经济衰退,并不妨碍适用不可预见的商业环境例外。[226]

法院认同公司正试图"渡过难关"的说法,认为"尽管在 2008 年 12 月 3 日以前经济衰退是明显的,但是由此而导致的钢铁需求的大幅减少并不明显。"[227]劳工部曾预测,2012 年立法中包含的联邦政府预算开支在 2013 年 1 月可能会被冻结,认定由此而导致的包括国防工业在内的联邦政府承包商所实施的临时裁员,不强制适用 WARN 法 60 天的提前通知期,因为劳工部在 2012 年曾采取措施努力避免预算冻结,且临时裁员的潜在可能性只是

---

[222]　许多州有自己的"工厂关闭"立法:加利福尼亚州、康涅狄格州、夏威夷州、伊利诺伊州、爱荷华州、堪萨斯州、缅因州、马里兰州、马萨诸塞州、密歇根州、明尼苏达州、新罕布什尔州、新泽西州、纽约州、俄亥俄州、俄勒冈州、田纳西州、佛蒙特州、威斯康星州。

[223]　参见 Ianthe Jeanne Dugan, Companies, "Workers Tangle over Law to Curb Layoffs," *Wall Street Journal*, July 6, 2009, at A10.

[224]　同上。

[225]　683 F. 3d 882(8th Cir. 2012).

[226]　同上,第 886—887 页。

[227]　同上,第 887 页。

推测而已。[238] 在此,劳工部指出,以往法院作出司法判决,未尽提前通知义务可能导致不必要的合同撤销。[239]

不得议价谈判:鲍尔沃主义

另一个颇有难度的拒绝谈判指控涉及鲍尔沃主义(Boulwareism),这一术语取自通用电气(General Electric)公司劳动关系副总裁的名字。实际上,这种策略要求雇主在谈判一开始就宣布自己的最后出价。对此,雇主的想法是,在让人饱受折磨的讨价还价过程中,雇主因其固执己见、不讲道理而倍受指责,并逐渐修正自己的立场,这一过程只能提升工会的声誉而降低雇主的威望。通用电气公司创造并提炼出鲍尔沃主义,它所坚持的立场是,向自己的工人提出一个确定且公平的出价,并且公司会向雇员宣布正在举行的集体谈判的进展,因此工人们无须依赖工会的描述来了解谈判。[240] 在某些方面,雇主的行为与一些工会的做法如出一辙:工会经常把合同朝桌上一扔,并告诉小雇主"要么接受,要么放弃",这就是促使国会制定《塔夫特-哈特利法》,对工会施加谈判义务的原因。然而,通用电气公司认为,诸如经济变化等外部因素可以改变公司的立场。主流观点认为,仅仅是在谈判开始时雇主提出最后出价,这一行为本身并不构成不当劳动行为。善意谈判

---

　　[238]　U. S. Department of Labor, Advisory Training and Employment Guidance Letter No. 3-12, July 30, 2012.

　　[239]　*Halkias v. Gen Dynamics Corp.*, 137 F. 3d 333(5th Cir. 1998); *Loehrer v. McDonnell Douglas Corp.*, 98 F. 3d 1056, 1062(8th Cir. 1996). 在 2012 年的指南备忘录中,白宫管理与预算办公室指出:"为了进一步降低与不必要的临时裁员通知相关的浪费和中断的可能性,本备忘录提供了与遵守 WARN 法相关的允许适用的某些责任和诉讼费用的指南。具体来说,(1)如果发生停工,且某一机构终止或修改合同,则承包商必须下令关闭工厂或大规模裁员;(2)承包商必须遵循与劳工部指南一致的行动方针。那么,任何由此产生的由法院确定的雇员赔偿责任费用,以及律师费和其他诉讼费用,如果是合理的且可分担的话,无论诉讼结果如何,都将被视为允许的费用,并由订约机构承担。"见 Damian Paletta, "White House Weighs Aid for Firms on 'Fiscal Cliff,'" *Wall Street Journal Professional*, September 29, 2012. 关于最近对不可预见的商业环境例外的分析,见 *AE Liquidation, Inc.*, 866 F. 3d 515,518(3d Cir. 2017); *Mwarabu v. Pennero Assocs, Inc.*, 2017 WL 367543, at *4(S. D. Tex. Jan. 24, 2017)。

　　[240]　*NLRB v. General Electric Co.*, 418 F. 2d 786(2d Cir. 1969).

义务并不要求当事人提出要约或反要约;它只是要求具有善意的缔结合同的意图。然而,各法院认为,将雇主伴随鲍尔沃主义实施的其他行为考虑进来是适当的,基于整体情况可以推断这些行为构成恶意谈判。

一般而言,在判断当事人的行为是否构成非法的表面谈判,而不带有缔结集体谈判协议的意图时,不能以特定的方案"可接受"或"不可接受"为基础来判决。[24] NLRB 在另一个案件中指出:

> 在认定一方当事人是否进行善意谈判,真正努力地达成协议时,我们很少能找到直接证据证明一方有阻扰谈判过程的意图。相反,我们必须审视他的全部行为,不仅是在谈判桌上的,还有谈判桌以外的,包括当事人所坚持的要约的实质内容……这一审查并不试图衡量要约的内在价值,而是根据提出这些要约的态度来判定,是否能证明当事人对协议抱有开放的心态,还是对真正的讨价还价抱有抗拒的心态。[242]

20 世纪 90 年代见证了一系列与谈判策略有关的重要案件。NLRB 在其中一个案件[24]中裁定,雇主可以合法地使用替代性谈判方案作为一种谈判策略,以促使工会接受其最后出价,即坚持主张如果工会不予接受,他将提出一个新的更差的出价。同样,NLRB 中的多数委员认定,所谓的让步谈判(regressive bargaining),即坚持主张比包含在之前的出价或暂时接受的条件更差的条款,本身并不构成恶意谈判。[24]

---

[24]　*Reichhold Chemicals*(*Rechhold 2*),288 NLRB 69(1988),*aff'd in relevant part sub nom. Teamsters Local 515 v. NLRB*,906 F. 2d 719(D. C. Cir. 1990).

[24]　*Hydrotherm*,302 NLRB 990,993-94(1991). Cf. *American Meat Packing Co.*,301 NLRB 835(1991);*Industrial Electric Reels, Inc.*,310 NLRB 1069(1993).

[24]　*Telescope Casual Furniture, Inc.*,326 NLRB 588(古德主席的协同意见书,第 589—592 页;里伯曼委员的反对意见书,第 592—593 页).

[24]　*White Cap, Inc.*,325 NLRB 1166(1998)(古德主席的协同意见书,第 1170 页),*rev denied* 206 F. 3d 22(D. C. Cir. 2000). 类似案例见 *Management & Training Corp., and Service Employees Internationeel Union Local 668*,366 NLRB No. 134(2018). Cf. *NLRB v. Suffield Academy*,171 LRRM 3164(2d Cir. 2003).

　　再次强调，像保险代理人案（*Insurance Agents*）和美国船舶制造公司案（*American Ship Building*）那样奉行契约自由的案件，与通用电气案的"行为整体性"（totality-of-conduct）判断方法是一致的，这些案件中所使用的策略（至少是在短期内）似乎都会阻碍当事人之间真正的对话。另一方面，联邦最高法院曾判决，为了促进当事人之间真正的对话以期达成协议，当雇主在集体谈判中宣称其无力支付时，有义务公开账簿并披露其财务数据。[24] 这一规范谈判行为和策略的判决，其目的是建立一种能够聚焦于雇

249

------

　　[24]　*NLRB v. Truitt Manufacturing Co.*，351 U. S. 149（1956）. Cf. *Advertisers Manufacturing Company*，275 NLRB 100（1985）. See also *NLRB v. Acme Industrial Co.*，385 U. S. 432（1967）. Cf. *Florian Bartosic and Roger C. Hartley*，"The Employer's Duty to Supply Information to the Union," 58 *Cornell L. Rev.* 23（1972）.

　　同样，联邦最高法院对雇员考试成绩的信息披露加以限制，因为成绩的特点是具有保密性，见 *NLRB v. Detroit Edison Co.*，440 U. S. 301（1979）。类似判决见，*NLRB v. United States Parcel Service*，660 F. 3d 65（1st Cir. 2011）. 对比 NLRB 在 *GTE California，Inc.*，324 NLRB 424（1997）案中所采用的方法，对于未填写电话号码的投诉的消费者，NLRB 多数认为不得获取他们的姓名、地址和家庭电话号码，并且不同意进行信息披露。此外，关于雇员人事记录的争议频繁发生。比较 *Washington Gas Light Company*，278 NLRB 220（1984）与 *New Jersey Bell Telephone Co. v. NLRB*，720 F. 2d 789（3d Cir. 1983）；*NLRB v. U. S. Postal Service*，128 F. 3d 280（7th Cir. 1997）；*NLRB v. CJC Holdings，Inc.*，97 F. 3d 114（5th Cir. 1996）。也有关于获取证人陈述的争议。*NLRB v. New Jersey Bell Telephone Co.*，936 F. 2d 144（3d Cir. 1991）；*Diversity Wyandotte Corp.，Dekalb*，302 NLRB 1008（1991）；*Union Telephone and Telegraph Co.*，309 NLRB 558（1993）. 雇主有义务提供雇员的工资率和种族构成，以使工会可以在谈判单位内更有效地进行谈判，见 *Frito Lay，Inc.*，333 NLRB 1296（2001）。工会有权获取申请监管职位的工会干部的名字，见 *NLRB v. U. S. Postal Service*，841 F. 2d 141（6th Cir. 1988）。工会在获取非本谈判单位工作的信息时会遇到困难，见 *Bohemia，Inc.*，272 NLRB 1128（1984）；*United States Postal Service*，261 NLRB 505（1982）。另见 *E. I. Dupont de Nemours v. NLRB*，744 F. 2d 536（6th Cir. 1984）；*United States Testing Co. v. NLRB*，160 F. 3d 14，22（D. C. Cir. 1998）［森特利（Sentelle）法官的反对意见书］。然而，正如联邦第二巡回上诉法院和哥伦比亚特区上诉法院所说，"相关性的门槛很低"，见 *New York and Presbyterian Hospital v. NLRB*，649 F. 3d 723（D. C. Cir. 2011），援引哥伦比亚特区上诉法院的 *DaimlerChrysler Corp. v. NLRB*，288 F. 3d 434，443（D. C. Cir. 2002）案；*Oil，Chem. & Atomic Workers v. NLRB*，711 F. 2d 348，361。然而，雇主有义务披露与某些谈判事项相关的信息，见 *Minnesota Mining and Mgf. Co.*，261 NLRB 27（1982），*enforced* 711 F. 2d 348（D. C. Cir. 1988）；*NLRB v. American National Can Co.*，924 F. 2d 518（4th Cir. 1991）。尽管在 *Anheuser-Busch，Inc.*，237 NLRB 982（1978）案中，法院认定与雇员不当行为仲裁有关的证人陈述不得披露，但是这一立场被 NLRB 推翻，从而支持披露，见 *American Baptist Homes of the West*（"*Piedmont Gardens*"），359 NLRB No. 46（2012）。

主所面临的经济条件的集体谈判关系。然而，资方却能以不主张无力支付
的方式规避这一判决，即便这一策略是他们谈判姿态的基础。一般而言，只
有缺少劳工问题法律顾问的雇主才不会运用其他的考量因素，例如工资的
可比性（wage comparability）。在这类案件中，法院对于资方是否主张无力
支付，倾向于依据整体情况进行判断，这表明法院不愿对此过度规范。只有250
一些特殊行业（如棒球）的雇主在 NLRA 规定的披露要求上存在困难，因为
棒球运动没有可比的工资标准（comparable wage scales）能够引用。对球
队所有者而言，在 1981 年集体谈判中，其基本立场是该行业的经济状况很
差，而不是其他什么观点。

　　此外，NLRB 和联邦各级法院确立了一套武断的标准，用以界定雇主无
力支付的主张与基于对其他雇主竞争压力预测的主张。理查德·波斯纳
（Richard Posner）法官曾写道："某家公司曾表示，认定标准是公司是否无
力支付。"根据联邦上诉法院的观点：

　　　　一家公司即便正在支付高于其竞争对手的工资，在短期内当然是
　　能够生存的，从长期来看也常常如此。公司可能有其他一些成本优势；
　　它的竞争对手会在其成本之上进行定价；市场可能迅速扩张。相比之
　　下，如果公司的成本降低，公司的增长会减慢、停滞或是衰退，但是不一
　　定走向灭亡。因此，公司的表述中存在矛盾：一方面，公司利润丰厚；另
　　一方面，它的成本高于其竞争对手，因此想降低成本。[26]

　　该案发回重审后，NLRB 表示，认定标准是雇主的观点是否是基于在合

---

　　[26]　*Nielsen Lithographing Co. v. NLRB*，854 F. 2d 1063，1065(7th Cir. 1988)。联邦第四巡
回上诉法院也认为，雇主希望提高竞争力并不是其经济困难的托辞，但是雇主应当根据 *Truitt* 案
的规则公开账簿，见 *AMF Bowling Co. v. NLRB*，63 F. 3d 1293(4th Cir. 1995)。

251同有效期内无力支付。[20] 哥伦比亚特区上诉法院注意到 NLRB 对以前的观点所作的改变,[28]同意其作出的裁决。[29]

　　关于谈判义务的一般概念以及具体到通用电气案,我有两点评论。第一,NLRA 自相矛盾的趋势已经暴露无遗。一方面,不愿干预谈判策略——其中的顾虑是这会导致干预集体谈判协议的实质内容。另一方面,显而易见,通用电气公司正试图贬低工会,使其成为一个无用的谈判代表,或许最终取消这个谈判代表。而雇员得到的讯息是,对什么是公平的、确定的出价,工会无法改变雇主的基本观点,很快他们会开始问自己,到底为什么要加入工会。可以肯定的是,这就是通用电气战略的基本目标。法律试图同时驾驭两匹烈马:一方面,维护集体谈判过程,而对鲍尔沃主义加以谴责;另一方面,维护契约自由,避免对集体谈判程序做过多的管制。

　　另一个有关鲍尔沃主义的基本问题是救济的缺失。法院不愿对这一策略本身进行谴责,而选择依赖行为的整体性来进行判断。雇主在下一轮谈
252判过程中只要改变一个策略,那么根据情况整体性要求来认定恶意谈判,就需要新一轮的司法程序。换句话说,鉴于法院对这类案件颁布的任何命令均缺乏准确性,因此对违法行为处罚的可能性微乎其微。所有这些问题将在下一章讨论救济时详细说明。

------

　　[20]　*Neilsen Lithographing Co.*, 305 NLRB 697(1991). 类似案件见, *Lakeland Bus Lines, Inc.*, 335 NLRB 322(2001); *ConAgra, Inc.*, 321 NLRB 944(1996), *rev. granted ConAgra, Inc. v. NLRB*, 117 F. 3d 1435(D. C. Cir. 1997); *Stroehmann Bakeries, Inc.*, 3187 NLRB 1069 (1995), *enforced* 95 F.3d 218(2d Cir. 1996); *F. A. Bartlett Tree Expert Co.*, 316 NLRB 1312 (1995). 联邦第二巡回上诉法院在 *Stroehmann* 案中的观点援引了它以前在 *Torrington Extend-A-Care Employee Ass'n v. NLRB*, 17 F. 3d 580, 587-90(2d Cir. 1994)案中的判决,虽然"谈判者评论说,公司现在难以维持运营",但是如果谈判者明确否认无力支付,并强调公司没有破产,那么他的评论并不能引发提供信息的义务,见 *Stroehmann*, 95 F.3d at 223. 也可参见 *Burruss Transfer, Inc.*, 307 NLRB 226(1992); *Concrete Pipe & Products Corps.*, 305 NLRB 152(1991); *Armored Transport of California, Inc.*, 288 NLRB 574(1988);(1991); *Parsons Electric Company*, 304 NLRB 890(1991), *enf. denied* 976 F. 2d 1167(8th Cir. 1992); *United Paperworkers International Union v. NLRB*, 981 F. 2d 861(6th Cir. 1992).

　　[28]　*United Steelworkers Local 571 v. NLRB*, 401 F. 2d 434(D. C. Cir. 1968); *NLRB v. Western Wirebound Box Co.*, 356 F. 2d 88(9th Cir. 1966).

　　[29]　*United Steelworkers of America, Local Union 14534 v. NLRB*, 983 F. 2d 240(D. C. Cir. 1993).

第七章　救济制度、1978 年《劳动改革法案》与 2009 年《雇员自由选择法案》

之所以对救济制度以及 1978 年《劳动改革法案》(Labor Reform Bill) 所提出的各项劳动法改革予以特别关注,主要原因是 NLRB 须处理的案件与日俱增,由此给本就曲折繁复的法定行政处理程序带来很大压力。伴随着工会在工作场所作为集体谈判代表的能力急剧下降,这一程序在 2008 年、2009 年所谓的《雇员自由选择法案》(Employee Free Choice Bill)辩论时已是穷途末路。

1978 年和 2008—2009 年立法改革试图解决的问题由来已久。正如 NLRB 约翰·范宁(John Fanning)主席在参议院教育与劳工委员会作证时所指出的:

> 1957 年,当初我到 NLRB 就任时,NLRB 总计处理了 16000 余个案件,并对 353 个由不当劳动行为引发的案件作出裁决。在本财年 (1972 年),我们将受理超过 52000 个案件,并预计作出 1121 份裁决。在 1978 财年,我们预计会有 57000 个案件立案,并作出 1242 份裁决。到 1979 财年案件数量将升至 61000 件,我们作出的裁决将达到 1400 份。[①]

尽管案件数量在范宁主席及本人任后(裁决数量最多时出现在我任期内,曾[254]

---

① Proposed Amendments to the National Labor Relations Act: Hearings on H. R. 8410 Before the Subcommittee on Labor-Management Relations of the House Committee on Education and Labor, 95th Cong., 1st Sess. 389(约翰·范宁的声明)。事后证实范宁所称的案件数量略有夸张。参见第一章注⑭。

超过每年 1000 份)已经大幅下降,但如此多的案件还是拖延了整个行政程序。当一名工人因在工会组建过程中参加工会活动而被解雇,如果他无法获得法律规定的各项救济,那么整个救济制度就变得毫无意义。工人在这一期间所遭受的损失,依据法律永远无法获得足够的补偿。正如参议院教育与劳工委员会所说:"本会从证词中得知,一些工人在等待他们的案件作出最终而有利的处理时,他们的房屋被迫拍卖、汽车被迫易主。很显然,不仅现行法律无法阻却违法行为,而且现行法律所规定的救济制度对这些违法行为的受害者也无法给予补偿。"[②]

救济意味着赔偿

NLRA 遭遇困境的其中一个原因在于,联邦最高法院认为,该法旨在发挥补偿功能(remedial function),而对于违法行为不得施加惩罚性处罚(punitive sanctions)。[③] 由此形成一种主张,认为如果某位雇员获得超过其损失的赔偿,那么这项赔偿就是惩罚性的而非补偿性的。[④] 与这一主张255 相一致的是,该法规定雇员在被不当解雇期间的过渡性收入(interim earn-

---

　　②　H. R. Rep. No. 95-687, 95th Cong., 1st Sess. 21(1977). See Paul C. Weiler, "Promises to Keep: Securing Workers Rights and Self-Organization under the NLRA," 96 *Harv. L. Rev.* 1769 (1983).

　　③　*Local 60, United Brotherhood of Carpenters v. NLRB*, 365 U. S. 651, 655 (1961); *NLRB v. Seven-Up Bottling*, 344 U. S. 344, 346(1953). 也可参见,例如,*NLRB v. J. S. Alberici Construction Co.*, 591 F. 2d 463, 470 n. 8(8th Cir. 1979; *Packing House and Industrial Services v. NLRB*, 590 F. 2d 688, 697(8th Cir. 1978)。

　　④　联邦巡回上诉法院的观点可以说更进一步,他们认为合理确定雇员实际损失的方法应当是,依据雇员若不被雇主不当解雇而应获得的薪资来确定,其数额可能少于若雇主有合法理由解雇雇员的情况下,其解雇前的实际薪资数额乘以解雇后的月数所得的数额,见 *NLRB v. Fort Vancouver Plywood Co.*, 604 F. 2d 596(9th Cir. 1979); *J. S. Alberici Construction Co.*; *Florsheim Shoe Store Co. v. NLRB*, 565 F. 2d 1240(2d Cir. 1977); *Sunderstrand Heat Transfer, Inc. v. NLRB*, 538 F. 2d 1257(7th Cir. 1976); *NLRB v. Local No. 2 of United Association of Plumbing and Pipefitting Industry*, 360 F. 2d 428, 434(2d Cir. 1966). 联邦最高法院的判例也有采用所谓"若不是"的认定方法的,见 *Golden State Bottling Co. v. NLRB*, 414 U. S. 168, 189-90(1974). 然而,联邦上诉法院也曾判决,雇主对工会所持的敌意,足以认定其应当将前任公司(predecessor company)的所有员工予以复职。另见 *Packing House and Industrial Services v. NLRB*, 590 F. 2d at 697-98,该案的判决是依据 *NLRB v. International Van Lines*, 409 U. S. 48, 53(1972)案的判决而来。

ings)或者其他基于"合理努力"(reasonable diligence)所应获得的报酬应当从雇主为雇员补发的工资(back pay)中扣除,但是出于公共政策的原因,失业救济金和社会福利金不得扣除。[5] 有关补发工资的审理程序经常发生在不当劳动行为诉讼之后,而这意味着在这一程序中,关于被解雇的雇员在雇主实施不当劳动行为之后所从事的工作种类以及在相关劳动力市场上雇员是否可以就业的事实,都必须详细地加以举证。[6] 而有关相关劳动力市场₂₅₆的认定所引发的诉讼,则常常会拖延整个处理程序。

　　问题在于,工人对于所剩无几的补发工资已是愤愤不平,而未来几乎不再可能从事 NLRA 所保护的行为。被解雇的工人甚至无法获得 NLRB 所提供的救济。正如一项研究指出的,雇主的违法行为实施 6 个月后雇员才能获得复职的机会,而愿意接受复职的雇员人数仅相当于被不当解雇的雇员总数的 5％。[7] 持保守立场的《商业周刊》(*Business Week*)杂志曾指出,

---

　　⑤　*NLRB v. Gullett Gin Co.*，340 U. S. 361(1951). Cf. *NLRB v. State of Illinois Department of Employment Security*，777 F. Supp. 1416(N. D. Ill. 1991). 然而,NLRB 认为,当违法行为不是不当解雇的情况下,则不应从补发工资中扣除过渡性收入,这一裁决也得到了联邦第十巡回上诉法院的支持。*Ogle Protection Services*，*Inc.*，183 NLRB 682(1970)；*NLRB v. Community Health Services*，812 F. 3d 768(10th Cir. 2016)[见戈萨奇(Gorsuch)法官的反对意见书第 780 页],请求重审(全部),被驳回。

　　⑥　根据联邦上诉法院的观点,"在判断一位劳工是否付出合理努力寻找实质上相同的工作时,最主要的认定标准是该劳工本身所面临的经济环境、他的技能和资格、年龄及个人限制条件等",见 *Lundy Packing Co. v. NLRB*，856 F. 2d 627(4th Cir. 1988)。此外,根据另一家联邦上诉法院的判决,雇主有义务寻找实质上与原先失去的职位相同的新工作,见 *Kawasaki Motors v. NLRB*，850 F. 2d 524(9th Cir. 1988)。根据 NLRB 的相关裁决,如果某位雇员要求降低其寻找新职位的标准时,必须经过一段合理的期间后,这项义务才能存在,见 *Rainbow Coaches*，280 NLRB 166(1986)及 *Arlington Hotel Co.*，*Inc.*，287 NLRB 851(1987)*enforced in part* 876 F. 2d 678(8th Cir. 1989)。反之,根据 NLRB 的相关裁决,如果被歧视的雇员已经历一个合法的过程寻找过渡性工作,则没有义务寻找薪资更高的过渡性工作,见 *F. E. Hazard*，*Ltd.*，303 No. 839 (1991)，*enf. denied* 959 F. 2d 407(2d Cir. 2012)以及 *Faculty Continental Corp.*，270 NLRB 1334 (1985)，*enforced* 817 F. 2d 979(2d Cir 1993 1987)。此外,根据 NLRB 的裁决,在雇员本身行为失当(misconduct)的情况下,会丧失复职和补发工资的权利,见 *Precision Window Manufacturing*，*Inc.*，303 NLRB 947(1991)，*enf. denied*，963 F. 2d 1105(8th Cir. 1992)。最后,根据 NLRB 的裁决,不是由雇主处获得的过渡性收入,无论在何种情况下均不得扣除,见 *Seattle Seahawks*，304 NLRB 627(1991)，*enforced* 142 LRRM 455(D. C. Cir. 1993)及 *E. D. P. Medical Computer Systems*，293 NLRB 857(1989)。

　　⑦　S. Rep. No. 95-628，95th Cong. 2d Sess. 11(1978).

当工人不服 NLRB 的裁决向联邦法院上诉时,程序是如此冗长,以致"工人在经济上和情感上都已消耗殆尽"。⑧

　　在现有法律的范围内,在我就任主席期间 NLRB 所采用的方法是,不仅要求雇主将违法行为及其救济的告知书张贴出来,并且要求雇主向雇员大声朗读出来。⑨ 奥巴马总统任上的 NLRB 利用这种救济方式来消除工作场所的敌对氛围,以使雇员能够自由行使他们的法定权利。⑩ 但是,这种方法在联邦第二巡回法院⑪和哥伦比亚特区上诉法院都遇到了困难。⑫ 威廉姆斯(Williams)法官代表哥伦比亚特区上诉法院指出:

257　　　　　对于那些熟悉 20 世纪历史的人来说,这样的命令让人想起斯大林设立的"批评-自我批评"制度。"批评"通常采取的形式是,在与工友的会议上,目标人物的同伴对其进行攻击,大谈共产党的当权者向他们灌输的说辞(以免自己被贴上人民公敌的标签),然后由目标人物转述("自我批评"),希望完全坦白可以避免被送入劳改营、遭受酷刑或被处决。NLRB 要求的这种场景所传达的潜台词是什么? 向聚集的工人和违法

---

　　⑧　W. Gould, "Prospects for Labor Law Reform: The Union and Carter," *The Nation*, April 16, 1977, at 466-67.

　　⑨　*U. S. Serv. Indus.*, Inc., 319 NLRB 231(1995). 在 NLRB 历史上,在其早期案件中也曾命令给予类似的救济。见例如, *J. P. Stevens & Co.*, *Inc.*, 171 NLRB 1202(1968), *enforced*, 417 F. 2d 533(5th Cir. 1969)。

　　⑩　*Jason Lopez' Planet Earth Landscape*, *Inc.*, 358 NLRB No. 46, slip op. at 1(2012); *HTH Corp.*, 356 NLRB No. 182, slip op. at 14(2011); *Carwash on Sunset*, 355 NLRB 1259, 1263(2010); *HCA Management*, *Inc.*, 358 NLRB No. 117(2012). See also *Homer D. Bronson Co.* 349 NLRB 512, 515-16(2007), *enforced*, 273 Feb. Appx. 32(2d Cir. 2008); *Concrete Form Walls*, *Inc.*, 346 NLRB 831, 838-40(2006).

　　⑪　*NLRB v. S. E. Nichols*, *Inc*, 862 F. 2d 952(2d Cir. 1988); *Textile Workers Union of America v. NLRB*, 388 F. 2d 896(2d Cir. 1967).

　　⑫　使用最为广泛和现代的方法包含在 *HTH Corp V. NLRB*, 823 F. 3d 668(D. C. Cir. 2016)案中。该巡回法院的大部分先例在以下文件中讨论, *International Union of Electrical*, *Radio & Machine Workers v. NLRB*, 383 F. 2d 230(D. C. Cir. 1967); *Teamsters Local 115 v. NLRB*, 640 F. 2d 392(D. C. Cir. 1981); *Conair Corp. v. NLRB*, 721 F. 2d 1355(D. C. Cir. 1983); *Federated Logistics and Operations v. NLRB*. 400 F. 3d 920(D. C. Cir. 2005)。

者本人传达什么？"在你们面前的是你们的经理,他通常有责任对你们的工作做出重要抉择。但他是谁呢？他不仅是一个违法者,而且他是一个可怜人,他被迫吐出一些政府官员塞在他嘴里的台词。他甚至不是鹦鹉,可以选择何时说话;他是一个傀儡,按照命令说出他很可能憎恶的话语。我们成功地把他变成了一个可怜人。"当然,有人会说,这里只是强者倒台了;他是一个违法者。但非要落到如此地位低下？落到否认他自主权的地步吗？[13]

在本案中,法院批准了 NLRB 的一项裁决,命令以修改后的形式宣读告知书。也就是说,公司可以选择将任务交给 NLRB 的雇员。[14] 法院表示:"……鉴于可以选择让 NLRB 的雇员宣读告知书,那么,对于未附带这一选择的雇员特定的告知书宣读命令,我们没有必要处理其有效性问题。"[15]

第二种更具预防性的方法是要求在工作场所张贴 NLRA 雇员权利告知书。这是其他雇佣法规中存在的一项规则,后来被奥巴马总统任上的 NLRB 所采用。[16] 在 NLRB 的规则制定权限内,这一实践似乎颇有成效,但是其他成文法有明确规定而 NLRA 却没有,使得这种做法仍然存在问题。到目前为止,法院驳回了 NLRB 有权张贴通知的提议。[17]

集体利益

更为棘手的是,上述制度缺陷对于工会一般性的组建活动产生影响。

---

[13]　*HTH Corp.*,第 677 页。

[14]　同上,第 678 页。

[15]　同上。

[16]　"Notification of Employee Rights Under the National Labor Relations Act," 75 Feb. Reg. 54006-01(Dec. 22, 2010). NLRB 的这一规则受到诉讼的挑战,但是几家联邦地区法院出现了意见分歧。哥伦比亚特区地方法院依据 NLRB 的规则制定权限,支持了要求张贴公告的规则,见 *Nat'l Ass'n of Mfrs. v. NLRB*,717 F. 3d 947(D. C. Cir. 2013); *Chamber of Commerce v. NLRB*, 721 F. 3d 152(4th. Cir. 2013). 参见 Steven Greenhouse, "Employers Don't Have to Post Union Notices, Judge Rules," *New York Times*, April 14, 2012, at B7.

[17]　参见前注[16]中引用的案例。

尚未因参加工会活动受到处罚的工会支持者将很快得到信息,如果他们因参加工会活动被发现或是遭到报复,那么他们会遭受同样的后果,即便他们能够证明雇主的违法行为,也要等待相当长的一段时间才能获得救济。如果救济的方式是复职,工人也只能被安排回到一个并不融洽的环境中工作。补发工资只有在经过诉讼之后才有可能获得,而在这些诉讼程序中,工人不但要说明在被解雇期间曾经实际从事过什么工作,而更恼人的是,还必须证明经过合理努力可能找到的工作。上述情况会促使工人尽可能回避工会活动,并因此扼杀工会组建活动。在这种情况下,雇主违法解雇雇员的行为可视为仅仅是支付了一小笔许可费,比起工会成立后与其达成集体谈判协议而要付出的工资、津贴及其他改善雇佣条件的费用要少得多。

259拖延

雇主总爱钻法律的空子,其中一个充满戏剧性的例子是 J. P. 史蒂文斯公司(J. P. Stevens & Co.)的所作所为。1957 年,美国国会众议员弗兰克·汤普森(Frank Thompson)举办的监督性听证会(Oversight Hearings)中,NLRB 提供的数据显示,该公司有 96 件不同的不当劳动行为案件正等待 NLRB 处理,此外该公司还在其他许多场合违反了 NLRA。⑱ 同一听证会上揭露了雇主在旧金山许多类似的不法行为。在旧金山这一强势工会地

⑱　为了回应 J. P. 史蒂文斯公司屡次出现的不当劳动行为,NLRB 设置了特殊的救济制度。例如,在 380 F. 2d 292(2d Cir. 1967)案中,要求雇主在发生不当劳动行为的工厂以及公司的全部 43 个工厂张贴关于其违法行为的 NLRB 通告,并且向全部工厂的所有雇员邮寄该通告;在 441 F. 2d 514(5th Cir. 1971)案和 461 F. 2d 490(4th Cir. 1972)案中,则要求雇主基于工会的请求,允许其在一年的期限内使用工厂的公告栏,并要求雇主在工作时间向雇员宣读 NLRB 的命令;在 406 F. 2d 1017(4th Cir. 1968)案和 417 F. 2d 533(5th Cir. 1969)案中,要求雇主为工会提供全部工厂所有雇员的姓名和地址;在 464 F. 2d 1326(2d Cir. 1972)案中,命令雇主向 NLRB 支付与民事藐视法庭诉讼相关的成本费用、律师费和薪资。在 475 F. 2d 973(D. C. Cir. 1973)案中,针对史蒂文斯公司的行径,法院认为传统的救济措施已经不敷使用,在 563 F. 2d(2d Cir. 1977)案中,联邦巡回上诉法院对公司处以合规罚款(compliance fines),而联邦最高法院却推翻这一判决,见 434 U. S. 1064 (1978)。上文提到的史蒂文斯公司的违法行为是该公司曾多次违法后,在 *J. P. Stevens v. NLRB*,

区，一些公司律师为了达到拖延的目的也是无所不用其极。[19]

　　从本书的历次版本中可以看出，当事人在 NLRB 的审判程序中所耗费260的时间越来越长。20 世纪 80 年代，由于 NLRB 不时遭到抵制，案件的审理时限才有所缩短，最近十年也在对布什任上的 NLRB 作出回应。[20] 从当事人提起不当劳动行为诉讼到总法律顾问提起控诉为止，这期间平均耗费的时间，1989 年是 45 天，1999 年是 89 天，而到了 2009 年则是 100 天。从提起指控到行政法法官的听证程序结束为止，又要耗费 91 天（1999 年耗费 168 天，1989 年是 133 天，而 1983 年是 85 天）。在行政法法官正式作出裁决之前还有另外 73 天的间隔（1999 年是 97 天）。最终，从行政法法官的裁决到 NLRB 的裁决还要平均间隔 175 天（1999 年是 461 天）。因此，从提起最初的诉讼到 NLRB 作出裁决平均需要 483 天（1999 年是 747 天，1989 年是 738 天，1983 年是 627 天，1975 年是 358 天）。当然，这还不包括因为申请执行或重审向联邦上诉法院提起上诉的时间。对于日益加剧的延迟，一个合乎逻辑的解释是，向 NLRB 提起的不当劳动行为诉讼在不断增加；然而，由于对布什任上 NLRB 的抵制和工会的萎缩，情况刚好相反。2009 年立案的不当劳动行为诉讼是 22,943 件，1999 年则是 27,450 件，相比 1989

（接上页注释）　638 F. 2d 676（4th Cir. 1980）案中暴露出来的，其严重程度可见一斑。此外，在 *Domsey Trading Corporation* 310 NLRB 777（1993）案中，雇主还应当宣读 NLRB 的命令。*Fieldcrest Cannon, Inc.*, 318 NLRB 470（1995）, *enforced in part* 97 F. 3d 65（4th Cir. 1996）, *reh'g denied* February 10, 1997. NLRB 认定，被告雇主的不当劳动行为屡次出现、影响广泛、令人愤慨，因此有必要采取特别的告知和进入式的救济措施，以充分消除侵权行为的恶劣影响。另一个有关雇主的累犯行为极端恶劣有必要在整个公司范围内采取救济措施的案例是 *Beverly California Corp.*, 310 NLRB 222（1993）, *enforced in part sub. Nom* 案, *Torrington Extend A Care Employee Ass'n v. NLRB*, 17 F. 3d 580（2d Cir. 1994）; *Beverly California Corp.*, 326 NLRB 153（1998）; *Beverly California Corp.*, 326 NLRB 232（1998）, *enforced in part* 227 F. 3d 817（7th Cir. 2000）; *Marquez Brothers Enterprises, Inc.*, 358 NLRB No. 61（2012）.

[19]　"Oversight Hearings on the National Labor Relations Board: Hearing before the Sub-committee on Labor—Management Relations of the House Committee on Education and Labor," 94th Cong., 1st Sess. 295-489.

[20]　本节中的最新数据由国家劳动关系委员会的贝丝·图塞尔（Beth Tursell）提供。

年年均减少约 5000 件。[21] 20 世纪 90 年代我担任主席期间与现在相比，NLRB 实际作出的裁决数量大幅度下降。2017 年，有 19,280 件不当劳动行为指控，相比 2009 年大幅下降。

261 　　尽管当事人走完 NLRB 整个程序的总体时间增加了，但是从听证结束到行政法法官作出裁决所需的 73 天(1999 年是 97 天)却大大短于 1989 年所花费的 153 天。这一期限的急剧缩短可归功于 NLRB 对行政法法官职责合理化作出的几项改革。[22] 1994 年 9 月，NLRB 设定了时限以缩短在庭审结束后或案情摘要提交后法官作出裁决的时间。同样，依据当庭裁决(bench decision)的规则，法官如今有权决定在庭审结束后听取口头辩论来代替案情摘要，随后宣读裁决并将其记录在案。[23] 然而，有点自相矛盾的是，尽管从提出一项指控到 NLRB 最终作出裁决的平均耗时大幅增加，但 NLRB 积压案件的总数在 20 世纪 90 年代中期是大幅下降的。[24] 1984 年 2 月，NLRB 待处理的案件在达到峰值 1647 件后开始下降，而 1995 年积案数量降至有记载以来的最低水平(366 件)。由于受案量减少，2009 年积案数量进一步下降到 193 件。

　　20 世纪 90 年代中期，积案数量的减少归功于在我担任主席期间 NLRB 实行的另外几项改革。第一，1994 年 12 月，NLRB 制定了一项"快审团队"(speed team)案件处理程序，适用于行政法法官所建议的命令被 NLRB 采纳的情形。在这类案件中，工作人员向一位委员口头报告案情，经过讨论后在几天内写出意见，此时案情在委员的脑海中仍然鲜活。第二，1996 年 11 月，NLRB 实行"超级专家组"(super panel)制度，用于处理由行 262政秘书预先精心挑选的特定案件。依据这一制度，由三名 NLRB 委员组成

---

[21] *Sixty-Fourth Report of the National Labor Relations Board*, at 163.

[22] 在行政法法官层面已经对诉讼产生影响的一项改革是引入和解法官(settlement judges)，尽管这一改革未必对案件处理的平均时间产生影响。NLRB 现在已经授权行政法法官在不担任审判法官的情况下充当和解法官。如果各方当事人同意参加，这名法官将促成和解谈判。

[23] 在 *NLRB v. Beverly Enterprises-Massachusetts, Inc.*, 174 F. 3d 13(1st Cir. 1999)案中，联邦第一巡回上诉法院认可了 NLRB 的当庭裁决。

[24] 如果 NLRB 大幅减少花在较简单案件上的时间，同时仍然在更复杂或有争议的案件上花费很长时间，那么这些看似相互矛盾的数据就可以得到解释。

的专家组每周会审理一些需要他们快速解决的案件,而无需每位委员的工作人员撰写书面分析。这一更加快速的程序通常会适用 NLRB 的先例,避免前述令人憎恶的拖延,减少工作人员用于处理这种简单明了的案件的时间。不幸的是,即使实行行政改革,在我余下的任期内,严重的预算削减以及委员的数量减少还是造成积案的数量增加,1998 年 8 月总计达到701 件。

此外,当事人提出选举申请后,在 NLRB 处理有关代表程序时,也经常发生拖延的情形。尽管没有提起不当劳动行为指控后的拖延那么严重,但是在 2009 年,从提出代表申请(representation petition)到区域主任发布举行选举的命令需要 37 天(1999 年是 33 天,1989 年是 44 天)。2015 年 4月,NLRB 修订了代表案件程序规则,以加快选举。由于实行新规定,提交请愿书和选举之间天数的中位数从颁布前一年的 38 天(2014 年 4 月至2015 年 4 月)减少到颁布后一年的 24 天(2015 年 4 月至 2016 年 4 月)。[25]2017 年,从提出代表申请到举行选举需要 23 天时间。[26]

雇主对选举结果的破坏

除了上述两种缺陷外,涉及的第三种情形是,大多数雇员已经投票选举工会为其专属代表,但是雇主却以谈判单位不适当或是无资格的雇员参与投票为由拒绝与该工会谈判。当雇主拒绝与 NLRB 认证的、作为专[263]属谈判代表的工会进行谈判时,工会通常会提起不当劳动行为指控,而总法律顾问会签发一份起诉书,行政法法官会举行听证会。有关工会选举听证的记录会纳入不当劳动行为案件的记录。行政法法官依据委员会已经作出的决定,裁决雇主拒绝与工会谈判是违法的,而这一裁决得到委员会的维持,此时雇主叫以向联邦巡回上诉法院提起上诉,在某些情况下甚至可以向联邦最高法院申请复审令。由此,在工会获得认证三年到五年

㉕ 参见 Annual Review of Revised R-Case Rules,National Labor Relations Board(2016),在www.nlrb.gov/news-outreach/news-story/annual-review-revised-r-case-rules 能获取到。

㉖ 依据 2003 年的一份检察长报告。2009 年之后,NLRB 不再发布年度报告。

后,法院才得以命令雇主与工会进行谈判。而在此期间,雇员因集体谈判本应获得的工资、附加福利及其他雇佣条件的改善,只能是竹篮打水一场空。不仅如此,雇员因缺少集体谈判而士气低落,面对雇主使出的一招"以逸待劳"㉗显得束手无策,因为代表权问题在法院审理期间,雇主是不得与工会进行谈判的,而未参加工会组建的雇员则阔步向前、丝毫不受影响。由此,雇员们会吃一堑长一智:投票支持工会只是搬起石头砸自己的脚。

264　　　NLRB 在艾克塞罗欧公司案(*Ex-Cell-O*)㉘中裁定,不对雇员在争议期间遭受的各项损失给予任何补偿,哪怕只是"填补性"的补偿,因为这样做等于是为双方当事人强行设定合同条款,从而逾越了 NLRB 提供救济的职权范围。㉙ 然而,在另一个相关案件中,NLRB 裁定,若违法行为是"显而易见

㉗　联邦巡回上诉法院判决认为,在工会举行选举后、获得 NLRB 认证前,如果某些并非细枝末节的争议尚未得到解决,那么雇主并不负有谈判义务。*Sunderstrand Heat Transfers，Inc. v. NLRB*，538 F. 2d 1257，1259(7th Cir. 1976)，overruling the Board citing *General Electric Co.*，163 NLRB 198(1967);*Trinity St Co.*，103 NLRB 1470(1953);*Harbor Chevrolet Co.*，93 NLRB 1326(1951). NLRB 认证工会后,如果雇主能以重要的证据证明对工会的认证是错误的,则雇主有权拒绝谈判,且不构成不当劳动行为。*NLRB v. Allis-Chalmers Corp.*，601 F. 2d 870，871-72 (5th Cir. 1979);*NLRB v. Newton-New Haven Co.*，506 F. 2d 1035(2d Cir. 1974);*NLRB v. Clarytona Manor，Inc.*，479 F. 2d 976(7th Cir. 1973).

㉘　*Ex-Cell-O Corp.*，185 NLRB 107(1970),*rev'd and remanded to the Board，sub nom.，International Union，UAW v. NLRB*，449 F. 2d 1046，1050(D. C. Cii. 1971). 后来,在一个违法行为"显而易见且明目张胆"的案件中,NLRB 重申了其立场。*Tiidee Products，Inc.*，194 NLRB 1234(1972),*enforced*，502 F. 2d 349(D. C. Cir. 1974). 在形成范围广泛的救济制度时,法院将面临的另一个问题体现在联邦最高法院对 *H. K. Porter Company v. NLRB*，397 U. S. 99(1970)案的判决中,该判决排除将合同条款强加于当事人的做法,作为对不当劳动行为违法的一种救济措施。另见 *United States Postal Service*，309 NLRB 13(1992).

㉙　这与《加州农业劳动关系法》形成鲜明对比,见 Herman Levy，"The Agricultural Labor Relations Act of 1975," 15 *Santa Clara L. Rev.* 783(1975),根据该法,加州最高法院认为这种命令在某些情况下是适当的,例如,见 *Highland Ranch v. Agricultural Labor Relations Board*，29 Cal. 3d 848(1981)(与 NLRB 相比,农业劳动关系委员会的救济权力有所扩大);*J. R. Norton Co.，Inc. v. Agricultural Labor Relations Board*，26 Cal. 3d 1(1979)(规定了艾克塞罗欧公司案的救济措施);*Tri-Fanucchi Farms v. Agricultural Labor Relations Board*，3 Cal. 5th 1161(2017).

且明目张胆的"（clear and flagrant），则给予受害人包括诉讼费在内的补偿。㉚　然而，哥伦比亚特区上诉法院认为，NLRB 无权根据法规的救济性表述（remedial language）转移诉讼费用。㉛　该法院驳回了这种救济是补偿性的而非惩罚性的观点："……任何以费用裁决的补偿性为依据的做法都会冲击美国规则的基本根基，即在诉讼当中费用转移的补偿功能与其他价值（特别是主张权利和抗辩的广泛自由）相冲突。"㉜但同一法院认为，如果不当劳动行为"影响了谈判过程的核心，以致其影响无法通过适用传统救济措施消 265 除"，则谈判代理人可以得到补偿。㉝　裁定谈判费用的主要理由是恢复原状，从而重新创造出在最初未实施不当劳动行为时本应存在的条件。㉞　艾克塞罗欧公司案中所反映的问题进一步加剧了正常行政程序之后的延迟和司法审查的有效性问题。即便执行 NLRB 命令的申请进入联邦巡回上诉法院，法院也没能对那些劣迹斑斑的惯犯施以足够的处罚。㉟　联邦第十巡回上诉法院曾判决，从前在法庭上不会获胜的无意义的争辩，以后将会导致处罚。㊱

㉚　*Tiidee Products，Inc.*，同上注㉘。但是上诉法院取消了诉讼费用的判决。在后来的一个案件中，NLRB 拒绝支付诉讼费用，上诉法院判决应由 NLRB 支付，但联邦最高法院撤销了上述判决，称是否支付诉讼费用的决定应由 NLRB 做出。*NLRB v. Food Store Employees Local 347*（*Hecks Inc.*），417 U.S.1(1974).该案发回重审时，NLRB 坚持了 *Tiidee Products* 案的规则，以雇主的立场有争议为由采用不同于 *Hecks，Inc.* 案的观点。*Hecks，Inc.*，215 NLRB 765,767(1974). 在 *NLRB v.Unbelievable，Inc.*，71 F.3d 1434(9th Cir. 1995)案中，NLRB 和工会寻求对重新申请的雇主进行制裁，因为雇主对 NLRB 在该案中的裁决提出了轻率的上诉。[309 NLRB 761(1992)]法院批准了这些请求，并命令被告雇主及其原律师共同和分别向 NLRB 和工会支付律师费和双倍费用。

㉛　*Unbelievable，Inc.v.NLRB*，118 F,3d 795，800-06(D.C.Cir 1997)

㉜　*HTH Corp*，第680页。法院没有"认定在恶意案件中转移费用的权力是否可能隐含在该法的某些其他条款中"。同上，第681页。

㉝　*Fallbrook Hospital Corp.v.NLRB*，785 F.3d 729，730(D.C.Cir. 2015).

㉞　*Camelot Terrace，Inc.v.NLRB*，824 F.3d 1085，1093(D.C.Cir. 2016).

㉟　Florian Bartosic and Ian Lanoff，"Escalating the Struggle Against Taft-Hartley Contemnors，" 39 U.Chi.L.Rev. 255(1971).

㊱　*NLRB v. Teamsters Local Union No. 523*，488 Fed. Appx. 280(10th Cir. 2012).

加速行政程序

1978 年《劳动改革法案》的目的就是为了解决上文提到的诸多问题。随着时间的推移,一个涉及 NLRB 自身的问题日趋明显。在过去 20 年,包括在我任期之前与任期之内,NLRB 无法给出合理解释的种种懒政(inaction),成为一个日益严重的问题。㊲

程序的迟缓没能逃脱法院的关注。联邦第二巡回上诉法院的约翰·努南(John Noonan)法官支持安科概念公司案(*Ancor Concepts*)的判决,他就拖延可能产生的影响警告 NLRB 称:

266
> 没有一个决策机构能够完全不受拖延病毒的影响,拖延有时也是解决棘手政策问题的非常人性化的方式。尽管如此,NLRB 是一个一向饱受非议而引人注目的联邦机构,它对自身造成的苦难表现出的傲慢与蔑视,对任何人来说都是一种打击。我们曾在其他场合指出,这种极度的拖延本身就会成为拒绝执行 NLRB 命令的理由,尽管我们在这种情况下没有机会适用这一理论,但我们提请 NLRB 注意,无论其内部有什么问题,NLRB 都有责任在履行其重要职能时采取积极行动。㊳

在少数情况下,一些法院实际上曾拒绝执行 NLRB 的裁决,就是因为作出裁决的拖延。1990 年,乔治·布莱特(George Pratt)法官在埃姆哈特工业公司哈特福德分部诉 NLRB 案(*Emhart Industries, Hartford Division v. NLRB*)和 1992 年联邦第七巡回上诉法院的意见中都作出了这样的处理。理查德·波斯纳(Richard Posner)法官在另一个案件中称,NLRB 的 8 年延期是"令人费解"的,因此拒绝执行在这一漫长的时期内补发工资的

㊲　William B. Gould Ⅳ, *Labored Relations: Law, Politics, and the NLRB*(2000).

㊳　*NLRB v. Ancor Concepts*, 160 LORM 2304, 2308(2d Cir. 1999).

命令。㊴ 在我抵达华盛顿之前,就第八巡回上诉法院的意见进行口头辩论时,NLRB 无法解释其颁布命令的缓慢速度。理查德·阿诺德(Richard Arnold)法官对 NLRB 律师问道:

> 有一点让我真正担心的就是,行政法法官的意见是在 1982 年提交的,但是 NLRB 直到 1989 年才作出裁决。你能告诉我们为什么吗? NLRB 的律师:法官大人,我必须承认,我自己也为此感到尴尬。 NLRB 的一名副法律顾问(deputy counsel)在处理此案时遇到了心理障碍。我对此无法解释,坦率地说,我必须承认这是不可原谅和不幸的。阿诺德法官:我们同意你的观点。㊵

在另一个拖延 10 年后于 1991 年裁定的类似案件中,联邦第九巡回上诉法院指出,无论判决如何,雇员都是受害者。然而,"因为我们认为,法律的执行对政策的破坏比不执行要少,所以我们选择前者"。㊶ 令人遗憾的是,这些延误不可避免地削弱了联邦最高法院向 NLRB 提供的一些救济267措施!㊷

到了 21 世纪,问题依然存在,在某些情况下变得愈加可怖,例如,在 1996 年我担任主席期间,一个案件在 NLRB 待审,㊸委员会用了 4 年时间确认行政法法官的裁决,㊹然后第九巡回上诉法院发回重审,又用了 5 年时

㊴ 907 F. 2d 372,378(2d Cir. 1990); *NLRB v. Thill,Inc.*,980 F. 2d 1137,1141(7th Cir. 1992).

㊵ *NLRB v. Mountain Country Food Store*,931 F. 2d 21(8th Cir. 1991).

㊶ *NLRB v. Hanna Boys Ctr.*,940 F. 2d 1295,1299(9th Cir. 1991).

㊷ 见例如,James Brudney,"A Famous Victory: Collective Bargaining Protections and the Statutory Aging Process," 74 *North Carolina Law Review* 939(1996)。

㊸ *Hacienda Hotel,Inc. Gaming Corp.*,1996 WL 33321338(N. L. R. B. Div. of Judges,August 8,1996).

㊹ *Hacienda Hotel,Inc. Gaming Corp.*,331 NLRB 665(2000).

间作出第二次裁决，[45]再次发回重审后又用了几年时间。[46] 2011 年，第九巡回上诉法院最终根据案情本身对案件作出裁决之前，法院指出："尽管我们必须尊重 NLRB 颁布的劳动政策，但第三次公开发回重审在本案中并不合适，因为在超过 15 年之后，NLRB 在案情上陷入僵局，仍然无法形成支持其裁决的合理分析。[47]

在另一个最终未能得到解决的案件中，行政法法官的裁决与上诉法院268的执行之间的延迟是 16 年，上诉法院曾一度要求发出强制执行令（writ of mandamus），以迫使 NLRB 作出裁决。[48]

2012 年，联邦第一巡回上诉法院曾在另一个案件中指出："NLRB 花了9 年时间对该案件作出第一次裁决，但在其审理中未能审查案件中出现的所有问题，而是遗漏了许多问题。但若再给它一次机会来考虑这些以前被

---

⑤　*Local Joint Executive Bd. of Las Vegas v. NLRB*，309 F. 3d 578(9th Cir. 2002)(vacating and remanding)；*Hacienda Hotel*，*Inc. Gaming Corp.*，351 NLRB 504(2007).

⑥　*Local Joint Executive Bd. of Las Vegas v. NLRB*，540 F. 3d 1072(9th Cir. 2008)(vacating and remanding)；*Hacienda Hotel*，*Inc. Gaming Corp.*，355 NLRB 154(2010).

⑦　*Local Joint Executive Bd. of Las Vegas v. NLRB*，657 F. 3d 865，867(9th Cir. 2011)(15 年后撤销并根据案情认定争议问题)。最终 NLRB 认可了联邦第九巡回上诉法院的意见，认为会费扣除条款独立于工会保障条款，在集体谈判协议到期后仍然有效。*WKYC-TV*，*Inc.*，359 NLRB No. 30(2012).然而，在发回重审时，NLRB 拒绝给予填补性补偿，而只是下令给予可预期的补偿。在上诉审中，经过 20 多年的诉讼，联邦第九巡回法院撤销了这一裁决，并发回 NLRB 重申，指示其给予填补性补偿。*Local Joint Executive Bd. of Las Vegas v. NLRB*，883 F. 3d 1129，1132-3(9th Cir. 2018).

⑧　行政法官的裁决是 1992 年作出的，见 *Teamsters Local 75*，1992 WL 1465411(N. L. R. B. Div. of Judges，September 4，1992)，但是 NLRB 花了很长时间审查该裁决，以至于申请人在 NLRB 最终部分采纳行政法法官的裁决并将案件的另一个争议问题发回重审之前，向法院申请强制执行令。*Teamsters Local 75*，329 NLRB 28(1999)；也可参见 *In re Pirlott*，1999 WL 1006342 (D. C. Cir. 1999)(在 NLRB 作出裁决后，法院以无法律根据为由驳回了强制执行令的请求)。在作出发回重审的决定后，在 *Teamsters Local 75*，2001 WL1635454(N. L. R. B. Div. of Judges，December 12，2001)案中，委员会又花了 6 年时间部分确认并部分推翻第二个行政法法官的裁决。*Teamsters Local 75*，349 NLRB 77(2007).2008 年，在 *Pirlott v. NLRB*，522 F. 3d 423(D. C. Cir. 2008)案中，联邦上诉法院最终批准部分执行 NLRB 的裁决，但是由于上诉法院判决的干预，该案件被发回 NLRB 对另一个争议问题重新进行审理。结果，这一劳动争议作为一个整体，在最初的行政法法官裁决作出后整整 25 年的 2017 年才得到解决。*Teamster Local 75*，365 NLRB No. 48 (2017).

忽视的问题,会对等待争议最终解决的各方造成不公平。⑲

法院引用了联邦最高法院 1962 年关于 NLRB 延期的说法:"任何民事诉讼中的过度延期都是令人遗憾的,但是国会除了第十条(b)款之外,没有在 NLRA 中引入时间限制。"⑳NLRB 虽然已经对行政法法官和地区主任设置了时间表和截止日期,但是既然 NLRB 不愿意或不能对自身设置这样的时间限制,那么国会就应当将此作为劳动法改革的一部分。

当然,1978 年的立法是为了解决法律本身出现的漏洞,是这些漏洞导致了拖延。这就是为什么在 1978 年草案中规定,由委员会对行政法法官的裁决进行"简易确认"(summary affirmance)是恰当的。因为案件中的大多数问题是事实问题,例如,关于资方代表或员工是否对惩戒或解雇的事实依据说了真话,行政法法官大概是作出这一决定的最佳人选,而委员会绝不可能根据枯燥的记录来评估当事人的可信度或行为举止。在行政法法官作出裁决后提交给委员会的所有有争议的案件中,约有 74% 未经任何修改或经少量修改即获得采纳,这是一种"简易"采纳("short-form" adoption)。超过 80% 的行政法法官的观点得到委员会的确认。因此,《劳动改革法案》会规定,一方可以申请简易确认,理由是该问题基本上是事实问题,而不是法律问题或新的法律问题。

目前,当 NLRB 发现拖延会对起诉方造成不可挽回的损害时,它有权向联邦地区法院寻求救济。根据 NLRA 第十条(j)款的规定,NLRB 可以在听证进行期间请求法院颁布临时禁令,以维持不当劳动行为实施之前的状态。㉑ 在涉及不当解雇的情况下,NLRB 可以要求先将工人复职,再等待上诉的结果。然而,NLRB 往往无法说服联邦法院接受这类救济的合理性。事实上,有人争辩说,NLRB 在寻求这类救济时过于谨慎,这种说法有时很有道理。出于对 NLRB 的公平,应当指出的是,拖延是由 NLRA 所规定的内部程序造成的,在总法律顾问作出向法院寻求救济的决定后,还必须征得

⑲　*NLRB v. Int'l Bhd. Of Teamsters, Local 251*, 691 F. 3d 49, 61(1st Cir. 2012).

⑳　同上[援引 *NLRB v. Katz*, 369 U. S. 736, 748 n. 16(1961)].

㉑　29 USC § 160(j)(2012).

委员会的五名委员同意。这与该法第十条(1)款的规定形成鲜明对比,[52]该

270 条授权地区检察官在无须华盛顿总法律顾问或全体委员参与的情况下,就可以寻求与工会某些不当劳动行为相关的禁令救济。[53]

尽管如此,在 1990 年代中期,NLRB 使用依据 NLRA 第十条(j)款所申请的禁令急剧增加,因为 NLRB 试图向雇主和工会发出一个信号,当时间的推移会使传统救济措施失效时,NLRB 将采取迅速行动。[54] 最重要的是,在 1995 年,NLRB 寻求并获得了对美国职业棒球大联盟不当劳动行为的禁令救济,并最终终结了球员罢工。然而,在 1995 年达到高峰后(当时 NLRB 寻求 104 项禁令),这种激增消退了,而在过去十年中,NLRB 每年只寻求 10—45 项禁令,2010 年最高时只有 45 项,2004 年最低时只有 10 项。[55] 在某种程度上,获得此类禁令的高门槛凸显了寻求这一途径的难度,即不当劳动行为的违法性如此"恶劣",以致造成"特殊伤害"。[56]

271 《劳动改革法案》鼓励 NLRB 和法院寻求与使用临时禁令救济,通过规

---

[52] 29 USC § 160(l)(2012).

[53] 这些是违反 NLRA 第八条(b)(4)(A)—(C)或第八条(b)(7)或第八条(c)的做法,即 29 USC § § 158(b)(4)(A)—(C),158(b)(7),158(c)(1976)。其中包括与违反次级联合抵制以及迫使雇主承认工会的纠察相关的规定。见本书第三章。

[54] 长期以来,我主张 NLRB 应当更加频繁地寻求 NLRA 第十条(j)款所规定的禁令救济。见 William B. Gould IV, *Agenda for Reform*, at 160-62(1993)。在我任职 NLRB 主席期间,对于 NLRB 是否应该在诉讼的这一阶段进行口头辩论的问题,尽管我们做了慎重考虑,甚至举行了投票表决,但是各级法院将这一职能定性为检控行为,而非审判行为。当 NLRB 将其 NLRA 第十条(j)款的权力委托给总法律顾问时,这一判决具有相当大的意义。见 *Osthus v. Whitesell Corp.*, 639 F.3d 841, 847-48(8th Cir. 2011)[科隆(Colloton)法官的协同意见书]; *Muffley v. Spartan Mining Co.*, 570 F.3d 534, 540(4th Cir. 2009)["向地区法院寻求 NLRA 第十条(j)款规定的救济没有任何结果。无论是 NLRB 还是总法律顾问向地方法院请求救济,只有地区法院具有审判功能,即享有最终的救济决定权"]; *Kentov v. Point Blank Body Armor, Inc.*, 258 F. Supp. 2d 1325, 1329 (S.D. Fla. 2002). 另见 *Evans v. Int'l Typographical Union*, 6 F. Supp. 881, 888-89(S.D. Ind. 1948)。

[55] 关于 1976—2011 年 NLRB 批准和提交的禁令申请的数据表,见 NLRB, "Injunction Activity under Section 10(j)," www.nlrb.gov/print/453。从 1994 年 3 月到 1998 年 3 月,NLRB 批准了 292 项 NLRA 第十条(j)款所规定的禁令(基于 313 项请求),平均每年 73 项。但是从 1998 年 3 月到 2001 年 1 月,NLRB 只批准了 164 项禁令(基于 191 项请求),平均每年 58 项。

[56] *Kanard v. DISH Network Corp.*, 890 F.3d 608, 613(5th Cir. 2018).

定一定的标准使法院能够据此颁布禁令。例如,在工会未能与雇主谈判达成首次合同时,草案设法授权法院颁布禁令,以防止雇主滥用解雇。相应地,这项改革的目的是希望推进集体谈判制度,避免资方在集体谈判过程最脆弱的阶段用非法手段加以破坏以致谈判无法完成。此外,该草案还允许 NLRB 的地区机构直接向法院寻求禁令救济,以便加快 NLRB 的内部程序,就像上述地区机构在涉及工会实施的不当劳动行为时也有权直接处理一样。

　　所有这些改革方案都试图对行政程序的拖延加以改善,即使工会仍然得到大多数劳工的支持,这种拖延往往会对集体谈判制度本身造成不利的影响。此外,有效的救济制度仍是亟待解决的问题。对此,1978 年《劳动改革法案》曾规定,遭受不当解雇的劳工应得到比补发工资更多的补偿。在众议院提出的草案中规定,按照补发工资的两倍来计算补偿,并且不得扣除解雇期间的收入,而参议院的草案则较为平和,仅规定按照补发工资的 1.5 倍来计算。日本最高法院拒绝了对补发工资作出扣除的要求,尽管其依据的法规是仿效 NLRA 制定的。岸(Kishi)法官指出:"美国和日本在劳动力市场、劳动条件以及法律制度方面是完全不同的。在日本,对补发工资的法律解释不能自动套用美国对此的处理。"[57]

　　事实上,在美国的反垄断法以及公平就业机会法领域中,存在着不同形式的超出补发工资的救济制度。(一些改革提案中提出,无论雇主的行为是否存在恶意或蓄意,都应当自动给予雇员赔偿,而这可能是一个制度设计上272的缺陷。)对《劳工改革法案》的另一种担忧是,以 2 倍或 1.5 倍损害赔偿的形式提供更全面的救济并不能阻却不法行为,而只不过是违法行为更为昂贵的"许可证"罢了。因此,有人提议,经劳工部长授权,任何被 NLRB 认定故意违反 NLRB 命令的一方将在三年内禁止与联邦政府签订合同。这一武器在平等就业机会领域已经被采用,但是其执法记录却差强人意。[58] 一

---

[57]　W. Gould, *Japan's Reshaping of American Labor Law*, at 80(1984)(注释略)。联邦最高法院指出,劳动力市场制度在各国都有很大的差别,部分原因在于当时日本存在的终身雇佣制。

[58]　W. Gould, *Black Workers in White Unions*, at 281-315(1977).

般而言,如果联邦政府希望履行与私人雇主订立的合同,通常能够找到推进未来合同的依据,而不是采用让步、毁约或其他方式。

最后,《劳动改革法案》会推翻艾克塞罗欧公司案的判决。在该案中,雇主拒绝与经过认证的工会进行集体谈判,并且利用上诉程序尽量予以拖延,而在这种情况下,NLRB仍然拒绝为雇员提供"填补性"救济。如前所述,这类案件唯一的救济途径是法院颁布命令要求雇主履行集体谈判义务,而这一救济往往需要历经数年。该草案规定,如果雇主以非法手段拒绝对首次合同进行谈判,雇员将因谈判拖延获得赔偿。赔偿的数额将按照集体谈判得以合法进行的工厂雇员的平均薪酬来计算,而这些薪酬和附加福利将追溯到雇主非法拒绝谈判之日起,直到双方实际开展集体谈判之日止。[59]

然而,《劳改革法案》在1978年遭到否决。(更准确地说,法案并不是在国会投票中被否决的,而是在参议院辩论阶段,由于参议员的阻挠议事而未能进行讨论。)然而,三十年之后,劳动法的问题变得更加严峻。从1994年我被任命为主席开始,NLRB委员的人选问题促使国会越来越多地参与到提名和确认程序中,然而整个程序更关心的是"华盛顿内部人士"(Washington Insiders)是否得到任命,而不是案件的拖延问题(这些被任命者实际上助长了拖延)、任命是否确实遭到否决以及国会共和党人如何影响政策。[60]

及至所谓"2007年9月大屠杀",布什政府系统性地削弱了NLRA第

㊾　同样,这将类似于《农业劳动关系法》中的法定标准。*Tri-Fanucchi Farms v. ALRB*,3 Cal. 5th 1161(2017),*cert. denied*. No. 17-1220,2018 WL 1142211(U. S. April 2,2018). See generally William B. Gould IV,"Some Reflections on Contemporary Issues in California Farm Labor," *50 U. C. Davis L. Rev.* 1246(2017).

㊿　关于国会、NLRB和该法之间的紧张关系的最佳讨论,见 Matthew M. Bodah,"Congress and the National Relations Board: A Review of the Recent Past," *22 J. Labor Research* 699(2001). 对早期紧张关系的最佳描述见 Harry A. Millis and Emily Clark Brown,From *the Wagner Act to Taft-Hartley: A Study of National Labor Policy and Labor Relations*(Chicago: University of Chicago Press,1950)(米利斯教授既是劳动经济学教授,又是 NLRB 的主席)。

七条赋予雇员的权利。⑥ 由于两党在提名人选问题上讨价还价、你争我夺,274
民主党国会议员不愿确认布什总统提名的任何人选,导致 NLRB 委员的数
量下降到不足三人。联邦最高法院随后在新工艺钢铁公司案(*New
Process Steel*)⑥中表示,三人构成委员会的法定人数,因此,由两名委员在
27 个月内作出的裁决当属无效,这一结果与哥伦比亚特区上诉法院 2013
年作出的认定奥巴马总统休会任命违宪的判决如出一辙。⑥

　　与 20 世纪 90 年代那些引发分歧的麻烦事相比,劳动政策的极化(po-
larization)愈演愈烈。共和党人采取了旨在阻止休会任命的策略,他们反对
奥巴马总统提名的人选,包括那些基于休会任命⑥成功上位一段时间的人
选。联邦最高法院的这两项判决,加上克林顿政府期间出台的《国会审查

---

⑥　*Supervalue*, *Inc.*, 351 NLRB No.41(2007)[认定"附加商店"(additional store)条款不是
集体谈判的强制谈判事项];*St.George Warehouse*, 351 NLRB No.42(2007)(在请求补发工资的案
件中,法院将减轻损失(mitigation of damages)的举证责任转移给总法律顾问和雇员);*Toering
Elec.Co.*, 351 NLRB No.18(2007)(推翻了任何申请工作的个人都有权作为 NLRA 第二条(3)款
所称的雇员受到保护的假设);*Anheuser-Busch*, *Inc.*, 351 NLRB No.40(2007)[法院认定,当雇主
仅根据违反 NLRA 第八条(a)(5)项获得的信息对雇员进行惩戒时,雇主没有义务对这些雇员作出
赔偿];*Hacienda Hotel*, *Inc.*, *Gaming Corp.*, 351 NLRB No.32(2007)(法院认为,集体谈判协
议到期后,单方停止工会费的扣除并不属于违法行为);*Jones Plastic & Eng'g Co.*, 351 No.11
(2007)[法院认定,(罢工替代者的)雇佣自由身份并不会影响雇主的做法,即雇主已经永久性地替
代了罢工工人,因此,雇主有权拒绝罢工工人复职的请求];*Disneyland Park*, 350 NLRB No.88
(2007)[法院认为,雇主拒绝工会查看分包合同或其他相关信息要求,并不违反 NLRA 第八条(a)
(5)项的规定];*Starwood Hotels & Resorts Worldwide*, *Inc.*, 350 NLRB No.84(2007)(法院认
定,前台主管ன被排除在 NLRA 的适用范围之外,因为他在惩戒和招聘决策方面提供咨询意见);
Success Village Apartments, *Inc.*, 350 NLRB No.72(2007)(法院认为,雇主拒绝就禁止工会所代
表的雇员购买公寓及相关设施的新政策进行谈判,并不属于违达行为),*Summit Express Inc.*,
350 NLRB No.51(2007)(推翻行政法法官关于改变自身地位的决定,强调总法律顾问的举证责
任);*Telesector Res.Grp.*, 350 NLRB No.53(2007)[法院认为,雇主未能向特别"危险物质小组"
提供与工会代表的谈判单位雇员相同的福利,而总法律顾问未能认定这一行为违反 NLRA 第八条
(a)款]。

　　⑥　*New Process Steel v.NLRB*, 130 S.Ct.2635(2010).

　　⑥　*NLRB.v.Noel Canning*, 134 S.Ct.2550(2014).

　　⑥　同上,第 2257—2558 页。

法》(Congressional Review Act),⑥使得国会与 NLRB 作为解释 NLRA 专家机构的角色发生直接冲突。然而,民主党参议院多数党领袖哈里·里德(Harry Reid)废除了对除联邦最高法院外所有行政部门和司法机关提名人选的参议院阻挠议事,从而最大限度地减少上述最高法院判决和立法所产生的以牺牲 NLRB 为代价抬高国会地位的影响。⑥

275

取消阻挠议事措施缓解了奥巴马总统任内 NLRB 面临的一些问题。但是,特朗普总统在 2016 年当选之后任命了新的委员会委员和总法律顾问,前者立即推翻了奥巴马时期 NLRB 的众多先例,其方式被证实与 2007年布什时期 NLRB 的做法范围相当。⑥ 特朗普总统提名的人选将成为取消

276

---

⑥ Note, *The Mysteries of the Congressional Review Act*, 122 *Harv. L. Rev.* 2162(2009). 参见 Moron Rosenberg, Cong. Research Serv., R130116, Congressional Review Of Agency Rulemaking:An Update And Assessment Of The Congressional Review Act After A Decade(2008), 可在 http://assets.opencrs.com/rpts/RL30116_20080508.pdf 找到,(评估《国会审查法》的细微差别、有效性和影响)。正如巴拉(Balla)教授所说,该法为国会提供了 60 天的时间,在这 60 天里,国会可以通过快速程序不批准新颁布的法规。在这期间提出的不批准决议具有许多优势,包括禁止提出修正案以及限制会场辩论。当一项不批准决议被两院通过并由总统签署,或者当国会推翻总统对决议的否决时,一项法规将被阻止生效。Steven J. Balla, "Legislative Organization and Congressional Review of Agency Regulations," 16 *J. L. Econ.* & *Org.* 424,426-27(2000)(脚注略)。

⑥ Jeremy W. Peters, "Senate Vote Curbs Filibuster Power to Stall Nominees," *New York Times*, November 22, 2013, at A1, 可在 www.nytimes.com/2013/11/22/us/politics/reid-sets-in-motion-steps-to-limit-use-of-filibuster.html 找到。See generally William B. Gould IV," Politics and the Effect of the National Labor Relations Board's Adjudicative and Rulemaking Processes," 64 *Emory L. J.* 1501(2015); William B. Gould IV, *Trump NLRB Nominee is from 'The Swamp'*, *S. F. Chron.*, July 15, 2017.

⑥ *Raytheon Network Centric Systems*, 365 NLRB 161(2017)(推翻了奥巴马总统任上的 NLRB 认为雇主在集体谈判协议到期和谈判中断期间可以作出单方面变更的能力); *The Boeing Company*, 365 NLRB No.154(2017)(为审查雇主的工作规则手册建立了新的指导方针); *UPMC Presbyterian Shadyside*, 365 NLRB No.153(2017)(推翻了关于和解协议的先例,重新建立了"合理"标准); *Hy-Brand Industrial Contractors*, 365 NLRB No.156(2017)(认定为共同雇主目的的共同控制必须是"直接和即时的")。*Hy-Brand* 案的裁决由于道德方面的反对意见而被撤销。See Josh Eidelson, *Trump Appointee 'Conflict' Throws Key Labor Ruling Into Doubt*, Bloomberg Business, February 20, 2018; Josh Eidelson, *NLRB Throws Out Ruling in Conflict of Interest Controversy*, Bloomberg Business February 26, 2018. 哥伦比亚特区上诉法院将 *Browning-Ferris Industries*, 362 NLRB No.186(2015)暂时搁置,等待特朗普总统任上的 NLRB 作出裁决(*Browning-Ferris* 案标志着"回归 NLRB 使用的传统认定标准"并在 *Browning-Ferris* 案中得到联邦第三巡回上诉法院的认可)。如果两个或更多的实体都是普通法意义上的雇主,并且他们分享或共同决

此类提名阻挠的第一个主要受益者。而在 2017 年年底，总法律顾问通过公开备忘录[68]表示愿意推翻奥巴马时期 NLRB 的先例，并从根本上重构总法律顾问有关不当劳动行为的处理权限。[69]

具有讽刺意味的是，在特朗普总统执政期间，国会共和党人推翻奥巴马时期 NLRB 众多裁决的举措不再受到参议院中现在占少数的民主党人的阻挠——尽管 NLRB 内部以及 NLRB 与特朗普白宫之间的众多内部争吵大大减缓了推翻奥巴马时期裁决的步伐。[70]此刻，劳动法改革的支持者们开始回顾所谓的《雇员自由选择法案》，该法案反映了 20 世纪 70 年代所做的各方面努力。[71]

《雇员自由选择法案》遭遇与 30 年前劳工改革法草案相同的命运，其中一个主要原因是，劳工严格坚持授权卡签署程序，而不是秘密投票箱选举。277正如联邦第四巡回上诉法院所说："除非是雇主要求进行举手表决，否则很

（接上页注释）　定那些管理雇佣的基本条款和条件的事项，委员会可以认定他们是单一劳动力的共同雇主。在评估工作场所控制权的分配和行使时，我们将考虑共同雇主"分享"对雇佣条款和条件的控制权或"共同决定"它们的各种方式，正如 NLRB 和法院过去的做法那样。362 NLRB No. 186 at 19. 然而，委员会委员伊曼纽尔（Emmanuel）的不适格，导致 *Hy-Brand* 案的裁决被撤销。

[68]　Memnorandum GC 18-02 Office of the General Counsel，December 1，2017；Memorandum OM18-05，December 22，2017；Robert Lafolla，*New NLRB General Counsel Unveils Broad Agenda to Undo Obama-Era Decisions*，*Reuters Legal*，December 5. 2017.

[69]　Hassan A. Kanu，"Labor Board Officials Have 'Grave' Concerns about Recon structuring，"*Bloomberg Law*，January 25，2018；Hassan A. Kanu，"Labor Board Considers Case-Processing Revamp，"*Bloomberg Law*，January 31，2018.

[70]　Ian Kullgen and Andrew Hanna，"Dysfunction and Infighting Cripple Labor Agency，"*Politico*（April 18，2018）.

[71]　William B. Gould IV，"New Labor Law Reform Variations on an Old Theme：Is the Employee Free Choice Act the Answer？"70 *La. L. Rev.* 1（2009），William B. Gould IV，"The Employee Free Choice Act of 2009，Labor Law Reform，and What Can Be Done About the Broken System of Labor-Management Relations Law in the United States，"43 *Univ. of S. F. L. Rev.* 291（2008）. 2008—2009 年一些有关仲裁的立法提案都有一个问题，那就是它们没有给当事人在仲裁前进行谈判的动力，但这个问题很少受到关注，而且本来可以得到补救，部分原因是它们对所模仿的加拿大法规的理解。Melanie Vipond，"First Contract Arbitration：Evidence from British Columbia，Canada of the Significance of Mediators' Non-Binding Recommendations，"62 *Labor L. J.* 145（2011）.

难想象有比授权卡签署更不可靠的方法来确定雇员的真实意愿。"[72]这里的主要问题是有关欺诈和胁迫诉讼中的拖延,而不是与代表程序本身相关的拖延,无论如何,联邦最高法院早就说过,秘密投票箱选举是一种"更高级"的程序。[73] 然而,国会议员们从未认认真真地拿出办法来,使得加快选举进程与在司法审判中对违法行为实施制裁二者得以兼顾。与1978年一样,阻挠议事仍是2009年所有劳动法改革的主要障碍。同时,奥巴马时期的NLRB通过规则制定[74]加快了选举过程,尽管这似乎没有对工会的胜负比率产生实质性影响。拖延问题以及救济制度效果不彰的问题仍然是劳动关系法中的一个重要问题。在未来几年里,这一问题一定会再次被提上议事日程。

---

[72]　*NLRB v. S. S. Logan Packing Co.*，386 F. 2d 562，565(4th Cir. 1967)，*disapproved of on other grounds*，*NLRB v. Gissel Packing Co.*，395 U. S. 575(1969).

[73]　*NLRB v. Gissel Packing Co.*，395 U. S. at 602.

[74]　NLRB Representation Case-Procedures(2014).

第八章　集体谈判关系中的争议处理

劳动争议处理机制,无论是由双方当事人自行设计的,还是由立法加以规定的,一般都聚焦于两类截然不同的问题。第一类争议是在集体谈判协议有效期内产生的争议,通常涉及协议的解释问题,这类争议被称为"权利"争议,即当事人对协议的适用或解释存在异议时应当如何解决。第二类争议是"利益"争议,是当事人因新的集体谈判协议条款而发生的争议,一般是在旧协议到期后发生的。这些争议经常是依据当事人或立法所确立的准则或标准来解决的,它们大都与工资和其他经济问题相关,属于当事人集体谈判关系的核心部分。世界各国的争议处理模式不尽相同。在美国,通常采用调解、实情调查或仲裁解决上述争议。调解涉及由劳动关系双方或政府指定的第三方的介入,他的作用是努力使当事人友好地解决双方的分歧。调解员没有任何权力,甚至不能就争议应当如何解决向当事人提出建议。调解员经常在争议解决中扮演富于创新性的重要角色,尽管有时他们仅仅是"从劳方捎一杯咖啡给资方"。第三方的功能是厘清争议事项,运用劝说280的艺术促使当事人展开推理过程,并(在当事人有特别授权的情况下)向当事人提供建议。调解员必须取得当事人的信任,这样他们才能够将自己的秘密向调解员和盘托出,而不必担心这些信息会被泄露给另一方。[①] 经验丰富的调解员能够利用这些信息,为当事人提供建议、组织对话或者形成解决方案。

实情调查与调解的区别在于,实情调查并不仅仅对争议展开调查,还可以对其解决提出公开的建议。拒绝接受建议并达成协议的一方将承受压

---

① 在劳动争议调解过程中以获取信息为目的的传票(subpoena)会被否决,因为它对持续性的产业稳定(构成一项公共利益)的重要性,足以超过获取个人证据上的利益。*NLRB v. Joseph Macaluso*, *Inc.*, 618 F. 2d 51, 56(9th Cir. 1980); *Tomlinson of High Point*, *Inc.*, 74 NLRB 681, 688(1947).

力,因为公众或是争议的利益相关方会向较为顽固的一方施加压力。在有关新协议条款的利益争议中,我们通常会试图将调解和实情调查结合起来使用,但是并不总是这样。调解和实情调查都可以用于申诉(grievance)或权利争议的处理。近年来,随着工会对于与承认争议(recognition disputes)相关的法律失望透顶并且不抱幻想,一些专门用于解决承认问题的281 程序应运而生[②],此外,一种新的监督员(monitor)概念可以被看作是所有程序的一种混合。[③]

　　谈及美国的仲裁制度,我们通常指的是基于当事人的合意而进行的私人间的、自愿性的磋商,这与外国人惯常印象中的写入法律并且法治化的美国仲裁制度截然相反。(在美国,有适用于航空和铁路工人的《铁路劳动法》,某些州制定了有关公共部门争议强制仲裁以及公共部门利益争议的立法,近年来这些法律制度的重要性与日俱增。)20 世纪 60 年代以来,美国的仲裁制度受到 NLRA 和联邦最高法院判决的鼓励。然而,仲裁实践的发展已经超越法律,在某些情况下甚至无视法律。在一些州,仲裁协议因为违反公共政策而被法院认定无效。心生嫉妒的法院不愿他们的管辖权遭到仲裁的破坏。

　　在美国,仲裁制度肇始于 20 世纪来临之前。1903 年以无烟煤委员会(Anthracite Coal Commission)"裁判"(umpire)制度的形式出现;20 世纪

---

　　② *International Brotherhood of Electrical Workers*, *Local 21 v. Illinois Bell Telephone Co.*, 491 F. 3d 685(7th Cir. 2007); *United Steel*, *Paper and Forestry*, *Rubber*, *Manufacturing*, *Energy*, *Allied Industrial and Services International Union v. TriMas Corp.*, 531 F. 3d 531(7th Cir. 2008). 另见 *Rite Aid of Pennsylvania*, *Inc. v. United Here*, *Local 1776*, 595 F. 3d 128(3d Cir. 2010)(法院以二比一多数票判决认为,依据承认条款,工会是否可以使用最新取得的设施,这一点是不可仲裁的)。联邦第一巡回上诉法院强制执行了一项协议条款,该条款规定了第一份合同(first-contract)利益仲裁。*South Bay Boston Management*, *Inc. v. UFCW*, *Local 26*, 587 F. 35 (1st Cir. 2009); *Unite Here Local 217 v. Sage Hospitality Res.*, 642 F. 3d 255(1st Cir. 2011). 一篇有关承认争议仲裁的富有创见的精彩讨论见 Laura J. Cooper, "Privatizing Labor Law: Neutrality/Care Check Agreement and the Role of Coopers," 83 *Ind. L. J.* 1589(2008)。

　　③ 这一程序最初的实例是作者作为独立监督员参与的覆盖约 10 万名雇员的一次争议处理程序。W. Gould, "Using an Independent Monitor to Resolve Union-Organizing Disputes Outside the NLRB: The FirstGroup Experience," Dispute Resol. J., May/July 2011, at 46.

20年代,这一制度被针织和成衣业以"中立主席"(impartial chairman)的形式所继受;直到1935年《瓦格纳法》出台,一直发展良好。仲裁制度从战时劳动委员会(War Labor Board)获得了更强的驱动力。该委员会在第二次世界大战的紧急状态下运作,鼓励和培育了仲裁制度,甚至在某些情况下强制施加不罢工义务,并采用仲裁制度解决争议。在《塔夫特-哈特利法》出台前,仲裁制度已经日臻完善,该法只不过是认可了劳资双方自身已经发展起来的一种趋势。

仲裁的定义

282

仲裁也涉及第三方的介入,但是与调解存在很大区别。在美国和其他国家,仲裁可以说是一个决策的过程,尽管许多仲裁员也借助调解的技巧。事实上,调解方式的运用就是20世纪40年代业已存在的中立主席制度以及某些常任仲裁员(permanent umpireships)制度的突出特点。在仲裁制度下,作为第三方的仲裁员可以独立作出仲裁裁决,这是与其他劳动争议处理制度最大的不同之处。

在美国,利益仲裁相对罕见。[④] 然而,由于公共部门的集体谈判已经日益推广,这些部门一向对罢工难以接受,因此,作为罢工的替代措施,利益仲裁变得越来越受欢迎。例如,1984年,美国邮政(Postal Service)曾援引1970年《邮政事业重组法》(Postal Reorganization Act)中有关利益仲裁的条款以寻求双方争议的解决,以克拉克·科尔博士(Dr. Clark Kerr)为主席的仲裁委员会曾对此案作出联邦层面的首个仲裁裁决。[⑤]

此外,越来越多的州开始采用所谓"最后出价"(final offer)仲裁程序,

[④] *Proceedings of the Twenty-Sixth Annual Meeting*, *National Academy of Arbitrators*, *Arbitration of Interest Disputes*, at 79-80(1976); *National Academy of Arbitrators*: *Arbitration of Interest Disputes*(1974).

[⑤] Kenneth Noble, "Postal Contract Includes a Raise and Concession," *New York Times*, December 25, 1984. 39 USC § 101 et seq. (1984 Supp.)

根据这一制度,仲裁员必须在双方分别提出的最后出价中择其一而采纳。⑥ 283 有些州对涉及警察的劳动争议有同样的规定,而有些州则扩大到适用于市政府雇员甚至普通公共部门雇员。据统计,已有 24 个州通过法律规定了某种形式的、具有约束力的利益仲裁。⑦ 最后出价仲裁的制度设计是迫使双方当事人能够合理地解决争议,并因此避免了对利益仲裁制度(尤其是强制仲裁)一个最主要的诘难——它会侵蚀集体谈判过程,双方当事人因害怕仲裁员会作出"将婴儿一分为二"的裁决而都不愿意妥协。这种担忧使整个集体谈判制度的前提——双方互有得失、富有弹性——难以实现,因为妥协的一方会觉得自己在仲裁员面前丧失了立场。最后出价仲裁制度则恰恰可以解决这一难题,由于双方当事人都无法确定哪一方的出价会被仲裁员所采纳,因此,当事人会趋于理性并寻求妥协。这种最后出价仲裁在美国职业棒球领域用来解决球员的薪酬问题。同时也有人建议,应将这种制度应用于《塔夫特 – 哈特利法》和《铁路劳动法》的紧急劳动争议(emergency

---

⑥　加利福尼亚州,Cal. Gov. Code § 3505. 7(2012);特拉华州,19 Del. C. §1615(1991);夏威夷州,HRS §89-11(强制性的一揽子裁决,仅适用于消防员);爱荷华州,I. C. A. §20. 21(2017);伊利诺伊州,5 ILCS 315/ 14(g)(2015)(最后出价仲裁作出的一揽子裁决,适用于消防员、治安员、安保人员);缅因州,13 M. R. S. A. §1958- B(1991);马里兰州,MD Code § 16-308(2012)(最后出价仲裁作出的一揽子裁决,适用于警察);马萨诸塞州,M. G. L. A. 150E, §9(1992)(适用于警察和消防员,但是每类主体有不同的谈判事项);明尼苏达州,Minn. Stat. §179A. 16(1991);密歇根州,M. C. L. A. 423. 238(分割争议点的最后出价仲裁,适用于消防员和警察);蒙大拿州,MCA 39- 31- 502(1973), as last amended eff. 2005(基于任何一方的请求,针对市一级消防员的一揽子裁决);内布拉斯加州,Nev. Rev. St. § 81-1382(2011);内华达,N. R. S. §288. 101 et seq. (1991)(强制适用于消防员,某些情况下适用于其他当地政府雇员);新泽西州,§34: 13A-16(1991);俄亥俄州,R. C. §4117. 14(2013);俄克拉荷马州,11 Okl. St. Ann. § 51-107(2004)(最后出价仲裁作出的一揽子裁决,适用于消防员和警察);俄勒冈州,O. R. S. § 243.742(最后出价仲裁作出的一揽子裁决,适用于受保护的服务);宾夕法尼亚州,24 P. S. § 11- 1125- A(1992),佛蒙特州,21 V. S. A. §1733(1991);华盛顿州,RCWA 35. 21. 779(2015);威斯康星州,W. S. A. §111.70(基于威斯康星州雇佣关系委员会的命令,当事人之间达成仲裁协议,采用最后出价仲裁或是传统仲裁,适用于警察和消防员)。

⑦　目前有利益仲裁相关法律的 27 个州分别是阿拉斯加州、加利福尼亚州、康涅狄格州、特拉华州、哥伦比亚特区、夏威夷州、伊利诺伊州、印第安纳州、爱荷华州、缅因州、马萨诸塞州、密歇根州、明尼苏达州、蒙大拿州、内华达州、新泽西州、纽约州、俄亥俄州、俄克拉荷马州、俄勒冈州、宾夕法尼亚州、罗得岛州、得克萨斯州、佛蒙特州、华盛顿州、威斯康星州以及怀俄明州。

disputes)中。⑧

1976年,当美国钢铁业就所谓"实验性钢铁谈判协议"(Experimental
Steel Negotiating Agreement)⑨进行谈判时,似乎曾采用利益仲裁制度,但
是现在双方决定不再采用这种制度。当时钢铁业之所以做这样的决定,主
要是担心发生罢工后,现有的及未来的客户会设法从其他国家(尤其是德国
和日本)采购钢材,而他们一旦决定采用外国产品后,往往会变成长期客户,284
而不愿再购买本国产品。确保争议通过仲裁而不是罢工的方式得以解决,
将有助于美国钢铁企业保住可能流失的客户。

然而,针对在集体谈判协议有效期内发生的争议而使用申诉或权利仲
裁制度,才是美国经验中最重要的部分。在美国,劳资双方所达成的集体谈
判协议中超过95%都约定了仲裁条款,而99%的集体谈判协议允许任何一
方在协议有效期内,针对某一特定争议提起仲裁,而无需获得对方的同意。
诚然,这种常规也会存在某些例外,例如,在美国全国卡车运输协议中(Na-
tional Trucking Agreement)中就没有约定仲裁条款;在建筑业中,只有
70%的集体谈判协议包含仲裁条款,而即使约定了这种条款,通常也比制造
业使用得少。

区分不同的仲裁方式是非常重要的。在美国所实施的劳动仲裁方式绝
大多数是临时性的,也就是在集体谈判协议的有效期内随时选择某一仲裁
员来解决某一特定争议。曾有人认为设置常任仲裁员,即在集体谈判协议
有效期内由某位特别选定的仲裁员,或是由某些仲裁员依照轮流名单固定
承担解决争议的责任,将成为劳动仲裁制度的发展趋势。这种制度虽然有
不少优点,例如当事人双方熟悉仲裁员并且仲裁员具有丰富的专业知识,但
是近年来仅有约12%的仲裁条款规定设置常任仲裁员。

在临时选任仲裁员的情况下,通常是在由联邦调解与和解局(Federal
Mediation and Conciliation Service)以及美国仲裁协会(American Arbitra-

---

⑧　例如,S. 560,92d Cong., 1st Sess. (1971)。

⑨　*Proceedings of the Twenty-Sixth Annual Meeting*,*National Academy of Arbitrators*,
Arbitration of Interest Disputes,at 79-80(1976).

tion Association)所提供的名单中选任,前者是一个独立的政府调解机构,而后者则是一个非营利性的组织,为全国的私人当事人提供仲裁服务。各
285州通常也设有类似于联邦调解与和解局的调解机构提供相同的服务。目前,无法确切知晓在美国每年究竟处理了多少件劳动仲裁案件,因为绝大多数仲裁案件由劳资双方与个别仲裁员私下联系进行的。

全国仲裁员学会(National Academy of Arbitrators)则是一个专业性的社会团体,目前拥有大约 600 余位会员,绝大多数经验丰富的仲裁员都在会员之列,他们通常是根据其曾经处理过的案件数量以及参与过仲裁案件的当事人的报告而被选中的。从 20 世纪 70 年代早期起,美国就有各种招收、培训能为劳资双方所共同接受的新仲裁员的项目,而这些项目一般由大学、美国仲裁协会以及美国律师协会(American Bar Association)负责推动。

仲裁制度的优势

为什么美国人更偏爱使用仲裁制度,而不是借助普通法院来解决他们的劳动争议？ 主要原因可归纳为以下五点。第一,仲裁制度基本上属于自愿性质,它是由双方当事人为解决自身的问题而设计的。这项制度意图满足当事人自身的特殊需求,因此它极具多样性,难以对其作出简单概括。当理解这一特点后,我们对博格-沃纳系列案件中,在认定哪些事项构成集体谈判中的强制谈判事项时,联邦最高法院曾遭遇的重重困难就可见一斑了。尽管当事人往往热衷于了解其他产业的做法,并经常模仿其他地方的做法,但美国的劳动仲裁制度根本不具有任何的统一性。

第二,在大多数集体谈判关系中,在动用仲裁作为最后手段之前,申诉-
286仲裁机制(grievance-arbitration)已经大体上解决了问题。[10] 大部分协议中

---

⑩　依据《铁路劳动法》,会商(conferencing)是在全国铁路调整委员会(National Railway Adjustment Board)解决争议之前的一个初始步骤(该委员会是在公共部门仿效私人仲裁程序建立的)。但是,未穷尽上述程序并不构成管辖上的瑕疵。*Union Pac. R. Co. v. Brotherhood of Locomotive Engineers*, 360 U.S. 601(2009).

规定了三到五个步骤的程序,在无须外部介入的情况下由级别越来越高的劳资双方代表进行商谈。在这些步骤中,劳资双方努力以非正式的形式解决分歧(首先是在雇员和/或工会代表与直线经理之间进行沟通)并厘清双方争议的事项。但即使是在这一过程中也不总是非正式且一帆风顺的。联邦最高法院曾判决,在依据 NLRA 提起的不当劳动行为诉讼中,雇主在进行调查性面谈时,若拒绝雇员提出的要其工会代表到场的请求,则雇主的行为违法。[11] 然而,NLRB 通过自己的裁决对法院判决的适用范围作出了限制,认为当雇主在面谈前已经作出了"一项对雇员施以某种惩戒措施的、有约束力的最终决定"时,雇员则不再享有要求工会代表出席面谈的成文法上的权利。[12] 当然,如果当事人双方愿意,他们也可以依据集体谈判协议中的条款用不同的方式处理这一问题。

　　仲裁制度被广泛接受的第三个原因是它的非正式性。美国普通司法系统所采用的遵循先例原则,即法院应受到过去已经确立的法律原则的约束,并不适用于仲裁程序。[13] 换句话说,某个仲裁员基于相同事实作出的裁决,虽然在证据上具有相当大的说服力,但是另一个仲裁员对同样的案件却享有自由裁量权,可以作出全新的考虑。同时,仲裁员常常会遵循"工厂法规",即在发生争议的某一特定工厂过去的惯例、和解方案或是其他仲裁员作出的仲裁裁决等。虽然美国现行仲裁制度强调非正式性,但当事人聘请律师出面的情况日益增加,而且往往劳资双方都聘请律师为代理人,同时,双方通常都会提出各种证据,也会请证人出庭(证人无须宣誓,但他们常常287会被询问或交叉询问)。然而,即便如此,仲裁员不会采用严密的司法证据规则来判断证人证言或其他证据的效力。"仲裁员通常不是律师,他们所解

---

⑪　*NLRB v. Weingarten, Inc.*, 420 U. S. 251(1975).

⑫　*Baton Rouge Waterworks Co.*, 246 NLRB 995(1979).

⑬　在 *Metropolitan Edition Co. v. NLRB*, 460 U. S. 693(1983)案中,有观点认为,若不承认两项仲裁裁决并且不赋予它们效力,"就会影响由当事人经谈判确立的争议处理程序的有效性",然而,联邦最高法院拒绝接受这一观点。See also *Oil, Chemical and Atomic Workers, Local 4-16000 v. Ethyl Corp.*, 644 F. 2d 1044(5th Cir. 1981); *Boston Shipping Association, Inc. v. International Longshoremen's Association*(AFL-CIO), 659 F. 2d 1(1st Cir. 1981).

释和执行的集体谈判协议往往也出自外行之手。他们处理案件的指导原则并不是合同法或是针对特定事项的判例法，而是依据集体谈判协议和普遍的工厂法规。"⑭实际上，罗得岛州最高法院曾判决，在劳动仲裁中，由外行人代理案件并不是非法行为，"因为公共部门的申诉仲裁中一贯有非律师身份的工会雇员参与"。⑮

仲裁程序的正式化可能表示劳资双方的关系尚未完全成熟，但有时也不尽然。有些仲裁程序采用法院速记员做成正式笔录，往往也被认为是过于正式化的迹象，但在某些情况下，这种做法也可能有可取之处，尤其是双方在事实上的争议点过多，证人的证词相互矛盾或是涉及复杂的合同解释问题。

第四，对劳资双方而言，仲裁制度主要的吸引力在于它较之诉讼程序更为快捷⑯（尽管美国仲裁制度在近年来也暴露出某些缺点，例如案件久拖不决，花费巨大，以及无法有效解决就业歧视问题等，但整体上仍是瑕不掩瑜）。

第五，在某种程度上，仲裁制度可以在一段时间内代替罢工权的行使。在这一问题上法律理论已经获得很大的发展。虽然美国的劳动仲裁制度无法完全消除未经授权的、违反契约的罢工行为，但是它确实减轻了罢工的倾向，尤其是在有关惩戒与解雇的争议中，雇员知道仲裁员会秉公断案，便不至于贸然行事。当工会已经与雇主谈判达成维护劳资关系和平的仲裁制度，即使集体谈判协议中的禁止罢工条款准许他们针对某些特定事项在用²⁸⁸尽所有程序后，可以采取罢工行动，工会也不会动辄以罢工武器作为解决劳动争议的首选之道。

---

⑭ *Titan Tire Corp. of Bryan v. United Steelworkers of Am.*，*Local 890L*，656 F. 3d 368，372(6th Cir. 2011).

⑮ *In re Town of Little Compton*，37 A. 3d 85(R. I. 2012).

⑯ *Titan Tire Corp.*，同前注⑭，第 372 页注释②。（司法系统无法提供为申诉程序所设计的快速的争议解决，特别是依据集体谈判协议所提出的数量惊人的申诉。）

仲裁的其他吸引力

对工会而言,仲裁程序还有另外两个主要优势:一是建立一套固有的、计划周密的解雇制度以保护雇员免遭雇主的肆意妄为;二是在有关雇员晋升或调职的争议中,工会不会卷入不可避免的争吵之中。由于年资(seniority)问题在劳资关系中至关重要,而晋升问题又是许多争议的核心,因此,在仲裁程序中,工会只需要在雇主和仲裁员面前,维护一套相对客观的标准,而不必陷入无谓的纷争中。

对雇主来说特别重要的是,仲裁制度通常足以担保他在一个不间断的时期内享有产业和平。此外,虽然依据 NLRA 有关集体谈判义务的规定,在许多情况下雇主在单方变更工作条件之前必须与工会协商⑰,但是隐藏在仲裁程序背后的逻辑却是,雇主可以自作主张在先,然后再由工会通过申诉机制对其行为提出异议。

劳动仲裁程序

劳动仲裁的听证程序通常在公司的场所举行,因为那是当事人所在地,而且能够找到大多数证人。如果工会要求在其他中立的地点举行听证,则双方通常也会同意另作安排。这种听证程序通常在双方选定的汽车旅馆或是酒店中举行。我有时会在斯坦福大学法学院或是其他任教地点举行这种听证程序。

在听证程序开始后,通常首先由双方简要陈述各自的立场,并向仲裁员289提交文件以表明争议焦点。有时当事人在提交文件上要花掉大半天或是更长时间。而进入举证环节也是很必要的,希望案情了解得越多,案件的争议焦点就越清晰。在双方均无法明确概括争议焦点的情形下,大多数仲裁员都会建议准许其代为界定,而当事人通常都会表示赞同。

如前所述,在劳动仲裁程序中,一般会有举证、询问和交叉询问。通常

---

⑰ 29 USC § 158(a)(5)(2012).

不形成笔录,而是仲裁员自己根据证词做成笔记。速记员可以减轻仲裁员这方面的负担,但是从另一方面来说,由速记员作出正式笔录是劳动仲裁程序中对当事人财力花费最大的部分。

当仲裁听证程序结束后,双方当事人有时会提交案情摘要,而仲裁员则退席撰写仲裁意见及仲裁裁决。虽然依据美国相关法律规定,并不要求仲裁员撰写仲裁意见,但是实际上仲裁员都会这样做;如果仲裁员仅作出仲裁裁决而未阐明意见,势必会使当事人抱有很大的疑虑。

在美国西海岸码头区或其他地区,在因安全方面的争议而发生怠工时,劳资双方会依赖仲裁员作出即席仲裁裁决(bench awards)。这种裁决通常是口头形式,必须在最短时间内作出,并且其内容有一定限制,不能长篇大论。当仲裁员得知有纠纷发生时会立即赶到码头区,在听取双方的观点后,即席作出仲裁裁决。虽然当事人有权请求仲裁员以书面形式作出裁决,但是他们通常不会提出这一要求。即席仲裁裁决已经逐渐在西海岸码头区以外的地方普遍采用,有时在集体谈判协议中会对此专门加以规定。

劳资双方中的绝大多数对劳动仲裁程序的运用感到满意。虽然当事人290可以再向普通法院提起上诉,[18]但通常他们都会接受仲裁员的裁决,而不会再诉诸正式的司法程序。在这种情况下,由当事人承担仲裁员的费用就显得顺理成章。通常仲裁费和其他成本由双方当事人平均分担,但有时是由败诉方负担全部费用;也有可能无论仲裁结果如何都由资方负担;或是由双方合意决定不同的分担方式,但一般是由资方负担较大的比例。上述这些费用支付义务通常会在集体谈判协议中明文规定。

劳动争议的事项

仲裁员所要处理的争议事项相当繁杂。其中最常见的是有关解雇、惩

---

⑱　尽管仲裁裁决通常不会被上诉或者推翻,但是萨顿(Sutton)法官指出,2006年,在联邦第六巡回上诉法院,有四分之一的仲裁裁决被推翻。*Michigan Family Resources*,*Inc. v. Service Employees Intern.*,*Union Local 517M*,438 F.3d 653,663-72(6th Cir. 2006)(萨顿法官的协同意见书)。即使当事人各方安排了分支程序(bifurcated process),直到程序中承担责任和施加救济的阶段都完成,所谓的完全仲裁规则禁止对仲裁裁决进行司法审查。

戒以及涉及晋升或是临时裁员的年资问题。至于有关工作分类的争议,以及雇主能否将原本由谈判单位内的雇员所从事的工作外包给他人等事项,也是仲裁员经常处理的争议。美国的劳动仲裁制度与国外观察者所想象的正好相反,并不过分拘泥于法律形式(legalistic),然而近年来却越来越有这种倾向。劳动仲裁通常会涉及契约的解释问题,但是也不限于此,仲裁员拥有相当大的自由裁量权。例如,他必须决定雇员是否属于根据集体谈判协议所规定的正当理由而被解雇。仲裁员能够充分胜任仲裁工作的先决条件,不是精通劳工法的各项技术问题,而是掌握大量的常识。

仲裁制度的局限

美国的申诉仲裁制度存在诸多问题。前联邦调解与和解局局长及前劳工部长威廉·J.尤赛里(William J. Usery)曾指出,每三起罢工中就有一起是在集体谈判协议存续期间发生的[19],虽然无法确切知道这些停工事件究竟在多大程度上是因违反仲裁及禁止罢工条款而发生的,抑或是由于这些制度本身的缺失而引发的。

此外,劳动仲裁程序在解决有关就业歧视的纠纷时遭遇重重困难,[20]而这类问题因2009年联邦最高法院作出的一纸理由极不充分的判决而进一步加剧[21](这一问题将在本章的后文讨论)。这并不令人感到意外,因为控制着申诉仲裁程序的雇主与工会,二者本身经常被指控实施歧视行为。法院在处理有关就业歧视的仲裁案件时,通常有别于其他性质的仲裁案件。这一点非常重要,因为越来越多的仲裁案件涉及有关种族、性别、原始国籍以及宗教信仰歧视方面的指控。

---

[19]　W. Usery, "Why Strikes Occur during the Term of Contract Agreement," 1976 Labor Relations Yearbook 181, 182(Bureau of National Affairs); Southeastern Conference on Bargaining Trends(remarks of John Canestraight), 1976 Labor Relations Yearbook 175(Bureau of National Affairs).

[20]　W. Gould, *Black Workers in White Unions* 211-42(1977), W. Gould, "Labor Arbitration of Grievances Involving Racial Discrimination," 118 *U. Pa. L. Rev.* 40(1969).

[21]　*14 Penn Plaza LLC v. Pyett*, 556 U. S. 247(2009).

有些仲裁员是民权运动的积极支持者,通常会采取支持公平就业措施的立场,然而,劳资双方当事人不会选任他们担任仲裁员。再者,少数族裔或是女性仲裁员本来就凤毛麟角。[22] 全国仲裁员学会虽然有会员参与过一些意义重大且引人注目的仲裁活动,(但是在美国举行的所有仲裁听证程序中无法占到很大比例),而该学会的少数族裔和女性会员人数极少。一般而言,在重要的就业歧视仲裁案件或其他需要中立第三方仲裁的争议中,工会及雇主可能不愿意选择非学会会员的仲裁员来主持。当然,少数族裔与女性仲裁员比例过低并不是仲裁制度能否解决就业歧视问题的决定性因素。在 1964 年《民权法》(Civil Rights Act)[23]制定后的早期阶段,联邦法院曾通过对该法作扩张性解释提供过大力支持,从而使少数族裔与女性从中受益,但直到 1977 年,少数族裔或女性担任联邦法院法官的仍屈指可数,最近几年人数依然很少。

然而,问题在于,无论仲裁员本身的种族或性别如何,总是必须对选任他们的劳资双方的利益有所回应,而不必对第三方负责,因为第三方并未直接参与选任仲裁员,或是为未来案件的处理口头推荐仲裁员。劳动仲裁员和普通人一样,通常不会忘恩负义、反咬一口,因此,他们会顺应双方当事人的意识及潜意识所期望的标准来决定是否有违反契约的情况以及相应的救济措施。[24] 另一个问题是仲裁员通常并不清楚就业歧视法的各项要求,而

---

[22]　截至 2006 年,女性在全国仲裁员学会会员中所占比例实际上不到 15％。See Cynthia Alkon ,“ Women Labor Arbitrators: Women Labor Arbitrators Speak Out About the Barriers of Entry into the Field ,” 6 *Appalachian J.L* .195(2006). 截至 2010 年,黑人和女性分别占学会会员的 2.82％和 18.34％。William B. Gould IV ,“A Half Century of the *Steelworkers Trilogy*: Fifty Years of Ironies Squared,” p. 35 , *Arbitration 2010* : *The Steelworkers Trilogy at 50* : *Proceedings of the Sixty-Third Annual Meeting* , *National Academy of Arbitrators*(Paul D. Staudohar and Mark I. Lurie, eds., 2011). 甚至更糟糕的是,像美国仲裁学会这样的机构也不能维持由具有专门知识和多样性并被劳资双方和个人申诉者所接受的中立的仲裁员所组成的专门小组(special panels)。见美国仲裁学会总顾问和秘书长艾瑞克·P. 塔驰曼(Eric P. Tuchman)于 2010 年 2 月 8 日发送的电子邮件(由作者存档)。

[23]　42 USC § 2000(2012).

[24]　Nillam. Gould IV,“Labor Arbitration of Grievances Involving Racing Discrimination,” 118 *Pa.L.Rev*.40, 46(1969).

就业歧视法与劳动仲裁密切相关,因为协议中的禁止歧视条款规定双方当事人不得违反该项法律。

最后,由于工会与雇主共同控制着劳动仲裁程序,因此如果少数族裔与女性雇员认为其所属工会不会尽心竭力地维护其权益,而要求由第三方代表参与仲裁程序时,工会与雇主一般都不会表示赞同。如果劳资双方认为第三方代表或是雇员选择的代表或法律顾问与其立场不符时,通常也会拒293绝他们参与仲裁程序。㉕

法院的角色

虽然在劳动仲裁程序中,法律仅在某些部分占据次要地位,但不容讳言它仍是相当重要的。除了《铁路劳动法》以及某些规定公共部门争议必须经过仲裁的州法以外,只有在双方当事人自愿谈判达成协议时,才有可能涉及法律问题。在前一种情形下,仲裁程序有时具有强制性,但是一般情况下仍由双方当事人自行决定。

在涉及劳动仲裁制度的法律中,具有里程碑意义的判决是联邦最高法院在纺织工人工会诉林肯纺织厂案(*Textile Workers Union v. Lincoln Mills*)㉖以及所谓"钢铁工人三部曲"(*Steelworkers Trilogy*)㉗中所作的判决。然而,特别具有讽刺意味的是,林肯纺织厂案的判决以及《塔夫特-哈特利修正案》中的某些条款,客观上推动了劳动仲裁制度的发展(工会也一向乐于推广这项制度),而出台上述修正案的目的却是出于惩戒那些不守规矩、制造麻烦的工会,这些工会被认为不能遵守已经谈判达成的禁止罢工条款。由于工会在普通法上属于自愿性非法人社团组织,因此,许多州法院认为,对工会提起诉讼时,仅能针对其个人会员提出,在工会会员人数众多的

㉕ 例如,*Acuff v. United Paperwork*,404 F. 2d 160(5th Cir. 1968)。

㉖ 353 U. S. 448(1957).

㉗ *United Steelworkers v. American Manufacturing Co.*,363 U. S. 564(1960);*United Steelworkers v. Warrior and Gulf Navigation Co.*,363 U. S. 574(1960);*United Steelworkers v. Enterprise Wheel and Car Corp.*,363 U. S. 593(1960).

情况下会造成很大困扰。而一旦被起诉的工会会员在州管辖权之外,则让诉讼活动变得更加困难。因为这涉及对在外州的被告及时送达起诉书以便符合正当程序的要求,而这一问题经常引发数量众多的诉讼。㉘

294　　　　为改变上述困境,NLRA 第 301 条规定,集体谈判协议可以由联邦法院强制执行。在林肯纺织厂案中,在解决该法的某些合宪性问题后,㉙道格拉斯(Douglas)大法官代表联邦最高法院多数意见作出判决认为,集体谈判协议中的仲裁条款可以由联邦法院强制执行,因为这些条款是达成禁止罢工协议的交换条件(quid pro quo)。此外,禁止普通法院在劳动争议中颁布禁令的《诺里斯–拉瓜迪亚法》,被认定并不适用于本案情形,因为劳动仲裁制度并不涉及制定该法所要革除的主要弊端。㉚ 联邦最高法院指出,国会有意推进劳动仲裁制度,并通过《塔夫特–哈特利修正案》付诸实现。(此后,在另一个相关案件中,联邦最高法院作出判决认为,虽然劳资双方当事人可以通过契约方式明确规定一种经济斗争程序来解决他们的纠纷,但是即便在没有仲裁条款来提供一种私人裁判制度的情况下,由法院采用司法审查的方式还是比使用罢工、闭厂或是其他形式的经济压力措施来得更为可取。)㉛

　　　　然而,联邦最高法院在林肯纺织厂案的判决反而引发了更多的问题。
295对于劳动仲裁案件,法院到底应当扮演何种角色? 法院是否能贸然中断仲

　　㉘　在 *Pennoyer v. Neff*,95 U. S. 714(1878)案中,联邦最高法院认为,正当程序要求遵循普通法的传统规则;对个人的管辖权只能通过个人自愿出庭或是通过在该州内亲自送达的程序来实现。这一立场已通过两种方式逐渐放宽。首先,当法院断定个人与州具有某种最低的限度接触,足以满足公平竞争和实质正义的传统观念时,便可放弃对其在该州现身的要求(首先是针对特定类型的案件,随后普遍适用于一般情况)。*International Shoe Co. v. Washington*,826 U. S. 810(1945)。各州可以根据自己的意愿自由行使宪法允许的管辖权。第二,许可的送达方式已经放宽。为了向州外人士通报(apprise)诉讼,送达的方式必须合理地设定。同样,在一定限度内,各州可以自由指定许可的送达方式。

　　㉙　联邦最高法院认定,该法(指 NLRA 第 301 条)授权联邦法院创设一套联邦普通法,并且上述立法被解释为具有合宪性。

　　㉚　353 U. S. at 458.联邦最高法院扩展了第 301 条的适用范围,并扩大了各地法院的管辖权,针对有关工会章程和地方工会为执行这些章程而对国际工会组织提起的诉讼创设出一套联邦普通法,见 *Plumbers and Pipefitters v. Local 334*,452 U. S. 615(1981)。

　　㉛　*Groves v. Ring Screw Works*,498 U. S. 168(1990)。

裁程序,并因此僭越劳资双方赋予仲裁员的地位? 即使《塔夫特-哈特利修正案》赋予联邦法院管辖权,对于违反契约的案件以及由此而提交仲裁的案件,州法院是否仍保留其管辖权? 换言之,依据联邦法院优先的原则(doctrine of preemption),各州法院的管辖权是否会被排除? 即使在《诺里斯-拉瓜迪亚法》明文规定在劳动争议中禁止法院颁布禁令,雇主是否能以违反集体谈判协议规定的禁止罢工条款为由提起诉讼? 或是这种违反协议的行为是否属于《诺里斯-拉瓜迪亚法》所要革除的主要弊端? 雇员个人是否能以违反集体谈判协议为由提起诉讼? 他们在多大程度上可以绕开其所属工会提起这类诉讼?

联邦最高法院在著名的钢铁工人三部曲判例中对于上述问题的第一项作出了答复。这三个案件所面临的争议焦点是,在何种情况下法院可以命令劳动争议双方当事人提请仲裁,以及在何种范围内法院可以对仲裁员作出的仲裁裁决加以审查。以道格拉斯大法官为首的多数意见认为,《塔夫特-哈特利修正案》本身代表着推动劳动仲裁制度的公共政策,[32]这就要求法院在解决所有关于劳动争议是否可以仲裁的异议时,都应当肯定其可仲裁性。此外,联邦最高法院进一步指出,法院不得推翻仲裁裁决,除非该项裁决明显违背集体谈判协议。同时,虽然绝大多数仲裁员会撰写仲裁意见,但法院认为,依据联邦劳动法,仲裁意见并不是必需的,这与当事人的预期是吻合的。

联邦最高法院在上述判例中的主要理由是,依据其他法院处理劳动仲裁案件的司法经验,其中尤以纽约州上诉法院在卡尔特-汉默公司案(*Cutler-Hammer*)[33]的判决最具代表性,该案涉及法院对集体谈判协议的解释问题,而这种解释功能恰恰是双方当事人赋予仲裁员来承担的。联邦最高法院指出,法院表面上在决定争议事项是否可以仲裁,而实际上会涉及对集[296]

---

[32]　"通过双方同意的方法进行最终调整,被宣布为解决因适用或解释现有集体谈判协议而产生的重大纠纷的理想方法。"29 USC § 173(d)(2012).

[33]　*International Association of Machinists v. Cutler-Hammer, Inc.*, 271 App. Div. 917, 67 N. Y. S. 2d 317(1947), *aff'd* 297 N. Y. 519, 74 N. E. 2d 464(1948).

体谈判协议本身的解释或者判断某项特定争议的正当性如何。例如,钢铁工人三部曲的第一项判决㉞所涉及的争议是,根据集体谈判协议的规定,公司将工作转包至谈判单位以外是否恰当,然而,如果法院要认定转包争议是否可以仲裁,则势必会聚焦于仲裁员在认定主要争议事项(即公司依协议是否有权将工作转包出去)时将会考虑的因素,其中包括劳资双方的谈判历史、以往的惯例等类似情形。法院一旦详细审查争议事项是否具有可仲裁性,便会滑入判断争议本身是非曲直的深渊,如此一来,法院将会剥夺劳资双方通过谈判达成协议而赋予仲裁员处理这类争议的管辖权。

　　联邦最高法院认为,虽然任何有关劳动争议是否可以仲裁的争议点都应采取可以仲裁的立场,但基于上述理由,法院应尽量避免对这类争议点做任何深入的审查。同时,联邦最高法院还指出,即使对细枝末节的争议加以处理也会对劳资双方的关系产生治疗效果,并且给每位雇员提供一个在法院讲理的机会。此外,道格拉斯大法官指出,双方当事人通过谈判在协议中设立的仲裁条款,其最重要的用意是希望充分利用仲裁员的专业知识。虽然某些仲裁员对道格拉斯大法官这样的溢美之词会感到惭愧,但毋庸置疑,钢铁工人三部曲的重要理论依据之一就是仲裁员所拥有的专业知识。道格拉斯大法官写道:

　　　　劳动仲裁员所援引的法源并不限于契约中的明文规定,因为产业习惯法(industrial common law),即特定行业或特定工厂的惯例,虽然在协议中并未明示规定,也同样是集体谈判协议的一部分。劳资双方当事人之所以会选任某位仲裁员,主要是因为他们信任其了解特定工厂的习惯做法,同时,相信他们个人具有足够的判断能力,能够考虑到那些应当作为判案标准但并未在契约中明文规定的因素。双方当事人期盼仲裁员对某一特定争议的判断,不但能充分反映集体谈判协议的内容,而且在该协议所允许的范围内,能够反映出某一特定结果对生产力产生

297

㉞　*Warrior and Gulf Navigation Co.*, 363 U. S. 574(1960).

的效果,以及对某一特定工厂的士气产生的影响,还有仲裁员对紧张气氛是会加剧抑或消除作出的判断。劳资双方运用劳动仲裁的主要目标是,依据集体谈判协议,实现不间断的生产过程,并运用该协议满足他们的特定需求。由于无法具有劳动仲裁员的专业知识,即使是最有能力的法官,也不能期望他在处理某项劳动争议时具有相同的经验和能力。[35]

此外,有观点认为,劳动争议仲裁与涉及商业关系或其他事项的商事仲裁存在实质性的区别。联邦最高法院也受到这一观点的影响,认为集体谈判协议"不仅仅是一纸契约";"它是一项概括性的准则,用以处理起草者事先无法完全预见的各种情形"。[36] 根据联邦最高法院的观点,成熟的集体谈判协议,因其性质使然,经常会包含许多模糊不清的条款及漏洞。本质上,由于法律强迫劳资双方相互谈判,并强行赋予当事人某种关系(虽然不是集体谈判协议内容本身),因此劳资双方的结合是一种经济力量或法律强制下而形成的"枪口下的婚姻"(shotgun marriage)。在这种情况下,许多无法预见的突发事件或是契约的模棱两可会一直困扰双方当事人。他们有时会意识到这个问题,并认可将争议交由一个有效的处理程序来解决更为合理,否则为某个特定时期所发生的争议将会付出沉重的代价。 298

联邦最高法院在同一案件中进一步指出,集体谈判是努力"建立一套产业自治(industrial self-government)制度"[37],而协议缔结的强制性、"所涵盖事项的广泛性以及对其简明与可靠性的要求",造就了一种相当特殊的契约,为此,有必要建立一套仲裁程序,以便双方当事人在协议解释上产生异议时加以使用。然而,联邦最高法院在另一个相关案例中指出,在劳资双方

㉟　同上,第581—582页。"最近,我们越来越不愿涉足有关'宽'与'窄'的争议。"*IBEW Local 2150 v. NextEra Energy Point Beach*,762 F. 3d 592,594(7th Cir. 2014).另一方面,哥伦比亚特区上诉法院认为,当双方通过禁止口头修改条款(no-oral-modification clause)明确作出规定时,联邦劳工政策将促进该条款的执行,以使那些重视确定性的人能够拥有确定性,即使代价是放弃更大的灵活性。*Martinsville Nylon Employees Council Corp. v. NLRB*,969 F. 2d 1263(D. C. Cir. 1992).

㊱　363 U. S. at 578.

㊲　同上,第580页。

并未达成仲裁条款的情况下,当事人可以自行采用诸如罢工、闭厂等形式的
经济压力措施,但即使可以使用这些武器,也并不能排除契约的司法
执行。⑱

　　因此,联邦最高法院重申,对所有有关劳动争议是否具有可仲裁性的争
议,都应采取支持仲裁制度的立场。此后,在另一相关案件中,怀特(White)大
法官草拟的一项观点全面的意见中强调,除非双方当事人"明白无误地作出
其他规定,否则有关当事人是否同意交付仲裁的问题应由法院而不是仲裁员
299 来决定"。⑲ 联邦第十巡回上诉法院⑳和第四巡回上诉法院㉑近期又予以重
申,上述问题认定标准的高度精确性要求采用司法解决而不是仲裁解决。

　　至于仲裁员所作的仲裁裁决,只要不是明确违反劳动契约本身的规
定㉒或是某些"明示的公共政策",即可由联邦法院或州法院强制执行。这
些公共政策必须是"明确界定且性质重要的,并且能够通过援引法律或者法

---

⑱　*Groves v. Ring Screw Works*,498 U. S. 168(1990). Cf. *Local 705 v. Schneider*,*705 International Brotherhood of Teamsters v. Schneider Tank Lines*,958 F. 2d 171(7th Cir. 1992).

⑲　虽然托马斯大法官的观点并不明确,但是意见书中的附带意见指出,可仲裁性的假设并不
适用于禁止罢工条款。*Granite Rock Co. v. Int'l Brotherhood of Teamsters*,130 S. Ct. 2847,2859
(2010);*AT&T Technologies*,*Inc. v. Communications Workers*,475 U. S. 643(1986). 在 *Litton Financial Printing Division v. NLRB*,501 U. S. 190(1991)案中,肯尼迪(Kennedy)大法官代表六
比三多数意见表达了另一种性质相同的观点,即赞同可仲裁性的假设并不适用于有关集体谈判协
议到期后的申诉(postexpiration grievance)是否可以仲裁的争议。Cf. *Nolde Bros.*,*Inc. v. Bakery Workers*,430 U. S. 243(1997)。

⑳　*Commc'n Workers of Am. v. Avaya*,*Inc.*,693 F. 3d 1295(10th Cir. 2012).

㉑　*Peabody Holding Co.*,*LLC v. United Mine Workers*,665 F. 3d 96(4th Cir. 2012).

㉒　*Major League Baseball Players Assoc. v. Garvey*,532 U. S. 504(2001);*National Football League Management Council v. National Football League Players Association*,820 F. 3d 527
(2d Cir. 2016). 事实错误被认为是不可复审的。*Dauphin Precision Tool v. United Steelworkers of America*,338 Fed. Appx. 219,222(3d Cir. 2009);*Rite Aid of New Jersey v. United Food and Comm.*,*Workers Union*,*Local 1360*(D. N. J. 2011). 仲裁裁决得到广泛而明显的遵从。*Michigan Family Rest.*,*Inc. v. Serv. Employees Int'l Union*,475 F. 3d 746(6th Cir. 2007)(en banc). *Equitable Res.*,*Inc.*,*v. United Steel*,*Local 8-512*,621 F. 3d 538(6th Cir. 2010). 另外参见 *CP Kelso US*,*Inc. v. Int'l Union of Operation Engineers*,*Local 627*,381 Feb. Appx. 808(10th Cir. 2010);*New York City v. Association of Wall-Ceiling & Carpentry Industries of New York*,*Inc.*,826 F. 3d(2d Cir. 2016);*Holsum Bakery Inc. v. Bakery*,*Confectionery*,*Tobacco and Grain Millers*,*Local 232*,699 Fed Appx. 690(9th Cir. 2017)。

院先例加以确定,而不是根据所谓的公共利益作出的一般推测"。[43]

此外,根据怀特大法官所执笔的另一个有关劳动仲裁的判决意见,联邦最高法院在刻意回避工会所提出的问题。在该案中,工会认为,法院仅能在 300 仲裁裁决本身违反法律、行政法规或"实在法的其他表现形式",或者迫使雇主违法的情况下,才能拒绝执行仲裁裁决。联邦最高法院却明确指出,它并不主张法院在以违反公共政策为由推翻仲裁裁决上享有广泛的司法裁量权。[44] 联邦最高法院认为:

> 至少,案件所提出的公共政策必须根据先例所设定的方式恰当地构建,若不执行仲裁裁决,违反该项公共政策的事实必须清楚地呈现。[45]

---

[43] *W. R. Grace & CO. v. Local 759*,461 U. S. 757(1983). W. R. Grace 案以后,各级法院已经确定了"明确且重要的"公共政策;见例如,*Amalgamated Meat v. Great Western Food Co.*,712 F. 2d 122(5th Cir. 1983)(将在当班时饮酒的司机复职的仲裁裁决,违反了禁止司机酒醉驾车的公共政策);*U. S. Postal Service v. American Postal Workers Union*,AFL-CIO,786 F. 2d 822(1st Cir. 1984)(将因挪用邮政资金而被定罪的邮政职工复职的仲裁裁决,违反邮政部门应当值得信赖并富有效率的公共政策);*Northrop Corp. v. Triad Int'l Mktg.*,811 F. 2d 1265(9th Cir. 1987)(部分仲裁裁决被撤销是因为美国国防部制定的行政法规以及沙特阿拉伯政府颁布的一项命令所包含的公共政策,禁止履行一项销售协议中的特定阶段);*Stead Motors of Walnut Creek v. Automotive Machinists Lodge No. 1173*,886 F. 2d 1200(9th Cir. 1989)(en banc)(虽然加州政府对汽车的安全性具有普遍利益,但尚未形成一项明确且重要的公共政策,足以禁止在任职期间犯下重大过失行为的机械师复职。)仲裁员必须忠实于合同,并且不能表现出对这一义务的背离,这一原则可以在 *United Steelworkers of America v. Enterprise Wheel and Car Corp.*,363 U. S. 598,597(1960)案中找到。

[44] *United Paperworkers International Union v. Misco*,484 U. S. 29(1987). 阿拉斯加州和宾夕法尼亚州的最高法院似乎都建议对公共部门进行更多的司法审查,见 *State v. Public Safety Employees Ass'n*,257 P. 3d 151(Alaska 2011),*Phila. Housing Auth. v. AFSCME*,52 A. 3d 1117(Pa. 2012),更好的观点似乎是,审查的标准是一致的。*Linden Bd. of Educ. v. Linden Educ. Ass'n*,997 A. 2d 185(N. J. 2010);*School Committee of Lowell v. Robishaw*,925 N. E. 803(Mass. 2010);*Dep't of Prof'l & Fin. Reg. v. Maine State Employees Ass'n*,2013 ME 23(Maine,Feb. 28,2013). Cf. *United Teachers of L. A. v. L. A. Unified Sch. Dist.*,54 Cal. 4th 504(Cal. 2012).

[45] 同上,第 43 页。See generally W. Gould,"Judicial Review of Labor Arbitration Awards-Thirty Years of the *Steelworkers Trilogy*:The Aftermath of AT&T and Misco,"64 *Notre Dame L. Rev.* 464(1989).

此后,联邦最高法院在斯蒂芬·布雷耶大法官所起草的法庭意见中指出,当雇主对一名毒品检测呈阳性的工人予以解雇时,雇主以公共政策为由提出的抗辩并不说明其有权解雇。联邦最高法院表示:"我们很难推断这一领域的公共政策可以超出国会和劳工部长通过联邦法规所设定的谨慎且具体的范围。"[46]在另一案件中,联邦第五巡回上诉法院认为,仲裁裁决撤销雇主因雇员违反安全规定而作出的解雇决定是正确的,如果集体谈判协议中规定解雇的标准是具备"理由",那么这名雇员是不得解雇的,因为协议中并未对"理由"作出明确的界定。[47] 联邦第七巡回上诉法院也得出了同样的结果,该雇员违反了安全规则,集体谈判协议规定,这样的个人"可以立即被301解雇",而仲裁员则裁定,解雇缺乏正当理由,因为"可以"只是一个表示许可的词汇。[48] 在另一相关案件中,雇主解雇了部分社会保障号码存在不匹配状况的雇员,而仲裁员裁定解雇违法,并要求雇主补发工资并将其复职。* 在该案中,联邦第九巡回上诉法院并未认可地区法院对仲裁裁决提出的违反公共政策的质疑,而是支持了仲裁裁决,因为仲裁员发现,没有令人信服的信息表明被解雇的任何一名雇员是无证移民。[49]然而,在一个雇员因违反"公司工作场所暴力政策"而被解雇的案件中,该雇员在公司场所他个人的汽车内以攻击性的方式持有不安全的武器。法院认为,仲裁员根据他对外部法律——《隐蔽携带法》(the Concealed Carry Act)** 的解释恢复了他的

---

[46] *Eastern Associated Coal Corp. v. United Mine Workers*,531 U. S. 57,67(2000).斯卡利亚大法官单独撰写了一份协同意见书,托马斯大法官附议。

[47] *Albemarle Corp. v. United Steelworkers*,No. 11-31185(5th Cir. Jan. 3,2013).

[48] *Clear Channel Outdoor*,*Inc. v. Int'l Unions of Painters & Allied Trades*,Local 770,558 F. 3d 670(7th Cir. 2009).具有相同效果的案件,见 *United Steel v. Delek Refining*,*Ltd.* 575 Fed. Appx. 330(5th Cir. 2014)。

* 在该案中,Aramark 公司收到社会保障管理局的来信,表示 48 名员工提供的信息与该局的数据库不符,怀疑存在非法移民问题。Aramark 通知这些员工在 3 天内申请新的社会保障卡以纠正错误信息。7 到 10 天后,Aramark 解雇了 33 名未能及时履行义务的员工。——译者

[49] *Aramark Facility Services v. SEIU*,Local 1877,530 F. 3d 817,820(9th Cir. 2008).

** 《隐蔽携带法》为合法携带隐蔽武器的人提供保护,以免遭到拘留或逮捕。——译者

职务,该裁决与集体谈判协议的正当理由条款在本质上存在冲突。⑤

最后,联邦最高法院认为,合同法的原则表明,在缺乏明确表述的情况下,集体谈判协议不包含"赋予退休人员终身福利的意图"。⑤ 法院说:"……当合同对退休人员福利的期限没有规定时,法院不得推定双方打算终身给予此项福利。"⑤三年后,在一份临时意见中,联邦最高法院重申,"模糊性"不能成为"……将退休人员福利与养老金领取者身份挂钩"的依据,而当事人没有明确这样做的事实意味着他们并不打算终身提供此项福利。⑤

联邦最高法院的上述判例固然可以解决本章前述的部分问题,但是对302其他问题又如何呢? 举例而言,虽然《诺里斯-拉瓜迪亚法》明确禁止法院在劳动争议中颁布禁令,但雇主是否仍可以在工会违反禁止罢工条款的情况下请求法院颁布禁令来加以救济呢?

禁止罢工条款

联邦最高法院在 1962 年对辛克莱案(*Sinclair*)作出的判决中首次对上述问题给予否定答复。布莱克(Black)大法官一向坚决主张,在有关联邦宪法第一修正案的诉讼中,应当严格遵循宪法的文义。他指出,尽管工会可以请求法院颁布禁令,从而强制雇主适用仲裁条款进行仲裁,但是《诺里斯-拉瓜迪亚法》禁止法院应雇主的请求颁布禁止罢工的禁令。然而,8 年以后,联邦最高法院在著名的男孩市场案(*Boys Markets*)中推翻了它在辛克莱案中的判决。⑤

在男孩市场案中,联邦最高法院以五票对两票的多数意见作出判决,如果根据集体谈判协议的规定,引起罢工行为的争议本身是可以仲裁的,那么

---

　⑤　*Ameren Illinois Co. v. International Brotherhood of Electrical Workers*, *Local Union No. 51*, 2018 WL 1244149(U. S. D. C. Ill. March 9,2018).

　⑤　*M & G Polymers USA*, *LLC v. Tackett*, 135 S. Ct. 926,933(2015).

　⑤　同上,第 937 页。

　⑤　*CNH Industrial*, *N. V. v. Jack Reese*, 138 S. Ct. 761(2018). 参见 *Fletcher v. Honeywell Int'l*, *Inc.*, 892 F. 3d 217(6th Cir. 2018)(在合同被认为明确的情况下,不考虑"外在证据")。

　⑤　398 U. S. 235(1970).

联邦法院对于违反禁止罢工条款的行为有权颁布禁令。联邦最高法院作出这一判决的理论依据,主要是基于以下几点考虑:首先,双方当事人在诉请劳动契约(labor contract)履行时,州法院对此仍有管辖权,而在未制定类似《诺里斯–拉瓜迪亚法》相关法律的各州,雇主仍有权向州法院起诉请求颁布禁令加以救济。到目前为止,违反禁止罢工条款的禁令救济所产生的问题,主要是雇主往往希望在州法院寻求救济,尽管联邦劳动法在州法院也像在联邦法院那样加以适用。换言之,出于一致性的考虑,将雇主首先提起的诉讼从州法院移交到联邦法院似乎并不妥当。联邦最高法院在男孩市场案中表示:"在我们看来,这种移交的做法造成了一种不正常的局面,因此应尽快重新考虑辛克莱案的判决。"⑤尽管联邦最高法院曾判决,州法院的管辖权应当作为联邦法院管辖权的补充,但如果将这类案件硬性由州法院移交给联邦法院,那么州法院在《塔夫特–哈特利修正案》制定之前对违反劳动契约的案件已经享有的管辖权就被完全剥夺了。正如联邦最高法院在男孩市场案中指出的:

> 国会对这一条款的意图很清楚,就是要为违反集体谈判协议的行为提供额外的救济措施,而该条款却被用以取消各州早已存在的救济措施,这确实颇具讽刺意味。我们绝不能如此自作主张背离国会明确表述的政策,而走向其反面。⑤

诚如联邦最高法院在辛克莱案中评论的那样,它已陷入进退维谷的境地。一方面,州法院对于违反禁止罢工条款而申请劳工禁令(labor injunction)的案件享有管辖权,这使得州法院成为适用联邦法律、解释劳动契约的理想场所。但另一方面,州法院行使管辖权后案件却被移交给联邦法院的做法,剥夺了各州早已存在的对工会违反劳动契约行为提供的救济措施,

---

⑤　398 U. S. 235(1970),第 244 页。
⑤　同上,第 245 页。见 *Dowd Box Co. v. Courtney*,358 U. S. 502(1962)。

而这些法规是专门针对工会违反禁止罢工义务的行为而制定的。

联邦最高法院对辛克莱案的判决不尽满意的第二个原因是,它与此前在林肯纺织案和钢铁工人三部曲中所形成的基本的联邦劳工政策相抵触,即工会的禁止罢工义务是雇主承诺将争议提交仲裁程序的交换条件。联邦最高法院指出:

> 如果履行禁止罢工义务的最基本且最快速的方法被取消的话,那么雇主达成这一协议的哪怕一点点意愿也会烟消云散。诚然,正如本案被告一再坚持的,受损害的雇主仍然有权采用其他救济措施,例如提起损害赔偿之诉,争议解决后获得的损害赔偿金却无法取代对非法罢工的立即制止。此外,劳动争议过程中或解决后提出的损害赔偿之诉只会促 304 使产业冲突升级,而对尽早解决雇主与工会之间的分歧造成延误。⑤⑦

第三,有观点认为,《诺里斯-拉瓜迪亚法》禁止颁布禁令是因为该法与《塔夫特-哈特利法》所要解决的问题不同。对此,联邦最高法院并不认同。该院指出,曾有数量众多的工会罢工和纠察行为被禁止,联邦法院在这方面确有多次滥用权力的情形。但该院强调,劳工组织力量增强并渐趋成熟,因此,国会根据《塔夫特-哈特利修正案》厘定国家劳工政策时,"已从保护初生的劳工运动,转而鼓励集体谈判,以及采用各种行政措施和平地解决各种劳动争议"。⑤⑧《塔夫特-哈特利修正案》反映了协调劳动关系的新方法,而《诺里斯-拉瓜迪亚法》禁止在劳动争议中颁布禁令,如果在相互矛盾的两种政策之

---

⑤⑦　398 U. S. at 248(脚注略)。男孩市场案及其后续案件的理论促使联邦法院在工会提起的诉讼中形成针对雇主的所谓反向(reverse)男孩市场案禁令,在这些诉讼中,随着时间的推移,缺乏禁令救济将导致不可避免的损害。*Independent Oil and Chemical Workers of Quincy*,*Inc. v. Proctor & Gamble Mfg.Co.*,864 F. 2d 927(1st Cir. 1988);*American Postal Workers Union v.U. S. Postal Service*,766 F. 2d 715(2d Cir. 1985);*Newspaper & Periodical Drivers' & Helpers' Union*,*Local 921 v. San Francisco Newspaper Agency*,89 F. 3d 629,632(9th Cir. 1996).全部判例都在Gould,"A Half Century of the *Steelworkers Trilogy*"一文中加以讨论。最近的判决见,例如,*Comnc'n Workers of Am. v. Tel. Tech . Sys. ,Inc. ,*221 F. Supp. 3d 203,209(D. P. R. 2016)。

⑤⑧　*Boys Markets*,同前注㊴,第251页。

间寻求一个适当的平衡点,那么在引发罢工行为的争议本身可以仲裁的情况下,应允许法院对违反禁止罢工条款的行为颁布禁令。联邦最高法院特别强调:《诺里斯-拉瓜迪亚法》是针对与当今完全不同的情况而制定的。[59]

男孩市场案判决之后,在另一起相关案件中,怀特大法官撰写的多数意305 见引发不少争论:在爆发同情罢工(sympathy strike)的情况下,虽然雇主主张这类罢工行为违反了禁止罢工条款,但法院也不得颁布禁令,因为并不存在可以通过仲裁程序解决的隐含的争议。然而,联邦最高法院的这一推理是很难让人信服的。[60] 对于某项同情罢工本身是否违反禁止罢工条款的问题,事实上,依据许多集体谈判协议是可以通过仲裁程序加以解决的。因此,正如史蒂文斯大法官在该案的反对意见书中所指出的,法院应根据仲裁结果如何来决定是否颁布禁令,他认为这点与联邦最高法院在男孩市场案所解释的原则同等重要。[61]

第四,依据《铁路劳动法》的规定,当工会试图发动罢工抗议国会对美铁(Amtrak,国营铁路客运公司的简称)的拨款计划时,哥伦比亚特区上诉法

---

[59]　*Boys Markets*,同前注[54],第 250 页。

[60]　*Buffalo Forgo Co. v. United Steelworkers*,428 U. S. 397(1976);W. Gould,"On Labor Injunctions Pending Arbitration: Recasting Buffalo Forge,"80 *Stan. L. Rev.* 588(1978);也可参见 W. Gould,"On Labor Injunctions,Union and the Judges: The Boys Markets Case,"1970 *S. Ct. Rev.* 215。联邦最高法院依据男孩市场案和 *Buffalo Forge* 案的判决,认为在国际码头工人协会(International Longshoremen's Association)为抗议苏联入侵阿富汗而拒绝装卸运往或来自该国的货物时,法院不得对该工会颁布禁令。*Jacksonville Bulk Terminals, Inc. v. International Longshoremen's Assoc.*,457 U. S. 702(1982)。联邦最高法院认为,该案隐含的争议,"无论是该工会对苏联军事政策表达一种'道德上的愤怒',或是对阿富汗人民表达同情,都是依据集体谈判协议无法加以仲裁的"。同上,第 711 页。当然,罢工本身必须被集体谈判协议中的禁止罢工条款所禁止。*Allied Systems v. Teamsters Committee*,179 F. 3d 982(6th Cir. 1999)。隐含的争议本身必须是可以仲裁的。*Pacific Maritime Ass'n v. ILWU*,39 F. Supp. 2d 1221(C. D. Cal. 1998)。

[61]　*Buffalo Forge* 案的理论与近期所谓反向男孩市场案禁令相比已经造成更大的不确定性。反向男孩市场案禁令是针对单方面违反劳动契约的雇主决定,随着时间的推移这种决定可能造成不可挽回的损害。见 Gould,"A Half Century of the *Steelworkers Trilogy*"(文中搜集的判例);*United Steelworkers v. Cequent Towing Prods.*,3:12-cv-00713-RLM-CAN(N. D. Ind. Jan. 30,2013);*Local Lodge No. 1266 v. Panoramic Corp.*,668 F. 3d 276(7th Cir. 1981)。在威尔金森(Wilkinson)法官的强烈反对下,联邦第四巡回上诉法院认为,可以禁止雇主的部分业务搬迁,雇主无权在反向男孩市场案禁令和支持工会立场的仲裁裁决之间获得任何损害赔偿。*International Brotherhood of Teamsters,Local Union No. 639 v. Airgas,Inc.*,885 F. 3d 230(4th Cir. 2018)。

院作出判决认为,罢工是由与报酬率和工作条件有关的争议引起的,因此必306
须用尽《铁路劳动法》所规定的争议处理程序,才能"动用诸如罢工这样的自
助手段",因而罢工是被禁止的。[62] 该院指出,罢工针对的是一项非强制谈
判事项,即由美铁或国会作出的"削减或取消美铁营业"的决定,因此罢工应
当被禁止。[63] 该院认为:

> ……政府提出的观点是正确的,即便罢工仅仅是"为了对政府施加
> 影响",而不是针对新集体谈判协议的缔结,一项具有政治动机的罢工
> 与一场"由更加传统的劳动问题引发的罢工"一样,会对"州际商业产生
> 负面影响"。尽管将其称为一场政治抗议,而不是罢工;但无论如何,既
> 然《铁路劳动法》禁止罢工,那么也同样禁止工会采用任何的"能够产生
> 罢工后果的"策略。[64]

第五,联邦最高法院在男孩市场案中还指出,在工会违反禁止罢工条款
的情况下,法院可以在雇主的请求下判决给予损害赔偿金。即使在集体谈
判协议中并未规定禁止罢工义务,而仅有一个范围广泛的仲裁条款,由该条
款也可以推断出工会的禁止罢工义务。[65] 然而,法院在处理这类请求损害
赔偿的案件时,经常会等待仲裁对争议作出裁决,雇主一般认为仲裁员不会
像法官那样对这类争议采取同情态度。[66] 而在另一案件中,联邦最高法院

---

　[62] *Nat'l R. R. Passenger Corp. v. Transport Workers Union of AM.*, 373 F. 3d 121, 125
(D. C. Cir. 2004).

　[63] 同上。

　[64] 同上,第126页[援引 *Air Line Pilots Ass'n, Int'l v. United Air Lines, Inc.*, 802 F. 2d
886, 906(7th Cir. 1986)]。

　[65] *Teamsters, Local 174 v. Lucas Flour Co.*, 369 U. S. 95(1962).

　[66] *Drake Bakeries, Inc. v. Local 50, American Bakery & Confectionary Workers Int'l*, 370
U. S. 254(1962). 采用这种方式的前提是雇主可以利用申诉程序提出自己的申诉。对比 *Atkinson
v. Sinclair Ref. Co.*, 370 U. S. 238(1962)和 *Drake Bakeries*,同前注,在前一个案件中的集体谈判
协议只考虑雇员的申诉,而雇主的请求并不要求加以仲裁。*Jim Walter Resources, Inc. v. United
Mine Workers of America*, 663 F. 3d 1322(11th Cir. 2011); *Firestone Tire & Rubber Co. v. Int'l
Union of United Rubber, Cork, Linoleum & Plastic Workers of America*, 476 F. 2d 603(5th Cir.

307判决认为，在发生违反劳动契约、未经工会授权的野猫罢工时，除非在集体谈判协议中有相反的约定，则某一国际工会并无任何积极义务敦促地区工会遵守该项协议。[67] 此外，联邦最高法院还曾经判决，工会代表发动或授权某项罢工时，雇主不得向代表个人提起诉讼；[68] 而基层雇员（rank-and-file employees）参与野猫罢工时，雇主不得以违反契约为由向个人提起诉讼。[69]但是有些问题联邦最高法院仍未解决，如地区工会在督促其会员恢复工作上负有何种责任，以及是否可以基于"集体行动"理论（即基层会员若无领导者某种形式的鼓励是不大可能自发采取行动的）推断地区工会应承担责任308的问题。[70] 联邦最高法院曾以全体无异议的方式判决，雇主不得以违反禁止

（接上页注释） 1973）；*Friedrich v. Local Union 780*，515 F. 2d 255(5th Cir. 1975)；*G. T. Schjeldahl Co. v. Local Lodge 1680*，393 F. 2d 502(1st Cir. 1968)；*Boeing Co. v. Auto Workers*，370 F. 2d 969, n. 7(3d Cir. 1967)；*Latas Libby's Inc. v. United Steelworkers*，609 F. 2d 25(1st Cir. 1979)；*Lehigh Portland Cement Co. v. Cement，Lime，Gypsum，& Allied Workers Div.*，849 F. 2d 820(3d Cir. 1988)；*Faultless Div. v. Local Lodge 2040 of District 153 Int'l Ass'n of Machinists & Aerospace Workers*，513 F. 2d 987(7th Cir. 1975)；*Standard Concrete Prods.，Inc. v. General Truck Drivers*，353 F. 3d 668(9th Cir. 2003)；*ITT World Communications，Inc. v. Communications Workers of America*，422 F. 2d 277(2d Cir. 1970).

[67]　*Carbon Fuel v. United mine Workers*，444 U. S. 212(1979). 这一判决并不涉及地方工会的责任问题。这通常只是一个学术问题，因为地方工会一般在财政上并不宽裕。

[68]　*Atkinson v. Sinclair Roofing Co.*，370 U. S. 238(1962).

[69]　*Complete Auto Transit，Inc. v. Reis*，451 U. S. 401(1981). 基于第 301 条提出的针对个人雇员的索赔被驳回，见 *Century Aluminum v. Steel Workers*，82 F. Supp. 2d 580(S. D. W. Va. 2000).

[70]　见注释[67]。有关地方工会的责任问题，由以下几个案件的观点所创设：*Easzor Express，Inc. v. International Brotherhood of Teamsters*，520 F. 2d 951(3d Cir. 1975)；*United Steelworkers of America v. Lorain*，616 F. 2d 919(6th Cir. 1980)；*Keebler v. Bakery Workers，Local 492-A*，104 LRRM 2625(E. D. Pa. 1980). 临时禁令要求工会采取一切合理措施结束集体托病罢工（sick-out），由于工会未能遵守这一禁令而被认定为民事藐视法庭，这是由工会最低限度的行动所造成的。*American Airlines v. Allied Pilots Ass'n*，228 F. 3d 574(5th Cir. 2000)(联邦上诉法院支持了对为期两天的藐视法庭行为判处 4550 万美元的补偿性赔偿，但是认为并不违反《铁路劳动法》)。参见 M. Whitman，"Wildcat Strikes：The Union's Narrowing Path to Rectitude," 50 *Ind. L. J.* 472(1975)；W. Gould，"Taft-Hartley Comes to Great Britain," 81 *Yale L. J.* 1421(1972). 参见 Brian Bercusson，"The European Social Model Comes to Britain," 31 *Indus. L. J.* 209 (2002).

罢工条款为由,选择性地对工会干部施加比基层雇员更为严厉的处罚。[⑦]
然而,雇主对在罢工中起到"领导"作用的工会干部能否选择性地施以惩戒
的问题,联邦最高法院并未加以判决。[⑫]

NLRB 与仲裁制度

NLRB 也在通过审慎地行使其管辖权来促进仲裁制度的发展。例如,
NLRB 曾认定,在不当劳动行为案件审理过程中,如果仲裁程序在表面上是
公正与正规的,向 NLRB 提起的争议事项曾在仲裁员面前提出过,而仲裁
员作出的裁决并不"明显违背"NLRA 所确定的公共政策,有关不当劳动行
为的事项已由仲裁员以某种形式加以解决,那么 NLRB 将不会推翻仲裁员
所作的仲裁裁决。[⑬] NLRB 进一步作出裁决,在下列两种情况下,视为仲裁
员"已经充分考虑了不当劳动行为:第一,如果有关集体谈判协议的争议事
项与不当劳动行为的争议事项事实上存在关联;第二,如果提交给仲裁员的
事实与处理不当劳动行为争议的事实大致相关"。[⑭] NLRB 指出:

> 我们不会要求仲裁员作出的裁决完全符合 NLRB 的先例。除非[309]
> 裁决存在"显而易见的错误",即仲裁员的裁决与 NLRA 的解释无法吻
> 合,否则我们通常会尊重该裁决。[⑮]

---

⑦　*Metropolitan Edison Co. v. NLRB*, 460 U. S. 693(1983). 联邦最高法院还得出结论,在集
体谈判协议中可以放弃成文法上的豁免规定(statutory immunization)。

⑫　同上,第 699 页。

⑬　NLRB 发展出尊重仲裁裁决原则的重要判例是 *Spielberg Manufacturing Co.*, 112 NLRB
1080(1955)案。也可参见 *International Harvester Co.*, 13 NLRB 928(1962), *enforced sub nom.
Ramsey v. NLRB*, 327 F. 2d 784(7th Cir.)。适用 *Spielberg* 案时所牵涉的问题仍然很突出。见例
如,*NLRB v. Ancus Bros. Inc.-Maxwell*, 620 F. 2d 867(3d Cir 1980); *NLRB v. Max Factor &
Co.*, 640 F. 2d 197(9th Cir. 1980); "Judicial Review and the Trend toward More Stringent NLRB
Standards on Arbitral Deferrals"(Comment), 129 *U. Pa. L. Rev.* 788(1981)。

⑭　*Olin Corporation*, 268 NLRB 573(1984). 这一问题在 *Mobile Oil Exploration*, 325 NLRB
176(1997), *enforced* 200 F. 3d 230(5th Cir. 1999)(特别参见古德主席的协同意见书第 180 页,该
意见书表达了对 *Olin* 案的异议,并强调仲裁员的裁决应符合 NLRB 依据 *Spielberg* 案所形成的
先例)。

⑮　*Olin Corporation*, 268 NLRB 573(1984).

随后,奥巴马总统任上的 NLRB 收紧了尊重仲裁裁决的依据,认为其先决条件是:"(1)仲裁员已得到解决不当劳动行为事项的专属授权;(2)一方当事人向仲裁员提出法定事项且仲裁员对之进行了审理,或者反对尊重裁决的另一方当事人阻止这样做;(3)仲裁裁决得到 NLRB 法律合理的认可。"[76]在随后的两项判决中,哥伦比亚特区上诉法院并未直接对 NLRB 所持立场发表观点。[77]

在某些情况下,NLRB 曾裁定,当一起有关不当劳动行为的案件正在等待仲裁员的裁决时,NLRB 将停手并拒绝启动对该行为的指控。[78] 当然,关于这一立场也有很多例外出现。[79]

310**继任雇主**

在威利诉利文斯顿案(*Wiley v. Livingston*)中,联邦最高法院曾判决,"某一公司雇主虽因合并而消失,但其与工会曾经订立集体谈判协议,则受该协议所保护的雇员的所有权利并不会自动丧失,而在适当的情况下,可以依据协议要求继任雇主与工会就相关争议提交仲裁。"[80]继任地位(successorship)的认定是由许多因素决定的,包括前后两任雇主所从事的业务是

---

[76]　*Babcock & Wilcox Construction Co.*，361 NLRB No. 132，p. 5(2014)。

[77]　*Verizon New England，Inc. v. NLRB*，826 F. 3d 480(D. C. Cir. 2016)；*King Soopers，Inc. v. NLRB*，859 F. 3d 23(D. C. Cir. 2017)。

[78]　*Collyer Insulated Wire*，192 NLRB 837(1971)。NLRB 将尊重义务扩展到未规定仲裁的申诉程序中。*August A. Busch & Co.，of Massachusetts，Inc.*，309 NLRB 714(1992)。See *William E. Arnold Co. v. Carpenters District Council*，417 U. S. 12，16-17(1974)；*Carey v. Westinghouse Electric Corp.*，375 U. S. 261，270-72(1964)。参考例如，*Part-Time Faculty Association at Columbia College Chicago v. Columbia College Chicago*，892 F. 3d 860(7th Cir. 2018):"地区主任有关工会代表权的裁决效力高于仲裁裁决……本案中的仲裁裁决与 NLRB 的代表权裁决直接冲突。因此,从法律上来说,它是不可执行的。"Id. at 865，868. 竞争管辖权的复杂性在 *District 1，Pacific Coast，Meba，v. Liberty Maritime，Corp.*，815 F. 3d 834(D. C. Cir. 2016)案中得到了解决。

[79]　例如，*General American Transport Corp.*，228 NLRB 808(1977)〔NLRB 拒绝将 *Collyer* 案扩展至与 NLRA 第八条(a)款(3)项相关的案件〕；*Machinists Lodges 700，743，1746 v. NLRB*，525 F. 2d 237(2d Cir. 1975)；*IBEW Local 2188 v. NLRB*，494 F. 2d 1087(D. C. Cir. 1974)；*Kansas Meat Packers*，198 NLRB 543(1972)，*Anaconda Wire and Cable Co.*，201 NLRB 839(1973)。

[80]　376 U. S. 543(1964)。

否实质上相同；新企业的雇员是否在主管的监督下，以相同的工作条件从事相同的工作；新企业是否采用相同的生产流程，生产相同的产品，并有相同的顾客，等等。关于这一点，联邦最高法院在法尔河染整公司诉 NLRB 案（*Fall River Dyeing & Finishing Corp. v. NLRB*）曾确定下列认定标准：

> （法院）对雇员一方观点的强调，深化了 NLRA 产业和平的政策。如果雇员在雇主转移交接后发现自己仍然从事相同的工作，然而，工会继续代表其权益的合法预期（legitimate expectations）却受到阻挠，则他们的不满可能会引发劳资动荡。[81] 相应地，联邦最高法院进一步指出：
>
> 继任地位适用与否很大程度上掌控在继任雇主的手中。如果他能作出合理的决定，维持基本相同的业务，并雇佣前任雇主的大多数雇员，那么，NLRA 第八条（a）（5）款所规定的集体谈判义务就被激活了。[82]

虽然随着新雇主管理权限的缩小，工作任务及工作分类都会有些许减少，但仅仅这些事实并不会影响继任地位的认定。[83] 然而，在另一案例中，311 联邦最高法院又判决，虽然继任雇主有义务承认与前任雇主谈判的工会，但 NLRB 却不得要求继任雇主必须接受某项劳动契约，[84] 因为这势必将违反

---

[81]　482 U. S. 27，43(1987).

[82]　同上，第 41 页。

[83]　*Capitol Steel and Iron Co.*，299 NLRB 484(1990). 规模的缩小并无多大关联。*NLRB v. Simon Debartolo*，241 F. 3d 207(2d Cir. 2001).

[84]　*NLRB v. Burns International Security Services*，406 U. S. 272(1972) 根据联邦最高法院的判决，继任雇主可以自行确定雇佣条款与条件，除非它明确宣布雇佣前任雇主的雇员的意图。然而，在雇主明确宣布其有意自行确定一套雇佣条件的情况下，NLRB 对这一义务设定了例外。*Spruce Up Corp.*，209 NLRB 194(1974)，*enforced on other grounds* 529 F. 2d 516(4th Cir. 1975). 这一例外似乎并不符合逻辑，也未被联邦最高法院的判决所考虑。参见本人在 *Canteen Co.*，317 NLRB 1052，1054(1995)，*enforced* 103 F. 3d 1355(7th Cir. 1997)案中的协同意见书。在这种情况下，继任雇主将受前任雇主的雇佣条款与条件的约束，除非他明确表示将以不同的条件提供就业机会。*Spruce Up Corp.*，209 NLRB 194(1974)；*Worcester Manufacturing, Inc.*，306

312 联邦最高法院对 NLRB 作出的应避免对劳资双方强加契约条件的指示。⑧而在第三件相类似的案件中,联邦最高法院则设法限制威利案的影响,判决只有在继任雇主的劳动队伍具有实质的延续性(substantial continuity)时,才能适用该项判决。⑧巡回上诉法院对联邦最高法院有关继任地位先例的

(接上页注释) NLRB 218(1992).在何种情况下,弃权声明可以被视为与连续的"单方面强加的雇佣条款"相关联,这个问题似乎仍未解决。*Tramont Manufacturing, LLC v. NLRB*,890 F.3d 1114 (D.C.Cir.2018).继任雇主在运营开始前但在正式报价已经作出并被接受后宣布新的雇佣条款是不合时宜的,并且就此负有谈判义务。*Creative Vision Resources, L.L.C.v.NLRB*,882 F3d 510(5th Cir.2018).如果继任雇主非法歧视前任雇主的雇员,则应强制执行以前雇佣关系的条款和条件,直到双方进行善意谈判为止。*U.S.Marine Corp.v.NLRB*,944 F.2d 1305(7th Cir.1971); *United States Can Co.v.NLRB*,984 F.2d 864(7th Cir.1993);*New Breed Leasing Cor.v. NLRB*,111 F.3d 1460(9th Cir.1997).类似判决见 *NLRB v.Advanced Stretchforming*,233 F.3d 1176(9th Cir.2000).另见 *Pressroom Cleaners & Serv.Employees Int'l Union, Local 32bj*,361 NLRB No.57(Sept.30,2014)(认定当继任雇主单方面改变前任雇主的雇佣条款和条件时,违反了 NLRA 第八条 a 款第 5 项和第 1 项的规定,补偿性救济措施将包括恢复前任雇主的条款和条件,直到双方善意地进行谈判达成协议或僵局)。见 *Adams & Assocs., Inc.v.Nat'l Labor Relations Bd.*,871 F.3d 358,364(5th Cir.2017)(法院确认 NLRB 恢复原状的命令,因为继任雇主为避免与工会的谈判义务歧视性地拒绝雇佣五名在职雇员,违反了该法第八条 a 款第 3 项和第 1 项;继任雇主对谈判地位内的雇员单方面设定初始雇佣条款和条件,并禁止工会主席进入公司的行为,也违反了第 8 条 a 款第 5 项和第 1 项);*Kreisberg v.Emerald Green Bldg.Servs, LLC*,169 F.Supp.3d 261(D.Mass.2015)(对继任雇主颁布初步禁令,因其拒绝雇佣属于同一工会的雇员并承认另一工会为专属谈判代表,从而实质性地改变雇佣条款和条件)。

⑧ *H.K.Porter v.NLRB*,397 U.S.99(1970).

⑧ *Howard Johnson Co.v.Detroit Local Joint Executive Board, Hotel Employees International Union*,417 U.S.249(1974).参见 *United States Can Co.v.NLRB*,984 F.2d 864(7th Cir.1993).对继任地位问题的司法认定并不排除 NLRB 的管辖权。*Local 32B-32J Service Employees International Union v.NLRB*,982 F.2d 845(2d Cir.1993).仅凭以前的雇主属于公共部门这一事实,并不能剥夺工会的继任权利。*Lincoln Park Zoological Society*,322 NLRB 263(1996),*enforced* 116 F.3d 216(7th Cir.1997).NLRB 裁定,当继任雇主按照其法定义务承认其雇员的现任代表时,以前选择的代表有权在一段合理的时间内代表雇员与新雇主进行集体谈判。在 *Re Ugl-Unicco Serv.Co.*,357 NLRB 801 (2011)中,推翻了 *MV Transportation*,337 NLRB 770(2002)的判决。

许多方面存在意见分歧。㊳

个人雇员

在处理"钢铁工人三部曲"后不久,联邦最高法院又作出判决,认为个人雇员有权以违反集体谈判协议为由在联邦及州法院提起诉讼,然而,这一规则在许多方面受到严格限制。首先,个人雇员在提起诉讼之前,必须用尽集体谈判协议中所规定的申诉–仲裁程序。㊳ 而更加难以逾越的障碍则是联313邦最高法院对瓦卡诉赛普斯案(*Vaca v. Sipes*)的判决㊳,该案是一个有关工会公平代表义务的判例,由于其牵涉的许多争议事项加剧了个人利益与集体利益之间的紧张对立,因此,更适合在下一章中加以讨论。

而在此处更适合讨论的问题是,当工会拒绝将个人雇员的申诉提交仲裁,而雇员(如果想在案件中获胜就必须)有证据证明工会违反公平代表义务且雇主违反集体谈判协议时,应如何确定工会与雇主二者的责任。

在伯恩诉美国邮政服务公司案(*Bowen v. U. S. Postal Service*)㊾中,联邦最高法院以五票对四票的结果判决,当工会未能将被解雇者的申诉提交仲裁,从而增加了雇主因违反契约应对雇员承担的责任时,则工会对该雇员应承担损害赔偿责任。由于被解雇者经由仲裁而得以复职的期限与法院审理公平代表义务及违反契约案件的期限往往相去甚远,因此,伯恩案的判

㊳　*Ameristeel Corp. v. Int'l Brotherhood of Teamsters*, 267 F. 3d 264(3d Cir. 2001); *Local 348-S, UFCW, SFL-CIO v. Meridian Management Corp.*, 583 F. 3d 65(2d Cir. 2009). *Road Sprinkler Fitters Local 669 v. Ind. Sprinkler*, 10 F. 3d 1563(11th Cir. 1994); *New England Mechanical v. Laborers Local Union 294*, 909 F. 2d 1339(9th Cir. 1990); *Southward v. South Cent. Ready Mix Supply Corp.*, 7 F. 3d 187(6th Cir. 1993); *Orange Place Limited Partnership v. NLRB*, 333 3d. 646(6th Cir. 2003). 然而,当继任雇主与前任雇主在劳动力构成上存在差异时,联邦第二巡回上诉法院试图限制 *Meridian* 案的适用,见 *Century Vertical Systems, Inc. v. Local No. 1, Intern. Union of Elevator Constructors*, 379 Feb. Appx. 68(2d Cir. 2010),另一家联邦法院将 *Meridian* 案的适用限制在案件的某些特定事实,见 *Freitas v. Republic Airways Holdings, Inc.*, 2011 WL 5506679(E. D. Wis. Nov. 10, 2011)。

㊳　*Republic Steel Corp. v. Maddox*, 379 U. S. 650(1967). 授权个人提起诉讼的判决是 *Smith v. Evening News Association*, 371 U. S. 195(1962)。

㊳　386 U. S. 171(1967).

㊾　459 U. S. 212(1983).

决实际上是将大部分的损害赔偿责任推给工会,而不是由雇主来承担。难怪怀特大法官在该案的反对意见中指出:

> 即便与雇主解雇雇员的决定完全无关,工会对公平代表义务的违反现在却成了雇主的挡箭牌,使其免于承担从仲裁程序开始之日起补发工资的责任。其实雇主并不像工会那样无能为力,只要将被解雇者复职即可在任何他所期望的时刻停止工资的不断累积。[91]

仲裁程序与就业歧视

上述"钢铁工人三部曲"诉讼所确立的原则,究竟在多大程度上可以适用于就业歧视案件呢?关于这一问题,联邦最高法院在亚历山大诉加德纳-丹佛案(*Alexander v. Gardener- Denver*)[92]中曾判决,仲裁员的最终裁决并不能排除个人为寻求救济而另行提起就业歧视诉讼。鲍威尔(Powell)大法官执笔的法院意见认为,由于本案是依据1964年《民权法》提起的,因此,雇员个人所依据的是国会所赋予的、独立的、成文法上的权利,而不是仲裁程序中所争议的集体谈判协议上的契约性权利(contractual rights)。然而,联邦最高法院再次强调自愿和解与仲裁作为就业歧视案件解决方式的重要性,毕竟行政机构与法院处理的这类案件已经堆积如山,该院的这一考量自然相当重要。同时,联邦最高法院虽然并未采纳绝对尊重仲裁裁决的政策,但是判决"当该院认为恰当时,仲裁裁决可以作为证据使用,并赋予其证明力"。[93] 最后,该院在判决意见的附注中提到:

> 对于仲裁裁决应当被赋予怎样的证明力,我们并没有一套现成的

---

[91]　459 U. S. 212(1983),第 237 页(怀特大法官的反对意见书)。根据联邦宪法第七修正案,在公平代表义务案件中寻求补发工资救济的雇员享有陪审团审判的宪法性权利。

[92]　415 U. S. 36(1974).

[93]　同上,第 60 页。

认定标准,因为这必须基于每个案件的事实和情况由法院通过自由裁量来决定。认定时的相关因素包括:集体谈判协议中是否存在与民权法第七章的内容基本一致的条款;仲裁过程中程序公正的程度;有关歧视争议的记录是否完整齐备;以及特定仲裁员本身是否胜任。当某项仲裁裁决对雇员所享有的民权法第七章的权利给予充分考量时,则法院会赋予其很大的权重,尤其是在争议纯属事实问题,双方当事人对此已经充分加以阐述,且仲裁员基于完备的记录作出仲裁裁决的情况下更是如此。[94]

这一附注促使一些当事人在集体谈判协议中就特别仲裁程序进行协商,用于解决就业歧视引发的特殊问题。[95] 由于就业歧视问题的性质相当 315 特殊,因此其仲裁程序也与一般申诉程序不同。

仲裁制度与福利或最低劳动标准立法

1981 年,联邦最高法院以七票对两票的投票结果,将其在加德纳-丹佛案的判决扩大适用至 1938 年《公平劳动标准法》(Fair Labor Standards Act)相关的案件中。[96] 在这份布伦南大法官执笔的判决中,联邦最高法院认为,当成文法已经为劳工个人提供某些最低限度的实体性保障时,则无须再尊重仲裁员的仲裁裁决。联邦最高法院担心,工会的使命是依据推动集体谈判的法律及少数服从多数原则,努力维护集体利益,因此工会可能会牺牲劳工的个人权利。

这一理论应用于另一案件也得到同样的结果。在该案中,一位公共部门雇员曾在劳动仲裁中遭遇失败,该雇员在仲裁中主张,雇主对他的解雇

---

[94]　同上,第 60 页注释㉑。

[95]　*Basic Vegetable Products*,*Inc.*,64 *Labor Arbitration Reports* 620(1975);*Weyerhauser Co.*,78 Lab. Arb. Reports 1109(1982).

[96]　*Barrentine v. Arkansas-Best Freight System*,450 U.S. 728(1981).首席大法官伯格(Burger)持反对意见,伦奎斯特(Rehnquist)大法官附议。

"缺乏适当的理由",并且他遭到解雇是因为行使受到宪法保护的言论自由、结社自由以及向政府请愿以寻求救济的法定权利。[97] 联邦最高法院在判决说理中援引了诸如 1974 年《雇员退休收入保障法》(Employment Retirement Income Security Act)和 1970 年《职业安全与健康法》(Occupational Safety and Health Act)等成文法,这意味着尽管仲裁裁决可能会像加德纳-丹佛案那样被赋予"很大的权重",但是当原告依据上述成文法起诉时,法院不会遵从仲裁裁决。

316 宾夕法尼亚广场 14 号有限责任公司诉皮耶特案

2009 年的这件雇佣歧视案[98]与加德纳-丹佛案的不同之处在于,集体谈判协议"清楚无误地要求工会会员对于法定请求(statutory claims)只能采用仲裁方式加以处理"。[99] 与加德纳-丹佛案相反,禁止歧视条款写明,仲裁员"对于有关雇佣歧视的请求应当适用恰当的法律作出裁决",劳动契约也将这类请求界定为"对违法行为唯一的、排他的救济"。[100] 托马斯大法官执笔的这份投票结果为五票比四票的多数意见认为,加德纳-丹佛案的判决对仲裁制度并不完全信任,它不恰当地源于反多数决的思想,即认为具有多数地位的工会与少数歧视的受害者之间存在利益冲突。在皮耶特案中,联邦最高法院假定,当存在一项违反公平代表义务(将在第九章讨论)的行为时,法院提供的救济措施应当保护雇员,而在加德纳-丹佛案中该院却指出这样的违法行为难以证明。[101] 让人奇怪的是,苏特(Souter)大法官在其反对意见中说:"本案的多数意见可能收效甚微,因为它显然不能解决集体谈判协议

---

[97] *McDonld v. City of West Branch*, 466 U. S. 284, 286(1984).

[98] 14 *Penn Plaza LLC v. Pyett*, 556 U. S. 247(2009).

[99] 同上,第 1460 页。

[100] 同上。

[101] 对这一观点更加具体的批判见 Gould, "A Half Century of the *Steelworkers Trilogy*," at 35 以及 David Gregory and Edward McNamara, "Mandatory Labor Arbitration of Statutory Claims, and the Future of Fair Employment: 14 *Penn Plaza v. Pyett*," 19 *Cornell J. L. & Pub. Pol'y* 429(2010)。

中法院管辖的弃权条款是否具有强制执行力的问题,尤其是在雇员能否提起仲裁以及如何陈述其请求均被工会所操控的情况下。"[102]当然,工会总是易于掌控大部分的仲裁程序,加之联邦第十巡回上诉法院判决认为[103],加德纳－丹佛案确立的原则继续适用于对法定请求无明示弃权条款的情形,这使317皮耶特案在实践中的意义仍不明确,特别是当工会拒绝处理雇员申诉的时候。[104] 联邦第一[105]、第二[106]、第五[107]、第六[108]和第七[109]巡回上诉法院均作出判决,一项合同上的弃权只有更接近于"对提交仲裁的法定请求进行明确列举",才构成对法院起诉权利的放弃,这似乎也是联邦第九巡回上诉法院所持的立场。[110] 如法院认定存在弃权,可视为当事人对争议处理程序的选择而不是对实体权利的放弃。[111] 与之类似的另一个悬而未决的问题是,雇员坚持

---

⑩　*Pyett*,同前注⑱,第 1481 页(苏特大法官的反对意见书)。

⑩　*Matthews v. Denver Newspaper Agency LLP*, 649 F. 3d 1199(10th Cir. 2011);类似判决见,*Buckles v. City of Hope Nat'l Med. Ctr.*, 2012 WL 273760(C. D. Cal. Jan. 31, 2012);*Manuele v. City of Springfield*, 718 F. Supp. 2d 939(C. D. Ill. 2010);*Markell v. Kaiser Foundation Health Plan*, 2009 WL 3334897(D. Or. Oct. 15, 2009);*Shipkevich v. Staten Island University Hosp.*, 2009 WL 1706590(E. D. N. Y. 2009)。

⑩　*Silva v. Pioneer Janitorial Servs.*, 777 F. Supp. 2d 198(D. Mass 2011);*Morris v. Temco Serv. Industries, Ind.*, 2010 WL 3291810(S. D. N. Y. Aug. 12, 2010);*Borrero v. Ruppert Housing Co.*, 2009 WL 1748060(S. D. N. Y. June 19, 2009);*Kravar v. Triangle Servs.*, 2009 WL 1392595(S. D. N. Y. May 19, 2009). Contra,*Gildea v. BLDG Management*, 2011 WL4343464(S. D. N. Y. Aug. 16, 2011);*Duraku v. Tishman Speyer Properties, Inc.*, 714 F. Supp. 470(S. D. N. Y. 2010)。

⑩　*Cavallaro v. UMass Mem, Healthcare, Inc,*, 678 F. 3d 1(1st Cir. 2012)。

⑩　*Rodgriguez-Depena Pars Authority, Inc*, 877 F. 3d 122(2d Cir. 2017);*Lawrence v. SolG, Atlas Realty, Co.*, 841 F. 3d 81(2d Cir. 2016);*Rogers v. New York University*, 220 F. 3d 73(2d Cir. 2000)。

⑩　*Ibarra v. United Parcel Serv.*, 2012 WL 4017348(5th Cir. Sept. 13, 2012)。

⑩　*Bratten v. S. S. I. Servs., Inc.*, 185 F3d 625(6th Cir. 1999)。

⑩　*Vega v. New Forest Home Cemetery*, 856 F. 3d 1130(7th Cir. 2017)。

⑩　*Powell v. Anheuser-Busch Inc.*, 2011 U. S. App. LEXIS 22322(9th Cir. Nov. 3, 2011)。

⑪　*Klein v. Nabors Drilling USA, LP*, No. 11-3082(5th Cir. Feb. 26, 2013);*Garrett v. Circuit City Stores, Inc.*, 449 F. 3d 672(5th Cir. 2006)。

通过法院或行政机构提出其法定请求，工会拒绝其提起仲裁是否具有正当
318 性。⑫ 对此，加州最高法院曾判决，雇员在启动争议处理机制时，要求其放
弃适用州行政程序的法定权利是违法的。⑬

集体谈判协议之外

　　1991 年，联邦最高法院在吉尔默诉州际公路/约翰车道公司案（*Gilmer v. Interstate/Johnson Lane Corp.*）⑭中判决，一位被解雇的雇员依据 1976 年《就业年龄歧视法》（Age Discriminate in Employment Act）⑮所提出的诉讼，根据在证券注册申请表上所规定的一项仲裁协议，可以提交强制仲裁。联邦最高法院指出，虽然提出本案所依据的 1925 年《联邦仲裁法》（Federal Arbitration Act）将"雇佣合同"排除在适用范围之外，但是关于这些协议中的仲裁条款是否可以强制执行的争议其实并不存在，因为本案所涉及的仲裁包含在被解雇雇员的证券注册申请表中，该申请表是该雇员与证券交易所之间的合同，而不是与雇主的合同。怀特大法官在其撰写的七票对两票的法院多数意见⑯中指出，虽然联邦最高法院在加德纳-丹佛案及其衍生的后续案件中，曾发现仲裁制度在许多方面存在缺陷，但在本案中，这些缺陷都不构成对适用仲裁程序的障碍。联邦最高法院强调，在涉及年龄歧视的反歧视法政策与对这些请求加以仲裁之间，并不存在任何"内在的矛盾"。

---

　　⑫　参见 Walter Meginniss and Paul Salvatore，*Responses to an Unresolved Issue from Pyett*；*NYC Real Estate Industry Protocol*（American Bar Association，10th Annual Labor and Employment Law Conference，2015）。例如将 *Richardson v. Comm'n on Human Rights*，532 F. 3d 114（2d Cir. 2008）与 *Johnson v. Palma*，931 F. 3d 203（2d Cir. 1991）及 *EEOC v. Board of Governors*，957 F. 2d 424（7th Cir. 1992）作比较。仲裁裁决并不构成《民权法》第七章和反歧视诉讼的排除事项。*Denise Coleman v. Patrick R. Donahoe*，667 F. 3d 835（7th Cir. 2012）。

　　⑬　*Sonic-Calabasas A. Inc. v. Moreno*，51 Cal. 4th 659（2011）。尽管加州最高法院在 *Sonic-Calabasas A. Inc. v. Moreno*，57 Cal. 4th 1109（2013）（Sonic II）案中坚持了这一裁决。

　　⑭　500 U. S. 20（1991）。

　　⑮　81 Stat. 602，as amended，29 USC § 621. 联邦最高法院曾判决，仲裁协议依据《联邦仲裁法》（FAA）是可以强制执行的。See *Mitsubishi Motors Corp. v. Soler Chrysler-Plymouth*，*Inc.*，473 U. S. 614（1985）；*Shearson/American Express*，*Inc. v. McMahon*，482 U. S. 220（1987）；*Rodriguez de Quijas v. Shearson / American Express*，*Inc.*，490 U. S. 477（1989）。

　　⑯　史蒂文斯大法官提出反对意见书，马歇尔大法官附议。

此外,该院否认了劳动仲裁会偏袒雇主的观点,并驳斥了证据开示(discovery)将会不充分的看法,它特别强调,仲裁员在进行仲裁程序时,无须受到正式证据规则的拘束,而这一特点适用于所有劳动仲裁程序。联邦最高法[319]院还反驳了执行仲裁协议将会加剧雇主与雇员之间谈判能力不对等的观点,该院指出:"仅仅是谈判能力的不对等,并不是判决在雇佣关系中仲裁协议不可强制执行的充分理由。"[117]

吉尔默案的判决与前述加德纳-丹佛案及其后续案件有所区别,是由于那些案件并不涉及有关法定请求的仲裁协议是否可以强制执行的争议,而是

> 另一种迥然不同的争议,即对基于合同的请求(contract-based claims)所作的仲裁是否排除嗣后对法定请求的司法解决。由于那些案件中的雇员并未同意对其法定请求加以仲裁,因此,仲裁员未被授权处理这些请求,因此,很容易理解,在那些案件中本院判决,仲裁并不排除当事人嗣后依法提起的诉讼。[118]

此外,联邦最高法院还指出吉尔默案与上述那些案件的第二点区别在于,后者均涉及雇员在仲裁程序中由工会代表的情形。因此,在那些案件中反映出来的集体代表与个人法定权利之间的紧张关系,并不适用于本案中个人与雇主之间并无工会介入的关系。

最后,联邦最高法院还声明,在上述那些案例中,并未涉及《联邦仲裁法》,该法充分反映出联邦政府推动申诉仲裁制度的一种自由放任政策。然而,在皮耶特案中,联邦最高法院未做任何讨论与解释,就假定依集体谈判协议所提出的雇佣歧视争议,根据 1925 年《联邦仲裁法》进行仲裁是恰当

---

⑪　*Gilmer*, 500 U. S. 20.
⑱　同上,第 35 页。

的,甚至未提及 NLRA 第 301 条。⑲

321　　　这两种不同的法律制度在实践中具有何种重要意义?《联邦仲裁法》与
NLRA 第 301 条在诸多方面存在差异。首先,依据《联邦仲裁法》的规定,
联邦最高法院将对仲裁裁决进行司法审查的情形限定在极为狭窄的范围
内。而第 301 条却不同,它引发了大量有关仲裁裁决是否遵循集体谈判协

---

⑲　在这一问题上各家法院出现意见分歧。对比 *Coca-Cola Bottling Co. of New York*, *Inc.
v. Soft Drink and Brewery Workers Union Local 812*, *Int'l Bhd. Of Teamsters*, 242 F. 3d 52, 53
(2d Cir. 2001)("依据 NLRA 第 301 条提出的案件……不适用 FAA"); *Austin v. Owens-Brockway
Glass Container*, *Inc.*, 78 F. 3d 875, 879(4th Cir. 1996)["在这案件中,我们不需要依据 FAA(9
U. S. C. §1 et seq.),因为本院认为,FAA 不适用于由集体谈判协议所引发的劳动争议"]; *Int'l
Chem. Workers Union v. Columbian Chemicals Co.*, 331 F. 3d 491, 494(5th Cir. 2003)(联邦地区法
院在确认根据集体谈判协议规定的仲裁程序作出的裁决时并未依据 FAA,而只是恰当地适用 NL-
RA 第 301 条); *International Teamsters*, *Local 519 v. United Parcel Service*, *Inc.*, 335 F. 3d 497,
503(6th Cir. 2003)["尽管 FAA(见 9 U. S. C. §1)不适用于集体谈判协议,但是联邦法院在处理依
据劳资关系法(LMRA, 29 U. S. C. §185)301 条款提出的劳动案件时将 FAA 作为指引"];以及
Int'l Bhd, *of Elec. Workers*, *Local Union No. 545 v. Hope Elec. Corp.*, 380 F. 3d 1084, 1097
(8th Cir. 2004)["301 条为联邦法院强制执行劳动仲裁提供了一个独立的基础"]; *Electronics
Corp. of Am. v. International Union of Elec.*, *Radio and Mach. Workers*, *Local 272*, 492 F. 2d
1255, 1258(1st Cir. 1974)(法院认为,"在指示当事人将争议重新提交仲裁的问题上,我们是在
FAA 规定的范围内行事,我们认定该法适用于集体谈判协议"); *Tenney Engineering*, *Inc. v. Unit-
ed Electrical Radio & Machine Workers of America*, *Local 437*, 207 F. 2d 450(3d Cir. 1953)(法
院判决,FAA 适用于集体谈判协议); *Briggs & Stratton Corp. v. Local 232*, *Int'l Union*, *Allied
Indus. Workers of America*, *AFL-CIO*, 36 F. 3d 712, 715(7th Cir. 1994)("我们这家联邦巡回法
院属于少数意见,仅将 FAA 的适用限于运输业,因此仲裁法可以适用于大多数集体谈判协议")。
类似案例见, *Int'l Brotherhood of Elec. Workers*(*IBEW*), *Local No. 111 v. Public Serv. Co. of
Colo.*, 773 F. 3d 1100, 1105-07(10th Cir. 2014); *Int'l Alliance of Theatrical Stage Emple v. Insync
Show Prods.*, *Inc.*, 801 F. 3d 1033, 1039(9th Cir. 2015); *Matthews v. National Football League
Management Council*, 688 F. 3d 1107, 1115(9th Cir. 2012)(两件联邦第九巡回法院的案件均假设
FAA 适用于集体谈判协议); *Dogherra v. Safeway Stores*, *Inc.*, 679 F. 2d 1293, 1297(9th Cir.
1982)(联邦最高法院和本院从未认定 FAA 适用于劳动争议仲裁。因为根据 FAA 或者根据 *Tex-
tile Workers v. Lincoln Mills* 案所体现的国家法律政策所形成的联邦普通法,欺诈是撤销仲裁裁决
的理由,所以我们无须认定 FAA 是否管辖劳动仲裁)(注释略);像第九巡回法院,并非所有法院都
强调这一问题。*Barring v. Lockheed Martin*, 483 F. Supp. 2d 1154, 1163(M. D. Fla. 2007)[福塞
特(Fawsett)法官还认定,联邦第十一巡回上诉法院很可能会认定,FAA 的程序适用于根据集体谈
判协议的规定所进行的仲裁,只要这些程序不违背 LMRA 更具体的规定即可]; *Bommicino v. GM*,
LLC, 2012 U. S. Dist. LEXIS 40885(N. D. Ga. May 23, 2012)。依据合意和法规订立的集体谈判
协议具有所有的特殊性质,见 *J. I. Case v. NLRB*, 321 U. S. 332(1944);参见 William B. Gould Ⅳ,
"Kissing Cousins? The Federal Arbitration Act and Modern Arbitration," 55 *Emory L. J.* 609(2006)。

议的诉讼。其次,《联邦仲裁法》明文规定了中间上诉(interlocutory appeals)以及较为简化的裁决执行程序,这使得仲裁法提供了一个比 NLRA 更加迅捷的程序。

依据《联邦仲裁法》的规定,仲裁能否对雇佣合同加以强制执行? 尽管联邦最高法院在吉尔默案中拒绝触及这一问题,但结合上述的种种考虑可以看出,即便是在皮耶特案之前,吉尔默案在相当程度上限制了加德纳-丹佛案的影响力。首先,由于美国的大部分劳工并未加入工会,吉尔默案意味着联邦最高法院所做的有关仲裁不足以解决加德纳-丹佛案所涉及的法定请求的各项评论,在建有工会的经济部门之外,几乎不能或甚至完全不能适用。虽然《联邦仲裁法》鼓励采用仲裁制度,但是,加德纳-丹佛案所涉及的 NLRA 又何尝不是如此。从联邦最高法院对加德纳-丹佛案的处理可以看出,其推理方式对禁止歧视及其他法定请求可能会产生相当大的影响。同时,在未建工会的部门,它在加德纳-丹佛案的影响已经受到相当程度的限制,或甚至被完全推翻。在雇主希望采用仲裁而非法院诉讼的情形下,有关非法解雇(wrongful discharge)的诉讼(参考本书第十一章)将可能被这些申请表格协议(application form agreements)所排除。

其后,联邦最高法院在电路城案(*Circuit City*)中解决了一个在吉尔默案中未曾回答的问题,即在个人提出雇佣诉请的情况下,依据《联邦仲裁法》雇佣前强制仲裁协议(pre-employment mandatory arbitration agreements)在联邦法院可以强制执行,[20]并且依据州的合同法以及仲裁请求加

---

⑳　该法的表述排除了运输业雇员。见 *Int'l Brotherhood of Teamsters v. Kienstra Precast*,*LLC*,702 F.3d 954(7th Cir.2012)。然而,联邦最高法院认为,卡车司机和运输工人都是法定排除的一部分,无论他们是雇员还是独立承包人[*New Prime Inc. v. Oliveira*,U.S._(2019)],这类个人必须参与到本身属于州际商业的行为之中。*Harden v. Roadway Package Sys.*,*Inc.*,249 F.3d 1137,1140(9th Cir.2001)(送货卡车司机从事州际商业,不适用 FAA);*Asplundh Tree Expert Co. v. Bates*,71 F.3d 592,600(6th Cir.1995)(FAA 的排除适用只限于"海员、铁路工人和任何其他类别的以与海员和铁路工人相同的方式实际从事州际商业中货物运输的工人的雇佣合同);*Paladino v. Avnet Computer Techs*,134 F.3d 1054,1060(11th Cir.1998)(认为被排除的工人类别"只包括实际从事商业货物运输的雇员");*Cole v. Burns Int'l Sec. Servs.*,105 F.3d 1465,1472(D.C.Cir.1997)(第一条只包括"那些实际参与商业'流动'的工人,即那些负责货物运输和配送的工人")。

322以处理。⑳ 在阿门达里兹案(*Armendariz*)中,㉑加州最高法院提出判断仲裁协议是否显失公平(unconscionable)的一系列因素。

323　　　联邦和州两级的后续判决都试图采纳上述因素。㉒ 如果雇员有真正的机会可以选择退出的话,那么一份仲裁协议就不会被认定为在程序上显失公平。㉓ 联邦最高法院在公平就业机会委员会诉华夫屋公司案(*EEOC v. Waffle House*)㉔中判决,无论个人雇员与雇主之间存在怎样的协议,公平就业机会委员会仍有权向联邦法院提起诉讼,以便执行联邦法律。联邦最高法院指出:"不言自明的是,合同不能约束非当事人。相应地,《联邦仲裁法》虽然支持仲裁,但是若联邦机构不同意放弃其法定职权的话,并不要求

⑳　*Circuit City Stores, Inc. v. Adams*, 532 U. S. 105(2001).关于在电路城案之后如何确保公正仲裁的讨论见 Paul L. Edenfield, "No More the Independent and Virtuous Judiciary? Triaging Antidiscrimination Policy in a Post-*Gilmer* World," 54 *Stan. L. Rev.* 1321(2002).在斯蒂芬·布雷耶大法官执笔的意见中,联邦最高法院的几位大法官认为,集体索赔在商事仲裁中是否适用的问题,应由仲裁员而不是法院来决定,而该判决被推定为可以适用于雇佣合同争议。*Green Tree Financial Corp. v. Bazzle*, 539 U. S. 444(2003).由于约翰·鲍尔·史蒂文斯大法官的支持,上述几位大法官的观点成为多数意见。史蒂文斯大法官在其并存意见书中直接认定,下级法院的判决在法律上是正确的,法院不需要决定争议处理机构的问题。同上,第 2408 页。

㉑　*Armendariz v. Foundation Health Psychcare Services, Inc.*, 6 P. 3d 669(Cal. 2000).

㉒　See *Ingle v. Circuit City Stores, Inc.*, 328 F. 3d 1165(9th Cir. 2003);*Ferguson v. Countrywide Credit Industries, Inc.*, 298 F. 3d 778(9th Cir. 2002);*Circuit City Stores, Inc. v. Adams*, 279 F. 3d 889(9th Cir. 2002);*Pinedo v. Premim Tobacco Inc.*, 85 Cal. App. 4th 774(2000). See also *Murray v. UFCW Local 400*, 289 F. 3d 297(4th Cir. 2002);*Dumais v. American Golf Corp.*, 299 F. 3d 1216(10th Cir. 2002);*Penn v. Ryan's Family Steak Houses, Inc.*, 269 F. 3d 753(7th Cir. 2001);*Bailey v. FNMA*, 209 F. 3d 740(D. C. Cir. 2000).参见 *Green Tree Financial Corp.-Alabama v. Randolph*, 531 U. S. 79(2000)(在该案中,下级法院认定仲裁协议由于潜在的成本过高而无法强制执行,联邦最高法院认为这一判决是错误的,因为假如案件完全采用仲裁处理,案件记录中没有关于潜在成本方面的充分信息)。

㉓　见 *Mohamed v. Uber Techs. Inc.*, 848 F. 3d 1201(9th Cir. 2016);*Johnmohammadi Serves, Inc.*, 755 F. 3d 1072,1075(9th Cir. 2014);*Assignment Staffing Services Inc.*, 362 NLRB No. 189(2015), enf. denied WL 3685206(5th Cir. June 6,2016);*Morris v. Ernst & Young, LLP.* 834 F. 3d 975,982 n. 4(9th Cir. 2016). 也可参见 *Circuit City Stores, Inc. v. Najd*, 294 F. 3d 1104(9th Cir. 2002);*Circuit City Stores, Inc. v. Ahmed*, 283 F. 3d 1198(9th Cir. 2002). 也可参见 *Ingle v. Circuit City Stores, Inc.*, 328 F. 3d 1165(9th Cir. 2003)(法院判决,根据加利福尼亚州法律,仲裁协议在程序上是不公平的,即使雇员有三天时间可以考虑协议条款,但是雇员没有真正的机会选择退出协议,他们也没有力量对协议条款进行协商)。

㉔　534 U. S. 279(2002).

该机构这样做。"⑯然而,联邦最高法院又强调,在华夫屋案中,《联邦仲裁法》并不优于《民权法》第七章,因为联邦机构扮演的是检察官或执法者的角色,而不是行使审判的权力。⑰

联邦第九巡回上诉法院曾出现严重分歧,但仍判决认为,电路城案的判决意味着不得排除有关歧视请求的强制仲裁。⑱但是,与这类协议相关的一连串问题却接踵而来。

首先,联邦最高法院以五比四这样存在严重分歧的投票结果判决,在没有明白无误的相反表述的情况下,关于当事人是否同意提交仲裁的问题,应由法院而不是由仲裁员来决定,⑲尽管协议中其他条款的问题应由仲裁员324而不是由法院决定。⑳当雇主和雇员选择放弃向法院起诉的权利,弃权条款必须是在明知且自愿的情况下订立的。㉑曾有法院判决认定,雇员不受包含在一份"冗长的雇员手册"中的仲裁条款约束,因为他未被告知应注意该条款,且雇员手册本身声明其没有订立合同的意图。㉒还有法院判决认为,雇员手册能够被雇主单方修改,这一事实使得任何协议都变得虚幻。当一份表格交到雇员面前,只有一方的签名而缺少另一方签名的情况下,哪怕该雇员在雇主的场所工作,表格上的仲裁条款也不具有约束力。㉓曾有法院指出,"雇佣本身就是雇员达成仲裁协议的约因",但是一份规定着仲裁不

---

⑯　同上,第 294 页。

⑰　*Preston v. Ferrer*, 552 U. S. 346(2008).

⑱　*EEOC v. Luce, Forward, Hamilton & Scripps*, 345 F. 3d 742(9th Cir. 2003)(en banc)〔推翻 *Duffield v. Robertson Stephens & Co.*, 144 F. 3d 1182(9th Cir. 1998)〕.

⑲　*Rent-A-Center, West, Inc. v. Jackson*, 130 S. Ct. 2772(2010).

⑳　*Nitro-Lift Technologies v. Howard*, 133 S. Ct. 500, 503(2012)(当事人承诺通过仲裁解决合同纠纷时,对合同有效性的攻击(不同于对仲裁条款本身有效性的攻击)应首先由仲裁员解决,而不是由联邦或州法院解决,这是 FAA 实体法的重要基础)〔援引 *Preston v. Ferrer*, 552 U. S. 346(2008)〕.

㉑　*Alan Alonso v. Huron Valley Ambulance Inc.*, 375 Feb. Appx. 487(6th Cir. 2010).

㉒　*Sparks v. Vista Del Mar Child and Family Services*, 207 Cal. App. 4th 1151(2012).

㉓　*Tayler Bayer v. Neiman Marcus Holdings, Inc.*, No. CV-11-3705 MEJ, 2011 WL 5416173(N. D. Cal. Nov. 8, 2011); *DiGiacinto v. Ameriko-Omserv Corp.*, 59 Cal. App. 4th 629(1997); *Mitri v. Arnel Mgmt. Co.*, 157 Cal. App. 4th 1164(2007); *Romo v. Y-3 Holdings*, 87 Cal. App. 4th 1153(2001); *Nelson v. Cypress Bagdad*, 119 F. 3d 756(9th Cir. 1997).

是雇佣条件的协议,就否定了这一命题。[134] 例如,合同中规定美国仲裁协会规则是合同的组成部分,但是雇主却从未向雇员出示过该规则,由于摆在较为弱势的一方当事人面前的是"要么接受、要么放弃"的态度,法院认定该合同显失公平。[135]

　　这一领域引发的最为重要的问题是,所谓的集体争议仲裁(class action arbitration)及其与 1925 年《联邦仲裁法》的兼容性问题。集体仲裁在雇佣歧视案件中至关重要,因为它增加了谈判的砝码(将在第十一章讨论)。联邦最高法院曾尝试性地作出判决,尽管联邦劳动政策鼓励依据《联邦仲裁法》进行仲裁,但是仲裁员不能推定"仅仅是沉默……就构成对集体仲裁的同意"。[136] 联邦最高法院认为,1925 年《联邦仲裁法》并不强制进行集体仲裁,除非当事人曾对这种仲裁达成协议,因为"集体仲裁在极大的程度上改变了仲裁的性质,即不能基于当事人只是同意将他们的争议提交给一位仲裁员处理,就推断他们同意进行集体仲裁"。[137] 随后,在颇具标杆意义的 AT&T 移动有限责任公司诉康塞普西翁案(*AT&T Mobility LLC v. Concepcion*)[138]中,在由斯卡利亚大法官执笔的、投票结果为五比四的判决中,联邦最高法院认定,《联邦仲裁法》所具有的优先特性使得各州不能基于是否可以采用集体仲裁程序来确定仲裁协议是否可以强制执行。

　　尽管联邦最高法院曾强调,对吉尔默案及其后续案件中所涉及的公法

---

　　[134]　*Melena v. Anheuser-Busch*,*Inc.*,219 Ill. 2d 135,151-52(Ill. 2006);*Domin v. River Oaks Imports*,*Inc.*,No. 2. 05-CV-212,2011 WL 5039865(N. D. Ill Oct. 24,2011).

　　[135]　*Trivedi v. Curexo Technology Corp.*,189 Cal. App. 4th 387,393(2010);*Stephen Michael Mayers v. Volt Management Corp.*,203 Cal. Appx. 4th 1194(2012).

　　[136]　*Stolt-Nielsen S. A.*,*v. AnimalFeeds Int'l Corp.*,559 U. S. 662(2010);*Reed v. Florida Metropolitan University*,*Inc.*,681 F. 3d 630(6th Cir. 2012);*In re Am. Express Merchants' Litig.*,667 F. 3d 204(2d Cir. 2012);*Blue Cross Blue Shield of Mass.*,*Inc. v. BCS Ins. Co.*,671 F. 3d 635,639(7th Cir. 2011);*Cruz v. Cingular Wireless*,*LLC*,648 F. 3d 1205,1215(11th Cir. 2011);*Jock v. Sterling Jewelers Inc.*,646 F. 113(2d Cir. 2011),*cert. denied* March 19,2012;*Vilches v. The Travelers Companies*,*Inc.*,413 Feb. Appx. 487,492(3d Cir. 2011)(unpublished).

　　[137]　*Stolt-Nielsen*,同前注[136]。

　　[138]　*AT&T Mobility LLC v. Concepcion*,563 U. S. 333(2011).

事项（public law matters）*，仲裁员具备相关的专业知识，但在康塞普西翁案中，该院指出"采用集体仲裁的要求与仲裁的基本特征相抵触，并因此产生出一套与《联邦仲裁法》不相符的制度"。⑬ 联邦最高法院将这一原则扩展到了反垄断领域。在意大利色彩公司案（*Italian Colors*）中，⑩虽然遭到 326 卡根（Kagan）大法官⑪的强烈反对，该法院还是对集体诉讼和集体仲裁表达了反感，尽管存在有效的辩护规则，⑫并且诉讼成本之高使得律师不可能代理原告消费者个人。

同时，在卡根大法官撰写的一份意见书中，联邦最高法院认为，联邦仲裁法只允许"法院在仲裁员偏离其被授权的合同解释任务时撤销仲裁裁决，而不是在他执行任务不力时撤销"。⑬ 该法院以全体无异议的方式指出："我们要说的是，让法院相信仲裁员所犯的错误——甚至是严重错误——都是不够的……无论仲裁员的解释是好，是坏，还是恶。"⑭

在艾派克系统公司诉李维斯案（*Epic Systems Corp. v. Lewis*）⑮中，联邦最高法院以五比四的投票结果将最后一颗钉子钉在了集体仲裁的棺材上，此次仲裁涉及就业问题，而不是以往案件中的商业和消费者问题。在本案中，有人主张，NLRA 对"协同行动"的保护使上述案件中存在于《联邦仲裁法》中的政策无效。戈萨奇（Gorsuch）大法官在其撰写的多数意见中指出，NLRA 强调的是"组建工会和集体谈判的权利"，但他的意见书并未提

---

　　*　在这些案件中，公法事项指的是涉及就业歧视方面的问题。——译者

　　⑬　563 U. S. 333（2011），第 343—344 页。

　　⑩　*Am. Express Co. v. Italian Colors Rest*，570 U. S 228（2013）. 下列论文中讨论了这些案件：William B. Gould IV，"The Supreme Court, Job Discrimination, Affirmative Action, Globalization, and Class Actions: Justice Ginsburg's Term," 36 *U. Haw. L. Rev.* 371（2014）；"Class Actions - Class Arbitration Waivers-American Express Co. v. Italian Colors Restaurant," 127 *Harv. L. Rev.* 278（2013）；"The Substantive Waiver Doctrine in Employment Arbitration Law," 130 *Harv. L. Rev.* 2205（2017）.

　　⑪　*Italian Colors*，570 U. S. 228 at 240（卡根大法官的反对意见书）.

　　⑫　*Mitsubishi Motors Corp. v. Soler Chrysler-Plymouth*，473 U. S. 614，637（1985）.

　　⑬　*Oxford Health Plans LLC v. Sutter*，569 U. S. 564（2013）.

　　⑭　同上。

　　⑮　138 S. Ct. 1612（2018）.

及这样一个事实,即协同行动远远超出工会活动的范围,保护的是雇员对工作条件提出抗议的权利。关于这一问题,多数意见书认为,该法规涉及对专属谈判代表的承认、谈判义务以及劳工组织的各种做法。联邦最高法院指出:"然而,这套严谨的制度中找不到任何调整法院或仲裁审理集体争议的327规则的踪影。"⑯ 金斯伯格大法官对此强烈反对,他指出,雇员被要求接受雇主的仲裁程序,否则就得失去工作,并且 NLRA 禁止雇主剥夺他们"……在任何场合以协同方式提出与工作相关诉求的权利"。⑰ 多数意见书认为,NLRA 第 7 条对协同行动的保护,旨在保护仅仅为了自己而行事的工人。针对这一观点金斯伯格大法官指出:"为什么联手提出诉讼不符合'雇员为自己而行事',这一点仍很不清晰。"⑱她将系争的私人化仲裁恰当地描述为"未经谈判缔结的"合同,并指出,鉴于政府缺乏执法的手段,因为"在私人执法的努力大幅下降的情况下(由于禁止集体或团体诉讼给私人执法带来的障碍),政府实体得到的资助不可能达到对此开始给予补偿的水平,雇员不愿意在一对一的基础上提起小额索赔,因此他们会成为雇主行为的受害者"。⑲

在加利福尼亚州出现了一套解决方案,即所谓的 2004 年《私人总检察长法》(Private Attorney General Act,PAGA),⑳该法规定对违反《加州劳动法典》(California Labour Code)的行为进行代表诉讼,受害雇员得到的民事罚款的 75% 应归入加州劳动与劳动力发展局,其余部分则归受害雇员自

---

⑯   *Epic Systems Corp. v. Lewis*,138 S. Ct. 1612,1626(2018).特朗普任上的 NLRB 以三比二的投票结果,抓住了这一措辞的漏洞,重新审查并推翻了先前的裁决,认为雇员受到保护,不因提出工资和工时集体诉讼而被解雇或惩戒。*Cordua Restaurants*,*Inc.*,Order Vacating Decision and Order(16-CA-160901,Aug. 15, 2018).

⑰   *Epic Systems*,第 1636 页。

⑱   同上,第 1638 页。

⑲   同上,第 1648 页。

⑳   Cal. Lab. Code. § 2699.

己。加州最高法院在伊丝卡尼安诉洛杉矶 CLS 运输公司一案[150]中认为,《联328
邦仲裁法》并没有排除此类诉讼,强制放弃 PAGA 规定的此类代表诉讼的
雇佣协议违反了公共政策,并且作为州法律的一部分是不可执行的。联邦
第九巡回上诉法院的判决也认可了这一点。[151]

电路城案及其后续案件之后,这类雇佣合同的兴起以及由雇主制定的
个人雇员仲裁条款[152]引发诸多立法上的争论。2000 年 12 月,全国统一州法
大会(National Conference on Uniform State Laws)通过了修订的《统一仲
裁法》(Uniform Arbitration Act),仍然承认争议前仲裁(predispute arbi-
tration)协议具有可执行性,同时,该法要求仲裁员披露可能影响其公正性
的金钱利益或私人利益,允许仲裁裁决中适用惩罚性赔偿以及法院常会解
决的律师费承担问题。[153] 加利福尼亚州在 2001 年和 2002 年颁布一系列法
律,要求仲裁员就利益冲突作出披露,并禁止强制仲裁中由败诉方支付成本
和费用的"败诉方付费"政策。此外,加州的另一项州法案规定,依据公平雇
佣行为与住房(Fair Employment Practice and Housing)立法,雇主要求雇
员放弃任何权利或程序,均构成违法雇佣行为,这将使得任何违反这一禁止
性规定的争议前协议不具有强制执行力,然而,州长盖瑞·戴维斯(Gray
Davis)否决了该法案。[154] 目前,国会持续热议是否应制定一项全国性立法,329

---

[150] *Iskanian v. CLS Transportation Los Angeles*,59 Cal. 4th 348,173 Cal. Rptr. 3d 289,327
P. 3d 129(2014),*cert denied*,135 S. Ct. 1155(2015)。早些时候,加州最高法院认定,尽管已有 *Con-
cepcion* 案的说理,但在仲裁程序之前所谓的伯曼(Berman)特别行政听证会是不可免除的。*Sonic-
Calabasas A,Inc. v. Moreno*,57 Cal. 4th 1109(2013)(Sonic II),*cert denied*,134 S. Ct. 2724
(2014)。另见 *McGill v. Citibank,N. A.*,2 Cal. 5th 945(2017)。

[151] *Sakkab v. Luxottica Retail North America,Inc.*,803 F. 3d 425(9th Cir. 2015),cert de-
nied,136 S. Ct. 688(2015)。

[152] 即使是涉及高管人员和高级别雇员的雇佣合同及其仲裁条款,似乎也不是根据个人情况
度身定制的。见 Erin O'Hara O'Connor et al.,"Customizing Employment Arbitration," 98 *Iowa
L. Rev.* 133(2012)。

[153] 4 个州通过了修改后的《统一仲裁法》(UAA),14 个州以及哥伦比亚特区制定了极为类似
的立法。

[154] See Reynolds Holding,"Consumers Get Arbitration Help," *San Francisco Chronicle*,Oc-
tober 2,2012,at A1.

以便在无工会的场合中禁止或实质性地改变雇主制定的仲裁条款,而联邦最高法院最近的判决将为法律改革的努力赋予新的契机。^⑲

公共部门劳动仲裁制度

最后,本章将讨论公共部门的劳动仲裁制度。在申诉-仲裁方面,有许多州法院似乎并未遵循联邦最高法院上述所谓"钢铁工人三部曲"的判决。^⑳然而,最引人注目的是,在公共部门运用仲裁制度作为解决利益争议的一种手段。一些公共雇员工会已逐渐对罢工权不感兴趣,而更加强调仲裁的运用。大约 30 个州为警察或消防员工会制定了某种形式的仲裁程

330

⑲　自 2009 年以来,国会每年都会提出这方面的法案,但是没有一个获得通过。参见如 Arbitration Fairness Act of 2009, S. 931, 111th Cong. (2009); Arbitration Fairness Act of 2009, H. R. 1020, 111th Cong. (2009); Arbitration Fairness Act of 2017, H. R. 1374, 115th Cong. (2017); Arbitration Fairness Act of 2017, S. 537, 115th Cong. (2017)。See also Martin H. Malin, "The Arbitration Fairness Act: It Need Not and Should Not be an All or Nothing Proposition," 87 *Indiana L. J.* 289(2012).

⑳　*Service Employees International Union v. County of Napa*, 99 Cal, App. 3d 946, 160 Cal. Rptr. 810(1979); J. Toole, "Judicial Activism in Public Sector Grievance Arbitration: A Study of Recent Development," 33 *Arbitration J.* 6(1978). *The City of Plattsburgh v. Local 788 and New York Council 66, AFSCME, AFL-CIO*, 108 A. D. 3d 1045, 1046(N. Y. App. 1985)(法院认为,在私营部门中尊重仲裁的劳动关系政策并不能同样适用于公共雇佣领域,除非有一些明显的毫不含糊的例外存在,否则公共部门并不打算将某一特定事项提交仲裁,可以说是理所当然的。)另见 *The City and County of Denver v. Denver Firefighters, Local 858 AFL-CIO*, 663 P. 2d 1032, 1041(Colo. 1983)(消防员向该市提起诉讼,指控该市违反集体谈判协议,未将某项申诉提交具有拘束力的仲裁处理。联邦最高法院则认为,"至少从表面来看,……原告所指控的事项应当可以仲裁,因为它要求解释和适用该市早已同意的雇主行为标准");在仲裁问题上,见 *Nicolet High School District v. Nicolet Education Association*, 348 N. W. 2d 175(Wis. 1984).("本院曾发展出几套相当完备的规则以规范对仲裁裁决的审查。一般来说,仲裁员所作的仲裁裁决通常应被推定为有效,只有在根据明显而有说服力的证据能证明该仲裁裁决无效的情况下,才能推翻上述推定。")在 *Board of Control of Ferris State College v. Michigan AFSCME, Council 25, Local 1069*, 361 N. W. 2d 342, 343(Mich. App. 1984)案中,法院遵循了联邦最高法院在"钢铁工人三部曲"中所采用的有限审查标准,"而这种标准的精髓源于集体谈判协议",这也是密歇根州最高法院早就采用的一种观点。"

序，⑱而爱荷华州、威斯康星州、康涅狄格州以及纽约市则是这些州中的典范，它们将仲裁制度扩展适用到其他市政府雇员（municipal employees）的争议中，其中爱荷华州更是将所有的州政府雇员（state employees）均包括在内。⑲ 近些年来，随着对公共部门工会的态度有所改变，有几个州正试图废除或修改利益仲裁的相关法律。⑳

有关劳动仲裁法律的一个至关重要的问题是，仲裁程序的运用是否会使集体谈判程序变得没有价值，或者熄灭集体谈判的热情，而导致当事人依赖仲裁程序而非集体谈判来解决分歧。著名劳资关系专家托马斯·寇肯（Thomas Kochan）发现，在公共部门开展集体谈判的最初十年，"有许多案件无法通过传统的仲裁程序及最后出价仲裁获得解决，而其比例要高出实情调查程序很多"。同时，在许多州，虽然可以同时运用实情调查和仲裁程序，但是当事人往往会过分依赖仲裁程序，而"在某些大的州，通常会尽量利用一切可以利用的途径来解决劳动争议"。㉑ 这最后一项观察并不让人感331得意外，虽然美国的利益仲裁制度可能还处于形成阶段，并且申诉仲裁制度仍存在诸多问题，但劳动仲裁制度本身及其相关规则与实践已相当完善。最近，寇肯教授一项更加深入的研究表明：

> 总体而言，劳动仲裁制度并未对集体谈判产生令人心寒的影响。劳动仲裁的出现及其运用并没有使警察和消防员的工资飙升并超过尚

---

⑱　这些州是阿拉斯加州、加利福尼亚州、哥伦比亚特区、佐治亚州、夏威夷州、爱达荷州、伊利诺伊州、爱荷华州、肯塔基州、缅因州、马里兰州、密歇根州、明尼苏达州、蒙大拿州、内布拉斯加州、内华达州、新泽西州、俄克拉荷马州、俄勒冈州、宾夕法尼亚州、罗得岛州、得克萨斯州、犹他州、佛蒙特州、华盛顿州、威斯康星州、怀俄明州。然而，加州最高法院判决，州法律违反州宪法中的自治（home rule）条款。*County of Riverside v. Superior Court*，66 P. 3d 718（Cal, 2003）.

⑲　Thomas Kochan，"Dynamics of Dispute Resolution in the Public Sector，" in *Public Sector Bargaining*（Industrial Relations Research Association Series，1979），pp. 150，154.

⑳　在加利福尼亚州，瓦拉乔市（Vallejo）和帕罗阿托市（Palo Alto）废除了警察和消防员的利益仲裁。密歇根州法律修正了该州对警察和消防员工会的仲裁程序，要求仲裁员在考虑其他相关因素之前先考虑市政府的支付能力。在俄亥俄州，充满争议的 S. B. 5 法案本可以取消公共部门工作人员有约束力的仲裁，但是该法案在 2011 年 11 月的公投中被选民否决。

㉑　Kochan，同前注⑲，第 175 页。

未建立仲裁制度的州。此外,在利益仲裁中,当事人派他们的代表直接参加仲裁裁决过程,却可能获得"糟糕"或"无用"的裁决,现在当事人通过运用三方委员会(tripartite panel)已经降低了这种潜在风险。对仲裁员在特定案件中所适用的标准予以明确,能够进一步规范仲裁裁决的决策过程和结果。[162]

利益仲裁的合宪性

联邦最高法院在20世纪20年代的三部曲判决中认为,堪萨斯州的一项法规授权产业法庭仲裁劳资争议并且强制确定工资和其他雇佣条款是违宪的。[163] 但是,这些判决植根于"合同自由"理念,联邦最高法院当时认为这一理念已被嵌入联邦宪法第十四修正案。这些判决如今似乎已被联邦最高法院支持的20世纪30年代制定的新政立法所否定。[164] 州一级的私营部门 332 立法规定在紧急争议之外进行利益仲裁的情况很少见,[165]这是由于大多数私营部门已被联邦最高法院认定排除在外。[166] 在公共部门,这一法规的合

---

[162]　Thomas Kochan et al., "The Long Haul Effects of Interest Arbitration: The Case of New York State's Taylor Law," 63 *Ind. & Lab. Relations Rev.* 565, 583(2010).

[163]　*Wolff Co. v. Industrial Court*, 262 U.S. 522, 43 S. Ct. 360, 67 L. Ed. 1103(1923); *Dorchy v. Kansas*, 264 U.S. 286, 44 S. Ct. 323, 68 L. Ed. 686(1924); *Wolff Packing Co. v. Industrial Court*, 267 U.S. 552, 45 S. Ct. 441, 69 L. Ed. 785(1925).

[164]　*West Coast Hotel Co. v. Parrish*, 300 U.S. 379, 400(1937). Cf. *NLRB v. Jones & Laughlin Steel Corp.*, 301 U.S. 1(1937).

[165]　William B. IV Gould, "New Labor Law Reform Variations on an Old Theme: Is the Employee Free Choice Act the Answer," 70 *La. L. Rev.* 1(2009).

[166]　*International Union UAW v. O'Brien*, 339 U.S. 454(1950); *Street Employees Division 1287 v. Missouri*, 374 U.S. 74(1963).

宪性已经得到各州最高法院统一认可。⑯ 规定在医院进行利益仲裁的州立法也得到了支持(有关私人医院现在被 1974 年《国家赔偿法修正案》所取代)。⑱ 同样,加州最高法院认为,1975 年的《农业劳动关系法》是合宪的,该法在 2002 年进行了修订,规定了强制性的调解和调停(mediation and conciliation),以及最终进行利益仲裁。⑲

---

⑯　*City of Detroit v. Detroit Police Officers Ass'n*,408 Mich. 410,464-465,294 N. W. 2d 68 (1980);*Fraternal Order of Police Lodge No. 165 v. City of Choctaw*,933 P. 2d 261,267-268 (Okla. 1996);*Superintending School Committee of City of Bangor v. Bangor Ed. Ass'n*,433 A. 2d 383,387(Me. 1981);*City of Richfield v. Local No. 1215,Intern. Ass'n of Fire Fighters*,276 N. W. 2d 42,47(Minn. 1979);*Division 540,Amalgamated Transit Union,AFL-CIO v Mercer County Improvement Authority*,76 N. J. 245,252-254,386 A. 2d 1290(1978);*Harney v. Russo*,435 Pa. 183,189,255 A. 2d 560(1969).

⑱　*Mt. St. Mary's Hospital v. Catherwood*,26 N. Y;2d 493,514(1970);*City of Washington v. Police Dept. of City of Washington*,436 Pa. 168,259 A. 2d 437(1969);*Fairview Hospital Ass'n v. Public Bldg. Service and Hospital and Institutional Emp. Union Local No. 113A. F. L.*,241 Minn. 523,64 N. W. 2d 16(1954).

⑲　*Gerawan Farming,Inc. v. ALRB*,3 Cal. 4th 1118(2017)*cert denied* U. S. (2017)。上诉法院在十年前的 *Hess Collection Winery v. Agricultural Labor Relations Bd.*,140 Cal. App. 4th 1584(2006)案中持相同的观点。

第九章　公平代表义务

公平代表义务（duty of fair representation）是指工会以专属集体谈判代表的地位，代表谈判单位内的所有雇员（无论是否具有会员身份）公平处理劳动关系相关事务的义务。公平代表义务源于 NLRA 对工会代表谈判单位内所有劳工进行谈判的授权。由于其他国家并未采用这种专属代表的概念，因此由这一制度所引发的诉讼是美国劳动法的一大特色。

1944 年，联邦最高法院曾判决认为，工会未履行其公平代表义务的，构成违反联邦劳动法的行为。其后，NLRB 也曾在另一案件中裁定，工会违反公平代表义务的行为也同时构成不当劳动行为。①

公平代表义务类似于其他受托人（fiduciaries）对其受益人（beneficiaries）所承担的义务……联邦最高法院的某些大法官曾将工会对其所代表的雇员承担的责任，类比为一位受托人对信托基金受益人承担的责任。此外，还有一些大法官则认为，工会与其所代表的雇员之间的关系，与律师与其当事人之间的关系无异。一般而言，这种公平代表义务也与公司职员和董事对股东们的责任相当。就如同受托人对其受益人有谨慎义务与忠诚义务一样，工会对其所代表的雇员也同样负有充

---

① 参见 *Steel v. Louisville and Nashville Railroad*，323 U. S. 192(1944)，本案是有关《铁路劳动法》(Railway Labor Act，45 USC §§151 et seq.)所规定的公平代表义务的案件。此外，联邦最高法院在 *Syres v. Oil Workers Local 23*，350 U. S. 892(1955)（根据法官的一致判决），reversing 223 F. 2d 739(5th Cir. 1955)案中，首次对违反 NLRA 所规定的公平代表义务作出判决。而 NLRB 则在 *Miranda Fuel Co.*，140 NLRB 181(1962)，*enf. denied* 326 F. 2d 172(2d Cir. 1963)案中首次裁定，违反公平代表义务的行为也属于违反 NLRA 第八条(b)款规定的不当劳动行为。

分代表、诚实与善意义务。[②]

　　在瓦卡诉赛普斯案(*Vaca v. Sipes*)中，联邦最高法院判决认为，对于涉及公平代表义务的案件，联邦法院与 NLRB 都具有管辖权。然而，除非集体谈判协议授权雇员个人有权将其申诉提交仲裁，否则，工会仍然控制着整个申诉程序，并且可以自行决定是否提交仲裁。联邦最高法院指出，雇员个人并无主动提交仲裁的"绝对权利"，因为如果法院作出相反的判决，那么，由劳资双方所创立的产业自治制度势必遭到破坏。同时，联邦最高法院也认定，如果工会对谈判单位内的某位雇员所采取的行动有"武断、歧视或具有恶意的"情形，该雇员可以指控工会未能有效处理申诉。[③] 然而，该院上述用语的含义是难以确定的。例如，如果工会因遗失或遗忘的原因导致未能处理雇员的申诉，是否足以构成未能尽到公平代表义务，就是一个尚未解决的问题。[④] 即便某位雇员提出的申诉是值得肯定的，这一问题还是会给他带来不少困难。在瓦卡案中，联邦最高法院赋予工会一定的自由裁量权，因为如果不如此判决，势必会将法院卷入对工会决策的事后猜测之中。正因为法院不愿对劳动仲裁员所做的仲裁裁决做事后猜测，所以对于处理仲

---

　　② 　*Air Line Pilots Association, International v. O'Neill*，499 U.S. 65(1991)。1978 年的《公务员改革法》(The Civil Service Reform Act)并未在工会违反法定的公平代表义务时为联邦雇员提供默示的私人诉因(private cause of action)，因为根据该法的规定，有关这类事项的请求均应由联邦劳动关系局(Federal Labor Relations Authority)通过行政程序加以裁决，见 *Karahalios v. National Federation of Federal Employees*，*Local 1263*，489 U.S. 527(1989)。

　　③ 　*Vaca v. Sipes*，386 U.S. 171，190(1967)。

　　④ 　在联邦上诉法院各项相关判决中，对因工会的疏忽行为而引起的公平代表义务主张最为有力的案件是 *Dutrisac v. Caterpillar Tractor Co.*，749 F. 2d 1270(9th Cir. 1983)；也可参见 *De Anyo v. Sindicato ec Trabajadores Packing*，AFL-CIO，425 F. 2d 281(1st Cir. 1970)(由于工会完全未能调查和处理雇员的申诉，应被视为武断行为，因此有违公平代表义务)；*Ruzicka v. General Motors Corp.*，523 F. 2d 306，affirmed on rehearing，528 F. 2d 912(6th Cir. 1975)(工会因疏忽而未将雇员的申诉在规定的时效内提交仲裁，也属于违反公平代表义务的行为)；*Malone v. U.S. Postal Services*，526 F. 2d 1099(6th Cir. 1975)(工会因疏忽未能对雇员的申诉做任何处理，属于违反公平代表义务的行为)；*Robesky v. Quantas Empire Airways*，573 F. 2d 1082(9th Cir. 1978)(工会未能及时公开某些资料，而这些资料对雇员决定是否应接受雇主提出的和解方案极为重要时，属于违反公平代表义务的行为)；*Thomas v. United Parcel，Inc.*，890 F. 2d 909(7th Cir. 1989)(法院

裁程序中有关公平代表义务争议时所采用的方式,法院希望适用相同的政策,而这些较低层次的申诉程序对促进产业自治的作用甚至比法院更加重要。再者,由于这种公平代表义务同时适用于契约的谈判与执行,[5]因此,虽然某项和解协议(settlement)在事后回顾时发现算不上好的方案,但并不表示它是不合理的。[6]

336　　　然而,联邦最高法院以五比四多数票在另一相关案件中判决,如果工会在先前曾因错误未能处理当事人提出的申诉,而依据劳动契约的规定,嗣后又不得重新提起申诉时,会员个人并无义务在提出诉讼前用尽工会的内部程序和救济措施。[7]此外,雇员个人是否有权参与劳动仲裁听证程序,也是

（接上页注释）　并未对处理申诉的工会职员设置称职的严格标准,也未对这种标准的一般界定做明确的说明）;*Jacoby v. NLRB*, 233 F. 3d 611(D. C. Cir. 2000)(工会运营的职业介绍所作出的非故意行为足以构成对公平代表义务的违反。同样,一名工人本该在工会专属职业介绍所失业人员名单上,若该工人被排除出这一名单,则构成对公平代表义务的违反。*Int'l Union of Operating Eng'rs, Local 627 v. NLRB*, 635 Fed. Appx. 480(10th Cir. 2015). 但是, 如果只是存在一个单纯的疏忽行为,NLRB 则不予认定违反公平代表义务。*Jacoby v. NLRB*, 325 F. 3d 301(D. C. Cir. 2003). 参见 *Lucas v. NLRB*, 333 F. 3d 927(9th Cir. 2003); *Price v. Southern Pacific Transp. Co.*, 586 F. 2d 750(9th Cir. 1978)(工会未能提起申诉的原因,既不能是恶劣的,也不能是武断的)。参见 A. Cox, "Rights under a Labor Agreement," 69 *Harv. L. Rev.* 601(1956); K. Hanslowe, "Individual Rights in Collective Labor Relations, 45 *Cornell L. Q.* 25(1959); C. Summers, "The Individual Employee's Rights under the Collective Bargaining Agreement: What Constitutes Fair Representation?" 126 *U. Pa. L. Rev.* 251(1977)。惩罚性赔偿不适用于违反公平代表义务的情形, 见 *IBEW v. Faust*, 442 U. S. 42(1979)。

　　[5]　*Conley v. Gibson*, 355 U. S. 41(1957); *Ford Motor Co. v. Huffman*, 345 U. S. 330(1953).联邦最高法院认为,工会的公平代表义务适用于对其职业介绍所的管理。*Breininger v. Sheet Metal Workers*, 493 U. S. 67(1989)。

　　[6]　*Air Line Pilots International Association v. O'Neill*, 499 U. S. at 79.联邦最高法院表示:"国会并未试图对工会的表现加以司法审查,以使法院用其本身的观点来取代工会通过正当的谈判程序所取得的成果。相反,国会希望法院与工会之间的关系类似于法院与立法机关之间的关系。"同上,第 66 页。NLRB 在谈判纳入年资名单方面赋予了工会自由裁量权。参见 *Jamison v. Air Line Pilots Ass'n*, 635 Fed. Appx. 647(11th Cir. 2015); *Flight Attendants in Reunion v. American Airlines, Inc.*, 813 F3d 468(2d Cir. 2016)。

　　[7]　*Clayton v. International Union*, UAW, 451 U. S. 679(1981).雇员有义务用尽集体谈判协议中所规定的程序。*Republic Steel Corp. v. Maddox*, 379 U. S. 650(1965).认为用尽规定程序是徒劳的,仅仅只是有这一想法是不够的。*Hammer v. Auto Workers Local 550*, 178 F. 3d 856(7th Cir. 1999).尽管联邦第六巡回上诉法院一开始在 *Williams v. Molpus*, 171 F. 3d 360(6th Cir. 1999)案中判决,如果指控工会违反了公平代表义务,就放弃了一般程序,而法院随后承认,"我们混淆了宪法上的工会救济与源于集体谈判协议的合同上的申诉程序救济。这导致将用尽原则适用于合同上的救济,而不是适用于联邦最高法院在 *Clayton* 案中所解释的工会内部申诉程序。"

一个迄今为止尚未完全解决的问题。目前,联邦上诉法院的一项判决似乎认为,工会可以不让雇员参加仲裁程序,而不会构成违反公平代表义务的情形,[8] 尽管最近的判决意见似乎又对这一判决产生了某些疑义。[9] 近年来,当某些资浅劳工(junior workers)与资深劳工(senior workers)同时争取相同的工作机会时,若劳动契约本身规定,雇主在选择雇员担任空缺职务时,应同时依据年资与资格两项标准加以判断,则有些法官往往会认为,工会应对资浅劳工所提出的请求承担公平代表义务。但一般情况下,工会通常都会认为,在决定晋升、调职或临时裁员的优先级时,应该是以雇员的年资作为最重要的考量因素。而有时在集体谈判协议中,也会充分反映出这种看法。例如,在美国钢铁行业,资浅雇员至少要比资深雇员在资格上高出一大截,否则,几乎没有被选中的机会。但是,即使在劳动契约中同时列明年资与资格两项条件,二者间的相互影响经常是相当复杂的。在这种情况下,如果认为工会应当代表资浅雇员提出请求的看法占了上风,则不但会为工会增加负担,而且对整个美国劳资关系具有革命性。337

在劳动仲裁程序中,如果工会在处理申诉时违反公平代表义务,那么雇主有责任对仲裁裁决再次提起诉讼(relitigation),虽然在上述"钢铁工人三部曲"中,联邦最高法院曾一再强调仲裁裁决应具有终局性的立场。例如,在处理一件雇员因不诚实而被解雇的仲裁案件时,该雇员向法庭提出工会未能代为呈交的证据,该院认为,由于本案中的解雇是由雇主主动为之,因此,虽然雇主本身无须为未能提交证据而承担责任,但若任何仲裁裁决因工

(接上页注释)　*Chapman v. United Auto Workers*,670 F. 3d 677,684(6th Cir. 2012)(法院承认,相反的规则会鼓励原告指控工会违反公平代表义务,以使案件依据案情进行审判,并绕过用尽原则。)Accord *Pearson v. United Autoworkers*,694 F. Appx. 401(6th Cir. 2017);*Slight v. Local 12 International Union UAW*,726 Fed. Appx. 469(6th Cir. 2018).

⑧　*Acuff v. United Papermakers*,404 F. 2d 169(5th Cir. 1968).

⑨　*Smith v. Hussmann Refrigerator Co.*,619 F. 2d 1229(8th Cir. 1980). See also *Clark v. Hein-Werner Corp.*,99 N. W. 2d 132(Wis. 1962).

会未能公平代表而蒙上污点,则均应认定为无效。⑩ 在该案中,由怀特大法官所撰写的法院意见指出:"当仲裁员作出的仲裁裁决确有错误时,其终局性条款是否可以强制执行,必须要看工会在仲裁程序中,是否已尽到其在成文法上所规定的公平代表义务。在本案中,被不当解雇者不但被迫失业,而且也失去了获得充分救济的公平机会。"⑪

起初,根据联邦最高法院在 1981 年的一项判决,就仲裁裁决提起公平代表义务诉讼时,应受到一个相当短暂的时效约束⑫,这势必造成许多有效的请求无法适时提出。目前,联邦最高法院的新判例,已将这项时效延长至 6 个月。根据该院的意见,对于此类案件不应采用过短时效的理由是,由于雇员"无法充分了解集体谈判事项的复杂性,因此,他往往需要更多的时间,以便详细审查工会的代表程度是否足够充分;设法聘请律师;调查某些在仲裁程序中未能讨论的实质事项;以及准备其诉讼的攻防之道等"。⑬在马克斯案(*Marquez*)⑭中,集体谈判协议本身规定了工会保障条款,即将"会员资格"规定为雇员的就业条件,联邦最高法院判决认为,当工会未能公开说

338

---

⑩　*Hines v. Anchor Motor Freight*,424 U. S. 554(1976).

⑪　同上,第 571 页。在公平代表义务案件中不能获得惩罚性赔偿。*Electrical Workers v. Foust*,442 U. S. (1979).当原告主张金钱赔偿时,可以有陪审团参与审判。*Teamsters*,*Local 391 v. Terry*,494 U. S. 558(1990).也可参见 *Iron Workers Local Union 377*,326 NLRB 375(1998)(古德主席部分同意,部分反对,第 381 页)。

⑫　*United Parcel Service*,*Inc. v. Mitchell*,451 U. S. 56(1981).*United Parcel* 案的结果是将 6 年的诉讼时效(违约诉讼)缩短为 90 天(撤销仲裁裁决的诉讼)。只有史蒂文斯大法官反对。违反集体谈判协议的诉讼时效是由州法规定的。*Auto Workers v. Hoosier Cardinal Corp.*,383 U. S. 696(1965).

⑬　*Del Costello v. International Brotherhood of Teamsters*,462 U. S. 151,166(1983).巡回上诉法院的大多数法官选择追溯适用 *Del Costello* 案的判决;见 *Graves v. Smith's Transfer Corporation*,736 F. 2d 819(1st Cir. 1984);*Assad v. Mt. Sinai Hospital*,725 F. 2d 837(2d Cir. 1984);*Perez v. Dana Corporation*,*Parish Frame Division*,718 F. 2d 581(3d. Cir. 1983);*Murray v. Branch Motor Express Company*,723 F. 2d 1146(4th Cir. 1983);*Edwards v. Sea-Land Service*,*Inc.*,720 F. 2d 857(5th Cir. 1983);*Lincoln v. Machinists and Aerospace Workers*,723 F. 2d 627(8th Cir. 1983);*Rogers v. Lockheed Georgia Company*,720 F. 2d 1247(11th Cir. 1983).联邦第九巡回上诉法院未追溯适用 *Del Costello* 案,见 *Edwards v. Teamsters Local Union No. 36*,*Building Material and Dump Truck Drivers*,719 F. 2d 1036(9th Cir. 1983).

⑭　*Marquez v. Screen Actors Guild*,525 U. S. 33(1998).

明这里要求的"会员资格"并不意味着完全会员资格,而仅仅是要求支付定期会费和初始入会费时,工会并不违反其代表义务。[⑮] 这一判决与下一节所描述的一些判决之间显然存在矛盾冲突之处。

工会保障协议与工会惩戒权

有关工会保障协议(union security agreements)以及雇员对工会承担的与会员资格相关的义务等问题,在美国劳动法上一直颇具争议。在NLRB诉通用汽车公司案(*NLRB v. The General Motors Corp.*)[⑯]中,联邦最高法院曾判决,除宗教异议者(religious objectors)* 外,其他劳工唯一的义务是缴纳一般会费及初始入会费。即使是这种宗教异议者,根据1980[339]年 NLRA 修正案的规定,也仅需缴纳等额费用即可。然而,有许多执业律师、工会干部、公司管理者及劳工认为,根据法律的规定,工会会员应当承担更多的责任。一般而言,上述缴纳会费的义务是在劳工入职后 30 天开始起算。建筑业由于工作的临时性特点,在入职后七天就开始起算。这项缴纳会费的规定与工会如何根据 NLRA 的相关规定对其会员实施惩戒之间存在直接关联。

关于这一问题最重要的判例是 NLRB 诉艾丽丝-钱伯斯制造公司案(*NLRB v. Allis-Chalmers Mfg. Co.*)[⑰],联邦最高法院以五票对四票的多数意见判决,工会有权以专属谈判代表的身份,对跨越纠察线的罢工替代者处以罚款。该院认为,工会有必要对违反工会规则的会员施以合理的惩戒(reasonable discipline),否则,其专属谈判代表的地位势必会受到侵蚀。然

---

⑮ 另参见 *Monson Trucking*,*Inc.*,324 NLRB 933,939(1997)(古德主席的协同意见书)。[古德主席认为,根据 NLRA 的规定,包含工会保障条款的集体谈判协议强制将"会员资格"或"适格的会员资格"(membership in good standing)作为就业条件显然是无效的。为了使这一条款生效,集体谈判协议必须将会员资格定义为仅支付与代表费用(representational costs)有关的定期会费和初始入会费的义务。]

⑯ 373 U.S.734(1963).

* 宗教异议者是指因特殊宗教信仰而反对加入工会的雇员。——译者

⑰ 388 U.S.175(1967).

而,该院也同时指出,工会所享有的惩戒权的范围,除考虑缴纳上述定期会费及初始入会费外,应当视劳工自愿承担会员义务的程度而定。联邦最高法院认为,在本案的情形中,被处以罚款的劳工会员,不但曾参加工会会议,对是否采取罢工行动进行秘密投票,而且还曾承诺遵守工会的章程,并宣誓成为完全会员(full membership),同时,还全程参与所有决定罢工的程序,因此,其承担会员义务的程度是明显的。该院同时指出,如果会员并未参与上述自愿性工会活动,而工会仍对其处以罚款,则属于违法行为。然而,本案最大的困难在于,仅有极少数劳工知晓,除了缴纳会费及初始入会费以外,他们对工会并无任何进一步的义务存在。事实上,许多集体谈判协议往往只是将工会会员承担其会员义务作为取得就业机会的条件,而法律对此附加的其他限制却只字未提。因此,就这一点而言,联邦最高法院在艾丽丝-钱伯斯案所确立的规则,对某些雇员个人而言似乎有失公允。

在艾丽丝-钱伯斯案判决后,联邦最高法院曾判决,工会不得对某位劳工退出工会后的行为处以罚款。此外,虽然联邦最高法院原先曾暗示,工会 340 可以对会员的退会权(right to resign)合法地施加义务和设定限制,[18]但在1985年的另外一个案例中,却又以五票对四票的多数意见认可了 NLRB 所作的裁决,即工会禁止会员退会是不合法的。[19] 只是联邦最高法院在该案中也特别强调,工会对在罢工期间退会的雇员处以罚款,属于不当劳动行为,而这一结论是对 NLRA 的合理解释。联邦最高法院指出:

---

⑱ W. B. Gould, "Solidarity Forever-Or Hardly Ever," 66 *Cornell L. Rev.* 77(1980).

⑲ *Pattern Makers' League of North America v. NLRB*, 473 U. S. 95(1985). 也可参见 *Quick v. NLRB*, 245 F. 3d 231(3d Cir. 2001)(法院认为,尽管工会保障条款要求新雇员应当申请加入工会,但是雇员在退出工会后可以停止支付所有工会会费,因为该条款没有进一步要求连续的会员资格);*Lee v. NLRB*, 325 F. 3d 749(6th Cir. 2003)(如果一项工会政策要求仍在谈判单位内的提出退会的雇员必须缴纳会费,而不要求因为工作岗位在谈判单位之外而退会的雇员缴纳会费,那么这项政策是不合法的)。根据《铁路劳动法》的规定,要求打算选择退会的雇员每年提交一份书面通知的工会政策,与联邦宪法第一修正案相抵触。*Shea v. Machinists*, 154 F. 3d 508(5th Cir. 1998).

根据集体谈判协议中的会员资格维持条款,给予工人一段时间选择加入或选择退出工会,即使要求保持会员资格的协议之间没有间隔,工人也有权退会。*Asarco, Inc.*, 309 NLRB 1034(1992). 工会可以要求雇员提供表明退会意愿的书面通知。*Michigan Model Manufactures Association, Inc.*, 310 NLRB 929(1993). 联邦最高法院还认定,工会可以对身为监管人员的会员进行

由于《塔夫特—哈特利法》将封闭工厂（closed shop）* 列为违法，因此，毫不奇怪，国会认为没有必要明确保留退会权。NLRB 在本案中认 341 定，工会处以罚款的做法是对雇员的限制或强迫，与国会所主张的自愿组建工会（voluntary unionism）的政策不符，这一裁决是合理的。[20]

虽然 NLRB 认为行使辞职权的行政或管理上的要求可能是适当的，[21] 但哥伦比亚特区上诉法院肯定了 NLRB 的观点，即照片识别与亲自前往工

（接上页注释） 惩戒，只要这种惩戒的实施与该监管人员所承担的集体谈判或申诉管理职责无关。*NLRB v. International Brotherhood of Electrical Workers*，*Local 340*，481 U. S. 573(1987). 以承认工会为目的的纠察（recognitional picketing）若不要求雇主接受与申诉代表的选择有关的合同条款，便不违反 NLRA. *InLand Lakes Management*，*Inc. v. NLRB*，987 F. 2d 799(D. C. Cir. 1993). Cf. *Local 60*，*United Association of Journeyman & Apprentices of the Plumbing and Pipefitting Industry v. NLRB*，941 F2d 1326(5th Cir. 1991). 这一问题的另一方面涉及因工会排斥（exclusion）工人以及可能强加给这些工人的会费义务而引发的争议，见 *Johnson Controls World Services*，*Inc.*，326 NLRB 8(1998)，在本案中，NLRB 裁定，无论工会终止一名谈判单位内雇员的会员资格是合法还是非法，除该雇员未缴纳会费外，不得要求将继续缴纳 NLRA 所规定的会费作为雇佣条件。

　* 封闭工厂是指集体谈判协议中规定雇主不得雇用非工会会员的制度。——译者

　[20] 473 U. S. at 110-14. 根据 *Pattern Makers* 案的原则，个人有权拒绝履行根据集体谈判协议在一年内从工资中扣除其会费的授权。在 NLRB 看来，权利节制（right to refrain）意味着

　　……我们有理由得出这样的结论：一名雇员只是承诺在一年内从工资中扣除工会会费，并不因此而必然有义务在整个期间继续支付工会会费——即便他不再是工会会员，也要继续资助工会。我们在雇员放弃不资助工会的权利时要求有明确无误的表述，就像我们对其他法定权利的放弃要求具有这样的弃权证明（evidence of waiver）一样。

　　Pattern Makers 案所述的政策证明应当适用一项认定标准，该标准确保从雇员工资中提取款项以资助工会，如果未经合法的工会保障条款授权，则必须符合雇员签署的自愿协议。如果雇主在签署授权书时不同意在他不再是工会会员的情况下扣除"定期会费"，那么雇员在退出工会后继续向工会提供财政支持便不再是自愿的。

　　即使工资扣除授权中有明确表述规定，即使不再是工会会员雇员也有义务支付会费，也必须要认定雇员是否使自身受到退会后仍应支付会费的义务约束。如果授权中句含此类表述，即使员工声明他或她已经改变了意见并希望撤销授权，工会仍可以在不可撤销的整个协议期间继续从雇员的收入中扣除应付款项并上缴给工会。

Lockheed Space Operations Co.，*Inc.*，302 NLRB 322，328-329(1991). 也可参见 *United States Postal Service*，302 NLRB 332(1991)；*National Oil Well*，*Inc.*，302 NLRB 367(1991)；*Stone Container Corp.*，302 NLRB 957(1991).

　[21] *UAW. Local 148(Douglas Aircraft Co.)*，296 NLRB 970，971(1989)；*Telephone Traffic Union*，*Local 212*，278 NLRB 998，no. 1(1986).

342会大厅的要求相结合,给行使辞职权带来了负担,因此这是非法的。[22]

最后,在工会处以罚款时,究竟应由谁来判断其数额的合理性?对此,NLRB 究竟有无管辖权来认定不合理的罚款无效,曾一度引发相当大的争论,但联邦最高法院在另一项判决中已作出澄清,这一问题应由各州法院加以解决,而不是 NLRB 的职责。[23]

工会会员资格的排除及其责任

美国劳动法中并未规定劳工有加入工会的权利。然而,如果是基于种族、性别、肤色、宗教信仰及原始国籍等因素,而排除其会员资格或不准其参加工会活动,则属于违反 1964 年《民权法》第七章规定的行为。雇主与工会谈判达成工会保障协议后,虽然工会会员必须缴纳会费,但如果这些会费将被挪作政治用途,会员们相信挪用会费将会侵犯其受联邦宪法第一修正案所保障的言论自由时,则不得强迫他们缴纳会费。[24] 关于这一点,将会在本章"工会与政治程序"一节中详加讨论。

《兰德勒姆-格里芬法》

1959 年制定的《劳资报告与公开法》(Labor Management Reporting and Disclosure Act of 1959),亦常被称为《兰德勒姆-格里芬法》,其中包含343了一系列工会会员的权利条款[25],而这些条款大多属于程序性规定。由于1957—1959 年的麦可伦听证会(McClellan hearings),曾揭露出许多工会贪污以及其他形式的滥权现象,该法在第一章明确规定,每位会员均应享有平

---

[22]　*Local 58 International Brotherhood of Electrical Workers v. NIRB*,888 F. 3d 1313(D. C. Cir. 2018).

[23]　*NLRB v. Boeing Co.*,412 U. S. 67(1973).

[24]　*Abood v. Detroit Board of Education*,431 U. S. 209(1977).

[25]　Pub. L. 86-257,September 14,1959,73 Stat. 519,29 U. S. C. §§401 et seq. (2012). 这一立法催生出一大批工会对其会员承担诚信义务(fiduciary duty)的诉讼;见例如,*Morrisey v. Curran*,650 F. 2d 1267(2d Cir. 1981). 联邦最高法院在 *Reed v. United Transportation Union*,488 U. S. 319(1989)案中判决,有关言论自由和集会自由案件的时效规定,通常是从各州个人伤害案件中借用而来的。

等保护、言论与集会自由、合理而统一的会费，以及起诉工会及工会干部的自由等基本权利。[㉖]但是，当会费由"上级"工会组织（"umbrella" labor organization）决定时，地方工会会员无权通过无记名投票的方式对提出的会费标准加以决定。

在美国钢铁工人联合会诉萨多洛斯基案（*United Steelworkers v. Sadlowski*）[㉗]中，美国钢铁工人工会主席的选战极为激烈。在该工会的章程中有一项"局外人规则"，严禁候选人就选举活动或与选举有关的诉讼，向非会员寻求帮助或财务资助。联邦最高法院以五票对四票的多数意见判决，该项规则并未违反《兰德勒姆-格里芬法》所规定的言论自由及起诉权条款。马歇尔大法官撰写的多数意见指出："我们并不认为《兰德勒姆-格里芬法》应将联邦宪法第一修正案所规定的事项全部纳入，以便使该法提供保护的范围与联邦宪法所提供的保护完全一致。"[㉘]相反，在怀特大法官执笔的措辞强硬的反对意见书中则强调，在工会内部选举中，现任工会干部与其挑战者之间的实力往往相差悬殊："工会领导人不但有决心阻挠一切反对者，而且还拥有将之付诸实践的所有条件，因为他们已经控制着整个工会的所有设施，而且还任命各类人员推动工会事务。"[㉙]最后，反对意见书还指出，工会章程中的"局外人规则"与《兰德勒姆-格里芬法》的立法过程并不相符，因为"国会在制定该法时，其立法本意是希望工会会员能有权参与工会职位的选举，以及根据美国的传统举行自由而公开的选举，从而帮助会员们解决上述这些难题"。[㉚] ₃₄₄

㉖ *Cornstarch v. Laborers Int'l Union of N. Am.*，2013 WL 848124(9th Cir. Mar. 7，2013)．

㉗ *United Steelworkers of America*，AFL-CIO-CLC *v. Sadlowski*，457 U. S. 102，100 (1982)．

㉘ 同上，第124页。另见 *Reed v. United Transportation Union*，同前注㉖，在该案中，布伦南大法官执笔的法院意见指出，《兰德勒姆-格里芬法》对言论与集会自由的保护，"是根据联邦宪法第一修正案的模式而来的"。

Reed，488 U. S. at 326. 在正当程序争议中，审查存在程序瑕疵的工会决定所适用的"某些证据"标准，并不适用于成文法上对言论自由保护。*Black v. Ryder/P. I. E. Nationwide*，970 F. 2d 1461(6th Cir. 1992)．

㉙ 457 U. S. at 124.

㉚ 同上。

而在芬尼根诉列伊案（*Finnegan v. Leu*）[31]中，有关《兰德勒姆-格里芬法》的另一只靴子也落了地。在本案中，联邦最高法院认为，只有基层工会的会员才是该法保护的对象，而非工会干部或工会雇员[32]，而在会员行使言论自由时，不应遭到工会的报复性免职。联邦最高法院认为，通过考察该法的制定过程可以看出，国会无意规范工会如何行使任免权（patronage）。"如果案件涉及的是不参与决策的非机要（nonconfidential）雇员时[33]，是否又会得出不同的结论呢？"联邦最高法院对此不置可否，但是它似乎忽略了一点：如果一项判决使得整个工会的官僚体系愈加屈从于领导人的意志，那么持不同意见者的处境便会愈加艰难。

在 1989 年的另一相关案件中，工会将一位经选举产生的业务代表撤职，借以报复其在工会会议上发言反对工会理事（union trustee）增加会费的提议，联邦最高法院认定工会的上述行为违反《兰德勒姆-格里芬法》。[34]根据马歇尔大法官所执笔的法院意见，本案的情况与芬尼根案有所区别，因为本案涉及经选举产生的工会干部被打击报复，同时也是工会会员自己选择的代表遭到排挤。此外，联邦最高法院进一步指出："经选举产生的工会干部遭到免职，显然是为《兰德勒姆-格里芬法》第一章所保障的言论自由泼上一盆冷水，因为不但这位被免职的工会干部在其行使言论自由的权利时感到心寒，而且那些为他投票的工会会员也会深有同感。"[35]

即使依据工会章程中的合理规定，工会有权对雇员加以惩戒，它仍然必须恪守《兰德勒姆-格里芬法》第 101 条（a）（5）项所规定的正当程序。例如，它应对会员提供充分的惩戒通知（notice of charges），让其有合理时间准备

345

㉛　*Finnegan v. Leu*，456 U. S. 431（1982）.

㉜　同上，第 437 页.

㉝　同上，第 441 页注⑪. 见 *Cotter v. Owens*，753 F. 2d 223（2d Cir. 1985）.

㉞　*Sheet Metal Workers' International Association v. Lynn*，488 U. S. 347（1989）. 因此，联邦法律优先于用来保护被解雇的工会助理业务经理的州非法解雇立法. *Vituloo v. International Brotherhood of Electrical Workers*，*Local 206*，75 P. 3d 1250（Mont. 2003）.

㉟　*Lynn*，488 U. S. at 355. 创设一个竞争性工会从而形成双重工会体制的论点，不是受《兰德勒姆-格里芬法》保护的言论. *Ferguson v. Int'l Association of Iron Workers*，854 F. 2d 1169（9th Cir. 1988）.

答辩,并举行一场完整而公平的听证。在此情形下,该法所保障的权利,应仅适用于工会的正式会员,而不及于它所代表的所有雇员。

　　按照一般公众的理解,《兰德勒姆–格里芬法》保障会员对工会所谈判的劳动契约的批准权(right to ratify),实则不然。工会会员虽然享有平等保护的权利,但是这种基本权利通过合理的规则与规定是可以更改的。事实上,工会可以在会员批准劳动契约时对投票资格加以限制,只有适格的会员才能参加投票。㊱ 同样,工会也可禁止夜间兼职者参与这类投票,因为这些劳工对投票结果并不存在"重大利益"(vital interest)。㊲ 然而,在第6885号地方工会诉美国邮政工人工会案(Local 6885 v. American Postal Work-ers)㊳中,由哥伦比亚特区上诉法院米克瓦(Mikva)法官所执笔的意见却认为,在正式投票批准劳动契约时,若仅允许处理邮件的地区工会会员参加投票,而将非处理邮件的地区工会会员排除在外,属于违反平等保护规定的行为。而另一家法院则认为,在举行这类投票时,工会会员应享有"有意义的投票权"。换言之,他们"在投票前,应得到充分的投票通知,对投票的主题与性质也应得到相关的信息。"㊳举例而言,在1984年对卡车司机兄弟会与联合包裹公司的集体谈判协议(Teamsters-United Parcel Agreement)正式批准投票时,由于这次紧急会员大会是在极为仓促的情况下召开的,许多会员根本不知道新协议正在谈判,还有许多会员外出避暑度假,因此,在这种情况下,该项批准被联邦上诉法院认定为非法。㊵

　　而联邦第九巡回上述法院在另一相关案件中面临的问题是,《兰德勒346姆–格里芬法》赋予工会会员平等权利与言论自由的保障,是否包括工会领导人在将集体谈判协议提交全体会员正式批准前,必须将该协议的所有条件和条款作出全面披露。根据瑞恩哈特(Reinhardt)法官所执笔的法院意

㊱　*Alvey v. General Electric Co.*，622 F. 2d 1279(7th Cir. 1980). Cf. A. Cox, "International Affairs of Labor Unions under the Labor Reform Act of 1959," 58 *Mich. L. Rev.* 819(1960).

㊲　*William v. International Typographical Union*，423 F. 2d 1295(10th Cir. 1970).

㊳　665 F. 2d 1096(D. C. Cir. 1981).

㊴　*Bauman v. Presser*，117 LRRM 2393(D. D. C. 1984).

㊵　同上,第2396页。

见,工会并没有这项义务。[41] 联邦上诉法院强调,除非工会的组织规章(constitutional bylaws)中明确规定工会负有契约上的义务,从而赋予会员契约上的权利或提起公平代表义务诉讼的诉因,[42]否则劳动契约的批准属于工会的内部事宜。而在工会领导人未能披露这些信息时,法院指出:

> 我们承认本案所涉及的行为会使工会领导人与其基层会员之间传统上的信息鸿沟持续存在,并且不断加深。然而,在集体谈判制度架构下,对信息取得的不平等是一个与生俱来的问题,就像在我国更大规模的民主制度一样……一般而言,工会领袖基于其集体谈判代表的身份,有必要对集体谈判的进度及预期结果等较一般基层会员掌握更多的信息。在举行正式批准投票时,工会干部对新集体谈判协议的最后条款,不可避免地会比基层会员了解得更多,而即使在本案情形中,就算我们要求工会事先派发一份长达 140 页的协议也还是如此。在实际执行劳资双方的协议时,关于某些模糊条款想要表达的含义或实际含义的讨论或非正式理解是极为重要的,而这些信息在任何情况下都不会让基层会员取得。事实上,任何希望保证参与谈判的工会与其会员能得到平等信息的做法都是完全不切实际的。[43]

联邦上诉法院驳斥了本案判决可以归结为工会民主(union democra-

---

[41]　*Ackley v. Western Conference of Teamsters*, 958 F. 2d 1463(9th Cir. 1992). Cf. *Acri v. International Association of Machinists*, 781 F. 2d 1393(9th Cir. 1986).

[42]　根据联邦上诉法院的意见,当事人如要提出基于虚假陈述(misrepresentation)和禁止披露义务(nondisclosure)的诉讼,则必须证明在所声称的虚假陈述与实际遭受的损害之间存在因果关系,同时,还必须证明正式批准的投票结果将会大相径庭,此外,如果投票结果有所不同,则该雇主将会屈从于工会的要求。这项认定标准是极为苛刻的,它由联邦第九巡回上诉法院在 *Acri* 案中首创的,其后该上诉法院在 *Ackley* 案中也认为"是极难满足的要求"。958 F. 2d at 1473. 也可参见 *International Longshoremen's Ass'n*, *Local 1575*(*Navieras*, *NPR*, *Inc.*), 332 NLRB 1336(2000)(法院认为,集体谈判协议的通过和批准不属于该法规定的"工资、工时和其他就业条款与条件",并指出工会甚至无须向会员提交协议供其批准)。

[43]　*Ackley*, 958 F. 2d at 1474.

cy)原则不重要的说法,并且驳斥了联邦劳动法赋予工会几乎不受限制的权力,可以通过命令(fiat)设定其内部政策与程序的观点。相反,该院认为,这项判决的目的是鼓励工会领袖遵守其对基层会员许下的诺言,实现相关的联邦政府劳动政策。最后,联邦第九巡回上诉法院还特别强调,"国会作出决定,工会对是否及如何批准集体谈判协议享有决定权,反映出对整个协议谈判过程的复杂性有一种充分的认知"。㊹

但是,在另一相关案件中,理查德·卡达希(Richard Cudahy)法官代表348联邦第七巡回上诉法院起草的意见中又有不同见解。在该案中,工会干部与雇主代表在集体谈判协议交由会员正式批准后,又通过秘密的口头谈判对协议的内容加以修改,却未通知会员该协议会受到这些附加条款的约束。联邦上诉法院判决认为,这种口头谈判违反了工会与会员之间签订的合同。㊺ 法院指出:"为了避免无休止的冲突,集体谈判协议必须比普通合同更加安全。因此,我们认为,国家劳动政策禁止双方引入与经过批准的集体谈判协议的基本条款相抵触的秘密协议,无论该秘密协议是订立在先或者

㊹ 联邦上诉法院进一步指出:

在集体谈判协议的谈判与批准期间,时间是至关重要的;事实上,短短几天时间就可能形成要么劳资分歧得到圆满解决,要么引发漫长惨烈的罢工这样巨大的反差。同样,在一场罢工行动正如火如荼地进行时,如果不能在初步协议达成之后,立即举行一次迅速的批准投票(ratification vote)以便结束罢工,则劳资双方可能都会遭致严重的甚至无可挽回的经济损失,而这种损害正是双方竭尽所能力图避免的。与其他选举不同,集体谈判协议的批准投票通常是无法事先规划或者预定举行日的,因为直到协议达成时,通常没有人可以事先知晓谈判当事人是否以及在何时达成协议。此外,由于可能有快速批准的紧急需要,因此,没有机会对集体谈判协议的每一项条款都达成完全的合意。此外,这种批准程序也必须针对每一家工会特殊的性质与需求来设计。例如,有些工会往往横跨几个大的地区,而有些则纯属地区性组织。有些工会会员在固定的地点工作,而其他工会的情形则是其会员可能要花费大量时间在路上,甚至是空中。由于存在这些区别,有些工会的会员可能希望工会能举行批准会议,而其他工会的会员则希望能采取通信投票程序。没有哪种程序是尽善尽美的。通信投票可能妨碍对重要争议点的全面辩论,而公开会议的程序也可能会排除对整个协议加以评估的机会,而这种评估是相当可取的。整体而言,在决定何种程序对其会员最有利的问题上,每一家工会都要比法院更加适合,因此,应由它们自行决定何时、在何种情况下适合举行批准的投票,以及何种程序最能适合其会员的需求和工作时间表。

(同上,第1477—78页。)

㊺ *Merk v. Jewel Food Stores*,945 F. 2d 889(7th Cir. 1991).

与集体谈判协议同时订立。⑯ 弗兰克·伊斯特布鲁克(Frank Easterbrook)法官则在反对意见书中强调,在劳资关系中"弹性"的重要性。反对意见书指出:

> 集体谈判协议属于关系型契约(relational contract)。它们并不能确定所有的重要雇佣条件;相反,它们仅仅是设定了一个框架,让当事人得以在这框架内解决他们的分歧……
>
> 根据本案多数意见的看法,对集体谈判协议的强制执行性取决于嗣后哪一方获胜,哪一方失败。在这种情况下,谈判者在讨价还价时就必须事先知道哪些协议可以强制执行,而哪些无法强制执行。事实上,1983年1月坐在谈判桌旁的当事人,根本不可能等到1991年9月再由法院来决定他们的哪些交易根本不重要,而哪些对雇员足够有利应该执行。⑰

349 受托人地位

全国性或国际性工会对某些持不同意见的地区工会可以通过一种行政程序强行设定受托人制度,不但对其活动加以控制,而且可以由其干部代为接管财务,《兰德勒姆-格里芬法》的立法目的之一就是希望对这种情形加以限制。根据该法的规定,任何全国性或国际性工会要强行接管其地区性组织时,不但要符合某些严谨的标准,而且须向劳工部长提交相关的资料⑱。

---

⑯ 同上,第905页。在本案中,联邦上诉法院将它与 *Chrysler Worker's Association v. Chrysler Corp.*, 834 F. 2d 573(6th Cir. 1987)相区别,原因是 *Chrysler Corp.* 案涉及调动权(transfer rights)的问题,而 *Merk* 案则涉及在谈判单位内降低工资水平的问题。参见 *Gatliff Coal Co. v. Cox*. 152 F. 2d 52(6th Cir. 1945)。

⑰ 945 F. 2d at 905.

⑱ 29 USC § 461(2012).

工会内部选举

《兰德勒姆-格里芬法》规定,工会会员应享有选举工会干部的权利,并且保证选举权至少每三年行使一次。[49] 在美国,有些工会组织采用投票箱来选举其全国性干部,而有些工会则通过召开选举大会的方式。一般而言,采用直接选举制度的工会享有更多内部辩论的机会,但同时也产生更多的争论。例如,美国钢铁工人联合会、国际电气广播与机械工人工会(International Union of Electrical Radio and Machine Workers)以及国际卡车司机兄弟会所举行的选举往往战况激烈。反观美国汽车工人联合会则是一个相当民主的工会,其本身设有公共审查委员会,专门负责处理工会会员对其工会干部的投诉,因此它一向通过举行选举大会的方式来选举其全国性干部,而在投票过程中,通常现任干部不会遇到大量的反对票。

在工会举办内部选举时,最易引发争议的是工会对候选人资格所附加的各项条件。关于这一点,联邦最高法院曾认定某一工会的内部规章无效,因为根据这项规章的规定,会员如果希望竞选某一重要职位时,必须是现任或曾任某一职位者才能获得候选资格。事实上,如果照此规定执行,势必有93%的会员将无法取得候选资格。同样,在另一案件中,工会内部设置了一350项出席规则,规定任何会员若希望竞选地区工会干部的职位,都必须在选举日三年以前所举办的定期会议中,至少曾出席一半以上方能适格。联邦最高法院认为,这项工会规则将使该工会600名会员中仅有23名具备候选资格,因此,认定该项规则违法。联邦最高法院指出,根据《兰德勒姆-格里芬法》的规定,"任何适格的会员均有资格成为候选人及担任干部职务,而这种资格只能合理地加以限制,且统一适用于所有会员"[50],这些工会内部规章所产生的反民主效果与《兰德勒姆-格里芬法》的上述理念大相径庭。

---

[49]　29 USC §§481 et seq. (2012).

[50]　29 USC §481(e)(2012). See generally *Hodgson v. Local 6799*, *United Steelworkers*, 403 U. S. 333(1971); *Wirtz v. Hotel*, *Motel and Club Employees Union*, *Local 6*, 391 U. S. 492 (1968); *Calhoon v. Harvey*, 379 U. S. 134(1964).

美国劳工部长是唯一有权对已经举行的工会内部选举（intraunion election）事项提起诉讼的主体。尽管如此，联邦最高法院在特尔博维奇诉美国矿工联合会案（*Trbovich v. United Mine Workers*）[51]中判决，受害的会员也可以参与诉讼。虽然劳工部长在这类争议中承担着会员律师的职责，但联邦最高法院却承认，会员对其律师的表现可能会有"合理的投诉"。在这种情形下，应当准予会员参与诉讼程序，包括提交证据与口头辩论，以便对部长提出的指控提供支持。

此外，联邦最高法院在另一案件中也曾判决，如果工会会员所提出的救济仅是将一场已经举行的选举认定无效，则不得提起这项诉讼。[52] 该院认为，在这种情况下，也只有劳工部长才有权提起这类诉讼。然而，若法院认为当事人所请求的救济并非过分唐突时，会员个人也可以提起这类诉讼，而无须由劳工部长出面。

事实上，要举办一场适当的工会内部选举，除了满足会员享有公平机会竞选干部职位这一必要条件以外，这些候选人还应该有机会与其他工会会员接触。这意味着，在由候选人本人付费的情况下，工会应当答应其合理的要求，代为派发其竞选的宣传资料，同时，不得使用会费或其他相同性质的款项用以支持特定候选人的选举活动。根据联邦最高法院在国际船长、船员和飞行员组织诉布朗案（*International Organization of Masters, Mates* 351& *Pilots v. Brown*）[53]中的判决，在这种情况下，法院必须对候选人所提要求的合理性进行评估。联邦最高法院指出：

> 对候选人派发宣传资料的权利做广义解释，借以对工会报章印刷品所倡导的观点加以评论，这与《兰德勒姆–格里芬法》所揭示的基本目的相一致。

在本案中，由于候选人必须承担邮寄费用，因此，召开大会前邮寄

---

[51]   404 U. S. 528(1972).

[52]   *Local No. 82, Furniture and Piano Moving v. Crowley*, 467 U. S. 526(1984).

[53]   498 U. S. 466(1991).

宣传资料并不会对工会造成任何负担。再者,工会选举与政治选举如出一辙,我们可以很公平地认定,在交换意见时享有较多的而不是较少的自由,将会对民主程序作出更多的贡献。

至于会对候选人个人产生歧视的顾虑,当然可以通过设定一些规则来解决。例如,规定任何候选人在召开大会前都能接触到所有会员,或者规定所有候选人都不得接触会员。事实上,如果能尽快对所有候选人开放沟通渠道,可能对他们之间的公平竞争大有裨益,因为这样做将足以抵消现任工会干部及其盟友所享有的既存优势——经过四年的任职之后,他们往往控制着工会的报章印刷品,而且掌握投票人的名单。㉝

在阿科斯塔诉"团结在此"第 26 号地方工会案(*Acosta v. Local Union 26, Unite Here*)中,㉟联邦第一巡回上诉法院在由苏特法官撰写的一份意见书中指出,工会会员"查阅"工会与其他雇主的集体谈判协议的权利不包括在查阅时做笔记的权利。法院指出,"查阅"一词在除《兰德勒姆-格里芬法》的其他地方使用过,即与候选人在工会选举前有权获得会员名单有关,国会已经从《劳工管理报告与公开法》的最终版本中删除了"复制"一词。㊱ 因此,复制权不包括在"查阅"权之中。法院指出:"当时的'复制'和现在的'记录'之间不存在任何差别,因为在 1959 年,即颁布的那一年,'复制'的权利实际上将通过手写笔记来行使(因为当时不存在办公室复制)。"由于在会员㊴名单和集体谈判协议方面使用了相同的措辞,㊲因此,法院认为,国会只打算赋予工会会员查阅的权利,而不包括复制或做笔记。法院表示:"不需要允许实时做笔记才能从集体谈判协议的审查中得出想法。"因此,法院认为,该法规没有赋予超越查阅的权利,其中包括记笔记:"当然,我们可以自由地

㉝ 498 U. S. 466(1991),第 476—478 页。

㉟ *Acosta v. Local Union 26, Unite Here*, 2018 WI 3373484(1st Cir. July 11, 2018).

㊱ 同上,*Here* 案,第 3 页。

㊲ 同上。

允许记笔记,或者提供此类集体谈判协议的副本。但国会没有命令他们这样做。"⑱

雇主不得向工会候选人提供任何财政支持。在派发竞选宣传资料方面,如果雇主曾对某位候选人给予减费优待,则其他所有候选人均应享受此优待。这种选举时享有的特殊待遇必须平等地给予所有参选的候选人。

工会腐败与卡车司机工会

事实上,对于工会选举最具野心的改革发生在 1989 年。那一年,国际卡车司机兄弟会与美国司法部在法院诉讼中达成和解令。1986 年,卡车司机民主联盟(Teamsters for a Democratic Union,TDU)对当年所举行的选举提出异议,但并未获得成功。卡车司机民主联盟是由主张改革国际卡车司机兄弟会以促使其民主化的会员另行组建的一个非隶属性的工会组织(unincorporated association)。⑲ 司法部依据《敲诈与贪污法》(Racketeering and Corruption Act)的相关规定对兄弟会提起刑事诉讼。⑳ 根据法院
353 所颁布的和解令,由法院所任命的官员监督兄弟会的某些运作,尤其是对该工会 1991 年选举进行监督与认证。至于所有惩戒或受托人案件,均由一位行政官员负责处理,同时,他还有权否决任何工会经费、任命或除集体谈判协议以外的任何合同。

颁布这项和解令以前,该工会的所有会员大会代表均由正式的地区工会选举产生,同时,该会员大会负责选举主要工会干部,如总主席、总秘书长及十六位副主席。根据 1989 年颁布的和解令,这些重要干部嗣后都应由基层会员以秘密投票的方式在 1991 年通过普选直接产生,来自纽约州的主要反对派候选人隆恩·盖瑞(Ron Cary)当选为该工会的主席,而且他所指定的执行委员会成员也全部当选。这项改革运动及选举结果似乎已使该工会的领导层变得更加民主,而且更能回应基层的诉求,而在过去,该工会以程

---

⑱　*Acosta v. Local Union 26 , Unite Here* , 2018 WI 3373484(1st Cir. July 11, 2018), at p. 4.

⑲　*Theodus v. McLaughlin* , 852 F. 2d 1380(D. C. Cir. 1988).

⑳　18 USC § 1961-68(2012). 见第四章,注释㊼。

序不民主、贪污腐败而臭名昭著。此外，根据上述和解令还设置了一个独立审查委员会，以便调查与惩戒该工会内部的贪污问题。该委员会的三位委员中，一位由司法部长任命，另一位由工会本身任命，第三位人选则由上述两位被任命的委员合意产生。

尽管这些变化带来改革的希望，但是在 1997 年国际卡车司机兄弟会的领导层成功解决联合包裹服务公司（United Parcel Service，UPS）的劳动纠纷后不久，[61]隆恩·盖瑞的连任被搁置，而且他也丧失了再次参选的资格。[62]随后，联邦第二巡回上诉法院判决认为，重新举行 1996 年被搁置的兄弟会选举所需的费用，应由美国联邦政府承担，而不是由兄弟会自行承担，[63]并且詹姆斯·R. 霍法（James R. Hoffa）领导下的兄弟会可以在较少的监督下进行选举。[64]

工会与政治程序

政治活动是造成工会及其个人会员之间关系紧张的另一个领域。例如，美国著名工运领袖甘普尔（Gompers）曾表示，美国劳工会对其友人给予奖赏，但同时也会对其敌人给予惩罚。虽然美国工会并不隶属于某一特定政党，然而，它们却在整个政治程序中牵涉甚广。事实上，工会经常设立特别的政治性组织来支持那些在许多问题上对劳工组织持友善态度的政治人物。

然而，根据《塔夫特-哈特利修正案》第 304 条的规定，任何劳工组织均不得在总统选举人选举总统与副总统时，或者在选举国会参议员或众议员时，以及在相关初选大会活动时，给予任何政治性捐赠或代为支付费用，否

---

[61]　See Steven Greenhouse, "Concluding the U. P. S. Strike: The Overview," *New York Times*, August 20, 1997, at A1.

[62]　*United States v. Teamsters*, 988 F. Supp. 759(S. D. N. Y. 1997).

[63]　*United States v. Teamsters*, 141 F. 3d 405(2d Cir. 1998).

[64]　See Steven Greenhouse, "U. S. Officials Ending Monitoring of Teamsters' Finances," *New York Times*, January 11, 2002, at A3; See generally James B. Jacobs and Kerry T. Cooperman, *Breaking the Devil's Pact: The Battle to Free the Teamsters from the Mob* (2011); Kris Maher, "Teamsters' 25 Years of Federal Oversight to End," *Wall Street Journal*, January 14, 2015.

则构成犯罪。根据 1971 年《联邦选举活动法》(Federal Election Campaign Act of 1971)及其修正案的规定,工会与公司可以使用其资金协助联邦候选人的选举活动,借以对其会员或股东传递某些政治信息,或者针对这些群体举办非倾向性的投票注册活动与投票动员活动,或利用这些资金为种子资金,吸引会员或股东捐赠给由工会或公司所组成的政治行动委员会等。但是,工会对联邦政治候选人的任何直接捐赠行为仍被法律所禁止。⑥ 一般而言,上述所有禁令并不适用于工会对州一级政治活动所做的捐赠。此外,

355当非工会会员因集体谈判协议中工会保障条款的规定而被迫缴纳会费时,可以反对将他所缴纳的会费用于支持某一特定候选人或从事特定政治活动。然而,若工会认为,某项费用支出与集体谈判活动有极其密切的关系,也可以自由运用其会员所缴纳的会费。至于何种费用支出与集体谈判活动有极其密切的关系,而何种费用支出与政治程序有所牵扯,是一个相当有争议的话题。⑥ 在美国通信工人工会诉贝克案(*Communications Workers v. Beck*)⑥中,联邦最高法院曾判决,虽然上述各项原则一开始是在《铁路劳动法》之下创设的,且适用于公共部门,⑥但是也可以对 NLRA 所涵盖的雇员同等适用。1992 年,布什总统颁布一项总统行政命令,规定联邦政府工程的承包商应当告知其非工会会员的雇员,他们有权反对将其会费用于集体

---

⑥　Cf. *United States v. Congress of Industrial Organizations*,335 U. S. 106(1948). 参见 *Michigan State AFL-CIO v. Miller*,103 F. 3d 1240(6th Cir. 1997)(在该案中,法院否定了基于宪法第一修正案的抗辩,认可了为政治目的向工会捐款的年度同意条款的效力)。

⑥　*International Association of Machinists v. Street*,367 U. S. 740(1961). Cf. *Railway Clerks v. Allen*,373 U. S. 113(1963). 初始判例是 *Railway Employees v. Hanson*,351 U. S. 225(1956). 也可参见 *Pipefitters Local 562 v. United States*,407 U. S. 385(1972)。尽管联邦最高法院没有直面这一问题,但是根据联邦上诉法院的权威判决,工会会员不得反对为与集体谈判无关的目的使用会费。*Kidwell v. TCIU*,946 F. 2d 283(4th Cir. 1991)。

⑥　487 U. S. 735(1988).

⑥　*Abood v. Detroit Board of Education*,431 U. S. 209(1977).

谈判、协议执行以及调整申诉事项以外的用途。⑲ 然而，克林顿总统就职后不久，就将这项总统命令废止了。⑳ 小布什总统像他父亲一样颁布了一项新的行政命令，规定了同样的程序，㉑而奥巴马总统则通过颁布自己的行政命令修改了小布什总统的命令。㉒

2012 年，共和党的政纲主张颁布一项全国性的工作权法，规定任何以356合同形式强制缴纳会费的行为无效。㉓ 各州也多次提出应制定相关的法律，要求被代表的雇员只有作出肯定性授权才能将其会费用于政治目的。㉔联邦最高法院认为，这类立法并未侵犯工会依据宪法第一修正案参与政治

---

⑲　布什总统于 1992 年 4 月 13 日签署的行政命令(72 DLR D-1，1992)要求联邦承包商告知工人依据 *Beck v. Communications Workers* 案所享有的权利。对 *Beck* 案的全面分析，参见 Kenneth Dau-Schmidt，"Union Security Agreements under the National Labor Relations Act：The Statute，the Constitution，and the Court Opinion in *Beck*，" 27 *Harv. J. on Legis.* 51(1990)；"Topol，Union Shops，State Action and the National Labor Relations Act，" 101 *Yale L. J.* 1135(1992)。

⑳　Michael Kelly，"President Moves in Favor of Labor，" *New York Times*，February 3，1993，at A12，col. 1.

㉑　See Steven Greenhouse，"Bush is Moving to Reduce Labor's Political Coffers，" *New York Times*，February 16，at A14. 一家联邦地区法院最初基于优先适用理由(on preemption grounds)认定这一命令无效。*UAW-Labor and Employment Training Corp. v. Chao*，169 LRRM 2073(D. D. C. 2002). 然而，哥伦比亚特区上诉法院作出改判。*UAW-Labor and Employment Training Corp. v. Chao*，325 F. 3d 360(D. C. Cir. 2003)。

㉒　"Notification of Employee Rights Under Federal Labor Laws，" Exec. Order No. 13，496，74 F. R. 6107(January 30，3009)。

㉓　See 2016 Republican Party Platform，Republican National Convention 7-8(2016)，www. gop. com/the-2016-republican-party-platform/；ChrisOpfer，*GOP Platform Urges National Right-to-Work Law*，Bloomberg News(July 19，2016)，www. bna. com/gop-platform-urges-n73014444956/.

㉔　加州立法提案第 32 号(California Proposition 32)，"Political Contributions by Payroll Deduction Contributions to Candidates Initiative Statute"(2012)(投票动议失败)；加州立法提案第 226 号，"Political Contribution by Employees，Union Members，Foreign Entities Statute"(1998)(投票动议失败)；加州立法提案第 75 号，"Public Employees Union Dues Required Employee Consent for Political Contributions Initiative Statute"(2005)(投票动议失败)；科罗拉多州立法修正案第 49 号(Colorado Amendment 49)，"Colorado Limitation on Public Payroll Deductions Initiative"(2008)(投票动议失败)；俄勒冈州投票措施第 92 号(Oregon Ballot Measure 92)，"Oregon Prohibits Payroll Deductions for Political Purposes"(2000)(投票动议失败)。在亚利桑那州，一个类似的"保护亚利桑那雇员工资"的立法动议被接受，但是未能在 2008 年 11 月投票。见 Howard Fischer，"Taxpayers Federation Targets Union Funding，" *Arizona Business Gazette*，April 10，2008。

程序的权利。[75] 然而,联邦最高法院出现意见分歧,首席大法官罗伯茨(Roberts)撰写的一份意见认为,当各州禁止出于政治目的扣减工资时,并没有以违宪的方式限制政治言论。[76] 该院指出,禁止政治性工资扣除(political payroll deductions)进一步巩固了爱达荷州将政府运作与党派政治分开的利益。这种利益扩展至包括任何级别政府的所有公共雇主。[77] 加州最高法院认为,某一学区可以禁止代表学校教师的工会组织派发支持学校董事会候选人的政治性宣传资料。[78]

357

联邦最高法院最近影响最为深远的一项判决[79]是在诺克斯诉服务业雇员国际工会第 1000 号地方工会案(*Knox v. Service Employees International Union*, *Local 1000*)中,阿利托(Alito)大法官代表五比四多数意见所撰写的附带意见。[80] 在本案中,针对工会设定的一项特殊费用,联邦最高法院认为,依据联邦宪法第一修正案的要求,非工会会员对这项费用可以选择加入,而不是要求他们选择退出。诺克斯案的判决仅适用于特殊费用,但联邦最高法院否定了半个多世纪以来该院判例的推理,认为"反对意见不可推定"。这是一种"不假思索的评论",它"没有停下来考虑肯定性的选择退

---

[75] *Davenport v. Wash. Educ. Ass'n*, 551 U. S. 177(2007).

[76] *Ysursa v. Pocatello Educ. Ass'n*, 555 U. S. 353(2009);"Government Subsidies of Political Speech," 123 *Harv. L. Rev.* 242(2009).

[77] 同上,第 363 页。工作权立法具有普遍性,在 *Ysursa* 案之后发生的诉讼就是例证。见 *Ala. Educ. Ass'n v. State Superintendent of Educ.*, 665 F. 3d 1234(11th Cir. 2011); *United Food & Commercial Workers*, *Local 99 v. Brewer*, 817 F. 2d 1118(D. Ariz. 2011); *Utah Educ. Ass'n v. Shurtleff*, 565 F. 3d 11226(10th Cir. 2009). *United Food & Commercial Workers Local 99 v. Bennett*, 934 F. Supp. 2d 1167, 1180 (D. Ariz. 2013); *Michigan State AFL-CIO v. Schuette*, 847 F. 3d 800 (6th Cir. 2017); *Bailey v. Callaghan*, 715 F. 3d 956, 958 (6th Cir. 2013).

[78] *San Leandro Teachers Ass'n v. Governing Bd. of the San Leandro Unified Sch. Dist.*, 46 Cal. 4th 822(2009).

[79] *United Auto.*, *Aerospace and Agricultural Implement Workers of Am. Local 3047 v. Hardin County*, *Ky.*, 842 F. 3d 407, 417(6th Cir. 2016)[认为县作为州的政治分支,可以根据 NLRA 颁布工作权立法, § 14 29 U. S. C. A. § 164(b)], *cert denied*, 138 S. Ct. 130(2017); *Contra*, *Int'l Union of Operating Eng'rs Local 399 v. Vill. of Lincolnshire*, 905 F3d 995(7th Cir. 2018). 参见 *Oil*, *Chemical & Atomic Workers International Union v. Mobil Oil Corp.*, 426 US 407, 417(1976). (认为"雇员的主要工作地点……触发了允许各州颁布工作权法的联邦法定条款的运作").

[80] *Knox v. Serv. Employees Intern. Union*, *Local 1000*, 132 S. Ct. 2277(2012).

出要求(affirmative opt-out requirement)所具有的更加广泛的宪法含义"。通过授权工会向非会员收取费用，并允许使用选择退出制度来收取费用以弥补"不得收取的费用"(nonchargeable expenses)，我们先前所作的判决已接近宪法第一修正案所能容忍的限度，如果没有超越这一限度的话。[81]

这是联邦最高法院首次表现出倾向于推翻其持续四十年的先例，而该先例肇始于阿布德案(Abood)那份涉及公共部门的具有里程碑意义的判决。[82]

联邦最高法院作出的对其四十年先例几近否定的第二项判决是奎恩诉 358 哈里斯案(Quinn v. Harris)。[83] 在此案中，法院认为，工会作为适当的谈判单位的专属谈判代表作出努力，为了避免非会员"搭便车"，工会具有向"非会员"收取约定费用的合法利益，这一点是"值得怀疑的"。法院称："一般来说，这种'搭便车'的说法不足以反驳宪法第一修正案的否定。"[84]在一项投票结果为五比四的判决中，[85]联邦最高法院似乎准备推翻阿布德案，直到斯卡利亚大法官的去世使法院在随后的案件中陷入僵局，投票结果变成了四比四。[86] 与此同时，在 2018 年 7 月，特朗普政府提出了一项新规定，该规则使一些受医疗补助计划资助的家庭护理人员无法选择直接从他们的薪水中支付工会会费。[87]

共和党参议院拒绝考虑奥巴马总统对哥伦比亚特区上诉法院首席法官加兰(Garlands)的提名，随着首席大法官戈萨奇取代斯卡利亚大法官，人选之争终于尘埃落定。联邦最高法院在贾努斯诉美国联邦县和市政府雇员 31 号理事会案(*Janus v. American Federation of State County and Mu-*

---

[81]　*Knox v. Serv. Employees Intern. Union，Local 1000*，132 S. Ct. 2277(2012)，第 2290—2291 页。

[82]　见前注[85]。

[83]　*Quinn v. Harris*，134 S. Ct. 2618(2014)。

[84]　有关这一判决的讨论，见 William B. Gould IV，"Organized Labor，the Supreme Court，and Harris v. Quinn:Dèjà Vu All Over Again?" 2014 *Sup. Ct. Rev.* 133(2015)。

[85]　反对意见书由卡根大法官撰写，索托马约尔、金斯伯格和布雷耶大法官附议。同上。在所有这些案件中，持异议者一直是这些法官。

[86]　*Friedrichs v. California Teachers Ass'n*，136 S. Ct. 1083(2016)。

[87]　83 Fed. Reg，32252(2018 年 7 月 12 日提议)(将编入 42 C. F. R. 447)。

nicipal Employees Council 31)中重新审议了这一问题。⑱ 不同于当初在诺克斯案和哈里斯案中的弦外之音，该院现在直抒胸臆。它不仅彻底推翻了四十年以来维护所谓"公平分担"协议合宪性的公共部门劳动法，而且推翻了六十多年以来的大部分理由。联邦最高法院拒绝因循守旧，因为代表五比四多数的阿利托大法官得出结论：(1)宪法第一修正案对非会员雇员的
359 关切未能得到"充分考量"；(2)较早的案件依据不适当的遵循先例标准，未能对宪法第一修正案作出评估；(3)与集体谈判相关的主题事项中哪些属于政治性的或是超出工会谈判责任的，其界线不甚明确且"具有可塑性"，"因此导致滥讼现象"；(4)先前的判决是在"一个截然不同的法律和经济背景"下作出的，当时的公共部门工会主义仍属"一种相对较新的现象"——这与2018 年的情况形成鲜明对比，此时公共部门工会会员人数大幅增长，并且"公共支出同步增加"，对此联邦最高法院的多数意见并不赞成；⑲(5)在斯卡利亚大法官去世之前，公共部门工会已经注意到联邦最高法院在诺克斯案和哈里斯案以及一份移送令中表达的"疑虑"；(6)几十年前的先例造成"强制性工会支持优先于强制性政党支持的怪现象"，导致宪法第一修正案相关的司法判决中出现不一致的情况。⑳

　　卡根大法官代表其他三位大法官撰写了一篇一针见血且有说服力的反对意见书。她的意见书指出了公共部门劳动法"三个相互关联的部分"：(1)工会的专属谈判代表地位；(2)政府无力减少冲突，因此无法通过集体谈判获益；(3)工会"稳定的资金"来源所需的代理费(the agency fees)至关重要，因为如果没有这些费用，"雇员就有充分的动机对他人缴纳的工会会费搭便车"。㉑ 与先前的反对意见书一样，卡根大法官聚焦于联邦最高法院有关公共雇员在工作场所一般不享有宪法性权利的判决(见第十章)与多数意见希望构建宪法性异议权之间的矛盾。

---

⑱　*Janus v. AFSCME，Council 31*，138 S. Ct. 2448(2018).
⑲　同上，第 2458 页。
⑳　同上，第 2484 页。
㉑　卡根大法官的反对意见书，同上，第 2489 页。

贾努斯案带来的后果难以预测。第一,已经有人提起诉讼,要求追索已缴纳的会费。[92] 第二,加利福尼亚州和新泽西州[93]等一些州制定了积极的法规,赋予工会更大的能力招募新雇员以及组织未入会的雇员。一些工会已经自行采取行动。[94]
360

第三,各州可以制定新的法规,可以借鉴 1980 年 NLRA 修正案,该修正案规定持不同政见的工人在有宗教异议的情况下,可以向劳工组织以外的慈善组织缴纳相当于会费的费用,[95]因此,法规可以设计出让持不同政见者有权向慈善组织而不是工会缴费的方案。[96]

第四,一些工会现在试图攻击相关法规的合宪性,这些法规将所有负担强加于工会,并迫使工会对谈判单位内所有的人承担公平代表义务,但却允
361

---

⑨２　Noam Scheiber,"A Trump Pick Drives the Anti-Union Offensive," *New York Times*,July 18,2018.

⑨３　S. B. 866,Cal. S.,ch. 53(2018);Workplace Democracy Enhancement Act,S2137,281th N. J. Leg. (2018). 在等待贾努斯案判决的同时,加州颁布了立法,强制要求所有公共部门雇主为专属代表的雇员提供"新员工指导"的机会。AB-119,Cal. Assemb.,ch. 21(2017).

⑨４　See e. g. IBEW 1245's Public Sector Organizing Campaign;Building Leadership &. Capacity (June 2017—June 2018). Cf. David B. Schwartz,"The NLRA's Religious Exemption in a Post-Hobby Lobby World;Current Status,Future Difficulties,and a Proposed Solution," 30 *ABA J. of Labor &. Employment Law*,Issue 2(May 2015).

⑨５　Pub. L. No. 96-593,December 24,1980. See Service Employees International Union,Local 6,Case No. 19-CB-5151,Advice Memoranda of the NLRB General Counsel,117 LRRM 1508 (September 27,1984). 联邦第六巡回上诉法院认为,宗教适应条款(religious accommodation provision)因违反联邦宪法第一修正案的禁止设立国教条款(Establishment Clause)而表面违宪,因为它对一个"传统上出于个人信念拒绝加入或资助劳工组织"的"真正的宗教、团体或教派"与其他组织作了区分。参见 *Tooley v. Martin Marietta Corp.*,648 F. 2d 1239(9th Cir. 1981)(颁布禁令,阻止工会和公司因未能支付工会会费而解雇基督复临安息日会教徒,因为法院认为向双方都能接受的慈善机构付款是一种合理的变通,不会给工会造成不必要的困难)。另见 *International Ass'n of Machinists &. Aerospace Workers*,*Lodge 751 v. Boeing Co.*,833 F. 2d 165(9th Cir,1988)(认为 NLRA 规定的宗教适应措施并不会取代《民权法》第七章规定的宗教适应措施,雇员无须是反对加入工会的有组织宗教团体的成员,就有权获得 NLRA 的豁免保护)。参见 *Bushouse v. Local Union 2209*,*United Auto.*,*Aerospace &. Agricultural Implement Workers of America*,164 F. Supp. 2d1066(N. D. Ind. 2001)(支持工会的要求,即通用汽车工厂工人须为其真诚的宗教信仰提供独立的佐证,工会才会允许他因宗教信仰豁免工会会费)。

⑨６　Samuel Estreicher,"How Unions Can Survive a Supreme Court Defeat," *Bloomberg View*,March 2,2018.

许非会员雇员不为这一制度"买单",因为这是对其结社自由的违宪干涉。[57]
这一做法是把双刃剑,一些处于战略地位的工会发起了此类诉讼,而许多雇
主以及全国工作权基金会(National Right to Work Foundation)同样提出
质疑合宪性的主张,因为他们通过与完全不在代表权范围内的非会员谈判
个人雇佣合同可以做得更好。

第五,一些工会寻求政府援助以补充其会费制度是有可能的。理论上
说,如果不实行公平分担,公共部门雇主会得到一笔可以付给工会的意外之
财,而不会牵涉到贾努斯案中受保护的持不同政见者的权利。然而,这会给
工会自治以及与公共雇主的合作带来相当大的问题,在任何情况下,工会代
表与公共雇主的合作方式都不可能是政治性的。

第六,在贾努斯案中,多数意见认为:"非会员个人要么会被要求为这项
362服务付费(工会作为申诉代表发生的费用),要么会被工会完全拒绝代
表。"[58]以往的经验并不乐观,因为会费制度是一种保险制度,未入会的工人
不支付会费,那么一个案件中的个人费用将是相当可观的。在制定有工作
权立法的州,私营部门的专属谈判代表曾试图向非会员雇员收取费用,以
补偿工会的代表费用,但是促进工作权的州立法被认为因违宪而被优位取

---

[57]　参见 *Sweeney v. Pence*，767 F.3d 654(1h Cit. 2014)(伍兹大法官的反对意见书)(法院认
为,工会具有专属代表地位,却无法强制收取会费,违宪地剥夺了工会的财产。"除非允许工会拒绝
向非会员提供服务,否则唯一合宪的途径是允许工会向非会员收取费用,这些费用仅限于非会员获
得的法定代表服务。多数意见禁止这样做,亦即批准没收一方私人主体的资源,以造福另一私人主
体。")参见 *D'Agostino v. Baker*，812 F.3d 240(1st Cir. 2016)(投诉人声称,马萨诸塞州的一项法规
强制儿童保育员隶属于工会,将其作为他们的专属代表,这违反了他们基于宪法第一修正案的自由
结社和言论自由权利);*Bierman v. Dayton*，900 F.3d 570(8th Cir. 2018)(尽管有贾努斯案的判决
在先,法院仍然否定了基于结社自由对工会专属代表地位的攻击)。参见 Charles J. Morris，*The
Blue Eagle at Work：Reclaiming Democratic Rights in the American Workplace*，1(2005)；Cath-
erine L. Fisk and Benjamin I. Sachs，"Restoring Equity in Right-to-Work Law," 4 *U.C. Irvine L.
Rev.* 857，859(2014)；John M. True Ⅲ，"The Blue Eagle at Work：Reclaiming Democratic Rights
in the American Workplace," 26 *Berkeley J. Emp. & Lab. L.* 181，184(2005)。
[58]　贾努斯案,第 2468—2469 页。

代⑨,而且 NLRB 认为这种做法构成非法胁迫。⑩

　　在贾努斯案可以适用的公共部门,内华达州最高法院认为,尽管根据 NLRA,此类收费是一种胁迫的非法限制,但根据该州的法规,这种做法是合法的。⑩

　　与此同时,贾努斯案中的一些内容可能对私营部门产生影响,尽管迄今为止,司法审查对私营部门的要求不像对直接受宪法第一修正案约束的公共部门案件那么严格。⑩ 在私营部门,提出异议的责任落在雇员身上,这与₃₆₃贾努斯案中公共部门的新规则(提出异议的责任在于持不同政见者)相反,工会没有义务获得明确的授权。NLRB 认为,工会必须在雇员们成为雇员之时或是成为非会员之时(如果非会员没有收到最初的通知)通知他们依据贝克案享有的会费支出的异议权。⑩ 如前所述,虽然通知是必须的,但是马克斯案的判决明确指出,这种通知不必包含在集体谈判协议之中。通知必

---

　　⑨　*NLRB v. North Dakota*,504 F. Supp. 2d 750(D. N. D. 2007).

　　⑩　*Hughes Tool Company*,104 NLRB 318(1953);*Furniture Workers Division*,Local 282 (the Davis Co.),291 NLRB 182,183(1988);*Columbus Area Local American Postal Workers Union*(U. S. Postal Serv.),277 NLRB 541,543(1985);*Machinist*,*Local Union No. 697*(*The H. O. Canfield Rubber Co.*),223 NLRB 832,835(1976). Cf. *Buckeye Florida Co.*,362 NLRB no. 187(2015). Cf. *International Union of the United Association of Journeymen and Apprentices of the Plumbing and Pipefitting Industry of the United States and Canada*,*Local Unions Nos. 141*,*229*,*681 and 706 and International Paper Company*,*Southern Kraft Division*,252 NLRB 1299 (1980);International Union of the United Association of Journeymen Local 141,et al. v. NLRB,675 F. 2d 1257(D. C. Cir. 1982).

　　⑩　*Cone v. Nevada Service Employees Union/SEIU Local 1107*,998 P2d 1178(2000).

　　⑩　*United Nurses and Allied Professional*(*Kent Hospital*)*and Jeanette Geary*,359 NLRB 469,474(2012)("《铁路劳动法》以及公共部门的案件为依据 NLRA 可以收费的违法行为设立了一个下限,而不是上限;根据更严格的宪法标准可以收取的任何费用,在较不严格的公平代表义务标准下都是可以收取的;然而,并非每笔在更严格的标准下不可收取的费用,同样也在较不严格的标准下不可收取。")贾努斯案指出,早期的《铁路劳动法》案件并没有提出"……宪法第 修正案的问题,这些案件可以适当地提出这一问题,除非国会颁布的法律条款允许(但不要求)私人主体之间达成工会工厂(union shop)协议,以此足以认定为政府行为。这一主张在 Abood 案判决时是值得商榷的,在今天更是如此(引文省略)……我们在 *Communication Workers of American v. Beck*,487 U. S. 735,761(1988)案中推迟对这一问题的判决,在此不做解决。"Janus 案,同前注⑧,第 2502 页注释㉔.

　　⑩　*California Saw & Knife Works*,320 NLRB 224(1995). Cf. *Production Workers Union of Chicago & Vicinity*,*Local 707 v. NLRB*,161 F3d 1047(7th Cir. 1998).

须告知员工他们也有权辞去会员资格，从而成为能够提出异议的非会员雇员。⑱

364 在另一相关案件中，联邦最高法院曾鼓励工会自行制定一套内部退费（rebate）程序来解决这一问题，美国汽车工人联合会及铁路职员兄弟会（Brotherhood of Railway Clerks）等工会也设有这种程序。例如，汽车工人联合会曾规定，某位提出异议的会员可以要求将其缴纳会费的一部分用于支持某些"无党派意识形态社团组织"。至于铁路职员兄弟会，联邦最高法

---

⑱ *California Saw* 案和随后的案件有助于更全面地界定工会在这一领域的责任。NLRB 在 *California Saw* 案中认为，除其他情形外，工会必须采取"合理的步骤，以确保向工会要求其支付会费的所有雇员告知其权利"。320 NLRB at 233. 所有的雇员，无论是会员还是非会员，工会都必须通知他们有权辞去会员资格，从而避免强制性的工会保障。*Paperworkers Local 1033* (*Weyerhaeuser Paper Co.*)，320 NLRB 349(1995)，*enf. denied Buzenius v. NLRB*，124 F.3d 788(6th Cir. 1997)；*Group Health，Inc.*，325 NLRB 342(1998)，*enforced sub nom. Bloom v. NLRB*，209 F3d 1060(8th Cir.1998)；参考 *Rochester Manufacturing Co.*，323 NLRB 260(1997)。此外，两家联邦上诉法院认为，这种通知还必须告知雇员基于 *Beck* 案提出的反对所能带来的会费减少的百分比。见 *Thomas v. NLRB*，213 F3d 651(D. C. Cir. 2000)；*Finerty v. NLRB*，113 F3d 1288(9th Cir. 1997)。*California Saw* 案也认为，非会员雇员可以提出反对的有限的"窗口期"是有效的，但这个时期必须在雇员成为非会员后立即开始。320 NLRB at 236. 这种类型的"窗口期"之前在 *Abrams v. American Communication Workers* 案中得到了支持，59 F. 3d 1373(D. C. Cir. 1995)。NLRB 认为，工会可以坚持每年更新反对意见。*Colt's Mfg. Co，Inc*，356 NLRB No. 164(2011)。此外，*California Saw* 案认为，不要求逐个谈判单位进行核算，因此允许工会收取其他谈判单位的费用，只要"工会已经分配了费用，以确保只收取那些最终使谈判单位受益的费用"。320 NLRB at 237. 这种做法在 *Finerty v. NLRB*，113 F3d 1288(D. C. Cir. 1997)中也得到了支持。另见 *Chevron Chemical Co.*，326 NLRB 301(1998)。华盛顿特区巡回法院多次判决认为，工会在确定预付费用扣除时不需要逐个地方计算支出。见 *Thomas v. NLRB*，213 F3d 651(D. C. Cir. 2000)；*Finerty v. NLRB*，113 F3d 1288(D. C. Cir. 1997)。另见 *Electric Boat*，328 NLRB 1215(1999)。但现在 NLRB 认为，工会必须向雇员提供独立的审计，以便他们能够决定是否提出异议。*KGW Radio*，327 NLRB 474(1999)。

关于哪些费用可以向非会员收取，NLRB 在 *California Saw* 案中拒绝采用禁止向非会员收取其谈判单位以外的诉讼费用的规则，而是询问收取的诉讼费用是否"可能最终因其在上级组织中的成员身份而使当地工会的会员受益"。320 NLRB at 238(内部引文和引证省略)。NLRB 会还发现，工会不得向非会员收取立法费用。同上，第 249 页。但在 *United Food & Commercial Workers Union，Local 1036 v. NLRB*，284 F. 3d 1099(9th Cir. 2002)(en banc)，*enforcing Meijer，Inc.*，329 NLRB 730(1999)，*cert. denied sub nom* 以及 *Mulder v. NLRB*，537 U. S. 1042(2002)案中，联邦第九巡回法院认为，只要目标雇主与该谈判单位处于同一竞争市场，就可以收取代表费用。根据联邦最高法院的先例，这一判决似乎值得怀疑。见 *Connecticut Limousine Service* 324 NLRB 633，638(1997)(古德主席部分反对)。

院曾以全体无异议的方式判决,该工会所采用的退费程序在法律上并不充分。⑩ 怀特大法官所起草的法院意见认为:

> 在本案中,有许多可以立即采用的替代方法存在,例如,工会可以事先减免会费,以及(或)设立支付利息的保管账户(escrow accounts)等,这些做法对于工会而言并不会造成太多的额外负担。如果这些替代方法存在,则工会不得将持异议的会员所缴纳的会费用于其他不适当的用途,即使只是临时性的,一般也不允许。该工会在本案中所采用的退费办法仅可以减轻,而并不能消除其违法性。⑩

此外,联邦最高法院认为,工会应当提供与工会支出相关的充分信息,365 不仅限于对与集体谈判没有直接关联(nongermane)的工会支出,非会员雇员无须支付工会指定的会费比例,⑩同时,工会还应当由"一位公正的决策者作出合理而迅速的决定"。⑩ 当然,随着贾努斯案的出现,上述判例以及联邦最高法院关于何为与集体谈判有关或者无关的判决已经过时,因为现在不再有这样的界线,并且对于任何事项的支出公共部门的非会员雇员都没有明确的授权。因此,联邦最高法院关于这一问题的先例由于贾努斯案的出现变得不再具有关联性。⑩

联邦最高法院最初三个判决中的第一个确立了一种观点,即工会将会员所缴纳的会费用于支付与该谈判单位无关的诉讼或组建工会的活动,是

---

⑩ *Ellis v. Brotherhood of Railway, Airline and Steamship Clerks*, 466 U. S. 435(1984).

⑩ 同上,第 444 页。公共部门领域的类似判决,见 *Chicago Teachers, Union Local No. 1 v. Hudson*, 475 U. S. 292(1986)。

⑩ *Chicago Teachers Union Local No. 1 v. Hudson*, 475 U. S. 292(1986).

⑩ 同上,第 295 页。

⑩ *Ellis v. Brotherhood of Railway*, 466 U. S. 435(1984);*Lehnert v. Ferris Faculty Association*, 500 U. S. 507(1991);*Locke v. Karass*, 555 U. S. 207(2009).同样,联邦最高法院关于退费的意见现在也被贾努斯案推翻了。*Chicago Teachers Union Local No. 1 v. Hudson*, 475 U. S. 292(1986).

与集体谈判程序无"直接关联"(germane)的支出。[10] 在另一个近期的案件中,联邦最高法院的意见显得充满分歧。其中多数意见指出,公务员工会所从事的游说(lobbying)或其他政治活动,如果与集体谈判协议的修改或实施没有直接关联,则与集体谈判程序无关。此外,如果工会努力为该州的公共教育筹措资金,虽然其结果可能会对教师的薪酬谈判有所助益,但是仍然与集体谈判程序无关。[11] 斯蒂芬·布雷耶大法官执笔的第三份意见书中指出,全国性诉讼的费用与集体谈判程序直接相关,因此可以对非会员雇员收取相应的费用,只要诉讼是本地的,并且收费在性质上是互惠的(reciprocal),那么超出本地范围诉讼的争议事项是可以收费的。[12] 其关键点在于诉讼费用与集体谈判之间的关系,以及当地工会向其隶属的全国性工会付费是否是"基于其在上级组织中的成员地位,以便将服务最终适用于当地工会"。[13] 同样,贾努斯案使这种做法在公共部门变得过时,因为界线已经不复存在。

克林顿、小布什、奥巴马的总统行政命令以及联邦最高法院在诺克斯案与贝克案的判决,已使工会参与政治程序以及使用会费从事这类活动等成为 20 世纪 90 年代与 21 世纪头十年的一个中心议题。弗兰克福特大法官早就指出,美国劳工在历史上与政治及立法牵扯极深,这一富有洞见的反对意见似乎早已烟消云散。[14] 不过,具有讽刺意味的是,尽管两位大法官得出了不同的结论,但是阿利托大法官关于与集体谈判"相关"或是"无关"缺乏明确界线的论断,倒是与弗兰克福特的观点不谋而合。

---

[10]　*Ellis*,466 U.S.435(1984).

[11]　*Lehnert v. Ferris Faculty Association*,500 U.S.507(1991).

[12]　*Locke v. Karass*,555 U.S.207(2009).政治性支出可能与集体谈判、协议执行和申诉调整有直接关联:"这一认定标准直接聚焦于工会的代表职责,而不是其他次要的考虑。指控方提出,对 *Beck* 案的这种解读不恰当地赋予工会向持异议者收取任何一切政治费用的自由处理权(carte blanche),我们反对这一观点。事实上,因为应收取的费用必须与工会的代表职责紧密相关,所以工会不能合法地向持异议者收取纯粹的政党费用。"*Kent Hospital*,同前注[10],第 7 页。

[13]　同上,第 208 页。

[14]　*International Association of Machinists v. Street*,367 U.S.740,797(1961)(弗兰克福特大法官的反对意见书)。

第十章　公共部门

NLRA 将公务员(public employee)排除其适用范围之外。近年来,美国各州与各地方有关公共部门集体谈判制度以及劳工问题的立法获得了极大的发展。① 在本书第六版出版时,已有 41 个州制定了相对健全的立法,以保障公务员组建工会和集体谈判的权利。(有些州规定公共部门雇主仅需要与工会会面并协商,但其实际效果往往类似于谈判义务。)②

2011 年到来前夕,集体谈判权利被扩大至州立大学的教职工和研究助理,伊利诺伊州、新泽西州、俄勒冈州、新罕布什尔州、加利福尼亚州和马萨诸塞州都在《雇员自由选择法》(Employee Free Choice Act)中规定了类似于签署授权卡(card check)的制度。2003 年和 2004 年,新墨西哥州和俄克拉荷马州扩大了公共部门集体谈判。但是在 2011 年,这一趋势发生了大逆转。截至 2011 年 4 月,共计 744 件反工会的法律草案进入各州立法机关,且几乎遍布全国每一个州。③ 其中最突出的代表是威斯康星州和俄亥俄州。威斯康星州在其《预算修复法案》(Budget Repair Bill)④中通过下列方式实际上取消了某些公务员的集体谈判制度:(1)将工资增长限制在消费者

---

① 大多数州有公务员集体谈判的立法,尽管有些立法允许特定的公务员进行集体谈判,而其他的则不允许。例如,北卡罗来纳州、南卡罗来纳州、田纳西州和弗吉尼亚州禁止消防员进行集体谈判。在上述州以及佐治亚州,警察进行集体谈判也是非法的。此外,佐治亚州、北卡罗来纳州、南卡罗来纳州、弗吉尼亚州和得克萨斯州禁止教师进行集体谈判。虽然北卡罗来纳州、南卡罗来纳州和弗吉尼亚州有全面的法规,禁止所有公共部门的雇员进行集体谈判,但它们承认某些公共雇员的申诉程序。See Milla Sanes and John Schmitt, "Regulation of Public Sector Collective Bargaining in the States," Cur. for Econ. & Pol'y Res. (March 2011).

② Harry T. Edwards, "The Emerging Duty to Bargain in the Public Sector," 71 *Mich. L. Rev.* 885, 896(1973).

③ Richard Simon, "Anti-Union Push Gains Steam Nationwide," *Los Angeles Times*, April 2, 2011.

④ "2011 Wisconsin Act 10," Assemb. B. 11, 2011-12 Leg., January 2011 Spec. Sess.(Wis. 2011); A. G. Sulzberger, "Union Bill Is Law, But Debate Is Far from Over," *New York Times*, March 11, 2011.

价格指数(consumer price index)变动的特定百分比之内;(2)制定工作权立法;(3)禁止自动扣除工会会费;(4)规定强制性的再认证(recertification)制度,根据该制度每个工会每年将面临一次再认证的选举,且只有在得到该谈判单位雇员(而不仅仅是投票雇员)的51%投票支持时才能获得再认证;(5)将集体谈判协议的期限限定为一年。俄亥俄州的法案还规定,禁止发动罢工的权利,并且禁止提起有约束力的利益仲裁的权利。然而,2011年秋天,俄亥俄州的投票人通过无记名投票否决了上述法案。⑤

爱达荷州将集体谈判仅仅局限于薪资和福利事项,规定任何谈判协议的有效期都是一年,到每年6月还无法达成协议的,当事人应强制适用某些雇佣条件,此外,对教师的临时裁员不以其年资为依据。⑥ 印第安纳州也制369定了类似立法,禁止就申诉仲裁事项进行集体谈判,并且禁止可能使某个学区陷入亏损的协议条款。⑦ 而在内华达州,除了通过立法宣布某些类型的公务员无权进行集体谈判外,⑧还要求在州财政出现紧急状态时对集体协议重新进行谈判。⑨ 密歇根州要求仲裁员在处理有关警察、消防员和紧急救援人员的争议时,应将政府的支付能力放在所有其他标准的首位加以考

---

⑤ Joseph E. Slater, "The Rise and Fall of SB-5: The Rejection of an Anti-Union Law in Historical and Political Context," 43 *U. Tol. L. Rev.* 473(2012); Joseph E. Slater, "Public- Sector Labor in the Age of Obama," 87 *Ind. L. J.* 189(2012); Kenneth Glenn Dau-Schmidt and Winston Lin, "The Great Recession, the Resulting Budget Shortfalls, the 2010 Elections and the Attack on Public Sector Collective Bargaining in the United States," 29 *Hofstra Lab. & Emp. L. J.* 407 (2012).

⑥ See Bill Status: 1108, Idaho State Legislature, www. legislature. idaho. gov/legislation/2011/S1108. htm; Betsy Z. Russell, "Idaho Moves to Strip Collective Bargaining Rights from Teachers," Spokane Statesman-Review(March 8, 2011), www. spokesman. com/stories/2011/mar/08/idaho-moves-strip-collective-bargaining-rights-tea.

⑦ S. 575, §9(Ind. 2005), amended by S. 575, 117th Gen. Assemb., Reg. Sess. §3(Ind. 2011).

⑧ William H. Carlile, "Nevada Governor Signs Bill Curbing Public Sector Supervisors' Bargaining Rights," BNA *Daily Labor Report*, 119 DLR A-4, June 21, 2011; Nev. Rev. Stat. Ann. §288.140(4)(West 2010).

⑨ Nev. Rev. Stat. Ann. §288.150(2)(West 2010).

量。⑩ 马萨诸塞州禁止在市一级就健康保险条款进行集体谈判。⑪ 俄克拉荷马州废除了要求与着便衣的市政府公务员进行集体谈判的《俄克拉荷马市政府公务员集体谈判法》（Oklahoma Municipal Employee Collective Bargaining Act）。⑫ 新泽西州通过一项法律对仲裁裁决中工资的增长设置上限。⑬ 内布拉斯加州修改了仲裁规则，使其变得更加有利于公共部门雇主。⑭ 新罕布什尔州废除了强制性的授权卡认可（card recognition）立法，还废除了集体谈判协议到期时若谈判陷入僵局便自动续延的规定。⑮ 最后，田纳西州将教师的集体谈判制度代之以无约束力的"集体协商"，并规定教师由"教师代表"而不是工会官员来代表。⑯ 不仅如此，市级政府如加利福 370 尼亚州的瓦列霍（Vallejo）和帕拉奥图（Palo Alto）都一并废除了旨在解决公共安全雇员劳动争议的利益仲裁制度。⑰ 加州法院和加州公共雇佣关系委员会（California Public Employment Relations Board，PERB）认为，州劳动法中所谓的"会面和协商"义务⑱适用于旨在取消利益仲裁的城市宪章投

---

⑩　Nora Macaluso，"Michigan Law Links Municipal Finances，Binding Arbitration in Employee Disputes，" *BNA Daily Labor Report*，140 DLR A-9，July 21，2011.

⑪　Rick Valliere，"Massachusetts Governor Approves Limits on Union Say in Municipal Health Bargaining，" *BNA Daily Labor Report*，133 DLR A-5，July 12，2011.

⑫　"Fallin Signs Municipal Collective Bargaining Repeal，" *Capitol Beat Oklahoma*（April 29，2011），capitolbeatok.com/_webapp_3887193/Fallin_signs_municipal_collective_bargaining_repeal.

⑬　N. J. Stat. Ann. § § 34：13A-16. 7(b)（West 2010）.

⑭　Neb. Rev Stat. § 48-810（LexisNexis 2010）.

⑮　S. 1，2011 Sess.（N. H. 2011）；H. R. 589，2011 Leg. Sess.（N. H. 2011）.

⑯　Tenn. Code Ann. § 49-5-605(b)(1)（West 2010）.

⑰　Carolyn Jones，"Measure A Poised to Pass，" *San Francisco Chronicle*，June 21，2010，at C1；Mike Colgan，"Palo Alto Measure D Stripping Police，Fire Arbitration Rights Passes，" *CBS San Francisco*（November 9，2011），sanfrancisco.cbslocal.com/2011/11/09/palo-alto-measure-d-stripping-police-fire-arbitration-rights-passes. 类似的地方措施在圣路易斯—奥比斯保市［San Luis Obispo(2011 Measure B)］甚至是圣何塞市［San Jose(2011 measure V)］都获得了通过。"SLO Election Reveals Big Defeat for Police and Fire Unions，" 920 KVEC，August 31，2011；Steven Luo，"Bay Voters Deliver Mixed Verdict on Taxes，Public Pensions，" *California Beat*，November 3，2010.

⑱　*People ex rel. Seal Beach Police Officers Association v. City of Seal Beach*，36 Cal. 3d 591(1984).

票倡议。[19] 加州最高法院在柏灵诉 PERB 案（*Boling v. PERB*）中[20]认为，公职人员不能通过声称在发起和促进投票中充当私人公民而逃避会面和协商义务。该法院认为：

> 如果允许公职人员通过公开支持公民倡议来故意逃避《迈耶斯-米利亚斯-布朗法》（Meyers-Milias-Brown Act，MMBA）的会面和协商要求，将严重破坏该法所服务的政策：促进公共雇主与雇员之间的充分沟通，以及改善人事管理和雇主-雇员关系……会面和协商的义务并不取决于市长为实现其政策目标而选择的手段或市议会在此过程中的作用。[21]

正如 20 世纪六七十年代，工会利用立法机构作为集体谈判过程的终点371一样，现在一些公共雇主也利用州劳动法中关于雇佣条款和条件的集体谈判来提升与同一事项的未决投票倡议相关的地位。地方政府可以与工会展开谈判，以推动其他工会组织获得有约束力的利益仲裁。[22]

有关联邦政府公务员集体谈判权的联邦立法基本上保持不变，尽管他们仍不得谈判有关薪资的事项。1978 年，美国国会制定了《公务改革法》（Civil Service Reform Act of 1978），以取代一项原本在肯尼迪总统时代颁

---

[19] *City of Palo Alto v. Public Employment Relations Bd.*，5 Cal. App. 5th 1271(2016). 然而，上诉法院认为，委员会无权在双方会面后下令重新进行选举，因为这超出了加州宪法中的权力划分范围。

[20] *Boling v. Public Employment Relations Board*，No. S242034，2018 S. Ct. Cal. LEXIS(S. Ct. Cal. Aug. 2，2018).

[21] 同上，第4—5页。

[22] *DiQuisto v. Cnty. of Santa Clara*，Case No. 1-04-CV-020671(Cal. Super. Ct. July 27，2007)，*aff'd*，181 Cal. App. 4th 236(Cal. Ct. App. 2010). 作者在该案中担任圣克拉拉县的专家证人。

布的总统行政命令。㉓ 此外,1970 年的《邮政重组法》(Postal Reorganization Act)㉔在行政部门中设立一个独立机构。邮政部门的雇员同时受 NLRA 和《兰德勒姆–格里芬法》的约束,但也适用联邦公务员禁止罢工的规定。因此,《邮政重组法》本身设有一套争议解决程序。而依据规定,联邦公务员若从事罢工行为,将会受到重罪(felony)的指控,并且面临被解雇的命运。特朗普政府已经极大地改变了联邦雇员在集体谈判中的地位。㉕ 在一份长达 122 页的详尽阐述联邦雇员劳动法的意见中,杰克逊法官认为,总统有权发布一项解决联邦政府劳资关系的行政命令,但该命令的关键条款无效,理由是这些条款与国会法定的集体谈判程序不一致。㉖

法院特别宣布以下内容无效:(1)命令中明确限制对可利用公务时间的事项进行谈判的部分;(2)利用公务时间游说政府官员和代表其他工会会员准备申诉;(3)公务时间不得用于雇员工作时间的 25% 以上的要求;(4)工会活动时间由管理层决定并得到预先批准;(5)限制绩效和激励问题的可申诉性,以及"奋斗中的"工人可用于改善其绩效的时间;(6)如有需要,谈判"完全在纸上进行"的要求。法院在谈到第(6)项时说:"这一点所要求的机

㉓ 5 USC § 1101 et seq. Pub. L. No. 95-454,92 Stat. 1111. 联邦最高法院曾阐述联邦劳动关系局(Federal Labor Relations Authority)的各项职权,该局依据《公务员改革法》(Civil Service Reform Act)对不当劳动行为事项具有管辖权。见例如,*Federal Labor Relations Authority v. Aberdeen Proving Ground*,485 U. S. 409(1988);*Department of the Treasury*,*Internal Revenue Service v. Federal Labor Relations Authority*,494 U. S. 922(1990);*Fort Stewart Schools v. Federal Labor Relations Authority*,495 U. S. 641(1990)。

㉔ 39 USC § 1206(2012)。

㉕ 2017 年 9 月,特朗普总统发布了一项行政命令(EO 13812),取消了奥巴马时期的一项行政命令(EO 13522),该命令在整个联邦政府建立了劳资论坛,为联邦雇员提供了与管理层合作的有效途径。人事管理办公室的指导意见表明,联邦机构可以利用特朗普总统的行政命令来取消现有集体谈判协议的部分内容。See Kathleen M. McGettigan,"Guidance for Implementation of Executive Order 13812,"U. S. Office of Personnel Management(December 13,2017),www. chcoc. gov/content/guidance-implementation-executive-order-13812;Erich Wagner,"OPM Tells Agencies to Stop Working Collaboratively with Unions," Government Executive(December15,2017). www. govexec. com/management/2017/12/opm-tells-agencies-stop-working-collaboratively-unions/144617/.

㉖ *American Federation of Government Employees*,AFL-CIO v. Trump,No. 2018-1261 (Memorandum Opinion)(D. C. Aug. 25,2018)。

器人式的书面建议交流表明,当谈判者围坐在一个虚拟的桌子旁讨论工作场所的条件时,那种直接的和个人化的接触是不受欢迎的;此外,它不鼓励(联邦法律)谈判过程所要求的那种'给予和接受'的平等。"[27]

依据美国联邦宪法第一修正案保障自由结社权的规定[28],公务员有权加入工会成为会员。然而,联邦最高法院也指出,公务员的这项权利必须与政府规范其雇员言行的利益相权衡,而政府所享有的这种利益与其规范所有公民言论的利益相比,存在相当大的差异。[29] 提升一项重要的政府利益所使用的方法,必须对宪法性权利施加最小的限制。[30] 然而,参加工会成为会员的宪法性权利[31]与各种政府利益之间的平衡问题并不总是那么清晰。例如,警察和消防员均有权参加工会,[32]但他们是否仅能被局限于参加某些特定劳工组织的问题,至今仍未得到完全解决。[33] 再者,公务员从事集体谈

----

[27]　*American Federation of Government Employees*，AFL-CIO *v. Trump*，No. 2018-1261 (Memorandum Opinion)(D. C. Aug. 25, 2018). 意见书单行本,第103—104页。

[28]　*American Federation of State*，*County and Municipal Employees*，AFL-CIO *v. Woodward*，406 F. 2d 137(8th Cir. 1969).

[29]　*United States Civil Service Commission v. National Association of Letter Carriers*，413 U. S. 548，564(1973);*Pickering v. Board of Education*，391 U. S. 563，568(1968).

[30]　*Shelton v. Tucker*，364 U. S. 479(1960).

[31]　在 *Smith v. Arkansas State Highway Employees*，*Local 1315*，441 U. S. 463(1979)案中,联邦最高法院重申:"公务员当然享有结社和言论自由,并且可以公开请愿,他们受到联邦宪法第一修正案的保护免于遭到报复。"在 *Smith* 案之前的几年里,许多法院已经认定工会会员受第一修正案和第十四修正案规定的结社权的保护,见 *AFSCME v. Woodward*，406 F. 2d 137，139(8th Cir. 1969)[援引 *Thomas v. Collins*，323 U. S. 516(1945)]. 同样地,在 *Atkins v. City of Charlotte*，296 F. Supp. 1068，1077(W. D. N. C. 1969)(由三位法官组成法庭)案中,法院认定"结社权包括组织和加入工会的权利"。

[32]　关于警察入会权的判决,见 *Lutine v. Van Cleave*，483 F. 2d 966，967(10th Cir. 1978);*Vorbeek v. McNeal*，407 F. Supp. 733(E. D. Mo. 1976)(由三位法官组成法庭)，*aff'd*，426 U. S. 948.

[33]　禁止消防部门的官员与普通雇员加入同一个工会是被允许的,见 *Vicksburg Firefighters Assn. v. City of Vicksburg*，*Mississippi*，761 F. 2d 1036，1040(5th Cir. 1985)(判决"禁止被恰当地定性为监管人员的消防员加入由普通员工组成的劳工组织,符合政府在维护高效、可靠的消防服务方面的合法且实质性的利益");*Firefighters' Local 2498 v. York County*，589 F. 2d 775(4th Cir. 1978);*Elk Grove Firefighters' Local No. 2340 v. Williss*，400 F. Supp. 1097(N. D. Ill. 1975)，*aff'd*，539 F. 2d 714(7th Cir. 1976);*Firefighters v. City of Tupelo*，489 F. Supp. 1224(N. D. Miss. 1977). 一项禁止警察加入任何不仅限于全职执法人员的劳工组织的规定是不被允许的,这限制了警察的结社权利,不符合联邦宪法第一修正案,见 *Mescall v. Rochford*，92 LRRM 2708(N. D. Ill. 1979)，*aff'd*，655 F. 2d 111(7th Cir. 1981).

判的权利并不受联邦宪法的保障,更遑论其罢工的权利。㉞ 联邦第四巡回374
上诉法院拒绝将结社自由的宪法性权利扩大,用以禁止州长尼姆瑞特·哈
利(Nimrata Haley)的反工会言论,而该言论"并未伴随任何管制措施"。该
院认为,工会在这里所指控的政治言论本身是受保护的活动,因此远远谈不
上是权力滥用或是政府压制行为。㉟ 与之相类似,缅因州州长拆除了一块
属于州政府所有的大型壁画,该壁画原本是上届州政府授权悬挂的,联邦第
一巡回上诉法院驳回了基于宪法第一修正案的指控,指出"政府在这种情况
下可以选择脱离壁画所隐含的支持立场,而壁画本身被理解为是对政府所
希望扮演的中立角色的破坏"。㊱ 但另一方面,根据加州最高法院多数意见
的看法,公务员罢工权的行使,在该州应受到某种程度上的宪法和法律的
保护。㊲

然而,联邦最高法院曾判决,在劳工提起申诉时,州政府禁止其所属
工会作为代表出面处理,这一做法是合宪的。㊳ 事实上,这种做法比起对
集体谈判程序本身给予宪法上的保护,显得没那么雄心勃勃。基于这一
观点,法院拒绝将宪法性保护扩大至集体谈判程序本身,㊴尽管欧洲人权 375

㉞　*United Federation of Postal Clerks v. Blount*，825 F. Supp. 879(D. D. C. 1971)(由三位法
官组成法庭)，*aff'd*，404 U. S. 802；*Vorbeek v. McNeil*，前注㉜；Loutine v. Van Cleave，前注释
32。

㉟　*Int'l Ass'n of Machinists & Aerospace Workers v. Haley*，482 Feb. Appx. 759，766(4th
Cir. 2012)。

㊱　*Newton v. LePage*，700 F. 3d 595，602-03(1st Cir. 2012)。

㊲　*County Sanitation District No. 2 of Los Angeles v. County Employees Association SEIU*，
88 Cal. 3d 564(1985)。禁令不仅禁止在学区财产上进行纠察,而且禁止罢工者进入学校场地。禁止
在学区拥有或租赁的设施上使用标志和横幅,是对联邦宪法第一修正案规定的公职人员和学生权
利的违宪限制。*Eagle Point Education Assoc./SOBC/OEA v. Jackson County School District
No. 9*，980 F. 2d 1097(9th Cir. 2018)。

㊳　*Smith v. Arkansas State Highway Employees*，441 U. S. 468(1979)；另见 *Babbitt v.
UFW*，442 U. S. 289，313(1979)(确认"宪法并未赋予雇员权利强迫雇主参与对话或者甚至是强
迫其倾听")。

㊴　见例如,同上注；*Hanover Township Federation of Teachers v. Hanover Community School
Corp.*，457 F. 2d 456(7th Cir. 1972)。

法院认定集体谈判权和自由组建工会的权利均是宪法性权利。[40] 佛罗里达州[41]和密苏里州[42]都在其州宪法中将集体谈判权规定为宪法性权利,而密歇根州则在 2012 年通过全民公决否决了一项类似的提案。[43] 此外,美国的立场跟加拿大最高法院相比似乎少了些雄心抱负,后者已经将结社自由扩大至集体谈判的宪法性权利,[44]尽管最近一个时期法院的表态显得略有退缩。[45]

与此同时,最新通过的威斯康星州法律将某些涉及公共安全的人员排除出集体谈判限制。威斯康星州的一家联邦地区法院判决认为,依据联邦376宪法第一修正案,集体谈判协议中的条款是违宪的,因为对代表公共安全人员的工会所采用的筹资政策比普通雇员工会更为有利,这一歧视性规定涉及"表面上的(如果不是真正的)偏袒并卷入党派政治"。[46] 但是联邦上诉法院以二比一的投票结果推翻了上述判决,认为威斯康星州法律规定的"补贴

[40]   *Demir & Baykara v. Turkey*,App. No. 34503/97,48 E. H. R. R. 54(2008). 欧洲人权法院采取更加谨慎的方法,在组织工会权与加入工会权之间划定了分界线,而这些权利与参与集体谈判的权利本身是不同的。上述方法与美国法院采用的方法类似。*Wilson v. United Kingdom*,App. Nos. 30668/96,30671/96,30678/96,35 E. H. R. R. 20(2002).

[41]   *City of Miami Beach v. Bd. of Trustees of City Pension Fund for Firefighters & Police Officers in City of Miami Beach*,91 So. 3d 237(Fla. Dist. Ct. App. 2012);*State v. Fla. Police Benevolent Ass'n*,613 So. 2d 45(Fla. 1992). See generally David M. Orta,"Public Employee Collective Bargaining in Florida:Collective Bargaining or Collective Begging?" 23 *Stetson L. Rev.* 269(1994).

[42]   *Independence-National Educ. Ass'n v. Independence Sch. Distr.*,223 S. W. 3d131(Mo. 2007)(en banc). 在密歇根最高法院干预后,最近一次投票动议获准进入 2012 年 11 月的投票,这项法案将在密歇根创设一项州宪法上的集体谈判权。*Protect Our Jobs v. Bd. of State Canvassers*,No. 145748(Mich. Sept. 5,2012).

[43]   Matthew Dolan,"Michigan Constitution Amendments Fail," *Wall Street Journal*,November 7,2012.

[44]   *Health Servs. & Support-Facilities Subsector Bargaining Ass'n v. British Columbia*,[2007] 2 S. C. R. 391(Can.). 作者在本案中担任英属哥伦比亚省的专家证人。

[45]   *Ontario(Att'y General)v. Fraser*,[2011] 2 S. C. R. 3(Can.).

[46]   *Wis. Educ. Ass'n Council v. Walker*,824 F. Supp. 2d 856,876(2012). 法院援引 *Ysursa* 案强调公正性,并指出巡回法院在 *Ysursa* 案之前也曾采用类似方法。法院援引了 *Toledo Area AFL-CIO Council v. Pizza*,154 F. 3d 307,319(6th Cir. 1998)案(法院认定,当所有俄亥俄州的公务员都被剥夺这些公共管理的项目可能带来的权益时,俄亥俄州有关从工资中代扣会费的禁令是合宪

可能会更多地落到持有某种特定观点的群体身上，但这并不会将表面公正的法律转变为歧视性法律"[47]，并指出"威斯康星州对普通雇员工会与公共安全人员工会的差别待遇是应当支持的，因为它的目的是公共安全人员中的劳动和平（labor peace）"。[48] 在一份富有说服力的反对意见书中，大卫·汉密尔顿（David Hamilton）法官遵从了联邦最高法院的先例，该先例要求再审法院进行超越文本的审查，他认为，"对工会会费的工资扣除"（payroll deductions）新作出的、针对性的限制，将会"击败"要求越来越高的违反联邦宪法第一修正案的认定标准。[49]

　　在美国，工会具有排他性代表地位，这一宪法性法理在公共部门比私营377部门受到更多的限制。联邦最高法院曾判决，教师而非工会代表享有宪法上的权利，可以在公开的学校董事会上发言。[50] 而另一方面，联邦最高法院又判决认为，依据联邦宪法言论自由与平等保护的规定，可以拒绝某一少数

（接上页注释）　的）以及 *Ark. State Highway Employees Local 1315 v. Kell*，628 F. 2d 1099，1103（8th Cir. 1980）案（法院认定，州高速公路部停止扣缴所有工会会员会费的决定是合宪的）。对于面向所有州政府公务员的工会组织，各州对其扣缴工会会费作出限制，而对于仅面向一些分散的、选择性群体的工会组织，各州则没有此类限制，对上述行为的禁止也得到了巡回法院的支持。参见，例如，*City of Charlotte v. Local 660*，*Int's Ass'n of Firefighters*，426 U. S. 283，288，96 S. Ct 2036，48 L. Ed. 2d 636（1976）（法院认定，市政府规定只允许对"所有市政府或部门公务员都可以参与的、具有普遍利益的项目"进行扣缴，这并没有违反平等保护条款）；*S. C. Educ. Ass'n v. Campbell*，883 F. 2d 1251，1264（4th Cir. 1989）（法院对平等保护的质疑不予认可，因为法律允许扣除普遍利益群体的工资，但不允许扣除原告工会等特殊利益群体的工资）同上，第 872 页注释 15　威斯康星州一巡回法院宣布，2011 年威斯康星州"第 10 号法案"（Act 10）中的大部分立法违宪，威斯康星州最高法院推翻了上述判决并维持第 10 号法案的全部内容。*Madison Teachers，Inc. v. Walker*，851 N. W. 2d 337（2014）（法院认定，该法并没有侵犯原告的结社权，不违反平等保护条款和自治修正案，也不违反威斯康星州宪法的合同条款。）

　[47]　*Wisconsin Educ. Ass'n Council v. Walker*，705 F. 3d 640（7th Cir. 2013）.

　[48]　同上，第 15 页。

　[49]　同上，第 29 页（汉密尔顿大法官的反对意见书）。

　[50]　*City of Madison，Joint School No. 8 v. Wisconsin Employment Relations Commission*，429 U. S. 167（1976）.

工会使用教师信箱或校际投递系统传递信息，[51]尽管在私营部门依据 NL-RA 的规定，少数工会或异议雇员同样享有法定的通信权。[52] 在另一相关案件中，联邦最高法院以五票对四票的结果通过怀特大法官执笔的多数意见，认为各州在促进代表权的有效性上具有合法的利益。联邦最高法院在该案中又指出，没有证据表明所有希望派发资料的人都理所当然地获得了校方的许可，这是其作出这一判决的基础。联邦第五巡回上诉法院也在另一案件中判决，如果雇主的邮件系统对所有雇员组织无差别地开放，则少数工会有权加以使用。[53] 1984 年，联邦最高法院再次强调，服从于各州维护排他性代表权的利益，公共雇主应当只为唯一的集体谈判代表提供沟通机会，因此，禁止非工会会员参加与有关雇佣事项的"会面与协商"会议，且这些事项又不属于强制性谈判事项的，属于合宪的行为。[54]

另外一连串与公务员宪法性权利有关的联邦最高法院案件源自非法解378雇的问题。[55] 1985 年，根据怀特大法官所提纲的联邦最高法院意见，对只有依正当理由才能解雇的公务员，依据联邦宪法正当程序条款的规定，必须提供某种形式的解雇前（pre-termination）听证。该院认为，举行这种听证的目的是平衡某些相互冲突的重要利益，例如雇员继续任职的私人利益、政府迅速清除某些不称职雇员与避免行政负担的利益，以及错误解雇的风险等等。[56]此外，联邦最高法院曾判决，根据联邦宪法第一修正案的规定，公共

---

[51] *Perry Education Association v. Perry Local Educator's Association*，460 U. S. 37(1983).

[52] *NLRB v. Magnavox Co.*，415 U. S. 322(1974)；*Helton v. NLRB*，656 F. 2d 888(D. C. Cir. 1981).

[53] *Ysleta Federation of Teachers v. Ysleta Independent School District*，720 F. 2d 1429(5th Cir. 1988).

[54] *Minnesota State Board for Community Colleges v. Knight*，465 U. S. 271(1984).

[55] *Board of Regents v. Roth*，408 U. S. 564(1972)；*Perry v. Sindermann*，408 U. S. 598 (1972)；*Arnett v. Kennedy*，416 U. S. 134(1974)；*Goss v. Lopez*，419 U. S. 565(1975)；*Bishop v. Wood*，426 U. S. 841(1976)；*Davis v. Scherer*，468 U. S. 183(1984)，*Cleveland Board of Education v. Loudermill*，470 U. S. 532(1985).

[56] *Cleveland Board of Education*，470 U. S. 532，537(1985).

部门雇主不得以不支持执政党现行政策为由解雇公务员。[57] 同时,这项原则也适用于招用、升迁、调职以及临时裁员后的复职。[58] 但是,对某些特定派系的偏袒,例如"南波士顿集团"(South Boston)和"海德公园集团"(Hyde Park)不能等同于违宪的政治性歧视。[59]

设立国土安全部的立法削弱了某些联邦雇员通常享有的集体谈判权。2002 年后期,参议院辩论几个月之后,布什总统和他的支持者最终成功地设立了国土安全部,该部门并未受到对一般公务员的许多限制,包括雇员参与集体谈判的能力。2002 年 11 月中期选举遭遇惨败,民主党人被迫同意共和党的要求,即总统能够以国家安全的名义排除结社工人行使集体谈判的权利。民主党人硕果仅存的政策只有两项:一是针对新的人事规则发生的争议要求进行为期数周的调解(尽管总统仍有权作出最终决定);二是对379集体谈判权的排除将在四年内失效,而无须经过总统的重新授权。[60] 布什总统通过签署这一立法排除了 5.6 万名机场安检员的集体谈判权;尽管依据其他立法,1000 名国家图像与测绘局的雇员也失去了集体谈判权利。[61] 有关国土安全部的几项立法被扼杀[62],而国防部的几项规定却得到支持。[63]

此外,2011 年 1 月奥巴马总统任命的交通安全管理局(Transportation Security Administration,TSA)局长宣布,该局将允许机场安检员针对特

---

[57]　*Elrod v. Burns*,427 U.S. 247(1976);*Branti v. Finke*,445 U.S. 507(1980).高层决策者被排除在这种保护之外,见 *Hunt v. Cnty. of Orange*,672 F. 3d 606(9th Cir. 2012)。

[58]　*Rutan v. Republican Party of Illinois*,497 U.S. 62(1990).

[59]　*Barry v. Moran*,661 F. 3d 696(1st Cir. 2011).

[60]　See David Firestone and Elizabeth Bumiller,"Stalemate Ends in Bush Victory on Terror Bill," *New York Times*,November 13,2002,at A1.

[61]　See Christopher Lee and Sara Kehaulani Goo,"TSA Blocks Attempts to Unionize Screeners," *Washington Post*,January 10,2013,at A19;Stephen Barr,"National Security Concerns Wipe out Union Rights at Mapping Agency," *Washington Post*,February 10,2003,at B2. See also David Bacon,"Screened Out:How 'Fighting Terrorism' Became a Bludgeon in Bush's Assault on Labor," *The Nation*,May 12,2003,at 19.

[62]　*National Treasury Emp. Union v. Chertoff*,452 F. 3d 839(D. C. Cir. 2006).

[63]　*Am. Fed'n Gov't Emp. v. Gates*,486 F. 3d 1316(D. C. Cir. 2007).

定事项开展集体谈判。[64] 在一场竞争激烈的选举中,美国政府雇员联合会(American Federation of Government Employees,AFGE)以 51% 对 49% 的投票结果险胜全国财政雇员工会(National Treasury Employees Union),从而获得了代表安检员的权利。[65] 2012 年 8 月 2 日,AFGE 和 TSA 公布了首份针对机场安检员的集体谈判协议。[66] 这份覆盖4.4万名雇员的协议,其特色在于建立了一套全新的雇员评价制度,并且规定了争议仲裁条款。[67] 共和党立法者不断重申他们的主张——TSA 雇员的结社将破坏机场的安全,[68] 使得这一话题持续成为党派之争的爆发点。除了机场安检员以外,一些已经组建工会的国家安全雇员,其所属机构在 2003 年被国土安全部重组,包括边境警卫队的队员和海关的官员,仍保留了他们的谈判单位。[69]

最引人注目的一项进展出现在所谓的"红色"州,就是在这些工会力量薄弱或是根本没有工会的州发生了全州范围的停工(walkout)。在西弗吉尼亚州、俄克拉荷马州、肯塔基州、亚利桑那州和科罗拉多州等州,缺乏正式的工会集体谈判代表的抗议活动以停工的形式爆发,一些学校被迫关闭,因为这些学校目睹预算削减使他们的教育资金捉襟见肘。[70] 在所有这些州都可目睹令人沮丧的行为。[71] 尽管在这些州大多没有罢工权,但解雇或其他

---

[64]　Decision Memorandum from John S. Pistole, Administrator, Transp. Security Admin(February 4, 2011).

[65]　"Screeners for T. S. A. Select Union," *New York Times*, June 23, 2011.

[66]　Press Release, "Transp. Security Admin. , TSA and AFGE Reach Agreement on Labor Contract,"August 2, 2012.

[67]　Joe Davidson, "TSA, Union Land First Labor Pact for Security Officers," *Washington Post*, August 2, 2012.

[68]　同上。

[69]　见例如"DHS Labor-Management Forum Membership," *U. S. Dep't of Homeland Security*, www. dhs. gov/dhs-labor-management-forum-membership(列明国土安全部内各机构的代表)。

[70]　Michelle Chen, "The Oklahoma Teacher's Strike Is a Mutiny Against Austerity," *In These Times*, April 6, 2018.

[71]　Dana Goldstein, "In Protest of Low Pay, Educators in Arizona Threaten to Walk Out," *New York Times*, April 21, 2018, A15; Dana Goldstein, "Protests Spread, as Teachers Press For Better Pay and More Funding," *New York Times*, April 4, 2108, A16.

形式的报复并未发生,因为"……所有这些州都由于工资和其他因素而出现教师短缺现象"。当联邦最高法院在贾努斯案中宣布公平分担协议违宪,并将工会排挤出政治和集体谈判时,"在这些州的民主党人中,越来越希望有关资助学校和支付教师工资的辩论可以帮助他们吸引通常持怀疑态度的中间偏右的选民"。[72] "……除非西弗吉尼亚、俄克拉荷马和亚利桑那州的教师运动为工会注入新的活力,或是诞生持久性机构以取而代之,否则教师运381动很可能是短命的。"[73]

政府服务的私营化是公共部门工会前进道路上的又一个威胁。公共部门工会从 20 世纪 60 年代中期起发展迅猛,直到最近遭遇 2011—2012 年的立法挫折和公共部门裁员。20 世纪 60 年代,公务员入会滞后于私营部门雇员入会主要有几个方面的原因。

首先,国家主权(sovereignty)的法律概念被解读为政府至高无上的理念,而公务员则没有与其雇主抗衡的权利。

其次,与上述理念密切相关的一个观点也被提出,即被选举的官员不得将其责任委托他人。因此,集体谈判和仲裁被认为与民主程序相抵触,也与对选民负责而不是对工会会员负责的理念相冲突。此外,在私营部门中与工会组织相关的一些益处,如申诉-仲裁机制,直到 20 世纪五六十年代才显现出来,而公务员对其自身的处境并无不满。然而,经过 20 世纪 60 年代的动荡,公共部门与私营部门之间的福利鸿沟渐趋明显,工会运动在寻觅能够弥补私营会员流失的渠道之际,对公共部门愈加关注,这些因素共同促成了公共部门实质性的改变。过去几十年,公共部门掀起了一波入会的高潮。1966—1976 年间,美国教师联合会(American Federation of Teachers)和美国州县市级公务员联合会(American Federation of State, County and Mu-

[72] Dana Goldstein and Alexander Burns, "Teacher Walkouts Threaten Republicans' Grip on Red States," *New York Times*, April 13, 2018, A12. 但这种情况已经蔓延到"蓝色"的加利福尼亚州。Jennifer Medina and Dana Goldstein, "Teachers in Los Angeles Reach Deal to End Strike," *New York Times*, January 23, 2019.

[73] Noam Scheiber, "Can Weak Unions Get Teachers More Money?" *New York Times*, May 6, 2018, K3.

nicipal Employees)的会员数量分别增加了 257％ 和 167％。（现在他们的
382会员数量大约是 87.5 万，总计超过 100 万。）不隶属于劳联-产联的全国教
育协会（National Education Association）拥有会员 270 万人。

　　尽管如此，有关公共部门集体谈判的争论仍在继续，诸如这类谈判的发
展是否应该受到类似于 NLRA 的劳动法的保护（如果威斯康星州模式取得
进展的话），在公共部门到底应不应该存在集体谈判制度等问题，各方始终
意见不一。反对私营部门劳动法适用于公共部门的一个主要论据是两个部
门所处的经济类型不同。有观点认为，私营部门建立在市场经济的基础之
上，而这一点恰恰无法适用于公共部门，纽约州的劳动立法出台之前撰写的
泰勒报告（the Taylor report）就详细阐述了这一问题。[74] 而这一理论的反
对者指出，公共部门的限制因素是政治性的，如前所述，作出征税与增加预
算决定的那些官员会通过民主程序受到惩罚或者得到奖励。与前者极为类
似的第二个论据是，存在于私营部门的雇佣福利关系（employment-benefit
relationship）或者效益悖反（trade-off），并未出现在公共部门。在私营部
门，由于市场的约束，工会在工资要价时受到限制（工作岗位的减少将会促
成福利的增加，并使工作机会流向未建会的雇主）。同时，当雇主面临更高
的劳动力成本时，就会有更大的动力使用自动化。第三个论据是，比起私营
雇主，公共雇主的买方垄断力（monopsony power）较弱，因为雇员（特别是
在市一级）无论在公共部门还是私营部门的就业都能够有效竞争。[75] 相应
地，根据这一论据进行推导，公务员比私营部门雇员在应对雇主方面具有更
强的实力。第四个论据是，公务员居于更高的地位，因为无论是与已经建会
383的还是尚未建会的私营雇主相比，传统上公务员立法都规定了更好的工作
保障措施。然而，公共部门所享受的保障近来已经遭到两个因素的破坏：一
是仲裁条款的出现，它保护私营雇员免于解雇与惩戒，除非雇主对于处罚的

---

[74]　Governor's Commission on Public Employment Relations，Final Report（State New York，
1966）.

[75]　H. Wellington，*Unions and the Cities*（1972）；H. Wellington and R. Winter，"The Limits
of Collective Bargaining in Public Employment," 78 *Yale L. J*. 1107（1969）.

实施具有正当的理由；二是自 20 世纪 70 年代早期起，公共部门雇主在面对增大的经济压力时，总是十分乐意通过裁减人员来缩减预算，这一做法与大多数私营雇主并无二致。这在某种程度上使"市场力量不会作用于公共部门"的观点大打折扣。此外，有许多公共部门雇主将原来由公务员从事的工作外包出去，这一趋势也与私营部门相类似。举例而言，有许多公共部门雇主已经开始将收集垃圾的工作外包出去，就像某些私营部门雇主将门卫服务的工作外包给他人一样。[76]

公共部门与工会开展集体谈判的通常都是政府的行政部门，它们一般都需要依赖立法部门拨款委员会的协助才能实现任何既定的安排。（这一问题在联邦政府不会发生，因为联邦公务员工会迄今为止仍不得谈判有关薪资的事项。）一般而言，在开展集体谈判时，双方谈判代表最好都具有权威性，以便能充分表达被代表者的意愿。由于公共雇主本身力量分散，造成公共部门的集体谈判产生一些实践上的问题，从而使整个谈判过程愈加艰难。

公共部门与私营部门劳资关系的另一个不同之处在于，其监管性雇员（supervisory employees）与一般雇员之间的界限比在私营部门更加模糊。这种模糊性带来的一个直接后果是，对于监管性雇员工会存在更大的需求，384有时在同一工会组织内，有监管性雇员与一般雇员并存的情形。[77] 这种现象对雇主造成的困扰在于，那些在私营部门被归类为资方或是资方低阶代表的雇员是否忠诚的问题。

此外，公共部门与私营部门劳资关系最常被提及的区别是，前者的工会可以通过政治程序对其雇主施加压力。事实的确如此。例如，近年来，一些公共部门工会经常通过立法机关来达到为其会员增加养老金待遇的目的，

---

[76] J. Burton and C. Krider, "The Role and Consequences of Strikes by Public Employees," 29 *Yale L. J.* 419(1969). 交通运输业的纠纷，即使是在公有制下，也经常在公共部门法规之外得到解决。See William B. Gould IV, "A Route Around a BART Strike," *Los Angeles Times*, August, 15, 2013, at 115; William B. Gould IV, "BART, Other Transit Strikes should be Prohibited by Law", *San Jose Mercury News*, August 6, 2013, at A11.

[77] R. Smith, H. Edwards, and R. T. Clark, *Labor Relations Law in the Public Sector*, at 259-73(1974).

而养老金本应属于集体谈判事项。在这种情形下,公共部门雇主当然要较私营部门雇主居于更为不利的地位。然而事实上,甚至连私营部门的工会也希望通过立法活动来增强其经济性权益,同时,私营部门工会也往往对美国政治程序的运作介入甚深。

公共部门工会在谈判桌上所提出的问题,往往会对劳工及一般公众同时发生影响。举例而言,当某一工会要求警务人员在遭受惩戒或撤职处分时可不出席公共审查委员会(Public Review Board),对于这一问题,工会领袖与在纽约、芝加哥或旧金山的黑人领袖和西班牙裔领袖所持的观点极有可能是南辕北辙的。而在教师工会对课程内容提出要求时,情况也是如此。当然,并不是说上述问题不适合在谈判桌上提出来讨论,但有些问题,如底特律市的警察是否应住在该城市内,[78]以及圣荷塞市的警察是否可以携带警用枪械等事项,[79]显然与一般公众权益息息相关,因此,不宜通过谈判的 385 方式加以解决。然而,与此同时,某些传统的争议点,如根据上述 1970 年《公务员改革法》进行谈判时所产生的费用,究竟对联邦公务员的受益资格(entitlement)有没有影响? 关于这一点,联邦最高法院曾指出,尽管"国会显然希望增强联邦工会的地位,而且也希望集体谈判程序变得比在总统颁布行政命令的体制下更加有效地维护公共利益",[80]但是劳资关系是一种对抗关系,这一基本假设无论在公共部门还是在私营部门都是适用的。

在美国,有关公共部门劳资关系最疑难的争议点,是公务员究竟应不应该享有罢工的权利。联邦政府及绝大部分的州政府都通过普通法或成文法禁止公务员的罢工活动。但在少数州(夏威夷州、宾夕法尼亚州、佛蒙特州、阿拉斯加州和明尼苏达州成为表率)成文法中已规定允许公务员享有受限

---

　　[78]　*Detroit Police Officers Association v. Detroit*，214 N. W. 2d 803(Mich. 1974).

　　[79]　*San Jose Police Officers Association v. San Jose*，78 Cal. App. 3d 395，144 Cal. Rptr. 638 (1978).

　　[80]　*Bureau of Alcohol，Tobacco and Firearms v. Federal Labor Relations Authority*，464 U. S. 89，107(1983).

制的罢工权,而这些州的数目也在逐渐增加。㉛ 这些州的法律规定通常允许警察、消防员与监狱警卫以外的公务员行使罢工权,而且通常只有在双方当事人运用解决新合同条款争议的各项程序后,仍无法获得解决时才可以行使。加州最高法院曾对公务员行使罢工权设定以下标准:"根据普通法的原则,公务员的罢工活动并不违法,除非该罢工活动将会对一般公众的健康与安全产生重大而急迫的威胁。"该院指出:"这项标准对某些特别重要并且敏感的公职,如消防人员与执法人员等,仍会有某些例外情况存在,而法院应以逐案审查的方式决定公共利益是否能凌驾于罢工的基本权利之上。"㉜

支持公共部门罢工权的论点认为,如果完全没有罢工的可能性,则整个集体谈判程序将根本无法运作。因为除非雇主面临遭遇不便或损害的可能性,否则根本不可能在薪资、工时或工作条件上有让步的动机,或是认真进行谈判磋商。再者,有关私营部门与公共部门的界限本身难以划分清楚。举例而言,在1966年纽约市公共交通部门罢工时,某一公交线路的公务员依据州劳动法被禁止罢工,然而,就在临近街道的另一条公交线路的雇员,却可以行使罢工权而仍受到保护,就因为他们受雇于适用 NLRA 的私营运输业者或是

㉛ 有12个这样的州:阿拉斯加州、加利福尼亚州、科罗拉多州、夏威夷州、伊利诺伊州、路易斯安那州、明尼苏达州、蒙大拿州、俄亥俄州、俄勒冈州、宾夕法尼亚州和佛蒙特州。见 Milla Sanes and John Schmitt, *Regulation of Public Sector Collective Bargaining in the States*, Center for Economic and Policy Research (March 2014), http://cepr. net/documents/state-public-cb-2014-03. pdf. 1980 年,只有爱达荷州可以被列入名单。加利福尼亚州要求公共雇主在寻求禁止罢工的禁令之前,必须先向州劳动关系局申请用尽行政救济措施。*San Diego Teachers Association v. Superior Court*, 24 Cal. 3d 1, 154 Cal. Rptr. 893 (1979). 这一判决得出结论,加利福尼亚州公共部门的《劳资关系法》保障基本的罢工权利。*City of San Jose v. Operating Engineers Local Union No. 3*, 49 Cal. 4th 597, 606 (2010); *Modesto City Schools/Modesto City Schools, et al.* PERB order No. IR-12 (1980); 参见,特别是 *Fresno County In-Home Supportive Services Public Authority*, PERB Decision No. 2118 M (2015) (不罢工条款不得单方面强加)。参见 *Holland School District v. Holland Education Association*, 380 Mich. 314, 157 N. W. 2d 206 (1968). 然而,联邦第七巡回上诉法院认定,加利福尼亚州的判决方式在联邦法律框架下并不适用。*United States v. PATCO*, 653 F. 2d 1134 (7th Cir. 1981).

㉜ *County Sanitation of Los Angeles v. SEIU*, 38 Cal. 3d 564, 586(1985). 公共交通罢工的处理方式有所不同。见 William B. Gould IV, "A Route Around a BART Strike," *Los Angeles Times*, August 15, 2013, A15; William B. Gould IV, "BART, Other Transit Strikes should be Prohibited by Law," *The Mercury News*, August 5,2013.

公用事业。对于承担同一项工作任务的雇员而言,在这样一个对劳资双方极为重要的事项上受到截然不同的规则约束,是相当不正常和不平等的。

反对公共部门罢工权的论点则认为,禁止罢工的重要行业与允许罢工的非重要行业之间的界限难以划分清楚。绝大多数劳资关系学者均同意,警察和消防员不应享有罢工权,但对于其他的公职却很难建立共识。公共教育领域的罢工问题曾引起极大的争论。教师罢工是否会影响某一社区的健康与安全?多数人会说,如果罢工只是持续几天,不会有很大的影响,然而,如果罢工持续的时间更长呢?一般而言,学龄儿童待在家里的日子越长,就会有越多的家长认为学校提供的服务重要,而不仅仅只是基于接受教育的价值。通常如果两位家长都外出工作,则会增加他们对教师罢工的担忧。

另一个问题是,某些公务员可以采用诸如强制仲裁等程序来解决争议,而一份慷慨的仲裁裁决可能会耗尽全部预算,而使公务员无法加薪。事实上,因仲裁裁决过于优厚,而激起不得罢工的公务员决定罢工的事例层出不穷。此外,公务员享有罢工权的反对者还经常指出,如果要在重要服务与非重要服务之间划出一条界线,基本上就是默认如果罢工对雇主无害,则应准许罢工;如果对雇主有害,则应加以禁止。例如,由于整理草坪是一项非重要服务,因此,负责为州长官邸除草的园丁,应有权行使罢工的权利。⑧ 这难道不是在劳工毫无力量时给予他罢工的武器,而他根本不可能加以充分利用吗?

公务员罢工权的反对者又进一步指出,在处理公共部门的劳资关系时,特别是在市镇一级地方政府,往往必须面对许多不同的工会。就劳资关系而言,通常涉及多个工会的行业都是些所谓病态行业,而在公共部门以外的典型例子就是报纸、印刷与海运等行业。如果允许某一工会行使罢工权,则不得罢工的工会对设置在市镇政府办公场所前的罢工纠察线(picket lines),究竟会作出何种反应呢?在美国,由于劳工不得跨越罢工纠察线的

---

⑧　W. Gould, "Managing Emergency Strikes," *New Leader*, March 14, 1966; K. Hanslowe, *The Emerging Law of Labor Relations in Public Employment* (1967).

传统相当根深蒂固，⑥因此，准许某些雇员罢工，岂不是至少在某些情况下388
会引发全面罢工（general strikes）？

至于赞成在公共部门行使罢工权的最重要的依据是，这类罢工事实
上屡见不鲜。一些州的公共部门几乎每个月都会有罢工或者其他形式的
经济压力措施发生。其实，准许有限度的罢工是将法律回复到与现实相
吻合的状态，因为在公共部门，罢工权事实上是存在的。在目前的情况
下，对罢工者处以罚金和蔑视法庭的刑罚，反而会产生不尊重法律与司法
机关的不良后果。已有相当多的案件表明，法院通常不愿意正式宣布某
项罢工违法，即便在成文法或普通法上都会如此认定。1981 年，当航空
控制员罢工时，虽然曾对其违法的罢工行为处以取消工会认证的处罚，但
是效果并不理想。

当前，争论的焦点已经变成寻找罢工的替代措施，而其中最主要的方式
是实情调查。这项制度的优点在于，⑥它可以建立一套类似于司法的程序，
发布一项正式报告并且提出建议。这种制度的理论基础是，要求不合理的
一方将会面临公共舆论的巨大压力，从而不得不妥协或修正自己的立场。
对于公共部门来说，这一理论无疑是正确的，由于劳资双方对纳税人和选民
的意愿更为敏感，因此通常都会做出必要的让步。

目前，已有许多州采用实情调查的方式解决争议，而在联邦政府中，这

---

⑥　加州公共雇佣关系委员会（PERB）认为，依据加州公共部门劳动法，罢工受到保护。*Service Employees International Union Local 1021 v. City & County of San Francisco*，PERB Decision no. 2536-M(2017)，"……对罢工权的保护，事关全州的利益，单方面维持和威胁执行对同情罢工的禁令，与法院和 PERB 解释的州法存在直接的、不可调和的冲突。"同上，第 24 页（判决简报）。另见 *Int'l Bgh. Of Elec. Workers v. City of Gridley*，34 Cal. 3d 191(1983)；*Service Employees International Union, Local 817 v. County of Monterey*，PERB Decision No. 1663-M(2004)。在 *City & County of San Francisco* 案中，PERB 认为，公共部门的某些罢工，与私营部门一样，只能基于法规特定的表述得以豁免。

⑥　加州公共雇佣关系委员会认为，加州公共部门劳动法规定的这些程序可以适用于除利益争议以及涉及新的集体谈判协议所商讨的利益问题以外的争议。*San Diego Housing Commission v. Public Employment Relations Bd.*（*SEIU, Local 221*），2016 Cal. LEXIS 6195(Supt. Ct. Cal. June 16，2016).

种制度也是可供选择的替代方案之一。⑱ 不过,实情调查制度的运作往往
389 不如预期中那么理想。尽管公务员劳资争议的解决属于公共事务,公众理
应对调查报告感兴趣,然而,事实上,新闻媒体对这些报告并未加以重视。
因此,唤起大众支持调查报告中所提出的各项建议,并对不合作的当事人施
加压力,这样的机会其实微乎其微。此外,这类调查报告不但不能改变当事
人的立场,反而时常会使其立场更加坚定,从而使双方解决争议的可能性更
加渺茫。这种情况似乎与罗伯特·塔夫特参议员(Senator Robert Taft)在
制定《塔夫特-哈特利修正案》时所表达的关切正好相反。一般而言,一旦调
查报告正式发布,认为自己获胜的一方绝不会接受比该报告所规定的更少
的安排,而遭受失败且被实情调查人严厉训斥的一方,则经常会更加固执己
见。在双方的争论愈加公开化之后,双方当事人则开始摆出各种姿态来迎
合各自的观众与支持者。⑲

　　最后,实情调查制度无法提供终局性的解决方案。在劳动仲裁制度中,
在当事人用尽所有的程序后,一项具有拘束力的仲裁裁决不允许争议再持
续下去。基于这一点以及其他一些因素,越来越多的州已经开始在公共部
门中采用强制仲裁条款。然而,大萧条表明,经济形势会引发对利益仲裁及
其他相关制度做整体上的再评估。

临时裁员、无薪休假与破产:公共部门对财政危机的应对

　　2007—2008 年的大萧条将灾难送到许多公共部门雇主的门前,随之引
发大范围的劳资关系问题。加利福尼亚州最高法院曾判决认为,当由于预

---

　　⑱　The Civil Service Reform Act of 1978,Pub. L. 95-454,October 13,1978,92 Stat. 111,5
USC § 7119(c)(s)(A)(ii)(2012).

　　⑲　Kochan,同第八章注⑬,第 156 页;W. Gould,"Public Employment:Mediation,Fact
Finding and Arbitration." 55 ABA J. 835,838(1969)。在加州,"(与谈判过程有关的)的透明度方面
的公共利益,由于其与劳工协议有关,从而满足《梅耶-弥利斯-布朗法》(Meyers-Milias-Brown
Act,MMBA),该法要求公共机构在正式通知的公开会议上投票接受或拒绝暂定协议。"见 City &
County of San Francisco,PERB Decision no. 2536-M(2017)。

算问题而决定裁员时,依据州劳动法,雇主没有谈判的义务。法院的多数意390见认为:

> 依据加利福尼亚州《梅耶-弥利斯-布朗法》,地方公共机构在面临税收下降或是财政困难时,可以单方决定裁减部分雇员以降低劳动力成本。然而,在这种情况下,对于这一决定的具体执行,公共部门雇主必须给予其雇员一个谈判的机会,谈判的内容包括被裁减雇员的人数、裁员的时间、裁员对剩余雇员的工作量和安全产生的影响等。[88]

各个工业化州,如加利福尼亚州、纽约州和伊利诺伊州,均已制定了调整薪资和工作岗位的程序。2008 年 7 月末,州长阿诺德·施瓦辛格(Arnold Schwarzenegger)颁布了一项行政命令,其中包括将州雇员薪资削减至最低工资标准的提议。[89] 人事管理部指令州财政长官执行这些变化,但是他拒绝服从,并宣称,将州雇员的薪资降到最低工资标准是不可行的,并且违反联邦劳动法。[90] 2010 年的一份决定实质上支持了州长,施瓦辛格再次威胁,如果预算折中方案(budget compromise)不能实现的话,就将州雇员的薪资降到最低工资标准。[91] 而财政长官江俊辉(Chiang)仍然拒绝服从。[92]与此同时,州长制定了无薪假期制度,对此,加州最高法院支持其在 2009 财年执行这一制度,但要求州长在未来应获得工会和立法机关的同意。[93] 此391时,在集体谈判进程中薪资削减未能达成一致的情况下,州长杰瑞·布朗

---

⑬　*Int'l Ass'n of Fire Fighters, Local 188 v. Pub. Emp't Relations Bd.*, 51 Cal. 4th 350, 277(2011).

⑭　这一做法是依据 *White v. Davis*, 30 Cal 4th 528(2003)的判决精神。

⑮　见 *Gilb v. Chiang*, 186 Cal. App. 4th 444(Ct. App. 2010)。

⑯　Shane Goldmacher, "Memo: Schwarzenegger Ready to Slash Workers to Minimum Wage," *Los Angeles Times*; *PolitiCal*(June 23, 2010), latimesblogs. latimes. com/California-politics/2010/06/memo-schwarzenegger-ready-to- slash-workers-to-minimum-wage. html.

⑰　Shane Goldmacher,"California Controller's Fortunes Have Risen Through Battles with Governor," *Los Angeles Times*, July 16, 2010.

⑱　*Prof'l Eng'rs in Cal. Gov't v. Schwarzenegger*, 50 Cal. 4th 989(2010).

(Jerry Brown)继续执行无薪休假制度。㉞

与此相反,法院认定,在立法机关尚未介入的情况下,纽约州州长大卫·帕特森(David Paterson)无权实质性地损害州政府与工会达成的集体谈判协议。法院指出:"正如被告所主张的,纽约州目前的财政状况已经岌岌可危,对此法院并无疑义。然而,对争议条款做公共目的上的探究,并不能借由提出州预算问题而马上得到解决……从广义上说,在解决财政危机时,州政府的利益构成一项正当的公共利益。"㉟在该案件中,法院指出,州长提出的有关财政危机与正当的公共目的的主张,"与参议员所提出的观点大相径庭,后者否认(紧急预算)法所造成的合同障碍(contractual impairments)具有合法性"。㊱法院认为:"在无法证明存在任何立法考量的情况下,特别是当立法机关一致认为法案的颁布不具有合理性和必要性时,通过紧急预算法的方式施加这样一个障碍是不合理的。"㊲州长安德鲁·库默(Andrew Cuomo)以如果不能达成妥协就要进行大规模裁员为威胁,随后当事人就薪资冻结、无薪休假以及修改雇员医疗保险待遇等达成了谈判协议。㊳

与此同时,在伊利诺伊州,州长帕特里克·奎恩(Patrick Quinn)依据州集体谈判协议的强制要求,成功地制定了冻结薪资增长的紧急调整方案,从392而在薪资增长方面永久削减了 7500 万美元,㊴此外,还通过立法修改了州退休制度,并强制已退休的州雇员缴纳更多的健康保险费。㊵紧急薪资冻

㉞　Chris Megerian, "2 Unions Receive Furlough Order," *Los Angeles Times*, July 12, 2012, at AA3.

㉟　*Donohue v. Paterson*, 715 F. Supp. 2d 306, 320(2010).

㊱　同上。

㊲　同上,第 325 页。

㊳　Nicholas Confessor, "Cuomo Reaches Deal with Union to Avert Layoffs," *New York Times*, June 22, 2011; Thomas Kaplan, "Union's Deal with Cuomo May Prevent 3, 500 Layoffs," *New York Times*, October 17, 2011, at A20.

㊴　See *Council 31 of AFSCME v. Quinn*, 2011 WL 3924231(C. D. Ill., September 7, 2011), *aff'd* 680 F. 3d 875(7th Cir. 2012).

㊵　Ray Long, "Retired State Workers Will Have to Pay for Health Insurance," *Chicago Tribune*, June 22, 2012.

结方案经受住了法律上的挑战,而紧急禁令的申请却遭到联邦第七巡回上诉法院的否决。[101]

2009 年,新泽西州州长科尔金(Corzine)提出州公务员的无薪假期制度,并以工会不同意就裁员相威胁,推动薪资冻结。[102] 目睹了威斯康星州州长沃克尔(Walker)的种种努力,州长克里斯蒂(Christie)在新泽西州对公务员的养老和医疗制度也掀起了一场"势不可挡"的改革,要求雇员缴纳更高的保险金,并将养老金系统置于一个独立的审查委员会的控制之下。[103]

特别是有关养老金的诸多案件凸显了自愿谈判达成的集体谈判协议与美国宪法对合同禁止(contract prohibition)所形成的障碍之间的紧张关系。[104] 在非劳动争议案件中的一个典型判例是美国信托案(*United States Trust*),联邦最高法院认为,"当州政府自身的利益已经岌岌可危时,完全服从于对合理性和必要性的立法评估是不恰当的"。[105] 另一个典型判例是联邦第二巡回上诉法院判决的布法罗教师联合会诉托比案(*Buffalo Teachers Federation v. Tobe*),该院认为,在实行一系列预算削减措施的背景下,集体谈判协议应当强制作出修改。[106] 这些案件的核心问题是司法对

393

---

[101] *Council 31 of AFSCME v. Quinn*,2011 WL 3924231(C. D. Ill.,September 7,2011),*aff'd* 680 F. 3d 875(7th Cir. 2012).

[102] "Governor Seeks to Furlough New Jersey State Workers," *New York Times*,February 18,2009,at A25.

[103] Matt Bai,"Christie Crows About Changes to Pension System," *New York Times*:The Caucus,June 23,2011.

[104] 公共部门集体谈判协商领域最好的文章是 Steven F. Befort,"Unilateral Alteration of Public Sector Collective Bargaining Agreement and the Contract Clause," 59 *Buff. L. Rev.* 1 (2011)。See also "Fourth Circuit Upholds City's Payroll Reduction Plan as a Reasonable and Necessary Impairment of Public Contract," 107 *Harv. L. Rev.* 949(1994). See generally Catherine Fisk and Brian Olney,"Labor and the States' Fiscal Problems," in *When States Go Broke:The Origins,Contexts and Solutions for the American States in Fiscal Crisis* (Peter Conti-Brown and David A. Skeel,Jr.,eds.,2012).

[105] *U. S. Trust Co. of N. Y. v. New Jersey*,431 U. S. 1,26(1977).

[106] *Buffalo Teachers Fed'n v. Tobe*,464 F. 3d 362(2d Cir. 2006). Cf. *Subway-Surface Supervisors v. N. Y. C. Transit Auth.*,375 N. E. 2d 384(N. Y. 1978),贝福特(Befort)教授认为,"法院未单独审查财政危机的可预见性,以及不像取消合同约定的工资增长那么激烈的替代方案的可能性。"Berfort,前注[104],第 46 页(援引 375 N. E. 2d,at 388-91)。

立法行为的尊重程度。联邦第四[107]和第二巡回上诉法院在布法罗教师联合会案中都发出警告,反对"法院对立法行为的高度司法审查权(judicial scrutiny)"。[108] 不少法院曾尝试对"与工会谈判确定的待遇"与"合同权利"作出区分,后者如债券持有人的权利,并认为前者的强制性弱于后者。[109]

至于在某些情况下取得的养老金权利该如何看待呢? 例如,加州最高法院曾指出,合同权利,无论是默示还是明示,均可取得,且表明当事人的意图。[110] 科罗拉多州最高法院曾判决,存在着雇员养老金权利的有限取得(limited vesting),尽管上述权利在符合退休资格之前可以被修改,"以便保持养老金制度随着不断变化的情况而调整的灵活性,同时仍然保持制度的基本完整性"。该院认为,拒绝为某些退休雇员与谈判单位内在职雇员一样394 不断提高薪资(escalator payments)的做法是不恰当的。[111] 然而,科罗拉多州最高法院在另一案件中则认为,当保险基金"从精算的角度来看已经不够稳健"的情况下,允许对遗属津贴作出调整。[112] 科罗拉多州的一个州地区法院曾判决,如果根据生活成本公式(cost-of-living formula)对养老金做出调整已有很长的历史,"那么并不存在一项合同权利能确保某个特定的生活成本调整公式(cost-of-living adjustment formula,COLA formula)在退休后终身不变"。[113]

许多这类案件可能取决于各种不同的因素,例如是否存在基于善意能够采取的替代性调整措施;在多大程度上分担了资金困难;资金不足是否得

---

[107] *Baltimore Teachers Union v. Mayor of Baltimore*,6 F. 3d 1012(4th Cir. 1993).

[108] 464 F. 3d at 371.

[109] See Steven F. Befort,"Unilateral Alteration of Public Sector Collective Bargaining Agreement and the Contract Clause," 59 *Buff. L. Rev.* 1(2011).

[110] *Retired Emps. Ass'n of Orange Cnty. v. Cnty. of Orange*,52 Cal. 4th 1171(2011).

[111] *Police Pension and Relief Bd. of City and Cnty. of Denver v. Bills*,366 P. 2d 581,584 (Col. 1961).

[112] *Peterson v. Fire and Police Pension Ass'n*,759 P. 2d 720,726(Col. 1988).

[113] *Justus v. Colorado*,Case No. 2010CV1589,slip op. at 12(Dist. Ct. Colo. June 29, 2011).

到正确预测等,这些都为决定调整是否合理或必要提供了方法。⑭

最后,一些市镇已经援引《破产法典》(the Bankruptcy Code)第九条宣布破产。诸如加利福尼亚州的圣伯纳迪诺市(San Bernardino)、斯托克顿市(Stockton)和瓦列霍(Vallejo)都已经宣布破产。公共部门雇主破产只能在市镇政府"资不抵债"且获得州政府许可时才能采用,其认定标准是所谓的比尔迪斯科案(*Bildisco*)所确立的标准,而这一标准在私营部门的适用现在已被国会否定。

---

⑭　See *U. S. Trust Co. of N. Y. v. New Jersey*, 431 U. S. 1(1977);Befort,前注⑭,第52—55 页。

第十一章　公共利益劳动法

现代劳动立法出现以来,有五项新发展对劳工、工会与雇主均产生重要的影响,虽然它们并不直接涉及工会与其会员之间的力量平衡关系。其中三项劳动立法分别是,1974 年《雇员退休收入保障法》(Employee Retirement Income Security Act,以下简称 ERISA)、1970 年《职业安全卫生法》(Occupational Safety and Health Act)以及有关就业歧视的法律(尤其是 1964 年《民权法》第七章的规定)。而另外两项新发展,则是在美国 50 个州中的绝大多数州有关非法解雇的普通法,以及有关药物与酒精检测(有时也包括吸烟问题)相关的争议。

雇员退休收入保障法(ERISA)

尽管 NLRA 第 302 条(c)(5)项规定,应设立财政性信托基金以保障雇员的收益,[①]但 ERISA 才是美国国会首次专门针对养老金所制定的综合性劳动立法。事实上,该法并未要求设立一项养老金计划,但却规定通过建立 396“雇员养老金计划受托人行为、责任与义务准则”的方式,要求公开与报告财政及其他相关信息,[②]并由劳工部与国税局共同负责管理。该法的适用范围和保障条款内容庞杂,无法在本章中详细阐述,仅就其中几个重要的问题简述如下。

ERISA 为劳工设置了强制性授权要求,因此,在他们达到退休年龄之前会取得一定的养老基金受益资格。此外,针对养老金计划基于工会会员先前所从事的工作可能并未授予其任何养老金权利从而剥夺其受益资格的

---

① 在受托人委员会中,劳资双方必须得到平等的代表,参见 29 USC §186(c)(5)。参见 *NLRB v. Amax Coal Co.*,453 U. S. 322(1981),本案中联邦最高法院以八比一多数判决,根据 NLRA 和 ERISA,受托人是为了雇员及其家庭的利益管理信托,而不是为了任命方的利益。

② 29 USC §1001(b)(2012).

问题,ERISA 限制了养老金计划与之相关的权力。然而,该法对雇员养老金能否从一个公司转移至另一个公司(一般称为可转移性)并未作出任何规定。这是一个非常重大的立法缺陷,因为美国工人的流动性很强。1980 年的《多雇主养老金计划修正法》(Multiemployer Pension Plan Amendment Act)对 ERISA 进行了修订,对雇主从多雇主养老基金中退出的情形加以限制,借以增强这些基金的偿付能力及稳定性。③

ERISA 规定,雇员所有"不可剥夺"的养老金均应如数支付。但是在纳赫曼诉养老金福利案(*Nachman v. Pension Benefit Guaranty Corp.*)中,④联邦最高法院的多数意见认为,如果某项养老金计划并未对养老金的支付设定任何条件的话,那么,在工厂关闭的情况下,已经对雇员构成既得养老金权益。然而,联邦最高法院在另一案件中又指出,如果雇员已接受工伤赔偿金的支付,则其养老金应相应抵消,在这种情况下,抵消部分就属于养老金中"可剥夺"的部分。⑤ 在同一案件中,联邦最高法院同时判决,在涉及养老金水平与抵消的争议点时,如果州法律规定与 ERISA 不一致,则后者基于联邦优位的原则应优先适用。联邦哥伦比亚特区上诉法院在另一相关案件中指出,在《哥伦比亚特区工伤赔偿平等法修正案》(District of Columbia Workers' Compensation Equity Amendment Act)中规定,除非雇主已经依据其他计划另行提供健康保险,否则应对领取工伤赔偿的适格雇员提供这类健康保险,这一规定应被 ERISA 的相关规定所取代。⑥ 在英格兰-兰德397公司诉麦克伦登案(*Ingersoll-Rand Co. v. McClendon*)⑦中,联邦最高法院

---

③　Pub. L. 96-364,94 Stat. 1209-10. 违反 1980 年修正案应当给予的救济,不会扩大到雇主违反 NLRA 规定的法定义务,而仅限于违反集体谈判协议中的合同义务。*Laborers Health and Welfare Trust Fund for Northern California v. Advanced Lightweight Concrete Co.*,484 U. S, 539 (1988).

④　446 U. S. 359(1980).

⑤　*Alessi v. Raybestos-Manhattan, Inc.*,451 U. S. 504(1981).

⑥　*Greater Washington Board of Trade v. District of Columbia*,948 F. 2d 1317(D. C. Cir. 1991). Cf. *Donnelley & Sons Co. v. Prevost*,915 F. 2d 787(2d Cir. 1990).

⑦　498 U. S. 133(1990). ERISA 对这类诉讼提供排他性的救济,尽管提起这类诉讼并不是为了获得损失的养老金给付,而是为了获得其他损害赔偿金。

判决认为,在雇员声称因抗议雇主规避缴纳或支付雇员养老金义务而遭到解雇,向法院提起州普遍法上的非法解雇诉讼时,也应当优先适用 ERISA 的规定。

职业安全卫生法

1970 年联邦《职业安全卫生法》的立法目的,正如联邦最高法院所指出的,"对全国的男女劳工,均能保证安全而卫生的工作条件".[8]

2010 年 8 月,劳工统计局公布了 2009 年致命职业伤害普查的初步结果。数据显示,2008—2009 年工作场所的死亡率下降了 17％,部分原因是经济衰退造成工作时间总量减少了 6％.[9] 2011 年 8 月,劳工统计局公布了 2010 年的普查结果,初步统计工伤死亡总人数为 4547 人,最终修订后的 2010 年工伤死亡总人数为 4690 人,成为美国第二低的年度数据(2009 年以398后).[10] 最近几年,工伤死亡人数持续增加,在 2014 年、2015 年和 2016 年分别达到 4821 人、4836 人和 5190 人.[11]

克林顿总统在其第二个任期即将结束时,曾签署行政命令保护工人免受与工作相关的反复性应激损伤(repetitive-stress injuries)。然而,2001 年,布什总统的第二个任期开始时,国会否决了职业安全与健康管理局(Occupational Safety and Health Administration,以下简称 OSHA)制定的人体工程学方面的法规,因为 1996 年《国会审查法》(Congressional Review

---

[8]　*Industrial Union Department*，AFL-CIO *v. American Petroleum Institute*，448 U. S. 607，611(1980). See Comment，"The Significant Risk Requirement in OSHA Regulation of Carcinogens," 33 *Stan. L. Rev.* 551(1981).

[9]　"The Most Dangerous Jobs in America," *New York Times Economix Blog* (August 20，2010)，economic. blogs. nytimes. com/2010/08/20/the-most-dangerous-jobs-in-america. 2009 年普查的初步结果显示,年度致命工伤总数是 1992 年该普查项目开始以来的最低值。Bureau of Labor Statistics，*National Census of Fatal Occupational Injuries in 2009*(*Preliminary Results*)(August 19，2010)，www. bls. gov/news. release/archives/cfoi_08192010. htm.

[10]　Bureau of Labor Statistics，*Revisions to the 2010 Census of Fatal Occupational Injuries* (*CFOI*)*Counts*(April 25，2012)，www. bls. gov/iif/oshwc/cfoi/cfoi_revised10. pdf.

[11]　Bureau of Labor Statistics，Current Population Survey，Census of Fatal Occupational Injuries，2017，www. bls. gov/ iif/ oshwc/ cfoi/ cfch0015. pdf .

Act)授权国会在得到总统同意时废除行政机关颁布的主要规则。其后,布什政府声称,应当采用所谓的自愿性指南。⑫

奥巴马总统执政期间,仍然没有出台具有约束力的、规范人体工程学的OSHA 准则。⑬ 在缺乏具有约束力的准则的情况下,OSHA 为了实现规范人体工程学伤害(ergonomic hazards)的目的,在 2002—2009 年之间开展了总计 4500 次检查,签发了 640 份人体工程学伤害通知书,并最终签发了 19份传票。⑭ 为了替代具有约束力的准则,OSHA 为少数几个行业颁布了体现行业特点的人体工程学指南。⑮ 这些指南是自愿性的,目的是为雇主单 399 方实施人体工学安全措施提供指导。

尽管其他联邦机构可以依据其各自的法定职权对安全卫生事项行使管辖权,但联邦最高法院认为,对于一艘油气探测船,OSHA 具有优先于美国海岸警卫队的管辖权,因为后者的法规对于这样一艘船舶造成的安全卫生

---

⑫　Kathy Chen,"Bush Proposal on Repetitive-Stress Injuries Relies on Voluntary Industry Guidelines,"*New York Times*, April 8, 2002, at A8; Steven Greenhouse,"Democrats Questions on Bush Policies on Workplace Injuries,"*New York Times*, April 19, 2002, at A18; Steven Greenhouse,"Bush Plan to Avert Work Injuries Seeks Voluntary Steps by Industry,"*New York Times*, April 6, 2002, at A12.

⑬　See "Good Ergonomics:Good Way to Avoid OSHA Fines," *Business and Legal Resources* (*BLR*)(September 5, 2011), safety. blr. com/workplace-safety-news/employee-health/workplace-ergonomics/11zll01-Good-Ergonomics-Good-Way-to-Avoid-OSHA-Fin.

⑭　See "Ergonomics:Enforcement," OSHA(August 9, 2007), www. osha. gov/SLTC/ergonomics/enforcement. html; Fred Hosler,"Repeal of Ergonomics Standard Doesn't Stop OSHA from Issuing Citations," *Safety News Alert*(July 15, 2009), www. saftynewsalert. com/repeal-of-ergonomics-standard-doesnt-stop-osha-from-issuing-citations 因此,尽管缺乏具体的人体工程学标准,OSHA 在有限的职权下,根据一般责任条款(General Duty Clause)的授权,对雇主造成雇员人体工程学危害的,仍然有权发出传票并处以罚款。See Clint Spencer,"OSHA Spells Out Its Ergonomics Enforcement Plan," *Environment & Safety Support Group*(E & SSG)(May 17, 2010), www. essg. com/osha-spells-out-its-ergonomic-enforcement-plan.

⑮　这些行业包括家庭护理(2003 年 3 月 13 日颁布,2005 年更新,2009 年修订),日用品零售(2004 年 5 月 28 日颁布),禽类加工(2004 年 9 月 2 日颁布)以及造船(2008 年 2 月 28 日颁布)。See "Ergonomics:Guidelines," OSHA (August 9, 2007), www. osha. gov/SLTC/ergonomics/guidelines. html. 2011 年 8 月 18 日,OSHA 向饮料分销行业签发一份较为非正式的信函,其中包含一些人体工程学方面的建议。同上。

风险并没有专门的规范。[16]

联邦最高法院曾判决,劳工部长对某些特定的有毒物质或有害人体的物质制定法规时,必须证明某项暴露程度限制(exposure limit)是"提供安全而卫生的雇佣条件所必要且适当的"。[17] 然而,在可预见的未来,法院所必须解决的一项重要问题是,危险性究竟要达到何种严重程度才能根据《职业安全卫生法》制定相关的法规。对于这一点,联邦最高法院曾指出,该法并不担保一个完全没有危险性的工作场所,[18]但 OSHA 却一直未采取这种立场。即使由于缺乏科学依据而使得风险往往无法确定,OSHA 在决定某些法规确有必要时,仍必须提供某些解释。2008 年后期,布什政府曾提议400制定一项规则,要求劳工部(包括 OSHA)在采用新规则规范有害的化学物质和有毒物质之前,应当另行征求公众的意见。[19] 2009 年,奥巴马政府的劳工部官员撤销了这一提议。[20]

在诠释《职业安全卫生法》时所涉及的一项重要争议是,劳工部长是否应在对劳工所产生的利益与雇主所必须花费的成本之间加以权衡。[21] OS-HA 所采取的一贯立场是,在制定各类法规时,所需成本必须列入考虑。OSHA 将经济可行性的要求视为施加成本负担的一大障碍,因为这些负担

---

[16] *Chao v. Mallard Bay Drilling*, *Inc.*, 534 U. S. 235(2002). 现在有超过 20 个州的法律授权在某些工作岗位设立健康与安全委员会(Health and Safety Committee),绝大多数此类法律自 1990 年以来就已颁布。见 David Weil, "Are Mandated Health and Safety Committee Substitutes for or Supplements to Labor Unions?" 52 *Indus*. & *Lab. Rel. Rev*. 339, 345(1999). 然而,类似的立法在联邦层面却遭遇失败。见 H. R. 1280, 103d Cong. (1993); H. R 3160, 102d Cong. (1991). 这些州法律是否应被职业安全与健康法或 NLRA 优位取代,或者它们是否违反了 NLRA 第八条(a)(2)项中禁止雇主控制工会的规定,仍是一个悬而未决的问题。

[17] 448 U. S. at 615[援引 29 USC § 652(d)]。

[18] 同上,第 642 页。

[19] Steven Greenhouse, "Proposal on Safety at Work Riles Unions," *New York Times*, August 30, 2008, at A16; Robert Pear, "Bush Aides Rush to Enact a Rule Obama Opposes," *New York Times*, November 30, 2008, at 37.

[20] 见 74 Feb. Reg. 44795-01(August 31, 2009)(解释了拟议规则撤销的原因),www. osha. gov/pls/oshaweb/owadisp. show_document? p_table=FEDERAL_REGISTER&p_id=21080. 新官员任劳工部认为,拟议规则中"缺乏灵活性"的提前通知要求是不必要的,而且过于繁琐。同上。

[21] 在 *American Petroleum* 案中,法院并未触及这一问题。

往往会使得某一产业严重受损,甚至遭到淘汰。上述见解固然不无道理,然而,如果这些成本使得某些较为老旧、规模较小或竞争能力较差的工厂承受不成比例的负担时,不应被视为经济上不可行的情形。哥伦比亚特区上诉法院曾对此作出判决认为,"即使极少数工厂因此被迫关闭,整个标准仍不必然是在经济上不可行的"。[22] 而在另一案件中,该院又判决认为,"某一雇主由于落后其同业甚远,而无法保护其员工的健康与安全,从而,无法像其同业一样很快遵守新颁布的工业安全卫生标准,在这种情形下,如果雇主因而遭到工厂倒闭的命运,与《职业安全与健康法》所确立的立法目的没有任何冲突。"[23] 同时,联邦最高法院在著名的"褐肺案"(*Brown lung case*)[24] 中,五票对三票的多数意见认为,《职业安全与健康法》并未考虑有关成本-收益401 分析的问题。布伦南大法官提纲的法院多数意见认为:

> 国会本身在界定成本与收益之间的基本关系时,将劳工健康"利益"置于其他所有考虑之上,除非这些考虑会使这种"利益"的获得根本无法实现。劳工部长在权衡成本与收益时所采用的标准,如果与国会本身所考量的不同,则势必将与《职业安全与健康法》条文中所规定的标准不符。因此,该法并未要求 OSHA 做成本-收益分析,因为可行性分析才是该法所要求的。[25]

《职业安全与健康法》的执行问题重重。[26] 哥伦比亚特区上诉法院曾对

---

[22] *AFL-CIO v. Marshall*,617 F. 2d 636,643(D. C. Cir. 1979).

[23] *Industrial Union Department*,*AFL-CIO v. Hodgson*,499 F. 2d 467,478(D. C. Cir 1074).

[24] *American Textile manufacturers Institute*,*Inc. v. Donovan*,452 U, S, 490(1981) 本案中,持反对意见的是首席大法官伯格以及大法官伦奎斯特和斯图尔特(Stewart).

[25] 同上,第495页。联邦上诉法院判决,OSHA 在未能逐一评估的情况下,不能对成百上千的化学物质发布宽泛的标准,见 *AFL-CIO v. OSHA*,965 F. 2d 962(11th Cir. 1992);Swoboda,"At Labor, One Falls through the Cracks,"*Washington Post Weekly Edition*,March 29-April 4,1993,at 32.

[26] 该法要求雇主记录特定的工作场所伤害并保存伤害日志至少 5 年。参见 *AKM LLC v. Secretary of Labor*,675 F. 3d 752(D. C. Cir. 2012)(法院阐述了有关执法限制的特定法规).

工人在工作中接触二氧化硅进行广泛审查,在其没有署名的意见书中,认为OSHA 未能对其在规则中省略医学消除保护(medical removal protections)的决定作出充分的解释。[27] 根据联邦最高法院的判例,如果某一工程的运作对劳工不安全或存在危险时,劳工部长无权单方面采取行动关闭该厂。[28] 同时,联邦最高法院也曾判决,若某位雇主抗拒现场检查(on-site inspection),则劳工部长必须事先取得一张许可令,才能符合联邦宪法的要求,[29]这一判决为雇主提供了掩盖真相的机会。鉴于政府无法处理数量众多的投诉案件,劳工部长曾提出,劳工享有通过法律诉讼来执行本法的默示权利,但这一主张并未获得法院的采纳。[30] 2008 年,OSHA 曾依据一般责任条款(General Duty Clause),对帝国制糖公司(Imperail Sugar)发生的一起导致 13 名工人死亡的可燃粉尘爆炸事故,开出一张高达 870 万美元的罚单,这是当时 OSHA 历史上的第三大罚单。[31] 还是在 2008 年,OSHA 开出了迄今为止的最大罚单。2005 年,英国石油公司(British Petroleum,BP)在得克萨斯州得克萨斯城的炼油厂发生大火和爆炸以后,OSHA 对其罚款8740 万美元。[32] 2010 年,OSHA 对 3 家建筑公司和 14 家承包商开出了总额为 166 万美元的罚单,使其成为 OSHA 历史上的第三大罚单(在英国石油公司得克萨斯城爆炸事故的 8760 万美元的罚款以及另外 2100 万美元罚

402

---

[27] *N. America's Bldg. Trades Unions v. OSHA*,878 F. 3d 271(D. C. Cir. 2017).

[28] *American Petroleum*,448 U. S. at 652;*Whirlpool Corp. v. Marshall*,445 U. S.,20-21 (1980).

[29] *Marshall v. Barlow's Inc.*,436 U. S. 307(1978). 而联邦最高法院判决,对于 1977 年《联邦矿山安全与健康法》(Federal Mine Safety and Health Act)(30 USC § 301)并不适用相同的合宪性要求。见 *Donovan v. Dewey*,452 U. S. 594(1981)。

[30] *Taylor v. Brighton Corp.*,616 F. 3d 256(6th Cir. 1980).

[31] Shaila Dewan,"OSHA Seeks $8. 7 Million Fine Agianst Sugar Company,"*New York Times*,July 26,2008,at A11. 最终,公司同意了一项包含超过 600 万美元罚金在内的和解协议。"Imperial Sugar Agrees to Fines,"*Los Angeles Times*,July 8,2010,at A12.

[32] 见"BP Texas City Violations and Settlement Agreements,"OSHA,www. osha. gov/dep/bp/bp/html(总结了 OSHA 参与事故处理的信息并提供链接);"OSHA Fines BP $87Million,"*Los Angeles Times*,October 31,2009,at A17;Fred Hosier,"Top 10 OSHA Fines of 2009,"*Safety News Alert*(February 22,2010),ww. safetynewsalert. com/top-10-osha-fines-of-2009。

款之后)。③

特朗普政府撤销了奥巴马政府在 2016 年针对 2010 年英国石油公司深水地平线(Deepwater Horizon)灾害所制定的关于钻井设备和近海钻探的法规。不出所料,特朗普在执政第一年就大举遏制 OSHA 的监管措施。根据劳工部的最新议程,数百项联邦法规提案已被撤销或推迟发布。2017 年 4 月,特朗普总统签署了一项《国会审查》法(Congressional Review Act)决议,该项决议废除了 OSHA 的"Volks"规则,该规则是奥巴马时代的法规,它将 OSHA 因雇主伤病记录保存不当而签发传票的时效从六个月增至了五年半。特朗普政府对工作场所安全和健康的影响还有待观察,但是显而易见,放松管制仍将是重点。④

对违反本法的行为,通常处以 1000 美元的罚款,但对"非严重性"违法行为,则可自由裁量处理。而在故意或累犯的情况下,罚款可能会高达 1 万美元。然而,法院对究竟多少次违法行为才能构成累犯,以及一项严重违法行为是否必须同时具备累犯与故意两个要件,则存在很大的分歧。⑤

正如所预见的那样,在特朗普执政的第一年,OSHA 的监管行动大幅减少。⑥ 根据劳工部的最新议程,数百项拟议的联邦法规已被撤回或推迟

---

③　Russ Buettner，"＄16.6 Million in Fines After Fatal Blast at a Connecticut Plant，" *New York Times*，August 5，2010，at A16；see Fred Hosier，"Kleen Energy Explosion：OSHA Issues Third-Largest Fine Ever，" *Safety News Alert*（August 6，2010），www. safetynewsalert. com/kleen-energy-explosion-osha-issues-third-largest-fine-ever.

④　See *Updated OSHA agenda reflects Trump administration's focus on de-regulation*，Safety and Health Magazine，August 27，2017，www. safetyandhealthmagazine. com/articles/ 15985-updated-agenda-reflects-trump-administration-focus-on-de-regulation.

⑤　*Bethlehem Steel Corp. v. Occupational Safety and Health Review Commission*，540 F. 2d 157(3d Cir. 1976).（"累犯"表明违法行为从前至少出现过两次,并且只有故意行为才能适用于项规定。）但是,见 *Todd Shipyards Corp. v. Secretary of Labor*，589 F. 2d 688(9th Cir. 1978)（本案中违法行为出现一次已足够,而法规要求是累犯或者故意行为）；*George Hyman Construction Co. v. Occupational Safety and Health Review Commission*，582 F. 2d 834(4th Cir. 1978)；*Todd Shipyards Corp. v. Secretary of Labor*，566 F. 2d 1327(9th Cir. 1977)。

⑥　See Updated OSHA agenda reflects Trump administration's focus on de- regulation，Safety and Health Magazine，August 27，2017，www. safetyandhealthmagazine. com/articles/ 15985- updated- agenda-reflects- trump- administration focus- on- de- regulation .

发布。特朗普政府对工作场所安全和健康的影响仍有待观察，但是很明显，在政府任期内放松管制仍将是重点。

在涉及卫生与安全事项上，劳工究竟能够采取何种自力救济的手段呢？404 关于这一点，联邦最高法院曾判决，根据 NLRA 的规定，劳工有权进行罢工（walkouts），以抗议他们认为不安全的工作条件。[37] 而根据联邦最高法院的另一判例，如果罢工是经客观标准认定极具危险性的工作条件引发的，则并不违反劳动契约中工会达成的禁止罢工条款。[38] 同时，联邦最高法院还认可了劳工部长雷·马歇尔（Ray Marshall）提出的一项解释性的行政法规。当雇员受雇主指派从事某项工作时，如果雇员合理地认为其工作条件将会带来死亡或者身体严重受伤的迫在眉睫的风险（imminent risk），且雇员有理由相信他们没有足够的时间或机会去寻求雇主的有效改善，或者将这一危险通知 OSHA，则该法规允许劳工拒绝工作。[39] 有人主张，在上述情况下罢工的雇员仍可以领取薪资，然而这一提议遭到国会的拒绝。[40]

在盖德诉国家固体废物管理协会案（*Gade v. National Solid Waste Management Association*）[41]中，联邦最高法院的意见存在严重分歧，由奥康纳（Sandra Day O'Connor）大法官所提纲的法院意见指出，由州制定的有关规范职业安全与健康事项的行政法规，如果未得到劳工部长的正式批准，且现行的联邦标准仍然有效时，则应被视为与《职业安全与健康法》相抵触而被取代。虽然这类法规的目的是要保障劳工与一般公众，因而具有"双重的

---

[37]　*NLRB v. Washington Aluminum Co.*，370 U. S. 9（1962）. 也可参见 *TNS，Inc. v. NLRB*，296 F. 3d 384（6th Cir. 2002），*cert. denied* 537 U. S. 1106（2003），本案中，法院指出，正如在 *Gateway Coal* 案中所讨论的那样，《职业安全与健康法》第 502 条为因工作条件不安全而拒绝工作的雇员提供保护，它不仅仅适用于集体谈判协议中约定有禁止罢工条款的情形。同上，第 390—391 页。因此，联邦第六巡回上诉法院似乎是表明，第 502 条所提供的工作保障，既适用于集体谈判协议中未约定禁止罢工条款的工会会员，也适用于未参加工会的雇员。同上，第 391 条。

[38]　*Gateway Coal Co. v. UMW*，414 U. S. 368，285（1974）；*NLRB v. Knight Morky Co.*，251 F. 2d 753（6th Cir. 1957）. See Atleson，"Threats to Health and Safety：Employees Self Help under the NLRA，" 59 *Minn. L. Rev.* 647（1975）.

[39]　*Whirlpool Corp v. Marshall*，445 U. S. 1（1980）.

[40]　同上，第 20—21 页。

[41]　505 U. S. 88（1992）. Cf. *Martin v. OSHRC*，499 U. S. 144（1991）.

影响力",但联邦最高法院仍然得出上述结论。该院还进一步指出：

> 某项州法律规定,如果直接、实质且专门规范有关职业安全与健康405的事项,则属于《职业安全与健康法》所界定的职业安全与健康标准。至于该项州法律虽然也会产生某种与职业无关的影响力,但却丝毫不会有损于其作为一项职业标准的地位,从而进行联邦法优位的分析。如果某个州希望制定一项具有双重影响力的法规以规范有关职业安全与健康的事项,且现行的联邦标准有效的话,则依据《职业安全与健康法》第十八条的规定,该州必须将立法计划呈交劳工部长正式批准。[42]

随后,加州最高法院判决认为,在加州政府所提交的一项州计划已经得到劳工部长批准的情况下,针对基于违反工作场所安全与健康行为所提出的不正当竞争和消费者保护诉讼,联邦法规并不具有优先效力。[43] 该院的一致意见指出："之所以如此强烈地反对联邦法优位,一方面是因为联邦立法规范的这一领域是长期受到州监管的领域,另一方面是因为加州已经依据《职业安全与健康法》承担了规范劳工安全与健康的责任,因此排除联邦立法的适用。"[44]尽管州计划中的处罚力度更大,该院认为,准许劳工部长对这项州计划进行审查是州司法管辖权所允许的。

就业歧视法

在公益劳动法领域中,最易引发诉讼的大概就是有关就业歧视的问题。

---

[42] 505 U. S. at 107-108. 肯尼迪(Kennedy)大法官单独撰写一篇协同同意见书记录在案。苏特大法官撰写反对意见书,得到布莱克门(Blackmun)大法官、史蒂文斯大法官和托马斯大法官的附议。

[43] *Solus Industrial Innovations*, *LLC v. Superior Court of Orange County*, 4 Cal. 5th 316 (2018).

[44] 同上,第344页。

针对这一问题最具综合性的立法是 1964 年《民权法》第七章的规定，⑤该法
不但设立了平等就业机会委员会(Equal Employment Opportunity Com-
mission，以下简称"EEOC")，而且明文禁止基于种族⑥、肤色、性别、原始国
籍或宗教等原因引起的就业歧视⑦。

EEOC 在成立之初，仅具有调查⑧和设法调解有关歧视指控的职权。⑨
但是，自 1972 年起，EEOC 可在行政程序结束后，直接在联邦地方法院对被
告提起涉嫌歧视的诉讼。⑩ 现在 EEOC 对各类就业歧视几乎都有管辖权和

---

⑤　See generally William B. Gould IV, " Title VII of the Civil of Rights Act at
Fifty：Ruminations on Past，Present，and Future,"54 *Santa Clara L. Rev.* 369(2014).

⑥　参见 *Hatcher v. Board of Trustees of Southern Illinois University*，829 F. 3d 531(7th
Cir. 2016)："……在学术领域，我们认为在审查奖学金和终身任期时学者是最适合做出高度主观的
判断的人选。"同上，第 541 页。

⑦　联邦第二巡回上诉法院判决认为，"西班牙裔"(Hispanics)是列入 1964 年《民权法》第七章
第 1981 条保护的一个种族，见 *Vill. of Freeport v. Barella*，814 F. 3d 594(2d Cir. 2016)。

⑧　EEOC 与 NLRB 一样，有权使用获得司法认可的行政传票(administrative subpoena)，该传
票可用于审查某机构是否滥用其自由裁量权。见 *McLane Co. v. EEOC*，137 S. Ct. 1159(2017)。
调查文件可供有权限的指控方在相关指控中使用。*EEOC v. Associated Dry Goods Corp.*，449 U.
S. 590(1981).

⑨　联邦最高法院在 *Mach Mining，LLC v. EEOC*，575 U. S. _(2015)一案中判决认为，在确
定调解之后提起诉讼的先决条件是否满足方面，EEOC 拥有广泛的自由："因此，法律规定 EEOC 必
须将起诉原因告知雇主，使雇主知晓本质上是何种做法侵害了哪个人或哪个群体，并且必须为雇主
提供讨论此事的机会，以努力使雇主自愿遵守法律。……如果 EEOC 没有采取上述具体行动，它就
没有满足《民权法》第七章关于设法调解有关歧视指控的要求。"联邦最高法院还驳回了一项提议，
即复审法院应"……深入调查调解程序"，并像 NLRB 和法院共同审查未能进行善意集体谈判的方
式那样去审查有关歧视指控调解的失败。该院指出，"……我们反对任何 NLRA 和《民权法》第七
章之间的类比，NLRA 关注过程且只关注过程，它创造了一个双方互负公平交易义务的谈判领域，
不对双方应达成的实质性协议表现出任何偏好。参见 §§ 151，158(d)。相比之下，《民权法》第
七章最终关注的是实质性结果，同时回避了任何善意谈判的互惠义务，它的调解条款明确地服务于
实体性任务……"同上，第 1654 页。在卡根大法官撰写的一份意见书中，联邦最高法院认为 EEOC
有义务将雇主受到的指控通知到位，以便"……与雇主进行某种形式的讨论……而给雇主一个机会
以纠正所谓的歧视性做法"。法院认为："对这些要求(而不是其他任何要求)的司法审查可确保
EEOC 遵守法规……相对公开的审查使得 EEOC 能够行使《民权法》第七章所赋予的广泛的自由裁
量权，来自主决定如何进行调解工作以及何时结束调解……该(司法)审查的范围很窄，反映了法律
赋予 EEOC 充足的自由裁量权……"

⑩　42 USC §706(f)，as amended，86 Stat. 103(2000).《民权法》第七章适用于有 15 名及以
上雇员的雇主。但是"《民权法》第七章的内容表明，对确保雇主符合雇佣人数的要求，国会不打算
交由法院自行决定"。*Arbaugh v. Y&H Corp.*，546 U. S. 500(2006).

处理权。[51] 1991 年，联邦最高法院曾判决，1964 年《民权法》第七章并不能在美国境外适用，以规范美国公司在海外对美国公民所采取的雇佣措施。[52] 但是，国会在制定 1991 年《民权法》时，推翻了上述判决。[53] 虽然 EEOC 负责处理绝大部分由《民权法》第七章以及其他相关民权立法所引起的就业歧视问题（公共部门的就业歧视案件则由司法部负责处理），然而，在 EEOC 有权向法院提起诉讼以求认定违法并提供救济之前，私人原告们担负起执行法律的主要责任，尤其是在诉讼的初期。[54]

在 1989 年的一连串判决中，联邦最高法院对 1964 年《民权法》第七章 408
的适用范围做了相当程度的限制（将在后文详述），[55]这促使国会通过制定 1991 年《民权法》对 1964 年立法加以修正。[56] 然而，此后不久，各联邦巡回上诉法院在新法能否对 1989 年的判决具有溯及力的问题产生了分歧，而上

---

[51] 42 USC § § 703-04(2012).

[52] *EEOC v. Arabian American Oil Co.*, 499 U. S. 244(1991). See generally Janice Bellace, "The International Dimension of Title Ⅶ," 24 *Cornell Int'l L. J.* 1(1991). 至于与外国雇主和外国政府相关的另一个问题，联邦最高法院曾判决，日本公司在美国的子公司并不受美日两国条约的保护，而根据该条约，两国公司可以在各自国家雇用自行选择的高级经理，见 *Sumitomo Shiji America, Inc. v. Avagliamo*, 457 U. S. 176(1982)。联邦第七巡回上诉法院的波斯纳（Posner）法官在其撰写的法院意见中曾指出，根据上述两国条约的授权，基于日本公民身份所遭受的歧视待遇，不得依据禁止原始国籍的成文法规定提起就业歧视诉讼，见 *Fortino v. Quasar Co.*, 950 F. 2d 389(7th Cir. 1991)。在此之前，联邦最高法院已经对基于原始国籍的歧视与基于公民身份的歧视作了区分，前者是被禁止的，而后者则是允许的，见 *Espinoza v. Farah Mfg. Co.*, 414 U. S. 86(1973)。其后联邦最高法院在 *Spector v. Norwegian Cruise Line Ltd.*, 545 U. S. 119(2005)案中解决了《美国残疾人法》的境外适用问题。

[53] The Civil Rights Act of 1991, Pub. L. 102-166, November 21, 1991, 105 Stat. 1071.

[54] 支付律师费一直是法律执行中的重要一环，参见 *Newman v. Piggie Park Enterprises, Inc.*, 390 U. S. 400, 966(1968)（该案将原告律师定性为"'私人总检察长'，体现了国会认为最具优先性的政策……"）。如果索赔是轻率、不合理或毫无根据的，被告可以收回此类费用。*Christiansburg Garment Co. v. EEOC*, 434 U. S. 412(1978)；并且在案情上占优势并不是在诉讼中占优势的前提。*CRST Van Expedited, Inc. v. EEOC*, 136 S. Ct. 1642(2016).

[55] William B. Gould IV, "The Supreme Court and Employment Discrimination Law in 1989: Judicial Retreat and Congressional Response," 64 *Tul. L. Rev.* 1485(1990).

[56] Civil Rights Act of 1991, Pub. L. 102-166, November 21, 1991, 105 Stat. 1071.

述判决已经被推翻或是受到限制。⑤⑦ 1994 年,联邦最高法院解决了这一问题,最终作出判决认定,1991 年《民权法》中的惩罚性赔偿条款不适用于 1991 年 11 月 21 日(该法生效之日)之前发生的行为。⑤⑧

证明歧视

根据联邦最高法院的判决,如果相关统计数据表明,在某一工厂或某种职业类别中,少数族裔或者女性完全不存在或受到不成比例的排斥(disproportionate exclusion)时,则已构成一个表面证据确凿的就业歧视案件。⑤⑨ 在这种情形下,应由对方负举证责任,解释为什么提起歧视指控的特定群体的人数如此之少。无论是集体诉讼,即涉及整个工厂甚至整个企业的多数劳工提起诉讼要求赔偿的情形,还是个人诉讼,即仅由一名或极少数劳工提起就业歧视诉讼的情形,都可以引用统计数据作为证据。⑥⓪ 联邦最高法院曾认定,法院本身不得排除受到原告主管以外的其他人管理的雇员所提供的证词。⑥① 联邦上诉法院在另一案件中认定,公司所做的"奥巴马如果当选总统,他将毁掉这个国家"的陈述,并不能构成反映歧视性动机(discriminatory animus)的旁证(circumstantial envidence),因为这一陈述是政

---

⑤⑦　See *German v. Gha*, 975 F. 2d 886(D. C. Cir. 1992); *Holt v. Michigan Department of Corrections*, 974 F. 2d 771(6th Cir. 1992); *Vogel v. City of Cincinnati*, 959 F. 2d 594(6th Cir. 1992); *Mozee v. American Commercial Marine Serv. Co.*, 963 F. 2d 929(7th Cir. 1992); *Fray v. Omaha World Herald Co.*, 960 F. 2d 1370(8th Cir. 1992); *Johnson v. Uncle Ben's*, 965 F. 2d 929 (7th Cir. 1992); *Luddington v. Indiana Bell*, 966 F. 2d 225(7th Cir. 1992).

⑤⑧　*McGinnis v. Kentucky Fried Chicken*, 51 F. 3d 805, 808(9th Cir. 1994)[参考 *Landgraf v. USI Film Products*, 511 U. S. 244(1944)].

⑤⑨　*International Brotherhood of Teamsters v. United States*, 431 U. S. 324(1977). 也可参见 *Hazelwood School District v. United States*, 433 U. S. 299(1977)(进一步界定了统计数据的合理使用)。

⑥⓪　统计数据最早用于集体诉讼案件如 *International Brotherhood of Teamsters*。见 *Davis v. Califano*, 613 F. 2d 957(D. C. Cir. 1978)。较早的判决如,*EEOC v. New York Times Broadcasting Service*, 542 F. 2d 356(6th Cir. 1976)以及 *King v. Yellow Freight System*, *Inc.*, 523 F. 2d 879(8th Cir. 1975),仅判决统计数据证据在这些案件中具有相关性。

⑥①　*Sprint/United Management Co. v. Mendelsohn*, 552 U. S. 379(2008).

治性的,与种族无关。[62] 同时,对于种族主义者的歧视并不是基于种族的被禁止的歧视。[63]

在沃尔玛商店公司诉杜克斯案(*Wal-Mart Stores, Inc. v. Dukes*)[64]这一具有里程碑意义的案件中,联邦最高法院以五比四的投票结果作出判决,斯卡利亚大法官代表多数意见认为,将此案认定为一个全国性的集体诉讼是不恰当的,并驳斥了"在雇主雇用超过一百万雇员的情况下,可以在监管上使用统一的主观标准"的观点。[65] 联邦最高法院指出:"证明一名管理者对自由裁量权的滥用,无助于证明其他管理者的滥用。"[66]在另一相关案件中,雇主规定"允许经纪人组成团队并在团队内部分配佣金",当原告声称他们被这项全国性的政策所排斥时,尽管该案已经获得集体诉讼认证,但是在主观标准遭到质疑的情况下,法院还是否定了认证。[67]

在整个就业歧视领域中,最重要的案件也许就是格里格斯诉杜克电力 410 公司案(*Griggs v. Duke Power Co.*)[68]。在该案中,联邦最高法院以全体无异议的方式判决,在确定有无违反就业歧视法的情形时,无须证明歧视的意图。[69] 在该案中,雇主所采用的笔试以及教育背景等要求,已足以使该厂的

---

[62]　*Autry v. Fort Bend Independent School District*,704 F. 3d 344,349(5th Cir. 2013).

[63]　*Maraschiello v. City of Buffalo Police Dep't*,709 F. 3d 87,89(2d Cir. 2013).

[64]　131 S. Ct. 2541(2011). Cf. *General Tel. Co. of the Northwest*,*Inc. v. EEOC*,446 U. S. 318(1980);*General Tel. Co. of Southwest v. Falcon*,457 U. S. 147(1983);*Cooper v. Federal Reserve Bank of Richmond*,467 U. S. 867(1984).

[65]　*Wal-Mart*,前注[64],第 2554 页。

[66]　*McReynolds v. Merrill Lynch*,*Pierce*,*Fenner* & *Smith*,*Inc.*,672 F. 3d 482(7th Cir. 2012).

[67]　*Bolden v. Walsh Construction Co.*,688 F. 3d 893(7th Cir. 2012). Cf. *Wang v. Chinese Daily News*,*Inc.*,No 08-55483(9th Cir. Mar. 4, 2013).

[68]　401 U. S. 424(1971).

[69]　这种所谓法律责任的差异影响理论(disparate impact theory)已被联邦最高法院以五比四多数票适用于 1968 年《公平住法》(Housing Act of 1968)的相关案件中,见 *Dep't of Hous. & Cmty. Affairs v. Inclusive Comtys. Project*,*Inc.*,135 S. Ct. 2507(2015). 在肯尼迪大法官提纲的多数意见中,五位大法官指出"……联邦最高法院认可,《公平住房法》持续推动着社会走向更深的融合。"同上,第 2526 页。持异议者是托马斯大法官、阿利托大法官、斯卡利亚大法官和首席大法官罗伯茨(Roberts)。

黑人劳工根本无法获得任何升迁的机会。根据联邦最高法院的意见,这种不成比例地排斥黑人劳工的做法,除非能证明这一程序具有业务上的必要性,否则即应视为违法。⑦

格里格斯案的判决并不完全适用于公共部门所发生的就业歧视,⑦而且实际上也不完全适用于私营部门其他禁止歧视的成文法中,⑦然而它却对这一领域法律的整体发展产生极大的影响。举例而言,虽然 1964 年《民权法》第七章允许雇主采用真实职业资格(bona fide occupational qualfications:BFOQ)的例外规定拒绝某一性别的人求职,然而联邦最高法院作出判决认为,如果有关身高、体重的要求,使得女性被不成比例地排斥于狱警工作之外,则属于违法行为,因为 1964 年《民权法》是一部全面禁止性别歧视的法律,而有关身高、体重的真实职业资格只是"一个极为狭义的例外情形"而已。⑦

在迪亚兹诉泛美世界航空案(*Diaz v. Pan American World Airlines*)⑦中,联邦第五巡回上诉法院曾拒绝接受雇主所坚持的必须雇用女性空乘员的看法,虽然该雇主宣称这种做法能达到合法的业务目标,因为在紧张的飞行体验中,她们可以对男性乘客提供心理上的支持。然而,联邦上诉

---

⑦   即使造成不成比例排斥的做法已被取消,因与工作无关的程序而被拒绝录用的个人也可能成为歧视的受害者,见 *Connecticut v. Teal*,457 U. S. 440(1982);参见 *Costa v. Marhey*,706 F. 2d 1(1st Cir. 1982)。

⑦   依据《美国法典》第 1981 条的规定,格里格斯案的理论适用于纽约市的学校教师,参见 *Chance v. Board of Examiners*,458 F. 2d 1167(2d Cir. 1972),*appealed*,561 F. 2d 1079(1977)。1976 年联邦最高法院判决,这一理论不能适用于基于联邦宪法的理由提出的案件,见 *Washington v. Davis*,426 U. S. 299(1976)。目前,《民权法》第七章的规定可以适用于政府机关,Pub. L. 92-261,§ 2(1),86 Stat. 103 amending 42 U. S. C. § 2000(e)。见 *New York City Transit Authority v. Beazer*,440 U. S. 568(1979)。

⑦   *General Building Contractors Association v. Pennsylvania*,458 U. S. 375(1982)。事实上,雇主对某些负有责任且承担风险的职位要求具有大学学位时,*Griggs* 案的判决是不适用的。*Davis v. City of Dallas*,777 F. 2d 205(5th Cir. 1985)。特别是,见 *Spurlock v. United Airlines,Inc.*,475 F. 2d 216(10th Cir. 1972)。

⑦   *Dothard v. Rawlinson*,433 U. S. 321(1977)。

⑦   442 F. 2d 385(5th Cir. 1971). See also *Weeks v. Southern Bell Tel. & Tel. Co.*,408 F. 2d 228(5th Cir. 1969)。

法院指出："基于性别因素的歧视，只有在一种情况下才合法有效，即如果不是仅雇用某一性别的成员，则雇主业务的本质将会遭到破坏。"[75]能够归入这一话题的还有与青睐外表出众的员工特别是女性有关的歧视问题。例如，"位于新英格兰的玛丽露（Marylou's）连锁咖啡店，它们的员工比咖啡更有名。那些穿着粉红色紧身T恤和短上衣的女服务员，显得青春靓丽且很有女人味"。[76]尽管华盛顿特区、圣塔克鲁兹市（Santa Cruz）、加利福尼亚州和旧金山市均禁止外貌歧视（attractive discrimination），但是大多数州对此并不禁止，虽然事实上大部分的生意并不是靠对男性顾客的提示和引诱，而是靠产品，比如出售咖啡或是航空公司的飞行服务。联邦第八巡回上诉法院指出：

> 广大公司不得像李维斯（Lewis）那样，仅凭性别刻板印象作出雇佣决定，而西南航空公司（Southwest Airlines）只雇用年轻漂亮、充满魅力的女性担任空乘员，并让她们穿上高筒靴和热裤的做法是违法的。[77]

此外，联邦地方法院也曾判决，在照顾妇产科病人时，只雇用注册的女[412]性护士的做法是符合真实职业资格要求的[78]。该院指出：

> 对涉及生殖器官部位的根深蒂固的个人隐私感受加以尊重，这一点与为迎合某些男性航空乘客的需求而使用漂亮女空姐相比，实在不可同日而语。[79]

---

[75] *Díaz v. Pan American Airlines*, 442 F. 2d at 388.

[76] "Attractiveness Discrimination: Hiring Hotties," *The Economist*, July 21, 2012, at 25.

[77] *Lewis v. Heartland Inns of America*, 591 F. 3d 1033, 1042(8th Cir. 2010). 反对意见尖锐地指出："显然，大多数人会认为，如果雇主因为女性啦啦队长不够漂亮而拒绝雇用，或者因为男性时装模特不够英俊而拒绝雇用，那么雇主就违反了《民权法》第七章，除非雇主能证明外貌是真实职业资格。"同上，第1043页。（首席法官洛肯的反对意见书）

[78] *Backus v. Baptist Medical Center*, 510 F. Supp. 1191(E. D. Ark. 1981), *vacated because of mootness*, 671 F. 2d 1100(8th Cir. 1982).

[79] *Backus*, 510 F. Supp. At 1195.

　　此外,联邦第二巡回上诉法院曾作出判决,女性监狱服刑人员的隐私权利益,并不足以保护她们在睡觉时不受男性狱警的巡视,只要狱方能提供她们合适的睡衣即可。⑧ 然而,在另一个并未涉及隐私权的案件中,联邦第七巡回上诉法院的意见却存在重大分歧,最终判决认为,为女性监狱服刑人员专门雇用女性狱警是一项合法有效的措施,因为根据狱方的见解,这种做法对女性服刑人员的改造是有必要的,虽然这种说法并没有客观的证据或实证性的研究加以支持。⑧ 联邦第九巡回上诉法院也持这一观点。⑧

　　在有关年龄歧视的案件中,虽然真实职业资格的例外规定也可以适用,但联邦最高法院作出以下判决:

> 从禁止年龄歧视成文法严格的表述以及负责执行该法的行政机构一贯的解释来看,就像 1964 年《民权法》第七章的规定一样,有关真实职业资格的例外条款,在全面禁止年龄歧视的情形下,应当是一种极为狭义的例外情形。⑧

　　尽管联邦最高法院将格里格斯案的差别影响分析适用于年龄歧视案413件,⑧但是《年龄歧视法》(Age Discrimination Act)中也包含一项但书,即所谓"年龄以外的合理因素(a reasonable factor other than age,RFOA)","这一规定发挥了重要作用,因为如果不利影响可以归咎于某项非年龄的'合理因素',雇主就可以免于承担责任。"⑧因此,这一规定的实际效果是,雇主在年龄歧视案件中承担的责任比依据《民权法》第七章更少。⑧ 有关年

---

⑧　*Forts v. Ward*,621 F. 2d 1210(2d Cir. 1980).

⑧　*Torres v. Wisconsin Dept. of Health and Social Service*,859 F. 2d 1523(7th Cir. 1988).

⑧　*Teamsters Local Union No. 117 v. Wash. Dep't of Corr.*,789 F. 3d 979(9th Cir. 2015).

⑧　*Western Air Lines,Inc. v. Criswell*,472 U. S. 400,412(1985). See also *Johnson v. Mayor of Baltimore*,472 U. S. 353(1985);*Trans World Airlines v. Thurston*,469 U. S. 111(1985).

⑧　*Smith et al. v. City of Jackson*,544 U. S. 228(2005).

⑧　同上,第239页。

⑧　*Meacham v. Knolls Atomic Power Laboratory*,554 U. S. 84(2008).

龄歧视的成文法规定与其他就业歧视法律规定的差别在于："与种族或其他受《民权法》第七章所保护的区隔不同,年龄与一个人从事某些特定职业的能力不无关联……因此,通常使用的某些就业标准,尽管对老年工人群体产生不利影响,但可能是合理的,也就不足为奇了。"[37]在年龄歧视案件中,原告们仍然有义务区分与识别造成统计差异的特定的雇佣措施(对此法院认为"并不是一个微不足道的负担")[38],这是由于年龄歧视与性别和种族歧视不同,1991 年修正案无法加以适用造成的。

　　1989 年,联邦最高法院在沃兹克夫包装公司诉阿托尼奥案(*Wards Cove Packing Co. v. Atonio*)[39]中曾判决,雇主应承担业务上必要性的举证责任,即证明被指控的做法"实质上服务于雇主合法的雇佣目标"。[40] 此外,该院还指出,雇主对"合法业务正当性抗辩"所负的举证责任,只要提出证据(production)即可,而无须承担说服(persuasion)的责任。[41] 至于该案更令人伤神之处在于,联邦最高法院认为,虽然雇主对其雇佣措施最容易获得相关的信息,但它还是要求原告在提出一项表面证据确凿的案件时,必须证明"某项个别或特定的雇佣措施,确实曾经造成被指控的差别影响。"[42]此后,414 国会在制定 1991 年《民权法》时规定,如果雇主的决策过程"无法分离来加以分析的话,原告无需承担这一举证责任"。[43] 而雇主所负担的举证责任是,证明"被指控的雇佣措施与系争的职位存在工作上的相关性,而且也符合业务上的必要性"。[44]

---

[37]　*Smith*,同前注[34],第 241 页;也可参见 *General Dynamics Land Systems, Inc. v. Cline*,540 U. S. 581(2004)

[38]　*Meacham*,同前注[36]。

[39]　490 U. S. 642(1989).

[40]　同上,第 659 页。

[41]　同上,第 660 页。

[42]　同上,第 657 页。

[43]　Civil Rights Act of 1991,Pub. L. 105(B)(i).

[44]　同上。

在个人歧视案件中,如果能证明雇主确有故意给予差别待遇的情形,则上述表面证据确凿的歧视比较容易确立,⑮但对被告而言,其所承担的反驳责任也远不如格里格斯案的被告那么重,如前所述,后者必须证明业务上的必要性。⑯ 而根据联邦第十一巡回上诉法院的判决,如果雇主所提出的反驳是基于某些主观证据时,则其所负的举证责任比其他情况下要重得多。⑰该院还曾作出判决认为,如果原告提出的表面证据确凿的歧视案件是基于某些直接证据,而不仅仅是依据推论,则被告雇主的举证责任也应相应增加。⑱ 此外,在圣玛丽荣誉中心诉希克斯案(*St. Mary's Honor Center v. Hicks*)⑲中,联邦最高法院判决认为,当原告凭借证据优势确立了表面证据确凿的歧视案件时,雇主可以通过举出采取这一行为的合法的、非歧视性的理由来满足其提出证据的责任。该院进一步指出,即便法院不采信雇主所提供的证据,雇员也总是负有举证责任。因此,在个人就业歧视案件中,原告所负的最终举证责任是,证明被告雇主的行为只是一项歧视行为的"借口"而已。

在 1989 年庭期内第二个就业歧视案件中,联邦最高法院对普华永道诉

415

---

⑮　*McDonnell Douglas Corp. v. Green*,411 U. S. 792(1973);*Furnco Construction Co. v. Waters*,438 U. S. 567(1978). Cf. William R. Corbett,"Unmasking a Pretext for Res Ipsa Loquitur: A Proposal to Let Employment Discrimination Speak for Itself," 62 *Am. U. L. Rev.* 447 (2013).

⑯　*Texas Dept. of Community Affairs v. Burdine*,450 U. S. 248(1981). See also *United States Postal Service Board of Governors v. Aikens*,460 U. S. 711(1983);*Anderson v. City of Bessemer City*,470 U. S. 564(1985). 统计数据证据通常不能反驳雇主的非歧视性理由,因为"虽然统计数据有时可能会为其与补充证据相结合提供借口,但在原告没有提出任何补充证据能证明特定的非歧视性理由是借口的情况下,通常不足以提出一个有关案件事实的真正的争议问题"。*Rick Jackson v. Graig Watkins*,619 F. 3d 463,468(5th Cir. 2010).

⑰　*Bell v. Birmingham Linen Service*,715 F. 2d 1552(11th Cir. 1983).

⑱　*Conner v. Fort Gordon Bus Company*,761 F. 2d 1495(11th Cir. 1985);*Miles v. M. N. C. Corporation*,750 F. 2d 867(11th Cir 1985).

⑲　509 U. S. 502(1993).

霍普金斯案(*Price Waterhouse v. Hopkins*)[100]也发生了意见分歧。[101] 根据该院的判决,如果雇主在雇佣决定中任由"一种歧视性动机起到推动作用",则必须提出一项优势证据来证明,即使在没有歧视的情况下,他还是会做出完全相同的雇佣决定。然而,国会在制定 1991 年《民权法》时,再一次推翻了联邦最高法院的判决。新法的规定对于混合动机歧视,只会在救济方面加以限制,而不涉及法律责任。混合动机责任[102]可以通过间接证据加以认定,在这类案件中并不要求歧视的直接证据。[103] 如果没有"禁止性推动因素"的影响,(雇主)仍会做出完全相同的雇佣决定,法院可以判决给予雇员宣示性救济(declaratory relief)、禁令性救济(injunctive relief)、律师费及相关支出等,但并不包括损害赔偿金,同时,也不会颁布要求将雇员或求职者入会、复职、录用或晋升的命令。[104] 现在加州最高法院依据州法律规定也持这一观点。[105] 再次强调,有关年龄歧视的法律是不同的。联邦最高法院在 [416] 一个投票结果为五比四、存在严重意见分歧的案件中作出判决,在原告提出证据证明年龄在雇主的决定中是一项起到推动作用的因素之后,说服的举证责任并不因此转移给雇主,因此雇主无须证明哪怕不是因为年龄,他也会做出同样的决定。[106] 意见不一的情况也同样出现在联邦第六[107]和第七巡回

---

[100] 490 U. S. 228(1989). 有关混合动机的案例中最明显的例子是,雇主获得有关申请的分类或者其他类型的工作不当行为的事后信息。至于其认定的标准则是,如果雇主已经获得了相关信息,那么他是否会以同样的方式行事,参见如 *Washington v. Lake County*,*Illinois*,969 F. 2d 250(1992)(7th Cir. 1992)。然而,联邦最高法院驳回了事后取证规则,并认为该规则并不排除根据 ADEA 进行的所有追偿。相反,补发工资和其他损害赔偿金一直在累积,直到雇主将会合法地解雇雇员的时刻。见 *McKennon v. Nashville Banner Pub. Co.*,513 U. S. 352(1995)。

[101] 布伦南大法官负责官布法院意见,而马歇尔大法官、布莱门大法官和史蒂文斯大法官附和;奥康纳大法官单独提出一份协同意见;肯尼迪大法官与首席大法官伦奎斯特、斯卡利亚大法官共同提出反对意见。

[102] 歧视必须是不利雇佣行为的唯一原因,这一假设已经不断遭到否定,见 *Ponce v. Billington*,679 F. 3d 840(D. C. Cir. 2012)。

[103] *Desert Palace*,*Inc. v Costa*,539 U. S. 90(2003)。

[104] Civil Rights Act of 1991,Pub. L. 107(B)(i)(ii)。

[105] *Harris v. City of Santa Monica*,56 Cal. 4th 203(Cal. 2013)。

[106] *Gross v. FBL Financial Services*,*Inc.*,557 U. S. 167(2009)。

[107] *Lewis v. Humboldt Acquisition Corp.*,681 F. 3d 312(6th Cir. 2012)(en banc)。

上诉法院⑩，他们都对《美国残疾人法》(American Disability Act)适用了同样的方法。由于与《民权法》第七章的反报复条款(antiretaliation provisions)相关联，混合动机问题在本书写作时仍未得到解决。⑩

联邦最高法院曾作出判决，禁止歧视退伍军人的法律⑩"与《民权法》第七章极为相似"，⑪雇主可能因为一个"虽有影响但未做出最终雇佣决定的"人的歧视性动机而被认定实施歧视行为。⑫

真实年资制度

另一项对就业歧视行为的抗辩与真实年资制度(bona fide seniority systems)的存在有关。如果这一制度是由雇主与工会经谈判设立的，则不违反 1964 年《民权法》第七章禁止歧视的规定。然而，究竟何种制度才构成真实年资制度呢？关于这一问题，最初联邦上诉法院(即美国联邦最高法院 417 下一级的法院)曾作出判决，虽然某项年资制度在表面上是中立且不具歧视性的，但若它具有延续过往歧视的效果，则仍属于违法行为，即使这种过往歧视是 1964 年 7 月 2 日《民权法》第七章正式生效以前早已存在的也不例外。根据法院的观点，如果雇主过去采用的歧视性雇佣方式使得黑人、墨西哥裔人及女性等一直被锁定在低级职位，或因雇主采用的部门年资制度(departmental seniority system)使得雇员无法使用其在低级职位上累积的年资竞聘高级职位，就可以认定当前制度中所体现的过往歧视直接阻碍了

---

　　⑩　*Serwatka v. Rockwell Automation, Inc.*, 591 F. 3d 957, 961-62(7th Cir. 2010).

　　⑩　*Univ. of Texas Southwestern. Med. Ctr. v. Nassar*, 570 U. S. 338(2013).

　　⑩　Uniformed Services Employment and Reemployment Rights Act of 1994, 38 U. S. C. § 4301 et seq.

　　⑪　*Staub v. Proctor Hospital*, 131 S. Ct. 1186, 1191(2011)(这就是所谓责任的"猫爪理论")。

　　⑫　然而，迄今为止，联邦上诉法院的先例均认为，"在年龄歧视案件中，下属的敌意与最终雇佣决定之间必须存在更加密切的联系"，见 *Simmons v. Sykes Enterprises, Inc.*, 647 F. 3d 943 (10th Cir. 2011)；也可参见 *Lindsey v. Walgreen Co.*, 6 *Staub v. Proctor Hospital*, 131 St. Ct. 1186,1191(2011)。

这些雇员的向上流动。然而,在国际卡车司机兄弟会诉美国案[113]中,联邦最高法院却以七票对两票的投票结果认定,在任何情况下,1965 年 7 月 2 日以前的歧视行为是无法加以救济的。因此,对少数族裔与女性雇员而言,他们在此之前在低级职位上累积的年资无法合并计算。此外,更加重要的是,这些被冻结在低级职位上的雇员,在雇主或工会所采取的全面歧视方式(a pattern of across-the-board discrimination)被认定应当承担责任之后,他们还必须证明雇主或工会对其个人采取过歧视措施。在这种情况下,尽管曾对空缺的职位提出申请的雇员会被推定为遭受过歧视,且被告雇主必须承担未曾实施歧视的举证责任,然而,法官或是特别任命的代理法官(master)认定某位雇员是否能够享有年资或是补发工资,却是一个旷日持久的程序,因为可能会有几百甚至几千名雇员或求职者牵涉其中。[114] 实践中,在有关歧视方式或歧视措施的案件中,被告的责任一经认定,原告通常会十分渴望达成庭外和解,因为他们不像被告那样财大气粗,反而在经济上相形见绌,无法在就业歧视案件中缠讼多年。只是他们在庭外和解所能获得的赔偿金,往往比经正式诉讼程序所能得到的更少。

在另一个与年资制度有关的联邦最高法院 1989 年作出的判决中,由斯卡利亚大法官所执笔的意见书强调,系争的年资制度在表面上不具有歧视性,虽然原告女性雇员们声称它根植于由故意歧视造成的差别影响,但她们却无法就此提出指控,因为起诉的时效应自该协议本身生效时起算,而不是事后适用时起算。[115] 在该案中,马歇尔大法官、布伦南大法官、布莱克门大法官则共同提出反对意见书。联邦最高法院进一步指出:

[113]　*International Brotherhood of Teamsters v. United States*,431 U. S. 324(1977). 也可参见 *American Tobacco Co. v. Patterson*,456 U. S. 63(1982)(雇主根据真正年资计划而适用不同的标准时,只要这些不同的标准并非基于故意歧视而产生并且不限于《民权法》生效日以前制定的年资制度,并不构成违法的雇佣措施)。*Pullman-Standard v. Swint*,456 U. S. 273(1982)(仅仅证明存在差别影响,不足以认定年资制度无效,即使其结果可能是使在 1964 年《民权法》案制定前已经存在的歧视行为永久延续下去)。

[114]　例如,*Termsters*,431 U. S. at 337(在 6742 名雇员中有 314 名黑人,257 人有西班牙语姓氏)。

[115]　*Lorance v. AT&T Technologies*,490 U. S. 900(1989).

　　毫无疑问,如果一项年资制度具有表面歧视性,即它对相同情况的雇员给予不同的待遇,则雇员可以在任何时候提出指控。同时,如果一项年资制度表面上中立,但却是根据不合法的歧视动机制定的,则雇员可在该制度通过后一定期间内提出指控。然而,如果一项表面中立的年资制度在其通过许多年后,仍然允许雇员提出指控,并变更根据该制度所产生的权益,则会严重妨害那些有效的信赖利益,而这些利益正是真实年资制度但书条款所要保护的。[⑯]

　　然而,国会通过 1991 年《民权法》推翻了上述判决。根据该法的规定,无论年资制度是否具有表面歧视性,从“该年资制度适用时”起时效开始起算,而雇员必须及时提出这类指控。[⑰]

419　　联邦第七巡回上诉法院在公平就业机会委员会诉美国管道工协会第 597 号地方工会案(*EEOC v. Pipefitters Association Local 597*)[⑱]中作出一项虽不涉及年资制度但是相当复杂的判决,认为“主张雇主与工会对种族骚扰承担相同的赔偿是站不住脚的,因为是公司一方,而不是工会,控制着工作场所……”[⑲]在理查德·波斯纳法官执笔的意见书中,该院认为,“大多数人未能采取积极措施对抗歧视”,而他们的不作为不能等同于歧视。[⑳] 该院指出,工会拒绝启动种族问题的申诉程序即构成歧视,这一理论是不堪一击的。[㉑] 然而,正如反对意见所指出的,上述观点在就业歧视法上是错误

---

　　⑯　*Lorance v. AT&T Technologies*,490 U. S. 900(1989). 联邦最高法院依赖以往的判例如 *Delaware State College v. Ricks*,449 U. S. 250(1980) 和 *United Airlines,Inc. v. Evans*,431 U. S. 553(1977)。

　　⑰　Civil Rights Act of 1991,Pub. L. 112,November 21,1991. 另见 *National R. R. Passenger Corp. v. Morgan*,536 U. S. 101(2002)[该判决认为,解雇、不予晋升、拒绝调动或拒绝录用等事件在发生时即构成完整的行为,即使这些事件与及时提出的指控中所指称的行为有关。]关于指控相关歧视的复杂问题,例如见 *Richter v. Advance Auto Parts,Inc.*,686 F. 3d 847(8th Cir. 2012)。

　　⑱　334 F. 3d 656(7th Cir. 2003).

　　⑲　同上,第 659 页。

　　⑳　同上,第 660 页。

　　㉑　同上,第 662 页。

的,特别是当"工会在工作条件上享有相当大的控制权,并且有力量纠正职场的不平等时更是如此……"⑫

性别歧视

在美国,尽管制定各类公平就业措施立法的压力主要来自于为黑人争取权利的斗争,但是自 20 世纪 70 年代后期起,性别歧视问题也日益引起关注。事实上,美国国会在 1964 年通过《民权法》第七章时,在极其偶然的情况下将性别歧视问题列入该法。⑬ 目前,除违反同工同酬原则的案件是由 1963 年《同酬法》(Equal Pay Act of 1963)⑭负责处理外,美国女性完全依赖 420 1964 年《民权法》第七章、各州仿效联邦立法所制定的公平就业措施法律⑮以及一项总统行政命令来保障其不受就业歧视。其中这项总统行政命令不但禁止政府的承包商采取任何歧视性措施,而且明确规定,即使并无歧视情形存在,也应在录用和晋升方面采取平权行动(affirmative action)措施。⑯

2015 年 10 月,加州州长杰瑞·布朗(Jerry Brown)签署了《加州公平薪酬法》(California Fair Pay Act,SB 358),该法要求在综合考虑技能、努力程度和职责等因素的情况下,对从事"实质相似工作"的雇员实行同酬。⑰

---

⑫　334 F. 3d 656(7th Cir. 2003),第 663 页[洛夫纳(Rovner)法官的反对意见书]。参见 *Goodman v. Lukens Steel Co.*,482 U. S. 656(1987)(工会领导人未能提出有关歧视的申诉,因此联邦最高法院判决工会违反了《民权法》第七章,尽管这些领导人对少数族裔的态度一向友好)。

⑬　在制定 1964 年《民权法》时,弗吉尼亚州众议员豪沃得·史密斯(Howard Smith)为了阻止该法的通过,故意附加一项禁止性别歧视的修正案。见 88 Cong. Rec. 2576-84,2804。

⑭　29 USC § 206(d)(2012)。

⑮　州法院与联邦法院一样,对有关 1964 年《民权法》第七章的争议拥有管辖权。见 *Yellow Freight Systems v. Donnelly*,494 U. S. 820(1990)。事实上,在许多州,处理就业歧视争议的州行政机关早在《民权法》第七章颁布前已经成立,但现在其中一些正遭到撤销。见 California SB No. 1038,该法撤销了公平就业与住房委员会,成立公平就业与住房理事会,自 2013 年 1 月 1 日起隶属于公平就业与住房部。也可参考 Oklahoma SB 763,该法于 2012 年 6 月 30 日撤销了俄克拉荷马州人权委员会。此外,在州法为雇员提供更大权益的情况下,如为因怀孕致残的雇员提供无薪休假与复职待遇,该法不应视为与联邦法律相抵触,同时,《民权法》第七章的规定也不得优先适用,见 *California Federal Savings & Loan Association v. Guerra*,479 U. S. 272(1987)。

⑯　3 C. F. R. 169(1974)。

⑰　See Samantha Masunaga,"California equal pay bill may be toughest in nation," *L. A. Times*,September 2,2015,www. latimes. com/business/ la-fi-equal-pay-20150902-story. html.

加利福尼亚州还将这一原则扩大适用到种族和民族歧视。[⑫] 纽约州、马里421 兰州和马萨诸塞州也紧随其后。[⑫] 2016 年,马萨诸塞州成为第一个通过《同酬法》明确要求对类似工作支付平等报酬的州。[⑬] 对于女性和少数族裔而言,虽然法律禁止雇主询问求职者以往的工资信息被视为一项有益的发展,但它能否有效消除工作场所中的歧视尚存在一定的不确定性,因为雇主仍可能假设女性求职者相较于男性求职者愿意接受更低的薪酬。[⑬]

此项立法之后,联邦第九巡回上诉法院判决认为,《同酬法》禁止将"……以往的工资单独或者连同其他因素……(作为……工资差别的理由)"。[⑫] 在斯蒂芬·莱因哈特(Stephen Reinhardt)法官去世前撰写的最后一份意见书中,该院驳斥了联邦最高法院"……将以往工资记录(列入)《同酬法》第七章对差别待遇分析(理由)"的观点。[⑬] 该院在列出"除性别之外的"导致薪酬差异的其他因素时表示,"仅限于合法的、与工作相关的因素,如未来雇员的经验、教育背景、能力或之前的工作业绩"。[⑬] 尽管其他上诉

---

⑫　2016 年 9 月,另外两项重要法案被签署成为法律,一项加强了加州公平薪酬法基于"实质相似工作"针对种族和民族的同工同酬保护(SB 1063),另一项禁止雇主用先前就存在工资差异的理由违反同工同酬,以对实质上的性别、种族、民族歧视进行开脱(AB 1676)。

⑫　2015 年 10 月,纽约州通过了《实现薪酬平等法案》(Achieve Pay Equity Bill),该法案允许员工与其他雇主讨论工资,要求雇主对在不同地点从事类似工作的员工支付相同的工资,如果两名员工获得不同工资,雇主需要说明工资标准是如何制定的。该法案还限制基于教育、培训和经验支付不同的工资。2016 年 5 月,马里兰州通过的《同工同酬法》在扩大保护范围和细化规定不平等报酬的例外方面是类似的。此外,雇主不得基于性别将雇员分配至地位较低的工作,在同一个县不同商业地点从事可比工作的雇员必须获得平等的报酬。

⑬　MA Stat. Ch. 149 Sec. 105A;类似工作(comparable work)这一概念是大量诉讼的争议焦点,它是指用实质相似的技能、努力和职责,在相似工作条件下完成的工作。除了防止基于性别的薪酬歧视外,新法律还允许员工与同事自由讨论他们的工资,禁止雇主在对求职者发出正式工作邀请之前要求申请人提供他们的工资历史记录,并确保休家庭假不会降低雇员的年资。对各州同酬法的分析见"State Equal Pay Laws," National Conference of State Legislatures (Aug. 23, 2016), www. ncsl. org/ research/ labor- and- employment/ equal- pay- laws. aspx。

⑬　Noam Scheiber, "If a Law Bars Asking Your Past Salary, Does It Help or Hurt?" New York Times, February 16, 2018, www. nytimes. com/ 2018/ 02/ 16/ business/ economy/ salary-history- laws. html.

⑫　Rizo v. Yovino, 887 F. 3d. 453(9th Cir. 2018),at 456.

⑬　同上,第 460 页。参见 Washington County v. Gunther, 452 U. S. 161(1981)。

⑭　同上,第 461 页。

法院认为其他一些因素也会导致工资差异[⑬]，但该院驳回了这一观点并表示："对工资记录的依赖只会使过去普遍存在的歧视永久化，而《同酬法》旨[422]在消除这种歧视。因此，很快能得出结论，以往的工资记录不能单独作为初始工资水平设定的因素，或只能与其他一些合理因素结合起来。"[⑮]

此外，除了《民权法》第七章以外，在南北内战结束后重建期间所通过的立法中，最为重要的是 1866 年的《民权法》[⑰]，其中也设有禁止基于种族歧视的条款。然而，1989 年联邦最高法院的另一判决[⑱]，曾极大地限制了 1866 年《民权法》的影响力，但嗣后 1991 年《民权法》又推翻了这项判决。[⑲]对女性雇员而言，与黑人雇员不同的是，如果她们不希望仅依赖上述总统命令或州法律请求救济，则必须先符合 1964 年《民权法》第七章所规定的某些程序性要求，如证明被告雇主所从事的是跨州的商业活动，或应在 180 天的时效内提起行政指控，等等。[⑩]

此外，性别就业歧视案件常常凸显出种族就业歧视所未曾引发的问题。例如，联邦最高法院曾处理过一起案件，涉及一项全面伤残权益保险计划未包括与怀孕有关的伤残事项时，是否构成违反 1964 年《民权法》第七章规定的争议。在该案中，法院多数意见认为并不构成违法，[⑪]但国会却通过制定[423]

[⑬]　*Glenn v. General Motors Corp.*，841 F. 2d 1567(11th Cir. 1988).

[⑯]　*Rizo* 案，同前注[⑫]，第 468 页。

[⑰]　April 9，1866，Ch. 31，14 Stat. 27. 这些条款现在包含在 42 USC §§1981，1983 之中。在某些情况下，为实现这项南北战争后重建时期国会立法的目的，要界定种族(race)一词是相当困难的，例如，由于在制定该法时，犹太人被认为是一种特定种族的成员，因此，犹太人可以根据该法的规定对某种基于种族偏见的违法行为提起诉讼。见 *Shaare Tefila Congregation v. Cobb*，481 U. S. 615(1987). 然而，就涉及联邦宪法本身的争议而言，格里格斯案所确立的标准并不适用，*St. Francis College v. AlKhazraji*，479 U. S. 812(1987).

[⑱]　*Patterson v. McLean Credit Union*，491 U. S. 164(1989)，根据本案的判决，1866 年《民权法》仅能适用于在录用(hiring)时发生的种族歧视，而不涉及"签订雇佣合同后、在就业期间发生的种族骚扰"。国会在制定 1991 年《民权法》时，以第 101 条(2)(b)项推翻联邦最高法院的上述判决，该条款规定："有关'订立与执行合同(make and enforce contract)'一词，应包括订立、履行、变更与终止合同，还包括享有合同关系所带来的所有权益、特权、条款和条件。"

[⑲]　Civil Rights Act of 1991，Pub. L. 102-166，November 21，1991，105 Stat. 1071.

[⑩]　42 USC §2000e-5(e)(2012).

[⑪]　*General Electric Co. v. Gilbert*，429 U. S. 125(1976).

1978 年《怀孕歧视法》(Pregnancy Discrimination Act, PDA)推翻了这项判决。[⑫] 1978 年该法通过后,联邦最高法院曾判决,雇主所提供的员工健康保险计划,虽将雇员配偶的医疗费用包括在内,但却因为对男性雇员配偶与怀孕有关的医疗费用加以限制,构成对男性雇员的歧视行为,而违反 1964 年《民权法》第七章的规定。[⑬]

　　构成违法行为的一个前提条件是,雇主对待怀孕雇员与非怀孕雇员确实存在歧视。[⑭] 1978 年《怀孕歧视法》的一个基本问题涉及何种情况构成怀孕歧视以及如何理解"相关的医疗条件"。联邦第三巡回上诉法院认定,该法也保护堕胎的女性。[⑮] 然而,要求采取节育措施的雇员却不受到保护。[⑯] 但是,联邦第七巡回上诉法院认为,雇员以接受人工授精为目的要求请假,应受到免于歧视的保护。[⑰] 对存在生育问题的雇员,无论是男性还是女性,均拒绝支付保险待遇是合法的,因为这一做法是性别中立的,[⑱]该院对《怀孕歧视法》并不能理解为"引入了一种仅基于生育能力的、全新的反就业歧视类型"。[⑲] 在杨诉联合包裹服务公司[⑳]一案中,联合包裹服务公司拒绝为怀孕妇女从事的负重工作做出调整,联邦最高法院解决了这一行为的合法性问题。在布雷耶大法官提纲的一份意见书中[㉑],该院注意到原告未采用

424

　　[⑫]　42 USC § 2000e(k)(2012). 一些州通过立法明确规定孕期休假,而这些立法的效力都经受住了挑战。见 *California Federal Savings & Loan Ass'n v. Guerra*, 479 U. S. 272(1987).

　　[⑬]　*Newport News Shipbuilding and Dry Dock Co. v. EEOC*, 462 U. S. 669(1983).

　　[⑭]　*Arizanovska v. Wal-Mart Stores, Inc.*, 682 F. 3d 698(7th Cir. 2012).

　　[⑮]　*Jane Doe v. C. A. R. S. Protection Plus, Inc.*, 527 F. 3d 358(3d. Cir. 2008).

　　[⑯]　*In re Union Pacific Railroad Employment Practices Litigation*, 479 F. 3d 936(8th Cir. 2007).

　　[⑰]　*Cheryl Hall v. Nalco Co.*, 534 F. 3d 644(7th Cir. 2008). 类似判决参见 *Erickson v. Bd. of Governors of State Colls. & Univs. For Ne. Ill. Univ.*, 911 F. Supp. 316(N. D. Ill. 1995); *Pacourek v. Inland Steel Co.*, 858 F. Supp. 1393(N. D. Ill. 1994). 法院的判决是依据 *International Union v. Johnson Controls, Inc.*, 499 U. S. 187(1991).

　　[⑱]　*Krauel v. Iowa Methodist Med. Ctr.*, 95 F. 3d 674(8th Cir. 1996)。

　　[⑲]　*Saks v. Franklin Covey Co.*, 316 F. 3d 337, 345(2d Cir. 2003).

　　[⑳]　*Young v. United Parcel Services, Inc.*, 135 S. Ct. 1338(2015). Cf. William R. Corbett, "Young v. United Parcel Service, Inc.: McDonnell Douglas to the Rescue?" 92 *Wash. U. L. Rev.* 1683(2015).

　　[㉑]　阿利托大法官在判决中表示同意。斯卡利亚大法官、肯尼迪大法官和托马斯大法官持反对意见。

差别影响(disparate impact)理论,认为"……怀孕女工个人试图凭借间接证据来证明差别待遇,可以通过援引最高法院先前的判例来实现"。意见书的结论认为,如能证明"……她属于受保护的群体,并且她曾寻求适应性措施(accommodation),但雇主没有为其提供相应的措施,却为其他与其工作能力相似或者能力丧失状况相似的人提供了适应性措施",就可以证明雇主拒绝为怀孕妇女提供适应性措施是违反《怀孕歧视法》的差别待遇方式。[152] 合法的非歧视性理由使得原告能够证明雇主强加的规则只是借口,"……原告可以通过提供充分的证据证明雇主的政策对怀孕工人施加了巨大的负担,从而就这个问题与陪审团达成一致……(即合法的非歧视性理由)……不足以证明负担是合理的……"[153]在克林顿总统 1992 年入主白宫以前,老布什总统曾两度否决有关家庭假的国会立法。[154] 1993 年 2 月 5 日,克林顿总统正式将 1993 年《家庭与医疗假法》(Family and Medical Leave Act of 1993,FMLA)签署为法律,而该法解决了某些与禁止歧视有关的争议。[155] 根据新法的规定,雇用员工达 50 人及以上的雇主,有义务允许其雇员享有最长 12 周的、职位受保障的无薪假期,以便照顾新出生、新领养的子女或者照顾生病的子女、父母,或是基于雇员本身存在严重的健康问题。[156] 然而,该法在适用范围上存在明显的漏洞。[157] 根据相关公平就业措施的立法,通常只有在雇主所实行的政策确实存在性别歧视的情况下,雇员才有机会获得这类假期。现在各州提供这种保护性立法已经日趋普遍,共有 19 个州以及哥伦比亚特区制定有全面的家庭休假立法,甚至在某些方面超过联

425

---

[152] *Young v. United Parcel Services*,第 1339 页。

[153] 同上,第 1343 页。

[154] 见 Report of Families and Work Institute(May 1991),"Bush Vetoes Bill Making Employees Give Family Leave," *New York Times*,September 23,1992,at 1A,col. 6。参见"In Family Leave Debate,a Profound Ambivalence," *New York Times*,October 7,1992,at 1A,col. 6。

[155] "Clinton Signs Family Leave Bill into Law," 142 LRM 175(1993).

[156] 在 *Ragsdale v. Wolverine World Wide,Inc.*,535 U. S. 81(2002)案中,法院判决雇主不需要专门指定假期为 FMLA 假期,以满足雇主应当提供的 12 周假期。

[157] Jennifer Ludden,"FMLA Not Really Working for Many Employees," NPR,February 5,2013,http://www.npr.org/2013/02/05/171078451/fmla-not-really-working-for-many-employees.

邦法律。^⑱以加利福尼亚州为代表的少数几个州甚至规定了带薪家庭假期。^⑲

正如金斯伯格大法官在一篇意味深长的反对意见书中所指出的：

> 《家庭与医疗假法》的立法目的和立法过程都强化了这样一个结论：该法的制定完全是针对就业歧视问题的。事实上，该法最初的构想就是保障怀孕的女性在她们生育时不会失掉工作，但又不仅仅指向女性或者是怀孕者。^⑳

426　　此外，联邦最高法院曾判决，雇主基于保险精算认为女性雇员的寿命通常要比男性长，而要求女性雇员缴纳更高的养老保险费的做法，是违反1964年《民权法》第七章规定的。^㉑在该案中，联邦最高法院承认，若雇主未提出这样的要求，则女性雇员作为一个群体确实获得了补贴。但该院也强调，如果雇主设定这样的要求，则女性雇员个人便遭到歧视。在另一个案件中，联邦最高法院也曾运用同样的推理方式判决，雇主在数量众多的保险公司中选择其中一家所提供的养老金计划，根据保险精算表，要求雇员基于性

---

⑱　　以下各州的家庭休假法规超过了联邦法律：加利福尼亚州、康涅狄格州、哥伦比亚特区、夏威夷州、缅因州、马萨诸塞州、明尼苏达州、纽约州、新泽西州、俄勒冈州、罗得岛州、佛蒙特州、华盛顿以及威斯康星州。尽管这些休假政策大部分是无薪的，但是加利福尼亚州、罗得岛州、纽约州和新泽西州通过各州的临时残疾保险计划，为分娩后康复和开始照顾孩子的母亲提供部分工资替代。National Conference of State Legislatures, State Family and Medical Leave Laws(2016).

⑲　　加利福尼亚州成为首个为雇员提供长达12周带薪假期的州，该假期可以用于照顾患有严重疾病的家庭成员或是新生儿，该法于2004年开始生效。截至2018年，新泽西州、纽约州和罗得岛州也纷纷效仿。华盛顿州和哥伦比亚特区通过法律，从2020年开始提供家庭休假。National Conference of State Legislatures, Paid Family Leave Statutes (2018). 也可参考 Melanie Trottman, "Legislators Step Up Push for Paid Sick Leave", *Wall Street Journal*, February 23, 2013, at A3; Tara Siegel Bernard, "In Paid Family Leave, U.S. Trails Most of the Globe", *New York Times*, February 23, 2013, at B1.

⑳　　*Coleman v. Court of Appeals of Maryland*, 32 S. Ct. 1327, 1340(2012)(反对意见书).

㉑　　*City of Los Angeles Dept. of Water & Power v. Manhart*, 435 U.S. 702(1978).

别差异缴纳不同保费的做法,也属于违法行为。⑯ 然而,该院在本案中也指出,该判决应自 1983 年 7 月 6 日判决之日后生效。因此,在该日期以前缴纳保费而取得的权益,仍按照以往存在性别歧视的保险条款计算。五年后,联邦最高法院在另一案中作出判决,雇主采用歧视性给付选择的养老金计划时,其法律责任是从同一日期开始的,如果雇员在 1983 年 7 月 6 日前已经退休的,则无权享受重新调整后的养老金给付结构。⑯

另一类由性别歧视所引发的主要争议,是所谓"与性别相关"(sex plus)的案件。在这些案件中,最著名的是马丁–玛丽埃塔案(*Martin-Marietta*)⑭。在该案中,雇主拒绝雇用有学龄前子女的女性,但对男性并未设置相同的条件。联邦最高法院在该案中判决,雇主对男性与女性采取双重标准的做法,是有违《民权法》第七章的歧视行为。然而,若是基于其他因素的考虑而对男性与女性采用不同的标准,诸如衣着与发长等,则一般并不视为违法。⑯联邦第五巡回上诉法院也曾判决,雇主可以合理地要求会讲英语的墨西哥427裔美国人,不得在主要使用英语的顾客面前用西班牙语交谈,即使有证词认为,雇主的这一政策反映出在美国对西班牙裔的一种甚嚣尘上的社会歧视。⑯ 此案同"与性别相关"的案件很类似,就在于它倾向于使某一特定群体

---

⑯　*Arizona Governing Committee for Tax Deferred Annuity v. Norris*,463 U. S. 1073 (1983).

⑯　*Florida v. Long*,487 U. S. 223(1988).

⑭　*Phillips v. Martin Marietta Corp.*,400 U. S. 542(1971).

⑯　例如,*Willingham v. Macon Telegraph Publishing Co.*,507 F. 2d 1084(5th Cir. 1975)(en banc);*Gerdom v. Continental Airlines*,*Inc.*,692 F. 2d 602(9th Cir. 1982)(因遵守重量限制而要求完全使用女性空乘的政策,构成基于性别的歧视性待遇);*Ulane v. Eastern Airliens*,742 F. 2d 1081(7th Cir. 1984)(《民权法》第七章在范围上并未广泛到禁止跨性别的歧视)。

⑯　*Garcia v. Gloor*,609 F. 2d 156(5th Cir. 1980);*Garcia v. Spun Steak Co.*,998 F. 2d 1480 (9th Cir. 1993);*Guimares v. SuperValu*,*Inc.*,674 F. 2d 962(8th Cir. 2012);*Montes v. Vail Clinic*,497 F. 3d 1160(10th Cir. 2007);*Maldonado v. City of Altus*,433 F. 3d 1294(10th Cir. 2006);*Estenos v. PAHO/WHO Federal Credit Union*,952 A. 2d 878(D. C. Cir. 2008).但是,也可参见 Michael Janofsky, "Ban on Speaking Navajo Leads Café Staff to Sue," *New York Times*,December 20,2002,at A20;"Protecting Navajos at Work," *New York Times*,October 18,2002,at A30.["亚利桑那州长期以来一直站在全国的前列,努力使英语成为国家官方语言。通常面对来自

可能遭受伤害或者排斥,尽管这一政策并不是基于某些无法改变的特质,例如种族、性别及原始国籍等。

在性别歧视法中,性骚扰是一个重要的、仍在发展中的领域。性骚扰涉及某些监管人员或上司(通常是男性)向下属索要"性好处"作为雇佣的条件,或者维持一种使女性(有时是男性)雇员因为与性有关的原因而被孤立的工作环境。联邦最高法院曾判决,1964 年《民权法》第七章禁止基于性别的、对雇员造成一种敌意的或恶劣的工作环境的歧视。[167] 由伦奎斯特首席大法官(后来担任大法官)所提纲的法院意见明确表示:"……(有关这类案件)正确的调查方式是,查明被上诉人通过其自身行为是否表明被指控的性挑逗是不受欢迎的,而不是她参与这些行为是否出于自愿。"[168] 联邦最高法院进一步指出:

> 尽管"自愿"(voluntariness)带有同意(consent)的意思,其在这类指控中并不构成抗辩,但这并不表示提出指控者自身的性挑逗言词或衣着,与在法律上认定他/她认为某些性挑逗是不受欢迎的无关,正相反,这类证据显然具有关联性。[169]

———————————

(接上页注释)　墨西哥和点南(Points South)的移民,该州的回应是:既然你来到我们的土地,你最好学习我们的语言。对这种'只准说英语'的规则,联邦政府代表纳瓦霍人(Navajos)提出相当激烈的反对。毕竟,我们是来到他们的土地。当某个职位的一个重要方面涉及口头交流能力时,'浓重的菲律宾口音'就会构成排除合格申请人的理由。"]*Fragante v. City of and County of Honolulu*, 888 F. 2d 591(9th Cir. 1989). cf. *Megia v. New York Sheraton Hotel*, 459 F. Supp. 375(S. S. N. Y. 1978);*Carino v. University of Oklahoma Board of Regents*, 750 F. 2d 815(10th Cir. 1984);*Berke v. Ohio Dept. of Public Welfare*, 628 F. 2d 980(6th Cir. 1980).

[167]　*Meritor Savings Bank v. Vinson*, 477 U. S. 57(1986). 参见 Susan Estrich, "Sex at Work," 43 *Stan. L. Rev.* 813(1992)。法院认为,如果性关系是雇主拒绝为原告雇员提供工作的重要因素,那么雇主违反了《民权法》第七章的规定,见 *King v. Palmer*, 778 F. 2d 878(D. C. Cir. 1985)。而相反的结论见 *Decinto v. Westchester County Medical Center*, 807 F. 2d 304(2d Cir. 1986),*cert. denied* 484 U. S. 825(1987);*Miller v. Alcoa*, 679 F. Supp. 495(W. D. Pa. 1988)。

[168]　477 U. S. at 70.

[169]　同上,第 68 页。法院认为,原告在业务时间担任色情杂裸照模特的行为,并不构成对性骚扰指控的抗辩,见 *Burns v. McGregor Electronic Indutries*, 989 F. 2d 959(8th Cir. 1993).

同时,联邦最高法院还认为,雇主"在其监管人员实施性骚扰时,并不总是自动承担法律责任",即使"未能正式通知雇主,也不一定能免除该雇主的法律责任"。[⑩] 在另一个著名的工作场所性骚扰案件中,联邦第九巡回上诉法院还曾判决,在决定骚扰行为的严重程度是否足以达到相当普遍或经常发生的地步时,必须从下列角度加以审查:

> ……(法院必须)注意到受害人的观点……而要充分了解受害人的观点,需要考虑诸多方面,其中必须对男性与女性的不同看法进行分析。许多男性并不反感的行为,却很可能会冒犯许多女性……为避免雇主必须应对某些少见的高度敏感(hyper-sensitive)雇员的特殊顾虑,我们认为,如果女性原告所主张的行为是一位通情达理的女性会认为已经严重或普遍到足以改变其雇佣条件并形成一种恶劣的工作环境时,则她提出的是一个表面证据确凿的敌意环境性骚扰案件。[⑪]

此外,联邦第九巡回上诉法院曾由辛西雅·荷尔(Cynthia Hall)法官作出判决,虽然由专家提供咨询意见(conseling)可能是性骚扰案件首选的

---

⑩ 477 U. S. at 72. 不能忽视代理原则(Agency Principle)。马歇尔大法官提交了一份特别的协同意见,布伦南大官、布莱克门大法官和史蒂文斯大法官附和。他们认为,监管人员的权力是雇主对其赋予权力的一种滥用,这使他或她能够做出错误的决定:正是因为监管人员被理解为披上雇主权力的外衣,才能够对下属强加不受欢迎的性条件。因此,只有在受歧视的雇员通知其他监管人员的情况下才产生雇主责任,这一特殊规则是没有道理的(目前只适用于敌意环境性骚扰案件)。成文法中没有这样的要求,也不能从代理原理中推导得出。(同上,第77页)

监管人员的行为必须发生在雇佣范围内,尽管雇主是否知晓或者应当知晓的问题将适用于来自同事的骚扰,见 *Kauffman v. Allied Signal*, 970 F. 2d(6th Cir. 1992)。

⑪ *Ellison v. Brady*, 924 F. 2d 872, 879(9th Cir. 1991). 见 *Estrich*,同前注⑯。然而,联邦第九巡回上诉法院所采用的行为认定标准未能得到一致认同。事实上,在各联邦上诉法院的判决中似乎存在着意见分歧,有些上诉法院采用第九巡回上诉法院的"通情达理的女性"标准,见 *Andrews v. City of Philadelphia*, 895 F. 2d 1469(3d Cir. 1990),或 *Burns v. McGregor Electronics Industries*, 955 F. 2d 559(8th Cir. 1992)。而有些上诉法院则要求分析,雇员声称受到性骚扰时,是否由于恶劣的工作环境而导致其个人受到心理伤害,见 *King v. Board of Regents of the University of Wisconsin*, 898 F. 2d 533(7th Cir. 1990),或 *Brooms v. Regal Tube Co.*, 881 F. 2d 412(7th Cir. 1989)。联邦最高法院尽管并未明确反对"通情达理女性"标准,但是适用所谓合理受害人(reasonable victim)标准,见 *Harris v. Forklift Systems, Inc.*, 510 U. S. 17(1993)。

救济方式,但"雇主仍必须……对触犯该行为者采取惩戒措施"。⑫ 然而,联邦第五巡回上诉法院在另一起性骚扰案件中却指出,"法律并未要求在每个案件中采取如此极端的做法(解雇骚扰者)。《民权法》第七章的目的是救济性的,而非惩罚性的。"⑬

430   不仅如此,联邦和州两级法院都曾作出判决,如果一位监管人员与其下属建立性关系,并对这名下属予以偏袒,以致损害到工作场所的其他雇员,那么性骚扰的主张可以成立。⑭ 作为对这一问题的回应,许多雇主已经设置了禁止深交(antifraternization)规则,其中有些规则区分了已婚雇员与未婚雇员,然而这些规则可能与禁止基于婚姻状况进行歧视的州法律⑮相冲突⑯。

一些疑难案件出现在所谓的第三者情形下,即雇主的配偶认为某位雇

---

⑫   *Intlekofer v. Turnage*,59 FEP Cases 929(9th Cir. 1992).有时仲裁裁决会阻碍雇主在工作场所履行消除性骚扰的责任。*Newsday*,*Inc. v. Long Island Typographical Union*,915 F. 2d 840(2d Cir. 1990).宾夕法尼亚州最高法院基于"零容忍"原则撤销了为性骚扰者提供复职的仲裁裁决,见 *Phila. Housing Auth. v. AFSCME*,52 A. 3d 1117(Pa. 2012).然而,华盛顿州最高法院拒绝干预一项仲裁裁决,该裁决裁定中止种族骚扰案件的审理,见 *Int'l Union of Operating Engineers v. Port of Seattle*,No. 86739-9(Wash. Feb. 21, 2013)(en banc)。

⑬   *Stewart v. Mississippi Transp. Com'n*,586 F. 3d 321,330(5th Cir. 2009).参见 *Crawford v. BNSF Railway Co.*,665 F. 3d 978(8th Cir. 2012)。

⑭   See *Drinkwater v. Union Carbide Corp.*,904 F. 2d 853(3d Cir. 1990);*King v. Palmer*,778 F. 2d 878(D. C. Cir. 1985);*Broderick v. Ruder*,685 F. Supp. 1269(D. D. C. 1988);*Miller v. Dep't of Corrections*,115 P. 3d 77(Cal. 2005);*Ritchie v. Dep't of State Police*,805 N. E. 2d 54(Mass. Ct. App. 2004).另见 *Krasner v. HSH Nordbank AG*,680 F. Supp. 2d 502(S. D. N. Y. 2010).*Duncan v. Cty. of Dakota*,*Neb.*,687 F. 3d 955(8th Cir. 2012)。

⑮   例如,联邦第九巡回上诉法院判决认为,在公共部门"……对隐私和自由结社的宪法保障,禁止国家基于私人的性行为采取不利的雇佣措施,除非能证明这种行为会对工作绩效产生负面影响,或者违反了宪法准许的受严格限制的法规"。*Perez v. City of Roseville*,882 F. 3d 843(9th Cir. 2018);*Thorne v. City of El Segundo*,726 F. 2d 459,471(9th Cir. 1983)contra, p. 848;*Coker v. Wittington*,858 F. 3d 304(5th Cir. 2017);*Seegmiller v. LaVerkin City*,528 F. 3d 762(10th Cir. 2008).*Slohoda v. United Parcel Serv.*,*Inc.*,475 A. 2d 618(N. J. App. Div. 1984)。

⑯   19 个州以及哥伦比亚特区禁止婚姻状况歧视:加利福尼亚州、康涅狄格州、特拉华州、佛罗里达州、夏威夷州、伊利诺伊州、马里兰州、密歇根州、明尼苏达州、蒙大拿州、内华达州、新罕布什尔州、新泽西州、纽约州、北达科他州、俄勒冈州、弗吉尼亚州、华盛顿州、威斯康星州和哥伦比亚特区。National Conference of State Legislatures,*State Employment- Related Discrimination Statutes*(2015).www. ncsl. org/ research/ labor- and- employment/ discrimination- employment. aspx.

员已经构成对其婚姻的威胁。爱荷华州最高法院曾经判决,解雇一位雇主的妻子视其为婚姻威胁的雇员,并不构成性骚扰。该院认为本案的判决是"孤立的",如果几位女性雇员都因为雇主对他们有好感而被解雇,则可以认431定存在敌意工作环境。[177]

1991 年 10 月,因提名克莱伦斯·托马斯(Clarence Thomas)出任联邦最高法院大法官所举行的安妮塔·希尔(Anita Hill)指控克莱伦斯·托马斯听证会,充分暴露出如果女性雇员提出有关性骚扰的指控,但她们却未因这类行为而被解雇或丧失就业机会,便无法获得任何有效救济的窘境。[178]1991 年《民权法》正是意图改变这种状况,该法对受害人提供补偿性与惩罚性损害赔偿金,同时还包括 1964 年《民权法》第七章所规定的补发工资、工资利息以及其他救济等,但该法也对上述损害赔偿金设定了最高限额(cap),视雇主所雇用员工的人数而定。[179]

1991 年《民权法》修正案是卓有成效的。从 1992 财年开始,向 EEOC提出的性骚扰指控大幅增加。尽管从 1995 年起案件数量趋于稳定,但是EEOC 受理的案件数量在 21 世纪总体上呈上升趋势,2008 至 2011 年间,每年受理的案件都达到历史高位 3 万件之多。联邦法院所作的判决也反映了这一趋势。[180] 实际上,社会也一直呼吁联邦最高法院能够提供有关性骚扰432

---

[177]　*Nelson v. James H. Knight*, DDS, P.C., 834 N.W. 2d 64, 71(Iowa 2013). ("内尔森对由此可能引发的滑坡效应(slippery slope)提出合理的担心。如果耐特博士解雇了几位女性雇员因为他担心被她们所吸引,是否构成性别歧视? 如果耐特夫人出于嫉妒而要求解雇几位女性雇员呢? 简短的回答是那些将会是不同的案件。如果一个雇主因为所谓的个人关系问题而一再对特定性别的人采取不利的雇佣措施,法院可能推断,雇主的动机是基于性别不是个人关系。")也可参见*Tenge v. Phillips Modern Ag Co.*, 446 F. 3d 903(8th Cir. 2006)。

[178]　W. Gould, "Letter to the Editor," *New York Times*, October 20, 1991, at 14.

[179]　Pub. L. § 1977A(3)(b)(3)(A-B)规定,对雇员人数在 14—101 之间的雇主,最高限额是 5万美元,100—201 人,为 10 万美元;200—501 人,则为 20 万美元;而雇员人数在 500 人以上的雇主,最高限额为 30 万美元。涉及种族歧视的案件,根据南北战争后重建期间的立法,这种惩罚性与补偿性损害赔偿金是不设最高限额的。

[180]　代表性的性骚扰判例,参见 *Gorski v. New Hampshire Dept. of Corrections*, 290 F. 3d466(1st Cir. 2002); *Frazier v. Delco Electronics Corp.*, 263 F. 3d 663(7th Cir. 2001); *Little v. Windermere Relocation*, Inc., 265 F. 3d 903(9th Cir. 2001)。性骚扰的违法行为可能发生在工作场所的有形界限之外,见 *Ferris v. Delta Air Lines*, Inc., 277 F. 3d 128(2d Cir. 2001)。

案件中歧视证明方面的指南。⑱ 虽然在 2000—2010 年,性骚扰指控数量仍呈上升趋势,但自 2010 年以来,这一数据每年都在下降,从 2010 年的 7944 件下降至 2017 年的 6696 件。尽管♯Metoo 运动在 2017 年底兴起,引起了社会对性骚扰与攻击的广泛关注,但 EEOC 在 2018 年初收到的性骚扰投诉并未激增。⑲ 为响应这一运动,一些科技公司(例如优步、微软)将性骚扰

433　案件免于强制仲裁,允许受害者直接在法院提出索赔,加利福尼亚州以及其他州⑳禁止在此类案件中签订保密协议。然而,在艾派克系统公司诉李维斯案(*Epic Systems Corp. v. Lewis*)中,联邦最高法院判决认为,公司可以要求个人强制仲裁,这使得受害者难以提出集体诉讼。㉑

---

⑱　见 *Faragher v. City of Boca Raton*,524 U. S. 775(1998);*Burlington Industries Inc. v. Ellerth*,524 U. S. 742(1998).(雇主对受害雇员负有替代责任,因为拥有权力的监管人员造成了一个可诉的敌意环境,但是在没有采取实际雇佣措施的情况下,如录用、解雇、不予升职、调整到"职责显著不同"的岗位或是作出造成权益发生"重大变化"的决策等,雇主可以对责任承担提出积极抗辩(affirmative defense)。被告必须证明雇主已经尽到"相当的注意义务(reasonable care)以及时防止和纠正任何性骚扰行为",并且原告员工"未能合理地利用"现有的预防机会。当然,如果监管人员的骚扰包括实际的雇佣措施,那么积极抗辩是不可用的。)联邦第九巡回上诉法院判决认为,积极抗辩不适用于同事的骚扰行为,尽管适当的补救措施是原告证明雇主存在过失的一部分,见 *Swinton v. Potomac Corp.*,270 F. 3d 794(9th Cir. 2001),*cert. denied* 535 U. S. 1018(2002)。在指称发生推定解雇的情况下,雇员尝试寻求解决歧视的替代性途径是恰当的,不会因此推翻工作条件"不可忍受"的指控,见 *Suders v. Easton*,325 F. 3d 432,444(3d. Cir. 2003)。如何定义监管人员对于确定雇主的责任范围至关重要。追究雇主责任的适当标准到底是监管人员有权监督和安排日常工作任务,还是有权控制雇员的雇佣状况,关于这一问题,对比 *Parkins v. Civil Constrctors of Illinois, Inc.*,163 F. 3d 1027(7th Cir. 1998)与 *Mack v. Otis Elevator Co.*,326 F. 3d 116(2d Cir. 2003)。这个问题在 *Vance v. Ball State University* 一案中得到了解决,联邦最高法院判决认为,

　　如果雇员"被雇主授权对受害者采取切实的雇佣行动",则他或她就是《民权法》第七章下的"监管人员"。

　　　　见 *Vance v. Ball State University*,133 S. Ct. 2434,2444(2013)。

⑲　Robert Iafolla,"No spike in harassment charges i led at EEOC since MeToo movement-agency chair,"*Reuters Legal*,June 11,2018.

⑳　加利福尼亚州(SB 820);亚利桑那州(HB 2020);马里兰州(HB 1596,"Disclosing Sexual Harassment in the Workplace Act of 2018");田纳西州(Tenn. Code Ann. § 50-1- 108);佛蒙特州(H. 707,"An Act Relating to the Prevention of Sexual Harassment");华盛顿(S. B. 5996)。

㉑　*Epic Systems Corp. v. Lewis*,138 S. Ct. 1612,1632(2018)。

性骚扰案件还推动了种族骚扰案件的发展[185]。如果称黑人男性为"boy"[186]，或者在工作场所放置一个索套(noose)让人联想到处以私刑的场景，[187]或者展示南部邦联的旗帜，[188]*都会被追究责任，尽管联邦第六巡回上诉法院要求每位黑人雇员对其受到骚扰的特定情形明确知晓。[189] 在种族骚扰案件中，种族骚扰和非种族骚扰都可能加以考虑。[190] 联邦第七巡回上诉法院指出，"也许没有一种单一行为，能够比一名监管人员在其下属面前清清楚楚地使用诸如'n—'**这样的带有种族侮辱性的称呼，更快地'改变雇佣条件并形成恶劣的工作环境'。"[191]而当雇员被唤作"老太(old mother—)"、"老头"(old man)或者"老爹"(pops)[192]，或者当穆斯林被称为"塔利班"(Taliban)时，涉及年龄或宗教的反歧视保护也是可以适用的。[193] 联邦第二巡回上诉法院曾指出，在"许多情况下"称一位女性为"婊子(bitch)"⋯⋯

434

---

⑱ 参见巴雷特法官(Judge Barkett)言辞犀利的反对意见，*Nichols v. Volunteers of America, North Alabama, Inc.*，470 Feb. Appx. 757(11th Cir. 2012)。工会是否像雇主一样对骚扰案件承担责任是存在一些疑问的，因为禁止将与雇佣补偿条款、条件或特权相关的歧视作为敌意工作环境的来源，只适用于雇主，而不适用于劳工组织。*Phillips v. UAW Int'l*，854 F. 3d 323(6th Cir. 2017)；*Dowd v. USW, Local No. 286*，253 F. 3d 1093(8th Cir. 2001).

⑱ *Ash v. Tyson Foods, Inc.*，664 F. 3d 883(11th Cir. 2011)；*Tademy v. Union Pacific Corp.*，520 F. 3d 1149(10th Cir. 2008).

⑱ *Bailey v. USF Holland, Inc.*，526 F. 3d 880(6th Cir. 2008)；Tademy，同前注⑱。

⑱ *Ellis v. CCA of Tennessee LLC*，650 F. 3d 640(7th Cir. 2011)；*Watson v. CEVA Logistics U. S., Inc.*，619 F. 3d 936，938-39 and n. 2(8th Cir. 2010). But see *Coolidge v. Consolidated City of Indianapolis*，505 F. 3d 731，734(7th Cir. 2007). 对比 *Gregory v. Widnall*，153 F. 3d 1071，1074-75(9th Cir. 1998)与 *Green v. Franklin Nat'l Bank of Minneapolis*，459 F. 3d 903，911(8th Cir. 2006).

* 美国南部邦联旗帜被认为是蓄奴主义的象征。——译者

⑱ *Berryman v. Supervalu Holdings, Inc.*，669 F. 3d 714(6th Cir. 2012)

⑲ *Hernandez v. Valley View Hospital Assoc.*，684 F. 3d 950(10th Cir. 2012)；*Chavez v. New Mexico*，397 F. 3d 826，833(10th Cir. 2005).

** 指代"negro"，黑人，在现代英语中具有冒犯性。——译者

⑲ *Rodgers v. Western-Southern Life Ins. Co.*，12 F. 3d 668，675(7th Cir. 1993)(注释略)[援引 *Meritor Savings Bank v. Vinson*，477 U. S. 57，67(1986)].

⑲ *Dediol v. Best Chevrolet, Inc.*，655 F. 3d 435(5th Cir. 2011).

⑲ *EEOC v. WC&M Enters.*，496 F. 3d 393，399(5th Cir. 2007)；也可参见 Bob Egelko，"Bias Suit Settled for ＄400,000," *San Francisco Chronicle*，August 9，2012，at D1，D5(EEOC指出，总经理挑出四个阿富汗推销员并称他们为"恐怖分子")。

隐含着对女性在法律上的敌视",但并不是在每种情况下都会如此。[⑱] 当提及某位女性雇员时说她是"美人儿"(cutie),并不被认为是足够严重的情形。[⑲] 然而,"仅仅是在工作场所展示色情书刊,就能够因此而改变'女性的地位',并且与工作环境客观性的评估相关联"。[⑯] 此外,由男性提出的性骚扰指控的数量也在上升,1992财年此类案件占全部性骚扰案件的9.1%,2001财年占13.7%,到了2011财年则攀升至16.3%。

　　1998年,联邦最高法院在昂卡莱诉日落离岸服务公司案(*Oncale v. Sunbowner Offshore Servies*, *Inc.*)[⑰]中,斯卡利亚大法官代表全体无异议的法庭在判决中指出[⑱],当骚扰者与被骚扰的雇员属于同一性别时,可以考虑受理这样的性骚扰指控。该院认为,"骚扰行为并不需要基于性的需求",435而对于某种性别的"普遍的敌意"就已足够。[⑲] 男性与女性在与同性或异性社会成员的互动方式上通常存在着差异,该院预感到与此相关的"社会背景"会带来问题,因此该院指出:"对于一名职业橄榄球运动员而言,如果教练在他离开赛场时拍打他的臀部,他的工作环境不属于严重或普遍的恶劣环境,即便是教练的秘书(无论是男性还是女性)在办公室里有同样的举动,也被认为是合理的行为。"[⑳]对权力界限的划定使得法院离性取向歧视的问题(将在后文讨论)更近一步。1989年,联邦最高法院曾判决认为,女性不

---

⑭　*Pucino v. Verizon Comm'ns*, *Inc.*, 618 F. 3d 112, 118(2d Cir. 2010).

⑮　*Patane v. Clark*, 508 F. 3d 106(2d Cir. 2007).

⑯　*Wolak v. Spucci*, 217 F. 3d 157, 160-61(2d Cir. 2000); *Petrosino v. Bell Atlantic*, 385 F. 3d 210, 223(2d Cir. 2004); *Ocheltree v. Socllen Products*, *Inc.*, 335 F. 3d 325, 332(4th Cir. 2003)(en banc). See also *Krasner v. HSH Nordbank AG*, 680 F. Supp. 2d 502(S. D. N. Y. 2010); *Reeves v. C. H. Robinson Worldwide*, 594 F. 3d 798(11th Cir. 2010); *EEOC v. Central Wholesalers*, *Inc.*, 573 F. 3d 167(4th Cir. 2009); *Holly D. v. California Institute of Technology*, 339 F. 3d 1158(9th Cir. 2003); *Fonseca v. Secor Int'l.*, 247 Feb. Appx. 53(9th Cir. 2007); *Broderick v. Ruder*, 685 F. Supp. 1269(D. D. C. 1988); *Drinkwater v. Union Carbide Corp.*, 904 F. 2d 853(3d Cir. 1990).

⑰　523 U. S. 75(1998).

⑱　托马斯大法官撰写了一份简短的、独立的协同意见。

⑲　*Oncale*, 523 U. S. at 80.

⑳　同上,第81页。并且,昂卡莱案可能对男性提出的性骚扰指控的增加起到一定的作用。

应因其不符合性别刻板印象而受到歧视，[200]其后，联邦第九巡回上诉法院认定，上述判决同样适用于因行为举止太过女性化而遭到歧视的男性。[202] 本案中，在威廉·弗莱彻（William Fletcher）法官执笔的影响深远的多数意见书中，该院强调昂卡莱案确立了如下主张，即原告的诉因并不会因其作为男性被其他男性折磨的事实而被驳斥，并且歧视的产生并不一定与异性相关，但"这足以说明他与其他男性相比遭受了歧视"。[203] 普华永道案中首次提出禁止性别刻板印象，在其推动之下，联邦第二、[204]第三[205]和第六[206]巡回上诉法院均作出判决，不论雇员是异性恋还是同性恋，基于在工作场所的行为和外表的歧视都可能构成违法行为。这种认定的核心考量因素是，雇员的行为是否与性别相关，雇主的反应是否是歧视性的。正如人们所预期的，大量属于昂卡莱案这类造成敌意工作环境的同性骚扰案件涌现出来。[207]

在莱德贝特诉固特异轮胎公司案（*Ledbetter v. Goodyear Tire & Company*）[208]中，联邦最高法院以五比四的投票结果作出判决，受害女性未能在 180 天内向 EEOC 提出指控，质疑雇主的薪酬歧视，由于时效的限制性规定，她后来提出的指控被法律所禁止，尽管这些信息是隐藏在受害人的视野之外的。正如金斯伯格大法官在她那篇颇有说服力的反对意见中所指

---

[200] *Price Waterhouse v. Hopkins*，490 U. S. 228(1989)．

[202] *Nicholas v. Azteca Restaurant Enterprises*，256 F. 3d 864，874(9th Cir. 2001)．

[203] *Rene v. MGM Grand Hotel，Inc.*，305 F. 3d 1061，1067(9th Cir. 2002)(en banc)，*cert denied* 123 S. Ct. 1573(2003). 伯格森(Pregerson)法官撰写了一份协同意见，特罗特(Trotter)法官和贝尔松(Berzon)法官附和。哈格(Hug)法官撰写了一份反对意见，主审法官施罗德(Schroeder)、费尔南德斯(Fernandez)法官和内尔森(Nelson)法官附和。

[204] *Dawson v. Bumble & Bumble*，398 F. 3d 211，221(2d Cir. 2005)("一个人不符合性别刻板印象的表现形式有两种：一是行为，一是外表。")

[205] *Prowel v. Wise Business Forms*，579 F. 3d 285(3d Cir. 2009)．

[206] *Smith v. City of Salem*，378 F. 3d 566，572(6th Cir. 2004)；*Vickers v. Fairfield Medical Ctr.*，453 F. 3d 757，763(6th Cir. 2006). (在后一个案件中，法院认为骚扰是基于性取向，而不是基于"工作中容易显现的特征，如原告走路和说话的方式、工作服和发型。")

[207] *Shafer v. Kal Kan Foods Inc.*，417 F. 3d 663(7th Cir. 2005)；*Redd v. New York State Div. of Parole*，678 F. 3d 166(2d Cir. 2012)；*Kalich v. AT&T Mobility，LLC*，679 F. 3d 464 (6th Cir. 2012)；*Love v. Motiva Enterprises LLC*，349 Fed. Appx. 900(5th Cir. 2009)．

[208] 550 U. S. 618(2007). 比较 *Alexander v. Seton hall Univ.*，204 N. J. 219(2009)。

出的,歧视性的薪酬制度早已嵌入现有的薪酬结构中,直到远远超过180天的时效以后莱德贝特女士才得以发现。依据1991年《民权法》,莱德贝特女士预言道:"就像1991年那样,立法将会修正联邦最高法院对《民权法》第七章的这一错误解读。"[209]后来,莱德贝特案果然被国会推翻了,并被奥巴马总437统签署为法律。[210] 其后,国会致力于制定一项同酬法,正如1963年《同酬法》所要求的,认定工作并不实质相同或同等的情况下支付不平等的薪酬为非法,但这一努力至今未能实现。[211]

最后,联邦最高法院在汽车工人联合会诉约翰逊控制器公司案(*United Auto Workers v. Johnson Controls, Inc.*)[212]中,处理了一件极具影响力的争议,因担心女性所怀胎儿的健康会受到不利影响,雇主是否可以将有生育可能的女性雇员排除在某些职位以外。根据该院的判决,雇主所采取的措施"明显"有失偏颇,因为"雇主仅仅赋予有生育能力的男性,而非有生育能力的女性,是否愿意为争取某一特定职位而危及其生育健康的选择权"。[213] 联邦最高法院认为,不论动机如何,本案显然存在表面的差别待遇,因此,雇主的这种措施构成性别歧视,而只有在符合真实职业资格的情形下,才能被认为是合法的。根据布莱克门大法官所提纲的多数意见,对女性"现有或可能的下一代的关怀,在历史上经常被用来作为拒绝给予她们平等就业机会的

---

[209] 同上,第19页(slip op.)(金斯伯格大法官的反对意见书)。

[210] Lily Ledbetter Fair Pay Act of 2009,Pub. L. 111-2,123 Stat. 5. 然而,三个联邦巡回上诉法院的主导意见是,该立法不适用于与薪酬有关的其他做法,如降职和调职。*Almond v. Unified School District No. 501*,665 F. 3d 1174(10th Cir. 2011),*cert. denied* 2012 WL2921870(S. Ct. Oct. 1,2012);*Noel v. Boeing Co.*,622 F. 3d 266,273-74(3d Cir. 2010);*Schuler v. Pricewarter-houseCoopers*, LLP, 595 F. 3d 370,374-75(D. C. Cir. 2010). 联邦第十巡回上诉法院认为,薪酬歧视不仅要求对薪酬产生了"某种"影响,还要求产生一种特定的影响,即同工不同酬。原告确实被调到了低工资的岗位,确实产生了降低薪酬的连锁效应。在诉讼的这个阶段,我们必须假设调职决定是歧视性的。但是,所有这些都没有把原告的请求纳入《莱德贝特法》(Ledbetter Act)的范围内,因为他们并不认为他们的报酬比做同样工作的其他人更低,见 *Almond*,665 F. 3d at 1181,183。

[211] Jennifer Steinhauer,"Democrats Grab a Chance to Speak with One Voice," *New York Times*,June 5,2012;Jennifer Steinhauer,"Republicans Block Bill to Ease Suits Over Pay Bias," *New York Times*,June 6,2012.

[212] 499 U. S. 187(1991).

[213] 同上,第197页。

借口"。㉔ 虽然本案的协同意见书指出,在对第三方的安全会产生实质性危险时,雇主的雇佣措施可能具有合法性,但法院的多数意见却明确表达反对,它特别指出:

> 在决定女性所承担的生育角色,究竟对其本人或家庭,是否要比其所承担的经济角色更加重要的问题上,法院与雇主一样,都不适合越俎代庖。国会则将这一选择权留给女性自己。㉕

性取向歧视

截至 2017 年,已有 20 个州以及哥伦比亚特区禁止基于性取向和性别认同的歧视,还有两个州仅禁止基于性取向的歧视。这些州是加利福尼亚州、科罗拉多州、康涅狄格州、特拉华州、哥伦比亚特区、夏威夷州、伊利诺伊州、爱荷华州、缅因州、马里兰州、马萨诸塞州、明尼苏达州、内华达州、新泽西州、新墨西哥州、纽约州、俄勒冈州、罗得岛州、犹他州、佛蒙特州、华盛顿州、新罕布什尔州和威斯康星州。另有六个州禁止基于性取向和性别认同歧视公共雇员(印第安纳州、肯塔基州、密歇根州、蒙大拿州、宾夕法尼亚州、弗吉尼亚州),五个州仅禁止基于性取向歧视公职人员(阿拉斯加州、亚利桑那州、密苏里州、北卡罗来纳州、俄亥俄州)。㉖ 截至 2017 年 1 月,至少有 225 个市和县在辖区内所有公共和私人雇主的雇佣条例中禁止基于性别认

㉔　在此论点上,联邦最高法院援引了 *Muller v. Oregon*,208 U. S. 412(1908)案的判决。在该案中,联邦最高法院认为,某些社会与经济立法虽然是违宪的,但是在某些情况下,由于女性在社会上的特殊地位,当它们仅适用于女性时,反而往往会变为合宪的。

㉕　*Johnson Controls*,*Inc.*,499 U. S. at 211.

㉖　Human Rights Campaign,State Maps of Laws & Policies(April 25,2017),www. hrc. org/ state- maps/ employment.

同的就业歧视。㉗

---

⑰ 这些市县包括:安克雷奇(阿拉斯加州)、朱诺(阿拉斯加州)、弗拉格斯塔夫(亚利桑那州)、凤凰城(亚利桑那州)、坦佩(亚利桑那州)、图森(亚利桑那州)、克西卓(加州)、洛杉矶(加州)、奥克兰(加州)、棕榈泉(加州)、萨克拉门托(加州)、圣地亚哥(加州)、旧金山(加州)、圣克鲁斯县(加州)、西好莱坞(加州)、博尔德(科罗拉多州)、丹佛(科罗拉多州)、哈特福德(康涅狄格州)、哥伦比亚特区、大西洋海滩(佛罗里达州)、阿拉克华县(佛罗里达州)、布劳沃德县(佛罗里达州)、盖恩斯维尔(佛罗里达州)、海湾港(佛罗里达州)、杰克逊维尔(佛罗里达州)、基韦斯特(佛罗里达州)、沃思湖(佛罗里达州)、莱昂县(佛罗里达州)、迈阿密海滩(佛罗里达州)、迈阿密达德县(佛罗里达州)、门罗县(佛罗里达州)、棕榈滩县(佛罗里达州)、皮内拉斯县(佛罗里达州)、奥兰多(佛罗里达州)、坦帕县(佛罗里达州)、沃卢西亚县(佛罗里达州)、西棕榈滩县(佛罗里达州)、亚特兰大(乔治亚州)、博伊西(爱达荷州)、科埃尔·达琳(爱达荷州)、爱达荷瀑布(爱达荷州)、凯楚姆(爱达荷州)、莫斯科(爱达荷州)、波卡泰罗(爱达荷州)、沙点(爱达荷州)、维克多(爱达荷州)、奥罗拉(伊利诺伊州)、香槟(伊利诺伊州)、芝加哥(伊利诺伊州)、库克县(伊利诺伊州)、迪凯特(伊利诺伊州)、德卡尔布(伊利诺伊州)、埃文斯顿(伊利诺伊州)、皮奥里亚(伊利诺伊州)、斯普林吉埃尔德(伊利诺伊州)、布卢明顿(印第安纳州)、埃文斯维尔(印第安纳州)、哈蒙德(印第安纳州)、印第安纳波利斯(印第安纳州)、马里恩县(印第安纳州)、门罗县(印第安纳州)、蒙西(印第安纳州)、南本德(印第安纳州)、特雷豪特(印第安纳州)、艾姆斯(爱荷华州)、雪松急流(爱荷华州)、康瑟尔布吕夫斯(爱荷华州)、达文波特(爱荷华州)、得梅因(爱荷华州)、杜布克(爱荷华州)、爱荷华市(爱荷华州)、约翰逊县(爱荷华州)、苏县(爱荷华州)、滑铁卢(爱荷华州)、劳伦斯(堪萨斯州)、曼哈顿(堪萨斯州)、罗兰公园(堪萨斯州)、科文顿(肯塔基州)、丹维尔(肯塔基州)、弗兰克福特(肯塔基州)、杰斐逊县(肯塔基州)、列克星敦(肯塔基州)、列克星敦-费耶特县(肯塔基州)、路易斯维尔(肯塔基州)、莫尔黑德(肯塔基州)、维克(肯塔基州)、新奥尔良(路易斯安娜州)、什里夫波特(路易斯安娜州)、斯卡伯勒(缅因州)、巴尔的摩(马里兰州)、巴尔的摩县(马里兰州)、大学公园(马里兰州)、霍华德县(马里兰州)、海厄茨维尔(马里兰州)、蒙哥马利县(马里兰州)、阿默斯特(马萨诸塞州)、阿灵顿(马萨诸塞州)、波士顿(马萨诸塞州)、坎布里奇(马萨诸塞州)、塞勒姆(马萨诸塞州)、伍斯特(马萨诸塞州)、阿德里安(密歇根州)、阿尔比恩(密歇根州)、安阿伯(密歇根州)、战斗溪(密歇根州)、底特律(密歇根州)、东兰辛(密歇根州)、芬顿(密歇根州)、芬代尔(密歇根州)、大急流城(密歇根州)、亨廷顿森林(密歇根州)、卡拉马祖(密歇根州)、卡拉马祖宪章镇(密歇根州)、兰辛(密歇根州)、子午线镇(密歇根州)、普莱森特岭(密歇根州)、索加塔克(密歇根州)、特拉弗斯(密歇根州)、伊普西兰蒂(密歇根州)、明尼阿波利斯(明尼苏达州)、圣保罗(明尼苏达州)、杰克逊(密西西比州)、玉兰(密西西比州)、哥伦比亚(密苏里州)、克莱顿(密苏里州)、堪萨斯城(密苏里州)、柯克伍德(密苏里州)、奥利维特(密苏里州)、圣路易斯县(密苏里州)、圣路易斯(密苏里州)、大学城(密苏里州)、博兹曼(蒙大拿州)、布特银弓(蒙大拿州)、海伦娜(蒙大拿州)、米苏拉(蒙大拿州)、怀特什(蒙大拿州)、奥马哈(内布拉斯加州)、奥尔巴尼(纽约州)、宾厄姆顿(纽约州)、布法罗(纽约州)、伊萨卡(纽约州)、纽约市(纽约州)、罗切斯特(纽约州)、萨福克郡(纽约州)、锡拉丘兹(纽约州)、顿普金斯县(纽约州)、韦斯特切斯特县(纽约州)、雅典(俄亥俄州)、贝克斯利(俄亥俄州)、鲍林格林(俄亥俄州)、辛辛那提(俄亥俄州)、克利夫兰(俄亥俄州)、哥伦布(俄亥俄州)、科肖克顿(俄亥俄州)、代顿(俄亥俄州)、东克利夫兰(俄亥俄州)、纽瓦克(俄亥俄州)、牛津(俄亥俄州)、山顶县(俄亥俄州)、托莱多(俄亥俄州)、黄泉(俄亥俄州)、比弗顿(俄勒冈州)、本德(俄勒冈州)、本顿县(俄勒冈州)、科瓦利斯(俄勒冈州)、尤金(俄勒冈州)、希尔斯伯勒(俄勒冈州)、奥斯威戈湖(俄勒冈州)、林肯市(俄勒冈州)、穆特诺马县(俄勒冈州)、波特兰(俄勒冈

《民权法》第七章是如何规定的呢?[218] 联邦第十一巡回上诉法院在其最[439]新的、最具权威性的意见中支持大多数巡回法院对待这一问题的观点,即尽[440]管对跨性别者的歧视是违反《民权法》第七章的,[219] 但它与大多数巡回法院相一致,认为《民权法》第七章没有禁止同性恋歧视。[220] 然而,奥巴马总统对军队中"不问,不说"政策的否定、[221] 对同性婚姻的支持,以及最重要的是,联

(接上页注释) 州)、塞勒姆(俄勒冈州)、阿宾顿镇(宾夕法尼亚州)、阿莱格尼县(宾夕法尼亚州)、艾伦敦(宾夕法尼亚州)、伯利恒(宾夕法尼亚州)、卡莱尔(宾夕法尼亚州)、切尔滕纳姆镇(宾夕法尼亚州)、道尔斯敦(宾夕法尼亚州)、东诺里顿(宾夕法尼亚州)、伊斯顿(宾夕法尼亚州)、伊利县(宾夕法尼亚州)、哈里斯堡(宾夕法尼亚州)、哈特伯勒(宾夕法尼亚州)、哈弗福德镇(宾夕法尼亚州)、詹金斯敦博罗(宾夕法尼亚州)、兰斯当博罗(宾夕法尼亚州)、下马里恩镇(宾夕法尼亚州)、新希望博罗(宾夕法尼亚州)、牛顿博罗(宾夕法尼亚州)、费城(宾夕法尼亚州)、匹兹堡(宾夕法尼亚州)、皮特斯顿(宾夕法尼亚州)、斯克兰顿(宾夕法尼亚州)、雷丁(宾夕法尼亚州)、斯普林弗尔德镇(宾夕法尼亚州)、州立学院博罗(宾夕法尼亚州)、苏斯克汉纳镇(宾夕法尼亚州)、斯沃斯莫尔(宾夕法尼亚州)、上梅里翁镇(宾夕法尼亚州)、西切斯特博罗(宾夕法尼亚州)、怀特马什镇(宾夕法尼亚州)、威尔克斯-巴雷(宾夕法尼亚州)、约克(宾夕法尼亚州)、普罗维登斯(罗得岛州)、奥斯汀(得克萨斯州)、达拉斯县(得克萨斯州)、达拉斯(得克萨斯州)、沃斯堡(得克萨斯州)、普莱诺(得克萨斯州)、阿尔塔(犹他州)、格兰德县(犹他州)、哈里斯维尔(犹他州)、洛根(犹他州)、米德维尔(犹他州)、莫阿布(犹他州)、默里市(犹他州)、奥格登(犹他州)、帕克(犹他州)、盐湖城(犹他州)、盐湖郡(犹他州)、斯普林代尔(犹他州)、山顶县(犹他州)、泰勒斯维尔(犹他州)、西谷(犹他州)、布里恩(华盛顿州)、金县(华盛顿州)、西雅图(华盛顿州)、斯波坎(华盛顿州)、塔科马(华盛顿州)、查尔斯镇(华盛顿州)、查尔斯顿(华盛顿州)、亨廷顿(西弗吉尼亚州)、刘易斯堡(西弗吉尼亚州)、阿普尔顿(威斯康星州)、戴恩县(威斯康星州)、麦迪逊(威斯康星州)、密尔沃基(威斯康星州)、拉拉米(威斯康星州)。See Human Rights Campaign, Cities and Counties with Non- Discrimination Ordinances that Include Gender Identity(January 28, 2017), www. hrc. org/ resources/ cities- and- counties- with- non- discrimination- ordinances- that- include-gender.

[218] 立法提案中引入了许多禁止性条款,显然是由于《民权法》第七章没有禁止同性恋歧视。2011 年 4 月,马萨诸塞州民主党众议员巴尼·弗兰克(Barney Frank)和俄勒冈州民主党参议员杰夫·梅克利(Jeff Merkley)在参众两院分别提出反就业歧视法草案(H. R. 1397 和 S. 811. EN-DA),该法案自 1994 年首次提出后,在国会的几乎每届会议上都会提出。See "FAQ: The Employment Non-Discrimination Act," *Center for American Progress*(July 19, 2011), www. american-progress. org/issues/2011/07/enda_faq. html.

[219] *Glenn v. Brumby*, 663 F. 3d 1312(11th Cir. 2011).

[220] *Evans v. Ga. Reg'l Hosp.*, 850 F. 3d 1248(11th Cir. 2017).

[221] 巡回法院支持这项政策的合宪性,*Able v. United States*, 155F. 3d 628(2d Cir. 1998); *Holmes v. California Army National Guard*, 124 F. 3d 1126(9thCir. 1997); *Richenberg v. Perry*, 97 F. 3d 256(8th Cir. 1996); *Able v. United States*, 88 F. 3d 1280(2d Cir. 1996); *Thomasson v. Perry*, 80 F. 3d 915(4th Cir. 1996). 另见 *Steffan v. Perry*, 41 F. 3d 677(D. C. Cir. 1994)(en banc),在此案中,前任指令同样被认为是合宪的。

邦最高法院作出的禁止同性婚姻属于违宪[222]的判决,已经开始将一些巡回法院的判决推向不同的方向。

有关同性恋歧视的第一个案件由联邦第七巡回上诉法院[223]作出判决,该院全席审理时开宗明义地指出,"……如果法律字面意思清晰,则无需深入研究二手资料",并且认定该法禁止同性恋歧视。波斯纳法官在一份协同意见书中指出,"众所周知",立法史是具有"可塑性"的,[224]他说:"……可以肯定的是,《民权法》第七章中的'性'一词在当时并不直接涉及同性恋;历经多年之后,它才能被理解为包括同性恋。"[225]一年后,联邦第二巡回上诉法院以一份更加影响深远的判决达到了相同的效果。[226] 该院强调了昂卡莱案的判决理由,即同性性骚扰是立法者意图禁止的"类似的罪恶",该院称,相同的分析方法支持相同的结论,即《民权法》第七章禁止基于性取向的歧视。该院指出:"我们为这些词语'禁止性别歧视'(the prohibition of sex discrimination)赋予充分的外延,并认定,由于性取向歧视也是一种性别功能(a function of sex),与性骚扰、性别刻板印象(gender stereotyping)以及其他一直以来被认为是违反《民权法》第七章的罪恶相类似,因此法规必须禁止这种歧视。"[227]同样,联邦第六巡回上诉法院也利用相同的理由得出结论,认定该法禁止歧视从一种性别变为另一种性别的"跨性别"雇员[228]。该院指出:

> ……雇主不得在不强加其关于性器官与性别认同应该如何协调的刻板印象的情况下基于跨性别身份进行歧视。我们无法将基于跨性别身份的歧视与基于性别错位(gender non-conformity)的歧视分开,我

[441]

---

[222] *Obergefell v. Hodges*,135 S.Ct.2584(2015)一案以及上述提及的同性恋歧视案件,已使三个巡回法院都认为《民权法》第七章禁止歧视同性恋。

[223] *Hively v. Ivy Tech Comty. College of Ind.*,853 F.3d 339(7th Cir.2017).

[224] 同上,第343页。

[225] 同上,第353页。

[226] *Zarda v. Altitude Express,Inc.*,883 F.3d 100(2d Cir.2018).

[227] 同上,第115页。

[228] *EEOC v. R.G. & G.R. Harris Funeral Homes,Inc.*,_ F.3d_(6th Cir.2018).

们也没有理由去尝试区分……《民权法》第七章保护跨性别者，因为跨性别者或跨性别身份本质上构成了与性别不符的特征。[29]

当然，这一问题尚未提交到联邦最高法院。同样，关于不同的仪容标准，例如男人留短发、女人留长发是否足以构成不利待遇的问题，也未诉至联邦最高法院——构成歧视的观点尚未被巡回法院所接受，最高法院自不必说。[30]

法院引用弗莱彻（Fletcher）法官在其判决中特别提及的一些案件认442为，依据《民权法》第七章包括性取向歧视，这一判决方式是在联邦最高法院昂卡莱案有关同性恋歧视的判决"指引"下作出的。[31] 法院认为："……性别错位的主张与性取向之间的界线……细若游丝"，以至于两者之间的界限"根本不存在"。[32]此外，法院强调，（本案）依据《民权法》第七章不构成性别歧视的结论，与联邦最高法院早先在跨种族婚姻案件中驳回的观点是基于相同的逻辑，这种观点认为，禁止跨种族婚姻的法律是合乎宪法的，因为它以同样的方式对待两个种族。[33] 无论如何，联邦最高法院的判决，即禁止合意成年人（consenting adults）之间私下的同性恋行为是违宪[34]的，将增加在联邦层面上通过对《民权法》第七章的司法解释或立法来禁止这种歧视的可能性。

在同性恋法律学生协会诉太平洋电话电报公司案（*Gay Law Students*

㉙　*EEOC v. R. G. & G. R. Harris Funeral Homes，Inc.，_ F. 3d_(6th Cir. 2018), at 17-18.*

㉚　*Jespersen v. Harrah's Operating Co.，444 F. 3d 1104, 1109-10(9th Cir 2006)；Knott v. Mo. Pac. R. R. Co.，527 F. 2d 1249, 1252(8th Cir. 1975)；Willingham v. Macon Tel. Publ'g Co.，507 F. 2d 1084, 1092(5th Cir. 1975)；Dodge v. Giant Food，Inc.，488 F. 2d 1333, 1336-37(D. C. Cir. 1973).*

㉛　*Hively* 案，第 344 页。

㉜　同上，第 12 页。

㉝　*Loving v. Virginia，388 U. S. 1(1967).*

㉞　*Lawrence v. Texas，539 U. S. 558(2003).*

Association v. Pacific Telephone and Telegraph Co.)[㉕]中,加州最高法院曾判决,同性恋与该州劳动法典所规定的政治活动或政治隶属关系具有同等性质,均是禁止加以歧视的对象。[㉖] 嗣后,加州一个下级法院又作出判443决,州最高法院的上述判决对工作场所的歧视情形也同样适用。[㉗] 在另一个相关案件中,加州的法院曾判决雇主为解雇一名同性恋雇员的行为支付530 万美元的损害赔偿金。[㉘] 过去 10 年,对艾滋病(AIDS)的恐惧造成对同性恋者产生新的歧视问题,这也是出台与 1990 年《美国残疾人法》相关的食物处理特别规定的原因,这一问题将在后文详述。

宗教习俗的适应措施

2010 年制定的《平价医疗法》(Affordable Care Act)旨在提供全面的医疗服务,联邦最高法院以五比四的投票结果认定其具有合宪性。[㉙] 而该法特别是其中有关为女性提供避孕药具的规定,却招致来自罗马天主教会的宗教异议。加州高等法院[㉚]和纽约州高等法院[㉛]曾分别作出判决认为,为罗马天主教医院的女性患者以及罗马天主教所属大学的雇员提供医疗服务均是合宪的。与 2010 年《平价医疗法》相配套的各州成文法,

---

㉕   24 Cal. 3d 458(1979). 对这一问题更为详细的讨论见 Howard and Erin Daly, "Sexual Orientation and Workplace Rights: A Potential Land Mine for Employers?" 18 *Employee Relations L. J.* 29(1992)。

㉖   早些时候针对拒绝忠诚审查(security clearance)以及克林顿总统广为人知的"不问,不说"政策的判决被法院弃置一旁。见 *Dubbs v. Central Intelligence Agency*, 866 F. 2d 1114(9th Cir. 1987); *Watkins v. United States Army*, 847 F. 2d 1329(9th Cir. 1988)。另见 *Ben- Shalom v. Marsh*, 881 F. 2d 454(7th Cir. 1989); *Holmes v. California National Guard*, 109 Cal. Rptr. 2d 154(1st Div. 2001)。

㉗   *Soroka v. Dayton- Hudson Corp.*, 1 Cal. Rptr. 2d 77(1991), *rev. granted* 4 Cal. Rptr. 2d 180(1992), *rev. dismissed as moot* 24 Cal. Rptr. 2d 587(1993)。

㉘   *Collins v. Shell Oil Co.*, 56 FEP Cases 440(Alameda Co. S. Ct. 1991)。

㉙   *NFIB v. Sebelius*, 132 S. Ct. 2566(2012). 主审大法官罗伯茨(Roberts)撰写了多数意见;大法官金斯伯格代表大法官索托马约尔、布雷耶和卡根撰写了协同意见;大法官斯卡利亚代表大法官托马斯、肯尼迪和阿利托针对法规的合宪性问题提出了反对意见。

㉚   *Catholic Charities of Sacramento, Inc. v. Superior Court*, 85 P. 3d 67(Cal. 2004)。

㉛   *Catholic Charities of Albany v. Serio*, 859 N. E. 2d 459(N. Y. 2006)。

均针对宗教组织规定了宗教例外条款,但是这类条款并不适用于隶属性组织(affiliated organizations)的医患关系。当宗教雇主符合以下四项标准时,其团体医保计划可以适用例外:(1)宗教价值观的教诲是该组织的目的;(2)该组织雇用的是信仰该组织宗教教义的人;(3)该组织的服务对象信仰同样的宗教教义;(4)该组织是《国内税收法典》(Internal Revenue Code)所规定的非营利性组织。尽管存在上述认定合宪性的判决,已有 28 个州提供避孕服务,并且纽约州已制定有关立法长达 10 年之久,这些不仅丝毫未能动摇罗马天主教会的教诲,[22]反而使这一问题引发更多的冲突。2012 年,围绕这一问题爆发了几起冲突,[23]奥巴马政府作出了妥协,规定保险公司可以承担不足的(insufficient)避孕药具[24],由此还引发了诉讼。[25]

　　另一个相关问题是,雇主是否有义务就雇员拒绝接种疫苗的问题,与作为专属谈判代表的工会进行谈判。NLRB 对此裁定认为,医院规定,选择不接种疫苗的雇员无论何时都应当佩戴口罩,医院不必就单方实施的这一政策进行谈判,因为工会同意集体谈判协议中的管理权条款,便已经放弃了这类事项的谈判权。[26]2012—2013 年爆发的流感疫情也引发了类似的问题,当时一些医院的雇员拒绝接种流感疫苗。一名女性雇员主张其拒绝接种疫苗是基于纯素食主义,并且她虔诚地将素食主义等同于传统的宗教信仰。

444

---

　　[22]　"The Freedom to Choose Birth Control," *New York Times*, February 11, 2012, at A20.

　　[23]　Laurie Goodstein, "Church Battle over Coverage Well Planned," *New York Times*, February 10, 2012, at A1, A16.

　　[24]　Laurie Goodstein, "Catholic Bishops Reject New Plan on Contraception," *New York Times*, February 13, 2012. 后来,奥巴马政府作出一个新的让步。Robert Pear, "Birth Control Rule Altered to Allay Religious Objections," *New York Times*, February 1, 2013, at A1.

　　[25]　*Diocese of Fort Wayne-South Bend Inc. v. Sebelius*, 1:12-cv-00159(N. D. Ind. 2012).

　　[26]　*Virginia Mason Hospital*, 358 NLRB No. 64(2012).

联邦地区法院对此作出判决,认为雇主不得解雇拒绝接种疫苗的雇员。[247]
445 这一案件提起了上诉。[248] 在另一相关案件中,对于 1964 年《民权法》第七章
将宗教组织排除适用该法禁止基于宗教信仰实施就业歧视的规定,联邦最
高法院维持了其合宪性,认为该规定并未造成教会与国家无法分离,而违反
联邦宪法第一修正案禁止设立国教的条款。[249] 根据联邦最高法院的判决,
国会可以适当地减小政府在决策过程中对宗教事务的干预。同时,威廉·
弗莱彻法官指出,当宗教组织的行为并未受到宗教原则的束缚时,它们不应
将自己置于反歧视法之外。[250] 在侯赛因-塔博尔福音路德教会与学校诉公
平就业机会委员会案(*Hosanna-Tabor Evangelical Lutheran Church and
School v. EEOC*)[251]具有里程碑意义的判决中,联邦最高法院全体一致判决
认为,联邦宪法第一修正案排除了对其特指的"牧师"(ministers)所实施的
歧视行为予以制裁,因为这涉及政府对教会内部决策的干预,而这些决策会
影响教会自身的信仰和使命。鉴于这一问题的解决无法一蹴而就,联邦最

---

[247]　*Chenzira v. Cincinnati Children's Hospital Medical Ctr.*, No. 1:11-cv-00917, slip op. at 8(S. D. Ohio Dec. 27, 2012).("联邦最高法院的判决结论可以从原告对文章和圣经语录的引用中得到支持。尽管联邦法典明确指出,在某种信仰具备联邦法规 29 C. F. R. 1605. 1 所规定的宗教资格之前,一个宗教团体不一定要信奉这种信仰,但原告并非唯一一个阐明其观点的人,这一事实证明了她的立场。")

[248]　见,例如 *SEIU Healthcare Employees Union v. Fine*, 1:120-cv-00894-ML-PAS(D. R. I)(申诉于 2012 年 12 月 6 日立案)。

[249]　*Corporation of the Presiding Bishop of the Church of Jesus Christ of Latter-Day Saints v. Amos*, 483 U. S. 327(1987).

[250]　*Bollard v. The California Privice of the Society of Jesus*, 196 F. 3d 940(9th Cir. 1999). See also Daniel J. Wakin, "Challenging the Bishop, in Court," *New York Times*, January 14, 2002, at A16. 鉴于布什总统强调基于信仰的举措,越来越多的法院被迫要面对地方、州和联邦法律与具有特定信仰的组织基于宗教原因的就业歧视之间是否能够兼容的问题。但是,为了便于这些组织获得联邦基金的资格,2002 年 12 月,布什总统撤销了一项长期执行的行政命令(1965 年 9 月 24 日第 11246 号行政命令第 204 节),该命令禁止接受联邦采购的机构实施宗教歧视。见 Richard W. Stevenson, "In Order, President Eases Limits on U. S. Aid to Religious Groups," *New York Times*, December 13, 2002, at A1. 关于宗教歧视和公共资金的判例讨论,见 Jeffry Scott and Nancy Badertscher, "Bias out if Groups Receive State Aid," *Atlanta Journal-Constitution*, October 10, 2003, at 1E(讨论 *Bellmore v. United Methodist Children's Home* 案)。

[251]　132 S. Ct. 694(2012); Cf. Diana B. Henriques, "Where Faith Abides, Employees Have Few Rights," *New York Times*, October 9, 2006, at A1, A12-13.

高法院认为，牧师在特定活动中花费的时间是具有"关联性"的因素，但是不能脱离其发挥宗教职能的性质孤立地看待。[22] 受到侯赛因-塔博尔案的启示，联邦第五巡回上诉法院最近作出判决认为，一位在礼拜仪式中弹奏钢琴的雇员，在弥撒庆典中发挥着不可或缺的作用，他促进了教会使命的实现，并且帮助教会向其会众传递讯息……由于他对弥撒时音乐的管理能够单方面作出重要的决定，因而教会认为他是一名牧师。[23]

由《民权法》第七章所引发的另一个与宗教歧视相关的问题是，雇主在何种情况下能够要求雇员在其所信仰的宗教禁止工作的时间段内从事工作。联邦最高法院的多数意见认为，在对雇主施加的成本超过最低限度的情况下，雇主的行为不违反《民权法》第七章的规定。[24] 特别是该院认为，《民权法》第七章1972年修正案中的附文规定，雇主"在不至于对其经营行为造成过度困难（undue hardship）"的前提下，应当为雇员的宗教习俗或惯例提供适应措施，而这种情况下并不违反上述规定。

在另一个类似案件中，联邦最高法院判决认为，军方禁止随军牧师穿戴

---

[22] "哈雷尔（Harrell）（出于宗教信仰原因——译者）希望每星期六都能有固定的休息时间，他要求美国邮政局（USPS）对他的排班进行单方调整，这样他就可以按照固定的时间表工作，而不是实行轮班。然而，集体谈判协议禁止 USPS 提供这一条件，因为这样做会造成过度困难。在这种情况下，无论是采用年休假或是无薪休假的方式要求 USPS 为哈雷尔安排每周六休假，都将对哈雷尔的同事产生实质性的影响。特别是，安排哈雷尔星期六无须工作，实际上会违反沃伦斯堡邮局长期存在的年资制度，剥夺哈雷尔同事在年资制度下的权利"，见 *Harrell v. Donahue*，638 F. 3d 975（8th Cir. 2011）。也可参见 *EEOC v. Firestone Fibers & Textiles Co.*，515 F. 3d 307（4th Cir. 2008）；*Balint v. Carson City*，*Nev.*，180 F. 3d 1047（9th Cir. 1999）（en banc）；*Opuku-Boateng v. California*，95 F. 3d 1461（9th Cir. 1996）。

[23] *Cannata v. Catholic Diocese of Austin*，700 F. 3d 169，177（5th Cir. 2012）。另外，犹太学校的一位教师虽然没有接受过宗教教育，但在具有宗教性质的学校里教授宗教课程，因此也适用"牧师例外"。见 *Temple Emanuel of Newton v. Mass. Comm'n Against Discrimination*，975 N. E. 2d 433，463（2012）。当学校校长被要求是"罗马天主教徒……"，以执行学校的宗教教育使命，带领师生每日祈祷，监督赞美诗的选择以及学校的装饰，并参与其他宗教活动，那么，他被视为一名牧师。见 *Fratello v. Archdiocese of N.Y.*，863 F. 3d 190（2d Cir. 2017）。同样，见 *Penn v. N.Y. Methodist Hospital*，No. 16- 474- cv，2018 U. S. App. LEXIS 5704（2d Cir. 2018），德罗尼法官（Judge Droney）持不同意见，理由是侯赛因-塔博尔案被这不恰当地适用于一家没有任何宗教血统痕迹的世俗医院，以［阻止］"一名前雇员的种族和宗教歧视"的指控。同上，第 27 页。

[24] *Trans World Airlines*，*Inc. v. Hardison*，432 U. S. 63（1977）；Cf. *Ansonia Board of Education v. Philbrook*，479 U. S. 60（1986）。

犹太教无边小帽(yarmulkes)的规定是合宪的[55],但其后这一判决被国会以立法加以推翻。在一个争议颇大的案件中,联邦第三巡回上诉法院维持了禁止穆斯林女性雇员在监狱中佩戴头巾的判决,该院指出:"监狱在保障因犯、职员和参观者安全方面承担着压倒一切的责任。监狱并非夏令营,监狱的官员在困难环境下负有不可推卸的维持秩序的责任。"[56]联邦最高法院认为,当雇主的动机因素是规避宗教习俗所必需的适应措施,例如眼前这个案例中,拒绝雇用一个因穆斯林信仰而戴头巾的女性,那么雇主的行为违反《民权法》第七章。[57]雇主实际上不知晓她的宗教信仰,她也没有提供此方面的信息,这些都不能构成对雇主责任的抗辩。[58] 联邦最高法院认为:"……宗教习俗是受保护的特征之一,不能给予差别的待遇,且必须提供适应性措施……"《民权法》第七章不是仅仅要求对宗教习俗保持中立……而是要求给予它们有利待遇,并强制规定雇主"不得因信奉宗教或宗教习俗而歧视"。[59] 联邦最高法院称:"《民权法》第七章要求中立政策让位于对有宗教信仰的人给予适应性措施的需要。"[60]这可能在另一个同样充满争议的就

448 业事务局诉史密斯案(*Employment Division v. Smith*)中[61],雇员因在美洲原住民教会(Native American Church)所举办的圣礼中食用一种用作圣餐的仙人掌而遭到雇主解雇,而该州也拒绝给付其失业补偿金。根据斯卡利

---

[55] *Goldman v. Weinberger*, 475 U. S. 503(1986).

[56] *EEOC v. GEO Group*, *Inc.*, 616 F. 3d 265, 275(3d Cir. 2010).

[57] *EEOC v. Abercrombie & Fitch Stores*, *Inc.*, 135 S. Ct. 2028, 2034(2015).

[58] 同上,第 2032 页。

[59] 同上,第 2034 页。

[60] 同上,第 2034—2035 页。

[61] 494 U. S. 872(1990). 国会试图通过颁布 1993 年《宗教自由恢复法》[Religious Freedom Restoration Act of 1993, 42 U. S. C. § 2000bb et seq. (1994)]推翻史密斯案的判决。然而,联邦最高法院认定,国会在颁布这一立法时超越了联邦宪法第十四修正案第 5 节规定的执行权力。见 *City of Boerne v. Flores*, 521 U. S. 507(1997). 因此史密斯案仍是良法。然而此后,国会根据商业与支出条款(Commerce and Spending Clause)通过了 2000 年《宗教土地使用与收容人员法》(Religious Land Use and Institutionalized Persons Act of 2000),设定了与《宗教自由恢复法》同样的认定标准。

亚大法官所撰写的六票对三票多数意见，[82]联邦最高法院判决，该州的行为并不违反联邦宪法第一修正案宗教信仰自由的条款。在该案中，该院极力避免触及有关该州禁止饮用含酒精饮料的规定，而这一规定可能会与基督教会与酒类有关的圣礼传统相冲突。联邦最高法院指出：

> 个人是否须遵守义务，应视该法是否与其宗教信仰相符而定，除非该州所要保障的利益是"极为重要的"，否则就等于基于宗教信仰的原因，使得"法律变成由他个人决定的法律"。这种看法不但与宪法传统相冲突，而且也与一般常识不符。[83]

反之，在另外三个相关案件中，联邦最高法院却判决，根据联邦宪法的规定，各州不得拒绝向在下列几种情况下被解雇的雇员支付失业补偿金：一是雇员作为一名虔诚的教徒，由于基督复临安息日会（Seventh Day Adventist Church）的信仰，[84]真诚地相信不应在安息日要求工人工作；二是虽然雇员从事类似的宗教行为，但其并不是某一个被确认的教派或教会的正式成员；[85]三是雇员受其自身信仰的驱使，拒绝某项特定的工作任务安排，但是教会本身并不认可其信仰[86]。

联邦最高法院在伯威尔诉霍比罗比公司案（*Burwell v. Hobby Lobble*）[87]*中对 1993 年《宗教自由恢复法》做出解释，认为卫生与公众服务部 449

㉒　奥康纳大法官撰写了一份单独的协同意见，大法官布伦南、马歇尔和布莱克门部分附和，但是后三名大法官最终提交了一份单独的反对意见。

㉓　494 U. S. at 885.

㉔　*Hobbie v. Unemployment Appeals Commission of Florida*，480 U. S. 136(1987).

㉕　*Frazee v. Illinois Department of Employment Security*，489 U. S. 829(1989)

㉖　*Thomas v. Review Board*，450 U. S. 707(1981).

㉗　*Burwell v. Hobby Lobby Stores，Inc.*，134 S. Ct. 2751(2014)；David B. Schwartz，"The NLRA's Religious Exemption in a Post- Hobby Lobby World：Current Status，Future Difficulties，and a Proposed Solution，" 30 *A. b. a. J. Lab. & Emp. L.*，Issue 2(May 2015)，available at http:// ssrn. com/abstract＝2616085.

*　在该案中，联邦最高法院认为，1993 年的《宗教自由恢复法》允许营利性公司以宗教为由拒绝支付其雇员健康保险计划中某些法定的避孕药品和工具的费用。——译者

(HHS,以下简称为"卫生部")依据 2010 年《患者保护与平价医疗法》(Patient Protection and Affordable Care Act)所颁布的法规,要求雇主为女性提供包括避孕措施在内的"预防保健和筛查",这些避孕措施会给宗教活动造成沉重负担,除非这一做法构成服务于封闭式公司(closely held corporations)极为重要的政府利益限制性最少的手段。[268] 该院认为,《宗教自由恢复法》适用于卫生部制定的避孕指令,并且依据该法的规定这些避孕措施对宗教活动造成了沉重负担。

　　霍比罗比案对《民权法》第七章有何影响呢?联邦最高法院在同一意见书中指出,对那些企图在招聘时进行歧视(例如种族歧视)并且借由宗教活动掩饰这种行为的雇主,这一判决不应视为他们的"挡箭牌"。[269] 在霍比罗比案中,该院表示,政府对于提供种族平等机会具有极为重要的利益。联邦第六巡回上诉法院曾表示:"政府在提供不分种族的平等参与劳动的机会方面具有极为重要的利益,禁止种族歧视正是为实现这一至关重要的目标而度身定制的。"[270]金斯伯格大法官代表索托马约尔大法官以及布雷耶大法官、卡根大法官撰写了霍比罗比案的异议意见书,指出国会本身已经否决了所谓的良心修正案(conscience amendment)。异议意见书指出:"国会将包括避孕方式的选择在内的医疗保健决定权留给女性,并由医疗保健提供者给予协助。"[271]随后,联邦第六巡回上诉法院称:"相反,《民权法》第七章没有450对任何性别歧视做出豁免……当政府制定一项全面计划,其目标是消除性别歧视,包括性别刻板印象,那么,实现该目标的唯一途径就是执行,这是有道理的。"[272]

　　在杰作蛋糕店有限公司诉科罗拉多州民权委员会(*Masterpiece Cakeshop*, *Ltd*. *v*. *Colorado Civil Rights Commission*)这一广为人知的案件

---

[268]　*Burwell* 案,第 2754 页。

[269]　同上,第 2783 页。

[270]　*EEOC*. *R*. *G*. & *G*. *R*. *Harris Funeral Homes*,*Inc*.,884 F. 3d 560,595(6th Cir. 2018).

[271]　*Burwell* 案,第 2789—2790 页。

[272]　*EEOC*. *R*. *G*. & *G*. *R*. *Harris Funeral Homes*,*Inc*. 第 596 页。

中[273]，由肯尼迪大法官撰写的多数意见书中回避了一个问题，即专业蛋糕师和"虔诚的基督徒"拒绝为同性夫妇的婚礼制作蛋糕是否合法。在该案中，蛋糕师辩称，根据联邦宪法第一修正案，为同性夫妇的婚礼制作蛋糕的义务将妨碍他的宗教自由。联邦最高法院的五位大法官坚持认为，科罗拉多州民权委员会未能秉持"宪法所要求的宗教中立性"来审理此案。[274] 肯尼迪大法官否定了"对蛋糕师自由行使权利及其面临的两难境地"所发表的"缺乏适当考虑的不当、轻蔑的论断"。[275] 此外，该院还将该案中蛋糕师的做法与其他抵制同性恋和同性婚姻的蛋糕师拒绝提供服务的类似案件进行了对比。索托马约尔大法官与金斯伯格法官共同指出，委员会对反同性恋的蛋糕的处理方式之所以如此不同，是因为蛋糕本身含有敌视同性恋的文字，而同性夫妇并没有要求在蛋糕上写此类文字。异议意见书则认为，尽管有一两名专员发表了充满敌意的评论，但是委员会的宗教中立性并未遭到破坏。杰作蛋糕店案和霍比罗比案中都反映出一个直接问题，即在何种情况下何种企业可以根据性取向或性别对个人做出区别对待，这个问题最终还是要由联邦最高法院来解决。

残疾人保护

451

同样地，过去二十年以来，依据 1973 年《康复法》(Rehabilitation Act of 1973)[276]，劳工部联邦政府承包合规署规定，任何政府工程的承包商必须对肢体或精神残疾的劳工提供各类适应措施。最近，国会还进一步修订了

---

[273]　138 S Ct. 1719(2018).

[274]　同上，第 1724 页。

[275]　同上，第 1729 页。本案中有三份协同意见书，第一份是卡根大法官撰写的，布雷耶大法官附和；第二份是戈萨奇(Gorsuch)大法官撰写的，阿利托大法官附和；还有一份是托马斯大法官撰写的，戈萨奇大法官附和。

[276]　29 USC § § 31-41c，421-26，701-709，720-24，730-32，740，741，750，760-64，770-76，780-87，790-94(1976)，and 41 C. F. R. § 60-741. 1 et seq.

1990 年《美国残疾人法》(Americans with Disabilities Act of 1990)。[277]

　　根据这项成文法的规定,不但严禁在公共设施方面对残疾人实施歧视,同时,在雇佣关系上也是如此。1992 年正式生效的残疾人法,禁止雇主对任何一位"适格的残疾人"(qualified individual with a disability)予以歧视。所谓适格的残疾人,该法将其界定为任何具有一种肢体或精神障碍(impairment),实质性限制一种或多种主要生命活动的人,包括曾有这类障碍记录的人,或被视为具有这类障碍的人。但是,该法也将下列人士特别排除在这一定义之外:同性恋者、双性恋者、异装癖者、变性人、恋童癖者、露阴癖者、窥淫狂者,以及任何性别认同障碍的人,由于肢体残疾所引起的除外。同时,该法也将强迫性赌徒、偷窃癖者、纵火狂者,以及目前仍在使用非法毒品的人,一并加以排除。但是参加或完成"受监督的戒毒康复项目"后,能够452在一段时间内保持清醒的人,则可以不被排除。[278] 根据该法的规定,即便雇员无法令人满意的工作表现是由于酗酒造成的,雇主仍可以要求该雇员与其他雇员适用相同的任职资格与工作绩效标准。哪怕雇员已经从匿名戒酒协会的担保人那里得到推荐信,信中告知雇主有关该雇员病情恢复过程中稳定持续的进展,对于是否能够采取差别待遇这一实质性的事实问题,仍然可以提交陪审团决定。[279]

　　然而,对于诸如吸烟或肥胖等这类所谓自愿行为,是否符合该法有关残疾的定义,迄今为止仍无定论。蒙大拿州最高法院近期作出判决认为,在2008 年《美国残疾人法修正案》(后文将深入讨论)通过之后,如果一个人的体重超出正常范围,影响到一个或多个身体系统,那么肥胖就不属于蒙大拿

---

　　[277]　Pub. L. 101-336. 联邦法律也禁止基于基因信息的雇佣歧视,而基因信息可能揭示了遗传某些疾病的倾向。继 2008 年《基因信息反歧视法》(Genetic Information Nondiscrimination Act)出台之后,EEOC 颁布的相关法规见 29 CFR 1635。

　　[278]　*Mauerhan v. Wagner Corp.*, 649 F. 3d 1180(10th Cir. 2011). 如果雇主有合理的理由相信雇员的毒品滥用仍然是一个长期存在的问题,就可以将该雇员排除在残疾人之外;"因此,这个问题不仅仅是考虑一个人最后一次非法使用毒品以来已经过去的天数或周数。"同上,第 1187 页。

　　[279]　*Hernandez v. Hughes Missile Systems Co.*, 362 F. 3d 564(9th Cir. 2004); Cf. *Lopez v. Pacific Maritime Assoc.*, 657 F. 3d 762(9th Cir. 2011).

州法典所规定的能够构成"肢体或精神障碍"的生理失调或疾病的症状。[⑳]
联邦第八巡回上诉法院判决："……一个人的体重通常是一种身体特征,只
有当它超出正常范围,并且是由生理失调造成的,才可以被视为身体损
伤。"[㉑]同样,某些所谓可预见的残疾(predictive disabilities),例如在未来可
能变成残疾的腰部问题等,也是未解的难题。根据该法的规定,雇主必须对
残疾人提供合理的适应措施,但当这类措施造成过度困难时则雇主无须承
担。其中,过度困难被界定为造成实质性的困难和过大的成本。联邦第六
巡回上诉法院近期作出判决认为,即使州立法允许使用大麻,但是未能通过
毒品检测的情形也不能构成《美国残疾人法》所界定的残疾。[㉒]

联邦最高法院曾判决,一项年资制度通常是不允许违反其规定进行工 453
作任务分配的,除非"在特定案件中存在某些特殊情况证明这一工作任务的
分配是合理的"。[㉓]联邦第七巡回上诉法院则认为,雇主在职位调整上的偏
好,尽管违反年资制度,但有时被证明是必要的,雇主可以偏离"最称职的选
拔政策",除非这种偏离会造成履行困难。[㉔]《美国残疾人法》中还有一个有
些类似的条款,要求各类机构为残疾人提供适应措施,除非该机构能够证明
进行这一修改将从根本上改变这种措施的性质。例如,联邦最高法院认为,
不为职业高尔夫锦标赛的参加者提供高尔夫球车是非法的歧视,因为"步行
规则""并不是比赛本身的一个基本属性"。[㉕]

此外,根据《美国残疾人法》的规定,卫生部部长应公布一份能通过处理
食物而传播的传染病目录,以及在通过其他一些适应措施也无法消除对公
众健康和安全的威胁的情况下,公布患有这类疾病并可能被调职的雇员名

[⑳]　*BNSF Ry. , Co. v. Feit*, 281 P. 3d 225(Mont, 2012) 有关将肥胖视为一种障碍的其他州
法的讨论,参见 David M. Katz, "Obesity as a Covered Disability Under the ADA," *BNA Insights*,
194 DLR I-1, October 6, 2012。

[㉑]　*Morris v. BNSF Ry. Co.*, 817 F. 3d 1104, 1108(8th Cir. 2016)。

[㉒]　*Casias v. Wal-Mart Stores, Inc.*, 695 F. 3d 428(6th Cir. 2012)。

[㉓]　*U. S. Airways, Inc. v. Barnett*, 535 U. S. 391, 406(2002)。

[㉔]　*EEOC v. United Airlines, Inc.*, 2012 WL 3871503(7t Cir. 2012)。

[㉕]　*PGA, Inc. v. Martin*, 532 U. S. 661, 685(2001)。

单。这项特别规定显然是针对艾滋病的,虽然还没有任何现存的证据可以证明艾滋病会通过对食物或饮料的处理而传染。

在一系列案件判决中,联邦最高法院对残疾人法的适用是谨慎的,甚至有时受到许多限制。前者体现在,该院认为雇主可以采用业务必要性,拒绝雇用一个可能导致自己和他人受到伤害的个人。[286] 联邦最高法院还指出,对"残疾"的界定必须考虑到能够减轻个人身心障碍的医疗设备或其他矫正设备。[287] 该院曾全体一致认定,一个人患有腕管综合征*和其他相关障碍,并不符合该法所规定的残疾,除非这种障碍限制了"日常生活中至关重要"的"主要生命活动"。[288] 奥康纳大法官在其执笔的意见书中指出:"如果一个人所从事的体力劳动(manual task)符合主要生命活动的类型,其中包括行走、看和听等基本能力,那么这种体力劳动必须是日常生活的核心。如果从事体力劳动的主要生命活动中所包含的每项任务都不能单独构成一项主要生命活动,那么这些任务的总和必须符合主要生命活动的定义。"[289]

面对这类问题,联邦巡回上诉法院的判决总体上也是相当谨慎的。尽管豪乐维(Holloway)法官撰写了颇具说服力的反对意见,但是联邦第十巡回上诉法院仍然认定,当言语沟通是工作中的一项核心职能时,耳聋的雇员不符合该工作的任职资格。反对意见也指出:"言语沟通的能力是大多数雇员执行与客户沟通的核心职能时所使用的一种手段。"[290]联邦第八巡回上诉法院曾认定,患有糖尿病、需要白天固定上班时间的雇员不符合任职资格,

⑳　*Chevron USA*, *Inc.* v. *Echazabal*, 536 U. S. 73(2002).

㉗　*Sutton* v. *United Airlines*, *Inc.*, 527 U. S. 471(1991); *Murphy* v. *United Parcel Service*, *Inc.*, 527 U. S. 516(1999); *Albertson's Inc.* v. *Kirkingburg*, 527 U. S. 555(1999).

*　腕管综合征俗称"鼠标手"。——译者

㉘　*Toyota Motor Manufacturing Co.* v. *Williams*, 534 U. S. 184(2002).

㉙　同上,第197页。联邦最高法院指出,原告承认:"她能够完成她原来两份工作所需的体力劳动。此外,即使在病情恶化后,她仍然可以刷牙、洗脸、洗澡、照料花园、准备早餐、洗衣服和在家里收拾东西。记录还表明,她的健康状况导致她避免扫卫生,停止跳舞,穿衣时偶尔寻求帮助,并减少与孩子玩耍、照料花园和长途驾车的频率。但是,生活中的这些变化并不等同于对大多数人日常生活至关重要的活动有如此严格的限制,以至于在法律上构成了一种体力劳动的残疾。"同上,第202页。

㉚　*EEOC* v. *The Picture People*, *Inc.*, 684 F. 3d 981(10th Cir. 2012).

因为轮班是该项工作的重要组成部分。[291] 工作的重要组成部分既包括排班的灵活性,也包括核心工作要求。联邦第八巡回上诉法院指出:"某个职位455的重要职能,即该工作的基本职责,而不是其边缘职能。"[292]

原告必须证明他/她属于残疾,以证明其主要生命活动的丧失。[293] 行走困难被认定为行走能力上的非重要限制。[294] 主要生命活动的丧失不能仅仅是间歇性的。[295] 如果雇员每周超过 40 小时无法行走,则能够被认定为更加实质性的限制。[296] 对于主张失眠的原告来说,与其自理能力有关的证据会牵涉到其睡眠紊乱的情形与普通人之间的比较。[297] 在一项颇为引人注目又有些残酷的判决中,联邦第七巡回上诉法院认定,患有大小便失禁的雇员属于残疾,因为其在排泄身体废物这一主要生命活动上存在困难,[298]尽管她坚持认为雇主提供的适应措施构成对过去已确定的工作任务的重新分配,但是并不能视为雇主拒绝提供其合理的适应措施。[299] 另一方面,联邦第一巡456回上诉法院作出判决,将影响出勤的慢性疲劳认定为残疾,为了提供合理的

---

[291] *Rehrs v. Iams Co.*, 486 F. 3d 353(8th Cir. 2007). 允许雷尔斯(Rehrs)连续一天轮班工作会给工厂的其他技术人员带来更重或不利的负担。根据《美国残疾人法》的规定,适应措施不应强制要求其他雇员更加努力、工时更长,或者剥夺他们的机会。

[292] *Kallail v. Alliant Energy Corporate Services*, *Inc.*, 2012 WL 3792609,at ＊4(8th Cir. September 4, 2012). 法院赞同 EEOC 的条例,并引用其中的规定进行判断:"(1)雇主对工作职能重要性的判断;(2)在发布广告或面试求职者之前准备的书面工作说明;(3)在履行职能的工作上花费的时间量;(4)不要求在职者履行职能的后果;(5)集体谈判协议的条款;(6)过去在职人员的工作经历;和/或(7)从事类似工作的现任者目前的工作经验。"同上。［援引 29 C. F. R. § 1630.2(n)(3)］

[293] *Faiola v. APCO Graphics*, *Inc.*, 629 F. 3d 43(1st Cir. 2010).

[294] 特纳(Turner)承认,在夏天他每周会打几次篮球和棒球。事实上,他甚至作证,说他通常可以骑自行车和走路。特纳虽声称根据该残疾人法的含义他是残疾人,但是鉴于他承认的这些事实,他并不是法律意义上的残疾人。见 *Turner v. The Saloon*, *Ltd.*, 595 F. 3d 679, 689(7th Cir. 2010)。

[295] 例如,*EEOC v. Autozone*, 630 F. 3d 635(7th Cir. 2010)。

[296] *Boitnott v. Corning Inc.*, 669 F. 3d 172(4th Cir. 2012).

[297] *Allen v. SouthCrest Hosp.*, 455 Feb. Appx 827(10th Cir. 2011).

[298] *Heiko v. Colombo Sav. Bank*, *F. S. B.*, 434 F. 3d 249, 255(4th Cir. 2006)(法院认为,依据 ADA 的规定,排泄身体废物是一项主要生命活动);*Workman v. Frito-Lay*, *Inc.*, 165 F. d 460, 467(6th Cir. 1999)(法院认为,控制自己的肠道是一项主要生命活动)。

[299] *Gratzl v. Office of the Chief Judges of the 12th*, *18th*, *19th*, *and 22nd Judicial Circuits*, 601 F. 3d 674(7th Cir. 2010).

适应措施,雇主必须考虑排班的灵活性。⑩ 联邦第六巡回上诉法院的简・斯坦奇(Jane Stanch)法官执笔的判决意见认为,对一个天生缺少一条手臂的人,雇主基于其未取得商业许可而拒绝其担任实习生的工作,而当时她正在接受取得该许可的培训,依据联邦以及俄亥俄州的相关法律,雇主的行为构成一项表面证据确凿的歧视。⑩ 在一个类似情形中,同一法院将雇主解雇耳聋保安的案件发回重审。在该案中,"在实际工作环境中借助适当的适应措施,雇员是否有能力履行该项工作的基本职能",雇主对此未能作出个性化的判断,因而使该雇员的任职资格遭到漠视。⑩

　　由于对联邦最高法院的数次判决特别不满,国会已经进行了立法改革,但是由于法律不具有溯及力,因此这些改革的目的迄今为止仍未实现。修正案删除了1990年残疾人法中提到的对"孤立的和缺乏联系的"少数族裔的保护,理由是联邦最高法院对这一条作出的解释致使大量个人被排除在该法的保护之外。联邦最高法院曾作出判决认为,凡采用矫正措施者一律不得认定为残疾。⑩ 该院曾认定,视力低下者如能通过配戴眼镜矫正的,就不属于残疾,⑩这一判决是符合成文法的。自此国会开始推翻或修改联邦最高法院的一系列判决。最为重要的是,修正案维持了下级法院将具有学习障碍但是仍能从事主要生命活动的人认定为残疾人的判决,从而使存在457这种障碍的人不会仅仅因为身体机能良好而被排除在外。实践中,可以要求大学为这类人修改完成学位的时间、替换特定的课程并调整课程的授课方式。

　　此外,修正案推翻了所谓的减轻原则(mitigating principle),该原则的提出就是建立在佩戴眼镜能够矫正视力就不被视为残疾的命题之上的。修正案推翻了数个这类判决,例如认为一个身负残疾的人(例如患有肌肉萎

---

⑩　*Valle-Arce v. Puerto Rico Ports Authority*, 651 F. 3d 190(1st Cir. 2011).

⑩　*Rosebrough v. Buckeye Valley High School*, 690 F. 3d 427(6th Cir. 2012).

⑩　*Keith v. County of Oakland*, No. 11-2276, slip op. at 9(6th Cir. Jan. 10, 2013).

⑩　*Sutton v. United Airlines*, 527 U. S. 471(1999).

⑩　H. R. Rept. 110-730 Part 1, 110th Cong., 2d Sess. (2008).许多材料取自这一报告。关于2008年修正案的讨论参见 *Pearce-Mato v. Shinseki*, 2012 WL 2116533(W. D. Pa. June 11, 2012).

缩)成功地学会生活和工作,便不应受到残疾人法的保护。同样,一位癫痫患者,因为使用药物减少了发病的频率和强度,使他能够阅读、说话、行走和观看,便不被认定为残疾,抑或一位患糖尿病仍会日常发作的病人,因为有一份精心设计的药物、运动与饮食方案,对糖尿病病情有所控制,就不能被认定为残疾。其他类似的判决也被陆续推翻。

最近,联邦最高法院判决认为,将适用普通法的控制原则(principles of control)判断个人是否能计算在《美国残疾人法》适用于特定雇主所要求的15 名"雇员"之中。

1964 年《民权法》及 1991 年《民权法》所规定的对就业歧视的救济制度,都可以适用于 1990 年《美国残疾人》。这就是说,作为传统救济方式的惩罚性和补偿性的赔偿均可适用,但赔偿金额有一定的数额上限。根据该法的规定,EEOC 对有关残疾歧视的控告具有管辖权。

在 1990 年《美国残疾人法》正式通过三年以前,联邦最高法院曾在一个相关案件中判决,雇员因传染性肺结核病而导致肢体障碍的结果,可以被认为属于 1973 年《康复法》所称的残疾。

年 龄 歧 视

1967 年《就业年龄歧视法》(Age Discrimination in Employment Act of 1967)禁止以年龄为由对 40—70 岁之间的劳工实施歧视。现在 EEOC

<hr />

⑤　*McClure v. General Motors Corp.*，75 Feb. Appx. 993(5th Cir. 2003).

⑥　*Todd v. Academy Corp.*，57 F. Supp. 448，452(S. D. Tex. 1999)

⑦　*Orr v. Wal Mart Stores，Inc.*，297 F. 3d 720(8th Cir. 2002).

⑧　*Schriner v. Sysco Food Service*，2005 U. S. Dist. LEXIS 44743 案和 *McMullin v. Ashcroft*，337 F. Supp. 2d 1281，1289(D. Wyo. 2004)案也是如此。因此,法律的影响显得非常有限。见 Jennifer C. Kerr，"Employers Lag at Hiring the Disabled，" *San Jose Mercury News*，Mar. 25，2013，at A5。

⑨　*Clackamas Gastroenterology Assocs.，P. C. v. Wells*，538 U. S. 440(2003).(适用普通法的控制原则,法院认定四位兼任董事、股东的医师属于《美国残疾人法》所称的"雇员")

⑩　*School Board of Nassau County，Florida v. Airline*，480 U. S. 273(1987).

⑪　29 U. S. C. § 621 et seq.(2012).

对这类歧视也具有管辖权。至于根据服务年限的长短剥夺雇员养老金给付的歧视情形,并不构成年龄歧视。[312] 拒绝 40 岁及以上劳工的养老金给付,而对更年老的劳工更为有利,这一做法并不违反该法。[313] 如前所述,依据 1967 年立法,对差别影响予以校正的做法已经被接受。但是,当一份工作或者保险待遇已经给予一个 40 岁以上的劳工,因而拒绝另一个年纪更大的劳工时,不能成立表面证据确凿的歧视案件。[314] 联邦最高法院曾以五比四的投票结果作出判决,一项养老金计划没有将额外服务年限给予那些在符合退休条件后变为残疾的工人,而是使年轻工人从实际工作年限以外的额外服务年限中受益,这并不构成年龄歧视。[315]

在发生于旧金山的著名案件威廉·谢赫纳诉 KPIX 电视台案(*William Schechner v. KPIX TV*)[316]中,一场由哥伦比亚广播公司(CBS)主导的临时裁员导致年龄分别为 65 岁和 45 岁的原告丢掉了工作。联邦第九巡回上诉459法院认为,原告作为播音员,经验丰富,职业生涯辉煌,获奖无数。工作表现在对他们的裁员决定中均没有起到作用。另外三名年龄在 51—57 岁之间的直播人员也遭到裁员。该院认定,有分析表明在被裁员的群体中,年老雇员是不成比例的,原告凭借统计学证据"证明存在一种明显的年龄歧视模式",从而恰当地确立了一个表面证据确凿的差别待遇歧视案件,因为他们承担相对较轻的举证责任。[317] 该院指出:"为了确立一个表面证据确凿的歧视案件,原告的统计学证据不必说明雇主对不利雇佣行为(adverse employment action)所提出的非歧视性原因。"[318]统计学证据不必说明与雇主裁减

---

[312] 故意违法将导致惩罚性赔偿的判决。*Hazen Paper Company v. Biggins*,507 U. S. 604 (1993).

[313] *Cline v. General Dynamics Land Systems,Inc.*,296 F. 3d 466(6th Cir. 2002),*rev'd*,540 U. S. 581(2003).

[314] *O'Connor v. Consolidated Coin Caterers Corp.*,517 U. S. 308(1996).

[315] *Kentucky Retirement Systems v. EEOC*,554 U. S. 135(2008).

[316] 686 F. 3d 1018(9th Cir. 2012).

[317] 同上(slip op.)第 1 页。

[318] 同上(slip op.)第 3 页。

原告的中立原因相关的变量。[319] 即便如此，该院仍然认为，尽管存在某些中立原因，例如被保留的年轻雇员的合同到期日还很长，或者负责裁员事项的同一当事人在没有义务这样做时让被解雇的雇员签署了合同等，均不构成表面证据确凿的案件。

年龄歧视案件，正如所有领域的就业歧视案件一样，都涉及一个程序问题。在联邦快递公司诉霍罗维奇案（*Federal Express Corp. v. Holowecki*）[320]中，联邦最高法院以七比二的投票结果（托马斯大法官、斯卡利亚大法官持反对意见）作出判决，以填写受理调查问卷并附之以要求该机构提起诉讼的宣誓书的形式，当事人的指控就可以在 EEOC 得以立案。[321]

无论是 EEOC 还是私人原告，均可以就遭受的损害提起诉讼并请求损 460
害赔偿，但如果是故意（willful）的违法行为，还可以请求更高数额的金钱赔偿。所谓故意歧视的情形，是指“……雇主知晓或因重大过失疏忽而未能知晓，其行为是法律所明文禁止的。根据《就业年龄歧视法》的规定，适用于所有差别待遇案件。一旦雇主这种故意的违法行为得以证明，雇员无须再证明雇主的行为是令人憎恶的，或提供直接证据证明雇主的动机，或证明年龄是雇主作出雇佣决定时最重要的因素，而不是决定因素”。[322] 根据该法的规定，除享有决策权的高级经理、大学教师外，任何强迫在 70 岁以前退休的退休计划，均属于违法行为（但这项例外条款到 1993 年将逐渐取消）。[323] 此外，联邦最高法院判决认为，密苏里州宪法中对任命的州法官必须在 70 岁退休的规定，并不违反《就业年龄歧视法》，与联邦宪法的平等保护条款（Equal Protection Clause）也不抵触。[324] 关于年龄歧视较难解决的一个问题

---

[319] 686 F. 3d 1018(9th Cir. 2012)(slip op.)第 4 页。

[320] 552 U. S. 389(2008).

[321] 同上。肯尼迪大法官代表多数撰写法院意见。在另一项仅涉及年龄歧视的案件中，联邦最高法院一致认为，与《民权法》第七章不同，《就业年龄歧视法》在对公共部门的适用中并未要求雇主雇佣一定数量的年老雇员。*Mount Lemmon Fire Dist. v. Guido*, 139 S. Ct. 22(2018).

[322] *Hazen Paper*, 570 U. S. at 617.

[323] 29 USC § 631(c)(i)(2012).

[324] *Gregory v. Ashcroft*, 501 U. S. 452(1991).

是,年龄与残疾的情形一样,往往会影响某些人的能力。然而,根据《商业周刊》的报道:"一般而言,很少有雇主会抱怨不称职的老工人,而在事实上,只有非常少的年长者仍希望继续从事工作。"[㉟]

年龄歧视的判例法正将美国推向与欧洲截然相反的方向。在欧洲,根据461欧洲法院的多项判决,[㊱]其要旨是允许实行某种形式的强制退休制度。与美国相反,英国某家高等法院在衡量了欧洲法院的判决后提出,重要的是促进"从整体上使就业机会在全体居民中公平分配"的社会政策,并认定指定的退休年龄(designed retirement age)是执行这一政策的适当方式。法院指出:

> 我不认为采用默认退休年龄(Default Retirement Age,DRA)的判决不恰当地影响了劳动力市场信心的社会目标。采用指定退休年龄与强制性退休年龄相比,后者使雇员和雇主都丧失了自由决定权。默认退休年龄并不要求雇主基于年龄或者退休的原因解雇,而仅仅是使其在达到该年龄时能够这样做,而没有违法风险和易受损害索赔的风险。默认退休年龄的概念本质上并不是任意的,也不是非法的歧视,而是根据一些社会和经济因素作出的社会选择,这些因素指出了这种措施的可取性或其对未来就业前景的实际影响。[㊲]

与此同时,美国的一家高等法院在 1989 年另一相关案件中判决,虽然《就业年龄歧视法》允许雇主根据一项真实的雇员养老金计划(a bona fide employee benefits plan)对雇员给付歧视性的养老金,但是在本法制定前所

㉟　Aaron Bernstein, "Putting Mandatory Retirement out to Pasture," *Business Week*, June10, 1985, at 104, 105.

㊱　Case C-388/07, *The Queen v. Sec'y of State(Heyday)*, 2009 WL 2848182(March 5, 2009); Case C-411/05, *Palacios de la Villa v. Cortefiel Servicios SA*, 2007 E. C. R. I-8531; Case C-144/04, *Mangold v. Helm*, 2005 E. C. R. I-9981.关于美国反歧视法的整体范围与欧洲立法相比较的精彩讨论,参见 Katerina Linos, "Path Dependence in Discrimination Law: Employment Cases in the United States and the European Union," 35 *Yale J. Int'l L.* 115(2010)。

㊲　*Heyday*,同前注㊱,第 109 段。参见 Catherine Barnard, "Retiring Gracefully," 70 *Cambridge L. J.* 304(2011)。

采用的养老金计划,不能被雇主作为规避给付的借口,除非这项计划是一种年龄歧视的替代制度。[⑳] 然而,国会再次通过单独立法的方式推翻了这项判决。根据 1990 年《老年工人养老金与保障法》(Older Workers Benefit and Protection Act of 1990)的规定,一项真实的雇员养老金计划,应当是老年雇员所缴纳的费用以及实际享受的养老金都与年轻雇员相等。[㉙]

报 复

除了性倾向问题备受关注之外,没有什么比联邦最高法院依据《民权法》462第七章审理所谓的报复案更重要的发展了。《民权法》第七章规定,为雇员反对雇主的歧视性做法(即所谓反对条款),提出指控、作证或参与本章相关的诉讼或调查等行为(即所谓参与条款)提供保护。在作为先例的伯灵顿北方圣达菲铁路公司案(*Burlington Northern & Santa Fe Railway Co.*)[㉚]中,布雷耶大法官代表联邦最高法院指出,与禁止歧视的规定不同的是,反报复条款(antiretaliation provisions)保护雇员免遭雇主在工作场所内外实施的侵害行为。为了确保不受限制地适用成文法的规定,该法既提供针对工作场所报复行为的保护,又规定针对"工作场所外侵害行为"的保护。

联邦最高法院指出:"反报复条款的适用范围超出与工作场所相关或与463雇佣相关的行为和伤害。"[㉛]其认定标准是,某一行为是否会阻碍一位通情达理的劳工提出或支持一项有关歧视的指控。对于提出抗议或报告的雇员来说,虽然雇主将其排除在对职业发展可能很重要的午餐之外的做法违反法律的规定,但是他们难免会遭遇"所有员工都经历过的、在工作中经常发

㉘ *Public Employees Retirement System of Ohio v. Betts*, 492 U. S. 158(1989).

㉙ 29 USC § 623(f)(2012).尽管这项立法具有广泛影响,但是几种类型的提前退休计划,如提供固定实金的、按服务年限确定的和按工资百分比确定的养老金计划,只要它们确实是自愿性的,仍然是合法的。但是,对于如何认定"自愿性"还存在着不确定性,可能会引发未来的诉讼。此外,尽管法律禁止随雇员年龄增长而减少或是取消的提前退休激励计划,评论家们认为这样的结论远非完全清楚。见例如,R. S. Smith and W. A. Kohlburn, "Early Retirement Incentive Plans after the Passage of the Older Workers Benefit Protection Act," 11 *St. Louis Univ. Pub. L. Rev.* 263, 270(1992)。

㉚ 548 U. S. 53(2006).

㉛ 同上,第 67 页。也可参见 *Nassar* 案的讨论,同前注⑩。

生的轻微或次要的烦恼"。

联邦最高法院判决认为,一名雇员并不是主动说出,而是在回答与其同事的申诉相关的问题时说出性骚扰的情况,这名雇员同样受到保护。[32] 该院将回答资方提出的问题视为符合反对条款:

> 我们认为无数人在废奴运动前"反对"奴隶制,也会说无数人在今天"反对"死刑,但是他们并未写信情愿、走上街头或是抵制政府。如果一名雇员采取反对雇主歧视性做法的立场,他不是"发起"行动,而是坚持自己的主张,例如,拒绝服从上司基于歧视性理由解雇某位下级劳工的命令,那么我们就可以称其做法为"反对"。[33]

由苏特大法官执笔的多数意见指出,相反的判决将会促使雇员保持沉默,而不是因为说出真相而受到处罚,也不是因为雇主已经尽到了合理的注意义务而替雇主掩盖责任。

克劳福德案(*Crawford*)之后仍悬而未决的问题是,参与一项与 EEOC 正式指控无关的雇主内部调查是否受到参与条款的保护。依据巡回法院作出的一系列判决,雇员的这类行为并不受到参与条款的保护。[34] 但是,雇员参与一项在向 EEOC 正式提出指控后开始的内部调查是否受到保护,这一

---

[32]　*Crawford v. Metropolitan Gov't*, 555 U. S. 271(2009).

[33]　同上,第 277 页。

[34]　*Townsend v. Benjamin Enterprises*, *Inc.*, 679 F. 3d 41(2d Cir. 2012); *Hatmaker v. Memorial Mem'l Ctr.*, 619 F. 3d 741(7th Cir. 2010); *Clover Total Sys. Servs.*, *Inc.*, 176 F. 3d 1346 (11th Cir. 1999); *EEOC v. Total Sys. Servs.*, *Inc.*, 221 F. 3d 1171, 1174 n. 3(11th Cir. 2000). 参见 *McMenemy v. City of Rocester*, 241 F. 3d 279(2d Cir. 2001)(反对条款和参与条款一起讨论,而不是单独讨论); *Hashimoto v. Dalton*, 118 F. 3d 671(9th Cir. 1997)(判决认为,原告对海军公平就业机会(EEO)顾问的访问符合参与条款所规定的受保护的活动,因为这次访问是用尽相关程序的先决条件)。

问题仍不清楚。⑤

目前，三分之一的州高等法院对反报复条款作出扩张性的解释。对 464
此，斯卡利亚大法官代表联邦最高法院认为，反报复条款公认的普适性并
未对第三方的报复⑥规定例外，同样也坚持了对法律文本的字面理解。
在该案中，雇员主张雇主通过解雇他的未婚妻对他实施报复，而雇主的这
一行为阻碍了他所从事的受保护的活动。然而，联邦最高法院认为，正如
任何权利受到侵害的人一样，遭到报复的雇员可以提起诉讼，因为其"处
于应当受到《民权法》第七章所保护的利益范围之内，即他是一个有权起
诉的受害人。"⑦

毫无疑问，这些判决为反报复案件掀起了一个高潮。1997—2017 年
间，报复指控占所有立案案件的比例从 22.6% 上升到 48.8%，现在已经成
为 EEOC 受理的指控中最常见的指控。上述判决显然已经促使法规中的
反报复条款获得了更为广泛的应用。

最后，联邦最高法院认定，基于与《民权法》第九章（该章禁止体育项
目⑧中的性别歧视）有关的报复，联邦部门禁止以年龄为由实施歧视的情形
中应包括报复行为，尽管报复并不是该法所要直接解决的问题。⑨ 该院也
认定，如果雇主对依照《公平劳动标准法》的规定提出"口头投诉"的雇员实
施报复，那么该法中的反报复条款应当加以适用。⑩

---

⑤　联邦第六巡回上诉法院对原告的立场给出肯定的回应，见 *Abbott v. Crown Motor Co.*，
348 F. 3d 547(6th Cir. 2003)。但是联邦第十一巡回上述法院则持不同观点："不同意内部程序并不
等于是反对歧视行为的'受保护的活动'"，见 *Brush v. Sears Holding Corp.*，466 Feb. Appx. 781，
787(11th Cir. 2012)。

⑥　*Thompson v. North American Stainless, LP*，131 S. Ct. 863(2010)。

⑦　*Crawford*，同前注⑬。

⑧　*Jackson v. Birmingham Bd. of Educ.*，544 U. S. 167(2005)。

⑨　*Gomez-Perez v. Potter*，553 U. S. 474(2008)。

⑩　*Kasten v. Saint-Gobain Performance Plastics Corp.*，131 S. Ct. 1325(2011)。根据《公平劳
动标准法》的反报复条款，基于雇主所掌握的权力的重要性似乎可以认定，公司内部的投诉也属于
受保护的活动。见 *Minor v. Bostwick Laboratories, Inc.*，669 F. 3d 428(4th Cir. 2012)。

救济制度

465   联邦最高法院指出，即便雇主已经自行撤销了其采取的行动并补发工资，颁布禁令也是适当的。[㉜] 如前所述，1991年《民权法》曾对1964年《民权法》第七章进行修正，规定对法律所禁止的所有歧视行为，均给予有一定限额的惩罚性与补偿性损害赔偿。该院进一步澄清，依据《民权法》第七章，对于惩罚性赔偿的适用，雇主所实施的歧视行为不必达到异乎寻常或骇人听闻的地步；相反，当雇主违反成文法的规定时意识到其行为存在违法的风险，则应当适用惩罚性赔偿。[㉝]

     在有关就业歧视的诉讼中，最难以解决的问题是救济问题。根据联邦最高法院在阿尔伯马尔造纸公司诉穆迪案(*Albemarle Paper Co. v. Moody*)[㉞]的判决，一旦通过集体诉讼或是由政府提起的惯例化(pattern-of-practice)就业歧视案件，在认定雇主应当承担责任后，即可推定法院应给予受害人补发工资及其他衡平法上的救济。[㉟] 在1991年《民权法》制定前，联邦各级法院曾判决，根据1964年《民权法》第七章的规定，法院不应判决给予受害人惩罚性与补偿性的损害赔偿金，[㊱]然而，联邦最高法院却在一份附带

    ㉜   *Burlington*, 548 U. S. 53, 73(2006).

    ㉝   *Kolstad v. American Dental Assoc.*, 527 U. S. 526(1999). 联邦第十一巡回上诉法院认为，惩罚性损害赔偿的前提条件是违法的代表处于"更高的管理层"。*EEOC v. Exel Inc.*, 884 F. 3d 1326(11th Cir. 2018).

    ㉞   422 U. S. 405(1975).

    ㉟   同上，第419—420页。联邦最高法院曾以六比三多数作出判决，雇主应当无条件地向提起录用歧视的求职者提供以前曾被拒绝的工作，即使雇主不提供可追溯的年资(retroactive seniority)，通常也需要承担补发工资的责任，见 *Ford Motor Co. v. EEOC*, 458 U. S. 219(1982).

    ㊱   *Great American Savings and Loan Association v. Novotny*, 442 U. S. 366, 374-75(1979) ("多数联邦法院认为，《民权法》不允许法院给予一般性或是惩罚性赔偿。")见 *De Grace v. Rumsfeld*, 614 F. 2d 796, 808(1st Cir. 1980)(同意"所有曾解决这一问题的808个巡回法院判决"); *Harrington v. Vandalia-Butler Board of Education*, 585 F. 2d 192(6th Cir. 1978); *Richerson v. Jones*, 551 F. 2d 918, 926-28(3d Cir. 1977); *EEOC v. Detroit Edison Co.*, 515 F. 2d 301, 308-510 (6th Cir. 1975), *vacated on other grounds and remanded sub nom.*, *Detroit Edison Co. v. EEOC*, 431 U. S. 951(1977). But see *Clairborne v. Illinois Central Railroad*, 588 F. 2d 148, 154(5t Cir. 1978)(dicta).

意见中表示,根据 1866 年《民权法》的规定,法院可以判决给予受害人惩罚性损 466
害赔偿金,[46]关于这一点,其他联邦巡回上诉法院也曾做过类似的判决。[47]
而在加利福尼亚州,虽然该州最高法院曾采取否定的见解,[48]但该州议会却
通过一项新的立法推翻了上述判决,而规定州机关可以裁定当事人同时支
付惩罚性与补偿性损害赔偿金。[49]

　　就业歧视案件中给予损害赔偿金的理论基础,不仅在于它具有补偿的
作用,还在于它对违法行为具有一种预防(prophylactic)作用。对于就业歧
视诉讼缠身的雇主或劳工组织[50]而言,集体诉讼往往涉及劳工人数众多,一
旦案件在联邦法院得到维持,并且判决向劳工补发工资,他们就会产生补救
歧视行为的强烈愿望。在这种情况下,被告往往希望通过和解的方式解决
这类诉讼,并希望受害人签署弃权书,声明放弃未来提起损害赔偿之诉的权
利。然而,在被告请求受害人签署此类文件时,受害人究竟是否明确其内容
且出于自愿放弃其起诉权,这一点却经常引发许多诉讼。[51]

　　联邦与各州政府对政府工程承包商均提出这样的要求,并得到司法的
认可。[52] 联邦最高法院在著名的巴克(Bakke)案判决中表明,针对过去的歧 467
视措施而采取的某些具有种族意识(race-conscious)的补偿是适当的,但该

---

[46]　*Johnson v. Railway Express*, 421 U. S. 454, 459-60(1975).

[47]　例如,*Scott v. University of Delaware*, 601 F. 2d 76, 81 n. 8(8th Cir. 1979);*Claiborne v. Illinois Central Railroad*, 588 F. 2d at 158-54(判决 42 USC §1981 规定的惩罚性损害赔偿,即使 根据该条款和《民权法》第七章提起诉讼);*Allen v. Amalgamated Transit Union*, 554 F. 2d 876, 888(8th Cir. 1977);*Gill v. Manuel*, 488 F. 2d 799, 801(9th Cir. 1973);*Caperci v. Huntoon*, 397 F. 2d 799(1s Cir. 1968);*Mansell v. Saunders*, 872 F. 2d 578(5th Cir. 1967)。

[48]　*Dyna-Med*, *Inc. v. Fair Employment and Housing Commission*, 743 P. 2d 1323(1987).

[49]　Chapter 1991, A. B. No. 311, 1992 年 9 月 24 日经州长批准。

[50]　例如,雇主违反集体谈判协议中禁止种族歧视的规定,而工会拒绝提起指控雇主种族歧视 的诉讼,则工会应当对此承担责任,见 *Goodman v. Lukens Steel Co.*, 482 U. S. 656(1987)。

[51]　例如,*United States v. Trucking Employers*, *Inc.*, 561 F. 2d 818, 818(D. C. Cir. 1977)。

[52]　见例如,*Associated Contractors of Massachusetts*, *Inc. v. Altshuler*, 490 F. 2d 9(1st Cir. 1973);*Contractors Association of Eastern Pennsylvania v. Secretary of Labor*, 442 F. 2d 159(3d Cir. 1971);*Weiner v. Cuyahoga Community College District*, 249 N. E. 2d 907(1969)。也可参见 *Regents of the University of California v. Bakke*, 438 U. S. 265, 801-802(1978)。

院并未对此做更进一步的说明。⑧ 同时,在韦伯案⑧中,联邦最高法院认为,在私营部门,通过自愿谈判而设置的平权行动方案,即使采用设置配额的方式也是符合《民权法》的。

1986年,联邦最高法院在韦根特诉杰克逊教育委员会案(*Wygant v. Jackson Board of Education*)⑧中,以五票对四票的多数票判决,集体谈判协议中一项有关裁员的条款,虽然试图维持全体劳工中的种族平衡,但却不是基于过去采取的歧视措施所造成的结果,因而属于违宪的做法。根据鲍威尔(Powell)大法官的意见,基于种族因素的考量,任何让当事人失去现有工作的做法,都要远比拒绝未来就业机会更具侵犯性。

六周以后,联邦最高法院在另一相关案件中确认,在涉及1964年《民权法》第七章的情形下,可以采取具有种族意识的补偿措施,并指出根据该法的规定,法院不但可以对歧视行为的实际受害人给予补偿,而且在被告过往曾有极端种族歧视记录,却又企图规避法院作出的救济令的情况下,可以为工会会员确定具体的数量目标,以增加少数族裔在工会会员以及学徒计划中的数量。⑧ 此外,在另一相关案件中,联邦最高法院认定,联邦地方法院可以提出具有种族意识的和解令(consent decree),要求当事人达成一项设置职务晋升方案的协议,以使少数族裔雇员从中受益,尽管他们并不是歧视待遇的实际受害人。⑧ 其后,在另一相关案件中,联邦最高法院认可了联邦地方法院的一项判决,根据该判决,如果警官人员构成中黑人仅占不到25%,为了补偿不合宪的种族歧视措施,法院可以命令晋升一位白人警官

468

---

⑧　*Regents of the University of California v. Bakke*，438 U. S. 265(1978).

⑧　*United Steelworkers of America v. Weber*，448 U. S. 193(1979). See also *Detroit Police Offices' Association v. Young*，808 F. 2d 671(6th Cir. 1979).

⑧　476 U. S. 267(1986).马歇尔大法官代表布伦南大法官和布莱克门大法官提出部分反对意见,认为社会歧视可能成为集体谈判协议中相关条款的基础。

⑧　*Local 28 of the Sheet Metal Workers' International Association v. EEOC*，478 U. S. 421(1986).

⑧　*Local No. 98*，*International Association of Firefighters v. City of Cleveland*，478 U. S. 501(1986).

时，也应当同时晋升一位适格的黑人警官。㊸

　　在第三个涉及自愿性平权行动措施的重要案件约翰逊诉圣克拉县交通局案（*Johnson v. Transportation Agency, Santa Clara County*）㊹中，联邦最高法院判决，准许被告行政机关将适格求职者的性别作为一个考量因素，而该院也认可该机关所制定的对传统上被区隔的职业类别给予晋升的方案，因为这种职业类别的女性明显代表性不足。根据布伦南大法官所提纲的法院意见，在韦伯案中，法院将"明显不平衡"（manifest imbalance）作为在传统上被区隔的职业类别中具有种族意识的平权行动措施的认定标准，而这一标准也可以适用于认定一项适当的具有性别意识的平权行动措施。至于有关 1964 年《民权法》第七章的案件中所采用的表面证据确凿的认定标准，联邦最高法院则认为，不应适用到平权行动措施所涉及的统计上不平衡的案件中。该院指出：

　　　　（这种认定标准）……会不恰当地产生一种明显的消极作用，挫伤雇主采取平权行动措施的积极性……例如，某家公司如果关注能否在投资上获得最大的回报，则势必不会采取平权行动措施，因为一旦它决定这么做，就必须搜集各种证据，而这些证据会使其陷入一场似是而非的有关《民权法》第七章的诉讼。㊺

　　尽管联邦最高法院在上述有关种族意识的案件中，几乎认可了所有的平权行动措施（只有一件例外），但在 1989 年，它却在另一相关案件中作出迥然不同的判决。在该案中，被告市政府采纳一项平权行动措施，规定承包该市建筑工程的主要承包商，必须将占金额至少 30％的工程合约转包给少数族裔所拥有的承包商。联邦最高法院认为，被告瑞奇蒙德市（Richmond）的这项方案违宪，因为该市不但无法证明采纳这项方案符合极其重要的政　469

㊸　*United States v. Paradise*, 480 U. S. 149(1987).

㊹　480 U. S. 616(1987).

㊺　同上，第 633 页。

府利益,同时,也不能证明与补偿过去歧视措施所产生的影响存在密切关联。[61] 然而,一年以后,联邦最高法院却在另一案件中以五票对四票的多数作出判决,认定联邦传播委员会优待少数族裔的政策并未违反宪法平等保护原则。[62] 尽管联邦最高法院近期作出了一系列判决认可高等教育领域的平权行动措施,但是这类措施的前景仍是疑窦丛生。关于这一点,最为生动的莫过于托马斯法官(后来出任联邦最高法院大法官)在一个相关案件中提出的观点,他认为,联邦传播委员会基于性别原因给予女性优惠待遇的政策,不符合获得法律平等保护的宪法性权利,因此属于违宪行为。[63] 而该院首席法官米克瓦(Chief Judge Mikva)则提出措辞激烈的反对意见,认为该委员会所设定的标准,不但与上述地铁广播案(*Metro Broadcasting*)不符,而且也违反了法院应尊重国会意见的原则。[64] 1995 年,尽管联邦最高法院存在意见分歧,托马斯大法官的立场仍然成为多数意见,在政府承包合同中对执行平权行动措施的政府政策实行严格审查的背景下,认定为具有种族意识的政策变得更加困难。[65] 在肯尼迪大法官撰写的意见书中,该院认为得克萨斯大学[66]体现种族意识的招生政策是合宪的,其经过"严密设计"以实现平等的目标。而在第二年,该院以七比二的投票结果宣布,密歇根州宪法修正案禁止体现种族意识的招生行为是合宪的。[67]

在歧视案件中,最终达成和解令的最重要的一类案件涉及测试问题。[68]

---

[61]　*City of Richmond v. Croson*,488 U. S. 469(1989).

[62]　*Metro Broadcasting*,*Inc. v. Federal Communications Commission*,497 U. S. 547(1990).

[63]　*Lamprecht v. Federal Communications Commission*,958 F. 2d 382(D. C. Cir. 1992).

[64]　同上,第 391 页。

[65]　*Adarand Contractor*,*Inc. v. Pena*,515 U. S. 200(1995).联邦最高法院对高等教育领域中基于性别因素实施的平权行动措施予以认可,但是能否适用于就业领域尚不明确,见 *Grutter v. Bollinger*,539 U. S. 306(2003);*Gratz v. Bollinger*,539 U. S. 244(2003).

[66]　*Fisher v. Univ. of Tex. at Austin*,136 S. Ct. 2198(2016).

[67]　*Schuette v. Coalition to Defend Affirmative Action*,572 U. S. 291(2014).

[68]　强调认定差别影响歧视的责任应适用严格标准的判决,见联邦第二巡回上诉法院最近在 *M. O. C. H. A. Soc'y*,*Inc. v. City of Buffalo*,2012 WL 1952171(2d Cir. July 30,2012)案中针对科尔斯(Kearse)法官的反对意见发表的观点。

联邦最高法院曾判决认为,纽黑文市(New Haven)基于测试的结果可能具470
有歧视性而拒绝采用测试结果,然而由于这项基于种族因素的决策"没有其
他正当理由,因而违反了《民权法》第七章关于雇主不能因为某人的种族而
对其采取不利雇佣行为的规定。"⑱联邦最高法院指出,一类比较极端的案
件是,"除非一个人清楚地知道,雇主的某一做法违反了差别影响的规定,否
则他不能要求雇主采取行动,因为这将使雇主守法的努力几乎陷入停
顿"。⑲ 另一方面,联邦最高法院认为,雇主仅仅是"善意地相信"采取措施
是必要的,这还远远不够,"鼓励雇主以产生最微小的差别影响的方式采取
基于种族因素的措施,正因为如此,会使得雇主放弃合法的测试。联邦最高
法院以五票对四票的多数意见认为,《民权法》第七章所要求的"证据有力
(strong-basis-in-evidence)标准对差别待遇和差别影响的规定都会产生影
响,而仅在某些特定的、狭窄的情况下,允许以遵守其中一项规定的名义违
反另一项规定。这一标准为雇主自愿守法的努力留下了充分的空间,而雇
主守法对于成文法制度和国会消除工作场所歧视的努力是至关重要的"。⑳

　　阿利托大法官在其撰写的协同意见书中不无忧虑地指出,陪审团可以
假定,取消这些有争议的测试,只是为了取悦一个政治上重要的种族选民群
体。㉒ 斯卡利亚大法官在另一份协同意见书中提出,《民权法》第七章差别
影响的规定可能是违宪的。金斯伯格大法官代表其他三位大法官指出,在
职的雇员"在晋升方面并不享有既得权"。她强调,大多数人复述的事实"遗
漏了案情的重要部分"。消防员是一项受种族歧视的遗毒影响深远的471
职业。㉓

---

⑱　*Ricci v. DeStefano*, 557 U. S. 557, 579(2009). 参见 123 *Harv. L. Rev.* 153(2009)。

⑲　同上,第 581 页。

⑳　同上,第 584 页。第一波雇主守法的问题出现在 *Briscoe v. New Haven*, 654 F. 3d 200(2d Cir. 2011)案中。

㉒　同上,第 605 页(阿利托大法官的协同意见书)。

㉓　同上,第 609 页(金斯伯格大法官的反对意见书)。

第十一修正案：宪法的障碍

尽管几项联邦雇佣法仍然适用于各州[⑭]，但联邦最高法院却认定，宪法第十一修正案所体现的主权豁免原则[⑮]，影响到州政府雇员依据这些法律维护自身权利的能力。[⑯] 在奥尔登诉缅因州案（*Alden v. Maine*）[⑰]中，该院以五比四的投票结果作出首个重要判决认为，若雇员依据联邦宪法第一条所授予的国会权力制定的一项联邦法律提起诉讼，则宪法第十一修正案和源于第十修正案的州主权原则排除了该雇员在州法院向州政府提起金钱赔偿的权利。

在后续的这类案件中，如基米尔诉评议委员会案（*Kimel v. Board of Regents*）[⑱]中，联邦最高法院认为，国会颁布的《就业年龄歧视法》（ADEA）并未真正取消各州的豁免权。联邦最高法院认定，依据联邦宪法第十四修正案第五部分，ADEA 并不构成所谓"适当的立法"，因此，国会不能据此使各州受到私人的起诉。对此，联邦最高法院的理由是，国会并未发现各州有违反宪法的情形，因此没有必要适用 ADEA 所规定的要求和救济措施。其后[⑲]，联邦最高法院认定，由于缺少各州对残疾人实施歧视的记录能够作为违宪的证据，依据联邦宪法第十一修正案的规定，《美国残疾人法》也未能通过审查。之所以如此，部分原因是针对残疾人的任何合理歧视（rational

472

---

    ⑭　*Garcia v. San Antonio Metro. Transit Auth.*，469 U.S. 528（1985）[推翻了 *Natinal League of Cities v. Usery*，426 U.S. 833（1976）案的判决]。

    ⑮　联邦宪法第十一修正案规定："美利坚合众国的司法权，不得被解释为可以扩展到由任何其他州的公民或任何外国公民或主体依据普通法或衡平法，对合众国的一州提出或起诉的任何诉讼。"

    ⑯　在 *Seminole Tribe v. Florida*，517 U.S. 44（1996）案中，联邦最高法院判决，国会在根据联邦宪法第一条的权力颁布立法时不能取消一个州的主权豁免权，这为联邦最高法院随后的判决铺平了道路，该判决限制了州雇员根据联邦雇佣法提起诉讼的能力。参见 William Balden Adams，The Eleventh Amendment's Resurrection：*Implications for State Employees*（2001）[未发表论文，康奈尔大学产业与劳动关系学院凯瑟伍德（Catherwood）图书馆存档]。

    ⑰　527 U.S. 706（1999）.

    ⑱　528 U.S. 62（2000）.

    ⑲　*Board of Trustees of University of Alabama v. Garrett*，531 U.S. 536（2001）.

discrimination）都是合宪的。然而，1993 年国会颁布的《家庭与医疗假法》（FMLA）中所谓的家庭护理（family care）条款，允许在下列情况下给予雇员无薪休假：(1)儿子或女儿的出生或照料；(2)对孩子的收养或寄养；(3)对有"严重健康问题"的配偶、子女或父母的照料。对于上述条款，联邦最高法院判决认为，国会成功废除了各州对私人诉讼的豁免权。[⑱] 因此，州雇员可以依据 FMLA 向不予准假的州政府提出金钱赔偿，而无需担心该州以宪法第十一修正案作为抗辩理由。但随后，联邦最高法院拒绝将这一结论扩展适用于 FMLA 的自我护理假（self-care leave），理由是"没有证据证明各州制定了带有表面歧视性的自我护理假政策，或者它们以一种歧视性的方式执行中立的自我护理假政策"。[⑱]

针对上述这份五比四投票结果的判决，金斯伯格大法官在其撰写的一份牵涉面广且证据充分的反对意见书中强调，设立仅用于怀孕和分娩的假期会引发雇主对女性的歧视，而自我护理假便是对这一问题的直接回应。国会有任何理由相信，无论在私营部门还是公共部门，雇主基于女性怀孕的歧视是普遍存在的。金斯伯格大法官指出：

> 我认为，自我护理假是国会为使女性可以参加工作和拥有家庭所[473]做的诸多努力中一个关键的部分……FMLA 的颁布以阻止性别歧视为目的。通过减少雇主避免雇用女性的动机，该法降低了 FMLA 整体上可能引发性别歧视的风险，因为它假设其他家庭休假中的大部分会被女性所使用。[⑱]

正如我们在其他问题上所经历的，金斯伯格的反对意见书也许最终会促进国会在未来采取行动。但无论如何，这些判决能否适用于诸如 1963 年

[⑱]　*Nevada Dept. of Human Resources v. Hibbs*，538 U.S. 721(2003)。

[⑱]　*Coleman*，同前注[⑯]，第 1334 页。联邦最高法院拒绝将因怀孕而排除于健康计划之外等同于违宪的性别歧视，金斯伯格大法官本应重新审视造成这一结果的权力界限。

[⑱]　同上，第 1339 页（金斯伯格大法官的反对意见书）。

《同酬法》和《民权法》第七章的差别影响条款等法律仍不明确。

当然,在这些案件中,联邦政府的权威是毋庸置疑的;相反,问题在于联邦政府是否有能力为私人诉讼中的州政府雇员制定法律来保护他们的权利。尽管联邦雇佣立法在过去 30 年获得了很大的发展,但由于权力界限的问题,联邦雇佣立法却给州政府雇员的权利蒙上了阴影。

非法解雇

传统上,美国普通法一向认为,除非双方在合同上另有约定,否则雇佣关系可以由任何一方任意终止。⑧ 这与集体谈判协议形成了鲜明对比。在集体谈判协议中,加入工会的雇员受到保护,只有基于"正当理由"或"具备理由"才能被解雇或受到纪律处分。然而,值得注意的是,2012 年,联邦第五巡回上诉法院作出判决认为,依据得克萨斯州法律的目的,集体谈判协议中约定的提前 60 天通知便可终止雇佣的条款,并没有"改变""任意雇佣的推定",因此使得集体谈判协议所涵盖的弱势劳工仍旧处于"任意雇佣"的状态,其结果是这些劳工无法因失去工作而提出索赔。⑭

当然,前文所提及的几项联邦与州法律已经对"任意终止原则"的适用加以限制,以保护雇员免于因种族、宗教信仰、性别、原始国籍、年龄或参与工会活动等原因遭到雇主的解雇。虽然有上述法律的保护,但是直到现在,雇主在决定是否解雇一名非会员的雇员时,仍享有相当大的自由。然而,自20 世纪 70 年代晚期起,美国有越来越多的州法院开始承认非法解雇或终止的诉因。非法解雇制度的发展是由各州法院而不是立法机关推动的。1985 年,新泽西州最高法院的一项判决相当具有代表性,该判决认为,雇主

474

---

⑧　See 58 Am. Jur. 2d Master & Servant 27(1970).

⑭　*Sawyer v. E. I. DuPont De Nemours & Co.*, 678 F. 3d 379 (5th Cir. 2012). 这一判决后来被撤销,得克萨斯州法律中两个悬而未决的问题被提交给得克萨斯州最高法院。*Sawyer v. E. I. DuPont De Nemours & Co.*, 689 F. 3d 463 (5th Cir. 2012). 得克萨斯州最高法院认为:(1)任意雇佣的雇员不能对雇主提出终止雇佣关系的欺诈性索赔;(2)尽管雇员被限制雇主只能以正当理由解雇雇员的集体谈判协议所覆盖,但是不得基于雇主以欺诈手段诱使他们终止雇佣关系而对雇主提出欺诈性索赔。*Sawyer v. E. I. DuPont De Nemours & Co.*, 754 F. 3d 313, 315 (5th Cir. 2014). (总结得克萨斯州最高法院的判决意见)

对待雇员个人应负有默示合同义务,它特别强调:

> 我们的法院绝不允许某位雇主在答应对雇员给予优厚的回报和利益后,却又可以自由选择将之撤回,即使这些雇员也确信,这些回报和利益在法律上是无法强制执行的……就业保障是对一个人的生计与家庭的未来不会被恣意摧毁的保证;雇佣关系只有在具备"正当理由"且公平处理的情况下才得以断绝。在本案中,霍夫曼-拉罗什(Hoffman-La Roche)公司在此所做的承诺,所有劳工都愿意接受并作为其最基本的发展之道。因此,这是一种承诺,它为劳工提供免受恣意解雇的保护。㉟

当然,非法解雇的诉因㊱不仅限于合同理论,它可以是基于下列对雇佣自由原则的三项例外条款中的任何一项:

- 违反公共政策的解雇——举例而言,由于雇员不愿从事一项非法活动而被解雇,或因雇员履行一项公共义务(如担任陪审团的陪审员)而被解雇;或因雇员行使成文法上所赋予的权利(如言论自由)遭受报复而被解雇等。㊲
- 违反默示雇佣合同(implied contract of employment)的解雇,这些雇佣

㉟ *Woolley v. Hoffmann-La Roche*, *Inc.*, 491 A. 2d 1257, 1266(N. J. 1985). 但是同一法院判决,年薪制的雇员是任意雇佣的,见 *Bernard v. IMI Systems*, *Inc.*, 618 A. 2d 338(N. J. 1993)。

㊱ 为依据加州劳动法典(California Labor Code)的目的定义"解雇",要求雇主立即支付工资,加州最高法院认为,"当雇员在非自愿的情况下被雇主终止正在进行的雇佣关系,或者当雇员完成特定的工作任务或者雇主雇佣的期限届满时,都属于解雇的情形",但是该院没有解决立法是否可以"采用一种有效的法定方案"将第二种和第三种情形排除在保护之外的问题,见 *Smith v. Superior Court*, 137 P. 3d 218, 229(Cal. 2006)。

㊲ *Novosel v. National Insurance Co.*, 721 F. 2d 894(3d Cir. 1988). See also *Korb v. Raytheon Corp.*, 574 N. E. 2d 581(Mass. 1991); *Smith Pfeiffer v. The Superintendent of the Walter E. Frenold State School*, 533 N. E. 2d 1368(Mass. 1989); *Smith v. Calgon Carbon Corp.*, 917 F. 2d 1338(3d Cir. 1990). 关于反歧视法与不当解雇公共政策的例外,参见 *Rojo v. Kliger*, 52 Cal. 3d (1990); *Gantt v. Sentry Insurance*, 1 Cal. 4th 1083(1992)。

　　合同通常是基于员工手册、雇佣政策或其他意思表示而产生的。[38]

　　• 违反默示公平诚信原则（implied covenant of good faith and fair dealing）的解雇。[39]

　　截至 2018 年，美国共有 43 个州以及哥伦比亚特区对雇佣自由原则适用普通法上的公共政策例外。[40] 有 38 个州以及哥伦比亚特区认为，雇主的

---

　　[38]　*Woolley*，491 A. 2d 1257；*Weiner v. McGraw-Hill*，*Inc.*，443 N. E. 2d 441(N. Y. 1982)；*Wieder v. Skala*，609 N. E. 2d 105(N. Y. 1992)；*Touissant v. Blue Cross Blue Shield of Michigan*，292 N. W. 2d 880(Mich. 1980). 这一判决近些年来似乎受到某种程度的限制。*Rowe v. Montgomery Ward & Co.*，473 N. W. 2d 268(Mich. 1991)；*Dumas v. Auto Club Insurance Association*，473 N. W. 2d 652(Mich. 1991). Cf. *Elsey v. Burger King Corp.*，917 F. 2d 256(6th Cir. 1990)；*Fogel v. Trustees of Iowa College*，446 N. W. 2d 451(Iowa 1989)；*McDonald v. Mobil Coal Producing*，*Inc.*，789 P. 2d 866(Wyo. 1990).

　　[39]　*Crenshaw v. Bozeman Deaconess Hospital*，693 P. 2d 487(Mont. 1984).

　　[40]　阿拉斯加州、亚利桑那州、阿肯色州、加利福尼亚州、科罗拉多州、康涅狄格州、特拉华州、夏威夷州、爱达荷州、伊利诺伊州、印第安纳州、爱荷华州、堪萨斯州、肯塔基州、缅因州、马里兰州、马萨诸塞州、密歇根州、明尼苏达州、密西西比州、密苏里州、蒙大拿州、内华达州、新罕布什尔州、新泽西州、新墨西哥州、北加利福尼亚州、北达科他州、俄亥俄州、俄克拉荷马州、俄勒冈州、宾夕法尼亚州、南加利福尼亚州、南达科他州、田纳西州、得克萨斯州、犹他州、佛蒙特州、弗吉尼亚州、华盛顿州、西弗吉尼亚州、威斯康星州和怀俄明州。

　　许多公共政策例外已经出现。例如，雇主解雇一名拒绝违反联邦或州立法的雇员，通常应当承担非法解雇的责任。参见例如，*Barela v. C. R. England & Sons*，*Inc.*，197 F. 3d 1313(10th Cir. 1999)(适用犹他州法律)；*Radawan v. Beecham Laboratories*，850 F. 2d 147(3d Cir. 1988)(适用新泽西州法律)；*Martin Marietta Corp. v. Lorenz*，823 P. 2d 100(Colo. 1992)；*Borden v. Amoco Coastwise Trading Co.*，985 F. Supp. 692(S. D. Tex 1997). 并且，如果雇员举报雇主的违法行为，雇员通常受到公共政策例外的保护而免于报复。见例如，*Zamboni v. Stamler*，847 F. 2d 73(3d Cir. 1998)；*Palmateer v. Int'l Harvester Co.*，421 N. E. 2d 876(Ill. 1981)；*Potter v. Village Bank of New Jersey*，543 A. 2d 80(N. J. App. Div. 1988). 然而，雇员是必须对政府官员投诉还是内部的吹哨行为就足以构成例外，各家法院对此意见不一。法院支持前者立场的判决，见 *Fox v. MCI Commc'ns Corp.*，931 P. 2d 857(Utah 1997)；*Faust v. Ryder Commercial Leasing & Servs.*，*Inc.*，954 S. W. 2d 383，392(Mo. Ct. App. 1997). 法院支持后者立场的判决，见 *Murcott v. Best Western Int'l*，*Inc.*，9 P. 3d 1088(Ariz. Ct. App. 2000)；*Paolella v. Browning-Ferris*，*Inc.*，158 F. 3d 183(3d Cir. 1998)；*Chilson v. Polo Ralph Lauren Retail Corp.*，11 F. Supp. 2d 153(D. Mass. 1998). 另外，得到最普遍认可的例外是工人提起赔偿的请求，参见例如 *Dillard Dept. Stores v. Beckwith*，989 P. 2d 882(Nev. 1999)；*Lathrop v. Entenmann's*，*Inc.*，770 P. 2d 1367(Colo. Ct. App. 1998). 有些州并不承认吹哨行为。例如，*Smith v. Midland Brake*，*Inc.*，180 F. 3d 1154(10th Cir. 1999)(en banc)(适用堪萨斯州法律)；*Smith v. Gould*，*Inc.*，918 F. 2d 1361(8th Cir. 1990)(适用内布拉斯加州法律)；*Evans v. Bibb Co.*，342 S. E. 2d 484(Ga. App. 1986)；*Kelly v. Mississippi Valley Gas Co.*，397 So. 874(Miss. 1981). 另外，几乎每个州包括联邦法律都承认，履

员工手册和其他意思表示构成有拘束力的雇佣合同。㉝此外，有 11 个州承[477]认在雇主与雇员之间存在公平诚信的默示契约（implied convenant）。㉜在某些州，非法降职与非法解雇一样被认定为侵权行为，因为若不如此，就会使雇主产生降职而不是解雇的动机。㉝

加利福尼亚州法院一直是适用这些例外的最有力的推动者。在塔梅尼

（接上页注释） 行陪审团责任或是接到传票去作证属于公共政策例外，见 *Nees v. Hocks*，536 P. 2d 512（Or. 1975）；*Halbasch v. Med-Data*，*Inc.*，192 F. R. D. 641（D. Or. 2000）（适用俄勒冈州法律）；*Norfolk Southern Railway v. Johnson*，740 So. 2d 92（Ala. 1999）；*Ludwick v. This Minute of Carolina*，*Inc.*，337 S. E. 2d 213（S. C. 1985）。最后，有些法院判决，当不存在法律救济时，基于性骚扰的报复违反公共政策。例如 *Insignia Residential Corp. v. Ashton*，755 A. 2d 1080（Md. Ct. App. 2000）；*Courtney v. Landair Transport Inc.*，227 F. 3d 559（6th Cir. 2000）；*Mitchem v. Counts*，523 S. E. 2d 246（Va. 2000）；*Owen v. Carpenter's District Council*，161 F. 3d 767（4th Cir. 1998）。

　　某些不那么普遍的例外包括：（1）雇员利用他/她的专业判断；见 *Borden v. Amoco Coastwise Traning Co.*，985 F. Supp. 692（S. D. Tex. 1997），另见 *Dzwonar v. McDevitt*，828 A. 2d 893，177 N. J. 451（2003）。（2）雇员见义勇为的行为违反工作规则；见 *Gardner v. Loomis Armored*，*Inc.*，913 P. 2d 377（Wash. 1996）。

　　㉝ 亚拉巴马州、阿拉斯加州、亚利桑那州、阿肯色州、加利福尼亚州、科罗拉多州、康涅狄格州、哥伦比亚特区、夏威夷州、爱达荷州、伊利诺伊州、爱荷华州、堪萨斯州、缅因州、马里兰州、密歇根州、明尼苏达州、密西西比州、内华达州、内布拉斯加州、新罕布什尔州、新泽西州、新墨西哥州、纽约州、北达科他州、俄亥俄州、俄克拉荷马州、俄勒冈州、南加利福尼亚州、南达科他州、田纳西州、犹他州、佛蒙特州、华盛顿州、西弗吉尼亚州、威斯康星州和怀俄明州。

　　㉜ 亚拉巴马州、阿拉斯加州、亚利桑那州、加利福尼亚州、特拉华州、爱达荷州、马萨诸塞州、蒙大拿州、内华达州、犹他州和怀俄明州。一些州否认在雇佣合同中存在公平诚信的默示契约。参见例如，*City of Midland v. O'Bryant*，18 S. W. 3d 209（Tex. 2000）；*Decker v. Browning-Ferris Industries of Colorado*，*Inc.*，931 P. 2d 436（Colo. 1997）；*Phipps v. IASA Health Services Corp.*，558 N. W. 2d 198（Iowa 1997）。另一些州只在雇主因任何原因均可解雇雇员时否认公平诚信的默示契约存在。见例如，*Estate of Draper v. Bank of Am.*，205 P. 3d 698（Kan. 2009）；*Aiken v. Employer Health Services*，*Inc.*，81 F. 3d 172（10th Cir. 1996）（适用俄克拉荷马州法律）；*Dandridge v. Chromcraft Corp.*，914 F. Supp 1296（N. D. Miss. 1996）（适用密西西比州法律）；*Jaffee v. Aetna Casualty & Surety Co.*，1996 WL 337268（S. D. N. Y. 1996）（适用纽约州法律）；*Huegerch v. IBP*，*Inc.*，547 N. W. 2d 216（Iowa 1996）；*Wilhelm v. West Virginia Lottery*，479 S. E. 2d 602（W. Va. 1996）。

　　㉝ 见例如，*Trosper v. Bag'n Save*，734 N. W. 2d 704（Neb. 2007）；*Brigham v. Dillon Companies*，*Inc.*，935 P. 2d 1054（Kan. 1997）；*Lawson v. AK Steel Corp.*，699 N. Ed. 2d 951（Ohio App. 1997）；*Powers v. Springfield City Schools*，1998 WL 336782（Ohio App. June 26，1998）；*Kulch v. Structural Fibers*，677 N. E. 2d 308（Ohio 1997）。另见 *Touchard v. La-Z-Boy Inc.*，148 P. 3d 945（Utah 2006）。

诉大西洋里奇菲尔德案（*Tameny v. Atlantic Richfield*）㉞中，加州最高法院曾判决，雇主因其雇员拒绝参加一项价格操纵的共谋而将其解雇的行为，显然"违反公共政策的指示"。在另一个相当奇怪的适用公共政策例外的案件478中，肯塔基州最高法院认为，因雇员在大学校园携带武器而将之解雇的行为，违反了"立法已经证明的、基本的、明确的公共政策"。㉟

　　加利福尼亚州及其他一些州还设计了一项合同例外制度，以取代雇佣合同任意终止原则。在波赫诉赛氏糖果公司案（*Pugh v. See's Candies*）㊱，加州上诉法院曾判决，基于雇员的任职期限、所获得的晋升及奖励、雇主曾给予的保证，以及雇主所公认的人事政策等事实，可以认定雇主已经对雇员做出不会任意将其解雇的默示承诺。纽约州上诉法院在这条路上走得更远，尽管其对公共政策例外的适用非常严格。㊲

　　继上述几项判决之后，在适用雇佣自由原则的例外方面出现了一连串的新发展。首先，在 1988 年著名的弗雷诉交互数据公司案（*Foley v. Interactive Data Corp.*）㊳中，加州最高法院虽然认可了波赫案所提出的默示合同理论，但是它认为，雇员向雇主透露有关其上司挪用公款（embezzlement）的信息，仅仅涉及雇主的私人利益，因此并不在公共政策例外的适用范围内。㊴ 此外，该院还指出，在普通法中，并不能认为默示公平诚信原则是源479于侵权法而不是合同法，显然由于这种观点将允许陪审团做出过高的损害赔偿决定，而导致商业关系中存在不确定性，形成不利于健全的商业谈判的

㉞　　*Tameny v. Atlantic Richfield Co.*, 27 Cal. 3d 167(1980).

㉟　　*Mitchell v. University of Kentucky*, 366 S. W. 3d 895(Ken. 2012). 参考尤其是第 904 页的协同意见，认为大学现在无力阻止学生和员工将装了子弹的枪藏在他们未锁的汽车上未锁的杂物箱里，而且如果它试图消除停车场里的这种危险，不仅无能为力，还会遭到学生的起诉，这种想法是"对常识的冒犯"。

㊱　　*Pugh v. See's Candy*, *Inc.*, 116 Cal. App. 3d 311, 171 Cal. Rptr. 917(1981). But see *Arledge v. Stratmar Systems*, *Inc.*, 948 F. 2d 845(2d Cir. 1991).

㊲　　*Murphy v. American Home Prods. Corp.*, 58 N. Y. 2d 293(N. Y. 1983); *Wieder v. Skala*, 80 N. Y. 2d 628(N. Y. 1992); *Sullivan v. Harnisch*, 19 N. Y. 3d 259(N. Y. 2012).

㊳　　47 Cal. 3d 654(1988).

㊴　　联邦第七巡回上诉法院在 *Belline v. K-Mart Corp.*, 940 F. 2d 184(7th Cir. 1991)案中采取了相反的观点。

氛围。弗雷案的判决以及该院后来的一个相关案件的判决（与某些基于故意造成情感痛苦的侵权行为而提出的非法解雇诉因相比，工伤赔偿的成文法应当优先适用），⑩已将上述相关判例法所形成的影响大为削减。

其次，另一个变化是由于雇主试图将所谓"任意条款"加入申请表、申请工作时达成的特殊协议，甚至是与在职雇员签订的雇佣合同中而引发的。这类任意条款的目的就是允许雇主可以随时解雇雇员，而无论雇主对雇员的行为或意思表示是以书面或口头、明示或默示的形式作出的。有时法院在执行这些协议时会非常小心谨慎。⑩ 例如，怀俄明州最高法院在执行"员工手册和指南不是合同"的免责条款时，曾设定相当严格的认定标准。⑩

20 世纪 90 年代，雇主经常修改某些合同义务，而这些义务是通过员工手册和指南加以规定的。这其中的核心问题是，在缺少其他约因或不给予雇员额外利益的情况下，雇主是否可以单方修改已经构成事实上默示合同480的员工手册。尽管对此分歧很大，但加州最高法院还是判决认为，作为合同法的一个问题，即便未发生"对雇主经营计划的实现产生实质性影响的变化"，雇主也可以修改其员工手册所提供的工作保障，⑩合同本身所做的规定，可以作为修改的基础。加州最高法院认为："雇主可以终止附有特定条

---

⑩　*Shoemaker v. Myers*，52 Cal. 3d 1(1990)；*Livitsamos v. The Superior Court of Los Angeles Country*，2 Cal. 4th 744(1992).

⑩　But see *Shapiro v. Wells Fargo Realty Advisors*，152 Cal. App. 3d 467，199 Cal. Rptr. 613(1984). 在 *Courtney v. Canyon Television & Appliance，Inc.*，889 F. 2d 845(9th Cir. 1990)案中，联邦上诉法院判决，在员工手册不反映雇佣的合同条款，资方在任何时候都可以单方加以修改或是设置例外的情况下，"员工手册不是雇佣合同"的免责条款是有效的。此外，原告考特尼也无法提出任何证据证明被告峡谷公司的做法与免责条款不符。另见 *Seubert v. McKesson Corp.*，223 Cal. App. 3d 1514(1990)。也可参见 *Slivinsky v. Watkins-Johnson Co.*，221 Cal. App. 3d 799(1990)；*McLain v. Great American Insurance Companies*，208 Cal. App. 3d 1476(1979)。正如在 *Seubert* 案中所认定的，以上两个案件的判决似乎是相互矛盾的。

⑩　*McDonald v. Mobil Coal Producing，Inc.*，789 P. 2d 866(Wyo. 1990). 通常，法院仅要求这些表述是明显的、清楚的。见例如，*Phipps v. IASD Health Services Corp.*，558 N. W. 2d 198(Iowa 1997)；*Hart v. Seven Resorts*，Inc.，947 P. 2d 846(Ariz. Ct. App. 1997)；*Orr v. Westminster Village North，Inc.*，689 N. E. 2d(Ind. 1997)；*Wolley v. Hoffman-LaRoche，Inc.*，491 A. 2d 1257(N. J. 1985).

⑩　*Asmus v. Pacific Bell*，23 Cal. 4th 1，96 Cal. Rptr. 2d 179(2000). 投票结果是四比三。

件的书面工作保障政策,如果该条件是无限期的,并且雇主在合理时间后、在合理通知下并且在不影响雇员既得利益的情况下作出更改。"⑩然而,首席法官罗纳德·M.乔治(Ronald M. George)却在反对意见中说,修改所要求的条件没有得到满足,因此,雇主不得在未提供其他约因的情况下作出修改。此外,反对意见认为,任何修改都必须为雇员提供额外的利益。⑩

　　在美国,有 14 个州允许雇主在没有其他约因的情况下修改员工手册,481而在这 14 个州中,仅有 10 个州是通过州最高法院解决了这一问题。⑩ 有 5 个州不允许这种修改,其中有 4 个州是依据州最高法院作出的判决。⑩

　　由于联邦最高法院在电路城案(*Circuit City*)⑩中判决,允许在歧视领域强制执行仲裁条款,以避免陪审团诉讼可能造成的惩罚性与补偿性损害赔偿,因此雇主开始大胆地要求求职者和雇员都要签订仲裁协议来解决解

---

⑩　*Asmus v. Pacific Bell*,23 Cal. 4th 1,96 Cal. Rptr. 2d 179(2000). 投票结果是四比三,第 18 页。

⑩　同上,第 32 页。

⑩　这些州是:密歇根州,*Bankey v. Storer Broadcasting Co.*,443 N. W. 2d 112(1989);弗吉尼亚州,*Progress Printing Co. v. Nichols*,421 S. E. 2d 428(1992);西弗吉尼亚州,*Hogue v. Cecil I. Walker Machinery*,431 S. E. 2d 687(1993);南加利福尼亚州,*Fleming v. Borden*,*Inc.*,450 S. E. 2d 589(1994);佛蒙特州,*Trombley v. Southwestern Vermont Medical Center*,738 A. 2d 103,109(Vt. 1999);亚拉巴马州,*Ex parte Amoco Fabrics and Fiber Co.*,729 So. 2d 336,340(Ala. 1998);犹他州,*Ryan v. Dan's Food Stores*,*Inc.*,972 P. 2d 395,401(Utah 1998);爱达荷州,*Parker v. Boise Telco Federal Credit Union*,923 P. 2d 493,498-99(Idaho App. 1996);马里兰州,*Elliot v. Board of Trustees of Montgomery County Community College*,655 A. 2d 46,51(Md. App. 1995);华盛顿州,*Gaglidari v. Denny's Restaurants*,*Inc.*,815 P. 2d 1362,1367(Wash. 1991);科罗拉多州,*Ferrera v. Nielsen*,799 P. 2d 458,460(Colo. App. 1990);北达科他州,*Sadler v. Basin Electric Power Co-op.*,431 N. W. 2d 296,300(N. D. 1988);以及纽约州,*Leathem v. Research Found. Of City Univ.*,658 F. Supp. 651,655(S. D. N. Y. 1987). 爱达荷州、马里兰州、科罗拉多州和纽约州并未通过州最高法院表达对这一事项的观点。

⑩　康涅狄格州,*Toreosyan v. Boehringer Ingelheim Pharmaceuticals*,*Inc.*,662 A. 2d 89(1995);怀俄明州,*Brodie v. General Chemical Corp.*,934 P. 2d 1263(1997);伊利诺伊州,*Doyle v. Holy Cross Hospital*,708 N. E. 2d 1440(1999);亚利桑那州,*Demasse v. ITT Corp.*,984 P. 2d 1138(1999);以及俄亥俄州,*Hanly v. Riverside Methodist Hosp.*,603 N. E. 2d 1126,1130(Ohio App. 1991). 俄亥俄州未通过州最高法院表达对这一事项的观点。

⑩　*Circuit City Stores*,*Inc. v. Adams*,532 U. S. 105(2001).

雇的合理性问题。⁴⁰⁹

非法解雇领域的第三项新发展，是关于非法解雇诉讼与集体谈判协议中的申诉-仲裁机制之间的关系。联邦最高法院过去曾认为，当非法解雇的诉讼涉及对集体谈判协议的适用或解释时，这类诉讼应被集体谈判协议中的申诉-仲裁机制所排除。⁴¹⁰ 然而，1988 年，该院却以全体无异议的方式判决认为，即便在集体谈判协议规定的申诉程序中，以及在法院审理依据公共政策所提出的报复性非法解雇的诉讼程序中，都会解决同样的事实认定问题，但是"当案件涉及州法律赋予雇员的实体性权利，而无须依赖对集体谈482判协议的解释时"，州法院对这项解雇争议仍具有管辖权。⁴¹¹ 迄今为止，这还是一个争议和诉讼层出不穷的法律领域。

最后，是否应立法为雇员提供更多的途径来解决非法解雇的争议，也经常引起讨论。事实上，雇主违反公共政策或者雇佣合同实施非法解雇时，法

---

⑩⑨ 加利福尼亚州最近作出的几项判决着重强调雇主在形成这些仲裁协议或弃权条款时所面临的一些障碍。见例如，*Nagrampa v. MailCoups，Inc.*，469 F. 3d 1257(9th Cir. 2006)(en banc)(反对"仅仅是在市场上可以提供替代性的就业、商品或服务就能推翻程序上显失公平的诉请")；*Carey v. 24 Hour Fitness，USA，Inc.*，669 F. 3d 202(5th Cir. 2012)；*Quilloin v. Tenet Healthsystem Philadelphia，Inc.*，673 F. 3d 221(3d Cir. 2012)；*Sanchez v. Valencia Holding Co.，LLC*，201 Cal. App. 4th 74(2011)，*petition for review granted*，272 P. 3d 976(Mar. 21, 2012)(当合同义务规定在合同的最后一页时，消费者所受的压制及其手足无措体现出程序上的显失公平)。参见 William B. Gould Ⅳ，"Kissing Cousins? The Federal Arbitration Act and Modern Labor Arbitration，" 55 *Emory L. J.* 609(2006)。

⑪⑩ *Allis-Chalmers Corp. v. Lueck*，471 U. S. 202(1985)；*Electrical Workers v. Hechler*，481 U. S. 851(1987)；*United Steelworkers of America v. Rawson*，482 U. S. 901(1990)。

⑪⑪ *Lingle v. Norge Division of Magic Chef，Inc.*，486 U. S. 399，409(1988). 适用集体谈判协议的雇员，在发生涉及个人雇佣合同理论的诉讼时，不应"被完全优位取代"，见 *Caterpillar，Inc. v. Williams*，482 U. S. 386(1987)。也可参见 *English v. General Electric*，496 U. S. 72(1990)。该案中，核能电厂的雇员依据州法提起故意施加的精神损害(intentional infliction of emotional distress，IIED)之诉，据称是由于雇主对其举报违反核能安全的行为加以报复而引起的，联邦最高法院判决，由于原告的举报并未涉及核能安全的事项，因此，应由联邦行政法间接优位取代(implicitly preempted)。但是基于《雇员收入保障法》(ERISA)所发生的联邦法优位仍是一个严峻的问题，尤其是在许多涉及非法解雇的诉讼中，雇员主张雇主企图规避养老金的给付，见 *Ingersoll-Rand Co. v. McClendon*，498 U. S. 133(1990)。一些上诉案件解释了上述判决，参见 William B. Gould Ⅳ，"Football，Concussions，and Preemption：The Gridiron of National Football League Litigation，" 8 *F. I. U. L. Rev.* 49(2013)。

院常会判决其支付高额的惩罚性与补偿性损害赔偿金，而制定专门立法则会对雇主的赔偿责任加以限定。目前有些州已经制定了保护吹哨人的立法⑫，但除了极具争议的蒙大拿州以外⑬，还没有任何州制定范围广泛的立法来应对有关非法解雇的问题。⑭

483 禁药与酗酒问题

根据阿拉斯加州宪法⑮及加利福尼亚州宪法⑯的规定，雇员的隐私应受到保护。加州最高法院曾判决，尽管在州刑事案件中可以将医生建议下出于医疗目的使用大麻作为抗辩，但是雇主根据非法解雇的公共政策法以及公平就业行为的有关禁令，可以解雇在就业测试中发现使用大麻的雇员⑰。在另一案件中，该院指出："虽然原告在共同办公场所的隐私利益远不是绝对的，但根据普遍认可的社会规范，他们有一个合理的期待，即他们的雇主

---

⑫　阿拉巴马州、阿拉斯加州、亚利桑那州、加利福尼亚州、科罗拉多州、康涅狄格州、特拉华州、佛罗里达州、夏威夷州、伊利诺伊州、印第安纳州、爱荷华州、堪萨斯州、肯塔基州、路易斯安那州、缅因州、马萨诸塞州、密歇根州、明尼苏达州、密苏里州、内布拉斯加州、北达科他州、俄亥俄州、俄克拉荷马州、俄勒冈州、宾夕法尼亚州、罗得岛州、南卡罗来纳州、田纳西州、犹他州、华盛顿州和西弗吉尼亚州。National Conference of State Legislatures, State Whistleblower Laws (2010).

⑬　参见《蒙大拿州非法解雇法》(Montana's Wrongful Discharge from Employment Act, § 39-2-904)，根据该法，蒙大拿州最高法院将对雇员的解雇限制在具有"正当理由"，因此，在蒙大拿州已经"切实取消"了雇佣自由原则，见 Whidden v. Nerison，981 P. 2d 271，275(Mont. 1999)。蒙大拿州最高法院曾判决，雇员是否属于雇佣自由，应由劳动仲裁员来认定。

⑭　"To Strike a New Balance: A Report of the Ad Hoc Committee on Termination at Will and Wrongful Discharge," Labor and Employment Law News, State Bar of California (February 8, 1984); Uniform Law Commissioners' Model Employment Termination Act drafted by the National Conference of Commissioners on Uniform State Laws(1991). See generally W. Gould, "The Idea of the Job as Property in Contemporary America: The Legal and Collective Bargaining Framework," 1986 B.Y.U.L.Rev. 885; W. B. Gould, "Stemming the Wrongful Discharge Tide: A Case for Arbitration," 13 Employee Relations L.J. 404(Winter 1987-88).

⑮　Luedtke v. Nabors Alaska Drilling, Inc., 768 P. 2d 1123(Alaska 1989).

⑯　Hernandez v. Hillsides, Inc., 47 Cal. 4th 272(Cal. 2009); Semore v. Pool, 217 Cal. App. 3d 1087(4th District, Division 2 1990).

⑰　见 Ross v. Raging Wire Telecommunications, Inc., 174 P. 3d 200 Cal. (2008)。然而，联邦法院和州法院都驳回了雇员使用大麻受反歧视法管辖的主张。见 Shepherd v. Kohl's Dep't Stores, Inc., No. 1:14-cv-01901-DAD-BAM, 2016 WL 4126705, at * 3-4 (E. D. Cal. Aug. 2, 2016); Coats v. Dish Network, LLC, 350 P. 3d 849, 852-53 (Colo. 2015)。

不会在其不知情或未经同意的情况下，暗中安装能够监控和记录其活动（包括个人活动和与工作有关的活动）的视频设备。"但是，如果实际监视的性质和范围上受到极大限制，使得原告不在监视所及范围之内，或者被告的动机是出于对强烈对抗的担心，那么雇主无须承担赔偿责任。[418] 在加利福尼亚州，无论是否有政府行为介入，雇员的隐私都应受到保护。此外，根据其他各级法院的相关判决，"普通法承认各种有关隐私权的诉因，而其中之一就是由侵扰私密生活（intrusion on seclusion）所引起的侵权行为"。[419]

联邦最高法院曾指出，在认定公共部门雇主侵扰政府雇员受宪法保障[484]的隐私利益时，应当适用合理性（reasonableness）标准。然而，这一判决回避了一个问题，对某一特定雇员的个别怀疑是否属于联邦宪法第四修正案为保障免于不合理的搜查与扣留（unreasonable searches and seizures）所确立的合理性标准的基本要素。[420] 有关宪法第四修正案的案件已经演化出一套衡平的程序，与非法解雇背景下发生的雇员隐私权案件在某些方面大同小异。联邦最高法院曾审理一起案件，涉及政府雇主是否有权阅读雇主所有、雇员使用的传呼机上发送和接收的短信，该院认为对与雇主提供的技术设备相关的雇员隐私期待（privacy expectations）不应作宽泛的保护。撰写多数意见的肯尼迪大法官指出：

> 手机和短信的交流是如此普遍，一些人可能认为它们是自我表达甚至自我认同的重要手段或必要工具。这可能会加强人们对隐私的期待。另一方面，这些设备的普遍存在使得人们通常能够负担得起，因此人们可以反驳说，那些需要手机或类似设备来处理个人事务的雇员可以自己购买和支付。当然，雇主的通信政策将塑造员工的合理期待，尤

---

[418]　*Hernandez*，47 Cal. 4th at 272.

[419]　*Hennessy v. Coastal Eagle Point Oil Co.*，609 A. 2d 11（N. J. 1992）. See also *Luck v. Southern Pacific Transportation Co.*，267 Cal. Rptr. 618（1990）；*Harrington v. Almy*，977 F. 2d 37（1st Cir. 1992）.

[420]　*O'Connor v. Ortega*，480 U. S. 709（1987）.

其是在这种政策被明确传达的情况下。政府具有合法的利益,确保雇员不会被迫从自己的口袋里支付与工作相关的费用,或者从另一方面来说,确保市政府不会支付过多的个人通信费用。[41]

在这种情况下,雇员在下班后编辑发送短信的行为,已使得"侵扰性"降低。联邦最高法院强调,这名雇员是一名执法人员,因此应该知道他的行为会受到"法律审查",就像工作中的通信会受到审查一样。出于与工作相关的合法目的而非过分的动机,搜查被认为是合理的。联邦最高法院认为:"对 Quon 雇主提供的寻呼机上的短信进行审查,远不如搜查他的个人电子邮件账户、个人寻呼机或在他家电话线上窃听那么具有侵扰性。"[42]

联邦最高法院在一起相关案件中判决,在特定的火车意外事故发生后,对涉及的铁路员工进行药物检测以检查其行为状况,构成联邦宪法第四修正案所称的无须搜查令便具有合理性的搜查。[43] 根据肯尼迪大法官所执笔的法院多数意见:"对使用药物或酒精的特定怀疑的要求,将会严重妨碍雇主获取这种信息的能力,尽管这一要求显然是极其重要的。"[44]

随后,在国家财政雇员工会诉万拉布案(*National Treasure Employees Union v. Von Raab*)[45]中,联邦最高法院又作出一项更为意义深远的判决。在该案中,美国海关规定任何希望调职或晋升到特定职位的雇员,均应接受一项尿液分析检测,而该院判决这项规定并未违反联邦宪法第四修正案。根据这些判决可以得出一个结论,即私营雇主基于政府行政法规的压力而进行的药物检测,必须符合联邦宪法第四修正案的规范。此外,联邦最高法院还曾判决,对雇员尿液的收集和检测而造成的隐私侵犯,与在某些情况下无须搜查令的政府需要(governmental needs)之间是可以平衡的。

---

[41]　*Ontario v. Quon*,130 S. Ct. 2619(2010).

[42]　同上,第 2631 页。

[43]　*Skinner v. Railway Labor Executives' Association*,489 U. S. 602(1989).

[44]　同上,第 631 页。马歇尔大法官提出一项反对意见,布伦南大法官附和。

[45]　489 U. S. 656 1989. 在这项投票结果为五比四的判决中,斯卡利亚大法官提出一项反对意见,史蒂文斯大法官附和;马歇尔大法官另外撰写了一份简短的反对意见,布伦南大法官附和。

鉴于在万拉布案中,被检测的雇员并没有显示出任何使用毒品的问题,因此不涉及随机抽样检测"可能会增加雇员的焦虑程度,并破坏其对隐私权的主观期待"的问题。[426] 而在另一起涉及对航空业雇员进行未经预告的随机抽样药物检测的案件中,由于"不少飞行员及其他民航机组人员曾接受可卡因过量使用或成瘾的治疗"[427],并且在其他雇员中也有使用违禁药物的情形,同时,在两次飞机坠毁事件中,飞行员体内都曾发现使用违禁药物,因此,雇主这种检测方式不难获得联邦第九巡回上诉法院的认可。此后,该法院又在另一起涉及经营性卡车驾驶员的案件中适用上述审查标准,认可了雇主所采用的随机抽样检测方式,"因为对于安全与威慑(deterrence)的关注,已经超过早期案件中被认为具有压倒性的政府利益"。[428]在另一起涉及随机抽样检测的案件中,虽然事先并未发现任何违法的个别可疑情况,伊利诺伊州赛马协会的一项内部规定要求,骑师及其他参加赛马的参赛者都应接受随机抽样的药物检测。尽管联邦第七巡回上诉法院的法官们出现意见分歧,但仍然作出这项规定合宪的判决。[429] 至于在另一起影响更为深远的案件中,联邦哥伦比亚特区上诉法院支持了美国司法部规定的一项强制性药物尿液检测计划。根据该计划,所有申请至该部任职的求职者,都必须接受这项检测。[430]

然而,联邦最高法院宣布针对政治候选人的毒品检测违宪,理由是没有

486

---

[426] *American Federation of Government Employees*, *AFL-CIO v. Skinner*, 885 F. 2d 884, 891(D. C. Cir. 1989).

[427] *Bluestein v. Skinner*, 908 F. 2d 451(9th Cir. 1990).

[428] *International Brotherhood of Teamsters v. Department of Transportation*, 933 F. 2d 1293(9th Cir. 1991). 类似判决见 *National Federation of Federal Employees v. Cheney*, 884 F. 2d (D. C. Cir. 1989); *National Treasury Employees v. Yeutter*, 918 F. 2d 968(D. C. Cir. 1990), *Rushton v. Nebraska Public Power District*, 844 F. 2d 562(8th Cir. 1988); *Hartness v. Bush*, 919 F. 2d 170(D. C. Cir. 1990); *Caruso v. Ward*, 72 N. Y. 2d 432(1988)。

[429] *Dimeo v. Griffin*, 943 F. 2d 679(7th Cir. 1991). 这是一个重审案件,推翻了 924 F. 2d 664 的观点。

[430] *William v. Thounburg*, 928 F. 2d 1185(D. C. Cir. 1991). 关于这些判例对运动员特别是棒球运动员的适用性问题,参见 W. B. Gould Ⅳ, *Bargaining with Baseball*: *Labor Relations in an Age of Prosperous Turmoil*, at 216-18(2011)。

⁴⁸⁷证据证明一个州的当选官员中存在毒品问题,也没有证据证明他们参与了涉及安全的工作。⑪ 同样,哥伦比亚特区上诉法院判决美国林业局的随机药物检测政策违宪,该政策适用于林业局运营的就业合作市民保护中心的所有雇员。⑫

在朱迪思·罗杰斯(Judith Rogers)法官撰写的一份意见中,哥伦比亚特区上诉法院判决认为,在联邦最高法院先例所涉及的衡平过程中,当随机检测不包含专业或者特殊需求时,"员工的隐私利益仍是重要的"。⑬ 该院指出,记录在案的事实陈述中,明显没有任何迹象表明就业服务中心工作人员中存在严重的毒品问题,⑭加之部长所界定的风险仅是其主观臆测,这使得扩大随机药物检测政策不具有正当性。⑮

在第二个涉及铁路业的相关案件中,联邦最高法院进一步指出,有关药物检测的问题,属于所谓的"次要争议",因此,不是集体谈判的强制谈判事项,而无须事先与工会进行谈判。在该案中,雇主声称,根据集体谈判协议的规定,他在改变工作条件上有相当的自由裁量权,而无须事先进行集体谈判,因此,如果他准备对雇员进行药物检测,就是对工作条件的改变。在这种情形下,构成一项次要争议,根据《铁路劳动法》的相关规定,应适用强制而有拘束力的仲裁,而不必像所谓"主要争议"一样,须事先与工会进行初步谈判,甚至采取经济压力措施。⑯ 然而,NLRB 在约翰逊-贝特曼公司案

⑪　*Chandler v. Miller*,520 U. S. 305(1997).

⑫　*National Federation of Federal Employees-IAM v. Vilsack*,681 F. 3d 483(D. C. Cir. 2012).

⑬　*National Federation of Federal Employees-IAM v. Vilsack*,681 F. 3d 483(D. C. Cir. 2012),第491页.

⑭　同上,第496页.

⑮　同上,第498页.

⑯　*Consolidated Rail Corp. v. Railway Labor Executives Association*,491 U. S. 299(1989).

（*Johnson-Bateman Co.*）⑷中却采取相反的见解，认为对在职雇员进行药488
物与酒精检测，属于 NLRA 所称的强制谈判事项。此外，在另一相关案件
中，虽然根据其他案件的观点，雇主必须对禁止歧视条款、其他相关的雇佣
条件以及与求职者的关系等事项，与工会进行集体谈判，⑷但是 NLRB 认为
不应强制要求雇主就求职者药物检测问题举行集体谈判。⑷

　　NLRB 在另一重要案件中，曾援引有关药物与酒精检测的案件作出裁决，
雇主在颁布一项工作场所禁烟规则时，必须事先与工会就此举行集体谈判。⑷
NLRB 认为，工作时间禁止在雇主经营场所抽烟的规则属于强制谈判事项，而489
不问集体谈判代表是希望建立这一规则，还是想限制或者取消它。但是，一
旦集体谈判协议达成后，工会是否可以向法院申请临时禁令，以暂缓雇主单

　　⑷　295 NLRB 180(1989). Accord *Kysor/Cadillac*，307 NLRB 598(1992). Cf. *Chicago Trib-une Co.*，304 NLRB 495(1991)，解决这一事项是否适用集体谈判程序以及工会是否放弃谈判权的问题。在本案中，NLRB 认为工会并没有放弃。早些时候，NLRB 在测谎仪测试方面也得出了类似的结论，见 *Medicenter，Mid-South Hospital*，221 NLRB 1337(1975)。国会通过 1988 年《雇员测谎法》(Employee Polygraph Act of 1988，Pub. L. 100-347，102 Stat. 646)谨慎地调整测谎仪测试问题。工会是否有能力得到揭发吸毒雇员的举报人的姓名，这一点经常引起争议。NLRB 指出：
　　被告必须向工会提供举报人陈述摘要。起草摘要时，应包括被告依据的信息，以满足进行药物测试的最低"可疑"标准……我们发现被告对保护举报人身份的利益是压倒性的，因此本摘要不需要包含任何可以确定举报人身份的信息，任何关于这些信息是否可以用来识别举报人的疑问都应该通过保密来解决。
　　Pennsylvania Power and Light Co.，301 NLRB 1104，1107(1991).
　　⑷　*Hertz Corp.*，319 NLRB 180(1995)，*enf. denied*，105 F. 3d 868(3d Cir. 1997). *Westing-house Electric Corp.*，329 NLRB 106(1978)，*enforced as modified sub nom. Electrical Workers IUE*，648 F. 2d 18(D. C. Cir. 1980)；*East Dayton Tool & Die Co.*，239 NLRB 141(1948). 除联邦法律以外，许多州都有药物检测法规范这一问题。到 20 世纪 90 年代早期，就已经有 19 个州制定了相关法规。参考 Philip Berlin，More State Laws Now Regulate Drug Testing in the Work Place，*National Law Journal*，July 8，1991，at 19。
　　⑷　*Star Tribune*，295 NLRB 543(1989).
　　⑷　*W/I Forest Products Co.*，304 NLRB 957(1991). 30 个州和哥伦比亚特区已经在公共和私人工作场所禁止吸烟：亚利桑那州、加利福尼亚州、特拉华州、佛罗里达州、夏威夷州、伊利诺伊州、印第安纳州、爱荷华州、堪萨斯州、路易斯安那州、缅因州、马里兰州、马萨诸塞州、密歇根州、明尼苏达州、蒙大拿州、内布拉斯加、内华达州、新泽西州、纽约州、北达科他州、俄亥俄州、俄勒冈州、宾夕法尼亚州、罗得岛州、南达科他州、犹他州、佛蒙特州、华盛顿州、威斯康星州。*Summary of 100% Smokefree State Laws and Population Protected by 100% U. S. Smokefree Laws*，American Nonsmokers' Rights Foundation(July 1，2018).

方实施的药物与酒精检测方案,直到仲裁员对它所提出的申诉作出裁决为止,关于这一问题,各联邦上诉法院的相关判决存在相当大的分歧。[41]

小结

有关养老金、职业卫生与安全、就业歧视、药物与酒精检测,以及非法解雇的争议,现已成为美国劳动法的新领域。它们与受 NLRA 所调整的传统劳资关系最大的区别在于,它们直接影响到雇佣关系的实体条件。在可预见的未来,有关这一领域的成文法与判例法将会日益增加。随着 21 世纪的到来,公共利益劳动法的发展可能已经使传统劳动法相形见绌。

---

[41] 对比 *Local Union No. 733*，*IBEW v. Ingalls Shipbuilding Division*，*Litton Systems*，*Inc.*，906 F. 2d 149(5th Cir. 1990)与 *Local 2-286 v. Amoco Oil Co.*，885 F. 2d 697(10th Cir. 1989)。

第十二章　职业体育中的劳动问题：集体谈判与争议处理程序

一个半世纪以来,球员与投资者和所有者之间的关切难以平衡的问题一直困扰着职业体育,前者主要考虑的是他们能否提高生活水平以及转会的能力,后者则关注于比赛的组织,而这一问题在棒球运动中首先得到了解决。球员工会肇始于 1885 年,19 世纪末走向沉寂,1946 年曾短暂复兴,直到 20 世纪 60 年代工会抑或现代职业协会首次面世时,球员工会才重回历史舞台并延续至今。

现代劳动法产生的背景就是上述职业协会的出现加之几类主要体育运动(如棒球、橄榄球、篮球和曲棍球)中一系列争议的发生,这些争议有时与反垄断法相关(棒球业一般不适用反垄断法)。回首 20 世纪,起初棒球业在为达成新的约定(如 1972 年的养老金争议)或者集体谈判协议而进行的每一轮谈判中都极易发生争议,而在 1972—2002 年间因集体谈判协议引发的罢工或停摆仅有一次。1994 年的棒球世界大赛被取消(自 1904 年以来第一次被取消)导致 1994—1995 年间一连串罢工,然而自那时起整整 25 年未发生任何罢工或停摆。橄榄球业曾在 1982 年和 1987 年爆发罢工,又在 2011 年遭遇停摆;篮球业曾在 1995—1996 年、1998—1999 年以及 2011 年先后停摆;曲棍球业在 21 世纪也停摆了三次。在上述争议以及 NLRB 审理的这类争议中,反垄断法一直是双方系争的问题之一。

在 19 世纪[①],棒球运动员和球队老板之间的对立表现为以下几种形式的争议,如工资帽(salary caps)、保留条款(reserve clauses)、新对手联盟(new rival leagues)以及合同纠纷。其中最重要的合同纠纷就涉及美国联

[①]　大部分内容选自 William B. Gould IV, "Labor Issues in Professional Sports: Reflections on Baseball, Labor, and Antitrust Law," 15 *Stan. L. & Pol. Rev.* 61(2004)。

盟(American League)于初创时期重金挖走的拿破仑·拉霍伊(Napoleon Lajoie)[②]。美国联盟从 20 世纪初开始从国家联盟(National League)挖走了数位球星。

联盟建立之初,球队老板便遵循棒球业的两项基本原则。其一是所谓的"保留条款",规定球员与俱乐部形成雇佣关系并受其约束,因此球员在合同到期后不能为球队的竞争对手效力,除非被出售或者交易。老板们认为,竞争俱乐部之间的竞购战会破坏比赛的连续性,耗尽俱乐部的财力,造成观众的混淆,破坏竞争的平等与平衡。另一个原则是确立"专属领地"(exclusive territoriality)的概念,即特定的球队是某一特定区域的专属球队,竞争性球队在该区域的竞争是被禁止的。

尽管"保留条款"和"专属领地"原则无论在过去还是现在都显然是反竞争的,然而美国联邦最高法院维持了这两项原则。奥利弗·温德尔·霍姆斯大法官撰写的具有里程碑意义的联邦棒球案(*Federal Baseball*)[③]的判决书中裁定,反垄断法不适用于有组织的棒球业。历史上,联邦最高法院曾对商业条款以及其他形式的商业活动持狭义观点,认为:

493

> (俱乐部的)业务是举办棒球表演赛,而这纯粹是州的内部事务。诚然,为了使这些表演赛获得极大的知名度,必须在来自不同城市和各州的俱乐部之间组织竞争。为了举办赛事,国家联盟必须诱导自由人跨越州边界,并且必须为此做出安排并支付费用,但是这一事实不足以

[②]　见 *Phila. Ball Club, Ltd. v. Lajoie*, 51 A. 973(Pa. 1902); C. Paul Rogers III, "Napoleon Lajoie, Breach of Contract and the Great Baseball War," 55 *SMU L. Rev.* 325(2002);另见 *Brooklyn Baseball Club v. McGuire*, 116 F. 782, 782(E. D. Pa. 1902)(拒绝颁布禁令,因为捕手詹姆斯·迪肯·麦奎尔(James "Deacon" McGuire)的表现还没有"独特和奇特到其他从事职业棒球比赛的人都无法或者基本上无法做到的程度"); *Am. League Baseball Club of Chi. v. Chase*, 149 N. Y. S. 6, 20(N. Y. Sup. Ct. 1914)(拒绝颁布禁令的理由是,若一项协议属于总体方略的一部分,其目的是维持垄断,干涉公民的人身自由,控制公民在任何地方和为任何人自由劳动的权利,则法院不愿执行这项协议)。

[③]　*Fed. Baseball Club of Balt., Inc. v. Natl League of Prof'l Baseball Clubs*, 259 U. S. 200, 208(1922).

改变这项业务的性质。(球员)的运输只是一个偶然事件,而不是本质问题。尽管棒球赛事是为了赚钱,但依照人们普遍接受的词语用法,不会被称为贸易或者商业。正如被告所言,与生产无关的个人努力不属于商业活动。④

联邦棒球联盟(Federal Baseball League)是美国国内参与球员竞购战的一系列竞争性联盟中的最后一个,该联盟的多起诉讼引发了这一案件。各联盟中最重要的当属1901年创立的美国联盟,或称"少年巡回赛",它与当初的国家联盟达成协议,对1903年首届世界大赛做出约定。⑤ 一些联邦棒球联盟的球队也被美国职业棒球大联盟(Major League Baseball,MLB)所接纳,⑥但巴尔的摩因被排除在名单之外而发起反垄断诉讼,指控反竞争行为。⑦

尽管棒球队老板通过反垄断诉讼成功地击退了竞争对手的指控,1919494年世界大赛中爆出所谓的"黑袜"(Black Sox)丑闻之后,凯尼索·蒙坦·兰

---

④　*Fed. Baseball Club of Balt.*，*Inc. v. Natl League of Prof'l Baseball Clubs*，259 U. S.，208，209(1922).

⑤　参见 Roger I. Abrams，*The First World Series and the Baseball Fanatics of 1903*(2003)(描述并提供第一届世界大赛的背景);Louis P. Masur，*Autumn Glory*：*Baseball's First World Series*(2003)(同上)。

⑥　美国职业棒球大联盟的机构在本文中被称为"MLB""联盟""组织化的棒球"或简称为"棒球"。

⑦　在20世纪60年代,欧洲大陆联盟(Continental League)扩张之初就开始采用收买更多成功对手的策略。见 Andrew Zimbalist，*May the Best Team Win*：*Baseball Economics and Public Policy* 27(2003)。这一策略也被其他重要的体育项目所效仿,比如橄榄球和篮球(它们有很多竞争联盟)。在橄榄球方面,NFL吸收了全美橄榄球联盟(All American Conference，AAC)和美国橄榄球联盟(American Football League，AFL)中比较成功的一些俱乐部,比如吸收了前者的克利夫兰布朗队和旧金山49人队,而后者由于纽约喷气机队(Jets)的乔·纳马斯(Joe Namath)和他球队的对手西海岸奥克兰突袭队(Raider)而臭名昭著。见 Robert C. Berry，William H. Gould IV et al.，*Labor Relations in Professional Sports* 92-93(1986)。同样的过程也在20世纪70年代上演,因为处于主导地位的国家篮球协会,早在1950年从旧的美国篮球协会转变而来,吸收了一些美国篮球联盟的竞争对手。同上,第155—156页。

迪斯(Kenesaw Mountain Landis)法官成为拥有绝对权力的大联盟执行长＊，全权负责处理棒球纠纷，⑧这意味着俱乐部本身的权威受其限制。例如，圣路易斯俱乐部的老板持有密尔沃基俱乐部50％的股份，从而也"完全控制了该俱乐部"，圣路易斯曾调派一名球员到密尔沃基并有权将其召回，然而，执行长裁定这种做法对棒球业是"有害的"；联邦法院确认执行长有权认定系争的球员为自由球员。⑨

　　橄榄球、篮球以及其他团体运动开始复制棒球的方法和模式。[唯一的特例是棒球业在20世纪20年代诞生的独特的"农场制度"，该制度由布兰奇·瑞奇(Branch Rickey)创建。根据该项制度，为了训练球员，小联盟球队将隶属于大联盟球队。]然而，不同于联邦棒球案，联邦最高法院在一系列案件中认定其他团体运动受到反垄断法的管辖。⑩

495

　　＊　1919年的棒球世界大赛，爆发了美国职业棒球大联盟历史上最严重的打假球事件，史称"黑袜事件"(Black Sox Scandal)。当年交战的两支球队分别是国家联盟的辛辛那提红人队和美国联盟的芝加哥白袜队。白袜队在比赛中打假球，让红人队拿到了冠军。1920年，打假球的传闻不胫而走，联邦检察官及大陪审团开始调查。最终，参与打假球的八名球员均被处以终身禁赛，审理此案的联邦法官兰迪斯也被指定为执行长，以重建球迷对大联盟棒球的信心。兰迪斯主导制定了大联盟宪章，成立了跨联盟的管理机制，"大联盟"之名也于此时开始使用。——译者

　　⑧　关于大联盟执行长的历史作用，见 *Finley v. Kuhn*，569 F. 2d 527，532-35(7th Cir. 1978)；William B. Gould IV, *Bargaining with Baseball*：*Labor Relations in an Age of Prosperous Turmoil*(2011)；参见 Eliot Asinof, *Eight Men Out*：*The Black Sox And The 1919 World Series* (1963)。另见 Allan H. ("Bud")Selig and Matthew J. Mitten, *Baseball Jurisprudence*：*Its Effects on America's Pastime and Other Professional Sports Leagues*(2018)。

　　⑨　*Milwaukee Am. Ass'n v. Landis*，49 F. 2d 298(N. D. Ill. 1931)．这一判决是由兰迪斯执行长对"农场制度"的敌视所引发的。

　　⑩　见 *Radovich v. NFL*，352 U. S. 445(1957)(橄榄球)；*United States v. Int'l Boxing Club of N. Y.，Inc.*，348 U. S. 236(1955)(拳击)；另见 *Robertson v. NBA*，389 F. Supp. 867(S. D. N. Y. 1975)(篮球)；*Nassau Sports v. Peters*，352 F. Supp. 870(E. D. N. Y. 1972)(冰球)；*Phila. World Hockey Club，Inc. v. Phila. Hockey Club，Inc*，351 F. Supp. 462(E. D. Pa. 1972)(冰球)；*Nassau Sports v. Hampson*，355 F. Supp. 733(D. Minn. 1972)(冰球)；*Boston Prof l Hockey Ass'n，Inc. v. Cheevers*，348 F. Supp. 261(D. Mass. 1972)，rev'd，472 F. 2d 127(1st Cir. 1972)(冰球)。

依据联邦棒球案的判决不存在反垄断法上的责任[⑪]，因而劳动法在棒球运动中起到至关重要的作用。时至 1972 年，劳动法的适用变得更为必要。那一年，联邦最高法院在柯特·弗拉德案（*Curt Flood*）[⑫]中再次确认了联邦棒球案的判决，重申了其在 20 年前[⑬]表达的观点，即对棒球业所获得的反垄断豁免作出任何改变都必须源于国会，而不是联邦最高法院。[⑭]将劳动法适用于棒球业的整个过程分为以下几个步骤。首先，NLRB 宣称对棒球业具有管辖权，从而使任何认为联邦最高法院关于何者构成商业的观点可能将棒球业排除在劳动法监管以及反垄断之外的观点都不攻自破。[⑮]接下来，1973 年的集体谈判产生了所谓的"10＋5 规则"，即允许具有 10 年资历且在一家俱乐部效力 5 年的球员否决其不同意的交易。[⑯]这一否决权是柯特·弗拉德在反对将其从圣路易斯红雀队交易到费城费城人队的案件中从法院争取到的。[⑰]由此，圣路易斯的中锋曾因反垄断法而失去的权利，现在从劳资关系谈判桌上重新获得。

496

[⑪]　一些早期的历史被详细记录在 William Marshall，*Baseball's Pivotal Era*：*1945-1951*（1999）。另见 Gould IV，*Bargaining with Baseball*，同前注⑧，第 60—68 页。有关法律与合同如何影响自由球员发展的最为全面的讨论包含在 Jonathan B. Goldberg，"Player Mobility in Professional Sports：From the Reserve System to Free Agency，" 15 *Sports L. J.* 21（2008）。

[⑫]　*Flood*，*v. Kuhn*，407 U. S. 258（1972）；参见 Michael S. Jacobs and Ralph K. Winter，Jr.，"Antitrust Principles and Collective Bargaining by Athletes：Of Superstars in Peonage，" 81 *Yale L. J.* 1（1971）（主张保留条款问题应根据劳动法而不是反垄断原则进行分析）。参见 Charles P. Korr，*The End of Baseball as We Knew It*：*The Players Union*，*1960-81*，at 84-101（2002）（讨论柯特·弗拉德并评论他的诉讼历程）。

[⑬]　*Toolson v. N. Y. Yankees*，*Inc.*，346 U. S. 356（1953）。

[⑭]　在其他运动中，劳动法之所以发挥作用，是因为对反垄断法的所谓"非法定劳动豁免"是在签订集体谈判协议并建立集体谈判关系后才开始适用；该豁免允许对球员的流动采取限制性做法，否则将使老板们承担反垄断责任。见 Robert C. Berry and William B. Gould IV "A Long Deep Drive to Collective Bargaining，Of Players，Owners Brawls，and Strikes，" 31 *Case W. Res. L. Rev.* 685，756（1981）。有关棒球、体育与法律的一般性讨论，参见 Roger Abrams，*Legal Bases*：*Baseball and the Law*（1998）；Paul C. Weiler，*Leveling the Playing Field*：*How the Law Can Make Sports Better for Fans*（2000）。

[⑮]　*Am. League of Prof'l Baseball Clubs*，180 N. L. R. B. 190（1969）。

[⑯]　见 Korr，同前注⑫，第 128 页。

[⑰]　同上，第 84—89 页（提供有关柯特·弗拉德的背景知识，并表达他作为退役球员渴望效力于自己选择的球队的愿望）。

　　1973 年的集体谈判协议规定了薪资仲裁制度。根据该制度,服务两年以上的球员与其所在球队各自向仲裁员提交一份薪资数额提议,由仲裁员在这两份提议之中进行选择。正如弗拉德案中马歇尔大法官在其反对意见书所述的观点,劳动法框架适于调整球员与老板之间的关系,即使联邦棒球联盟广泛的反垄断豁免不再适用,棒球业仍可以通过劳动法豁免的方式寻求反垄断豁免。[18] 有鉴于此,球队老板被敦促就仲裁程序开展谈判。

　　根据 1973 年的协议,工会首批重要的劳动法举措之一就是通过申诉仲裁机制,解决奥克兰田径队(Athletics)老板查理·芬利(Charlie Finley)未能向王牌右投手詹姆斯·亨特(James " Catfish" Hunter)支付合同款项的497争议。[19] 仲裁员彼得·塞兹(Peter Seitz)认为田径队未能履行其合同义务,并认定亨特有权终止合同。亨特很快就接受了纽约洋基队的要约,得到一份史无前例的薪资待遇,包括 100 万美元的签约奖金,为期 5 年的 15 万美元年薪,价值 100 万美元的人寿保险福利以及一大笔递延型报酬。[20]

　　此后不久,由于洛杉矶道奇队的安迪·梅瑟史密斯(Andy Messersmith)和蒙特利尔博览会队的戴夫·麦克纳利(McNally)提出的申诉[21],棒球业的保留制度本身也受到了申诉-仲裁程序的挑战。在这些球员的个人雇佣合同期满后,他们主张自己是自由球员,仅受到已纳入集体协议的统一球员合同(Uniform Players Contract, UPC)中包含的一年期续约权的限制。[22]大联盟的立场是,保留条款意味着,如果双方不能就新的合同条款达成协议,那么一年期续约权将永久存在。[23]球队老板不仅主张球员的申诉是缺乏依据的,而且认为仲裁员并无管辖权,即根据当事人签订的集体谈判协议的含义,该争议是不可仲裁的。[24]

---

⑱　*Flood*, 407 U. S. at 288(马歇尔大法官,异议意见书)。

⑲　见 Korr,同前注⑫,第 142 页(指出由于田径队未能"按时或按合同中规定的方式"支付亨特的递延型报酬而引发自由球员仲裁)。

⑳　见 Berry, Gould, et al.,同前注⑦,第 54 页。

㉑　"Prof'l Baseball Clubs," 66 *Lab. Arb.* 101(1975)(Seitz, Arb.)。

㉒　同上,第 102 页。

㉓　同上。

㉔　同上,第 101—102 页。

解释集体谈判协议所授予的管辖权的难点在于,该协议的声明规定,本协议不"处理"保留制度。[25] 这一声明源于弗拉德案诉讼中引发的对立。协议同时将一年期续约权纳入 UPC,这使得问题更加复杂化。工会一方认为,本协议不处理保留条款的措辞只是为了保护它不受到任何一名球员提起的诉讼的影响,该球员主张工会是违反反垄断法的共谋者,因为工会默许498或未能改变现状。[26]

这一管辖权或可仲裁性问题实际上比案情本身的是非曲直更为疑难。关于管辖权问题,仲裁员塞兹并未发现任何事实可以表明将争议排除在其管辖权之外的意图,因此认定争议是可仲裁的。[27] 就案情而言,仲裁员将规定了一年续签期的 UPC 解释为一个续签条款,但是"不保证将本条款解释为规定在合同年之后续签合同,当合同年结束时,球员不再承担受俱乐部约束的合同义务"。[28]

仲裁员曾敦促双方进行谈判,[29]但老板们反而就此事向联邦法院提起诉讼,结果没有成功。[30] 1976 年,双方被要求就自由球员和其他问题进行集体谈判。[31] 1976 赛季结束时,面对所有的或者说大部分的球员度过他们的续签年而成为自由球员的前景,老板们最初在 1976 年 3 月关闭了春季训练营,并因此进行停摆。[32] 这次关闭持续了 17 天,直到执行长鲍伊·库恩

㉕　"Prof'l Baseball Clubs," 66 *Lab. Arb.* 101(1975)(Seitz, Arb.),第 102 页;另见 Berry, Gould, et al.,同前注⑦,第 56 页。

㉖　"Prof'l Baseball Clubs," 66 Lab. Arb. at 101-02.

㉗　同上,第 104—110 页。

㉘　同上,第 116 页。

㉙　事实上,仲裁员塞茨曾在裁决前鼓励双方进行谈判,但老板认为没有必要进行谈判,因为他们可以在联邦法院推翻不利的仲裁裁决。Korr,同前注⑫,第 157—159 页。当然,这一判断被证明是错误的。

㉚　*Kan. City Royals Baseball Corp. v. Major League Baseball Players Ass'n*, 532 F.2d 615 (8th Cir. 1976)(维持仲裁员的裁决)。

㉛　同上,第 632 页。("当然,比起由一系列仲裁裁决和法院判决来做决定,双方更愿意就分歧进行谈判。我们赞扬他们参与这一过程并指出,混淆的时代已经过去,直言不讳和语言清晰的时代已经到来。")

㉜　见 Korr,同前注⑫,第 179—180 页。

(Bowie Kuhn)下令"立即"开放营地。[33]

499 从 1976 年起,在仲裁员塞兹里程碑式的裁决之后,双方通过谈判达成了一系列集体谈判协议,建立了一个延续至今的基本框架。1976 年的协议规定年资满 6 年的球员为自由球员,并规定了薪资仲裁最终出价程序。该程序于 1973 年经谈判确立,现在适用于年资 2—6 年的球员。从 1980 年开始,球队老板提出一系列提议,打算以某种方式为流失的自由球员提供补偿,然而双方对此争议不断。尽管双方成立了联合研究委员会,但未能解决 1981 年爆发的罢工,随后推动球队老板披露财务信息的尝试也遭遇失败,[34]罢工从 6 月 12 日到 8 月 1 日持续了整个夏季,导致当年年底赛制作出修改。1985 年又发生了一次仅持续两天的短暂罢工。正是在这一攸关时刻,集体谈判协议中所谓反共谋条款(anti-collusion provisions)的作用凸显出来。球队老板们坚持否认球员们的行动属于协同行动,对此该条款包含相关的措辞予以回应[35],因此工会赢得了一系列裁决,共得到 2.8 亿美元的共谋损害赔偿。

此外,在旧金山巨人队外野手巴里·邦兹(Barry Bonds)未公开的申诉案件中,邦兹被指控使用类固醇类药物以及 2007 年后拒绝任何俱乐部对其服务的竞购。在该案中,反共谋条款再次被援引,但是没有成功。在篮球争议中,前法官菲利普斯(Phillips)的裁决中也援引了类似的集体谈500判协议条款,但依然没有成功。[36] 同样,在备受关注的科林·卡佩尼克

---

③　Berry，Gould，el al.，同前注⑦，第 61 页。（引用"Kuhn Ends Lockout," *L. A. Times*，March 18，1976，at 1）

④　反共谋的内容是在老板的坚持下加入的,因为他们担心洛杉矶道奇队的投手桑迪·库法克斯(Sandy Koufax)和唐·德里斯代尔(Don Drysdale)在 20 世纪 60 年代从事的那种集体防守。

⑤　*Major League Baseball Players Ass'n v. Twenty-Six Major League Baseball Clubs*，Grievance No. 88-1(1990)(Nicolau, Arb.)(作者存档)；*Major League Baseball Players Ass'n v. Twenty-Six Major League Baseball Clubs*，Grievance No. 87-3(1988)(Nicolau, Arb.)(作者存档)；*Major League Baseball Players Ass'n v. Twenty-Six Major League Baseball Clubs*，Grievance No. 86-2，Panel Decision No. 76(1987)(Roberts, Arb.)(作者存档)。

⑥　*In the Matter of the Arbitration between National Basketball Players Association*(*Malcom Thomas and Brandon Austin*)*and National Basketball Association*(October 31，2016)Cf. Vin Baker No. 04-1(Roger Kaplan System Arbitrator 2004)。

(Collin Kaepernick)[37]和埃里克·里德(Eric Reid)[38]的橄榄球争议中也使用了类似的条款。2016—2018 年期间,卡佩尼克和里德等人曾在比赛开幕式奏国歌时拒绝起立,而是下跪或举起拳头以抗议种族不公。[39] 这些无法签约的球员,曾因涉嫌共谋而痛苦不堪。[40] 特朗普总统的介入提供了贯彻联邦宪法第一修正案原则[41]所必需的国家行动[42]。

同时,在共谋案之后,棒球队的老板们在 1990 年春训期间将球员们禁赛 32 天,以满足未能实现的要求。[43] 最后,1994 年 8 月 12 日开始的一场罢工成为 1994—1995 年所有争议的根源,导致冬季月份的世界大赛和集体谈判取消。当白宫推动的仲裁和调解未能获得双方的同意或国会的认可时,501 球队老板们威胁要使用临时罢工替代者,这对比赛的完整性以及巴尔的摩黄鹂队的游击手卡尔·里普肯(Cal Ripken)对卢·格里格(Lou Gehrig)连续比赛记录的挑战都造成问题。然而,与 1981 年一样,NLRB 所面临的争议是有关拒绝谈判的指控,而此次的争议点是,在美国职业棒球大联盟单方面提出其改变自由球员制度和薪资仲裁的最后出价之前,双方的谈判是否

　　㊲　See Claimant Colin Kaepernick's Demand for Arbitration(October 15,2017). See Ken Belson, "Kaepernick vs. the N. F. L.: A Primer on His Collusion Case," *The New York Times*, December 8, 2017. See also Allan H. ("Bud")Selig and Matthew J. Mitten, *Baseball Jurisprudence: Its Effects on America's Pastime and Other Professional Sports Leagues*(2018).

　　㊳　See Rick Maese,"Eric Reid charges NFL owners with collusion in grievance," *Washington Post*, May 2,2018.

　　㊴　Ken Belson, "Union Files Grievances Over Anthem Policy," *New York Times*, July 11, 2018 at B14; Ken Belson, "N. F. L. Ignored An Owner's Plea 'Not to be Bailed' By the President," *New York Times*, June 3, 2018 at B9; See generally John Branch, "Taking a Knee, Taking a Stand: Two Leagues Diverge on Politics, *New York Times*, June 23, 2018 at A1; Victor Mather and Ken Belson, "Dolphin's Policy and Union Talks Rekindle Anthem Protest Dispute," *New York Times*, July 21,2018 at B11.

　　㊵　根据联盟最近一次在 2011 年更新的劳动协议,任何球队,其雇员或代理人"不得与 NFL 或任何其他俱乐部,其雇员或代理人签订任何明示或默示的协议,以妨碍或限制个别俱乐部与任何球员进行决策谈判"。Ken Belson, "Kaepernick vs. the N. F. L.: A Primer on His Collusion Case," *The New York Times*, December 8, 2017.

　　㊶　See *Ludtke v. Kuehn*, 461F. Supp. 86(S. D. N. Y. 1978); See also *Beckman v. Chicago Bear Football Club Inc.*,2018 WL1561719(N. D. Ill. 2018).

　　㊷　See *W. Va. State Bd. of Educ. v. Barnette*, 319 U. S. 624(1943).

　　㊸　见"Labor Issues in Professional Sports," 第 72—73 页。

陷入僵局。NLRB 投票批准了一项申请禁令的请求,这一次纽约南区法院的索尼娅·索托马约尔法官颁布了一项命令,认定有合理的理由相信球队老板未能善意地进行谈判。㊹ 在 1995 年命令颁布之后,双方在 2002 年(首次就启动禁药检测项目进行谈判时)、2006 年、2011 年㊺以及 2016 年再次和平地解决了分歧。因此,1995 年 NLRB 的介入缔造或者说见证了其后 25 年不间断的和平与繁荣,在此期间棒球业的收入增长了 8 倍以上!

　　然而,新的纷争可能再次出现。这是由 20 世纪 90 年代收入分享制度和奢侈税的实施引发的,这两项制度的目的都是为了增加小市场球队的工资支出,并通过对超过奢侈税规定金额的惩罚来限制高收入球队。正如《粉丝图表》(FanGraphs)期刊所说:"在 2002 年达到略高于 56% 的峰值后,如今大联盟球员的薪资只占联盟收入的不到 40%,在短短的 12 年里下降了近 33%。因此,如今球员薪资仅占 MLB 总收入的 38% 多一点,这一数字在 10 年前还低得难以想象。"㊻

　　与橄榄球、篮球和曲棍球不同的是,棒球运动员曾抵制工资帽,这正是 1994—1995 年罢工的起因。20 世纪 80 年代、90 年代以及 21 世纪初,由于纽约洋基队在很大程度上奠定了市场地位,球员的薪资呈指数级增长。但现在,富裕球队的动力已经减弱。正如亚历克斯·斯皮尔(Alex Speier)为《波士顿环球报》(Boston Globe)撰文指出的那样,对未能保持在奢侈税规定的门槛以下的处罚力度不断加大,而奢侈税本身在这十年几乎没有任何

　　㊹　*Silverman v. Major League Baseball Player Relations Comm., Inc.*, 880 F. Supp. 246 (S. D. N. Y. 1981), affd, 67 F. 3d 1054(2d Cir. 1995); 参见 Berry, Gould, et al., 同前注⑦,第 118 页(指出法院的意见值得注意,基于它对比赛的理解和对法律的把握")。更加详细的讨论见"Labor Issues in Professional Sports",第 76—78 页。

　　㊺　William B. Gould Ⅳ, "Baseball: The Poster Child of Labor Peace," *Chicago Tribune*, December 2, 2011.

　　㊻　Nathaniel Grow, "The MLBPA Has a Problem," *FanGraphs*, March 30, 2015. 但是 MLB 指出球员的报酬要高得多。Peter Abraham, "Owners aren't Hoarding Money: Tom Werner Defends Baseball Owners' Spending on Free Agents," *Boston Globe*, January 24, 2019.

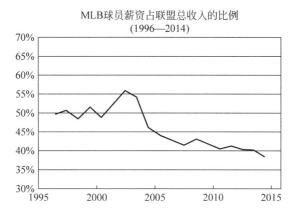

图 12.1 薪资数据来自 Cot's Contracts 和 *USA Today*；MLB

联盟收入数据来自 *The Biz of Baseball*[47]

进展。"[48] 2011 年为 1.78 亿美元。2018 年,这一数字仅提高 11%,为 1.97503
亿美元,远低于同期 NBA(71%)、NFL(48%)和 NHL(25%)的工资帽增
幅。1976 年,工会首次提出球员在行使自由球员权利前应具有 6 年资历的
观点,当时看似富有创意,但现在人们认为,这段时间太长了,无法给球队带
来更大的动力,在 6 年后去追逐那些即将成为老将的自由球员。尽管花费
巨大的球队在支出上受到了限制,但小市场球队并没有增加支出,部分原因
是最新谈判的选秀奖金池给那些成绩最差的球队带来了更大的财务利好。
因此,"重整旗鼓"或是"屡尝败绩"的球队反而占据优势,不过旧金山巨人队
和密尔沃基酿酒人队(Brewers)[49]算是例外。工会通过在 2012 年[50]集体谈

---

[47]　Grow, "The MLBPA Has a Problem," *FanGraphs*, March 30, 2015,

[48]　Alex Speier, "Here's Why It Was Such a Bad Off Season for Baseball's Free Agents," *Boston Globe*, March 9, 2018. Cf. "Rare Drop in Major League Payrolls in 2018," *New York Times*, January 9, 2019, B8.

[49]　Jared Diamond, "Baseball's Newest Tactic: Trying to Win," *Wall Street Journal*. February 26, 2018 at A14.

[50]　William B. Gould IV, "Baseball: The Poster Child of Labor Peace," *Chicago Tribune*, December 2, 2011.

判协议中规定的让步条款，对选秀球员和国际[51]业余球员都设定了开支限制，而这一协议的效力延续至 2016 年。最后，似乎最有价值的商品，有力的打击和投掷已经变得比以往更加充裕，从而影响了供求关系。

504 上述情况导致棒球业 20 世纪 70 年代到 90 年代司空见惯的对抗关系开始故态复萌。[52] 结果是工会开办了自由球员训练营，这一现象多少让人忆起 1995 年罢工期间以及从罢工解决到 4 月复赛之间的训练。这次争议的起因又是工资帽问题，因为人们认为它会干扰那些出手阔绰的球队为谈判单位内所有雇员开拓市场所花的费用。正如约翰·谢伊（John Shea）所写："（球队）老板们最终退败，球员们完胜。（然而）他们现在赢不了那么多了。"[53]尽管现在《柯特·弗拉德法》*已被部分废除（主要是针对那些谈判关系已经解除的大联盟球员[54]），然而，联邦棒球案的判决依然有效，并且适用于其他的一些场合，比如特定球队的比赛场所引发的争议。[55]

---

[51] William B. Gould IV, "Ninth Annual Pemberton Lecture: Bargaining, Race, and Globalization: How Baseball and Other Sports Mirror Collective Bargaining, Law, and Life," 48 *U.S.E L.Rev.* 1(2013). William B. Gould IV, "Globalization in Collective Bargaining, Baseball, and Matsuzaka: Labor and Antitrust Law on the Diamond," 28 *Comp.Lab.L. & Pol'y J.* 283(2007).

[52] Tyler Kepner, "M.L.B. and the Union Aren't Budging From Their Battle Lines," *New York Times*, February 16, 2018, at B9; Tyler Kepner, "Baseball and Union Point Fingers Over Free-Agent Stalemate," *New York Times*, February 6, 2018; John Shea, "No End in Sight to Labor Strife," *San Francisco Chronicle*, February 7 2018; Tyler Kepner, "Free Agency Is Sluggish, and Players Want Action," *New York Times*, February 3,2018, at B7; John Shea, "Giants, Agent See Different Sides of Stalled Market," *San Francisco Chronicle*, January 31,2018.

[53] John Shea, "Primer on Baseball's Tax Threshold," *San Francisco Chronicle*, January 3, 2018, at B.2.

* "棒球豁免"的具体范围一直存在着争议，直到 1998 年美国国会通过了《柯特·弗拉德法》(Curt Flood Act)才明确了"棒球豁免"的范围，从此 MLB 至少要在运动员流动制度上接受反垄断法的审查。——译者

[54] 《柯特·弗拉德法》所采取的方法是使棒球与其他受反垄断法影响的体育运动处于同一地位——即依据 *Brown v.Pro Football, Inc.*, 518 U.S.231(1996)（将在下文注[72]中讨论），允许在集体谈判过程停滞不前之处实施反垄断法。

[55] *City of San Jose v.Off.of the Com'r of Baseball*, 776 F.3d 686(9th Cir.2015). 另外，对于受伤的观众也有同样的效力，*Miranda v.Selig*, 860 F.3d 1237(9th Cir.2017)。

橄榄球、篮球和曲棍球

从 20 世纪 70 年代开始,在橄榄球、篮球和曲棍球等非棒球运动中,反垄断法与劳动法共存,并且二者之间的关系一直相当紧张。[56] 在这一情况下发生的案件争论的问题是,反垄断法所谓的"非法定劳动豁免"能否以及505在何种情况下会使劳资关系当事人免除三倍损害赔偿的判决(以及刑事起诉和禁令诉讼)等反垄断法上的责任。

橄榄球、篮球和曲棍球球员走了一条与棒球球员截然不同的道路,他们的故事成为 1996 年棒球集体谈判协议之后所取得的发展不可或缺的背景。1963 年,由国家橄榄球联盟(NFL)首创的"罗泽尔规则"(Rozelle Rule)规定,当一名球员成为自由球员并与另一支球队签订合同时,NFL 的执行长(当时是彼特·罗泽尔)有权命令收购球员的俱乐部给予失去球员的俱乐部一名或多名球员作为补偿。[57] 从 1963 年到 1974 年,只有四名球员通过自由球员制度从一家俱乐部转会到另一家俱乐部。[58]

四分卫乔·卡普(Joe Kapp)针对罗泽尔规则提起过诉讼,这一规则被认定违反了《谢尔曼反垄断法》。[59] 然而,卡普虽然赢得了战斗,但是输掉了战争,因为他无法获得损害赔偿。[60] 1974 年,美国橄榄球联盟球员协会(NFLPA)在训练营进行了为期 42 天的罢工,但罢工没有成功。橄榄球运动员总是比棒球运动员更难使用罢工武器,因为公众并不认同他们中的大

---

⑤⑥　见 *Mackey v. NFL*,543 F. 2d 606(8th Cir. 1976)(认为"罗泽尔规则"是集体谈判的强制事项,不是当事人之间真正公平谈判的结果,因此不符合反垄断法的非法定劳动豁免规定);另见 *Robertson v. NBA*,389 F. Supp. 867(S. D. N. Y. 1975)(判决 NBA 对非强制谈判事项的政策导致的违反反垄断法的行为承担责任)。但是,*McCourt v. Cal. Sports,Inc.*,600 F. 2d 1193(6th Cir. 1979)(认为曲棍球的保留制度是长期集体谈判的产物,因此符合非法定劳动豁免权的适用条件)

⑤⑦　参见 Berry,Gould,et al.,同前注⑦,第 100—101 页(对"罗泽尔规则"作出解释)。

⑤⑧　见 *Mackey*,543 F. 2d at 611 n. 7。

⑤⑨　*Kapp v. NFL*,390 F. Supp. 73(N. D. Cal. 1974),*vacated in part*,1975 WL 959(N. D. Cal. 1975),aff'd,586 F. 2d 644(9th Cir. 1978)。

⑥⓪　见 *Kapp*,586 F. 2d at 648(注意到陪审团在损害赔偿方面不支持卡普,并认识到,作为一个法律问题,"仅仅是 NFL 的一些规则被认定违反了反垄断法的事实并不自动产生对卡普的损害赔偿")。

506多数人是同质化的个体。他们也提起了反垄断诉讼,并取得了成功。[61] 然而,他们后来同意了一项类似于罗泽尔规则的首次拒绝权补偿制度(right-of-first-refusal compensation system),现在由于非法定劳动豁免而无法驳斥这一制度[62]。若球队老板自己实施这样的行为则是非法的,而非法定劳动豁免能够免除他们的责任,并且使他们受到本集体谈判协议的约束。[63]像卡普案一样,他们在法庭上的胜利是得不偿失的。

1982年发起的另一次罢工带来了一些变化,但仍有重大的限制。[64] 当球员们在1987年再次罢工时,老板们使用替代球员得以继续比赛。[65] 新的诉讼开始了,1989年NFL实施了所谓的"B计划",使俱乐部在名册上得以保留37名球员,但允许其他球员成为不受限制的自由球员。[66] 与此同时,联邦第八巡回上诉法院裁定,在集体谈判协议到期以及劳资谈判陷入僵局的情况下,非法定劳动豁免仍然有效,[67]因此,也为老板们在这种情况下提供了反垄断豁免权。

507   橄榄球球员们因1987年罢工中[68]廉价的罢工替代者的使用而遭遇惨败,他们厌倦了将劳动法模式作为解决雇员与雇主之间分歧的基础,于是退

---

[61]   *Mackey*,543 F. 2d at 606.

[62]   See Robert C. Berry and William B. Gould IV,"A Long Deep Drive to Collective Bargaining: Of Players,Owners,Brawls,and Strikes," 31 *Case W. Res. L. Rev.* 685,756(1981).

[63]   *Reynolds v. NFL*,584 F. 2d 280,289(8th Cir. 1978)(明确地指出,非法定劳动豁免将阻止针对首次拒绝权计划的反垄断诉讼,因为这是集体谈判过程的产物)。

[64]   见 Berry,Gould,et al.,同前注⑦,第109页(解释道:"具有讽刺意味的是,1977年和1982年的美国国家橄榄球联盟集体谈判协议是职业体育运动中关于球员流动性问题的两个最无效果的协议")。

[65]   *NLRB v. Mackay Radio & Telegraph Co.*,304 U. S. 333(1938)(允许雇主在经济性罢工中使用永久替代者)。

[66]   William B. Gould IV,"Players and Owners Mix it Up," *Cal. Law.*,August 1988,at 56.

[67]   *Powell v. NFL*,930 F. 2d 1293(8th Cir. 1989);另见 *Powell v. NFL*,690 F. Supp. 812(D. Minn. 1988)(尤其是认为非法定劳动豁免在集体谈判协议期满后仍然有效)。

[68]   依据 Mackay,304 U. S. at 333,球员们被替代。但见 *NLRB v. Int'l Van Lines*,409 U. S. 48(1972)(认为雇主不得解雇参与不当劳动行为罢工的雇员)。

出了谈判代表的行列,以此取消反垄断法上的非法定劳动豁免。[69] 球队老板们试图证明这一过程是虚假的——事实的确如此——因为采用这一策略的工会总是会奇迹般地恢复并谈判达成一项集体协议,作为和解的一部分。[508] 但老板们最终并未获得成功。由此,反垄断成了集体谈判中重要的施压手段——但是未来使用这一手段,集体谈判本身不得不遭到破坏。撤销认证后,在麦克尼尔诉国家橄榄球联盟案(*McNeil v. National Football League*)[70]中,8 名原告在首轮诉讼中获得 162.9 万美元;其他球员在随后的诉讼中也占了上风。[71]

---

[69]　见"N. F. L. Players Union Seeks Decertification," *New York Times*, November 8, 1989, at D28;参见"Kieran M. Corcoran, Note, When Does the Buzzer Sound?: The Nonstatutory Labor Exemption in Professional Sports," 94 *Colum. L. Rev.* 1045(1994)(解释何为非法定劳动豁免以及工会能够通过撤销认证来规避它)。

随后,1998—1999 年,篮球运动见证了第一次劳资纠纷的爆发,当时老板们将球员拒之门外。参见 Mike Wise, "It's Their Ball and N. B. A. Owners Call for Lockout," *New York Times*, June 30,1998, at C1(对停摆开始的报道)。球员们希望在停摆期间保住自己的薪水以及有保障的合同(guaranteed contracts),而不是在指控违反反托拉斯法之前采取必要的撤销认证措施。然而,国家篮球协会依据 *American Ship Building Co. v. NLRB*, 380 U. S. 300(1965)案的判决(本案中联邦最高法院认定在某些情况下使用停摆的手段是违法的),拒绝为球员提供有保障的合同。作为一项联邦劳动政策,由于假定闭厂时雇主并无支付雇员工资的义务,因此老板的立场在仲裁中占了上风。*Nat'l Basketball Players Ass'n v. Nat'l Basketball Ass'n*(1998)(Feerick, Arb.)(意见书和仲裁裁决作者存档)。同样的基本框架也适用于棒球运动中的罢工。参见 *Major League Baseball Player Relations Comm., Inc. v. Major League Baseball Players Ass'n*, Salary Guarantee Grievances, Panel Decision No. 50G(1984)(Goetz, Arb.)(作者存档); Major League Baseball Player Relations Comm., Ina v. Major League Baseball Players Ass'n, Salary Guarantee Grievances, Panel Decision No. 50F(1984)(Goetz, Arb.)(作者存档); *Major League Baseball Player Relations Comm., Inc. v. Major League Baseball Players Ass'n*, Salary Guarantee Grievances, Panel Decision Nos. 50C & 50D(1984)(Goetz, Arb.)(作者存档); *Major League Baseball Player Relations Comm., Inc. and Major League Baseball Players Ass'n*, Salary Guarantee Grievances, Panel Decision No. 50A & 50B(1983)(Goetz, Arb.)(作者存档)　与此同时,尽管 NLRB 没有像棒球那样参与其中,但在我担任主席期间,篮球确实有撤销认证争议提交 NLRB。见 Murray Chass, "N. B. A. Players Support Union by a Landslide," *New York Times*, September 13,1995, at B9。

[70]　790 F. Supp. 871(D. Minn. 1992)。

[71]　见 *White v. NFL*, 822 F. Supp. 1389(D. Minn. 1993)(批准反垄断诉讼中的一项要求和集体和解协议,该协议大大改变了 NFL 的自由球员规则,同时还为某些指定的原告提供金钱赔偿); *Jackson v. NFL*, 802 F. Supp. 226(D. Minn. 1992)(批准临时禁令,禁止 NFL 执行 B 计划规则,该规则非法限制了球员的流动)。

由于球员在法律上的成功，双方当事人的关系在1993年发生了显著变化。他们对带有工资帽的收益分享程序达成一致，这一制度使球员保留恰好58%的收益。这些协议的其他特征包括：具有5年资历的球员为完全自由球员，其他球员为受限制的自由球员，以及“专营权”球员制度，即这些没有资格成为自由球员的球员能够获得与打同一位置的前五位球员平均水平相同的薪资。(72)

在此背景下，联邦最高法院在布朗诉职业橄榄球案（*Brown v. Pro Football*）(73)中以近乎一致的方式作出判决：基于非法定劳动豁免，反垄断法不得适用于集体谈判关系，除非谈判过程被取消或发生类似的情况。(74) 该院认为，只有当老板们之间的协议在时间和情形上与集体谈判过程相去甚远时，会判决允许反垄断干预……但不会实质性地干扰该谈判过程。(75) 因
509此，在布朗案之后，橄榄球和篮球的运作只有在工会被撤销认证或已经解散，或者承认已经被适当撤回的情况下，才可以利用反垄断法。

球队老板们通过努力向联邦最高法院提起第二轮诉讼，这比以往采用的方法都激进得多，并将会完全取消职业体育中的反垄断责任。然而，由于联邦最高法院在拉多维奇诉国家橄榄球联盟案（*Radovich v. the National Football League*）(76)的判决，已经判令职业橄榄球承担反垄断责任，法院在该案中与联邦棒球案相区别，并认为反垄断法应予适用。在拉多维奇案中，法院认定球队老板作为独立实体相互串通，通过限制球员的流动性和补偿（如橄榄球中的罗泽尔规则）来限制交易，违反了《谢尔曼反垄断法》。橄榄球和其他体育领域的所有案件都以该案为依据作出预测。但是NFL在联邦最高法院审理的美国针业案（*American Needle*）(77)中坚持认为，拉多维奇

---

(72) 见 Gerald Eskenazi, "NFL-Players Agreement Alters Free Agent Rules," *New York Times*, May 7, 1993, at B10。

(73) 518 U.S. 231(1996). 投票结果是八比一，史蒂文斯大法官持异议。

(74) 同上，第234页。

(75) 同上，第250页。

(76) 352 U.S. 445(1956).

(77) *American Needle, Inc. v. National Football League*, 560 U.S. 183, 189-91(2010).

案不适用于联盟内相互独立的老板们协同一致地合谋违反反垄断法的限制而引发的内部纠纷，相反，我们只能通过查看该案的事实来理解，在该案中，NFL 试图通过"太平洋海岸联盟（Pacific Coast League）与 NFL 之间达成的不雇用原告的协议"对原告实施报复。[78] 如果拉多维奇案被如此解读，那么反垄断武器将不再适用于橄榄球和包括棒球在内的其他职业运动，尽管 1998 年的《柯特·弗拉德法》是基于这样的假设通过的，即在某种情况下，联盟内的劳资纠纷可能会导致棒球和其他运动中的反垄断责任。[79] 如果认为职业体育联盟是一个实体因此参赛球队之间不可能存在反垄断共谋的论点占上风，尽管它们是独立所有的，在某种程度上是独立经营的，这将对棒510球乃至整个体育界产生巨大影响，并彻底取消反垄断责任以及相关的救济措施。

在美国针业案的口头辩论中，布雷耶大法官和律师之间进行了一次有趣的交流：

> 布雷耶大法官：红袜队——我更了解棒球。你想让红袜队和洋基队在销售 T 恤衫方面展开竞争，是这样吗？
>
> 纳格先生：竞争力。对。
>
> 布雷耶法官：是的，好。我不认识哪个红袜队球迷会拿走一件洋基队的运动衫，如果你把它送给他的话。我的意思是，我不知道你从哪里找到你的专家，他会说这两种产品之间存在竞争。我想他们宁愿——他们宁愿穿一件棒球、橄榄球或是曲棍球衫。
>
> 纳格先生：但是你必须认识到竞争是为了什么。比赛是为了球迷。而事实是，你说得对，一个在纽约住了很长时间的人不太可能是红袜队的球迷，也不容易被说服成为红袜队的球迷，但 3 岁的孩子很容易被

---

[78]　Brief for the NFL respondents, *American Needle v. National Football League*, p. 41 (November 17, 2009).

[79]　*American Needle*, *Inc. v. National Football League*, et al., "United States Supreme Court Official Transcript," January 13, 2010, pp. 6-7.

说服。

布雷耶法官：他们三岁时的零花钱很少。

（笑）

然而，俱乐部之间的竞争是为了提升产品，从而使更多的收入通过电视、上座率等方式流向俱乐部，因为俱乐部争夺着球迷的忠诚度而无关地理位置。口头辩论似乎忽略了这一点。红袜队和洋基队在相互竞争以吸引更多对各自球队的兴趣，从而提高他们的价值并使他们更具竞争力。然而，美国针业案中单一实体（single-entity）判决能与 NFL 的劳资关系相关——单
511 一实体的判决可能会将这一点扩展到布朗案的判决（根据 1998 年的《柯特·弗拉德法》纳入棒球），该判决假设每个球队都是一个实体，是联盟中多雇主谈判单位的一部分。

联邦最高法院在案件审理中一致叫停了老板的单一实体争论。史蒂文斯大法官代表全体一致的法院指出，独立实体可以集体工作的原因有很多：

> NFL 球队既不具备单一的决策品质，也不具备独立行动的单一经济力量的集合特征。每个球队都是一个实质上独立所有、独立管理的企业……这些球队不仅在赛场上相互竞争，并且在吸引球迷、出售门票以及与管理人员和参赛人员签订合同方面都存在竞争。(80)

同样，美国针业案的推论同样适用于棒球，当工会撤出场地或无法运作时，因此保留了 1998 年《柯特·弗拉德法》中对棒球运动有限适用反垄断法的假设，适用于大联盟的劳资关系。因此，在布朗诉职业橄榄球案之后，当美国针业案在职业体育中保留反垄断法时，所有体育运动的工会都被夺走了反垄断责任的招数，除非他们愿意取消自己的认证资格，或者能够提供证据证明谈判程序步入僵局。结果，具有讽刺意味的是，竞技场上的橄榄球老

---

(80) *American Needle, Inc. v. National Football League*, 560 U.S. 180, 2203(2010).

板们发现自己的处境与大多数雇主的处境截然相反——他们害怕承担反垄断责任,除非他们的雇员加入工会,否则就威胁要停赛!(81)

由于布朗案已经大大削弱了反垄断法在其他体育运动中的影响,棒球 512
老板们愿意通过谈判达成一项承诺,以寻求部分取消他们的反垄断豁免。棒球业努力游说的结果是1998年《柯特·弗拉德法》(82)的出台,该法推翻了联邦棒球案为棒球老板们提供的对大联盟球员雇佣关系引发诉讼的豁免权。1998年《柯特·弗拉德法》带来的后果是,这样的诉讼可以继续,但只有在工会被撤销认证或解散的情况下。(83)

然而,继21世纪篮球和曲棍球业使用了这种招数之后,由于国家橄榄球联盟在2011年发起停摆,情节因此变得更加复杂。在布雷迪诉国家橄榄球联盟案(*Brady v. National Football League*)(84)中,美国国家橄榄球联盟(NFL)认为,如果在集体谈判期满前没有达成协议,它将实施停摆。球员们投票决定,就像他们过去在怀特(*White*)案诉讼之前所做的那样,终止了国家橄榄球联盟球员协会(NFLPA)作为集体谈判代表的地位,NFLPA自己也修改了章程,禁止集体谈判。NFL通过向NLRB(85)提出指控,声称NFLPA放弃代表地位是一场"骗局",因此构成非法拒绝谈判。在法庭上,NFLPA辩称,鉴于老板们失去了非法定劳动豁免,布雷迪案的反垄断诉讼本身对球员流动的限制是违反反垄断法的。球队老板们主张,是一个"骗

(81) 见 Bill Pennington, "Arena League Owners Suspend Season, Citing an Antitrust Suit by the Players," *New York Times*, February 26, 2000, at D6;参见 Advice Memorandum from Barry J. Kearney, Associate General Counsel, Division of Advice, National Labor Relations Board, to Rochelle Kentov, Regional Director, Region 12, National Labor Relations Board 6(August 1, 2000)[阐述了科尔尼副总法律顾问的观点,即"大联盟威胁关闭和/或取消2000赛季是第八条(c)款所授权的行为,因此并不违反第八条(a)款(1)项的规定"]。

(82) 15 U.S.C.A. § 26b(West 2003).

(83) 见 Zimbalist 书,同前注⑦,第23页,第137页。

(84) *Brady v. NFL*, 644 F.3d 661(8th Cir. 2011); *Brady v. NFL*, 640 F.3d 785(8th Cir. 2011).

(85) NFLPA 援引 *Pittsburgh Steelers, Inc.*, No. 6-CA-23143,1991 WL 144468(NLRB G.C. June 26,1991)(球员们采用了 NLRB 总法律顾问的立场,总法律顾问的建议备忘录指出,该免责声明是有效的)。

局”。当实施停摆时，球员们试图依据反垄断法在联邦法院法禁止停摆。现
513在，由于停摆，球员们承受着经济压力，而过去的反垄断诉讼是在球员们还在继续工作时就开始了。《诺里斯-拉瓜迪亚法》取消了联邦法院在“劳动争议”中的禁令（后来该法被取代），那么这里的关键问题是，该法是否排除了针对雇主以及代表工人的工会的禁令。然而，地方法院认为，既然球员们已经放弃了代表身份，便不存在劳动争议，因此禁令并未被禁止。

联邦第八巡回上诉法院在上诉审中指出：“《诺里斯-拉瓜迪亚法》的动机是不满于劳动争议中针对工人的禁令，但法规也要求针对参与劳动争议的雇主的禁令必须符合该法。”(86)大多数人认为，“劳动争议并未突然消失”，因为反垄断诉讼已经开始，并扮演着集体谈判的不恰当的替代品的角色。因此，该院的理由是，仅对罢工而不对停摆适用禁令，不符合《诺里斯-拉瓜迪亚法》允许双方发挥经济力量的目标。因此，该院认为，根据《诺里斯-拉瓜迪亚法》，不得针对停摆和罢工颁布禁令。(87)

514涉及个人行为的橄榄球“仲裁”

根据橄榄球集体谈判协议，执行长或其代表有权对个人行为问题施以惩戒。这是一种经谈判确立的程序，法院将其定性为仲裁，尽管事实上执行长既是查明事实的调查员，又是判处适当处罚的法官。早期最重要的案件之一涉及所谓的“奖金门”争议，执行长对新奥尔良圣徒队的违规管理人员

---

(86) *Brady*, at 670.

(87) 拜(Bye)法官撰写了一篇强烈的反对意见书：“……尽管立法部门一再努力对结社的劳工施以援手，但今天的法院意见仍然认为，该法的力量可以为雇主所用，以对付那些不能再利用劳动法保护自己的未入会雇员。因为我不能容忍这种对法律的解释，所以我必须并且在此提出反对意见……通过 NLGA 时，国会从来没有打算改变被广泛接受的《克莱顿法》作为保护结社劳工利益的立法。《克莱顿法》一直被认为是一种助力有组织的劳工运动的尝试，当时它的进展被司法滥用禁令所阻碍。……”*Brady* 案，第 682—863 页。在布雷迪案之前，联邦第八巡回上诉法院在 *White v. NFL* 案中，驳回了 *White* 案的和解协议以及地区法院对其的监督不再被允许的观点，因为“这相当于非法干预集体谈判过程……在过去的 16 年里，联盟与协会有着积极的集体谈判关系，没有迹象表明老板受到了反垄断责任的限制并对此感到恐惧。第二个原因也同样不适用，因为双方当事人同意地方法院的介入，减轻了人们对扰乱劳动法律下权力结构的担忧”。同样，关于地区法官存有偏见的论点也被驳回了。*White v. NFL*, 585 F. 3d 1129,1136-37(8th Cir. 2009).

给予惩戒并处以罚款,在该案中,球员们因"撞击"和"拖拽"动作将会获得"奖金",而这些动作造成一名对方球员遭受暴力而被迫退出比赛。[88] 但前执行长保罗·塔利亚布(Paul Tagliabue)作为执行长任命的仲裁员表示,尽管某些球员的行为破坏了"公众对职业橄榄球比赛的信心",鉴于球员们是在对管理层和教练提供的激励措施作出反应,因此取消对于全体球员的惩戒。[89]

随后,在美国国家橄榄球联盟(NFL)中出现了三起倍受瞩目的个人行为争议,其中两起牵涉家庭暴力。第一起涉及巴尔的摩乌鸦队的雷·赖斯(Ray Rice),他因在酒店电梯中殴打未婚妻而被执行长古德尔(Goodell)停赛两场。执行长古德尔任命的芭芭拉·琼斯(Barbara Jones)法官指出,(事件发生以后,)随之而来的是"公众批评的风暴"[90],并导致执行长将家庭暴力的推定处罚改为停赛 6 场。但执行长告诉赖斯,新政策不会影响他,他的处罚不会增加。随后,一段赖斯和他未婚妻在电梯里的新视频曝光,执行长对赖斯处以无限期禁赛,理由是现在的证据与此前披露的有所不同。对此,琼斯法官的结论是,赖斯没有撒谎或误导 NFL,尽管袭击行为构成"损害橄榄球运动的完整性或公众信心的行为",执行长对其定义也有"全权决定"的权力,但是第二次处罚是"武断"的,是自由裁量权的滥用,因为执行长没有"新的事实"作为其决定的依据。

第二起案件涉及明尼苏达维京人队跑位阿德里安·彼德森(Adrian Peterson),他因"行为有害"被无限期禁赛,并被处以相当于 6 场比赛的罚款。这场争议是由彼德森对一项轻罪指控所作的无罪申诉(plea of nolo contendere)引起的,因为他鲁莽地殴打了他的一个孩子。地方法院认定,彼德森案的仲裁员忽视了赖斯案判决中的企业内部规章,因此这里的问题

---

[88] "NFL Announces Management Discipline in Saints' 'Bounty' Matter," *NFL*, March 21, 2012.

[89] 见 Will Brinson, "Paul Tagliabue 'Vacates All Player Discipline' in Saints Bounty Case," *CBS Sports*, December 11, 2012.

[90] *In the Matter of Ray Rice Decision*, November 28, 2014, at 2(quoting Honorable Barbara S. Jones).

是，仲裁员作出的裁决是否应予执行（该裁决支持执行长的罚款决定，彼德森此时有资格重返赛场）。仲裁员将赖斯案界定为二次惩戒的问题，但地区法院认为并无有效的依据区分这些案件。基于钢铁工人三部曲以及由“共谋（collusion）系列仲裁案”(91)引发的棒球仲裁，联邦第八巡回上诉法院认为，司法的作用“非常有限”，“……决定性问题是，仲裁员是否至少可以说是在
516解释或者适用合同，包括企业内部规章”。(92) 法院重申了以往的判例，即法院在事实查明和合同解释上不得审查，或者说应当尊重仲裁裁决。

阿德里安·彼德森案的原则延续到另外两起案件中，其中最主要的案例涉及新英格兰爱国者队（Patriots）的四分卫汤姆·布雷迪（Tom Brady）参与所谓的“放气门”，他参与了一项将橄榄球放气到允许范围以下的计划。执行长对其采取了停赛 4 场的处罚。联邦第二巡回上诉法院以多数意见推翻了地方法院撤销仲裁员裁决的判决，法院认为，该判决是基于集体谈判协议。(93) 巴灵顿·帕克（Barrington Parker）法官代表多数意见指出，(94)只有在违反“基本公正”的情况下，才可以“重审”这一裁决，而法院认为缺乏这一前提。(95) 多数意见认为，没有证据表明存在不当或是根本不公，而关于执行长
517“明显偏袒”的事实，假如将《联邦仲裁法》的适用作为推翻一项仲裁所依据

---

(91) *MLB Players Assn. v. Garvey*, 532 U. S. 502(2001).

(92) *NFL Players Assn. v. NFL*, 831 F. 3d 985, 994(8th Cir. 2016).

(93) 法院表示：“这一尊重标准同样适用于体育行业协会。我们不担任橄榄球裁判，正如我们不担任棒球的“裁判”或普通赛车的“超级得分手”。否则，我们就会陷入某个群体的活动领域，而只有这个群体才能胜任这项活动。*NFL Management Council v. NFL Players Assn.*, 820 F. 3d 527 537 n. 5(2nd Cir. 2016).

(94) 首席法官卡茨曼（Katzmann）持反对意见，理由是没有提供充分的通知，处罚的事实依据已经改变，“执行长甚至并未考虑过高度相关的替代性处罚，而是依赖于对联盟有关类固醇药物的政策做不恰当的类比”。同上，第 549 页。

(95) 同上，第 546 页。第 301 条是否包含一个“独立的程序公正标准，而不违反了集体谈判协议的某些条款”，法院注意到，在这一问题上各个巡回法院之间存在分歧，而不是普遍认可案件得到“基本公正的审理”。同上，第 545—546 页，注⑬。注意 *Lippert Tile Co., Inc. v. Int'l Union of Bricklayers*, 724 F. 3d 939, 948(7th Cir. 2013)与 *Carpenters 46 N. Cal. Ctys. Conference Bd. v. Zcon Builders*, 96 F. 3d 410, 413(9th Cir. 1996)的区别。另见 *NFL Players Assn. v. NFL*，“……基本的公正不是《劳资关系法》或《联邦仲裁法》确定的撤销裁决的依据，而后一项法律渗透到我们对劳动仲裁案件的分析”。同上，第 998 页。

的参考标准,法院判决认为:“……仲裁是一种契约,因此,仲裁当事人不能要求比他们所选择的方法更为公正的方法。”(96)

最后,又一起家庭暴力事件导致达拉斯牛仔队的艾泽基尔·埃利奥特(Ezekiel Elliott)被停赛 6 场,在法院上诉后仲裁员维持了原定处罚。(97) 地方法院的凯瑟琳·法伊拉(Katherine Failla)法官假定基本公正标准已得以适用,并认定无权对指控方进行交叉质询,因为仲裁员的决定是基于“可信的证据”,司法程序虽规定了强制性的对质权(right of confrontation),但在任何情况下,其一般证据规则在仲裁中并不适用。(98)

在所有这些案件中,最著名的也许是前文提到的有关前旧金山 49 人队四分卫科林·卡佩尼克的判决。科林决定在演奏国歌时下跪,并引来其他球员的效仿。这一判决导致:“(1)卡佩尼克以及前队友埃里克·里德提出申诉,指控多家俱乐部因他们的行为而串通起来拒绝雇用他们;(2)NFL 制定了一项政策,禁止在 2018 赛季作出此类行为。”(99)今后对这一判决或其他 518
判决的攻击可能会借鉴 20 世纪 40 年代宪法第一修正案的判例(100),该判例保

---

(96) *NFL Mgmt. Council v. NFL Players Assn.*, at 548.

(97) 见 *Nat'l Football League Players Ass'n v. Nat'l Football League*, 874 F. 3d 222(5th Cir. 2017)(认为得克萨斯州地方法院对这一事项缺乏管辖权,无法发布初步禁令,以阻止美国橄榄球联盟执行埃利奥特即将停赛的决定)。另见 *National Football League Players Association v. National Football League*, 270 F. Supp. 3d 939(E. D. Tex. 2017)。另见 *National Football League Management Council v. Nat'l Football League Players Ass'n*, 269 F. Supp. 3d 614(S. D. N. Y. 2017)(拒绝一项初步禁令的动议,该动议将阻止埃利奥特停赛的执行,因为基于公众利益的考量倾向于拒绝禁令救济)。另见 *Nat'l Football League Management Council v. Nat'l Football League Players Ass'n*, 2017 WL 4685113(S. D. N. Y. 2017)。

(98) *Nat'l Football League Mgmt. Council v. Nat'l Football League Players Ass'n*, 269 F. Supp. 3d 614(S. D. N. Y. 2017)(拒绝初步禁令的动议,这将阻碍埃利奥特的暂停执行,因为公众利益倾向于否认禁令救济)。另见 *Nat'l Football League Mgmt. Council v. Nat'l Football League Players Ass'n*, 2017 WL 4685113(S. D. N. Y. 2017)。

(99) 见前注(96)。

(100) *West Virginia State Board of Education v. Barnette*, 319 U. S. 624(1943).

护了耶和华见证人拒绝向国旗敬礼的权利。(101)

大学层面的“业余”体育

如上所述，美国的职业体育是组织完备、由工会代表的行业，工会力量强大，有时甚至比较激进，这一现象是对棒球以外的所有体育运动的老板们反垄断的后果造成的。（具有讽刺意味的是，有些时候棒球似乎拥有所有工会中最强势的工会！）

在大学体育领域，学生运动员由于无法获得奖学金或者对奖学金水平不满而提起诉讼，这些诉讼会沿着下列三条路径展开：(1)依据 1938 年《公平劳动标准法》(FLSA)和其他相关的州法制定的最低工资立法；(2)反垄断诉讼；(3)以成为运动员的工会代表为目的而诉诸《国家劳动关系法》。就这三个类别中的前两个而言，其关键问题是个人是否是雇员。

涉及 FLSA 这一问题的权威判决是联邦第七巡回上诉法院在博格诉全国大学体育协会案(*Berger v. NCAA*)(102)中的意见。法院采用了联邦最
519 高法院在一件广播反垄断案件中提出的主张，“大学体育中受人尊敬的业余传统”(103)形成了“一项由来已久的传统，它勾画出学生运动员与其学校之间的经济现实关系”。(104) 法院注意到，所谓的大学俱乐部体育与 NCAA 规定的体育之间存在巨大的差异，前者由学生管理，后者由大学雇佣的工作人员管理，尽管如此，法院仍认定 FLSA 不适用于学生运动员。法院驳回了多

(101)　对宪法第一修正案合宪的适用只能与政府或国家的行动有关。特朗普总统在这一问题上持续发表意见足以说明竞技体育本身的性质。See Adam Edelman, “Trump Says NFL Players Who Kneel During the National Anthem ‘Maybe Shouldn’t be in the Country,’” *NBC News*, May 24, 2018; Jenna West, “Donald Trump Suggests Players Kneeling for Anthem Should be Suspended for Entire Season,” *Sports Illustrated*, July 20, 2018. *See also Ludtke v. Kuehn*. 461 F. Supp. 86(S. D. N. Y. 1978); *Beckman v. Chicago Bear Football Club Inc.*, 2018 WL1561719(N. D. Ill. 2018).

(102)　*Berger v. NCAA*, 843 F. 3d 285(7th Cir. 2016).

(103)　同上，第 291 页。

(104)　*Nat’ l Collegiate Athletics Ass’ n v. Bd. of Regents of the Univ, of Okla.* 468 U. S. 85 (1984).

因素认定法与实习生相关的内容以及实习生是否为雇员的问题应适用该认定法的观点。[105] 合议庭指出，案件的主要考虑因素是“所谓雇佣关系的经济现实”，合议庭引用了一个囚犯是雇员的论点被驳回的案件。[106] 相应地，法院还对比了涉及学生在食品服务柜台工作、从事销售项目或在体育赛事中担任引座员等适用 FLSA 的勤工俭学项目。另一方面，法院认为，运动员们“参与运动的原因与即刻获得报酬完全无关”[107]，因此法院认为他们不是雇员，因此无权享受 FLSA 规定的最低工资。汉密尔顿（Hamilton）法官在协同意见书中指出，现在本案所涉及的田径比赛不是一项产生“收入”的运动，原告并未因此而获得奖学金。汉密尔顿法官说，这些考虑因素体现出来的是，“经济现实与业余传统也许会背道而驰”。[108]

第二种解决途径与反垄断诉讼有关。这些指控旨在确立这样一种主张，即根植于业余活动的资助规则构成了限制高校间贸易的非法共谋。在 520
联邦第九巡回上诉法院审理的奥班农诉 NCAA 案[109]中，NCAA 不允许给大学生运动员的财政资助超过上大学的全部费用。加州大学洛杉矶分校的篮球运动员埃德·奥班农对在一款电子游戏中使用他的肖像提出质疑，因为他没有同意使用，也没有得到任何补偿。因此，原告申诉称，根据所谓的“理性规则”，NCAA 使用业余规则（amateurism rules）构成对贸易的非法限制，他和其他处于类似地位的人应该因他们的肖像被使用而获得补偿。地方法院判处 NCAA 承担反垄断责任，但是未能对所涉及的运动员进行补偿。法院摒弃了这一判决与“业余体育”相抵触并会损害竞争平衡的论点，而这种平衡使得大学体育吸引公众并使学术界与体育界相融合成为可能。

---

(105) 与实习生相关的原则在 *Glatt v. Fox Searchlight Pictures, Inc.*, 811 F. 3d 528(2d Cir. 2016)案中确立。

(106) *Vanskike v. Peters*, 974 F. 2d 806(7th Cir. 1992).

(107) *Berger*, at 293. See generally Adam Epstein and Paul M. Anderson, “The Relationship Between a Collegiate Student-Athlete and the University: An Historical and Legal Perspective,” 26 *Marq. Sports L. Rev.* 287(2016). 同样效果见 *Livers v. NCAA*, No. 17-4271, 2018 WL 2291027 (U. S. D. C. E. D. Penn. May 17, 2018); *Dawson v. NCAA*, 250 F. Supp. 3d 401(N. D. Cal. 2017)。

(108) 同上，第 294 页。

(109) *O'Bannon v. NCAA*, 802 F. 3d 1049(9th Cir. 2015).

法院指出，一些运动员（如网球运动员）被允许在上大学之前领取奖金，并可以接受佩尔补助金（Pell Grants）[*]，这将使经济资助的总额超过上大学的费用[**]。地区法院表示，业余活动并不是“大学生体育消费需求的主要驱动力”，尽管它确实发现业余活动有助于促进竞争。(110) 法院在认定反垄断责任时发现，有几种与禁止补偿相比限制性更少的替代方式：(1)允许学校发放津贴，以上大学的费用总额为限；(2)允许学校在学生毕业后，将他们的肖像权收入分配给学生运动员。

联邦第九巡回上诉法院杰伊·S. 柏比（Jay S. Bybee）法官在其发表的意见中指出，报酬规则是受反垄断法管辖的商业活动，并且“……一名体育
521 新人用劳动和无须（许可）的权利换取一所第一级别（Division I）[***] 学校的奖学金的交易是正确的，因为不可否认的是，交易双方都期望从中获得经济利益”。(111) 该院认为，报酬上限具有反竞争作用，因为固定价格构成了学校与新人之间交换的一个组成部分，从而排除了学校之间在这部分的竞争。(112) 多数意见认为，以上大学的费用总额作为报酬上限，实际上是对实现 NCAA 促进竞争的目标限制性较小的一种手段。联邦第九巡回上诉法院指出，地方法院颁布违反反垄断法的禁令以及规定报酬以上大学的全部费

---

* 佩尔助学金的前身是“基本教育机会助学金”，在 1980 年国会将其改名为“佩尔资助计划”，以纪念参议员克莱本·佩尔（Claiborne Pell）做出的贡献。该项助学金一般由家庭收入低于中位数的学生获得，资助的金额取决于学生的经济需求、求学成本、全日制或非全日制学生身份等因素。——译者

** 上大学的费用，包括学费、杂费、书籍、学习用品、住房、食物、交通及其他个人开支。——译者

(110) *O'Bannon v. NCAA*, 802 F. 3d 1049(9th Cir. 2015)，第 1059 页。

*** 1973 年 8 月，国家大学体育协会（NCAA）的成员们通过一个特别会议将协会内的会员划分为第一级别、第二级别和第三级别。第一级别和第二级别的会员学校可以向被录取的学生提供体育类奖学金，但是第三级别的会员学校没有这个资格。通常来说，规模较大的大学都在第一级别，而规模较小的大学则分布在第二级别或第三级别。第一级别的美式橄榄球项目在随后又被细分为“A 类第一级别”和“AA 类第一级别”，而那些从来不参加美式橄榄球项目赛事的第一级别学校则被划分为“AAA 类第一级别”。2006 年，“A 类第一级别”和“AA 类第一级别”分别更名为“橄榄球碗赛分区”（Football Bowl Subdivision，FBS）和“橄榄球冠军赛分区”（Football Championship Subdivision，FCS）。——译者

(111) *O'Bannon v. NCAA*, 802 F. 3d 1049(9th Cir. 2015)，第 1065 页。

(112) 同上，第 1071 页。

用为上限是正确的。但该院认为,地方法院允许现金支付"不受教育费用的约束"是错误的。[113] 通过相当模糊的推理,该院似乎接受了业余体育是实现大学体育目标的适当手段的主张。该院表示:"我们认为,允许学校向学生支付纯现金报酬的规定与禁止他们支付零报酬的规定,在促进业余体育和保护消费者需求方面并非同样有效。"[114]向学生运动员提供与教育有关的补偿,同时向他们提供不受教育费用限制的现金,这并不是一件小事,该院说:"这是一个巨大的飞跃。"[115]合议庭的多数意见认为,以上大学的费用总额为上限的规定是一种发扬"业余体育传统、支持大学体育市场的"限制较少的手段。[116]

第三条途径是,大学生运动员尝试利用《国家劳动关系法》(NLRA),以 522 达到组织工会从而启动集体谈判程序的目的。这里主要考虑的问题是运动员是否可以被定性为 NLRA 意义上的雇员,这一问题在西北大学案中作出了认定。[117] NLRB 的区域主任对该案得出的结论是,西北橄榄球队的球员是 NLRA 意义上的雇员,其依据是:(1)将坚持橄榄球运动和在该校就读作为保留奖学金的一个条件;(2)为大学的利益提供服务的条款;(3)大学对橄榄球运动员履行职责的控制;(4)与从事教学、研究助理工作的学生不同,他们的工作与学校的教育使命相关,而球员不从事此类学术工作。NLRB 未对区域主任的结论作出详尽和全面的回应。NLRB 对此不予置评的原因是 NLRB 认定,依据 NLRA 的政策不会对获得奖金和助(奖)学金的运动员行

---

[113] *O'Bannon v. NCAA*,802 F. 3d 1049(9th Cir. 2015),第 1076 页。

[114] 同上。

[115] 同上,第 1078 页。

[116] 同上,第 1079 页。首席法官托马斯部分赞同、部分反对,对于递延报酬比上大学的费用高出 5000 美元固而构成错误的结论,他表示尊重但是"不同意"。托马斯法官的意见书指出,法律所要保障的主要目标是对大学体育运动的普遍需求,而不是业余体育的概念。他说:"业余体育只有与消费者的利益联系在一起,才与案件相关。"同上,第 1081 页。

在奥班农案件发生后,NCAA 改变了规则,允许学生运动员在获得佩尔补助金的情况下其报酬等于或者高于上大学的费用。有关奖学金上限的范围更大的反垄断案件见 *NCAA Ath. Grant-In-Aid Cap Antitrust Litig.*,Order Granting in Part and Denying in Part Cross-Motions for Summary Judgment,Nos. 14-md-02541-CW,14-cv-02758-CW(N. D. Cal. March 28,2018)。

[117] *Northwestern Univ. and CAPA*. 362 NLRB No. 167(2015)。

使管辖权。NLRB一致认为,即使可以假定运动员是该法意义上的雇员,也应当拒绝管辖。NLRB表示:

> 我们的裁定主要是基于这样一个发现,由于体育联盟的性质(即联盟对各个球队的控制)以及橄榄球碗赛分区(Football Bowl Subdivision,FBS)(第一级别)的组成和结构……橄榄球比赛中的绝大多数竞
> 523 争对手都是公立高校,NLRB无法对其行使管辖权,在这种情况下行使管辖权并不会促进劳资关系的稳定。(118)

NLRB没有讨论今后是否取消逐队组建工会或集体谈判的问题,指出它只对第一区大约125所高校中的17所拥有管辖权,这些高校是私立的,因此属于NLRB的管辖范围。NLRB对公立高校拒绝管辖,尽管事实上它在其他案件中主张对政府承包商行使管辖权(政府承包商的雇佣条件可能已经由政府推动或者规定,这超出了NLRB的管辖范围)。(119) 与此同时,在特朗普总法律顾问撤销的备忘录中,总法律顾问随后得出结论,大学生橄榄球运动员是雇员。(120) (NCAA目前正在采取更为温和的举措。(121))

美国国家橄榄球联盟(NFL)有关脑震荡的诉讼

> 我是一个橄榄球迷,但我必须告诉你,如果我有一个儿子,在我让他打橄榄球之前,我必须慎重考虑。我认为,我们这些热爱这项运动的人将不得不面对一个事实:这项运动可能会尝试逐渐变得减少一些暴力。在某些情况下,这可能会让比赛变得不那么激动人心,但对球员来

(118) *Northwestern Univ. and CAPA*. 362 NLRB No. 167(2015),第3页。对这一裁定的批评见William B. Gould IV, Glenn M. Wong, and Eric Weitz, "Full Court Press: Northwestern University, A New Challenge to the NCAA," 35 *Loy. L. A. Ent L. Rev.* 1(2015)。

(119) *Management Training Corp.*, 317 NLRB 1355(1995).

(120) Advice Memorandum Northwestern University Case No. 13-CA-157467 September 22, 2016(*rescinded by* Memorandum GC 18-02, December 1, 2017).

(121) Mark Tracy, "N. C. A. A. Alters Rules in Wake of a Scandal," *New York Times*, August 9, 2018, at B12.

说会大有裨益,而我们这些球迷也许不必总是自我反省。[122]

(巴拉克·奥巴马总统)

　　自 19 世纪在美国出现以来,美式橄榄球就被视为一项残酷的比赛,有524
时甚至是"过分残酷",这促使西奥多·罗斯福总统召开白宫会议以制定新
规。[123] 这次会议是在 NFL 出现前 20 年举行的,并由此开始组织职业橄榄
球比赛。然而,早在 20 世纪 50 年代,当目睹球员们穿越球场远距离全速相
撞时,公众对暴力的剧烈撞击的渴望日益增强、无法满足。[124] 人们认为,这
种比赛的兴起与装备的变化有关——特别是头盔(旨在防止颅骨骨折而不
是脑震荡),还与公众寻求短暂的注意力刺激和兴奋有关。正如艾伦·施瓦
茨(Alan Schwarz)所写:

　　　　在 NFL,20 世纪 20 年代的皮革头盔到 50 年代演变为塑料头盔,
　　之后,面部单个钢条在整个 80 年代演变为笼式面罩。大多数专家认
　　为,这些进步在避免灾难性伤害的同时,已经导致铲球时更多地使用头
　　部和更大胆的比赛。这将导致更多的脑震荡和隐性打击,而头盔并非
　　真正为此设计的,并且经年累月可能导致晚年的认知问题。直到 21 世
　　纪,头盔制造商才开始专注于直接避免脑震荡。[125]

　　NFL 一直不愿意公开承认橄榄球与头部创伤和后续的认知障碍之间525

---

　　[122]　Franklin Foer and Chris Hughes, "Barack Obama Is Not Pleased," *New Republic*, January 26, 2013 (quoting President Barack Obama).

　　[123]　见 "Football Conference at the White House," *New York Times*, December 5, 1905;另见 Bob Greene, "The President Who Saved Football," CNN (Feb. 5, 2012), www. cnn. com/2012/02/05/opinion/greene-super-bowl. 以上及以下的大部分内容是基于或是摘自我的文章, William B. Gould IV, "Football, Concussions, and Preemption: The Gridiron of National Football League Litigation," 8 *FIU L. Rev.* 55 (2012).

　　[124]　参见 Michael Sokolove, "Should You Watch?" *New York Times*, October 24, 2010, at 1,7。

　　[125]　Alan Schwarz, "Before Reaching N. F. L., Players Also Face the Risk of Head Injuries," *New York Times*, October 2, 2009, at B13.

的关系。1994 年,纽约喷气队队医埃利奥特·佩尔曼(Elliot Pellman)说,"脑震荡是这个职业的一部分,是一种职业风险",进一步说,橄榄球运动员"就像一个登上一百层楼的钢铁工人或者就像一个士兵"。[126] 1997 年,美国神经病学学会制定了脑震荡运动员重返赛场的指南,但三年后,NFL 拒绝了这些指南。[127] 2006 年,NFL 的一个委员会再次否定了学会的指南,指出"目前试图将脑震荡症状的预期分级与武断、僵化的管理决策联系起来,这与科学数据不符",并主张对遭受脑震荡的球员进行个案治疗。[128] 执行长罗杰·古德尔早在 2007 年宣布召开休赛期"脑震荡峰会"时就曾说过:"我们是在保护球员不受其他球员的伤害"[129]——尽管随后的一系列文章提出了警告,证明一些运动员的头部创伤与慢性创伤性脑病(CTE)或一般认知障碍之间存在联系。[130]

但是,2009 年,情况开始发生变化。正如艾伦·施瓦兹所指出的,NFL 曾委托开展一项调查,该调查显示:"退役球员确诊患痴呆症或类似的记忆 526 相关疾病的概率远远高于全国人口,但联盟声称这项研究并不可靠。"[131] 然而,施瓦兹写道:"来自佛罗里达州痴呆症援助计划的保密数据有力地证实

---

[126] Michael Farber, "The Worst Case: Doctors Warn That Repeated Concussions Can Lead to Permanent Brain Dysfunction," *Sports Illustrated*, December 19,1994.

[127] Ta-Nehisi Coates, "The NFL's Response to Brain Trauma: A Brief History," *Atlantic*, January 25, 2013, www. theatlantic. com/entertainment/archive/2013/01/the-nfls-response-to-braintrauma-a-brief-history/272520.

[128] 同上。

[129] 2007 年,NFL 的一份安全小册子告知球员称:"目前对职业运动员的研究并不表明,如果每次损伤都处置得当,有一次或两次以上的脑震荡会导致永久性的问题。"同上。

[130] See e. g. , "Alan Schwarz, Expert Ties Ex-Player's Suicide to Brain Damage," *New York Times*, January 18,2007 at Al; John Branch and Alan Schwarz, "N. F. L. Culture Makes Issue of Head Injuries Even Murkier," *New York Times*, February 3, 2007; Alan Schwarz, "N. F. L. Doctor Quits Amid Research Doubt," *New York Times*, March 1,2007 at DI; Alan Schwarz, "Football: Wives Also Suffer as Dementia Sets In," *New York Times*, March 14,2007; Alan Schwarz, "NFL: Survey Links Concussions to Depression," New York Times, May 31,2007; Alan Schwarz, "Lineman, Dead at 36, Exposes Brain Injuries," *New York Times*, June 15, 2007 at DI; Alan Schwarz, "Player Silence on Concussions May Block NFL Guidelines," *New York. Times*, June 20, 2007 at DI; Alan Schwarz, "Silence on Concussions Raises Risks of Injury," *New York Times*, September 15,2007 at Al.

[131] Alan Schwarz, "N. F. L. Data Reinforces Dementia Links," *New York Times*, October 23, 2009, at D1.

了橄榄球与晚年认知障碍之间的联系。"⑱转折点出现在 2009 年众议院司法委员会的听证会上,NFL 和执行长古德尔因未能认识到二者之间的联系而受到谴责。国会女议员琳达·桑切斯(Linda Sanchez)说,这让她想起 20 世纪 90 年代前烟草公司的立场,当时他们一直在说:"不,吸烟与健康损害之间没有联系。"⑬曾宣称"橄榄球不会导致痴呆症"的 NFL 球员协会现在表示:它对球员的头部受伤也负有责任。⑭ 几周后,在 2005 年众议院听证会后⑮,NFL 首次承诺让独立专家提供一套"完整的方法来处理脑震荡的球员",这让人联想到棒球界对其使用类固醇药物问题的认识。⑯ 施瓦茨指出:

> 这延续了联盟以往的模式,即要求改善条件而又不接受其在维护需要改进的条件方面的作用。例如,2007 年,当 NFL 决定在比赛中被击昏的球员不能在当天重新上场时,联盟并未说明其委员会医生所发527表的研究报告是如何宣布这种做法是安全的。2007 年 6 月,古德尔召开了一次全联盟范围的脑震荡峰会,以表明联盟对这一问题的重视程度,但是对于一个被发现有脑损伤的球员是由于打橄榄球而发展成脑震荡的说法,他却予以否认。古德尔坚持说,这名球员"可能在游泳时造成脑震荡",他还补充道,"脑震荡可能发生在各种不同的活动中"。⑰

----

⑫ Alan Schwarz, "N. F. L. Data Reinforces Dementia Links," *New York Times*, October 23, 2009, at DI.

⑬ Legal Issues Relating to Football Head Injuries(Part I & Il), Hearings Before the H. Comm, on the Judiciary, 111th Cong. 116(2010); Alan Schwarz, "N. F. L. Scolded Over Injuries to Its Players," *New York Times*, October 29,2009, at B12.

⑭ Alan Schwarz, "N. F. L. Players and Union Say They Share Blame on Head Injuries," *New York Times*, November 1,2009, at SPl.

⑮ Restoring Faith in America's Pastime: Evaluating Major League Baseball's Efforts to Eradicate Steroid Use, Hearings Before the H. Comm, on Gov't Reform, 108th Cong. (2005); See also Gould, *Bargaining with Baseball*.

⑯ Alan Schwarz, "N. F. L. 's Moves Signal a Truce on Concussions," *New York Times*, November 26,2009, at B10.

⑰ *Id*.; See also Alan Schwarz, "N. F. L. Head Injury Study Leaders Quit," *New York Times*, November 25,2009, at B11; Alan Schwarz, "N. F. L. to Shift Its Handling of Concussions," *New York Times*, November 23,2009, at AI.

一个月后,NFL 终于"第一次公开承认脑震荡可能会产生持续性后果"。⑬ 此后不久,有 73 名前球员起诉了 NFL。⑬ 球员们声称 NFL 和里德尔(Riddell)公司没有采取合理的措施以保护他们免受橄榄球运动中头部创伤的长期风险。球员们还声称,运动器材制造商里德尔应该对头盔的设计缺陷负责。基于对大多数案件的优先权,NFL 成功地将案件移至联邦法院,在多个地区提起的诉讼被合并交由布罗迪(Brody)法官审理。⑭ 此后不久,双方于 2013 年达成了 7.65 亿美元的和解协议,但该和解协议被法院否定,并任命了一名特别主管协助进行财务预测。⑭ 修订后的和解方案得到法院的初步批准,集体诉讼也得到初步认证。⑭ 联邦第三巡回上诉法院驳回了七名球员提交的初步批准复审申请。⑭ 随后,上诉法院全面确认了和解决定。⑭ 经批准的和解条款规定:(1)建立一个上不封顶的货币奖励基金,为提交确定诊断证明的退役球员提供补偿;(2)设立一项 7500 万美元的基线评估计划,为适格的退役球员提供客观神经功能的评估检查;(3)设立一项 1000 万美元的教育基金,用于指导橄榄球运动员预防伤害。⑭

然而,橄榄球案件的和解并不是这些伤病引起的诉讼的终结。NCAA

⑬　Alan Schwarz, "N. F. L. Acknowledges Long-Term Concussion Effects," *New York Times*, December 21,2009, at DI.

⑬　*Maxwell v. Nat'l Football League*, No. BC 465842(Cal. Super. Ct. July 19, 2011). 更早期诉讼的论述见,Gould "Football, Concussions, and Preemption:The Gridiron of National Football League Litigation," *supra* note 123, at 64-69. *Dent v. National Football League*, 902 F. 3d 1109(9th Cir. 2018)。

⑭　*In re Nat'l Football League Players' Concussion Injury Litig.*, 842 F. Supp. 2d 1378(J. P. M. L. 2012).

⑭　*In re Nat'l Football League Players' Concussion Injury Litig.*, 961 F. Supp. 2d 708,715(E. D. Pa. 2014).

⑭　*In re Nat'l Football League Players' Concussion Injury Litig.*, 301 F. R. D. 191(E. D. Pa. 2014).

⑭　*In re Nat'l Football League Players' Concussion Injury Litig.*, 775 F. 3d 570,571-72(3d Cir. 2014).

⑭　*In re Nat'l Football League Players' Concussion Injury Litig.*, 821 F. 3d 410(3d Cir. 2016).

⑯　*In re Nat'l Football League Players' Concussion Injury Litig.*, 307 F. R. D. 351(E. D. Pa 2015).

也成为被告，并达成和解协议，将支付 7000 万美元建立一个医疗监测基金，以筛查现任和前任大学生运动员的脑外伤。[146] 伴随着橄榄球诉讼，其他涉及曲棍球和足球等对抗性运动的诉讼也开始了。

作弊、禁药与暴力

作弊与禁药

体育的底线一直都是对赌博（gambling）的敌视，至少从 1919 年臭名昭著的"黑袜"丑闻开始，无论是涉及比赛结果还是比分差的赌博。当时芝加哥白袜队的主要球员据称在世界大赛中下了赌注，在这场赛事中白袜队比辛辛那提红队更被看好。那句著名的"说啊，不是这样的，乔"，据说是一个孩子对"赤脚"的乔·杰克逊（Joe Jeckson）[147]的评论。杰克逊是白袜队的外野手（推测至少是这一丑闻中的同谋）——棒球届的击球机器，在 1939 年贝贝·露丝（Babe Ruth）和泰德·威廉姆斯（Ted Williams）崭露头角之前都无人能及。在 1989 年皮特·罗斯（Pete Rose）的案件中，通过终身禁赛而被排除在棒球比赛之外的做法再次得到了确认。[148] 美国职业棒球大联盟规则第 21 条，禁止在棒球和其他相关活动中赌博，比如通过"漏掉"一次完美的投球等方式奖励对手，让击球手得到一次本垒打。随着职业体育薪资的上升，赌博现象已经有所收敛，现在因为联邦最高法院宣布各州禁止赌博违宪，并明确了联邦和州授权赌博的规定，赌博问题有可能重新抬头。[149] 人们认为，根据联邦最高法院的裁决，联赛甚至大学最终都希望将一定比例的赌博所得视为合法。

---

[146]　*In re Nat'l Football League Players' Concussion Injury Litig.*，314 F. R. D. 580（N. D. Ill. 2016）。

[147]　参见 Eliot Asinof，*Eight Men Out：The Black Sox and the 1919 World Series*（1963）。关于这一丑闻中执行长的作用，见 *Finley v. Kuhn*，569 F. 2d 527（7th Cir. 1978）。

[148]　*Rose v. Giamatti*，721 F. Supp. 906，916（S. D. Ohio 1989）（执行长在这一领域的权力几乎是无限的，只是他必须承认任何"利益相关方"在他面前出庭和听取意见的权利）。

[149]　*Murphy v. NCAA*，138 S. Ct. 1461（2018）；关于这个问题对职业体育和业余体育的影响的讨论，见 Elliott Almond，"Sports Gambling 101：What Might Our Future of Legalized Betting Look Like?" *San Jose Mercury News*，May 21，2018；Nick Corasaniti，"New Jersey Legalizes Sports Betting，Just in Time for World Cup." *New York Times*，June 12，2018，at A20；Nick Corasaniti and Rick Rojas，"At Long Last，New Jersey Places Its Bets," *New York Times*，June 15，2018，at A18。

非法使用兴奋剂应被视为作弊,这是自 20 世纪 90 年代以来棒球运动[59]中禁止和管制兴奋剂的依据之一。由于小联盟球员没有加入工会,执行长借助其寻求比赛"最佳利益"的权力,得以单方面实施一项药物检测计划。由于工会在大联盟中得到承认,药物检测只能通过集体谈判过程来实现,而这一事项为强制谈判事项。

530　　1985 年,在匹兹堡的一个案件中出现了关于使用可卡因的证词,19 名大联盟球员作证或受到牵连,一人因向棒球运动员出售可卡因而被定罪,尤伯罗斯(Ueberroth)执行长对 11 名使用可卡因的球员处以停赛。在一系列仲裁案件中,对球员实施惩戒所适用的"正当理由"标准,与执行长试图利用其"最佳利益"原则保护棒球运动的完整性以打击吸毒之间存在,相互竞争的紧张关系,由此出现了一种势均力敌的局面。[60] 1994—1995 年罢工之后,巴里·邦兹于 2001 年创造了令人头脑麻木的记录——一年的全垒打成绩突破 73 分,为这个话题带来了新的焦点。2002 年的协议产生了一种药物检测方法的"检测",2004 年后实施。多年来,随着血液检测违规行为的曝光,处罚力度不断加大,更为重要的是,在旧金山所谓的"湾区实验室合作公司"案(Bay Area Laboratory Co-operative,BALCO)中毒品犯罪者被揭露

---

[59]　Howard Bryant, *Juicing the Game: Drugs, Power, and the Fight for the Soul of Major League Baseball* (2005); Mark-Fainaru-Wade and Lance Williams, *Game Of Shadows: Barry Bonds and the Steroid Scandal that Rocked Professional Sports*(2006).

[60]　对这一点的详细讨论见 Gould, *Bargaining with Baseball*(2011)at 205-211。See generally *In the Matter of Arbitration between Major League Baseball Players Association and Major League Baseball Player Relations Committee, Inc.*, Grievance No. 80-25, Panel Discussion No. 41 (1980)(Goetz, Arb.); *In the Matter of Arbitration between Bowie K. Khun and Major League Baseball Players Association*, Gr. Nos. 84-1 & 84-2, Panel Decision No. 54(1984); *Major League Baseball Players Association*(Pascual Perez) gr. No. 84-9(Richard I. Bloch, April 27,1984); *Major League Baseball Players Association*(LaMarr Hoyt) *and the San Diego Padres Baseball Club and Peter V. Ueberroth, Commissioner of Baseball*(George Nicolau, Panel Decision No. 74; grievance nos. 87-267 July 2, 1987); *In the Matter of Arbitration between Major League Baseball Players Association and the Commissioner of Major League Baseball*(Grievance 91-16; Suspension of Otis Nixon, March 2, 1992); *In the Matter of the Arbitration between Major League Baseball Players Association and the Commissioner of Major League Baseball*(Suspension of Steven Howe), Grievance 92-7 Panel Decision No. 94(1992).

出来,当时由于《旧金山纪事报》(*San Francisco Chronicle*)取得了大联盟球员提供的大陪审团证词,大联盟棒球球员被要求就提供和接受禁药的问题作证。有关生物起源(Biogenesis)*诊所的爆料至关重要,由此亚历克斯·罗德里格斯(Alex Rodriguez)被发现使用禁药并导致被长期停赛。[152] 531 这些广为人知且记录在案的兴奋剂使用案例导致劳资双方就更广泛的药物检测进行谈判(其实罗德里格斯和邦兹都通过了测试,因此人们认为测试远远落后于球员的老练程度)。最终,到今天一名球员在第三次违规时就会被终身禁赛。[153]继棒球之后,橄榄球、篮球和曲棍球都各自有了自己的检测项目。

---

*　Biogenesis 是佛罗里达州的一家抗衰老诊所,它曾向数名 MLB 球员提供过兴奋剂。虽然罗德里格斯的兴奋剂检测未呈阳性,但他与诊所的关系已被充分证明,这导致 MLB 对首次兴奋剂违规者处以有史以来最长的停赛。——译者

[152]　见 *Rodriguez v. MLB*, Office of the Baseball Commissioner & Panel Decision No. 131 (Gr. Nos. 2013-02 Alexander Rodriguez)(2014 年 2 月 11 日,罗德里格斯在 2014 赛季和 2014 赛季后赛继续被禁赛)。

[153]　Gould, *Bargaining with Baseball*, *supra* note 8, at 212-229.“杰里·梅佳(Jerry Mejia),大都会队的救援投手,曾是 MLB 第一个因服用兴奋剂而被终身禁赛的球员,已经被有条件地复职。”David Waldstein, "Mets Mejia, Barred for Life, Is Reinstated," *New York Times*, July 7 2018, at B10.

第十三章　结论

美国劳动法和劳动关系制度既有优势也有缺陷。由于美国社会热衷诉讼且瞬息万变,加之劳动法将在未来不断发展变化,这些缺陷可能会获得更多的关注。公共利益劳动法领域仍将快速发展。这也许是由于反歧视的法律斗争使得法院和立法机关相信,保护全体劳工免受雇主肆意妄为的对待乃是良策与善法。[①] 然而,这一发展存在于遥远的未来。

直到今天,困难在于未结社的、不受工会集体谈判协议保护的工人,劳工界抑或商业界均缺乏足够的动力推动对他们的法律保护。第十一章间接提及了这方面的最新发展——依据旨在推动工作场所创新的普通法和制定法,为个人雇员提供新的保护,尽管已建会的经济部门对此并不关心。联邦最高法院在 2018 年艾派克系统案(*Epic Systems*)中,将工人们的集体诉讼降级为个人诉讼或者个人化的"未经集体谈判的"仲裁,这一判决并不是个好兆头。零工经济,由于在工人是独立承包人还是雇员的问题上一直存在争议,正处于司法与立法辩论的中心。

正如在汽车行业,工会非常乐于接受公司董事会中的席位,这种做法可能会给劳动关系带来更多的变化。最近,联邦最高法院在保险代理人一案中指出,集体谈判并不是"为追求真理而进行的某种学术研究"[②],这必然促使人们重新审视美国劳资双方普遍接受的敌对关系模式。当前的经济环境与重要资源的稀缺性和不确定性有着千丝万缕的联系,它使美国的注意力集中在寻求合作的方式上,即使不能替代冲突,也至少成为化解冲突的辅助

左侧页边：534

[①]　"Protecting at Will Employees Against Wrongful Discharge: The Duty to Terminate Only in Good Faith," 93 *Harv. L. Rev.* 1816(1980); C. Summers, "Individual Protection Against Unjust Dismissal: Time for a Statute," 62 *Va. L. Rev.* 481(1076); Cornelius J. Peck, "Unjust Discharges from Employment: A Necessary Change in the Law," 40 *Ohio St. L. J.* 1(1979).

[②]　*NLRB v. Insurance Agents' International Union*, 361 U. S. 477 488(1960).

手段。德国和日本在这一领域的成功可能会引起美国人的兴趣。中国的发展方兴未艾,在未来的几年里也将吸引人们的注意。③

在寻求合作的思路下,尝试将申诉仲裁的经验用于为签订新合同条款而发生的利益争议。围绕公共部门罢工的争议促进了申诉仲裁的应用,而公共部门的发展极有可能对私营部门产生重大影响。

然而,公共部门其他方面的发展使有关罢工的争论变得不再重要。发生在威斯康星州、密歇根州和俄亥俄州的争议,以及现在纽约州、加利福尼亚州和伊利诺伊州的公共部门工会与民主党州长之间的对立,凸显了所有535州面临的财政问题。正如本书第十章所述,大萧条加剧了这些问题,使得养老金和医疗福利在集体谈判以及新的立法和判例法中均占据首要地位。在美国,这些变化是如此迅猛,以至于掩盖了私营部门工会的衰落,以及本书第七章中为解决这些问题而进行的立法改革。在私营部门,闭厂已成为雇主的独门武器。现在人们关注的焦点已经转移到集体谈判进程上来,私营部门和公共部门工会被迫在这一过程中对医疗保险和福利方面作出让步。此外,奥巴马时期的 NLRB 一直与国会就其委员任命、政策法规以及案件裁决方面争吵不断,而特朗普时期的 NLRB 正在寻求彻底颠覆公认的判例法。

尽管本书第六版同以前的版本一样,体现了一些我的个人观点,但我的写作目的是简明扼要地描述美国的劳动法律制度,并介绍美国的劳资关系模式。这一次,本书不仅补充了我在政府的工作经验,而且也补充了我在过去几十年中所做的、本版序言中所提到的各种各样的努力。希望本书能促进工人、工会、企业与政府之间的理解,进而以法律精神构建改善生活水平与增进产业和平的工作环境。

---

③ See Ronald C. Brown, *East Asian Labor and Employment Law*: *International Comparative Context*(2012).

索 引

（索引中页码为原书页码，请参照本书边码使用）

译后记

此时，威廉·古德教授的《美国劳动法精要》(第六版)静静地躺在我的书桌上，封面斑驳、书脊破损、页角卷曲。四年来无数次的翻阅和摩挲，书的每一页都烙印了我的指纹。在本书中文版付梓之际，我百感交集、无法平静，但是此刻最想表达的还是感谢之情。

我想感谢本书的原作者古德教授。他是美国斯坦福大学法学院的劳动法教授，也是该院的第一位黑人教授。他不仅潜心于劳动法、反歧视法的研究，还以调解员、仲裁员、律师、政府官员等身份活跃于劳动争议调处的第一线，在美国劳动关系领域具有半个多世纪的影响力。

结识古德教授是在 2001 年。古德教授访问中国之际，与我的导师董保华教授在华政园畅谈中美两国的劳动法治，我有幸承担两位教授会谈时的翻译工作。古德教授的幽默和健谈给我留下很深的印象。彼时，我对劳动法的研习刚刚起步，对美国劳动法知之甚少，但是渐渐萌生了浓厚的兴趣。

最早拜读古德教授的著作是 2007 年我在密歇根大学劳动与产业关系研究所访学期间。在密大法学院图书馆众多的劳动法藏书之中，我翻开古德教授的《美国劳动法精要》(第四版)，便不忍释卷。将如此庞杂、宏大的劳动法律浓缩于一册且可读性极强，古德教授的笔力令人十分钦佩。他对于美国生机勃勃的劳动关系制度及其对民主社会的重要性有着深刻的理解与由衷的欣赏，他将劳工政策与实践有机结合，丰富的历史洞见以及对这一主题的满腔热情跃然纸上。

古德教授是一位真诚、热情、乐于提携后辈的长者。2014—2015 学年我在斯坦福大学法学院访学，古德教授是我的接待教授。他不仅为我写了邀请信，还用研究经费替我支付了法学院不菲的访学费。他赠送我《美国劳动法精要》(第五版)，向我介绍新版涉及的一些新问题。当时，古德教授担任加州农业劳动关系委员会主席，平时在加州首府萨克拉门托履职，定期会回到斯坦福大学法学院从事研究工作。古德教授工作非常繁忙,但他多次抽出时间与我会面,还邀请我和家人去他家里庆祝节日。我们在法学院的办公室里或是在餐厅里讨论着中美两国处理劳动争议的不同模式,以及中国《劳动合同法》引发的一系列争论,这些场景依然不时浮现在我的脑海。

决定翻译《美国劳动法精要》(第六版)不仅仅是出于对古德教授的学术和人品的敬重,更是因为它是我认为最适合中国读者的一本美国劳动法入门书。美国的劳动法制体现了英美法系的特点,除了国家的成文法外,法院的判例以及国家劳动关系委员会的裁决都对劳动关系的法律调整起着重要作用。美国的劳动法书籍往往长篇累牍,法学院学生读起来已是不胜其苦,更遑论对美国法律制度和劳动关系不熟悉的中国读者。古德教授的这本劳动法精要很好地解决了这个问题。他用五百余页的篇幅,全面梳理了美国劳动法制的发展脉络,介绍了主要的劳动法律制度和重要判例,并附之以独到的分析,既涵盖集体劳动关系法的所有问题,又涉猎个别劳动关系法中的主要问题。古德教授的法学理论与实践俱佳,因而本书不仅具有深刻的理论性,也兼具实务指导性,在美国的法学院、律师、工会、劳动关系研究者当中都深受欢迎。

本书出版以来的每一个版本都注重反映美国劳动法的最新发展。第六版中融入作者对许多新问题的思考,包括科技对美国劳动关系产生的深刻影响;各类劳动法问题的最新判例,特别是奥巴马总统、特朗普总统任期内国家劳动关系委员会的裁决、联邦最高法院的主要判例以及有关性骚扰、性取向和报复雇员方面的重要案例;篮球、棒球、橄榄球等体育行业的集体谈判和劳动争议处理的状况;另外,本书还介绍了在美国劳动关系中劳动争议解决的全球化趋势。本书的翻译对于中国读者了解美国劳动法制的历史沿革、运行状况和最新动态都大有裨益。

当前,我国正处于经济社会转型时期,劳动用工关系更加多元化、复杂化,各方主体的利益诉求差异化,劳动关系矛盾已进入凸显期和多发期,劳动争议案件数量快速增长,损害劳动者合法利益的现象仍较突出,构建和谐劳动关系的任务艰巨繁重。如何协调与平衡劳动关系,如何使劳动者的利益通过工会开展集体谈判的方式表达,减少不必要的冲突与纠纷,是目前我国劳动法理论和实务界都热切关注的问题。我国的劳动立法在工会组织、集体谈判、争议解决等方面亟待完善,学习和借鉴美国这样的市场经济成熟国家的立法和经验显得十分必要。

人说,"译事艰难"。在人工智能如此发达、翻译软件大行其道的今天,我仍然觉得学术翻译是一件苦差事,也是大挑战。中美两国的语言文字、历史文化和法律制度存在巨大的差异,想要做到翻译的信、达、雅,谈何容易。因而,退而求其次,我以翻译的可靠和通达为己任,力求还原作者的本意。语言风格上,尽量避免"翻译腔",尽可能符合中文的思维逻辑和表达习惯。为了便于读者了解法律和案例的来龙去脉,文中还添加了若干译者注。即便放低要求,我仍无数次感到力有不逮,时时陷入搜肠刮肚的苦恼和词不达意的困顿。由于能力所限,本书的翻译难免存在错漏之处,恳请读者不吝指正。

本书的出版还要感谢上海师范大学的刘诚教授,他曾向我大力推荐本书的第五版,是促使我下决心翻译本书的重要推手。感谢浙江工商大学的吴锦宇老师,他给我寄来中国台湾地区学者焦兴铠老师翻译的本书第三版的中译本复印件,为我的翻译工作提供了有益的参考。感谢中央财经大学的沈建峰教授、我的同事饶志静副教授和沈骏峥老师,我曾向他们请教某个词或某句话的翻译,他们是我的"一字之师"。也要感谢我指导的几位社会法专业的研究生林小奇、张甜甜、邹宇庭,他们承担了大量的资料搜集、书稿校对等工作。同时,感谢华东政法大学为本书出版提供的资助。

最后,我想感谢商务印书馆的高媛编辑,从翻译项目的立项到书稿的审阅、校对和出版,都离不开她专业、耐心、细致的工作。

"在谦逊中学习,在包容中互鉴,在比较中创新"(田思路,2020)。愿本书的出版能够为中国劳动法的理论研究与实践发展贡献绵薄之力。

李凌云

2024 年 2 月 29 日

图书在版编目(CIP)数据

美国劳动法精要:第六版/(美)威廉·B.古德著;李凌
云译.—北京:商务印书馆,2024
ISBN 978-7-100-22748-3

Ⅰ.①美… Ⅱ.①威…②李… Ⅲ.①劳动法—
研究—美国 Ⅳ.①D971.225

中国国家版本馆 CIP 数据核字(2023)第 163319 号

权利保留,侵权必究。

美国劳动法精要
(第六版)
〔美〕威廉·B.古德 著
李凌云 译

商 务 印 书 馆 出 版
(北京王府井大街 36 号 邮政编码 100710)
商 务 印 书 馆 发 行
北京市白帆印务有限公司印刷
ISBN 978-7-100-22748-3

2024 年 7 月第 1 版　　　开本 710×1000 1/16
2024 年 7 月北京第 1 次印刷　　印张 33
定价:168.00 元